推进区域生态创新的财政政策体系研究
——以长三角地区为例

沈满洪　杜立民　胡求光 等　著

中国财经出版传媒集团
中国财政经济出版社

图书在版编目（CIP）数据

推进区域生态创新的财政政策体系研究：以长三角地区为例 / 沈满洪等著. --北京：中国财政经济出版社，2023.4

ISBN 978-7-5223-1613-0

Ⅰ.①推… Ⅱ.①沈… Ⅲ.①长江三角洲-财政政策-政策体系-研究 Ⅳ.①F812.75

中国版本图书馆 CIP 数据核字（2022）第 147995 号

组稿编辑：周桂元　　责任校对：胡永立

责任编辑：周桂元　　责任印制：张　健

封面设计：孙俪铭

中国财政经济出版社 出版

URL：http：//www.cfeph.cn

E-mail：cfeph@cfeph.cn

社址：北京市海淀区阜成路甲 28 号　邮政编码：100142

营销中心电话：010-88191522

天猫网店：中国财政经济出版社旗舰店

网址：https：//zgczjjcbs.tmall.com

北京中兴印刷有限公司印刷　各地新华书店经销

成品尺寸：170mm×240mm　16 开　31.5 印张　516 000 字

2023 年 4 月第 1 版　2023 年 4 月北京第 1 次印刷

定价：120.00 元

ISBN 978-7-5223-1613-0

（图书出现印装问题，本社负责调换，电话：010-88190548）

本社质量投诉电话：010-88190744

打击盗版举报热线：010-88191661　QQ：2242791300

目　录

第一章

导　论

本书是国家社科基金重点项目“推进区域生态创新的财税政策体系研究——以长三角地区为例”（项目编号：19ZDA004）的最终研究成果。“财税政策”是政府的财政政策和税收政策的简称。税收是政府财政收入的重要来源，税收政策是财政政策的重要组成部分，因此，财政政策和税收政策并不处在同一层面，传统所指的财税政策，严格来说应称之为财政政策。为规范起见，本书统一以“财政政策”这一正式术语指代“财税政策”一词。导论部分主要阐释下列问题：研究对象和问题、研究内容和创新、研究意义和价值等。通过本章的阐述，可以概略性地了解本书的基本内容。

第一节　研究对象和研究问题

一、研究对象

（一）本书的研究对象

本书是国家社科基金招标项目“全面推进生态创新的财税政策体系研

究”的最终研究成果。该指南题目涉及四个关键词：一是生态创新，二是财政政策，三是全面推进，四是政策体系。前两个是反映性质的关键词，后两个是反映程度的关键词。根据该选题指南，本书把研究工作聚焦为“推进区域生态创新的财政政策体系研究——以长三角地区为例”。相对于原选题，该题目汇集了以下四大优势：一是聚焦区域生态创新，而不是泛指生态创新；二是重点关注长三角地区，立足于该地区的现实可行性和战略必要性；三是调整了一个核心概念，将“财税政策”修改为“财政政策”；四是删除了“全面”二字，避免“全面”与“体系”所存在的部分同义反复。聚焦后的题目成为生态文明建设、创新驱动发展、长三角一体化三大国家战略的靶向研究。

1. 区域生态创新

“生态创新”的含义有广义与狭义之分：从狭义角度看，生态创新与经济创新、社会创新，或者与科技创新、制度创新处于同一层面；从广义角度看，生态创新就是有利于促进生态文明建设的所有创新，包括生态理念创新、生态科技创新、生态制度创新、生态经济创新、生态环境创新等。“生态创新”的层次有高低之分，包括国家生态创新，属于宏观层面；区域生态创新，属于中观层面；企业生态创新，属于微观层面。本书既区别于广义的理解又区别于狭义的理解，选择“中义”的理解；本书既区别于宏观层面又区别于微观层面，只选择中观的区域层面。即按照“财政政策体系→生态科技创新→生态经济发展”这一主线展开研究。区域生态创新不局限于企业生态创新的科技层面，而是生态科技创新与生态制度创新的综合；不局限于企业生态创新的生产层面，而是绿色产品生产与绿色产品消费的综合；不局限于企业生态创新的管理层面，而是包括企业、政府、居民等多个主体在内的区域综合治理。

2. 财政政策体系

与生态创新相关的财政政策，也可称作绿色财政政策，主要有收入和支出两个方面：一是促进生态创新的财政收入政策，既包括直接促进生态经济发展的资源税、环境税、碳税等收入政策，也包括间接促进生态经济发展的其他税收政策；二是促进生态创新的财政支出政策，主要包括推进生态经济发展的循环补贴、生态补偿、低碳补助政策及政府绿色采购政策等。研究“财政政策体系”意味着不是研究单一的税收或支出，而是系统性地进行研究，使财政政策体系化。财政政策体系的研究就要关注中央财政政策与地方财政政策的关系、不同部门之间的财政政策诉求关系、新的财政政策与老的财政政策的关系。本书重点从绿色财政政策体系的角度进行研究，针对的主体涉及企业、居民和政府。

3. 长三角地区

涵盖“三省一市”的长三角地区是长江经济带的龙头，该地区完全有可能打造成具有世界竞争力的“高质量”“一体化”的区域。在 2018 年举办的中国（上海）“进博会”上习近平总书记正式宣布长三角一体化上升为国家战略。长三角地区，不仅生态经济发展可以走在全国前列并实现一体化，区域生态创新可以走在全国前列并实现一体化，而且推进生态创新的财政政策体系建设也可以走在全国前列并实现一体化。这种“一体化”包括“三省一市”的财政政策的一体化、生态创新的一体化、生态经济的一体化。以长三角地区为研究对象具有独特的意义：一方面，长三角地区有望率先做到“财政政策体系建设促进区域生态创新”；另一方面，长三角地区的绿色财政政策和区域生态创新可望为全国提供可复制的样本经验。

可见，本书的研究对象就是：“以财政政策体系推进长三角生态创新”。具体地说，就是：从研究的区域范围而言是长三角地区，从研究的制度重点而言是财政政策体系，从研究目标指向而言是区域生态创新。

二、研究问题

（一）本书要解决的现实问题

1. 从生态文明建设目标看，生态创新依然不足

根据党的十九大报告及全国生态环境保护大会精神，我国拟于 2035 年基本建成美丽中国，20 世纪中叶全面建成美丽中国。相对于宏伟的目标，我国的生态创新依然显得不足，即使是长三角地区也不例外，无论是生态科技创新、生态制度创新等手段性的创新战略，还是生态经济创新、生态环境创新等目标性的创新战略，都存在创新性不足、创新不平衡、创新不充分等问题。这种生态创新的相对不足性，导致了生态经济发展的不平衡性、生态环境保护的不平衡性和生态文化建设的不平衡性。

2. 从财政政策支持角度看，财政政策存在缺陷

长三角地区生态创新相对不足必然有其制度根源，其中重要的方面是

财政政策的支持不足。这种相对不足主要体现在四个方面：一是现有财政政策支持生态创新的供需匹配性不佳，出现因财政政策供需错位导致的生态创新供需错位和生态产品供需错位；二是现有财政政策支持生态创新的政策协调性不佳，上下级政府之间、不同政府部门之间、不同省市政府之间缺乏协调；三是现有财政政策尚未从“财政政策体系”的角度予以顶层设计，没有实现政策体系化带来的政策集成效应；四是现有财政政策的实施机制不够健全，导致“好政策”尚未发挥出“好效果”。

3. 从学术研究重点领域看，区域创新研究薄弱

学术界对生态创新的研究主要关注企业生态创新，学术界对区域创新的研究主要关注区域一般创新，恰恰缺乏关注区域生态创新。区域生态创新存在三大问题：一是成果研发供给者与成果使用需求者之间的供需不均衡；二是生态产品生产者与生态产品需求者之间的供需不均衡；三是促进生态创新的财政政策供给者与财政政策需求者之间的供需不均衡。因此，仅仅关注企业生态创新容易受限于局部，而关注区域生态创新则可能从整体和全局加以破局，有可能实现政府的绿色发展观、企业的绿色创新观和居民的绿色消费观的有机统一。

（二）本书可以解决的科学问题

一是如何评判长三角地区生态创新的绩效状况及其制度根源尤其是财政政策根源？主要包括：长三角地区生态文明建设的“存量”家底如何？长三角地区生态文明建设的创新“增量”如何？长三角地区生态文明建设的绩效及其生态创新的绩效如何？长三角地区生态创新绩效不佳的制度根源何在？长三角地区生态创新绩效不佳的财政政策根源何在？重点聚焦促进区域生态创新的财政政策绩效。

二是财政政策促进区域生态创新的传递机理及其内外部条件如何？主要包括：财政政策促进生态创新的传递机理及其“链条”如何？在传递机理的“链条”中如何识别“内因”和“外因”？财政政策促进生态创新的体制机制是如何发挥作用的？“好的财政政策”发挥“好的政策绩效”的内外部条件如何？重点是挖掘一系列的因果关系及其内外部决定因素。

三是推进长三角地区生态创新的财政政策如何实现供需均衡及均衡条件如何？具体涉及三个方面：一是长三角地区生态创新成果如何实现供需均衡？如何解决企业急需生态创新成果而研发机构则将成果锁于“抽屉”

内的现实问题？二是长三角地区生态创新产品如何实现供需均衡？为何好的生态产品缺乏市场需求？三是如何促进长三角地区生态创新的财政政策达到供需均衡？财政政策的“热脸孔”为何贴上企业居民的“冷屁股”？重点关注财政政策的供需均衡性问题及其供需不均衡的传递机理。

四是如何通过政策优化和选择等设计促进长三角地区生态创新的财政政策体系？主要包括：不同的财政政策存在哪些替代效应？不同的财政政策存在哪些互补效应？针对不同的替代效应和互补效应如何进行财政政策的优化选择和耦合强化？在不同的情景下如何选择不同的政策集合？上下级政府、不同政府部门、不同省市政府如何加强政策的协调性乃至推进长三角生态创新财政政策的一体化？重点关注财政政策的优化与选择。

五是如何推进长三角地区生态创新的财政政策优化及其实施机制建设？主要包括：如何通过“废除”“补充”“强化”“弱化”等手段优化促进长三角生态创新的财政政策体系？根据财政政策绩效的评价结果如何优化促进长三角地区生态创新财政政策矩阵？如何构建按照绩效最优化原则确定的长三角地区生态创新财政政策实施主体与作用对象的关系？如何确定长三角地区生态创新的财政政策优化的问题导向原则、目标导向原则及需求导向原则？重点关注长三角地区生态创新的财政政策优化。

第二节 研究内容和主要创新

一、本书的研究框架

本书由六个部分十七章组成。

第一部分是由导论和综述两章构成。导论部分主要介绍研究对象、研究内容和主要创新等；综述部分主要梳理研究进展并描述研究展望。

第二部分由第三章至第五章共三章内容构成。在界定了相关概念后主要就“长三角地区促进生态创新的财政政策绩效评价”和“长三角地区财政政策阻碍生态创新的突出问题”作了分析。

第三部分由第六章至第八章共三章内容构成，分别回答了长三角地区生态创新及财政政策的“供需不匹配问题”“供需匹配机理问题”以及“多重供需匹配问题”。

第四部分由第九章至第十一章共三章内容构成，主要解决了长三角地区推进生态创新财政政策“一体化机理问题”“纵向一体化问题”和“横向一体化问题”。

第五部分由第十二章至第十四章共三章构成，在构建了以财政政策促进长三角地区生态创新的仿真模型后，分别就“单一财政政策效应”和“多重财政政策效应”做了仿真模拟，验证了匹配性和一体化政策建议。

第六部分由第十五章至第十七章共三章构成，主要阐述了推进长三角生态创新的财政政策体系优化的“总体思路”“重点任务”和“实施路径”。

如果以盖房子为例做比喻，那么，第一部分就是地基（导论与综述），第二部分就是第一层楼（绩效评估与问题分析），第三部分和第四部分是第二层楼（匹配性问题与一体化问题），第五部分是第三层楼（模型构建与仿真模拟），第六部分是第四层楼（政策改革）。因此，全书是层层递进的逻辑结构，最终指向促进长三角地区生态创新的财政政策体系优化。

二、本书的研究内容

（一）推进长三角地区生态创新的财政政策绩效评价及突出问题

优质生态产品的供不应求，其重要原因是区域生态创新不足；区域生态创新不足的重要原因是推进生态创新的有效财政政策供给不足。在严格界定了生态创新、生态经济以及绿色财政政策等基本概念后，进一步梳理了绿色发展中存在的“生态不经济”和“经济不生态”问题，揭示了生态创新的“双重外部性”——生态保护外部性和科技创新外部性。进而从“财政政策体系→区域生态创新→生态经济发展”的传递链条梳理了制约生态创新与财政政策绩效的突出问题、制度根源及影响因素，特别是政策不协调、供需不匹配、集成性不佳和实施机制不健全等。其中，传递路径之一为绿色财政政策通过协同效应影响生态制度创新，再通过激励和约束效应影响生态经济发展；传递路径之二为绿色财政政策通过基础、资源和“倒逼”效应影响生态科技创新，再通过成本、规模和竞争效应影响生态经济发展。

（二）推进长三角地区生态创新的财政政策供需匹配性研究

从人民日益增长的优质生态产品的需要看，推进长三角地区生态创新的财政政策具有强烈的需求引致；从各级政府及各个部门的财政政策供给看，财政政策丰富多样。问题在于财政政策的需求与供给的匹配性方面，该有的实施机制还没有，已有的财政政策或低效或无效，财政政策尚未刺激到企业、居民和政府的神经。本书基于“制度需求—制度供给”的分析框架，研究推进长三角生态创新的财政政策供需匹配性问题。构建全生命周期过程和选择偏向程度相结合的分类框架，系统梳理生态创新现有的财政政策体系，揭示现有财政政策促进生态创新的存在突出问题，即包括政策层面的供需不匹配问题，也包括隐含供给侧与生产侧层面的生态产品供需不均衡关系以及研发阶段的生态创新成果供需不均衡关系。探讨了长三角地区生态创新财政政策供需不匹配的制度因素及与其他内外部因素的关联作用。提出了保障长三角地区生态创新财政政策供需匹配性，必须强化制度性优化，充分激发各类主体生态创新供需的自觉性、创新性和高效性。立足“问题导向—原因探究—对策思路”的逻辑框架，探讨并提出长三角地区生态创新的财政政策“多重”供需匹配对策思路。

（三）推进长三角地区生态创新的财政政策一体化问题研究

长三角地区是我国经济发展水平最高、均衡性最好、自然地理特征最相似且河网联系最紧密的区域。在长三角地区一体化升级为国家战略的背景下，不仅要考虑经济发展的一体化，而且要考虑生态经济发展的一体化及其相关的推进生态创新的财政政策的一体化。为此，本书需要研究下列问题：一是生态经济发展目标的一体化研究，包括生态经济发展标准的一体化、禁止或限制非绿色发展的产业目录的一体化、污染排放及治理标准的一体化等；二是长三角地区生态创新的资源配置的一体化，包括生态创新主体的一体化、生态创新平台的一体化、生态创新成果推广的一体化、生态创新市场的一体化等；三是推进长三角地区生态创新的财政政策的一体化，在国家财政政策总体一致的情况下，构建长三角地区相对统一的绿色财政政策体系，组建长三角生态创新基金。研究的重点是探究阻碍一体化的行政壁垒、法制壁垒、市场壁垒、文化壁垒等，并提出铲除这些壁垒的方法和措施。

（四）推进长三角地区生态创新的财政政策的仿真模拟研究

政策仿真研究是决策科学化的重要方法。我国已有生态创新的财政政策层出不穷、种类繁多，甚至出现“政策拥堵”，但并不是所有的政策都能达到预期效果，出现大量财力浪费现象。为此，需要识别对区域生态创新的推进真正起关键作用的财政政策。本书将区域生态创新系统看作一个开放、复杂的系统，引入系统动力学方法，根据财政政策体系推进区域进生态创新的具体机理进行建模，模型涉及人口子系统、经济子系统、能源子系统、生态子系统、科技子系统、财税政策子系统，分别涵盖了绿色消费、绿色生产、绿色能源、绿色环境、生态科技、绿色财政政策体系。为突出研究目标，引入扎根理论方法，通过专家访谈和资料分析，找出各个子系统中影响财政政策效应的主要控制因素，从而分析系统内部及系统间的因果关系和反馈回路，构建财政政策仿真的系统动力学（SD）模型。区分了收入和支出财政政策，设置了资源税、环境税、碳税、低碳补贴、循环补贴和生态补偿的六种政策，构建包括单一、两种和多种政策耦合的64个模型；以长三角地区三省一市为研究区，进行了单一政策效应和多种政策耦合效应分析，并进行了区域对比分析。

（五）推进长三角地区生态创新的财政政策体系优化及实施路径研究

推进长三角地区生态创新的财政政策的突出问题是：财政政策的供需不匹配、上下级的政策取向不一致、不同部门的政策存在矛盾冲突、不同省市政策存在落差、政策缺乏体系化、政策的实施机制保障不足等。因此，推进长三角地区生态创新的财政政策体系建设必须加大改革力度。为此，本书主要研究下列问题：一是改革的基本原则，主要包括坚持目标导向——按照全国改革示范区要求进行改革、坚持问题导向——针对突出问题进行改革、坚持需求导向——按照生态创新、生态产品的真实需求进行改革。二是改革的基本任务，主要包括“废除”——废除不合理的税率设置（地方差距较大的环保税额标准）和导致恶性竞争的财政条款（地方过度竞争的招商引资政策）；“补充”——补充加强绿色知识产权保护法规、明确跨区联合执法规则及完善环保税法体系；“优化”——优化财政收入分配结构和支出结构。三是改革的实施路径，主要包括：探索长三角地区生态创新财政政策体系改革的信息披露机制，加强长三角地区生态创新财政政策改革考核和奖惩制度等。

三、主要创新

（一）解释了区域生态创新中生态科技创新和生态制度创新的两个“双重外部性”，并据此揭示了区域生态创新的传递机理

在以往理论解释了生态科技创新的“双重外部性”——技术扩散的外部性和环境改善的外部性基础上，进一步解释了财政政策体系建设这一生态制度创新的“双重外部性”——制度移植的外部性和环境改善的外部性。外部性问题的极端情况就是生态科技和生态制度成为公共物品，由此导致区域生态创新的相对不足。促进区域生态创新的驱动因素不能简单停留于财政政策，其传递机理是“区域公共治理完善→区域财政政策优化→区域生态创新→区域生态经济发展→区域生态文明建设”。也就是说，区域财政政策的完善是建立在区域治理结构完善的基础之上。

（二）推进区域生态创新的财政政策体系的构建需要考虑彼此关联的“三个供需匹配”问题，即财政政策的供需匹配、生态创新的供需匹配和生态产品的供需匹配

推进区域生态创新的财政政策未必太少，实际上可能是太多，甚至存在“政策拥堵”，问题出在供需不匹配。从生态创新的供需结构看，往往存在科研机构供给的生态创新成果无人问津，而企业真正需要的生态创新成果又供不应求，出现生态创新成果的供需不匹配。生态产品的供给者和需求者同样也存在不匹配的问题，有的有生态产品而无市场需求，有的有市场需求而无生态产品供给。因此，推进区域生态创新需要的是有效财政政策供给，促进有效生态创新供给，再促进有效生态产品供给。这样，才能促进区域生态创新的供需匹配进而促进生态产品的供需匹配。

（三）推进长三角区域生态创新的财政政策一体化可以有纵向和横向两种优化路径

通过比较传统财政分权体制和与事权相匹配的财政分权体制孰优孰劣，可以进一步聚焦绿色财政支出的分权体制和与环境事权相匹配的财政分权体制。构建与环境事权相匹配的财政分权指标是财政政策纵向一体化

优化的关键。财政政策的横向一体化能够打破传统的税制壁垒并让生态创新企业在长三角地区范围内产生聚合效应，至少要让生态创新企业的空间集聚过程不再是由税收竞争导致。在碳达峰、碳中和的背景下，建设长三角地区一体化的碳市场是一个低成本高效益的举措。

（四）推进长三角地区生态创新的财政政策匹配性思路要建立在政策绩效维度和政策创新维度之上

长三角地区是生态文明建设示范区和一体化发展先行区，需要体现生态创新供需意向、供需均衡的“合意性、高效性”政策来匹配，更需要激发全面创新、自主创新的“长效性、体系化”政策来推进。为此，长三角地区生态创新的财政政策体系“匹配性”优化思路要建立在经济性、效率性、效果性和公平性等政策绩效维度和结构性、关联性和体系化等政策创新维度之上，提出循环补贴、生态补偿、低碳补助和资源税、环境税、碳税等构成的“三补三税”政策体系，形成政策工具合意性、政策组合互促性、国家—地方两级政策体系互补性以及政策与市场体系协调性的政策结构，从而为建构绿色财政政策体系和有效促进区域生态创新供需匹配提供对策思路。

（五）基于财政政策的替代性和互补性关系提出了推进长三角区域生态创新的区域财政政策设计中的优化选择和耦合强化思路

商品有替代性，政策也有替代性。当财政政策存在替代性关系时采取优化选择的思路，选择政策绩效更佳的政策，例如资源税与环境税存在一定的替代效应。如果资源税效应大于环境税，那就选择资源税政策；如果资源税政策小于环境税效应，就选择环境税政策。商品有互补性，政策也有互补性。当财政政策存在互补性关系时采取耦合强化的思路，不同政策组合起来产生政策合力。例如环境税政策和生态补偿政策是一个问题的两个方面，两者组合使用，可以产生更好的政策绩效。因此，可以组合使用互补性政策实现耦合强化效果。

（六）推进区域生态创新的财政政策体系构建必须充分考虑上下级政策的协同、不同部门的政策协同、不同地区的政策协同等“三个协同性”

由于推进区域生态创新的政策是由不同主体出台，不同主体的效用函数存在差异性，政策取向也存在差异性。为此，需要解决上级政策与下级政策的差异性，寻求上下级政策的协同；需要解决同级政府“条”与“条”的政策差异性，寻求不同部门政策的协同；需要解决上下游地区、左右岸地区或相邻地区政府政策的差异性，寻求不同政府的政策协同。

（七）对于一个存在巨大区域差异的大国而言，推进生态创新的财政政策既要有“统一性”又要有“差异性”，对于长三角地区而言，推进生态创新的财政政策可以趋向“一体化”

生态文明建设的一体化是长三角一体化国家战略的重要组成部分。长三角生态经济一体化是实现长三角生态文明一体化的主线，长三角生态创新的一体化是推进长三角生态经济发展一体化的重要条件，推进长三角生态创新的财政政策的一体化则是长三角生态创新一体化的决定因素。

第三节 研究意义和研究价值

一、学术意义

（一）注重问题的本源性，铲除阻碍长三角地区生态创新的源头性障碍

生态创新存在“双重外部性”：一是“生态”的外部性，也就是生态保护具有正外部性；二是“创新”的外部性，也就是技术扩散具有正外部性。正是基于“双重外部性”，提出以绿色财政政策激励绿色科技创新进而推动绿色发展、以绿色财政政策直接促进绿色发展的“两条路径”。

（二）注重机理的传递性，矫正偏离长三角地区生态创新健康方向的扭曲

公共治理体系的缺失会导致财政政策的扭曲，财政政策的扭曲会导致生态创新的不足，生态创新的不足会导致绿色发展的受阻，因此，需要从决定财政政策的公共治理体系和治理能力的现代化角度入手，矫正偏离生态创新的各种扭曲。同样的道理，在五级政府的财政体系中，政策的实施可能存在逐级弱化或强化的效应、信息的传递可能存在放大或缩小的效应。这些都需要在传递机理上予以防控。

（三）注重制度的匹配性，明确长三角地区绿色财政政策优化的基本思路

长三角地区财政政策存在多重不匹配性：财政政策的需求与供给之间的不匹配，财政政策的不同省市之间的不匹配，财政政策的央地之间的不匹配。由此导致区域生态创新的需求与供给的不匹配，生态产品的需求与供给的不匹配。正因为这样，绿色财政政策既要推进央地之间的纵向一体化，又要推进区域之间的横向一体化，还要推进部门之间的横向一体化。既可以推进以绿色税收制度和绿色补贴制度为重点的绿色财政制度一体化建设，又可以推进自然资源产权、环境资源产权和气候资源产权交易市场的一体化建设。

二、应用价值

（一）聚焦长三角，打造区域协调发展典范，推进我国长三角地区绿色一体化发展战略实施

本书区别于微观层面的企业生态创新，而是选择中观层面的区域生态创新作为研究对象。区域生态创新是国家生态创新的重要组成部分，包括区域范围内企业生态创新和政府生态创新。企业生态创新是长三角地区生态创新的基础，但长三角地区更应重视政府生态创新以及由政府牵引的企业生态创新。选择长三角地区作为具体的研究对象，利用长三角地区绿色一体化发展上升为国家战略的契机，以高度发达的生产力为基础，加快落实生态创新理念，促进长三角地区财政政策一体化、生态创新一体化，推动长三角地区生态经济一体化。

（二）聚焦体系化，构建绿色财政政策体系，以制度体系的促进长三角地区绿色发展的整体提升

基于区域财政政策的分类和财税政策作用对象的分类，不仅可以形成推进区域生态创新的财政政策“枝叶图”，而且可以形成区域财政政策的“政策矩阵”。财政政策可以分为税政收入政策和财政支出政策，促进区域

生态创新的税政收入政策主要包括资源税政策、环境税政策、碳税政策和其他政策等，促进区域生态创新的财政支出政策主要包括循环补贴、生态补偿、低碳补助、政府绿色采购等。这些政策分别作用于供给侧生态创新主体的企业和政府、作用于需求侧生态创新主体居民和政府，就可以形成“政策矩阵”，从而可以做到在把握全局的同时抓住重点，基于政策绩效的评价就可以做出政策的优化选择。

（三）聚焦实践性，通过长三角地区财政政策系统梳理，促进绿色财政政策的“废”“改”“立”“释”

推进长三角地区生态创新的财政政策优化要坚持问题导向原则、目标导向原则和需求导向原则。这样，通过财政政策体系的系统梳理，可以明确：“废除”无效、低效的财政政策；“补充”有效的、空缺的财政政策；“强化”没有充分发挥作用而仍然有效的财政政策；“弱化”曾经有效而政策效果递减的财政政策政策。同时，对于一些相互抵触的财政政策，需要进行协调和解释，使之形成制度合力。

（四）聚焦交互性，从比较中选择绿色财政政策的取向，在模拟中掌握绿色财政政策的力度

促进生态创新的财政政策可能存在替代性，如能源税与碳税，也可能存在互补性，如碳税与低碳补助。存在替代性时，需要优化选择最佳的政策；存在互补性时，需要耦合强化最佳的政策。在理论分析的基础上，通过单一政策、双重政策、多重政策的仿真模拟研究，可以明确判断政策选择和政策组合的最佳方案，也可以判断政策实施所需要的力度和强度。

三、社会影响

（一）通过咨询会议扩大研究成果在政府的影响力

课题研究期间，首席专家先后参加了由全国人大宪法和法律委员会、全国人大环境与资源委员会、全国人大常委会法制工作委员会联合主办的野生动物保护法修订草案座谈会，参加了生态环境部组织的“应对气候变化立法两会代表委员座谈会”。首席专家还参加了由浙江省人民政府主持的“浙江省十四五规划专家咨询会”、由省人大常委会主持的“省十四五

规划纲要专项审议工作专家座谈会”、由中共宁夏回族自治区委员会和区人民政府主办的《关于支持宁夏建设黄河流域生态保护和高质量发展先行区的实施意见》咨询会。在会上分别就有关专题作了咨政发言并产生良好效果。

（二）通过学术会议扩大研究成果在学界的影响力

首席专家和课题组成员参加了中共中央党校（行政学院）等主办的“全国党校（行政学院）系统学习贯彻党的十九届五中全会精神 推动生态文明学科发展研讨会”并在会议上作了题为《以制度改革推进“两山”转化》的主旨报告；参加了中共浙江省委、省人民政府在安吉主办的“绿水青山就是金山银山”理念提出15周年理论研讨会，被特邀递交并作题为《“绿水青山就是金山银山”理念的真理光芒》的主旨报告；参加了由民革中央、省政协在德清主办的“促进乡村振兴 全面建成小康——第三届莫干山会议”并在会议上作了题为《关于加强美丽村镇建设的对策建议》的主旨报告；参加了由浙江省社科联主办的跨界学术论坛“创新驱动·绿色发展”主题研讨会，并在会议上作题为“驱动绿色发展的制度创新”的主旨报告。另外，分别在浙江大学、华中农业大学、上海财经大学、山东师范大学、宁波大学、浙江财经大学、浙江农林大学等举办的绿色低碳发展相关学术会议上作了报告。通过学术报告，既优化了课题成果，又扩大了在学界的影响。

（三）通过科学普及扩大研究成果在公众的影响力

首席专家及课题组成员面向浙江省人大常委会、中共嘉兴市委理论学习中心组、中共白山市委理论学习中心组、浙江省林业局、自然资源部海洋二所、浙江省农科院、浙江物产中大集团、浙江大学等党政部门、高等院校、科研院所、企业事业单位作了30多场主题分别为《学习贯彻习近平生态文明思想 大力促进人与自然和谐共生》《深入践行习近平生态文明思想 大力推进高水平美丽浙江建设》《学习贯彻习近平生态文明思想》《深入推进制度创新 大力建设美丽浙江》《我国绿色发展的形势与政策》《推进绿色发展的战略思考》《推进绿色发展的浙江经验与制度创新》《创新驱动碳达峰碳中和》等的讲座，受众达到5000多人。

（四）通过媒体采访扩大研究成果在舆论的影响力

《光明日报》客户端发表了采访首席专家后的专题报道《加快构建生态产品价值实现机制》；中国社会科学网采访首席专家后发表了《生态经济学扎根生态文明建设的伟大实践》的专题报道；浙江卫视电视理论节目“中国共产党为什么能”第九季《“两山”理念15年》第一集《绿水青山就是金山银山》、第四集《让绿色成为最动人的色彩》及第十一季《如何打造“重要窗口”》第四集《奋力打造“重要窗口”》先后三次采访首席专家并做了专题报道；《中国科学报》发表了“要加快构建生态产品价值实现机制”的采访首席专家的专题文章。在研究期间，各大中央媒体和地方媒体采访首席专家达到50多次。借助受访机会大大扩大了课题研究的社会影响力。

第二章 推进区域生态创新的财政政策体系研究综述

“生态创新”概念诞生已有25年，财政政策作为环境规制中市场激励型手段的创新效用自“波特假说”被提出后便引起广泛关注，对相关文献进行综述，能够帮助寻找研究层面有价值的突破口，并能够提供实践层面有指导意义的研究支撑。本章基于已有文献，在厘清生态创新的内涵、特性、分类及其理论基础与促进生态创新的财政政策手段的基础上，分别总结财政支出政策、财政收入政策以及财政收支政策推进生态创新的机理与绩效。以构建推进生态创新的财政政策体系为目的，本章总结财政政策体系的目标、内容以及财政政策的可能组合。在推进生态创新的财政政策体系的评价上，不仅要关注单项财政政策的生态创新效应，更要考虑政策体系中的政策协调度与区域协调度。为推进生态创新的财政政策的优化实践，总结政策优化目标、政策优化举措以及保障机制，并将理论研究运用于实践，促进政策优化过程和细节的进一步完善。

第一节
生态创新及其理论基础

一、生态创新的内涵与特性

作为减少环境影响的重要工具，生态创新越来越引起学术界的关注。这一概念最早由 Fussler 于 1996 年提出，指既能显著降低对环境的影响又能为企业带来商业价值的创新[①]，欧盟于 2007 年在“企业与创新”子项目中设立了生态创新专题。[②] 文献中经常出现绿色创新、可持续创新和环境创新等与生态创新较为相似的概念。有学者从创新对象、市场导向、环境影响、阶段、动机和水平六个方面对其进行了比较，发现这些概念基本是相同的，然而绿色创新、环境创新和生态创新只包含环境维度，而可持续创新还包括社会维度。[③] 虽然这些概念存在一定的差异，但大多数学者将其视为等同的。本章也秉持这一观点。

生态创新一是强调对环境影响的减弱，二是强调新奇性。[④] 而且从大多数的文献来看，生态创新只看重结果而不强调动机，即无意的生态创新也包括在内。[⑤] 尽管有意或无意的区分可能是有益的，但现实中区分生态创新的动机是十分困难的事情。[⑥]

---

① Fussler, C. Driving eco-innovation: a breakthrough discipline for innovation and sustainability. Financial Times Management, 1996.

② European Commission. Competitiveness and Innovation Framework Programme (2007 to 2013), Brussels, 2007.

③ Schiederig, T., Tietze, F., Herstatt, C. Green Innovation in Technology and Innovation Management-An Exploratory Literature Review. R&D Management, 2012, 42 (02): 180 - 192.

④ Oltra, V., Jean, M. S. Sectoral systems of environmental innovation: an application to the French automotive industry. Technological Forecasting Social Change, 2009, 76 (04): 567 - 583.

⑤ Carrillo-Hermosilla, J., Río, P. D., Könnölä, T. Diversity of eco-innovations: Reflections from selected case studies. Journal of cleaner production, 2010, 18 (10 - 11): 1073 - 1083.

⑥ Rennings, K. Redefining innovation—eco-innovation research and the contribution from ecological economics. Ecological economics, 2000, 32 (02): 319 - 332.

与一般的创新相比，生态创新应该具有三个特性：第一，双重外部性(double externality)，即生态创新不仅在研究阶段会产生一般创新所具有的知识外部性，在扩散阶段还会导致正的环境外部性。社会从生态创新中受益，而企业需要承担遵守法规和减少环境负担的成本。[①] 第二，监管的推拉效应。创新经济学早已表明技术推动和市场拉动是创新的重要驱动力。[②] 但由于双重外部性的存在，企业对生态创新的投资是次优的。消费者对环境改善的支付意愿较低，市场需求对生态创新的拉动作用不明显。[③] 因此，除了技术推动和市场拉动外，监管对于生态创新的重要作用必须被考虑在内。诸多学者均通过经验研究验证了监管政策对于生态创新有很强的正向作用。[④] 第三，社会和制度创新的重要性。与一般创新不同的是，服务部门的生态创新对于可持续发展发挥了关键作用。相比生态技术和组织的创新，社会和制度类的生态创新在未来越来越重要。

二、生态创新的分类与量化

不同类型的生态创新在作用范围、表现形式和动力机制方面都存在很大的差异，厘清生态创新的类型具有十分重要的意义。按强度来分，生态创新可以分为渐进式生态创新和突破性生态创新[⑤]；按阶段来分，生态创新可以被分为研发和扩散两个阶段；[⑥] 按尺度来分，生态创新可以分为企业生态创新、行业生态创新、区域生态创新、国家生态创新和全球生态创新；[⑦] 欧盟在其“企业与创新”的子项目“测度生态创新”（MEI）中将

---

① Rennings, K., Ziegler, A., Ankele, K., et al. The influence of different characteristics of the EU environmental management and auditing scheme on technical environmental innovations and economic performance. Ecological Economics, 2006, 57 (01): 45 - 59.

② Pavitt, K. Sectoral patterns of technical change: towards a taxonomy and a theory. Research policy, 1984, 13 (06): 343 - 373.

③ Horbach, J., Rammer, C., Rennings, K. Determinants of eco-innovations by type of environmental impact—The role of regulatory push/pull, technology push and market pull. Ecological economics, 2012 (78): 112 - 122.

④ Faucheux, S., Nicolaï, I. Environmental technological change and governance in sustainable development policy. Ecological economics, 1998, 27 (03): 243 - 256.

⑤ Mothe, C., Nguyen-Thi, U. T. Persistent openness and environmental innovation: An empirical analysis of French manufacturing firms. Journal of Cleaner Production, 2017 (162): S59 - S69.

⑥ Hojnik, J., Ruzzier M. What drives eco-innovation? A review of an emerging literature. Environmental Innovation Societal Transitions, 2016 (19): 31 - 41.

⑦ 董颖，石磊. 生态创新的内涵，分类体系与研究进展［J］. 生态学报，2010，30（09）：2465 - 2474.

生态创新分类了四个类型：环境技术、组织创新、产品和服务创新及其绿色系统创新，① 欧盟的分类对于生态社会创新和生态制度创新的关注不够。已有研究对环境技术创新、组织创新、产品服务等生态创新的内容界定比较清晰，但对生态社会创新、生态制度创新仍然较为含糊。

量化各类生态创新是个极具挑战的难题，已有研究主要采用客观和主观两类量化方法。客观量化方法包括采用绿色专利数量衡量生态技术创新，② 以及采用生态创新产品的销售量来衡量生态社会创新，比如新能源汽车、电动汽车的购买量等。③ 主观量化方法主要是通过问卷形式对企业的生态创新行为进行打分，通过一种量化框架评价企业的生态产品创新，生态工艺创新和生态组织创新④等。整体上，现有的客观和主观量化方法并没有涵盖各类生态创新，客观指标的模糊和数据的不可得使得很多研究转向于主观评价，但主观打分并不利于生态创新绩效的横向和纵向比较。

三、生态创新的理论基础

生态创新属于新的概念，包括环境经济学和创新经济学两个维度的内容。传统的创新理论可以对内在的驱动因素进行一定程度的解释，但它独特的性质也意味着这些理论的解释力度可能是不足的。在文献中，学者提出了众多理论来解释其内在驱动力及演进机理。

从企业生态创新的内生动力角度，主要有创新理论（innovation theory）和资源基础理论（resource-based theory）。创新理论中强调的技术推动和市场拉动因素是驱动生态创新的内在动力，⑤ 大量的实证研究检验和证实了这两类因素对生态创新的正向影响。⑥ 而生态创新的双重外部性决定了

① Kemp，R.，Pearson，P. Final report MEI project about measuring eco-innovation，in Measuring eco-innovation UM Merit，Maastricht，2007.

② Dechezleprêtre，A.，Glachant，M.，Haščič，I.，et al. Invention and Transfer of Climate Change-Mitigation Technologies：A Global Analysis. Review of Environmental Economics and Policy，2011，5（01）：109 – 130.

③ Beresteanu，A.，Li，S. Gasoline prices，government support，and the demand for hybrid vehicles in the United States. International Economic Review，2011，52（01）：161 – 182.

④ Liao Z. Environmental policy instruments，environmental innovation and the reputation of enterprises. Journal of cleaner production，2018（171）：1111 – 1117.

⑤ Rehfeld，K.，Rennings，K.，Ziegler，A. Integrated product policy and environmental product innovations：An empirical analysis. Ecological economics，2007，61（01）：91 – 100.

⑥ Tatoglu，E.，Bayraktar，E.，Sahadev，S.，et al. Determinants of voluntary environmental management practices by MNE subsidiaries. Journal of World Business，2014，49（04）：536 – 548.

除技术推动和市场拉动外，监管是需要高度重视的要素。资源基础理论认为，为了保持竞争优势，公司的资源必须是有价值的、稀有的、不可完全模仿的和不可替代的。① 这些资源包括人力资源、知识资源、信息技术和资本，② 生态创新的复杂性使得大学、研究中心、政府部门等不同机构都可能成为企业的合作伙伴。企业为了获得这些优质资源，极有可能进行生态创新。

从企业生态创新的外在压力角度，主要有利益相关者理论（Stakeholder theory）和制度理论（institutional theory）。利益相关者理论认为，企业的行为与利益相关者密切相关。③ 利益相关者为减少环境影响而向企业施压，企业进行生态创新可以更好地改善与利益相关者的关系。④ 制度理论则认为，企业或组织之所以在短期得不到回报的情形下仍选择生态创新的原因在于它们希望通过生态创新的行为满足政府的要求从而获得生存和发展的权利。⑤ 而且，满足制度要求的生态创新还可能获得金融支持。⑥

四、简要述评

第一，生态创新的内涵较为明确，但如何度量仍缺乏深入讨论。实证研究中，大多采用主观打分的方式对企业生态创新进行评价，缺乏数据可得的客观指标。未来的研究要注重开发针对不同类型生态创新的度量方法，由主观评价转向客观测度。

第二，生态创新的分类仍然不够明确，且已有研究集中于对企业生态创新、行业生态创新的研究，缺少对区域生态创新、国家生态创新等的研究，集中于对生态技术创新、生态组织创新的研究，缺少对生态社会创

---

① Chen, Y. The driver of green innovation and green image-green core competence. Journal of business ethics, 2008, 81 (03): 531 - 543.

② Sarkis, J., Gonzalez-Torre, P., Adenso-Diaz, B. Stakeholder pressure and the adoption of environmental practices: The mediating effect of training. Journal of Operations Management, 2010, 28 (02): 163 - 176.

③ Tang, Z., Tang, J. Stakeholder-firm power difference, stakeholders' CSR orientation, and SMEs' environmental performance in China. Journal of Business Venturing, 2012, 27 (04): 436 - 455.

④ Ambec, S., Lanoie, P. Does it pay to be green? A systematic overview. The Academy of Management Perspectives, 2008: 45 - 62.

⑤ Zhu, Q., Cordeiro, J., Sarkis, J. International and domestic pressures and responses of Chinese firms to greening. Ecological Economics, 2012 (83): 144 - 153.

⑥ Govindan, K., Diabat, A., Shankar, K. M. Analyzing the drivers of green manufacturing with fuzzy approach. Journal of Cleaner Production, 2015 (96): 182 - 193.

新、生态制度创新的研究等。未来的研究要关注被忽略的方面。

第三，生态创新的理论，包括创新理论、资源基础理论、利益相关者理论以及制度理论，均是针对企业生态创新，而对消费者、非政府组织、政府等社会类和制度类生态创新的研究仍然缺乏。未来的研究需要加强对生态社会创新和生态制度创新的理论探讨。

第二节 财政政策推进生态创新的影响机理研究

一、推进生态创新的财政政策

与生态创新相关的财政政策包括财政支出政策和财政收入政策。财政支出政策中包括政府补贴、绿色政府采购及税收优惠等。其中，政府补贴按照补贴对象的不同分为针对生产者的直接补贴与针对消费者的购买补贴，针对消费者的购买补贴如对购买新能源汽车、电动汽车和混合动力汽车等生态创新产品的消费者一定的补贴等。[①] 绿色政府采购是政府采购时，在性能、技术、服务等指标同等条件下，识别并优先选购环境友好型产品和服务。[②] 税收优惠是政府通过税基优惠、税额优惠、税率优惠和纳税时间优惠等方式给企业减轻纳税负担，虽然是基于税收的手段，但政府通过减少收入激励企业，实质上属于政府的支出政策。税收优惠是政府常用的较为灵活且有效的调节手段。[③]

财政收入政策中主要包括环境税费等。环境税费政策包括排污费与环境税，环境税又可被分为独立型环境税与融入型环境税。[④] 独立型环境税

---

① 李国栋，罗瑞琦，谷永芬．政府推广政策与新能源汽车需求：来自上海的证据［J］．中国工业经济，2019，373（04）：44－63.

② 姜爱华．政府绿色采购制度的国际比较与借鉴［J］．财贸经济，2007（04）：37－40.

③ 褚睿刚．环境创新税收政策解构与重构：由单一工具转向组合工具．科技进步与对策［J］．2018，35（10）：107－114.

④ 祁毓．环境税费理论研究进展与政策实践［J］．国外社会科学，2019（01）：53－63.

包含能源税、碳税以及针对各类污染物征收的环境税,[①] 融入型环境税则包含如资源税、消费税、车船使用税等其他税种，其征税目的在于调节资源极差、筹集财政收入和调整收入分配等，并不在于资源保护和环境改善，但对自然资源征收资源税、对成品油、机动车、一次性筷子、电池、涂料等污染产品征收消费税等在一定程度上发挥了生态保护的功能。[②] 学术研究中对独立型环境税的关注度要远高于融入型环境税。

促进生态创新的各项财政政策间可能存在替代性或互补性。从生命周期的角度，替代性即针对同一政策，一项政策比另一项政策对生态创新的促进作用更有效，如“波特假说”中，学者指出环境税相较于其他环境政策工具对促进企业利用先进减排技术更加有效,[③] 或同一项政策，在一个阶段比在另一个阶段对生态创新的促进作用更有效，如 Fischer 指出对上游企业的补贴比对下游企业的补贴更有效。[④] 互补性也包括在生命周期的同一或多个阶段，多项政策同时运用能够发挥政策组合工具“1 +1 >2”的生态创新效果。因此，基于财政政策的替代性，需要对政策进行优化选择；基于财政政策的互补性，需要对政策进行组合强化。

二、财政支出政策推进生态创新的机理研究

政府的财政补贴主要通过三个途径对企业生态创新行为产生影响：第一，降低企业生态创新的成本。众多学者认为补贴政策是有效的，它降低了企业资金成本，激励了企业绿色创新投资意向。[⑤] 尤其在新绿色技术发展的早期阶段，补贴尤为重要，它可以解决新技术在现有基础上的劣势和创新者面临的融资障碍。[⑥] 第二，纠正市场失灵。生态创新具有双重外部性的特性，市场价格并不能完全体现企业的成本，企业生态创新投资是次

---

① 祁毓．环境税费理论研究进展与政策实践［J］．国外社会科学，2019（01）：53 -63.

② 祁毓．环境税费理论研究进展与政策实践［J］．国外社会科学，2019（01）：53 -63.

③ Huang, Z., Liao, G., Li, Z. Loaning scale and government subsidy for promoting green innovation. Technological Forecasting and Social Change, 2019 (144): 148 - 156.

④ Fischer C., Greaker M., Rosendahl K. E. Robust Policies against Emission Leakage: The Casefor Upstream Subsidies. 2014.

⑤ Requate T. Dynamic Incentives by Environmental Policy Instruments: a survey. Ecological economics, 2005, 54 (02): 175 - 195.

⑥ Aghion, P., Veugelers, R., Serre, C. Cold start for the green innovation machine. Bruegel Policy Contribution, 2009.

优的。财政补贴弥补了企业为减排所付出的额外成本，从而激发了企业的投资行为。[①] 第三，通过政治纽带的途径影响企业进行生态创新。政府的绿色创新补贴代表了地方政府的环保诉求。企业可能会通过提升绿色技术创新绩效的方式满足地方政府的考核要求，进而长期获取政治资源。[②] 这里，政府补贴的作用仅仅作为一种企业信誉的信号。

对消费者的财政补贴与政府绿色采购强调消费者或政府对于生态创新产品的采用，进而通过市场需求推动企业对绿色产业和技术进行创新。一般来说，生态创新产品比传统产品价格更高，针对消费者的财政补贴降低了消费者的购买成本，对消费者的购买意愿产生了积极作用，促进了生态创新产品的扩散。[③] 而政府绿色采购由于数额巨大，具有很强的杠杆作用，拉动企业的生态创新行为，[④] 同时，政府的绿色采购行为能够为社会各界树立良好的榜样，激发居民生态创新行为。

三、财政收入政策推进生态创新的机理研究

环境税通过增加成本，倒逼企业的生态创新行为：一方面增加非生态友好型产品的边际成本，促使企业对非环保型产品进行绿色升级转型或者将其淘汰，研究新的生态创新产品；[⑤] 另一方面由于非环保的生产工艺将会大幅度提高环境税或排污费的成本，企业会将非绿色生产工艺转化为绿色生产工艺以及提高废物处置效率和减少废物处置成本来应对环境税带来的过程成本变化。[⑥] 另外，碳税导致的成本增加还会促使企业主动寻求技术创新，优化能源结构，通过低碳技术创新减少环境资源损耗并降低相关

---

① Arundel, A. V., Kemp, R. Measuring eco-innovation, ed. by UNU-MERIT Working paper; No. 017 Universiteit Maastricht, 2009.

② 王旭，褚旭．中国制造业绿色技术创新与融资契约选择［J］．科学学研究，2019，2（37）：161－171.

③ Ekins, P. Eco-innovation for environmental sustainability: concepts, progress and policies. International Economics and Economic Policy, 2010, 7 (2－3): 267－290.

④ 万秋山．全球政府绿色采购政策发展现状和我国的对策［J］．环境科学动态，2005（03）：23－25.

⑤ 赵爱武，杜建国，关洪军．环境税情景下企业环境技术创新模拟［J］．管理科学，2016，29（01）：40－52.

⑥ Webster, A., Ayatakshi S. The effect of fossil energy and other environmental taxes on profit incentives for change in an open economy: Evidence from the UK. Energy Policy, 2013, 61: 1422－1431.

生产成本，使企业在市场上更具竞争力从而倒逼其进行转型。① 而环境保护税还可以通过制度压力激发企业生态创新行为，尤其由税务或环保部门征收，具有强制性，② 企业为了长久的生存和获取长久的政治资源，在面对这种合法性压力时，可能会加大生态创新。③

财政收入政策与财政支出政策或直接地作用于企业，或间接地作用于消费者、政府而最终作用于企业，通过增加企业的排污成本，或减小企业的创新成本以及帮助企业扩散创新产品，来激励企业的生态创新行为。在实践中，不同的财政收入或财政支出政策往往同时叠加在企业上，此时这些政策会如何发挥作用呢？政策组合的作用往往与政策实施的时机有重要关系。适当提高环境税税负水平，同时将环境税收入用于绿色技术研发或绿色价格补贴，能够促进政府发挥创新激励的核心作用，同时绿色价格补贴带来的经济增长能够平衡环境税带来的经济增长水平下降，而随着环境税税负的逐步上升，可以通过提高税收优惠力度维持企业税负相对平稳，避免高税负给企业带来的负面影响，也可以通过绿色技术研发补贴矫正绿色价格补贴带来的环境污染排放量上升。④ 不同类型的财政政策对生态创新的作用机理与绩效有所差异，有效利用其作用机理，能够实现“1 + 1 > 2”的政策绩效，⑤ 但现有研究中这方面的分析并不充分。

四、简要述评

第一，已有研究分别讨论了补贴对企业和消费者的影响，但补贴影响消费者行为后对企业的可能影响还没有被系统阐述，同时财政政策对各类生态创新的互相作用缺少讨论。未来的研究需要更多地开展更微观的问卷调查，探索和丰富财政政策对各种生态创新行为的影响机理。尤其需要重

---

① Lin, B., Xu, M. Exploring the green total factor productivity of China's metallurgical industry under carbon tax: A perspective on factor substitution. Journal of Cleaner Production, 2019 (233): 1322 - 1333.

② 毕茜，于连超．环境税的企业绿色投资效应研究——基于面板分位数回归的实证研究［J］．中国人口·资源与环境，2016，26（03）：76－82.

③ 王海，尹俊雅，李卓．开征环保税会影响企业 TFP 吗——基于排污费征收力度的实证检验［J］．财贸研究，2019，30（06）：87－98.

④ 童健，武康平，薛景．我国环境财税体系的优化配置研究——兼论经济增长和环境治理协调发展的实现途径［J］．南开经济研究，2017（06）：40－58.

⑤ 杨洪涛，李瑞，李桂君．环境规制类型与设计特征的交互对企业生态创新的影响［J］．管理学报，2018，15（10）：1019－1027.

视财政政策对各类生态创新影响的内在联系。

第二，已有研究分别讨论了各项财政政策对生态创新的作用，但缺乏对财政政策的协同作用的分析。比如，已有文献很少比较讨论不同补贴形式的影响，以及补贴和收税共同作用下企业行为的变化。未来的研究需要进一步分析各项财政工具组合对企业或消费者的联合影响。

第三，已有研究讨论了财政政策作用于生态创新的机理，但还没有考虑到时间效应。研究需要关注当时间跨度拓展到企业整个生态创新生命周期时动态性财政政策的制定，以及在不同的生态创新阶段，财政政策的传导机理和效果的变化。未来的研究应该考虑企业的异质性，更为详细的论证财政政策对不同阶段生态创新的影响。

第三节 推进生态创新的财政政策体系构建研究

一、财政政策体系目标

促进生态创新的财政政策体系的主要目标包括实现生态环境改善、经济高质量增长和可持续发展，但研究各有侧重。生态环境的改善是首要目标，从现实问题导向出发的研究认为促进生态创新的绿色财政政策设计的首要原因是能够有效应对环境挑战，通过财政政策的有效实施解决温室气体过度排放、自然资源高污染低效益开发利用等生态环境问题。①

经济高质量增长则是从兼顾现实问题与政策对象自身发展状况出发，认为生态创新的目标是追求企业经济效益与环境生态效益的“双赢”，因此绿色财政政策体系的构建应该以兼顾企业经济效率目标和生态环境效益

① Speck, S., Summerton, P., Lee, D., et al. Environmental taxes and ETRs in Europe: current situation and a review of the modelling literature. In: Ekins P, Speck S, editors. Environmental Tax Reform: A Policy for Green Growth. Oxford: Oxford University Press, 2011.

目标为核心。[①]

可持续发展在更为广义的视角下，提出促进生态创新要综合考量生态、社会和经济三方面目标，制定促进生态创新的财政政策体系构建目标时应该构建各视角目标耦合的多元目标导向。可持续发展理论的提出，预示着人类社会将从传统的只重经济增长而轻环境资源的发展方式走向生态、经济、文化各方面共同协调发展的模式。

二、财政政策体系内容

促进生态创新的财政政策是构成其政策体系的主要内容。从财政政策本身的收入—支出角度来看，收入政策主要包括：生态创新的（狭义的）资源税政策、环境税收政策、碳税政策及其他税收优惠政策（如研发费用加计扣除、所得税减免、科技创新设备采购税前扣除标准并作进项抵扣、生态创新技术引进和转让的税收优惠等）；支出政策主要包括生态创新的资源节约补助政策、[②] 生态保护补偿政策、低碳发展补贴政策、政府绿色采购政策等。[③]

从财政政策的对象来看，促进生态创新的财政政策包括：面向企业、面向公众和面向政府的财政政策。面向企业的财政政策主要是促进生态生产，实质上是供给侧的生态创新，主要包括循环经济补贴、低碳发展补贴、[④] 环境税收政策[⑤]以及其他税收优惠政策。[⑥] 各类政策在实践中均有被使用，但仍存在不足，如循环补贴、低碳补助政策效微力乏，[⑦] 难以激发

① Pereira, A., Vence, X. Key business factors for eco-innovation: an overview of recent firm-level empirical studies. Cuadernos de Gestion, 2012 (12): 73 – 103.

② 田智宇，杨宏伟. 完善绿色财税金融政策的建议［J］. 宏观经济管理，2013（10）：24 – 26.

③ 沈满洪. 促进绿色发展的财税制度改革［J］. 中共杭州市委党校学报，2016（03）：68 – 73.

④ Colwell, S. R., Joshi, A. W. Corporate ecological responsiveness: antecedent effects of institutional pressure and top management commitment and their impact on organizational performance. Business Strategy and the Environment, 2013, 22 (02): 73 – 91.

⑤ 庞兰心，官建成. 政府财政政策对高技术企业创新和增长的影响［J］. 科学学研究，2018，36（12）：2259 – 2269.

⑥ 王旭，王非. 无米下锅抑或激励不足？政府补贴、企业绿色创新与高管激励策略选择［J］. 科研管理，2019，40（07）：131 – 139.

⑦ Bi, G., Jin, M., Ling, L., et al. Environmental subsidy and the choice of green technology in the presence of green consumers. Annals of Operations Research, 2016, 255 (1 – 2): 547 – 568.

企业生态创新技术投入的市场效率，[①] 税制安排与企业经营生命周期不匹配，难以促进企业生态产能释放。[②]

面向公众的财政政策主要是促进生态消费，实质上是需求侧生态创新，主要包括结构性消费税政策[③]和绿色产品财政补贴[④]（消费者绿色价格补贴）政策。消费者补贴政策常常缺乏对生态创新产品市场不确定性的考虑，[⑤] 未来研究中应该进一步考虑消费市场的时间动态效应以及生产者、消费者和政府的三方协同效应。

面向政府的财政政策既有促进生态生产的供给侧生态创新，如国有企业的生态生产，又有促进生态消费的需求侧创新，如政府绿色采购等。由于国有企业不仅具有经济职能，还要发挥社会功能，因此可以率先投入资源促进生态技术创新，通过引致生态技术创新的双重外部性带动其他主体的生态创新活动。但原生经济发展模式路径依赖、产业结构不合理、生态经济发展内在动力不足等障碍的存在也常常使得国有企业率先投入生态创新困难重重。[⑥] 为此，未来需要进一步深化国有企业体制改革，运用更多的财政政策补贴积极支持国有企业生态创新投资。财政绿色采购是政府直接创造生态创新产品需求的措施，可以引导企业生产清洁产品，促进绿色经济发展，但政府绿色采购清单覆盖面不足、区域协调一致的政府绿色采购标准缺失、政府绿色采购监管不充分等问题的存在亦使得绿色财政政策对企业生态技术创新的拉动作用较为有限，[⑦] 未来的政府绿色采购规划需要进一步拓宽政府绿色采购覆盖面域并提升绿色采购清单份额与品类更新速度、完善政府绿色采购的技术指标体系和监督管理流程。

---

① Shmelev, S. E., Speck, S. Green fiscal reform in Sweden: Econometric assessment of the carbon and energy taxation scheme. Renewable and Sustainable Energy Reviews, 2018, 90: 969 - 981.

② 彭月兰，任晋晋．促进我国风电发展的财税政策研究［J］．经济问题．2018（08）：28 - 31.

③ Sangroyaa, D., Nayak, J. K. Factors influencing buying behaviour of green energy consumer. Journal of Cleaner Production, 2017 (151): 393 - 405.

④ 孙迪，余玉苗．绿色产品市场中政府最优补贴政策的确定［J］．管理学报，2018，15（01）：118 - 126.

⑤ Cohen, M. C., Lobel, R., Perakis G. The Impact of Demand Uncertainty on Consumer Subsidies for Green Technology Adoption. Management Science, 2016, 62 (05): 1235 - 1258.

⑥ 郭砚莉，汤吉军．经济新常态下国有企业绿色发展研究［J］．长白学刊，2017（05）：94 - 100.

⑦ Liu, J., Shi, B., Xue, J., et al. Improving the green public procurement performance of Chinese local governments: From the perspective of officials' knowledge. Journal of Purchasing and Supply Management, 2019, 25 (03): 1 - 13.

三、财政政策可能组合

促进生态创新的财政政策间相互配合形成财政政策体系，财政政策的适当组合带来的不是单一财政政策效应的简单叠加，而是耦合强化，以更有效地促进生态创新。

从政策对象的角度，财政政策体系尽量覆盖企业、公众、政府等各主体，将财政政策激励的作用范围扩大至全社会。如研究发现当环境税和绿色补贴组合运用时，除了要考虑对企业绿色创新的激励作用，还需要在环境税实施时对弱势群体提供相应的补贴。[①] 以及面向企业的环境税、技术研发补贴加面向公众的绿色价格补贴，以及面向企业的环境税、技术研发补贴加面向政府的政府绿色采购的生态创新效应均明显优于单项政策的效果。

从政策效果的角度，财政政策体系需要考虑政策间存在的替代效应和互补效应，以最小的制度成本获取最大的政策效应。在政策替代性研究方面，许多研究发现虽然排污权交易、排污费征收和环境税都是以节能减排为初衷，遵循“谁排污谁付费”的机制，促进企业通过生态技术创新提升绿色全要素生产率。但因政策执行机构、执行力度以及执行效果上的优势，环境税被认为是相较另两种政策工具对于刺激企业生态科技创新投入更具有优势。[②] 总体来说，政策替代性研究主要集中在税与费的替代性、征收与减免的替代性领域研究，多元税种组合时政策间的替代效应仍需要更多的研究加以解析。

在政策互补性研究方面，如环境税和税收优惠两个政策工具虽然作用机制相反，但政策目标一致，通过合理的税制设计可以实现功能协同互补，发挥组合工具“1 +1 >2”的政策效应，最大化提升企业生态创新积极性。当企业由于面临较高的融资约束无法获取外部资源进行绿色转型以响应环境税制度时，需要在环境税征收的同时通过政府补贴（税收优惠）给予生态创新技术研发和引进一定的扶持。[③] 总体来说，未来的研究仍需

---

① 秦昌波，王金南，葛察忠等．征收环境税对经济和污染排放的影响［J］．中国人口·资源与环境，2015，25（01）：17 –23.

② 温湖炜，周凤秀．环境规制与中国省域绿色全要素生产率——兼论对《环境保护税法》实施的启示［J］．干旱区资源与环境，2019，33（02）：9 –15.

③ 于连超，张卫国，毕茜．环境税对企业绿色转型的倒逼效应研究［J］．中国人口·资源与环境，2019，29（07）：112 –120.

进一步对不同财政政策工具组合场景的政策效果进行系统性仿真模拟解析。

四、简要述评

第一，在体系目标上，需要在深入解析的基础上，选定最适合特定发展阶段的目标，为促进生态创新的财政政策体系的构建打好基调。在未来的财政政策体系构建中，要在相当程度上为生态产业发展、生态产品消费和生态文化培育提供基础保障和创新动力，摆脱政策目标相互独立、相互割裂的现状。

第二，在体系内容上，在政策对象方面，企业参与生态创新的积极主动性不够强烈，公众的生态消费意识淡薄，促进生态创新的财政政策体系要同时考虑对各类政策对象的激励。另外，研究中基于微观企业层面的较多但甚少有系统地探索财政政策在推进区域生态创新中的制度安排，未来的研究需要在更高的层面认识财政政策一体化的区域性生态创新效应。

第三，在政策组合上，虽然促进生态创新的财政政策种类繁多，对于生态创新的逐步实现发挥了积极作用，但仍需进一步优化。税收优惠的形式纷繁复杂、财政政策稳定一致性较弱，无法使得致力于投入资源实现生态创新的企业真正受益，未来需要进一步完善财政政策体系的科学性、统一性、稳定性和有效性。

第四节
推进生态创新的财政政策体系评价研究

一、单个政策的生态创新效应

波特假说提出后①，衍生出大量探讨生态创新与环境规制关系的研究，

---

① Porter, M. E. , Linde, C. V. D. Toward a new conception of the environment-competitiveness relationship. Journal of economic perspectives, 1995, 9 (04): 97 – 118.

环境税、政府绿色补贴、排污收费等财政政策手段往往被划分为环境规制的市场激励型工具，通过理论分析、实证分析以及案例分析等多种方法被验证与生态创新之间的关系。大多数研究已经验证了环境规制是生态创新的决定因素之一，同时市场激励型工具相较于命令控制型工具更能促进生态创新①以及新技术的扩散。② 但这类研究中财政政策往往被作为一类手段而被整体性分析，尤其是实证研究中选取的衡量环境规制的指标并不能够区分各细分手段的作用。

财政政策中，对财政补贴③、环境税④（包括碳税⑤）的生态创新效应的研究较多。对财政补贴的研究主要集中在能源领域，从对企业的补贴来看，学者通过实证分析验证其在推动创新和减少排放方面发挥着极为重要的作用。⑥ 从对消费者的补贴来看，其对消费者的购买意愿产生了积极作用，促进了生态创新产品的扩散。⑦ 对环境税的研究则更加广泛，从宏观层面，提高生态创新程度是环境税实现“双重红利”的重要途径，从微观层面，环境税对企业生态创新的促进作用也得到验证⑧，但环境税的水平会对其促进作用产生影响，环境税过低或过高均不会对企业生态创新产生影响。⑨

对现行实施的财政政策的评价更加复杂，需要在了解政策制定意图、政策针对主体需求以及政策实践的基础上进行评价，考察政策供给与需求

---

① 郭进．环境规制对绿色技术创新的影响—“波特效应”的中国证据［J］．财贸经济，2019，40（03）：147－160.

② Jaffe，A. B.，Newell，R. G. Stavins R N. Environmental Policy and Technological Change. Environmental and Resource Economics，2002，22（1－2）：41－70.

③ Gramkow，C.，Anger-Kraavi，A. Could fiscal policies induce green innovation in developing countries? The case of Brazilian manufacturing sectors. Climate Policy，2017：1－12.

④ Fried，S. Climate Policy and Innovation：A Quantitative Macroeconomic Analysis. American Economic Journal：Macroeconomics，2018，10（01）：90－118.

⑤ Martin，R.，De Preux，L. B.，Wagner U J. The impact of a carbon tax on manufacturing：Evidence from microdata. Journal of Public Economics，2014，117：1－14.

⑥ Acemoglu，D.，Aghion，P.，Bursztyn L.，et al.. The Environment and Directed Technical Change. American Economic Review，2012，102（01）：131－166.

⑦ Sierzchula，W.，Bakker，S.，Maat，K.，et al. The influence of financial incentives and other socio-economic factors on electric vehicle adoption. Energy Policy，2014（68）：183－194.

⑧ 李香菊，贺娜．地区竞争下环境税对企业绿色技术创新的影响研究［J］．中国人口资源与环境，2018，28（09）：73－81.

⑨ 于连超，张卫国，毕茜．环境税的创新效应研究［J］．云南财经大学学报，2018（07）：78－90.

是否匹配，即所实施的政策是否是企业、消费者需要的，[①] 或是否存在政策错配，如所实施的政策实际并未达到政策制定时预期的效果等。在政策供给方面，可以通过构建评价指标了解政策制定者的政策倾向与意图，在政策需求方面则可以通过调查问卷的方法直接了解企业需求，[②] 进而结合政策的效应进行进一步分析，但相关研究仍然较少，需要深入拓展。

二、政策体系的政策协调度

不同财政政策对生态创新的作用效果存在差异，有些政策间具有相互替代性，如税收优惠比财政补贴更具有多元性、政策灵活性、企业自主选择性等优势，直接针对污染排放征税比资本税、[③] 商品税[④]对生态创新的激励作用更强，而有些政策间具有相互补充性，如环境税辅以专项补贴能够更大程度实现环境税的生态创新效用[⑤]等。财政政策体系需要充分考虑政策间的替代性和互补性，使政策间更加协调，政策体系更加有效。[⑥] 但对政策间如何协调以达到最优政策体系效果以及如何评价政策间的协调度的研究较为匮乏。

在评价促进生态创新的财政政策体系时，需要注意几个方面。首先，以较早注重生态创新发展的发达国家经验为参考，不同国家对相关的财政支出与税收政策的重视程度是有差异的，如丹麦、希腊更倾向于财政支出类政策，瑞典、德国则更倾向于税收政策，而日本、美国、加拿大则无明显倾向，[⑦] 所以对财政政策体系的政策协调性进行评价时，要结合国家或地区的情况进行分析。其次，生态创新与传统科技创新一样具有吸收、研

---

① 高昕，陈爽，张玉涛，等．基于生态创新的经济可持续发展财税政策支持体系研究［J］．经济研究导刊，2016（07）：63－82.

② 殷群，姜龙．中小企业自主创新政策效果研究——基于企业调查问卷的分析［J］．南京邮电大学学报（社会科学版），2015，17（01）：27－36.

③ Greenstone，M. A Reexamination of Resource Allocation Responses to the 65-MPH Speed Limit. Economic Inquiry，2002，40（2）：271－278.

④ Poyago-Theotoky，J. The Organization of R&D and Environmental Policy. Journal of Economic Behavior & Organization，2007，62（1）：63－75.

⑤ 武康平，童健．环境税收政策抉择机制优化研究［J］．经济学报，2015，2（03）：115－135.

⑥ 蔡乌赶，李青青．环境规制对企业生态技术创新的双重影响研究［J］．科研管理，2019，40（10）：87－95.

⑦ 陆瑶．美日等发达国家生态创新政策（2000—2012）研究：文本分析视角［D］．武汉：华中科技大学，2014.

发、成果转化以及技术推广等发展阶段，不同发展阶段适用的财政政策也是有差异的，如在生态创新起步阶段税收优惠政策往往发挥重要作用，在研发、成果转化以及技术推广阶段，针对企业研发、合作平台以及消费者的财政补贴政策则分别发挥重要作用，所以对财政政策体系的政策协调性进行评价时，要结合生态创新的不同发展阶段进行分析。最后，在财政政策体系的方法上，除考虑一般研究问题中常用的成本收益分析、指标评分体系分析等方法，可以采用系统动力学等模拟方法，① 以便充分考虑各种假设情形以及各种政策组合。

三、政策体系的区域协调度

生态创新在“生态”和“创新”上均具有外溢性，即具有双重外部性，这种对生态环境的正向影响与创新的溢出效应在空间上也会扩散。② 胡剑波等聚焦工业生态创新效率，发现我国八大经济带的工业生态创新效率存在显著差异，其中沿海地区的工业生态创新效率最高。③ 丁绪辉等基于水生态安全的视角，发现我国的生态安全创新系统效率在东部、东北、西部、中部呈阶梯式分布。④ 李虹等关注长三角、珠三角、京津冀的区域生态创新协同度的比较，发现三大城市群的生态创新协同度均较低。⑤ 徐维祥等则进一步基于空间经济中的方法分析生态创新在空间上的集聚程度。⑥ 财政政策的生态创新效应存在显著空间相关性，⑦ 但研究中更多地关注生态创新空间特征及影响因素分析，对财政政策影响生态创新空间特征及其相关性的机理、效应等关注不足。

---

① 何建武，李善同．节能减排的环境税收政策影响分析［J］．数量经济技术经济研究，2009，26（01）：31－44.

② 杨燕．生态创新的概念内涵和特性：与一般意义上创新的比较与思考［J］．东北大学学报（社会科学版），2013，15（06）：557－562.

③ 胡剑波，刘辉．我国区域工业生态创新效率评价［J］．科技管理研究，2014（14）：47－52.

④ 丁绪辉，高素惠，贺菊花．区域创新系统效率时空分异及驱动因素研究［J］．华东经济管理，2019，33（01）：74－79.

⑤ 李虹，张希源．区域生态创新协同度及其影响因素研究［J］．中国人口·资源与环境，2016，26（06）：43－51.

⑥ 徐维祥，杨蕾，杨沛舟，等．泛长三角生态创新的时空格局演变及形成机制［J］．浙江工业大学学报（社会科学版），2017，16（02）：147－154.

⑦ 王娟，胡洋．空间关联与溢出效应：工业生态创新对资源环境承载力的影响研究［J］．财经理论与实践．2020. 41（01）：117－124.

财政政策体系是为保障有效的生态创新进而实现经济的可持续发展，财政政策的区域协调以及生态创新的区域协调最终也是为了实现生态经济的区域协调。关于环境规制或财政政策对区域生态（或绿色）创新绩效的研究较为丰富，可分为三类：第一类是先基于数据包络或随机前沿类方法测算区域生态效率，再利用空间计量等方法实证分析环境规制或财政政策对区域生态创新效率的影响；[①] 第二类是直接利用经济数据衡量经济绩效以及污染排放数据衡量环境质量，再利用理论模型或计量经济学方法实证环境规制或财政政策对区域生态创新绩效的影响；[②] 第三类是通过构建指标评价体系来衡量区域生态效率。[③] 但研究中缺少生态创新在财政政策影响经济可持续发展中的作用分析，而这正是评价促进生态创新的财政政策体系的绩效需要体现出来的。

四、简要述评

第一，已有研究实证分析了“财政政策”作为环境规制的市场激励型工具的生态创新效应，但实证分析的结论受限于财政政策的生态效应的有无及正负。未来的研究需要注重对政策问题的思考，对政策实践的观察同时对实施效果的评价。

第二，已有研究指出了财政政策间可能存在替代性或互补性，检验了能够达到“1 +1 >2”的生态创新效果的财政政策组合，但缺乏对最优化生态创新效果的财政政策组合的系统研究，未来需要构建合理的评价体系，利用适当的评价方法，对不同政策组合的生态创新效果进行绩效评价。

第三，生态创新的双重外部性的空间溢出效应未被重视，区域间的财政政策体系需要相互协调进而促进区域间生态创新的绩效的协同，即区域间生态经济发展的协同，但这往往被忽视，未来的研究需要系统性的相关研究。

---

① Sun，C. H.，Kalirajan，K. P. Gauging the sources of growth of high-tech and low-tech industries：The case of korean manufacturing. Australian Economic Papers，2005，44（02）：170 -185.

② Zhang，Peng，Bo，et al. Can environmental innovation facilitate carbon emissions reduction? Evidence from China. Energy Policy，2017（100）：18 -28.

③ Chen，J.，Cheng，J.，Dai，S. Regional eco-innovation in China：An analysis of eco-innovation levels and influencing factors. Journal of Cleaner Production，2017（153）：1 -14.

第五节 推进生态创新的财政政策改革研究

一、改革目标研究

财政政策作为宏观调控的重要手段，在助推生态文明建设过程中，需要进一步提升政策的系统性、针对性、有效性，积极发挥职能作用。[①] 绿色财政制度通过对传统税制进行全面系统的“绿化”调整，提高绿色财政制度在整体传统财税制度中的比重，以达到资源合理开发使用和环境保护的目标。[②] 党的十八届三中全会赋予财政国家治理基础和重要支柱的地位，财政制度的绿色化从国家治理的高度来理解，是国家治理绿色化的要求。党的十九大报告提出，要加快建立绿色生产与消费的法律制度，建立健全绿色低碳循环发展的经济体系。习近平总书记在 2018 年全国生态环境保护大会上强调，生态文明建设已进入提供更多优质生态产品以满足人民日益增长的优美生态环境需要的攻坚期。在新时代的新阶段，充分运用市场化手段，完善资源环境价格机制，采取多种方式支持政府和社会资本合作项目，加快推进生态文明体制改革，发挥改革的红利释放作用，全面推动绿色发展。[③] 从现有的研究来看，绿色财政制度改革的直接目标是促进企业生态创新、绿色生态消费、政府绿色管理手段优化；其高级目标是推进美丽中国建设。

二、改革举措研究

我国促进生态创新的财政政策改革的举措可以概括为三个方面：

一是从促进生态创新的财政政策组成来看，以注重效率优先的环境税

---

① 钱巨炎．浙江省生态文明建设的财税实践与探索［J］．财政研究，2014（03）：55 - 60.

② 邢丽，赵录．财税制度绿色化思路［J］．中国金融，2015（10）：17 - 19.

③ 常纪文．新时代中国生态环境保护的成绩、经验与新要求［J］．中国环境管理，2018，10（03）：6 - 8.

改革为起点到兼顾效率与公平的财政政策体系改革。绿色财政政策实施具有三个阶段：一是征收环境税，二是建立多样化环境税收体系，三是收入中性的环境税收改革。① 注重市场经济的效率优先原则，我国于 2008 年开始研究开征环境税，开征环境税的目的不仅让排污企业承担污染成本，更重要地是促使其转向绿色、环保型生产方式，最大程度节能减排，不断改善环境。但环境税是依据"谁污染，谁付费"原则设置，开征环境税将会提高企业的运营成本。② 环境税的设立则给地方政府提供了一个重要的收入来源，保护环境有利于增加地方政府的财政收入，强化了地方政府的环境保护激励。③ 与环保税相配合，财政支出政策作为一种鼓励型政策，在引导企业加大环境科技创新投入的同时减低企业的经营负担，弱化环保税对企业生存和科技创新的减抑效应。财政支出政策成为激励企业科技创新的市场化环境规制手段。④ 经过理论与实践探索，我国环境保护方面的财政政策分为财政政策（包括财政资金投入、生态补偿机制、环保财政补贴、政府绿色采购等），税收政策（包括消费税、资源税、城市维护建设税、增值税、企业所得税、城镇土地使用税、车辆购置税、车船税等）以及其他的经济政策（亦称为收费政策，包括排污费、生态资源补偿费等）。⑤

二是从促进生态创新的行为主体来看，以企业生态创新的财政政策改革为着力点到政府、居民、企业等多元主体协同的财政政策改革。企业在欧盟绿色技术创新中占据主角位置。⑥ OECD 国家从 1999 年征收生态税后，对企业主体行为的生态技术创新、人消费行为的生态化有激励作用。⑦ 经济发展带来的环境保护，除了企业，还包含政客、工会、协会、教堂、家庭等构成，强调生态创新中的多种主体、多个主体的参与。绿色技术创

---

① Sairinen, R. Regulatory reform and development of environmental taxation: The case of carbon taxation and ecological tax reform in Finland. Bulletin De La Société Royale Belge De Gynécologie Et Dobstétrique, 2012 (31): 445-450.

② 李红侠．民营企业绿色技术创新与环境税政策［J］．税务研究，2014 (03)：12-15.

③ 李伯涛．环境分析与地方性环境税的征收研究［J］．商业经济研究，2010 (35)：94-95.

④ 王江宏，贾宝疆．环境经济学：科技创新维度下我国环境规制的症因索解［J］．理论探讨，2014 (04)：82-86.

⑤ 秦凤翔，余贞利等．完善生态保护的财税政策研究［J］．中国财政，2014 (15)：11-14.

⑥ 叶子青．欧盟的绿色技术创新［J］．中国人口·资源与环境，2003，13 (06)：113-115.

⑦ 王文行，张健．欧美生态税改革的内容、成效及对我国的启示［J］．财会研究，2012 (03)：28-31.

新的参与主体不限于企业，仅靠企业或者企业家难以解决其外部性问题。[①] 在中国市场需要政策、规制与社会、制度变革多管齐下，在强制性的政策以外，还要充分发挥公民社会组织在提高社会环保意识，推动社会生活方式及消费习惯等方面作出改变进而拉动绿色产品市场的重要支持作用。诸如增加新能源汽车研发补贴、政府绿色采购比例等。新能源汽车补贴是我国在促进企业、政府、消费者生态创新方面推出的财政政策的有效举措。[②]

三是从促进生态创新的范围来看，以纵向行政区域内生态创新的财政政策改革为试点再到横向跨行政区域生态创新的财政政策改革。保障和促进生态环境质量改善是财政部门的重要职责。中央财政通过优化财政支出结构，完善各项税费政策，加大对环保工作的支持力度，逐步建立起有利于环境保护的财政政策体系。[③] 国家先后开展了排污权有偿使用和交易试点、生态补偿机制试点、全国农村环境连片整治示范、水质良好湖泊生态保护试点等。[④] 在上述四种试点中，流域生态补偿具有典型的横向跨区域性。浙江省作为我国生态补偿制度建设的先行者，其生态补偿制度建设经历了从“自下而上”探索到“自上而下”推动的演变、从省内区内补偿到省际区际补偿的扩展、从小额补偿到大额补偿的提升。[⑤] 然而，生态补偿转移支付主要依赖中央对地方的纵向转移支付，而地方政府之间出于各自利益考虑，很少愿意把属于自己的财政资金转移支付给其他相关省份，这就造成了许多地方在治理环境的时候只考虑自己，不考虑别人，限制了综合环境治理的效果。[⑥]

---

① 费茂清，肖盛勇．支持绿色技术创新的财税政策研究［J］．财政经济评论，2013（01）：78－84.

② 范如国，冯晓丹．“后补贴”时代地方政府新能源汽车补贴策略研究［J］．中国人口资源与环境，2017，27（3）：30－38.

③ 张少春．加大投入创新机制进一步完善有利于环境保护的财税政策［J］．环境保护，2012（01）：30－31.

④ 王金南，王玉秋，刘桂环，等．国内首个跨省界水环境生态补偿：新安江模式［J］．环境保护，2016，44（14）：38－40.

⑤ 沈满洪，谢慧明，王晋，等．生态补偿制度建设的浙江模式［J］．中共浙江省委党校学报，2015（04）：45－52.

⑥ 何利辉．促进生态环境保护的财税政策探讨［J］．财政科学，2016（06）：118－125.

三、仿真模拟研究

如何运用改革措施是实现改革目标的关键，仿真模拟研究则是指导改革措施运用的重要依据。能够综合政府、居民、企业等多元主体以及财政支出与财政收入中多种政策手段的仿真模拟手段主要有两种，一种是博弈分析，另一种是系统动力学分析。

博弈分析能够模拟不同情境下，为实现生态创新的不同政策组合。针对物流企业，政府参与监管是促进企业生态创新扩散的助推器，但随着时间的推进，政府最终选择退出监管，同时政府对物流企业的财政补贴需要控制在一定范围内。[①] 针对工业共生链，对废弃物排放的“动态征税＋限额交易”优于静态的“征税＋限额交易”，优于单一的“限额交易”。[②] 但基于博弈分析所得到的改革方案，一般仅针对特定情况下的特定改革目标。

系统动力学分析能够包含的改革目标更加多元，模拟的改革情景更加真实。对于企业创新绩效，市场主导的绿色创新环境对创新绩效的提升具有长期效应，而政府主导的绿色创新环境在改革前期对于创新绩效的提升更为明显。[③] 对于产业生态创新，政府的财政支持还要考虑促进创新成果的转化。[④] 对于区域生态创新，政府的创新服务能力、环境监测能力以及考核评价体系构建都需要加强。[⑤] 对于经济的绿色增长，命令-控制型、市场型、自愿型环境政策均有强化和改革空间。但系统动力学的分析对于激励生态创新的财政政策及其组合的选择的直接研究仍然缺乏，需要进一步拓展。

---

① 于丽静，陈忠全．基于演化博弈的物流企业绿色创新扩散机制研究［J］．运筹与管理，2018，27（12）：193－199.

② 郎庆喜等．“征税＋限额交易”环境规制下工业共生链演化博弈行为分析［J］．系统工程，2019，37（02）：38－57.

③ 张省，计明灿，周燕．绿色创新环境、商业模式与企业创新绩效——基于系统动力学的仿真分析［J］．上海商学院学报，2020，21（06）：67－85.

④ 许小苍，刘俊丽．基于系统动力学的重庆产业生态创新系统仿真与优化路径研究［J］．科技管理研究，2017，37（04）：12－18.

⑤ 龚常．长株潭城市群区域产业生态创新系统仿真研究［J］．经济地理，2019，39（07）：22－30＋49.

四、保障机制研究

法律、管理、社会、教育制度等是实现政策体系贯彻落实的保障。美国联邦政府通过直接资金投入、税收以及制定法规、公众宣传、教育培训、信息服务、课题研究，组织引导企业对关键性、共性的节能技术进行开发、示范，引导能源效率技术的推广应用等推动低碳经济发展。[①] 我国也注重上述手段保障财政政策的实施。2018 年《中华人民共和国环境保护税法》的实施标志着我国第一部专门体现绿色税制的单行税法实行，迈出了法治化财政政策体系的第一步。[②] 从管理权限上看，保障绿色财政体制运营，不仅要明确各级政府相关环保事权和责任，还要匹配各级政府相应财权和与之相匹配的财力。[③] 实现长三角地区经济、社会、环保一体化高质量发展，建议在环保基金、生态补偿、排污权交易、环境信用体系等领域率先开展区域联动试点，并从机制、法律、技术等层面给予保障，探索形成区域环境经济政策共商、共享、共赢模式。[④] 然而，政策知晓度过低导致的政策理解偏差往往造成政策执行的不到位，[⑤] 收费标准不统一、收费中的权力寻租行为、企业违法成本过低、执法人员工具落后不能及时对污染源头责任人收费也是造成政策执行偏差的问题。

五、简要述评

第一，推进生态创新的财政政策改革的目标以及措施相对较为明确，但如何选择、应用改革措施及其组合以实现改革目标仍然缺乏明确的指导性研究。未来的研究要进一步关注改革措施的应用。

第二，仿真模拟分析为研究推进生态创新的财政政策措施的应用提供有效的方法，尤其是系统动力学方法，但现有研究中基于其系统分析如何选择、组合与应用财政政策措施以实现生态创新的较少。未来的研究需要

---

① 陈意琛．发展低碳经济的财税政策研究［J］．行政事业资产与财务，2011（13）：33－35.

② 王槟．以开征环境保护税为契机推动财税体制绿色化改革——访中国财政科学研究院院长刘尚希［J］．中国税务，2018（01）：26－28.

③ 贾康．供给侧结构性改革与中国绿色财税体制［J］．党政研究，2017（01）：13－16.

④ 戴洁，黄蕾，胡静，等．基于区域一体化背景下的长三角环境经济政策优化研究［J］．中国环境管理，2019，11（03）：77－81.

⑤ 许晓冰，柴晨涛，许可．居民阶梯电价、分时电价政策知晓度及其影响因素分析——基于 CGSS2015 数据［J］．生产力研究，2019，319（02）：37－40.

关注系统动力学方法在该领域的仿真模拟中的应用。

第三，推进生态创新的财政政策改革过程中遇到的问题以及需要的保障措施已在研究中被指出，但改革实践中问题依然严峻且保障机制尚未系统性建立并发挥效应。未来的研究需要更加关注研究与实践的联动，使研究更能够反映现实，指导实践。

第六节 综合述评及其研究展望

一、研究基础与发展

随着生态创新成为绿色发展理念的关键环节，其新的动力驱动系统成为学界关注的重点，从一般技术创新到区域生态创新，从企业生态创新到区域生态创新，财政政策因素需要被加入考量，从单一政策激励到政策体系保障，“促进区域生态创新的财政政策体系”研究已取得以下几个方面的研究成果：

第一，逐步明确“生态创新”的内涵，指出了其“双重外部性”的特性。虽然不同研究对“生态创新”的内涵界定存在一定的差异，但核心部分已达成一致，其目标涵盖减少环境负担和提高资源利用。学者们纷纷讨论生态创新相比于一般创新所拥有的特性即“双重外部性”，并拓展相关研究，比如其延伸出的技术推动和市场拉动的特殊性等。

第二，尝试探讨财政补贴以及环境税、碳税等财政政策促进生态创新的机理。虽然专门针对财政补贴政策促进生态创新的机理的研究较少，但对生态创新的驱动力因素的讨论广泛，有利于补贴等政策对生态创新的影响机理及机制的进一步研究。对环境税倒逼企业生态创新转型的路径的研究则是从企业成本、生产过程、产品结构等不同角度展开。

第三，分析了财政补贴、环境税等财政政策对生态创新的重要激励作用。从定性分析到定量实证检验了财政政策组合能够带来“1+1>2”的生态创新效应。已有研究梳理了发达国家生态创新的财政政策，为我国促进生态创新的财政政策体系的构建提供实践经验。

第四，强调了促进生态创新的财政政策体系构建及政策改革的必要性和紧迫性。学者们对促进生态创新的财政政策中显现出来的问题达成共识，如政府支出力度较小、政策选择更偏向税收而非市场化的交易手段以及部门间协同较弱，“头痛医头、脚痛医脚”，缺乏全生命周期的财政体系等，但对促进生态创新的财政政策的制度化及法制化、实施机制、保障措施等的研究却较少。

二、存在问题与不足

第一，比较重视企业“微观”层面的生态创新研究，相对忽视区域“中观”层面的生态创新研究。“生态创新”具有典型的“双重外部性”，极端情况“外部性”就转变成“公共物品”属性。因此，私人物品属性的生态创新依靠市场机制，公共物品属性的生态创新依靠政府机制，准公共物品属性的生态创新则需要混合机制。生态创新要立足于企业但不能局限于企业。

第二，比较重视促进生态创新单一财政政策研究，相对忽视促进生态创新的财政政策体系研究。促进生态创新的财政政策种类繁多，单一政策研究的成果十分丰硕。但是，对财政政策体系的研究相对不足。深入研究促进生态创新的财政政策的政策枝叶图、政策矩阵、政策替代性、政策互补性等的文献严重不足。因此，该领域尚有巨大空间。

第三，比较重视促进生态创新的财政政策前端的政策设计研究，相对忽视促进生态创新的财政政策后端的绩效评价及实施机制研究。已有研究往往重视在机理分析基础上提出政策建议，政策如何实施以及政策实施后的绩效状况如何则较少涉及。例如，如何评价生态经济绩效、生态创新绩效、财政政策绩效、如何分解和连接“财政政策→生态创新→生态经济”的“绩效因果链”等。

第四，比较重视促进生态创新的财政政策的定性分析，相对忽视促进生态创新的财政政策的定量分析。通过机理分析制定财政政策已经防范了政策的方向性错误。但是如何更加精准地制定财政政策还缺乏理论支撑。系统动力学等仿真模拟方法的运用可以使得财政政策促进生态创新的政策建议更加有效。新时代科学决策应该朝着“精准化”方向发展。

第五，比较重视某级政府或政府部门的政策创新，相对忽视上下级政府和不同政府部门的政策协同。财政政策促进区域生态创新是不同政策聚力的结果。现有研究往往只顾某个层级某个方面的政策进行研究，忽视了上级财政政策与下级财政政策、上游财政政策与下游财政政策、这个部门的政策与那个部门的政策之间的协同性研究。

三、拓展与突破的空间

从我国生态经济发展的现实需求出发，以区域生态创新提升为目标，以财政政策手段为抓手，以长三角地区为例，立足相关领域的研究成果及存在的问题，未来应在以下几个方面实现拓展和突破：

第一，长三角地区促进生态创新的财政政策的梳理及评价。基于已有研究以及国内、国外生态创新实践，梳理我国长三角地区能够促进生态创新的财政政策。构建合理的度量指标，评价长三角地区生态创新的绩效，实证检验长三角地区现行财政政策的生态创新效应。结合实证分析结果以及政策实践现实，总结长三角地区财政政策阻碍生态创新发展的突出问题。

第二，财政政策促进生态创新的机理揭示。财政支出政策以及税收优惠政策对生态创新具有正向激励效应，财政收入政策对生态创新则具有反向倒逼作用，结合市场拉动、成本节约等生态创新的驱动力因素，从理论层面分析财政政策促进生态创新的实现路径。以长三角地区为例，从现实层面实证检验实现路径的合理性，同时进一步分析影响实现路径的因素。

第三，长三角地区促进生态创新的财政政策体系的构建。基于推进长三角地区生态创新的财税困境，探索财政政策与其他环境经济政策的协同机理以及财政政策结构性补位与错位的内部一体化。同时关注推进长三角地区生态创新的财政政策的横向一体化与纵向一体化，构建长三角地区促进生态创新的财政政策体系。

第四，长三角地区促进生态创新的财政政策体系的仿真模拟及评价。以长三角地区的实际经济发展、自然禀赋状况等为基础，构建财政政策模拟的系统动力学模型，仿真模拟分析长三角地区单一财政政策的生态创新效应，以及多重财政政策之间对生态创新产生效应时的替代效应或互补效应的大小，探讨财政政策的优化选择和耦合强化。

第五，促进长三角地区生态创新的财政政策改革的深化。基于仿真模拟分析与政策体系评价结果，明确改革的总体思路、重点任务及实施路径，优化长三角地区财政政策矩阵，推进财政政策体系的标准化、制度化与法治化，建立财政政策体系的实现机制与保障措施，实现从促进生态创新的行政手段到经济手段、法治手段、公共治理手段有机结合的财政制度创新。

第三章

财政政策促进生态创新及生态经济发展的机理研究

绿色财政政策可以纠正纯粹市场机制导致的生态创新和生态经济的市场失灵，厘清绿色财政政策、生态创新和生态经济发展之间传递路径有助于政府及时有效地进行政策调整、促进区域生态创新绩效的提高，最终实现生态经济的可持续发展。本章的主要内容如下：首先，对生态创新、生态经济以及绿色财政政策的内涵进行界定；其次，分别介绍了“双重外部性”导致的生态创新市场失灵以及“生态不经济”和“经济不生态”导致的生态经济发展市场失灵，并在此基础上，进一步分析生态创新不足导致的生态经济发展的市场失灵的作用机理；最后，将生态创新分为生态制度创新与生态科技创新两部分，就绿色财政政策影响生态制度创新、再影响生态经济发展，绿色财政政策影响生态科技创新、再影响生态经济发展这两条传递路径展开深入分析。

第一节 核心概念界定

一、生态创新

生态创新，又称绿色创新、环境创新、可持续创新，[①] 其提出源于人类对可持续发展问题的思考。[②③] 1996 年，Fussler 和 James 在《推动生态创新：创新与可持续发展的突破性学科》一书中首次提出生态创新这一概念，[④] 此后，有关生态创新的研究快速增长。经过二十多年的发展，生态创新从狭义定义扩充到广义定义，从单一维度扩展到多重维度，其内涵越来越丰富。

在单一维度下，生态创新的定义仅仅针对环境改善这一目标。比如，聂洪光认为生态创新属于创新的一种，主要通过减少资源和有害材料的使用来降低对环境的危害，并通过其他的途径使用较少的化石燃料以减缓环境污染。[⑤] Kesidou 等从技术层面将生态创新归纳为末端控制技术、清洁生产技术、环保技术研发，等等[⑥]。

双重维度下，生态创新的含义不仅局限于针对环境的改善，而且针对经济目标。比如，Fussler 和 James 从结果导向出发，认为生态创新是“在较大幅度地减少环境影响的同时还能给顾客和企业带来新价值的工艺或新

---

① 李旭. 绿色创新相关研究的梳理与展望［J］. 研究与发展管理, 2015, 27 (02): 1-11.

② Hansen E G, Grosse-Dunker F, ReichwaldR. Sustainability innovation cube-a framework to evaluate sustainability-oriented innovations［J］. International Journal of Innovation Management, 2011.

③ 彭雪蓉, 刘洋, 赵立龙. 企业生态创新的研究脉络、内涵澄清与测量［J］. 生态学报, 2014, 34 (22): 6440-6449.

④ Fussler C, James P. Driving eco-innovation: A breakthrough discipline for innovation and sustainability［M］. London: Financial Times Prentice Hall, 1996.

⑤ 聂洪光. 生态创新理论研究现状与前景展望［J］. 哈尔滨工业大学学报（社会科学版）, 2012, 14 (03): 126-132.

⑥ Kesidou E, Demirel P. On the drivers of eco-innovations: Empirical evidence from the UK［J］. Research Policy, 2012, 41 (05): 862-870.

产品”。[①] Barelett 和 Trifilova 认为，生态创新不仅能够向市场供应商业上的价值，还可以大幅度降低对环境的消极影响，是产生新产品的过程。[②] Kemp 在此基础上对其进行细化，认为在经济或环境的角度看，相较于其余有关代替方案对环境影响更小的创新即为生态创新。[③] 双重维度定义的生态创新不再将经济和环境看作两个完全独立的系统，而是充分考虑了两者之间的紧密联系。

从经济、环境和社会等多重目标维度对生态创新进行定义，是学术界的主流观点。Kemp 和 Pearson 将企业生态创新划分为绿色制度创新、环境技术创新、绿色组织创新以及生态产品/服务创新等 4 个维度。[④] Reid 和 Miedzinski 认为，生态创新是指能够满足人类的需要并最小化单位产出所排放的有毒物质和消耗的自然资源，并且在其生命周期范围内能改善所有人的生活质量的新的和具有竞争性价格的产品、流程、系统、服务和程序。[⑤] 张天悦等认为生态创新具有以技术创新为代表的一般创新范式与构筑生态—经济—社会和谐共生的多重内涵，在实现人与人、人与自然、人与社会协调发展的过程中充当着重要方式。[⑥]

总体而言，生态创新是一个较为宽泛的概念，学术界至今仍未对其内涵形成一致认识，不同学者往往基于学科背景及具体研究需要，对其有所取舍与侧重。毋庸置疑的是，随着研究的不断深入，生态创新的内涵越来越丰富，维度也越来越广泛，单从环境维度对生态创新进行定义已经不符合时代发展要义，而应将其纳入一个宏观的框架中进行综合分析，探讨其对经济、环境和社会的协同影响。

---

① Fussler C, James P. Drivingeco-innovation: A breakthrough discipline for innovation and sustainability [M]. London: Financial Times Prentice Hall, 1996.

② BarelettD, TrifilovaA. Green technology and eco-innovation: Seven case-studies from a Russian manufacturing context [J]. Journal of Manufacturing Technology Management, 2010, 21 (08): 910－929.

③ Kemp R. Eco-innovation: Definition, measurement and open research issues [J]. Economia Politica, 2010, 27 (03): 397－420.

④ Kemp R, PearsonP. Final report MEI project about measuring ecoinnovationUM-ME RIT Project of European Environment Agency (EEA) and the Joint Research Center (JRC) of the European Commission European Commission, 2007.

⑤ Reid A, Miedzinski M. Eco-innovation—Final report for sectoral innovation watch [R]. Belgium: Technopolis Group, 2008.

⑥ 张天悦．环境规制的绿色创新激励研究 [D]．北京：中国社会科学院研究生院，2014.

综上所述，本章认为，所有能够促进经济社会可持续发展、改善生态环境的创新都可被称作生态创新，既包括“硬件（即科技）”的创新，也包括“软件（即制度）”的创新，并且生态创新同时以生态环境保护和经济社会发展为最终目的。生态科技创新主要是指通过将新的生态科技研究成果引入生产过程重组生产要素，并将其转化为可销售的工艺或商品的过程；而生态制度创新则是指能够为创新主体和受益人带来额外经济利益的生态环境制度变革。科技创新是生态创新的核心内容和重要动力来源，而制度创新是生态创新的有力保障和重要推动力，两者不可或缺。①

此外，从创新的层次来看，生态创新可以分为全球生态创新、国家生态创新、区域生态创新以及企业生态创新等。企业是最基本的生产单位，企业生态创新的主体是企业，创新的目的是企业自身的利润最大化。由于生态创新具有“双重外部性”特征，企业往往无法获取生态创新的全部收益，导致创新不足，因此需要政府的干预。② 区域是特定空间内经济社会与生态环境等多种要素交互耦合的综合体，因此区域生态创新需要统筹考虑经济、社会、生态、环境等多种效益，创新的主体也更加多样，既包括企业，也包括社会组织、政府、公众等不同主体。③ 国家生态创新和全球生态创新的内涵与区域生态创新类似，都包括社会、经济、生态、环境等多种因素，但是需要统筹的层次更高，创新的主体也更加多样。本书聚焦区域生态创新研究。

二、生态经济

工业革命以来，全球经济快速增长，但也对生态环境造成了巨大的负面影响。蕾切尔·卡森在 1962 年出版的名为《寂静的春天》一书中，描述了使用杀虫剂对野生动物带来的危害，引起了社会对生态环境的广泛重视。④ 在此背景下，1966 年，肯尼斯·博尔丁在题为《即将到来的宇宙飞船地球经济学》的文章中，用宇宙飞船类比地球，认为地球上只存在有限

---

① 刘思华．对可持续发展经济的理论思考［J］．经济研究，1997（03）：46－54.

② 董颖，石磊．生态创新的内涵、分类体系与研究进展［J］．生态学报，2010，30（09）：2465－2474.

③ 刘梅芳，王艺，王晓瑜．区域生态创新：内涵、机制与实践［J］．环境与发展，2019，31（12）：6－8，10.

④ 蕾切尔·卡逊．寂静的春天［M］．吕瑞兰，李长生，译．长春：吉林人民出版社．2008.

的资源和生产力，如果在地球上过多地开发资源、破坏环境，最终只会导致其像宇宙飞船一样走向毁灭，为此必须发展循环式经济。[①] 此后，联合国人类环境会议在1972年发布名为《只有一个地球》的报告中进一步探讨了经济发展对环境污染的影响并且呼吁各国保护地球环境，世界环境与发展委员会在1987年发布的名为《我们共同的未来》的报告[②]中提出了可持续发展概念，有关经济发展与生态环境关系的研究越来越深入，发展生态经济成为各国的共识。

生态经济根本上来说是一种经济发展新模式，强调经济发展与生态环境保护的协调统一。莱斯特·R. 布朗在《B模式2.0：拯救地球延续文明》一书中，区分了两种社会发展模式，分别为A（传统经济增长）模式和B（生态化经济）模式，他认为，传统经济增长模式会使得经济逐渐退化并最终消亡，因此必须转向可持续发展的新道路，即发展生态经济。[③] 孙久文等认为生态经济发展模式就是考虑生产力系统和生态系统的相互影响与制约，以实现生态环境和经济社会的全面、协调、可持续发展。[④] 周宏春等也认为，生态经济遵循经济规律，运用生态学原理和系统工程方法，在自然资源和生态环境承载力约束下，在生产消费的过程中实现资源高效率的使用、有效控制污染物和温室气体排放，从而实现资源环境与经济社会协调发展，生态经济主要包括绿色经济、循环经济、低碳经济等。[⑤] 虽然学术界对生态经济的本质认识较为一致，但是对具体的定义和内涵仍然没有形成共识，不同的学者对生态经济所包含的具体内容也各有侧重。

大多数学者认为生态经济以经济发展的清洁化、无害化和高效化为核心，在发展经济的过程中必须尽可能减少对生态环境的损害，即强调经济发展的生态友好。例如，赵一婷认为生态经济主要包括生态农业、生态工

---

① 肯尼思·E. 博尔丁. 即将到来的宇宙飞船地球经济学［A］. 赫尔曼·E. 戴利、肯尼思·N. 汤森编. 珍惜地球：经济学、生态学、伦理学［M］. 马杰等，译. 北京：商务印书馆，2001.

② Martin W. Holdgate. Our Common Future：The Report of the World Commission on Environment and Development［J］. Environmental Conservation，1987，14（3）.

③ 莱斯特·R. 布朗. B模式2.0：拯救地球延续文明［M］. 林自新，暴永宁，译. 北京：东方出版社，2006.

④ 孙久文，易淑昶. 推动淮河生态经济带高质量发展的途径研究［J］. 财贸研究，2020，31（03）：43-48.

⑤ 周宏春，管永林. 生态经济：新时代生态文明建设的基础与支撑［J］. 生态经济，2020，36（09）：13-24.

业、生态旅游，是“注重生态平衡、环境保护和能源节约的现代产业”。①姬振海认为，生态经济以经济和环境协调发展为指导思想，以生态学原理、市场经济理论和系统工程方法为指导理论，以实现经济、社会和资源环境的协调发展为目的，是一种通过使用新的科学技术形成生态和经济上的良性循环的现代经济体系。②

也有少数学者认为，生态经济的重点是如何把稀缺的生态资源按照市场化运作方式，实现其应有的价值，在保护生态环境的同时促进经济发展，即强调生态的经济化过程。例如，陈雯指出：“生态经济的思维关键是要跳出工业化的传统认知，在尊重自然生态系统基础上，充分理解保护自然界提供生态产品能力的过程也是价值创造的过程，生态经济同样可以创造财富增加财富；要想发展生态经济，关键是把生态环境看作一种资源和资产，以生态平衡为重点的自然资产价值保存和增长的同时，能够将自然生态资源转化为经济发展资源，实现生态资源价值化以及自然、经济财富的共同增长。”③

事实上，生态经济是针对“生态不经济”和“经济不生态”这两个问题提出的，追求的是既要生态又要经济，因此生态经济的目标既应该有经济的生态化，也应该有生态的经济化，两者不可或缺。经济生态化强调从生产到消费的全过程无害化。为此，必须转变传统粗放式经济发展方式，按照绿色、循环、低碳发展的要求，尽可能降低经济活动对生态环境的损害，提高资源利用效率，从源头上降低自然资源的消耗。生态经济化是将山水林田湖草沙等生态资源作为特殊资产，通过市场化机制将其资本化，从而实现生态产品和服务的经济价值。正如沈满洪等所指出的，生态是具有价值的经济资源，而不是没有价值的自由物品，随着经济社会的发展，生态资源愈来愈稀缺，有偿使用生态资源是趋势所在。④

综合已有研究的成果，本章认为生态经济就是在生态优先、绿色发展理念的指导下，统筹经济发展和环境保护，通过发展绿色经济、循环经

① 赵一婷．生态经济：起因、内涵与发展对策［J］．经济纵横，2002（04）：28－30.

② 姬振海．生态经济：可持续发展的必然选择［J］．世界环境，2006（06）：80－82.

③ 陈雯．生态经济：自然和经济双赢的新发展模式［J］．长江流域资源与环境，2018，27（01）：1－5.

④ 沈满洪，谢慧明．生态经济化的实证与规范分析——以嘉兴市排污权有偿使用案为例［J］．中国地质大学学报（社会科学版），2010，10（06）：27－34.

济、低碳经济，最大限度地消除经济发展对生态环境造成的损害，同时，在保持自然平衡的状态下，将生态资源转化为经济发展动力，实现生态资源的经济价值，从而促进经济增长、提升社会福祉。

三、绿色财政政策

绿色财政政策指的是以改善生态环境为目标的财政收入和财政支出政策，是政府为校正生态环境外部性而采取的政策手段，其中，绿色财政收入政策旨在解决“外部不经济（即负外部性）”问题，而绿色支出政策旨在解决“外部经济（即正外部性）”问题。因此，可以把所有与生态环境外部性校正相关的财政收入和支出政策统称为绿色财政政策。绿色财政政策比命令—控制式生态环境政策手段更加灵活，更具长期性，也更加契合市场经济规律。

绿色支出政策主要包括循环补贴、生态补偿、低碳补助、政府绿色采购等。循环补贴是对各类循环经济项目的补助，其目的是推进循环经济的发展，促进资源的节约和集约利用，包括各类专项补助资金及税收优惠，范围涉及可再生资源利用、节水节能产品推广、资源综合利用等。① 生态补偿是对生态环境保护的这一行为进行补偿，其目的在于推进绿色发展，根据补偿对象的不同，可进一步细分为林业生态补偿、草原生态补偿、海洋生态补偿、流域生态补偿等。② 低碳补助是对低碳产品和减碳行为的补助，其目的是减少温室气体排放、推进低碳发展，包括光伏发电补贴、风电补贴、新能源汽车补贴等。③ 政府绿色采购是指各级政府首先选择购买符合国家绿色认证标准的产品和服务，意在通过政府强大的购买力帮扶生产绿色产品的企业，同时激励和引导非绿色产品生产企业。

绿色收入政策主要包括环境税、资源税、碳税等。环境税也称为绿色税、生态税，以直接在环境中排放应税污染物的企事业单位和其他生产经营者为征收对象，其目的是通过征税这一措施，加大环境破坏者的成本，从而促使污染排放单位将污染成本内部化，最终达到环境保护的目的。值得指出的是，我国自 2018 年 1 月 1 日起开始征收环境税，以替代此前征

---

① 张学文．我国循环经济发展存在的问题及对策［J］．中国集体经济，2014（04）：6－7.

② 李小强．生态补偿制度的肇始、演进及其未来展望［J］．重庆大学学报（社会科学版），2021：1－12（在线发表）．

③ 张居洋．碳税及国家补贴对低碳经济的调节作用研究［D］．成都：西南交通大学，2015.

收的排污费。排污费不具有税收的强制性、固定性和无偿性，因此也可以看作是一种非正式的环境税。资源税是针对油气、矿产、水等特定资源的开采行为征收的一种税，一般采用从量税或从价税的形式，其目的是促进各类资源的节约集约利用，从而缓解资源短缺、开采利用效率低、浪费突出等现象。碳税以化石燃料燃烧产生的二氧化碳排放量为计税基础，以造成二氧化碳排放的产品和服务为征收对象，旨在减少温室气体排放，缓解全球变暖问题。虽然国际上已有不少国家开征碳税，如丹麦、瑞典、荷兰、法国等，但截至2021年4月，我国尚未开征碳税。

第二节 纯粹市场机制导致生态创新及生态经济发展的市场失灵

一、生态创新市场失灵的原因

经济学理论认为，外部性是市场机制失灵的主要原因之一，而政府的干预可以矫正市场失灵。外部性概念由马歇尔首先提出，指某一经济主体的行为对社会上的其他经济主体产生了利益或损害，却无法因此得到报酬或者无须为此支付补偿的现象，导致了经济主体私人收益（成本）与社会收益（成本）的差异。① 在此基础上，庇古进行了深入区分，将为社会带来额外收益的正外部性定义为“外部经济”，对社会产生额外成本的负外部性则定义为“外部不经济”②。生态创新具有“双重外部性”，从而导致纯粹市场机制的失灵。

一方面，企业生产过程中造成的环境污染会给社会带来负外部性，换言之，企业在获取生产收益的同时，将环境污染的成本转嫁给社会，污染成本由社会共同承担而非由企业私人全部承担，因此，企业的私人成本低于社会成本，这将导致企业的产出水平超过社会的帕累托最优数量，造成

① 马歇尔．经济学原理：（上卷）［M］．北京：商务印书馆，1981.
② 庇古．福利经济学（上册）［M］．台北：台湾银行经济研究室，1971.

环境污染过度。生态创新有利于减少环境污染，从而具有改善生态环境的正外部性。生态环境是具有消费非竞争性和非排他性特点的公共物品，因此，企业很难将生态创新带来的环境改善收益全部内部化为自己的收益，造成企业进行生态创新的私人收益低于社会收益，最终会导致生态创新的不足。

另一方面，企业生态创新过程中的知识外溢能够为社会带来正外部性。任何创新性技术得到应用后，都会部分转变为公共知识并在社会上传播，被创新主体以外的其他主体学习和模仿，为其他企业带来外部收益，生态科技创新也不例外。生态创新正外部收益的存在使得企业实施创新行为的私人收益低于创新带来的社会收益，开展生态科技创新的企业尽管承担了全部创新成本，却无法获得全部的创新收益，从而挤占了创新企业的利润，损害了企业进行生态创新的积极性。这将导致企业生态创新程度的不足，造成企业的生态创新水平低于社会的帕累托最优水平。

总而言之，企业生产经营过程中的“外部不经济”和生态创新过程中的“外部经济”组成了企业生态创新行为的“双重外部性”。在单纯依靠市场机制的情况下，环境污染导致的外部成本使得企业的污染排放超过社会帕累托有效的数量，知识外溢带来的外部收益使得企业的生态科技创新程度低于社会帕累托有效的水平，造成了市场均衡状况和福利最大化之间的不一致，导致了市场失灵现象。此时，政府在环境治理领域进行干预是必要的。一方面，通过征收税费，将环境污染带来的外部成本内部化；另一方面，通过经济补偿，奖励企业生态科技创新行为，提高生态科技创新的私人收益，最终实现社会资源的最优配置，达到帕累托均衡。

二、生态经济发展市场失灵的原因

生态经济是一种经济发展新模式，要求在发展过程中实现经济效益和社会效益的一致性。然而，由于生态经济活动具有明显的正外部性及公共物品特征，单纯依靠市场机制将导致生态经济发展不足。一方面，生态市场无法有效解决生态环境保护中的正外部性问题，即有利于生态环境改善的生态生产行为（如植树造林、退耕还草和生态旅游区建设等）所产生的正外部收益无法得到有效的补偿，这就产生了“生态不经济”问题。另一方面，生态市场也无法有效解决生产过程中的负外部性问题，缺乏对负外部性的约束机制，这就产生了“经济不生态”问题。因而，在生态经济发展过程中，采取合理、适当的绿色财政政策对生态经济的发展进行干预有其合理性和必要性。

“生态不经济”是相对于生态经济化提出来的一个概念。生态经济化是指将山水林田湖草沙等生态资源作为特殊资产，通过市场机制将其资本化，从而实现生态产品和服务的经济价值。“生态不经济”则是指生态资源的价值无法实现自动增值。造成“生态不经济”的原因有以下三个方面：

第一，在传统的资本理论中，社会总资本由实物资本或物质资本与人力资本加总而成，并没有将生态环境资源作为生态资本纳入资本的范畴当中，因而长期以来，社会并没有将其看作保障与促进生态经济增长的生产要素和资本，也没有充分实现生态环境资源的资本化和资产化。

第二，多数生态环境资源具有无偿性、非排他性、强制性和难分割性等公共品属性，因而产权很难界定或界定成本很高①，很容易出现“搭便车”或“隐藏偏好”行为，从而使具有正外部性的生态产品的供给数量低于社会经济福利达到最大化的最优水平，进而无法实现生态经济内部资源的有效配置。

第三，由于生态环境资源本身具有公共品属性，因此很难区分通过生态环境资源生产出来的生态产品和服务的价值中所包含的市场成分和非市场成分，从而给生态产品和服务的市场定价带来困难，这很容易形成对生态产品和服务的不合理定价，从而造成资源配置的扭曲和无效率，阻碍生态经济发展。

同样地，“经济不生态”是相对于经济生态化的一个概念。经济生态化强调从生产到消费的全过程无害化。“经济不生态”根源于传统经济增长模式所具有的高强度物质生产消费、高强度资源利用消耗、高强度环境污染排放等特性。传统的市场机制中，经济主体是仅以经济利益最大化为目标进行经济活动，而忽略了生态环境目标，因而市场机制无法有效地克服生产、消费活动中的负外部性，从而导致生态经济市场失灵。造成“经济不生态”的主要原因包括：

第一，经济主体只追求经济福利，忽视了生态福利。在生产阶段，生产者为了追求经济利益最大化，对自然资源进行大规模的破坏性的开发利

① 王万山，廖卫东．生态市场何以失灵？［J］．现代经济探讨，2003（02）：22－24.

用，导致自然资源枯竭。并且在生产过程中所使用的清洁能源和可再生资源比例过小，大量未经处理的废物肆意排放，导致了严重的环境污染问题。在消费阶段，由于缺乏环境保护意识，大部分消费者往往会选择那些对环境不友好但价格具有优势的产品，这种不考虑生态福利的消费偏好深刻地影响着经济体系中的产业结构，同样不利于经济的可持续发展。

第二，技术条件的限制，难以做到生态与经济的兼顾。一般的技术仅仅追求经济效率的提升不考虑对生态环境的影响，而绿色技术则遵循生态原理和生态经济规律，在追求经济效率的基础上力求减轻生态环境的污染和破坏，更加强调资源能源的集约节约。相比于一般技术而言，绿色技术在研发过程中往往需要额外的人力和资本的投入，成本较大且研发周期较长，难以实现生态与经济的兼顾，从而制约了生态经济的发展。

第三，制度设计的滞后，没有及时进行市场矫正。制度往往会影响生产，也影响消费者的选择，并且技术进步也依赖于制度的激励与约束。但相关生态制度的缺位影响了生态经济的发展，并且配套的生态制度从制定到执行，也需要经历一段时差，也将进一步限制生态经济的发展。因此，相关的生态制度设计滞后，无法及时地对生态不经济导致的市场失灵进行矫正，将导致生态经济发展的市场失灵进一步恶化。

三、生态创新不足导致生态经济发展的市场失灵

生态经济发展的最终目的是将传统的高污染、高能耗、低效益的粗放型经济发展模式转变为可持续的发展模式。要实现这一转变，必须通过包括生态科技创新和生态制度创新在内的生态创新来变革落后的生产力和生产关系，提高能源的利用效率，降低经济活动产生的环境污染，促进生态经济的健康发展。但是，在市场机制下企业偏向于进行传统的创新实践，传统的创新实践存在唯经济价值的倾向，企业进行创新活动的主要目的是追求经济效益，因而传统的创新活动所形成的创新成果没有考虑其对环境和社会产生的负面影响，创新活动导致了严重的负外部性。[①] 同时，市场机制也无法对生态创新所产生的正的外部效应进行合理补偿，因此，在纯粹市场经济的发展过程中会出现生态创新不足的现象。

---

① 牛爱芳，毛明芳．生态化技术创新的市场失灵与政府干预［J］．自然辩证法研究，2013，29（08）：81－86.

生态创新是生态经济发展的强劲动力，具体而言，生态创新对生态经济发展的影响可以从生态制度创新与生态科技创新两个角度进行说明。

（一）生态制度创新不足导致生态经济发展的市场失灵

制度创新是指能够使创新受益者获得额外经济利益的现有经济机制及运行机制的变革，而生态制度创新则是指生态要素参与制度创新的过程并进行新的组合，实际上就是制度创新的生态化。生态制度创新尤其是政府主导的制度变革，对环境污染问题的解决和企业进行生态科技创新的宏观环境产生直接影响，从而对生态经济的发展产生影响。

首先，以环境规制变革为代表的生态制度创新能够解决生态经济发展过程中出现的"外部不经济"问题。企业的生产经营过程会不可避免地造成公共污染，而由此产生的外部环境成本将由社会共同承担，此时，企业的私人成本小于社会成本。而环境规制变革可以通过对环境规制强度的选择、环境规制工具的选取和规制手段的创新，更好地实现企业的外部成本内部化，使得企业在生产经营过程中充分考虑外部成本因素，从而达到企业产出水平的帕累托最优状态。

其次，以环境规制变革为代表的生态制度创新能够解决生态经济发展过程中的"外部经济"问题。生态建设、环境改善的生态生产行为和生态创新所产生的正外部收益无法得到有效的补偿，主要源于市场机制对生态产品的不合理定价以及技术溢出效应。环境规制变革可以通过两方面解决外部经济问题：一方面，政府可以通过对生态产品实施价格补贴和绿色采购等政策，将生态生产行为产生的"外部经济"内部化，增加生态生产行为的经济收益，扩大生态产品的供给，实现社会福利的最大化；另一方面，政府可以通过环保投资和补助等政策来为企业的生态科技创新活动提供资金来源，降低企业进行生态科技创新的风险，激励企业的生态科技创新行为，从而促进生态经济的发展。

总而言之，生态制度创新不足将会导致生态经济发展过程中的"外部不经济"和"外部经济"问题无法得到有效解决，进而出现环境污染加重、生态产品供给不足和生态科技创新动力不足的现象，导致生态经济发展的市场失灵问题。

（二）生态科技创新不足导致生态经济发展缓慢

生态科技创新能够最小化工业企业解决环境问题的成本，并通过新产品的开发、生产过程的技术水平提升来提高企业的生产率和利润率，是改善生态环境条件的科技创新。与一般的技术创新相比，生态科技创新除了关注技术创新带给企业的经济效益之外，更关注技术创新对生态环境产生的影响，换言之，生态科技创新的最终落脚点是提高生态经济发展水平。生态科技创新一般通过绿色技术进步与绿色技术扩散来实现资源利用效率的提升、生产成本的降低以及环境污染的减少，缓解“生态不经济”问题和“经济不生态”问题，并最终促进生态经济的发展。

绿色技术进步是生态科技创新积累性的体现。从区域层面来说，生态科技创新通过推进区域生产前沿面来实现区域绿色技术进步，其实现途径主要包括两方面：一是通过增加对自主创新活动的知识资本、R&D 资本和人力资本的投入，实现区域内部生态技术自主创新，从而直接促进绿色技术进步；二是通过直接引进其他区域的生态科技创新成果，实现生态技术在不同区域之间的扩散，发挥正向的技术溢出效应，进而使得本区域生产前沿扩张，促进本区域的绿色技术进步。绿色技术扩散是指落后生产单位通过技术模仿、技术学习向生产前沿面推进的过程。如果生态科技创新不足，即技术进步和技术效率都得不到提升，则生态环境保护成本无法降低，不利于“生态不经济”问题和“经济不生态”问题的解决，最终会导致生态经济的发展停滞不前。

第三节 绿色财政政策影响生态创新及生态经济发展的传递机理

一、绿色财政政策促进生态创新及生态经济发展的总体框架

绿色财政政策促进生态创新进而影响生态经济发展的作用机制及传导路径是一个复杂的过程。本部分试图对这一复杂的影响过程进行分解，以

便从更微观的层面对这一过程进行理解。作用机制及传导路径的总体框架如图3－1所示。

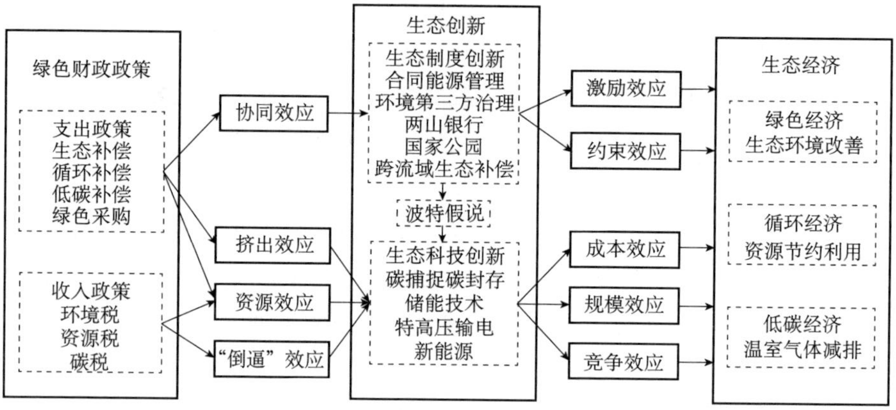

图3－1 绿色财政政策促进生态创新进而影响生态经济发展的传递框架

如前所述，绿色财政政策可以分为收入政策和支出政策两类，其中，收入政策包括环境税、资源税、碳税等，而支出政策包括生态补偿、循环补贴、低碳补助等。生态创新可以分为生态制度创新和生态科技创新，其中，生态制度创新既包括企业和市场自发形成的新的制度安排，如合同能源管理、环境污染第三方治理、“两山”银行等，也包括政府层面出台的新的制度安排，如流域横向生态补偿、国家公园制度等；生态科技创新则包括碳捕捉碳封存、储能技术、新能源发电技术等，涵盖生态环境各领域。生态经济可分为绿色经济、循环经济、低碳经济。在具体区分方面，绿色经济强调最大限度地降低生产过程对生态环境的负面影响，循环经济旨在通过循环利用生产资源提高产出效率，而低碳经济则侧重于限制煤炭、石油等化石燃料的使用从而减少温室气体排放。

在绿色财政政策影响生态制度创新的过程中，主要是协同效应和激励效应发挥作用，不仅通过提供资金支持协同推进生态制度创新，还为技术水平较高的市场主体提供获利机会从而激励市场主体进行生态制度创新。绿色财政政策影响生态科技创新的过程中，主要是倒逼效应、资源效应和挤出效应起作用。其中，倒逼效应是指环境规制“倒逼”企业为规避监管成本进行生态科技创新，资源效应指政府为进行生态科技创新研发活动的企业提供资金来源或提高经济收益，挤出效应则强调绿色财政政策导致的对企业从事生态科技创新活动所需资源的挤占。生态制度创新一方面通过激励机制将生态环境效益和相关主体的经济效益挂钩促进相关市场主体主动进行生态友好型经济活动；另一方面通过约束机制将环境污染成本内化为企业经济成本使企业约束自身的污染排放，从而作用于生态经济的发展。生态科技创新则通过大幅度降低环境污染治理代价的成本效应、扩大绿色生态产品市场需求的规模效应和为生态科技创新主体提供竞争优势的竞争效应促进企业进行生产结构转型，从而提升区域整体的生态经济水平。生态制度创新会影响生态科技创新，好的生态制度安排有利于促进生态科技创新，反过来，生态科技创新也会促使生态制度不断进行调整。例如，为了促进能源绿色转型，我国政府对风电、太阳能发电的上网电价实行财政补贴，并实行优先上网政策。这一制度创新有效促进了新能源发电领域的科技创新步伐，大幅降低了风电、太阳能发电的成本。而当风电、太阳能发电成本降低到足以和火力发电竞争时，我国政府又适时降低了补贴额度乃至取消补贴政策。值得指出的是，绿色财政政策本身也是一种生态制度安排，一项新的绿色财政政策的出台也可以看作是一项生态制度创新。

二、绿色财政政策影响生态科技创新进而影响生态经济发展的传递机理

绿色财政政策对生态科技创新具有倒逼效应、资源效应、挤出效应三种影响效应，而且这三种效应的影响方向并不完全一致，其中，倒逼效应和资源效应具有正向影响，而挤出效应则具有负向影响，三种效应共同作用的综合结果，会最终影响生态科技创新的发展。

首先，绿色财政政策对企业生态科技创新具有倒逼效应。支出导向的绿色财政政策本质上是对企业的环境污染行为进行了环境规制。波特假说认为，适当的环境规制有助于“倒逼”企业进行生态技术革新，形成超过环境规制成本的“补偿性收益”。这种补偿性收益来源于受环境规制的企业通过生态科技创新，并将生态科技创新成果运用于生产过程，能够减少对原有污染性生产方式的依赖，有效规避监管成本，形成环境规制的倒逼效应。此外，环境税等环境规制还能形成生态导向的市场环境，提高全社会环保意识，增强外部利益相关者对重污染企业的监督，形成强大的外部压力，在一定程度上能够有效克服企业组织惰性，敦促企业进行生态科技创新，承担相应的社会责任。

其次，绿色财政政策对企业生态科技创新具有资源效应。生态科技创

新活动需要投入大量资源，而且研发的周期长、不确定性大。政府通过对环保技术的直接和间接投资来扶持企业的生态科技创新活动，可以为企业的生态科技创新研发活动提供一部分资金来源。对资金来源匮乏的企业而言，这部分资金可能是非常重要的，能有效促进企业生态科技创新。此外，政府通过绿色采购政策购买由生态科技创新成果生产出来的绿色产品或对其实施价格补贴，来增加绿色产品的市场需求，进而提高绿色产品生产企业的经济收益，有利于其进行生态科技创新。

最后，绿色财政政策对企业生态科技创新具有挤出效应。环境税、资源税、碳税等绿色收入政策，增加了企业进行污染治理的成本和制度遵循的成本，从而很可能挤占了企业进行生态创新的资金，产生挤出效应。企业在资金不足的情况下，很可能会放弃高风险但具有突破性的生态科技创新，转而进行创新幅度小但研发周期短且具有较大确定性的微小创新，最终会降低生态科技创新的质量和数量。绿色支出政策也可能产生挤出效应，企业获得政府资金的扶持后，往往需要为达到政府所提出的指标付出大量成本，某种程度上“挤出”了企业从事生态科技创新活动的动机和资源。此外，接受政府资金扶持的企业也可能由于自身的机会主义行为对生态科技创新产生负面的挤出效应。

生态科技创新对生态经济具有成本效应、规模效应和竞争效应，而且都对生态经济具有正向影响，从而有利于推动生态经济发展。

首先，生态科技创新可以大幅降低环境污染治理的成本，使得原本在经济上无法推行的生态环境治理措施得以推行，从而有利于生态经济的发展。一个典型的例子是，风电、太阳能发电等新能源发电，在最初推广的时候成本相对较高，大规模替代火电的成本极其高昂，在经济上不可行。但是随着新能源发电技术的进步，风电、太阳能发电的成本逐步降低到足以和火电竞争，新能源发电大规模替代火电成为可能，有力地推动了我国生态经济的发展。

其次，生态科技创新行业产生的效益较高，将会增加企业以及部分员工的经济效益，而这部分高收入群体进一步对生态环境质量提出更高的要求，从而增大以绿色创新为主的生态产品市场需求，进而形成市场规模效应，促进企业进行生产结构转型，最终提升区域整体生态经济水平。

最后，进行绿色技术创新的生产者在生产成本、管理水平或产品竞争力等方面具有一定程度上的竞争优势，能够获得更多的经济效益，这就使得传统生产者在追求更高利润的动机下，也进行生态创新，促进绿色知识和绿色技术在区域内部的扩散，使得区域实际的生产技术与其潜在的生产前沿之间的距离缩短，提升区域整体的绿色技术水平，最终促进区域生态经济的发展。

三、绿色财政政策激励生态制度创新再激励生态经济发展的传递机理

绿色财政政策对生态制度创新的促进作用主要体现在协同效应和激励效应两方面：一方面，由于生态环境具有正外部性和公共物品属性，一项有利于生态环境保护的制度创新往往需要政府财政资金的配套支持，否则很可能难以推行，因此，适当的财政政策对生态制度创新可以起到协同推进作用。一个典型的案例是新安江流域跨界横向生态补偿制度。新安江发源于安徽省黄山市，自西向东流入浙江省西部，在两省交界处汇入浙江省淳安县千岛湖。流域上游黄山市为典型的传统农业地区与经济欠发达地区，其首要目标是发展经济，而下游的杭州市则是经济强市，更希望保护生态环境，加之流域保护的成本与收益不对称，导致两地政策协调困难，流域生态环境呈现恶化风险。皖浙两省通过国家层面组织协调，于2012年实施了一项创新性生态环境保护制度，即新安江流域生态补偿机制。该项创新性制度规定，在2012—2014年首轮试点期间，中央财政每年出资3亿元，浙江和安徽两省各出资1亿元，形成总额5亿元的补偿基金，依据新安江皖浙交界的街口国控断面水质监测数据，比较试点年份水质变化，如果年度出境水质达到考核标准则5亿元全部补偿安徽省，如出境水质未达到标准或安徽省界内出现重大污染事故，则两省将各自出资的1亿元资金拨付给浙江省，但中央财政3亿元仍补偿安徽省。此后，2015—2017年、2018—2020年又分别启动实施了第二轮和第三轮试点，有效改善了新安江流域的生态环境质量。纵观新安江流域跨省生态补偿制度的建立和完善进程，中央及省级财政补助起到了重要作用，为跨区域生态环境协同治理制度创新提供了协同保障作用。

另一方面，在绿色财政政策对生态制度创新也发挥着激励效应。从绿色收入政策来看，环境税、资源税、碳税等绿色财政政策，在为相关市场主体划定了生态环境硬约束的同时，也为技术水平较高的市场主体提供了获利的机会，进而激励市场主体进行生态制度创新。一个典型的例子是环

境污染第三方治理制度。由于环境污染治理具有高度专业性和规模经济效益，单个企业独立进行环境污染治理很可能是低效率的，而专业的环境治理企业则通过其较高的治理技术及管理水平，可以大大降低污染治理成本。环境污染第三方治理服务正是在上述背景下产生的。市场化运营的第三方服务主体不仅可以帮助园区、企业诊断环境污染问题，提供系统解决方案、污染物排放监测以及监管信息平台等专业化环境综合治理服务，还可以集中处理处置污水、烟气和固体废弃物，可以大大降低污染治理成本。从绿色支出政策来看，生态补贴等绿色支出政策同样可以激励市场和政府进行生态制度创新。例如，自我国 2005 年首次提出按照“谁开发谁保护、谁受益谁补偿”的原则加紧构建生态补偿机制以来，我国的生态补偿制度持续发展和完善，更进一步产生了生态保护成效与资金分配挂钩制度、生态公益林补偿制度、主体功能区制度、自然资源统一确权登记制度、国家公园制度等政府层面的生态制度创新，同时，“两山”银行、自愿碳减排等市场化生态制度创新也不断涌现。

生态制度创新对生态经济的促进作用主要通过激励效应和约束效应来实现。所谓激励效应，是指生态制度创新通过将生态环境效益和政府、企业等主体的经济效益挂钩，促进相关市场主体主动进行生态友好型经济活动。以合同能源管理这一制度创新为例，第三方节能公司通过履行合同中的节能改造、能源管理业务获得利益，而用能企业则以更低的成本达到节能的目标，这种双赢格局使市场主体具有主动节约集约利用能源资源的激励。“两山”银行这一生态制度创新，则可以激励相关的政府和企业整合所在地区的自然资源，将资源转化为资本，创造出生态产品的经济价值，并实现生态产品的经济价值变现，最终推动生态经济的发展。跨地区流域生态补偿机制则通过建立上下游地区的责任共担机制，补偿生态相对脆弱、经济相对贫困的上游地区，激励各地区共同推进全流域的社会经济可持续发展。所谓约束效应，是指生态制度创新通过将环境污染成本内化为企业经济成本，从而使企业约束自身的污染排放，最终促进生态经济的发展。例如，排污权交易制度规定了企业的排污配额，从而对企业的排污行为进行了约束，如果企业的污染排放量超过了配额，则必须从市场上购买排污权或者进行更大的污染治理投资，无论哪一种方式都将给企业带来经济成本，从而对其排污行为具有约束作用。

第四章

长三角地区生态创新对生态经济发展的贡献度研究

面对长三角地区区域经济一体化及绿色发展新需求，生态创新如何影响该区域生态经济发展水平，学术界尚未形成共识。本章基于2010—2018年长三角地区41个地级及以上城市面板数据，首先，对长三角地区生态创新水平以及生态经济发展水平进行测算，其次，研究了生态创新对生态经济发展的线性影响，并运用中介效应模型考察生态创新对长三角地区生态经济发展的影响途径，最后，使用面板门槛模型，考察异质性收入水平下生态创新与生态经济之间的非线性关系。研究结果表明：长三角地区生态创新能够显著推动生态经济的发展，并且主要是通过提升绿色技术效率来实现的；同时，生态创新在不同收入水平下存在双门槛效应，即随着收入水平的上升，生态创新对生态经济发展的影响显著为正，而且其影响程度呈现出先递增后递减的非线性规律。

第一节 长三角地区生态创新的绩效评价

一、长三角地区生态创新的度量指标

国内外的学者们已经从不同的角度和方法出发对生态创新进行衡量。结合以往文献，主要有以下两种度量方法：一种是将专利申请量或者授权量等单一指标作为生态创新的代理指标；另一种则是建立生态创新指标体系。本节分别选取两种方法对生态创新进行测量。

（一）单一变量指标

OECD 公布的《技术领域与 IPC 分类号对照表》为贾军等、[①] 郭捷等等[②]学者建立环境友好型技术领域与 IPC 分类号之间的对应关系提供了依据。他们依据 IPC 分类号，借助国家知识产权局专利检索及分析系统检索出环境友好型专利的数量，并以此作为绿色技术创新水平的代理指标。从以绿色产品创新来衡量绿色技术创新的角度出发，张倩等、[③] 陈晓等[④]等学者采用新产品单位生产能耗，即能源消费总量与新产品产值的比值度量绿色技术创新水平。

本节为了更加准确地表征长三角地区生态创新发展水平，使用绿色专利存量指标而非流量指标，其主要原因有以下三点：首先，从发展角度来

---

① 贾军，张伟．绿色技术创新中路径依赖及环境规制影响分析［J］．科学学与科学技术管理，2014（05）：44－52.

② 郭捷，杨立成．环境规制，政府研发资助对绿色技术创新的影响——基于中国内地省级层面数据的实证分析［J］．科技进步与对策，2020，494（10）：43－50.

③ 张倩，彭亦廷．以环境规制推进煤炭企业高质量绿色发展——兼论改革开放40年来的环境规制发展历程［J］．煤炭经济研究，2018，38（11）：23－28.

④ 陈晓，李美玲，张壮壮．环境规制、政府补助与绿色技术创新——基于中介效应模型的实证研究［J］．工业技术经济，2019，38（09）：18－25.

说，技术创新是一个累积进步以及知识产生的过程，使用存量更为准确；① 其次，由于绿色专利申请的波动性，专利流量可能具有较大的时间波动特征，将很难进行建模；最后，从专利申请和专利授予之间的时间跨度来看，特定时间通过专利产生的知识存量与专利数量相比，具有更小的误导性。② 同时，本节采用专利数量而非 R&D 投入量来衡量技术创新是基于如下三点来考虑：首先，相比 R&D 投入，专利数量比作为创新活动的产出指标更能反映创新成果；其次，专利数量可以反映研究的前沿动态，因为专利申请成本较高，申请人只会为他们有价值的发明寻求保护；③ 最后，由于专利数据是连续的记录，与 R&D 投入相比，能够提供更多的信息。④ 为此，本节以国际专利分类对应的环境技术领域为选择标准，从中国知识产权局 1997 年以来公布公告的全部有效专利申请信息中识别绿色发明专利授权量，借鉴 Popp 的方法来构建绿色专利存量，⑤ 公式如下：

$$ETIK_{it} = \sum_{j=2000}^{t} PAT_{ij}\exp[-\beta_1(t-j)] \cdot \left\{1 - \exp[-\beta_2(t-j)]\right\} \tag{4-1}$$

式中，$ETIK_{it}$表示长三角地区城市 i 在第 t 年的绿色专利存量，该存量指标是由 2000 年到第 t 年的绿色专利流量加总而得；PAT_{ij}表示第 i 个城市第 j 年授予的绿色专利数量，j 取值为 2000 年至第 t 年；β_1 表示折旧率，取值为 0.22；β_2表示扩散率，取值为 0.03。

（二）多变量指标体系

Dechezleprêtre 等利用欧洲专利局的全球专利统计数据库，研究自 1978 年以来 13 项绿色技术创新的地理分布和全球扩散情况。他们通过将

---

① Yan Z, Du K, Yang Z, et al. Convergence or divergence? Understanding the global development trend of low-carbon technologies [J]. Energy Policy, 2017 (109): 499 - 509.

② Quatraro F, Scandura A. Academic inventors and the antecedents of green technologies. A regional analysis of Italian patent data [J]. Ecological Economics, 2019 (156): 247 - 263.

③ Dechezleprêtre A, Glachant M, Haščic ˇI, et al. Invention and transfer of climate change-mitigation technologies: a global analysis [J]. Review of Environmental Economics and Policy, 2011, 5 (01): 109 - 130.

④ Popp D, Hascic I, Medhi N. Technology and the diffusion of renewable energy [J]. Energy Economics, 2011, 33 (04): 648 - 662.

⑤ Popp D. Induced innovation and energy prices [J]. American Economic Review, 2002, 92 (01): 160 - 180.

专利数据细分至不同的技术领域，从而实现了对绿色技术创新更细致的定义。[①] Zhang 等利用 2000—2013 年中国 30 个省份的面板数据，分别选取 R&D 投入和专利产出指标作为环境创新的代理指标，分析了环境创新对碳排放总量的影响，发现环境创新水平可以显著降低二氧化碳排放。[②] Chen 等则从绿色经济绩效、生态社会绩效、技术积累绩效、环境保护绩效四个方面选取了 22 个指标，构建了衡量区域生态创新水平的指标体系。他们的研究结果表明，2000—2014 年我国区域生态创新水平总体上显著提高，但区域生态创新指数由东向西呈现比较明显的递减分布。[③] 罗良文等将专利申请数、有效发明专利数、研发人员人均专利申请数和研发经费平均专利申请数作为绿色技术创新的衡量指标。[④] 庞庆华等从创新投入、创新产出和创新环境三个角度度量区域的创新水平，具体地，在创新投入方面，他们选择了科技活动人员数、R&D 投入、研究和开发人员全时当量三个指标；创新产出采用专利授权数来表征；创新环境则使用教育从业人数、普通高等学校与科研机构数量、教育与研发支出来衡量。[⑤]

在现有的生态创新衡量指标体系中，较为权威的是欧盟于 2010 年创建的“生态创新计分板”指标体系。从生态创新投入、生态创新活动、生态创新产出、资源节约成效及社会经济效益五个方面出发，该指标体系构建了较为全面的生态创新绩效指标体系。主要涉及生态创新专利拥有量、生态创新学术出版物数量、生态创新相关内容的媒体报道频率、资源生产力等指标。

本章将综合指标体系进行分类，依据以往文献的做法，建立了生态创新产出、资源节约成效和环境保护效益这三类指标，共 7 项二级指标的生态创新绩效综合评价指标体系。其中，生态创新产出类指标包含绿色发明

---

① Dechezleprêtre A., Glachant M., Haščič I., Johnstone N., Ménière Y. Invention and transfer of climate change-mitigation technologies: a global analysis. Review of Environment Economics and Policy, 2011 (05): 109 – 130.

② Zhang Y. J, Peng Y. L, Ma C. Q., Shen B. Can environmental innovation facilitate carbon emissions reduction? Evidence from China [J]. Energy Policy, 2017 (100): 18 – 28.

③ Chen J., Cheng J., Dai S. Regional eco-innovation in China: An analysis of eco-innovation levels and influencing factors [J]. Journal of Cleaner Production, 2017 (153): 1 – 14.

④ 罗良文，梁圣蓉. 中国区域工业企业绿色技术创新效率及因素分解 [J]. 中国人口·资源与环境，2016，26 (09)：149 – 157.

⑤ 庞庆华，周未沫，李铭珍. 江苏省金融集聚、区域创新和生态效率时空耦合协调 [J]. 华东经济管理，2020，34 (05)：33 – 41.

专利授权量和生态创新相关内容媒体报道频率 2 项指标；资源节约成效类指标包含水资源生产力、能源生产力 2 项指标；环境保护效益类指标包含工业废水、工业烟尘和温室气体排放量 3 项指标。本章构建的生态创新绩效综合评价指标体系如表 4－1 所示。

表 4－1　　生态创新绩效综合评价指标体系

目标指标	序参量	二级指标	代码	指标属性	指标构建依据
生态创新绩效综合评价指标体系（Y）	生态创新产出 Y1	绿色发明专利授权量	Y11	+	欧盟生态创新计分板[1]
		生态创新相关内容媒体报道频率	Y12	+	
		水资源生产力	Y21	+	
	资源节约成效 Y2	能源生产力	Y22	+	
		工业废水排放量	Y31	−	
	环境保护效益 Y3	工业烟尘排放量	Y32	−	魏锋、冯柏明和王健等[2]
		温室气体排放量	Y33	−	

资料来源：①孙艳．欧盟生态创新绩效评析［J］．欧洲研究，2016，34（06）：95－116，7.
②魏锋，冯柏明，王健．西江经济带汽车产业集群生态创新：绩效评价与优化路径［J］．学术论坛，2017，40（02）：174－180.

其中，生态创新产出和资源节约成效主要根据欧盟生态创新计分板来构建。2010 年由生态创新观测台提出的生态创新计分板，是第一个被欧盟引入对其 27 个成员国进行生态创新绩效评估和说明的工具[①]。生态创新计分板从多个维度对生态创新绩效进行评估，主要包含针对科技研发投入的生态创新投入层面、绿色专利的生态创新产出层面以及社会—经济—环境表现的生态创新成果层面等，包括政府的环境和能源研发经费占国内生产总值比重、绿色早期投资总额、生态创新专利、生态创新相关学术刊物和生态创新相关内容的媒体报道频率等 16 项二级指标。利用该指标体系，生态创新观测台在 2012 年对 27 个成员国的生态创新绩效进行描述和比较，帮助监督和评估欧盟各国生态创新活动的进展。可以说，生态创新计分板是国家或地区之间衡量生态创新绩效的一种重要工具。

本章经过数据搜集统计，对比生态创新计分板中的指标，选取了有关生态创新产出方面的绿色发明专利授权量指标和生态创新相关内容媒体报

①　王斌．我国滨海旅游产业生态创新及评价研究［D］．青岛：中国海洋大学，2015.

道频率指标，以及有关资源节约成效方面的水资源生产力指标和能源生产力指标。除了生态创新投入、产出和资源节约成效方面，生态创新的另一个重要表现是生态系统本身的变革，包括对生态环境影响的变化，即污染排放量的变化。因此，本章参考魏锋等的做法①，在生态创新绩效综合评价指标体系中加入环境保护效益序参量，并纳入工业废水排放量、工业烟尘排放量和温室气体排放量 3 个指标，用以描述长三角地区污染和温室气体排放情况，通过对 41 个地级及以上城市在样本期间污染和温室气体排放的横向和纵向比较，能够更全面地对长三角地区生态创新绩效进行评价。

就长三角地区的界定来说，长三角地区合作机制起源于 1992 年建立的长三角 15 个城市经济协作办主任联席会议制度。这 15 个城市包括：上海市，江苏省的南京、苏州、无锡、常州、镇江、扬州、泰州和南通 8 个市，浙江省的杭州、宁波、湖州、嘉兴、绍兴和舟山 6 个市。此后，长三角城市群历经多次扩容，其辐射范围不断加大。至 2019 年底，长三角城市群共计拥有三省一市 41 个地级及以上城市成员。考虑到数据的完整性和连贯性，本课题研究选取所有 41 个长三角城市作为研究对象。具体城市名单见表 4-2。

表 4-2　长三角城市群名单

省份	城市及数量
上海市	上海市（共计 1 个城市）
江苏省	南京市、无锡市、徐州市、常州市、苏州市、南通市、连云港市、淮安市、盐城市、扬州市、镇江市、泰州市、宿迁市（共计 13 个城市）
浙江省	杭州市、宁波市、温州市、嘉兴市、湖州市、绍兴市、金华市、衢州市、舟山市、台州市、丽水市（共计 11 个城市）
安徽省	合肥市、芜湖市、蚌埠市、淮南市、马鞍山市、淮北市、铜陵市、安庆市、黄山市、滁州市、阜阳市、宿州市、六安市、亳州市、池州市、宣城市（共计 16 个城市）

本部分用于构建生态创新绩效综合评价指标体系的数据来源于 2010—2017 年《中国城市统计年鉴》《安徽统计年鉴》《安徽财政统计年鉴》《上海统计年鉴》《浙江统计年鉴》《浙江财政统计年鉴》《江苏统计年鉴》《中国城乡建设统计年鉴》及各城市环境公报、各城市统计局网站数据库、国家研究信息网、CSMAR 数据库等。其中生态创新相关内容的媒

① 魏锋，冯柏明，王健．西江经济带汽车产业集群生态创新：绩效评价与优化路径［J］．学术论坛，2017，40（02）：174-180.

体报道频率无法直接从各个数据库或统计年鉴获得，因此本章利用爬虫软件在“读秀”网站上进行搜集。本章通过对“生态创新”“绿色创新”“环境创新”“可持续创新”“节能减排技术”和“环保技术创新”等十余个关键词进行爬取，从而获得生态创新相关内容的媒体报道频率数据。本章对各指标数据进行描述性统计，如表4－3所示。

表4－3　　生态创新绩效综合评价指标体系

变量名	变量含义	单位	均值	标准差	最小值	最大值	样本容量
greengp	绿色发明专利授权量	件	134.567	281.385	0	1943	328
wp	水资源生产力	亿元/百万吨	17.951	8.877	3.507	50.285	328
ep	能源生产力	亿元/万 kWh	28.848	15.934	2.196	81.278	328
inwwater	工业废水排放量	千万吨	11.791	13.008	0.486	80.468	328
infume	工业烟尘排放量	吨	27.618	22.377	1.766	131.433	328
media	生态创新媒体报道频率	次	2.116	4.633	0	44	328
carbon	二氧化碳排放量	万吨	37.914	35.228	5.799	230.712	328

本章通过对比以往文献中确定生态创新综合指标体系各指标权重的方法，分析各种主观和客观方法的优缺点，择优选择熵值法来确定权重，具体如表4－4所示。

表4－4　　生态创新绩效综合评价指标体系

作者	主要评价指标	研究对象	指标体系权重确定方法
李虹，张希源[①]	包含科技创新子系统和生态环境子系统两个一级指标，共16项二级指标的三大城市群区域生态创新协同度指标体系	长三角、京津冀和珠三角三大城市群	相关系数矩阵法
龚常，游达明[②]	包含社会进步、产业优化、环境承载力和可持续发展4个一级指标，共27项二级指标的产业生态创新系统健康状态评价指标体系	长株潭城市群	层次分析法、熵值法
王斌[③]	包含经济子系统、环境子系统和社会子系统三个系统层指标，10项状态层指标，共32项指标层指标的旅游产业生态创新评价指标体系	滨海旅游产业	熵值法

续表

作者	主要评价指标	研究对象	指标体系权重确定方法
李素峰[④]	包含5个评价准则和12个评价对象的生态创新影响因素评价指标体系	矿产资源密集型区域	专家群决策模型评价法、熵值法
马彭琼[⑤]	包含生态创新投入能力和生态创新产出水平2项一级指标，共4项二级指标和12项三级指标的制造业生态创新指标绩效评价指标体系	我国制造业	投影寻踪模型
曹翠珍[⑥]	利用性和探索性绿色创新2项指标	449个样本企业	因子分析法
魏锋，冯柏明和王健[⑦]	包含创新投入、创新产出、经济效益、环境效益和社会效益这5项一级指标，共14项二级指标的汽车产业集群生态创新评价指标体系	我国汽车产业集群	层次分析法
蔡乌赶，李青青[⑧]	搜集有助于节约能源资源、减少污染排放和保护生态环境的专利申请数	我国30个省份	–

资料来源：①李虹，张希源．区域生态创新协同度及其影响因素研究［J］．中国人口·资源与环境，2016，26（06）：43－51.

②龚常，游达明．区域产业生态创新系统健康评价研究——以长株潭城市群为例［J］．经济学家，2015（06）：41－47.

③王斌．我国滨海旅游产业生态创新及评价研究［D］．青岛：中国海洋大学，2015.

④李素峰．矿产资源密集型区域生态创新影响因素及协同机制研究［D］．北京：中国地质大学，2016.

⑤马鹏琼．环境规制对我国制造业生态创新绩效影响研究［D］．兰州：兰州理工大学，2019.

⑥曹翠珍．资源型企业绿色创新与竞争优势研究［D］．太原：山西财经大学，2015.

⑦魏锋，冯柏明，王健．西江经济带汽车产业集群生态创新：绩效评价与优化路径［J］．学术论坛，2017，40（02）：174－180.

⑧蔡乌赶，李青青．环境规制对企业生态技术创新的双重影响研究［J］．科研管理，2019，40（10）：87－95.

通过梳理以往相关文献中构建指标体系及确定权重的方法，可以看到以往研究者分别采用了相关系数法、层次分析法、熵值法、专家决策法和因子分析法等。在指标权重方面，指标体系的权重确定直接影响协同度评价结果的准确性。而指标权重确定有主观赋权法和客观赋权法。上述方法中相关系数法、层次分析法、熵值法等均能够排除主观因素的影响，属于客观赋权法。考虑科学性和适用性，本章选择熵值法来测算各指标的权重。为了减少人为的主观因素对指标权重的干扰，本章以数据之间的内在联系作为赋权的依据，相比其他赋权方法更为客观科学。在指标量化方面，本章采用的对指标数值进行无量纲化处理的极值处理法，保留了指标数值的原始规律性，量化方法更加真实客观可靠。

最早作为热力学概念的“熵”是信息理论中用来表明系统中的混淆程度的一个重要概念。熵值越小，意味着其隐含的有用信息量就越多，对应的指标也就越重要；熵值越大，则意味着其隐含的有用信息越少，对应的指标也就越不重要。熵值法的使用遵循以下步骤：

首先，对指标进行无量纲化处理。在本指标体系中，有正向指标和负向指标，因此先对其进行分类，然后分别对正向指标和负向指标进行无量纲化处理。同时，由于数据中有 0 值，无法取对数，因此需要消除 0 值，本章采取的方法是将数据整体向右平移 0.0001，即整体数据加上 0.0001。

（1）正向指标无量纲化处理。

$$y'_{ij} = \frac{y_{ij} - \min(y_j)}{\max(y_j) - \min(y_j)} \tag{4-2}$$

（2）负向指标无量纲化处理。

$$y'_{ij} = \frac{\max(y_j) - y_{ij}}{\max(y_j) - \min(y_j)} \tag{4-3}$$

式中，Y_{ij}表示第 i 个城市的第 j 个评价指标值（$i=1$，2，3……41；$j=1$，2，3……7）。其中，Y_{i1}代表第 i 个城市绿色发明授权量，Y_{i2}代表第 i 个城市的水资源生产力，Y_{i3}代表第 i 个城市的能源生产力，Y_{i4}代表第 i 个城市工业废水排放量，Y_{i5}代表第 i 个城市的工业烟尘排放量，Y_{i6}代表第 i 个城市的生态创新媒体报道频率，Y_{i7}代表第 i 个城市的二氧化碳排放量。

其次，在赋权步骤中，具体过程如下所示：

（1）在对原始数据进行无量纲化处理的基础上，计算第 j 个指标下，第 i 个城市的特征比重或贡献度。

$$P_{ij} = \frac{y'_{ij}}{\sum_{i=1}^{41} y_{ij}} \tag{4-4}$$

（2）熵值计算。计算第 j 项指标的熵值公式如下：

$$e_j = -(\ln 41)^{-1} \sum_{i=1}^{41} P_{ij} \ln(P_{ij}), 0 \leqslant e_j < 1 \tag{4-5}$$

（3）差异性系数计算。

$$g_j = 1 - e_j \tag{4-6}$$

（4）确定评价指标的权重 W_j，计算城市综合得分。

$$W_j = \frac{g_j}{\sum_{i=1}^{7} g_j} \tag{4-7}$$

二、测度结果分析

利用前一小节所述的指标及测算方法，分别对生态创新绩效综合评价指标体系中的各指标、生态创新的存量水平以及生态创新绩效水平进行测量，其中表4-5汇总了各序参量及二级指标权重的测算结果，表4-6汇总了2010—2017年长三角地区各城市生态创新绩效水平年均值，表4-7汇总了2018年长三角地区各城市生态创新存量水平值。

利用熵值法对长三角地区41个地级及以上城市生态创新绩效评价指标体系中各基础指标的权重进行估算，其结果（表4-5）显示生态创新产出对区域生态创新绩效的贡献最大，权重达到0.543，其次是环境保护效益，权重达到0.372。对区域生态创新绩效的贡献最小的是资源节约成效，权重为0.086，表明资源节约成效在指标体系中的重要程度较低。

表4-5 序参量及二级指标权重

序参量	二级指标	权重
生态创新产出（0.542）	绿色发明专利授权量	0.458
	生态创新相关内容媒体报道频率	0.084
资源节约成效（0.086）	水资源生产力	0.072
	能源生产力	0.014
环境保护效益（0.372）	工业废水排放量	0.031
	工业烟尘排放量	0.332
	温室气体（二氧化碳）排放量	0.009

表4-6 2010—2017年长三角地区各城市生态创新绩效水平年均值

城市	生态创新	排名	城市	生态创新	排名
南京市	0.0978	1	淮安市	0.0131	23
杭州市	0.0807	2	马鞍山市	0.0127	24
苏州市	0.0407	3	铜陵市	0.0115	25
无锡市	0.0385	4	芜湖市	0.0115	26
嘉兴市	0.0300	5	池州市	0.0113	27

续表

城市	生态创新	排名	城市	生态创新	排名
金华市	0.0287	6	舟山市	0.0110	28
宁波市	0.0270	7	亳州市	0.0097	29
常州市	0.0258	8	蚌埠市	0.0091	30
盐城市	0.0249	9	滁州市	0.0089	31
绍兴市	0.0192	10	宣城市	0.0086	32
合肥市	0.0191	11	六安市	0.0084	33
扬州市	0.0189	12	宿州市	0.0079	34
镇江市	0.0185	13	淮北市	0.0073	35
泰州市	0.0185	14	黄山市	0.0071	36
南通市	0.0175	15	连云港市	0.0071	37
徐州市	0.0169	16	宿迁市	0.0069	38
温州市	0.0160	17	阜阳市	0.0067	39
丽水市	0.0152	18	淮南市	0.0042	40
湖州市	0.0152	19	上海市	0.2254	1
衢州市	0.0152	20	江苏省	0.0265	2
安庆市	0.0142	21	浙江省	0.0247	3
台州市	0.0134	22	安徽省	0.0099	4

表 4－7　　2018 年长三角地区各城市生态创新存量水平

城市	生态创新存量	排名	城市	生态创新存量	排名
南京市	288.4805	1	蚌埠市	7.9725	23
杭州市	230.1835	2	淮南市	7.6312	24
苏州市	149.9250	3	淮安市	7.3008	25
无锡市	101.1629	4	衢州市	6.7056	26
宁波市	74.6197	5	连云港市	6.2921	27
合肥市	72.3884	6	滁州市	6.0222	28
常州市	70.5465	7	六安市	4.0487	29
镇江市	45.4241	8	阜阳市	3.5170	30
南通市	34.8728	9	淮北市	3.3670	31
温州市	28.0608	10	安庆市	3.3520	32

续表

城市	生态创新存量	排名	城市	生态创新存量	排名
绍兴市	27.9143	11	宣城市	3.3171	33
嘉兴市	24.7924	12	丽水市	3.0581	34
芜湖市	24.2611	13	宿迁市	2.0724	35
湖州市	21.4210	14	铜陵市	2.0109	36
徐州市	20.8965	15	池州市	1.6766	37
扬州市	20.4890	16	亳州市	1.6451	38
盐城市	17.4509	17	黄山市	1.4688	39
台州市	17.0808	18	宿州市	1.2651	40
金华市	13.5536	19	上海市	427.5189	1
马鞍山市	11.9819	20	江苏省	59.6068	2
泰州市	9.9745	21	浙江省	41.4946	3
舟山市	9.0508	22	安徽省	9.7453	4

（一）长三角地区生态创新的纵向比较

从整体上来看，2010—2017 年长三角地区平均各城市年均生态创新绩效水平为 0.0244，2018 年长三角地区平均各城市生态创新年均存量水平为 44.26，其中年均生态创新绩效水平排名前十的城市有南京市、杭州市、苏州市、无锡市、嘉兴市、金华市、宁波市、常州市、盐城市以及绍兴市。

2018 年生态创新存量水平排名前十的城市有南京市、杭州市、苏州市、无锡市、宁波市、合肥市、常州市、镇江市、南通市以及温州市。从长三角地区三省一市情况来看，各省份及城市年均生态创新绩效水平的排序为上海市 > 江苏省 > 浙江省 > 安徽省，各省份年均生态创新存量水平排序与绩效水平排序相同，说明往往经济发展较好的省份，生态创新也能得到良好的发展，而经济发展比较缓慢的省份，生态创新发展也呈现低速增长。同时，本节以长三角地区 2010—2017 年各城市年均生态创新绩效水平为准，按照排名情况划分为三个梯队：第一梯队（0.0175—0.0978）为生态创新绩效高水平梯队，包括南京市、杭州市、苏州市、无锡市、嘉兴市、金华市、宁波市、常州市、盐城市、绍兴市、合肥市、扬州市、镇江市、泰州市以及南通市，其中浙江省有 5 个城市，江苏省有 9 个城市，安徽省有 1 个城市；第二梯队（0.0110—0.0169）为生态创新绩效中水平梯队，包括徐州市、温州市、丽水市、湖州市、衢州市、安庆市、台州市、淮安市、马鞍山市、铜陵市、芜湖市、池州市以及舟山市，其中浙江省有 6 个城市，江苏省有 2 个城市，安徽省有 5 个城市；第三梯队（0.0042—0.0097）为生态创新绩效低水平梯队，包括亳州市、蚌埠市、滁州市、宣城市、六安市、宿州市、淮北市、黄山市、连云港市、宿迁市、阜阳市以及淮南市，其中浙江省有 0 个城市，江苏省有 2 个城市，安徽省有 10 个城市。其中浙江省有 54.5% 的城市处于第二梯队，江苏有 69.2% 的城市处于第一梯队，安徽省有 62.5% 的城市处于第三梯队。

从长三角地区各省份内部来看，浙江省 2010—2017 年年均生态创新绩效排名前五的城市有杭州市、嘉兴市、金华市、宁波市以及绍兴市，浙江省 2018 年生态创新存量排名前五的城市有杭州市、宁波市、温州市、绍兴市以及嘉兴市，其中杭州市、嘉兴市、绍兴市以及宁波市的生态创新绩效年均值和生态创新存量水平均名列前茅。

江苏省 2010—2017 年年均生态创新绩效排名前五的城市有南京市、苏州市、无锡市、常州市以及盐城市，江苏省 2018 年生态创新存量排名前五的城市有南京市、苏州市、无锡市、常州市以及镇江市，其中南京市、苏州市、无锡市以及常州市的生态创新绩效年均值和生态创新存量水平均名列前茅。

安徽省 2010—2017 年生态创新年均绩效排名前五的城市有合肥市、安庆市、马鞍山市、铜陵市以及芜湖市，安徽省 2018 年生态创新存量排名前五的城市有合肥市、芜湖市、马鞍山市、蚌埠市以及淮南市，其中合肥市、马鞍山市以及芜湖市的生态创新绩效年均值和生态创新存量水平均名列前茅。

（二）长三角地区生态创新的横向比较

由于生态创新存量表示的是累积量，该值随着时间趋势会不断增大，故本部分将使用多指标体系所测算的生态创新绩效，对长三角地区各城市生态创新进行横向比较。

整体上来说，长三角地区生态创新绩效在 2010—2017 年变化幅度不大（如图 4－1），由 2010 年的 0.024395 变动到 2017 年的 0.024393，生态创新绩效值大约在 0.0244 上下波动，说明生态创新未取得可持续性的进步。

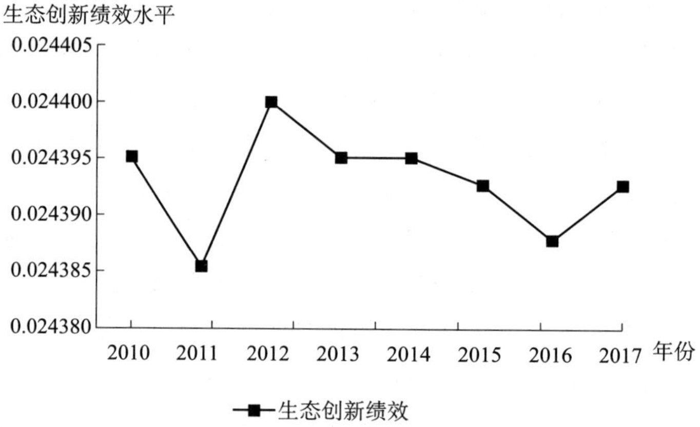

图 4－1　2010—2017 年长三角地区生态创新绩效水平变动趋势

从长三角地区三省一市（上海市、江苏省、浙江省以及安徽省）生态创新绩效发展趋势来看（详见图 4－2），总体上看上海市的生态创绩效水平最高，展开来看它们的变化趋势可以分为两类：第一类是呈下降趋势，主要是上海市，从 2010 年 0.2762 下降到 2017 年 0.148，下降幅度为 46.4%，其中 2013—2014 年呈上升趋势，上升幅度为 5.18%；第二类是平稳波动的类型，主要是江苏省、浙江省以及安徽省，其中安徽省生态创新绩效水平最低，2010—2017 年在 0.001 上下波动，江苏省和浙江省生态创新绩效变化幅度相同，在 0.025 上下波动。

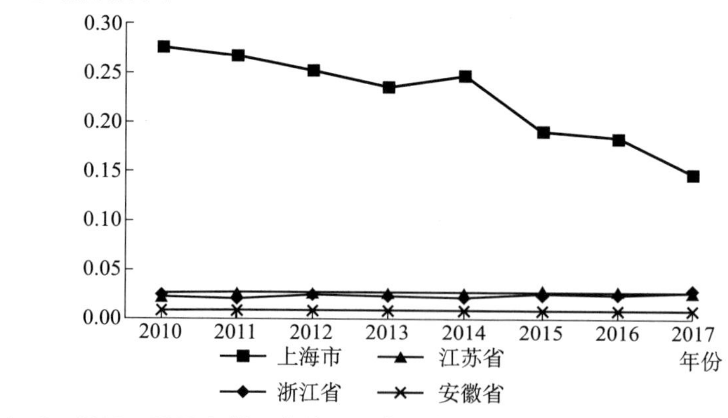

图 4－2　2010—2017 年长三角地区三省一市生态创新绩效水平变动趋势

从长三角地区各城市生态创新绩效发展趋势来看（详见图4－3），整体来说，金华市、上海市、泰州市以及盐城市的生态创新绩效呈高水平。具体展开来说，主要呈现两类发展趋势，一是呈下降趋势，包含的城市有安庆市、滁州市、池州市、阜阳市、黄山市、亳州市、金华市、嘉兴市、六安市、丽水市、连云港市、南通市、宿迁市、绍兴市、泰州市、台州市、无锡市、温州市、宣城市、盐城市以及镇江市，从变化幅度来看，安庆市、滁州市、池州市、阜阳市、金华市、嘉兴市、六安市、丽水市、南通市、泰州市、台州市、温州市和宣城市的下降趋势尤为明显；二是呈上升趋势，包含的城市有蚌埠市、淮安市、常州市、淮北市、合肥市、淮南市、杭州市、湖州市、马鞍山市、宁波市、南京市、上海市、苏州市、宿州市、铜陵市、芜湖市、徐州市、扬州市以及舟山市，其中大部分城市的上升趋势都非常明显。

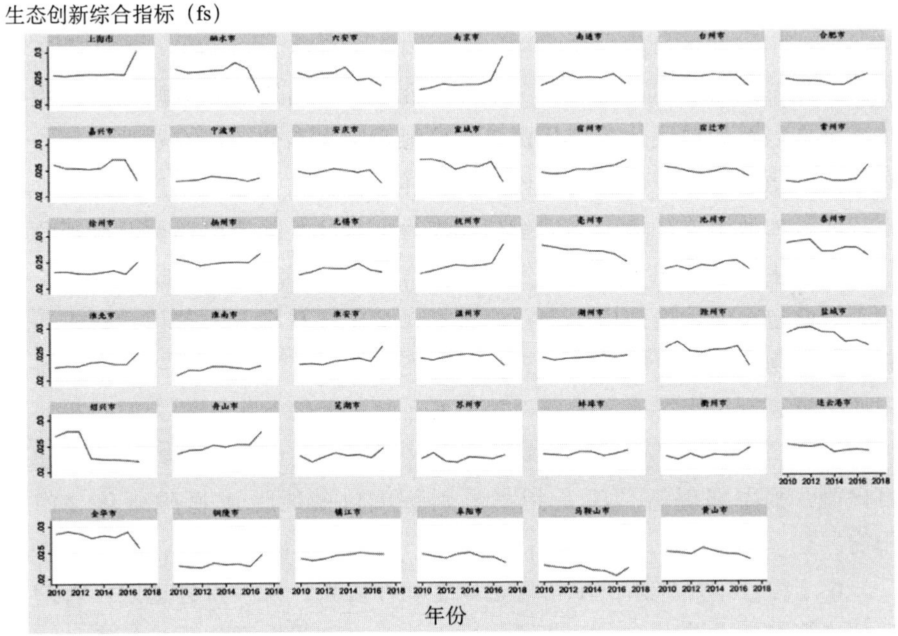

图4－3　2010—2017年长三角地区各城市生态创新绩效发展趋势

第二节
长三角地区生态经济的绩效评价

一、长三角地区生态经济的度量指标

学者们大多使用综合指标体系法、投入产出效率法、环境货币化估值法以及生物物理指标衡量法对生态经济发展水平进行测度。

综合指标体系法是依据不同区域的发展状况，构建出层次不一的指标体系，运用不同的分析方法对区域生态经济发展水平进行测算，较多使用的是联合国可持续发展委员会（UNCSD，1995）建立的“驱动力—状态—响应”（DSR）指标体系。投入产出效率法则是指基于投入产出指标构建生态经济的绩效评价指标体系，同时使用非参数法或参数法对相应区域生态经济的绩效进行评价，该方法将环境污染作为非期望产出分析，并用环境技术效率或环境全要素生产率作为生态经济的测度指标。环境货币化估值法主要是指将人类在进行生产生活时对外部环境造成的损害货币化，通常包含绿色净国内生产总值核算以及生态系统服务价值测算。生物物理指标衡量法主要包含了生态足迹、能值等测算方法，其中生态足迹是指通过测算为了维持人类生存而使用的自然资源的量来评估人类对生态系统的影响，能值则是通过能值转化率将货币流、能量流以及物质流转化为可比值，其中能值转化率是指某类别每单位的能量或物质所蕴含的太阳能。

由于综合指标体系法中指标选取主观性较强，某一指标选取不合理将导致测算结果千差万别，而环境货币化估值法以及生物物理指标衡量法在实际操作中存在很大的应用技术难题，且对数据要求比较高，多是对单一区域的生态经济发展水平进行测度，故本节考虑将非期望产出约束下的环境全要素生产率作为评价长三角地区生态经济绩效的代理指标，这与王兵等的观点不谋而合，即“绿色发展实际上为环境全要素生产率的不断增长，研究一国绿色经济发展的核心指标便是考虑构建具有资源约束的环境

全要素生产率”①。

环境全要素生产率的测算方法主要有非参数化的数据包络分析（Data Envelopment Analysis，DEA）方法以及参数化的线性规划（Linear Programming，LP）方法、随机前沿分析（Stochastic Frontier Analysis，SFA）方法，其中参数化方法要提前设定生产函数形式，结果上会产生一定的偏差，故大部分学者在测算环境全要素生产率时使用 DEA 方法，同时使用 Malmquist-Luenberger（ML）指数考察环境生产率的变动情况。DEA 模型最初是由 Chames 等提出，其基本模型为 CCR 模型以及 BCC 模型，主要是用来评价含有多个投入与产出的多决策单元的相对效率。② 但是无法控制径向选择的变量松弛问题。Tone 提出了 SBM 模型，是对基于松弛变量的效率测算结果的进一步改进，但是该模型无法解决同处于前沿面的决策单元排序问题。③ 为了区分有效的决策单元，Tone 又构建了考虑非期望产出的基于非径向、非角度的超效率 SBM 模型。④ 这些模型测度的均是静止状态下的效率值，不能考察因生产前沿面移动带来的绿色技术进步等动态信息，若要考察动态信息，就需要使用 ML 指数对环境全要素生产率进行测算，同时为了避开传统 ML 指数的不可传递性以及模型无可行性解等问题，Oh 提出了全局 ML 指数（Global Malmquist-Luenberger，GML）方法。⑤

由于 SBM 模型以及 ML 指数具有的良好特性，国内相关学者运用该指数对环境全要素生产率进行测算，例如，秦琳贵等结合 SBM 方向性距离函数和 ML 生产率指数，对海洋经济的绿色全要素生产率进行了测算⑥；陈浩等采用超效率 SBM-DEA 与 GML 生产率指数相结合，测算了全国共计

---

① 王兵，刘光天．节能减排与中国绿色经济增长——基于全要素生产率的视角［J］．中国工业经济，2015（05）：57－69.

② Charnes A，Cooper W W，Rhodes E. Measuring the efficiency of decision making units［J］. European Journal of Operational Research，1978，2（06）：429－444.

③ Tone K. A slacks-based measure of efficiency in data envelopment analysis［J］. European Journal of Operational Research，2001，130（03）：498－509.

④ Tone，K. A slacks-based measure of super-efficiency in data envelopment analysis［J］. European Journal of Operational Research，2002，143（03）：32－41.

⑤ Oh D. A global Malmquist-Luenberger productivity index［J］. Journal of Productivity Analysis，2010，34（03）：183－197.

⑥ 秦琳贵，沈体雁．科技创新促进中国海洋经济高质量发展了吗——基于科技创新对海洋经济绿色全要素生产率影响的实证检验［J］．科技进步与对策，2020，37（09）：105－112.

280个城市的环境全要素生产率①；周五七则是借助包含非期望产出的Super-SBM模型与GML指数，对长三角城市工业的绿色全要素生产率水平进行了测算②。

借鉴上述已有的研究结果，本章将Super-SBM模型与GML指数相结合，测算长三角地区各城市在2010—2018年生态经济的绩效差异。

（一）模型构建

假设系统中共有q（q=1，2，3…，N）个决策单位（Decision Making Units，DMUs），每个DMU有i（i=1，2，3，…，m）种投入要素，r（r=1，2，3，…，s_1）种期望产出以及p（p=1，2，3，…，s_2）种非期望产出构成，x，y^g，y^b为相应的投入矩阵、期望产出矩阵以及非期望产出矩阵。包含非期望产出的Super-SBM模型如下式：

$$\rho^* = \min\rho = \frac{\frac{1}{m}\sum_{i=1}^{m}\frac{\bar{x}_i}{x_{i0}}}{\frac{1}{s_1+s_2}\left(\sum_{r=1}^{s_1}\frac{\bar{y}_r^g}{y_{r0}^g}+\sum_{p=1}^{s_2}\frac{\bar{y}_p^b}{y_{p0}^b}\right)}$$

$$s.t. \qquad (4-8)$$

$$\begin{cases}\bar{x} \geqslant \sum_{i=1,i\neq 0}^{n} x_i\lambda_i \\ \bar{y}_g \leqslant \sum_{i=1,i\neq 0}^{n} y_i^g\lambda_i \\ \bar{y}_b \geqslant \sum_{i=1,i\neq 0}^{n} y_i^b\lambda_i \\ \bar{x} \geqslant x_0, \bar{y}^g \leqslant y_0^g, \bar{y}^b \geqslant y_0^b, \lambda > 0\end{cases}$$

式（4-8）中，$\bar{x}_i$，$\bar{y}_r^g$，$\bar{y}_p^b$分别表示当前有效生产决策单元的投入产出变量的最优解，λ表示权重矩阵，ρ表示相应的效率值，当ρ<1表明该决策单元是技术无效的，当ρ=1表明该决策单元是技术有效的。

为了使不同时期的环境效率具有可比性，本节借鉴Oh提出来的GML

---

① 陈浩，刘培，余东升，等．科技创新投入对环境全要素生产率的影响机制［J］．中国环境科学，2020，40（04）：1834-1846.

② 周五七．长三角工业绿色全要素生产率增长及其驱动力研究［J］．经济与管理，2019，33（01）：36-42.

指数，构建包含全部样本点的全域生产可能性集①，即：

$P^t(x^t) = \{(y_g^t, y_b^t): x^t \text{ 可以生产} (y_g^t, y_b^t)\}$，其中 $t = 1, \cdots T$

$$P^G(x^t) = P^1(x^1) \cup P^2(x^2) \cup \cdots \cup P^T(x^T) \qquad (4-9)$$

式（4－9）中，p^t（x_t）表示第 t 期生产可能集，p^G（x_t）表示第 t 期全局生产可能集，该生产集涵盖了同时代所有期基准技术，y_g^t 表示第 t 期的期望产出，y_b^t 表示第 t 期的非期望产出。

本章采用 GML 指数测算环境全要素生产率指数，并将其进一步分解为绿色技术效率变动指数（Efficiency Change，EC）与绿色技术进步变动指数（Best Practice Gap Change，BPC），具体公式如下：

$$\begin{aligned}
\mathrm{GML}_t^{t+1} &= \frac{1 + \vec{D}^G(x^t, y^{g,t}, y^{b,t}; g)}{1 + \vec{D}^G(x^{t+1}, y^{g,t+1}, y^{b,t+1}; g)} \\
&= \frac{1 + \vec{D}^t(x^t, y^{g,t}, y^{b,t}; g)}{1 + \vec{D}^{t+1}(x^{t+1}, y^{g,t+1}, y^{b,t+1}; g)} \cdot \\
&\quad \left\{ \frac{[1 + \vec{D}^G((x^t, y^{g,t}, y^{b,t}; g)] / [1 + \vec{D}^t(x^t, y^{g,t}, y^{b,t}; g)]}{[1 + \vec{D}^G(x^{t+1}, y^{g,t+1}, y^{b,t+1}; g)] / [1 + \vec{D}^{t+1}(x^{t+1}, y^{g,t+1}, y^{b,t+1}; g)]} \right\} \\
&= \frac{TE^{t+1}}{TE^t} \cdot \frac{BPG^{t,G}}{BPG^{t+1,G}} = \mathrm{EC}_t^{t+1} \cdot \mathrm{BPC}_t^{t+1} \qquad (4-10)
\end{aligned}$$

式（4－10）中，$\vec{D}^G(x)$ 表示全局方向性距离函数，g 表示方向向量，将其设为 g＝（yg，－yb）。当 GML 大于 1 时，表明环境全要素生产率增长；当 GML 小于 1 时，表明环境全要素生产率下降。当 EC 大于 1 时，表明绿色技术扩散增加；当 EC 小于 1 时，表明绿色技术扩散下降。当 BPC 大于 1，表明绿色技术进步；当 BPC 小于 1，表明绿色技术退步。

（二）投入产出变量选择与数据来源

1. 投入产出变量选择

（1）投入指标。

①资本投入（K）。使用资本存量来表示资本投入，借鉴张军等的方

① Oh D. A global Malmquist-Luenberger productivity index [J]. Journal of Productivity Analysis, 2010, 34 (3): 183－197.

法[①]，采用永续盘存法对各城市的资本存量进行估算，其估算公式为：

$$K_{it} = K_{it-1} \times (1-\delta) + \frac{I_{it}}{d_{it}} \tag{4-11}$$

式中，K_{it}表示长三角地区城市 i 在 t 期的资本存量，I_{it}表示长三角地区城市 i 在 t 期的资本流量，用全社会固定投资来表示，δ 为资本折旧率，取值为 9.6%，d_{it}表示长三角地区城市 i 在 t 期固定资产投资的价格指数（2000 年为 1），2000 年固定资产投资额除以 10% 代表初始资本。本节将各年的价格折算到 2000 年。

②劳动力投入（L）。选取各城市的单位从业人员期末人数来表征。[②]

③能源投入（E）。选取全社会用电量来表征，主要是由于本节的研究对象为城市层面，而城市层面缺少一次消费能源消费量数据，故替换使用全社会用电量。[③④⑤]

（2）产出指标。

①期望产出。选择各城市的 GDP 作为期望产出变量，并使用 GDP 平减指数进行平减处理，以得到 2000 年为基期实际产出。

②期望产出。由于中国的环境污染主要是由工业造成，选取工业 SO_2 排放量、工业废水排放量以及工业烟（粉）尘排放量，[⑥⑦] 并使用熵值法对其进行降维处理，将三大指标合成一个环境污染指数。

2. 研究对象及数据来源

本节研究对象为长三角地区 41 个地级及以上城市，研究时间为 2010—2018 年。各指标数据主要来源于历年《中国城市统计年鉴》，并借

---

① 张军，吴桂英，张吉鹏．中国省际物质资本存量估算：1952—2000 [J]．经济研究，2004（10）：35-44.

② 侯孟阳，姚顺波．中国城市生态效率测定及其时空动态演变 [J]．中国人口·资源与环境，2018，28（03）：13-21.

③ 刘阳，秦曼．中国东部沿海四大城市群绿色效率的综合测度与比较 [J]．中国人口·资源与环境，2019，29（03）：11-20.

④ 李健，刘召．中国三大城市群绿色全要素生产率空间差异及影响因素 [J]．软科学，2019，33（02）：61-64+80.

⑤ Li P，Ouyang Y. Technical Change and Green Productivity [J]. Environmental and Resource Economics，2020（76）：271-298.

⑥ 余泳泽，杨晓章，张少辉．中国经济由高速增长向高质量发展的时空转换特征研究 [J]．数量经济技术经济研究，2019，36（06）：3-21.

⑦ 刘阳，秦曼．中国东部沿海四大城市群绿色效率的综合测度与比较 [J]．中国人口·资源与环境，2019，29（03）：11-20.

助各省市统计年鉴、各城市统计年鉴以及统计公报对其进行补充，同时，部分缺失数据采用移动平均法补齐。

二、测度结果分析

利用前文所述的方法与模型，运用 maxDEA 8 Ultra 软件测算长三角城市 2010—2018 年环境全要素生产率指数（GML）、绿色技术效率指数（ECH）以及绿色技术进步指数（BPC），表 4－8 汇集了 2010—2018 年长三角地区各城市环境全要素生产率与来源分解的年增长值。

表 4－8　　2010—2018 年长三角地区各城市年均环境全要素生产率指数及其来源分解

城市	GML	ECH	BPC	排名	城市	GML	ECH	BPC	排名
舟山市	1.2292	1.1874	1.0224	1	蚌埠市	1.0243	1.0048	1.0255	23
镇江市	1.0893	1.0383	1.0689	2	南通市	1.0230	0.9975	1.0679	24
无锡市	1.0778	1.0100	1.0627	3	衢州市	1.0220	1.0013	1.0248	25
徐州市	1.0736	1.0232	1.0463	4	连云港市	1.0212	0.9790	1.0440	26
苏州市	1.0578	1.0513	1.0376	5	宿州市	1.0190	0.9639	1.0834	27
温州市	1.0536	1.0240	1.0308	6	南京市	1.0160	0.9886	1.0300	28
宁波市	1.0535	1.0214	1.0382	7	金华市	1.0062	0.9858	1.0555	29
淮安市	1.0518	1.0265	1.0250	8	泰州市	0.9975	0.9628	1.0389	30
嘉兴市	1.0465	1.0203	1.0292	9	池州市	0.9895	0.9795	1.0124	31
黄山市	1.0439	1.0563	1.0702	10	宿迁市	0.9874	0.9547	1.0334	32
六安市	1.0437	1.0428	1.0511	11	铜陵市	0.9868	0.9709	1.0214	33
宣城市	1.0434	1.0371	1.0398	12	扬州市	0.9783	0.9178	1.0660	34
台州市	1.0364	0.9667	1.0743	13	阜阳市	0.9776	0.9373	1.0464	35
绍兴市	1.0344	1.0071	1.0290	14	芜湖市	0.9754	0.9558	1.0249	36
安庆市	1.0316	1.0127	1.0477	15	马鞍山市	0.9707	0.9503	1.0264	37
淮南市	1.0314	1.0215	1.0116	16	滁州市	0.9694	0.9530	1.0279	38
杭州市	1.0309	1.0117	1.0259	17	合肥市	0.9680	0.9430	1.0393	39
丽水市	1.0296	1.0029	1.0309	18	亳州市	0.9678	0.9466	1.0411	40
淮北市	1.0287	1.0153	1.0133	19	上海市	1.0847	1.0218	1.0663	1
盐城市	1.0271	0.9799	1.0485	20	浙江省	1.0518	1.0205	1.0359	2

续表

城市	GML	ECH	BPC	排名	城市	GML	ECH	BPC	排名
湖州市	1.0270	0.9965	1.0335	21	江苏省	1.0329	0.9916	1.0511	3
常州市	1.0264	0.9606	1.0949	22	安徽省	1.0044	0.9869	1.0364	4

数据来源：经由 maxDEA 8 Ultra 计算整理而得。

（一）长三角地区生态经济发展的纵向比较

从整体上来看，2010—2018 年长三角地区城市年均环境全要素生产率指数大于 1（1.028），表明长三角地区总体上生态经济发展水平呈现持续增长的趋势，但从绿色全要素生产率增长动力源来看，绿色技术效率增长下降，而绿色技术进步年均增长率为 4.2%，说明其增长动力源主要来源于绿色技术进步；从三省一市情况来看，长三角地区所有省份的环境全要素生产率指数平均值均大于 1，相应的排序为上海市 > 浙江省 > 江苏省 > 安徽省，说明经济较为发达的省份，生态经济发展水平趋于一个良好的发展态势，而经济发展较为缓慢的省份，生态经济发展也呈现低速增长；从长三角地区各城市来看，长三角地区有 73.2% 的城市的生态经济发展水平呈现持续上涨趋势，26.8% 的城市生态经济发展水平倒退，其主要原因是绿色技术效率水平的衰退。同时，本章将长三角地区 41 个地级及以上城市按照排名情况划分为三个梯队，第一梯队（1.034—1.229）为高速发展梯队，包括上海市、苏州市、舟山市、宁波市、镇江市、淮安市、温州市、无锡市、徐州市、嘉兴市、黄山市、六安市、宣城市、台州市、绍兴市，共 15 个城市，其中，安徽省有 3 个，江苏省有 5 个，浙江省有 6 个；第二梯队（1.006—1.032）为中速发展梯队，包括安庆市、南通市、丽水市、淮北市、淮南市、杭州市、南京市、连云港市、蚌埠市、常州市、湖州市、盐城市、衢州市、宿州市、金华市，共 15 个城市，其中安徽省有 5 个，江苏省有 5 个，浙江省有 5 个；第三梯队（0.968—0.998）为降速发展梯队，包括有泰州市、扬州市、马鞍山市、池州市、宿迁市、芜湖市、阜阳市、铜陵市、合肥市、滁州市、亳州市，共 11 个城市，其中安徽省有 8 个，江苏省有 3 个。其中安徽省有 50% 的城市处于第三梯队，江苏省有 38.5% 的城市处于第一、第二梯队，浙江省有 54.5% 的城市处于第一梯队。

从长三角地区各省份城市内部来看，浙江省 2010—2018 年所有城市的年均环境全要素生产率均呈现持续增长，平均增长率为 5.2%；同时分解浙江省环境全要素生产率分解项，可知各城市年均绿色技术进步指数处于上升趋势，而对于绿色技术效率来说，除了台州市、湖州市和金华市处于衰退状态，其余城市均处于上升趋势，同时，浙江省 90.9% 的城市的绿色技术进步增长速度快于绿色技术效率增长速度，说明绿色技术进步是环境全要素生产率的主要驱动力。

江苏省 2010—2018 年 76.9% 的城市环境全要素生产率呈现出持续增长的趋势，年均增长率为 4.6%，23.1% 的城市环境全要素生产率呈现出持续下降的趋势，年均下降率为 1.2%；同时分解江苏省环境全要素生产率增长动力来源，发现江苏省各城市环境全要素生产率增长主要源于绿色技术进步，而大约有 61.5% 的城市绿色技术效率呈现出衰退趋势，年均下降率约为 3.2%。

安徽省 2010—2018 年有一半的城市环境全要素生产率处于增长趋势，年均增长率为 3.3%，其余的城市环境全要素生产率处于衰退趋势，年均下降率为 2.4%；同时分解安徽省各城市环境全要素生产率增长动力来源，发现环境全要素生产率负增长主要源于绿色技术效率负增长。

（二）长三角地区生态经济发展的横向比较

整体上来说，2010—2018 年长三角地区环境全要素生产率指数呈现上涨的趋势，如图 4 - 4 所示，由 2010—2011 年的负增长 - 5.4% 上升到 2017—2018 年的正增长 13.3%，其中除了 2010—2011 年以及 2012—2013 年为负增长，具体而言：2010—2013 年长三角地区生态经济发展水平波动较大，先大幅上涨而后大幅下降，2013—2016 年环境全要素生产率呈现稳步上升趋势，年均增长率为 4.9%，2016 年后增长速度又呈现先下降后上升的趋势，但总体环境全要素生产率呈现正增长，只是增长速度发生了变化，这可能是由于我国越来越把生态文明的建设放在首位，并要求形成以改善生态环境水平为核心，最终形成改善环境、倒逼经济、造福民生的良好局面，使得长三角地区生态经济发展水平稳步提高。从长三角地区环境全要素生产率分解情况来看，2010—2018 年长三角地区绿色技术进步呈现为波动上升趋势，从 2010—2011 年的负增长 - 2.0% 上升到 2017—2018 年的正增长 16.1%，与环境全要素生产率变动趋势保持一致；而绿色技术效率则呈现波动下降趋势，从 2010—2011 年的负增长 - 0.6% 下降到 2017—2018 年的负增长 - 1.3%，说明绿色技术进步指数（BPC）对环境全要素生产率（GML）有较强的正向效应，而绿色技术效率（ECH）对环境全要素生产率（GML）总体效应为负。

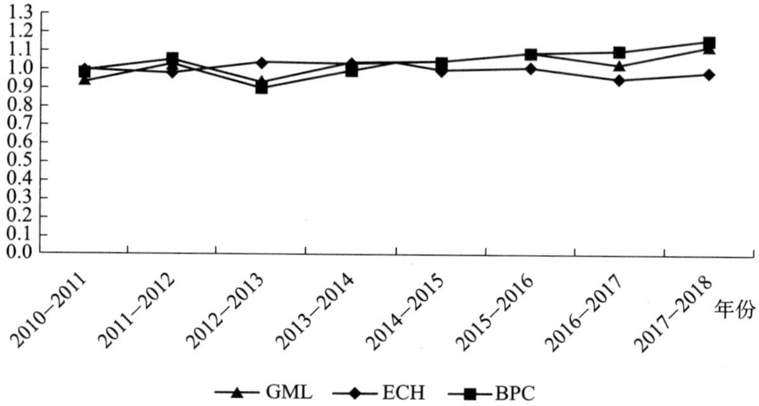

图 4-4　2010—2018 年长三角地区环境全要素生产率及其分解项变动趋势

从上海市、江苏省、浙江省以及安徽省的生态经济发展速度来看（见图 4-5），它们变化趋势可以分为两类：第一类是 N 形，包括上海市、浙江省以及江苏省，即先增长，然后下降，最后稳定增长，具体来说，上海市与浙江省变动趋势一致，2010—2013 年呈稳步上升趋势，平均上升速度分别为 5.5%、4.3%，2012—2014 均有小幅度下降，下降速度分别为 5.7%、0.9%，2013 年后增长速度呈现稳步上升趋势，平均上升速度分别 7.1%、5.2%；而江苏省 2010—2012 年呈稳步上升趋势，上升速度为 7.0%，2011—2013 年呈下降趋势，下降速度为 20.2%，2012 年以后环境全要素生产率呈稳步上升趋势，平均上升速度为 6.1%，第二类是 W 形，包括了安徽省，安徽省 2010—2018 年的环境全要素生产率则呈现波动上升趋势，由 2010—2011 年的 -9.0% 上升到 2017—2018 年的 5.5%。这说明了在研究期内，上海市、浙江省、江苏省以及安徽省的生态经济发展水平均有所改善，其中上海市、浙江省以及江苏省的资源配置情况比较好，故发展情况较好，而安徽省存在资源配置不够合理，故绿色发展波动起伏较大。

从长三角地区三省一市环境全要素生产率的驱动因素来看，如图 4-6 所示，上海市 2010—2014 年绿色技术效率以及绿色技术进步呈现交替波动发展趋势，2013—2018 年两者均呈缓慢上升趋势，相应年份的值均大于 1；如图 4-7 所示，江苏省 2010—2018 年绿色技术进步变动趋势与其环境全要素生产率变动趋势基本保持一致，均呈波动式的缓慢上升趋势，而绿色技术效率在 2010—2018 年则呈波动式下降趋势，同时除开 2012—2013 年、2014—2015 年以及 2016—2017 年，江苏省绿色技术效率均小于 1；如图 4－8 所示，浙江省 2010—2018 年绿色技术进步变动趋势与其环境全要素生产率变动趋势基本保持一致，均呈波动式的缓慢上升趋势，而绿色技术效率则呈现波动发展趋势，其中除开 2010—2011 年、2012—2013 年、2013—2014 年，其余年份的绿色技术效率均大于 1；如图 4－9 所示，安徽省 2010—2018 年绿色技术效率呈现波动下降的趋势，而绿色技术进步则呈现波动上升的趋势。

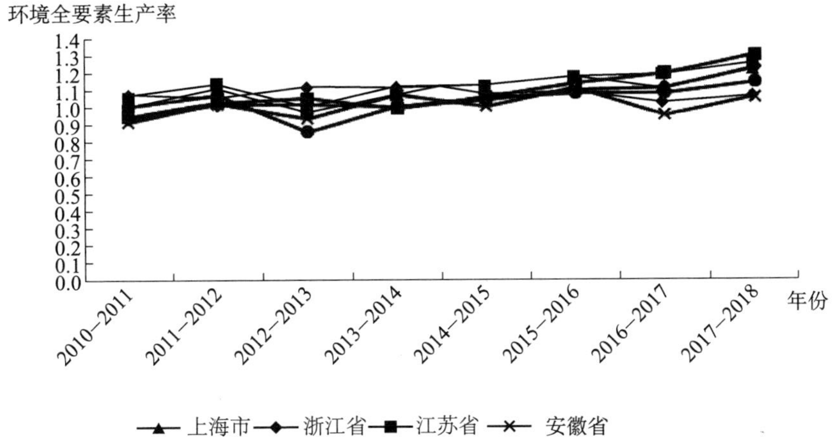

图 4－5　2010—2018 年长三角地区三省一市环境全要素生产率

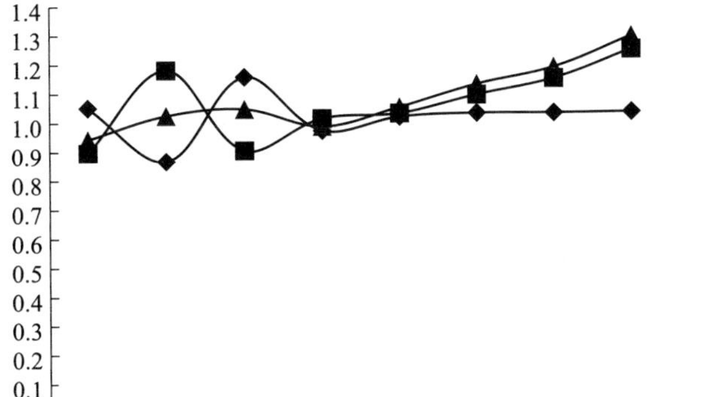

图 4－6　2010—2018 年上海市绿色全要素生产率及其分解项

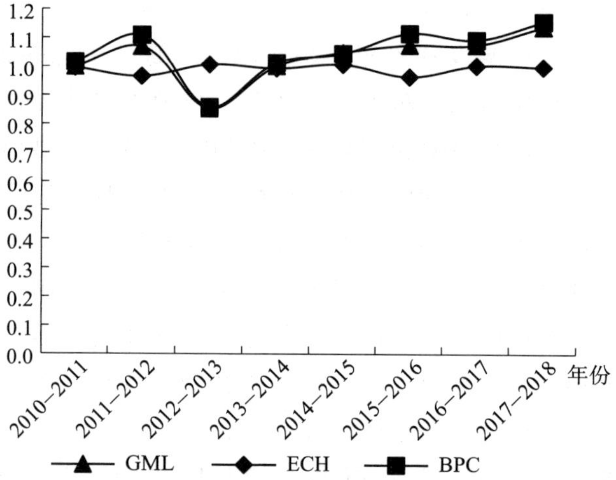

图 4－7 2010—2018 年江苏省绿色全要素生产率及其分解项

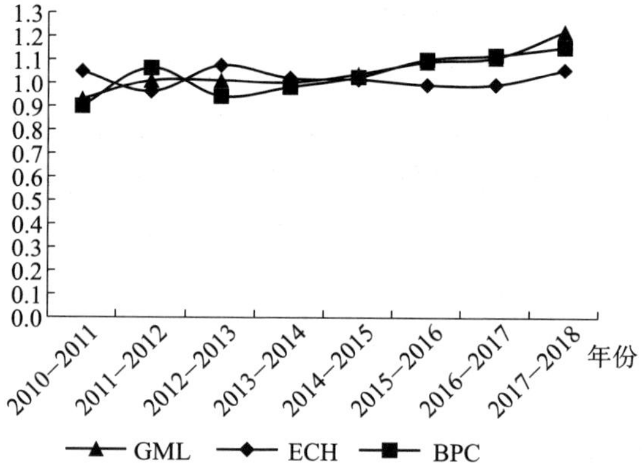

图 4－8 2010—2018 年浙江省绿色全要素生产率及其分解项

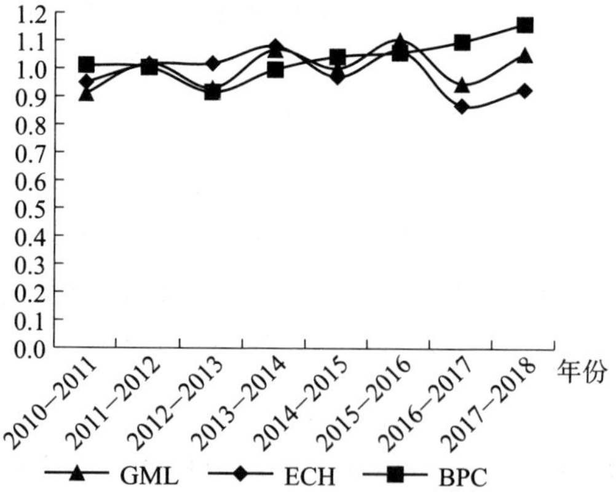

图 4－9 2010—2018 年安徽省绿色全要素生产率及其分解项

表 4-9 2010—2018 年长三角地区三省一市全要素生产率及其分解值

年份	上海市			浙江省		
	GML	ECH	BPC	GML	ECH	BPC
2010—2011	0.9431	1.0517	0.8967	0.9300	1.0489	0.8998
2011—2012	1.0250	0.8676	1.1814	1.0096	0.9627	1.0639
2012—2013	1.0477	1.1577	0.9050	1.0108	1.0752	0.9421
2013—2014	0.9878	0.9733	1.0149	1.0016	1.0212	0.9817
2014—2015	1.0539	1.0207	1.0326	1.0394	1.0147	1.0253
2015—2016	1.1322	1.0330	1.0960	1.0909	0.9915	1.1010
2016—2017	1.1906	1.0336	1.1519	1.1094	0.9925	1.1191
2017—2018	1.2978	1.0369	1.2517	1.2224	1.0571	1.1542
年份	江苏省			安徽省		
	GML	ECH	BPC	GML	ECH	BPC
2010—2011	0.9992	0.9958	1.0153	0.9105	0.9498	1.0115
2011—2012	1.0696	0.9654	1.1093	1.0172	1.0150	1.0039
2012—2013	0.8534	1.0063	0.8583	0.9306	1.0186	0.9159
2013—2014	1.0011	0.9931	1.0129	1.0684	1.0807	0.9969
2014—2015	1.0491	1.0067	1.0456	1.0010	0.9711	1.0439
2015—2016	1.0755	0.9643	1.1162	1.1046	1.0639	1.0587
2016—2017	1.0757	1.0026	1.0936	0.9482	0.8696	1.0982
2017—2018	1.1393	0.9983	1.1575	1.0551	0.9268	1.1622

从长三角地区各城市生态经济发展水平来看，表 4-9 分别从 2010—2011 年、2011—2015 年、2015—2016 年和 2016—2018 年四个时间段对长三角地区各城市的环境全要素生产率指数（GML）进行汇总报告。该时间段是依据“十二五”时期以及“十三五”时期进行划分，而 2010—2011 年与 2015—2016 年这两个时间段分别为“十一五”时期向“十二五”时期转轨，“十二五”时期向“十三五”转轨。由表 4-10 可知，70.73% 的城市“十三五”时期环境全要素生产率增速快于“十二五”时期，增速排名前十的城市有舟山市、镇江市、宿州市、徐州市、无锡市、上海市、温州市、淮安市、盐城市、宿迁市。这些城市经济发展较为发达，从环境全要素生产率增长动力源来看（见表 4-11），“十三五”时期绿色技

术效率指数以及绿色技术进步指数均大于1，同时对于绿色技术效率指数而言，除开温州市，“十三五”时期增速均快于“十二五”时期增速，对于绿色技术进步指数而言，除开盐城市，“十三五”时期增速均快于“十二五”时期。这可能是由于“十三五”时期将生态文明融入经济建设中取得了初步的成效。同时，值得注意的是在“十二五”时期53.7%的城市环境全要素生产率小于1，而到“十三五”时期仅有29.3%城市环境全要素生产率小于1，遗憾的是亳州市、铜陵市、池州市、芜湖市、合肥市、马鞍山市以及阜阳市在“十二五”以及“十三五”时期环境全要素生产率均小于1，且“十三五”时期环境全要素生产率减速加快，同时黄山市、安庆市、宣城市以及苏州市在“十二五”时期环境全要素生产率大于1，但是在“十三五”时期环境全要素生产率小于1。

表4-10　长三角地区各城市环境全要素生产率增长

城市	2010—2011年	2011—2015年	2015—2016年	2016—2018年	“十二五”时期到“十三五”时期变化速度	排名
舟山市	1.0730	0.9702	1.1560	1.8620	91.91	1
镇江市	0.9667	0.9760	1.1078	1.3678	40.14	2
宿州市	0.9445	0.9252	1.0261	1.2404	34.07	3
徐州市	1.0090	0.9804	1.0686	1.2949	32.08	4
无锡市	1.0402	0.9927	1.1168	1.2471	25.62	5
上海市	0.9431	1.0286	1.1322	1.2442	20.96	6
温州市	0.5184	1.0333	1.2797	1.2488	20.86	7
淮安市	1.0225	0.9859	1.0713	1.1885	20.55	8
盐城市	1.0306	0.9651	1.0582	1.1340	17.51	9
宿迁市	0.9644	0.9348	1.0659	1.0648	13.91	10
六安市	0.7563	1.0128	1.2465	1.1476	13.30	11
连云港市	0.9588	0.9932	1.0138	1.1121	11.97	12
扬州市	0.9977	0.9233	1.0712	1.0323	11.80	13
常州市	0.9212	1.0026	1.0907	1.0942	9.13	14
绍兴市	0.9648	1.0127	1.0543	1.1025	8.86	15
滁州市	1.0004	0.8966	1.2190	0.9746	8.70	16
台州市	0.8708	1.0234	1.1055	1.1106	8.52	17
湖州市	0.9716	1.0068	1.0355	1.0908	8.34	18

续表

城市	2010—2011 年	2011—2015 年	2015—2016 年	2016—2018 年	“十二五”时期到“十三五”时期变化速度	排名
泰州市	1.0325	0.9594	1.0379	1.0361	8.00	19
金华市	0.9724	0.9774	1.0613	1.0531	7.75	20
嘉兴市	1.0238	1.0309	1.0434	1.0908	5.81	21
南通市	1.0026	0.9912	1.1398	1.0385	4.77	22
宁波市	0.9308	1.0442	1.1357	1.0923	4.60	23
杭州市	0.9863	1.0200	1.0617	1.0596	3.88	24
衢州市	0.9647	1.0162	1.0377	1.0544	3.77	25
南京市	1.0029	0.9981	1.0721	1.0301	3.20	26
丽水市	0.9532	1.0337	1.0289	1.0600	2.54	27
亳州市	0.6985	0.9741	1.1590	0.9941	2.05	28
淮北市	1.0135	1.0180	1.0947	1.0248	0.67	29
蚌埠市	0.9598	1.0160	1.1256	1.0226	0.65	30
淮南市	0.9858	1.0320	1.0748	1.0313	-0.07	31
铜陵市	1.0218	0.9755	1.0291	0.9707	-0.50	32
池州市	0.9811	0.9954	0.9978	0.9777	-1.78	33
芜湖市	0.8843	0.9945	1.0184	0.9615	-3.32	34
合肥市	0.8132	0.9734	1.1555	0.9408	-3.35	35
马鞍山市	0.8910	0.9856	1.0342	0.9490	-3.72	36
阜阳市	0.9432	0.9973	0.9994	0.9444	-5.31	37
黄山市	1.0974	1.0426	1.1406	0.9714	-6.83	38
安庆市	0.9867	1.0435	1.1942	0.9490	-9.05	39
宣城市	0.5901	1.1864	1.1584	0.9265	-21.90	40
苏州市	1.0406	1.2102	1.0680	0.7567	-37.47	41

表 4-11　“十二五”及“十三五”时期长三角地区部分城市绿色全要素生产率及其分解项

城市	2011—2015 年			2016—2018 年		
	GML	ECH	BPC	GML	ECH	BPC
舟山市	0.9702	1.0001	0.9732	1.8620	1.5726	1.1821
镇江市	0.9760	1.0182	0.9809	1.3678	1.2517	1.1159

续表

城市	2011—2015 年			2016—2018 年		
	GML	ECH	BPC	GML	ECH	BPC
宿州市	0.9252	0.9363	0.9987	1.2404	1.1350	1.1029
徐州市	0.9804	0.9663	1.0137	1.2949	1.1864	1.0909
无锡市	0.9927	0.9990	0.9872	1.2471	1.0226	1.2183
上海市	1.0286	1.0048	1.0335	1.2442	1.0352	1.2018
温州市	1.0333	1.0135	1.0266	1.2488	0.9995	1.2508
淮安市	0.9859	1.0017	0.9861	1.1885	1.0669	1.1147
盐城市	0.9651	0.9376	1.0294	1.1340	1.0235	1.1099
宿迁市	0.9348	0.9270	1.0083	1.0648	0.9905	1.0750

第三节 长三角地区生态创新对生态经济的作用及影响因素分析

一、计量模型设定与变量描述

（一）计量模型构建

本节的核心是研究生态科技创新能否有效促进长三角地区生态经济的发展，也就是提高经济效益的同时，也减少环境污染。构建的基准模型如下：

$$EE_{\mathrm{it}} = \beta_1 \ln EKIT_{it} + \gamma' X_{it} + \mu_i + \lambda_t + \varepsilon_{it} \quad (4-12)$$

式中，EE_{it}代表长三角地区城市 i 在 t 期的环境全要素生产率，用来表征当地生态经济发展水平，衡量的是当期相对于前一期的增长率，参照程惠芳和陆嘉俊①的方法，对环境全要素生产率指数结果进行调整，即假定

① 程惠芳，陆嘉俊．知识资本对工业企业全要素生产率影响的实证分析［J］．经济研究，2014，49（05）：174－187.

基年 2010 年的环境全要素生产率为 1，则 2011 年的环境全要素生产率为 2010 年环境全要素生产率乘以 2011 年环境全要素生产率指数，以此类推。$lnEKIT_{it}$代表第 i 个城市 t 年的生态科技创新存量；X_{it}代表控制变量（包括产业结构、能源消费结构、城市劳动力就业数量、城市人口密度以及外商实际投资水平）；μ_i表示城市固定效应；λ_t表示时间固定效应；ε_{it}表示随机扰动项。

一般情况下环境全要素生产率增长通常来源于技术效率改善和技术进步，为深入分析生态科技创新对长三角地区生态经济发展的影响路径，进一步将环境全要素生产率（GML）分解为绿色技术扩散（EC）和绿色技术进步（BPC）两部分，来衡量生态科技创新对环境全要素生产率变化的中介效应。绿色技术扩散主要反映当地企业通过改善生态科技创新资本配置效率，例如优化人力资本结构、引导发展水平较低区域有效地应用生态科技创新，使得企业生产技术向生产前沿面靠近，从而提升本地区的技术效率，进而引起环境全要素生产率的变化。绿色技术进步主要反映政府通过引入先进的生产设备或清洁生产技术，使得生产前沿面向外推进，从而提升本地区的绿色技术进步水平，进而引起环境全要素生产率的变化。

基于前文关于中介效应的理论分析与变量设定，本文参考 Baron 等提出的中介效应逐步检验法①构建如式（4－13）所示的中介效应模型进行检验。

$$
\begin{aligned}
y_{it} &= c_0 + c_1x_{it} + c_jcontrol_{it} + \mu_i + \lambda_t + \varepsilon_{it} \\
m_{it} &= b_0 + b_1x_{it} + b_jcontrol_{it} + \mu_i + \lambda_t + \varepsilon_{it} \\
y_{it} &= a_0 + a_1x_{it} + a_2m_{it} + a_jcontrol_{it} + \mu_i + \lambda_t + \varepsilon_{it}
\end{aligned}
\qquad (4-13)
$$

式中，y_{it}表示被解释变量，即生态经济发展，x_{it}表示解释变量，即生态科技创新水平，m_{it}表示中介变量，包括绿色技术扩散（EC）和绿色技术进步（BPC）。

根据温忠麟和叶宝娟②提出的中介效应检验流程，当系数 c_1 显著时，如果系数 b_1和 a_2都显著，说明存在间接效应，若此时 a_1不显著，说明存

① Baron, R. M., and D. A. Kenny. The Moderator-mediator Variable Distinction in Social Psychological Research: Conceptual, Strategic, and Statistical Considerations [J]. Journal of Personality and Social Psychology, 1986, 51 (6): 1173－1182.

② 温忠麟，叶宝娟．中介效应分析：方法和模型发展［J］．心理科学进展，2014，22 (05)：731－745.

在完全中介效应，而 a_1 显著，若 b_1a_2 与 a_1 同号，则存在部分中介效应，若 b_1a_2 与 a_1 异号，则存在遮掩效应。并且依次检验结果 b_1 若不显著也可能存在中介效应，应当使用偏差校正的非参数百分位 Bootstrap 法进行检验。

越来越多学者认识到在不同收入水平下，生态科技创新对绿色发展的影响是不同的。为了加深对生态科技创新与生态经济发展水平之间关系的理解，本章构建式的模型如下：

$$EE_{it} = \beta_1 \ln EKIT_{it} + \beta_2[\ln EKIT_{it} \times D] + \gamma' X_{it} + \mu_i + \lambda_t + \varepsilon_{it} \quad (4-14)$$

式中，D 表示虚拟变量，当人均年实际收入水平高于 50000 元时，划分为高收入组，取值为 1，否则取值为 0；lnEKITit × D 表示 lnEKITit 和 D 的交叉项，若系数 β_2 的符号为正，表明在高收入城市中生态科技创新对生态经济的影响更大。其他参数含义与式（4-10）一致。

需要注意的是，式（4-14）的收入分组具有两个缺陷：一是划分具有一定的主观性，并不是根据样本数据估算得出；二是高、低收入组城市在考察期内是固定的，但是实际上随着时间的推移，一些原来属于低收入组的城市后来可能转化为高收入组①，故会对估算结果造成一定的偏误。为此，本章借鉴 Hansen 提出的面板门槛回归模型②，以长三角地区各城市收入水平差距为门槛变量，笔者构建的门槛模型如下：

$$\begin{aligned} EE_{it} = {} & \beta_1[\ln EKIT_{it} \times I(q_{it} \leq \gamma_1)] + \beta_2[\ln EKIT_{it} \times \\ & I(\gamma_1 < q_{it} \leq \gamma_2)] + \cdots + \\ & \beta_n[\ln EKIT_{it} \times I(\gamma_{n-1} < q_{it} \leq \gamma_n)] + \beta_{n+1}[\ln EKIT_{it} \times \\ & I(q_{it} \leq \gamma_n)] + \gamma' X_{it} + \mu_i + \lambda_t + \varepsilon_{it} \end{aligned} \quad (4-15)$$

（二）变量描述

本节采用 2010—2018 年长三角地区 41 个地级及以上城市面板数据，研究生态科技创新对生态经济绩效的影响。

1. 被解释变量

本节依据第二节内容，将 Super-SBM 模型与 Global Malmquist-Luen-

---

① Du K, Li P, Yan Z. Do green technology innovations contribute to carbon dioxide emission reduction? Empirical evidence from patent data [J]. Technological Forecasting and Social Change, 2019 (146): 297-303.

② Hansen B E. Threshold effects in non-dynamic panels: Estimation, testing, and inference [J]. Journal of econometrics, 1999, 93 (02): 345-368.

berger 指数相结合测算出环境全要素生产率指数（GML），并以此表征生态经济发展水平，同时将其分解为绿色技术效率指数（ECH）和绿色技术进步指数（BPC），依据程惠芳和陆嘉俊，[①] 对结果进行调整，即假定基年 2010 年的指数值为 1，则 2011 年的环境全要素生产率、绿色技术进步以及绿色技术效率值为 2010 年对应的值乘以 2011 年相应的增长率，并依据相同的方法测算出每年的环境全要素生产率（EE）、绿色技术效率（ECH）以及绿色技术进步（BPC）值。

2. 核心解释变量

本节依据第二节内容，使用绿色专利存量指标。该指标以国际专利分类对应的环境技术领域为选择标准，分别为：交通运输类（transportation）、能源节约类（energy conservation）、行政监督与设计类（administration regulatory or design aspects）、废弃物管理类（waste management）、替代能源类生产类（alternative energy production）、核电类（nuclear power generation）、农林类（agriculture of forestry），从中国知识产权局自 1997 年以来公布公告的全部有效专利申请信息中识别绿色发明专利授权量，并进一步加总到长三角地区城市层面。

3. 控制变量

（1）产业结构（ln*SIND*）。与服务业相比，第二产业通常是能源密集和污染密集的。本章选取第二产业产出份额来表征产业结构，[②] 并取对数处理。

（2）能源消费结构（ln*ECS*）。由于城市能源消费数据短缺，故本章选取工业用电量与全社会用电量的比值来表征长三角各城市的能源消费结构，[③] 并取对数处理。

（3）外商投资（*FDIR*）。本章使用外商实际投资与国内生产总值比例来表征，[④] 该数据可以从各年度《中国城市统计年鉴》中获取。

---

① 程惠芳，陆嘉俊．知识资本对工业企业全要素生产率影响的实证分析［J］．经济研究，2014，49（05）：174 - 187.

② Yan Z，Zou B，Du K，et al. Do renewable energy technology innovations promote China's green productivity growth? Fresh evidence from partially linear functional-coefficient models［J］. Energy Economics，2020（90）：104842.

③ Liu Y，Zhu J，Li E Y，et al. Environmental regulation，green technological innovation，and eco-efficiency：The case of Yangtze river economic belt in China［J］. Technological Forecasting and Social Change，2020（155）：119993.

④ Yu Y，Peng C，Li Y. Do neighboring prefectures matter in promoting eco-efficiency? Empirical evidence from China［J］. Technological Forecasting and Social Change，2019（144）：456 - 465.

（4）城市劳动力就业数量（*PPJ*）。本章选取城镇单位就业人数来表征城市劳动力就业数量。①

（5）城市人口密集度（*PD*）。本章选取城市人口与各地区面积之比来表征城市人口密度。②

4. 门槛变量

门槛变量为长三角地区各城市的收入水平差距，选取人均实际产出差距比来表征③，用公式表示为：

$$q_{it} = \frac{pgdp_{it}}{\max\{pgdp_{it}\}} \tag{4-16}$$

式中，q_{it}表示长三角地区城市 i 在 t 年人均实际产出差距比，该值反映了一个经济体的收入水平相对于样本期内观察到的最高收入的差距，$pgdp_{it}$表示长三角地区城市 i 在 t 年的实际人均 GDP 值（以 2000 为基期）。

表 4－12 显示不同收入组下各变量的描述性统计，其中 Panel A 和 Panel B 表示不同收入组下主要变量的描述性统计，主要体现了生态经济发展水平、生态科技创新以及产业结构等主要变量在高、中低收入组中的一些统计上的差异，例如高收入组中生态科技创新的均值是中低收入组的 14 倍，高收入组的生态经济发展水平高于低收入组的生态经济发展水平。

表 4－12　主要变量的描述性统计

Panel A：高收入组下主要变量的描述性统计

变量名	变量定义	观测数	平均值	标准差	最小值	最大值
EE	生态经济发展水平	144	1.057	0.336	0.518	3.570
EC	绿色技术扩散	144	1.047	0.312	0.442	3.156
BPC	绿色技术进步	144	1.032	0.224	0.523	1.820
ETIK	绿色专利存量	144	42.952	72.100	0.084	427.519
SIND	产业结构	144	47.530	6.383	29.780	58.240

① 陈浩，刘培，余东升，等．科技创新投入对环境全要素生产率的影响机制［J］．中国环境科学，2020，40（04）：1834－1846.

② Ghisetti C，Quatraro F. Green technologies and environmental productivity：a cross-sectoral analysis of direct and indirect effects in Italian regions［J］．Ecological Economics，2017（132）：1－13.

③ Yan Z，Zou B，Du K，et al. Do renewable energy technology innovations promote China's green productivity growth? Fresh evidence from partially linear functional-coefficient models［J］．Energy Economics，2020（90）：104842.

续表

变量名	变量定义	观测数	平均值	标准差	最小值	最大值
ECS	能源消费结构	144	78.568	71.887	11.739	498.610
PPJ	城市劳动力就业数量	144	4.655	0.794	2.779	6.594
FDIR	外商投资	144	2.753	1.672	0.198	7.876
PD	城市人口密集度	144	773.049	426.021	271.000	2301.000

Panel B：中低收入组下主要变量的描述性统计

变量名	变量定义	观测数	平均值	标准差	最小值	最大值
EE	生态经济发展水平	225	0.959	0.173	0.544	1.598
EC	绿色技术扩散	225	0.953	0.248	0.339	2.313
BCP	绿色技术进步	225	1.035	0.175	0.549	1.726
ETIK	绿色专利存量	225	3.957	7.873	0.024	72.388
SIND	产业结构	225	49.636	8.118	31.070	74.730
ECS	能源消费结构	225	67.881	13.558	31.659	11.250
PPJ	城市劳动力就业数量	225	3.540	0.769	1.960	5.941
FDIR	外商投资	225	3.003	1.897	0.324	9.317
PD	城市人口密集度	225	566.018	253.144	145.000	1077.000

二、基本结果分析

（一）基准回归模型结果

本节基准回归模型结果如表 4 - 13 所示，其中第（1）列是式（4 - 12）的基础回归结果，采用固定效应模型进行估计。第（2）列是在式（4 - 12）的基础上，将滞后一期生态科技创新（ln*ETIK*（ - 1））作为核心的解释变量，同样采用固定效应模型进行估计。第（2）列中的模型是基于两点考虑：一是生态科技创新与生态经济之间可能存在双向因果关系，即作为被解释变量的环境全要素生产率可能反过来影响生态科技创新；二是生态科技创新从生产到应用具有时间上滞后性。第（3）列则是考虑到环境全要素生产率增长具有一定的惯性，在式（4 - 12）的基础上加入滞后一期的环境全要素生产率进行回归的结果，该模型同样也考虑到模型估计的内生性问题，采用 GMM 的方法进行估计。一般而言动态 GMM

有两种重要的估计方法，分别是差分 GMM 估计和系统 GMM 估计，相较于系统 GMM，差分 GMM 容易受到弱工具变量和小样本偏误的影响，同时考虑到两步 GMM 估计可能会引起估计参数的标准差发生偏差，影响估计结果，因此采用一步系统 GMM 方法对模型进行估计，同时考虑到异方差的存在，采用稳健标准误进行处理。

表 4－13　　基准模型的回归结果

	(1)	(2)	(3)
	FE	FE	SYS-GMM
ln*ETIK*	0.0868*** (6.23)		0.1099* (1.73)
ln*ETIK* (－1)		0.0837*** (4.11)	
EE (－1)			0.7195** (2.34
Control	YES	YES	YES
Constant	3.5467** (3.10)	3.4034** (2.79)	1.7042 (1.28)
Year	YES	YES	YES
City	YES	YES	YES
Hausman test	0.0183	0.0463	
AR (1)			0.0669
AR (2)			0.105
Hansen Test			0.258
No. of IV			27
Observations	369	328	328

注：括号中数值为 t 值；***表示 $p<0.01$，**表示 $p<0.05$，*表示 $p<0.1$；AR (1)，AR (2)，Hausman Test 以及 Hansen Test 中均表示为相应的 p 值。

根据表 4－13 中的检验结果可以看到，第（1）（2）列中的 Hausman 检验显著地拒绝原假设，说明第（1）（2）列应当采用固定效应模型进行估计，同时考虑异方差、自相关以及截面相关，使用 Driscoll－Kraay 标准误；在第（3）列中，Hansen 检验[①]在 10% 水平上不能拒绝模型中设定的

① 部分文献采用 Sargan 检验对工具变量的有效性进行判断，但官方命令提供的 Sargan 统计量假定扰动项独立同分布，这一假设过于严格且往往与现实不符，故这里使用 Hansen 统计量对其有效性进行判断。

原假设，说明工具变量选取的有效性，并且二阶序列相关检验结果接受扰动项不存在自相关的原假设，说明模型能够克服存在的内生性，同时，滞后一期的回归结果显著为正，说明环境全要素生产率具有累积性和持续性的特点，表明在模型中加入生态科技创新的滞后一期的有效性。最后，发现被解释变量的影响系数介于 FE 估计（0.375）和 OLS 估计（0.802）之间进一步表明列（3）采用一步系统 GMM 估计方法的有效性。

从表 4－13 的第（1）（2）（3）列的回归结果可以得出，生态科技创新对生态经济的影响是显著为正的，其中第（1）（2）列在 1% 水平上显著为正的，第（3）列结果在 10% 水平上显著为正的。说明长三角地区生态科技创新将会促进生态经济发展水平，这一结论与 Lin 和 Zhu、Ghisetti 等的结论一致，均认为绿色技术创新能够改善环境绩效[①][②]，与 Yan、Du 等结论相反，他们均得出整体上绿色技术创新不是绿色生产率增长的根本动力，但是对于高收入群体而言，绿色技术创新仍然能够促进绿色生产力的发展。[③][④] 主要原因可能有以下两点：第一，尽管生态科技创新具有较高的扩散成本，[⑤] 但长三角地区自古以来较为富庶，且当地居民也具有较强的环保意识，因而他们愿意也有能力推广生态科技创新，故长三角地区的生态科技创新能够推动当地生态经济的发展；第二，生态科技创新扩散需要其他基础性的创新作为补充，长三角地区人力资本较为发达，创新系统也比较完善，故相较于不发达地区，生态科技创新的扩散较为容易。

（二）中介效应模型结果

在得出生态科技创新可以显著提升长三角地区环境全要素生产率后，

---

① Liu Y, Zhu J, Li E Y, et al. Environmental regulation, green technological innovation, and eco-efficiency: The case of Yangtze river economic belt in China [J]. Technological Forecasting and Social Change, 2020 (155): 119993.

② Ghisetti C, Quatraro F. Green technologies and environmental productivity: a cross-sectoral analysis of direct and indirect effects in Italian regions [J]. Ecological Economics, 2017 (132): 1－13.

③ Yan Z, Zou B, Du K, et al. Do renewable energy technology innovations promote China's green productivity growth? Fresh evidence from partially linear functional-coefficient models [J]. Energy Economics, 2020 (90): 104842.

④ Du K, Li J. Towards a green world: How do green technology innovations affect total-factor carbon productivity [J]. Energy Policy, 2019 (131): 240－250.

⑤ Du K, Li J. Towards a green world: How do green technology innovations affect total-factor carbon productivity [J]. Energy Policy, 2019 (131): 240－250.

本章进一步剖析生态科技创新的影响路径，根据前文理论分析部分，作者认为生态科技创新对生态经济发展的影响可能通过绿色技术扩散以及绿色技术进步这两个途径进行传导。

表4-14的Panel A报告了绿色技术扩散的中介效应的模型估计结果，其中第（3）（4）列考虑将滞后一期的生态科技创新作为核心解释变量。结果显示，第（1）（3）列中的Hausman检验均不拒绝原假设，说明模型应当采用随机效应模型进行估计，而第（2）（4）列中Hausman检验均拒绝原假设，说明模型应当采用固定效应模型进行估计。

中介效应检验结果显示，第（1）（3）列中生态经济技术创新对中介变量系数显著为正，说明生态科技创新促进了绿色技术扩散。第（2）（4）列中的中介变量对生态经济发展的影响系数显著为正，而生态科技创新的系数不显著，表明绿色技术扩散是生态科技创新促进生态经济发展的完全中介因子。

表4-14的Panel B报告了绿色技术进步的中介效应的模型估计结果，其中第（3）（4）列考虑将滞后一期的生态科技创新作为核心解释变量。结果显示，第（1）（3）列中的Hausman检验均不拒绝原假设，说明模型应当采用随机效应模型进行估计，而第（2）（4）列中Hausman检验均拒绝原假设，说明模型应当采用固定效应模型进行估计。

中介效应检验结果显示，第（1）（3）列中生态经济技术创新对中介变量系数不显著。第（2）（4）列中的中介变量以及核心解释变量对生态经济发展的影响系数均不显著，表明长三角地区并不通过绿色技术进步使得生态科技创新促进生态经济的发展。以非滞后的核心解释变量为例，进行Bootstrap法检验，结果显示，在95%置信区间上，偏差校正Bootstrap检验的间接中介效应置信区间为（-0.0038，0.0066），包含了零，再次验证绿色技术进步不是生态科技创新与生态经济发展的中介变量。

综上所述，生态科技创新推动长三角地区生态经济发展，主要是通过显著提升绿色技术扩散来实现的，而非通过绿色技术进步来实现。原因可能是生态科技创新有助于长三角区域经济较为落后的地区吸收引入外部技术，更为合理地使用生态科技创新改进绿色生产力，因而能最大程度上节约投入要素，减少污染排放，提升了资源的配置效率，实现了绿色技术向前沿面扩散，从而促进长三角地区的生态经济发展。而生态科技创新并不是通过绿色技术进步来促进长三角地区生态经济发展，原因可能有以下两点：一是从企业角度而言，企业进行自主创新投入的时间、人力以及财力等成本较大，一方面生态技术从理论提出到自主研发再到推广，需要相当长的一段时间才能实现，短短 10 年的时间生态技术自主创新的效益并不能显现，另一方面在这个过程中需要持续不断地投入人力以及财力，从“成本 - 效益”分析角度而言，企业进行自主创新的动力稍显不足；二是从地方政府角度而言，其主要目的是“为增长而竞争”，而在中国分权体制下，中央政府对生态科技创新投入需要地方政府来负责实施，同时，地方政府是企业与中央政府之间的联系者，因而地方政府有很强的激励与当地企业形成合谋，纵容当地污染企业不进行生态科技创新，而超标排污，[①] 例如，在新能源技术推广初期就出现了大量的企业骗补案例。

表 4 - 14　　中介效应模型估计结果

Panel A：绿色技术扩散中介效应模型估计结果

	(1)	(2)	(3)	(4)
	EC	*EE*	*EC*	*EE*
ln*ETIK*	0.1088*** (3.45)	0.0031 (0.13)		
ln*ETIK* (-1)			0.0768** (2.04)	0.0511 (1.18)
EC		0.7345*** (4.20)		0.7745*** (4.60)
Control	YES	YES	YES	YES
Year	YES	YES	YES	YES
City	YES	YES	YES	YES
Hausman test	0.44	0.00	0.36	0.00
Observation	369	369	328	328

Panel B：绿色技术进步中介效应模型估计结果

	(1)	(2)	(3)	(4)
	BPC	*EE*	*BPC*	*EE*
ln*ETIK*	-0.0238 (-1.39)	0.0905 (1.29)		

① 郭峰，石庆玲．官员更替、合谋震慑与空气质量的临时性改善［J］．经济研究，2017，52（07）：155 - 168.

续表

Panel B：绿色技术进步中介效应模型估计结果				
	(1)	(2)	(3)	(4)
	BPC	*EE*	*BPC*	*EE*
ln*ETIK*（-1）			-0.0046 (-0.22)	0.0822 (1.02)
BPC		0.1631 (1.29)		0.1526 (1.10)
Control	YES	YES	YES	YES
Year	YES	YES	YES	YES
City	YES	YES	YES	YES
Hausman test	0.63	0.02	0.45	0.06
Observation	369	369	328	328

注：括号中数值为 t 值；*** 表示 $p<0.01$，** 表示 $p<0.05$，* 表示 $p<0.1$；Hausman Test 中的值表示为相应的 p 值。

三、进一步分析

（一）稳健性检验

本章分别从改变核心解释变量测算方法、对被解释变量进行缩尾处理以及重新选择样本研究时段三个方面对主要回归结果进行稳健性检验。

（1）本章的核心解释变量为生态科技创新，采用绿色专利授权存量进行表征。学者们测算存量指标通常有两种方法：一种是 Popp 提出的知识存量测算方法①，也就是本章采用的方法；另一种是永续盘存法②③，计算公式为：

$$ETIK_{it} = PAT_{it} + (1-\delta) \cdot ETIK_{it-1} \tag{4-17}$$

式中，各指标含义与式（4-1）相同，其中初始存量计算公式为：

① Popp D. Induced innovation and energy prices [J]. American Economic Review, 2002, 92 (01): 160-180.

② Keller W. Geographic localization of international technology diffusion [J]. American Economic Review, 2002, 92 (01): 120-142.

③ Verdolini E, Galeotti M. At home and abroad: An empirical analysis of innovation and diffusion in energy technologies [J]. Journal of Environmental Economics and Management, 2011, 61 (02): 119-134.

$$ETIK_{it_0} = \frac{PAT_{it_0}}{(\bar{g}_s + \delta)} \qquad (4-18)$$

式中，$\bar{g}_s$ 表示专利数在 t_0 和 t_{0+5} 期间的平均增长率，并且根据相关文献设定，$\delta = 0.1$。本部分采用永续盘存法对生态科技创新进行重新测量。

（2）对被解释变量进行缩尾处理。为克服被解释变量的异常值以及非随机性对模型估计结果的影响，对其1%的极大值和1%的极小值进行缩尾处理，再进行计量回归。①

（3）以2011—2017年为研究时段重新估计。为了降低样本时间选择造成的误差，本章剔除2010年和2018年两年样本重新进行估计。

经过上述稳健性检验，发现除有一列发生变化，其余模型的回归结果与上文一致，说明本章主要结论比较稳健。

（二）异质性分析

上文基于线性模型分析了生态科技创新对环境全要素生产率的影响，并且证实了长三角地区生态科技创新的绿色增长效应，但该结论是假定区域同质化条件下得出的，忽视了区域间存在的禀赋差异。实际上，多位学者证实了在不同的收入水平下，绿色技术创新对绿色绩效的影响是不同的，②③④ 因此本章分别构建外生收入分组以及内生收入门槛模型，考察异质性收入下，生态科技创新对长三角地区环境全要素生产率的非线性影响。

1. 外生收入分组结果分析

式（4－14）的回归结果如表4－15所示，第（1）列在式（4－12）的基础上加入生态科技创新与收入分组虚拟变量的交叉项（lnETIK × D），同时为了确保估计结果的准确性，第（2）列中将生态科技创新的滞后一

① 葛鹏飞，黄秀路，韩先锋．创新驱动与“一带一路”绿色全要素生产率提升——基于新经济增长模型的异质性创新分析［J］．经济科学，2018（01）：37－51.

② Li P，Ouyang Y. Technical Change and Green Productivity［J］．Environmental and Resource Economics，2020（76）：271－298.

③ Yan Z，Zou B，Du K，et al. Do renewable energy technology innovations promote China’s green productivity growth? Fresh evidence from partially linear functional-coefficient models［J］．Energy Economics，2020（90）：104842.

④ Du K，Li J. Towards a green world：How do green technology innovations affect total-factor carbon productivity［J］．Energy Policy，2019（131）：240－250.

期作为核心解释变量，第（3）列中将滞后期的被解释变量加入模型中，前两列采用固定效应模型进行回归，最后一列采用一步系统 GMM 方法进行回归。

表 4-15　　异质性收入下的回归结果

	(1)	(2)	(3)
	FE	FE	SYS-GMM
ln*ETIK*	0.0784*** (6.86)		0.0985* (1.86)
ln*ETIK*×*D*	0.0599* (2.12)		0.0034 (0.15)
ln*ETIK*（-1）		0.0734*** (4.17)	
ln*ETIK*（-1）×*D*		0.0747* (2.17)	
EE（-1）			0.7078** (2.14)
Control	YES	YES	YES
Constant	2.8670*** (3.47)	2.7758** (3.00)	3.0302* (1.80)
Year	YES	YES	YES
City	YES	YES	YES
AR（1）			0.046
AR（2）			0.065
Hansen Test			0.169
NO. of IV			36
Observation	369	328	328

注：括号中数值为 t 值；***表示 $p<0.01$，**表示 $p<0.05$，*表示 $p<0.1$；AR（1），AR（2），Hansen Test 中均表示为相应的 p 值。

第（1）（2）列结果均显示，生态科技创新在1%水平下仍然是显著的，且交叉项在10%水平下显著为正，说明生态科技创新能促进长三角地区的生态经济发展，但是对于高收入城市的促进作用更大；第（3）列结果显示，生态科技创新在10%水平下是显著的，但交叉项结果不显著。本章接下来采用面板门槛模型进一步考察生态科技创新与生态经济发展之间的关系。

2. 内生门槛回归结果分析

（1）门槛效应检验。首先，使用“bootstrap 法”检验变量之间是否存在门槛效应。对长三角 41 个地级及以上城市中的人均实际产出差距比 q 不存在门槛值、存在一个门槛值以及存在两个门槛值分别进行估计。运用 stata16.0 统计软件，通过反复抽样 1000 次得出检验统计量对应的 p 值，判断是否存在门槛效应①，结果如表 4－16 所示。

表 4－16　门槛效应检验结果

解释变量	门槛个数	F 值	P 值	10% 临界水平	5% 临界水平	1% 临界水平
ln*ETIK*	一门槛	27.55	0.0720	24.0318	30.6002	45.7936
	二门槛	44.74	0.0060	20.3226	24.8785	38.5923
ln*ETIK*（－1）	一门槛	27.29	0.0550	22.7320	27.9642	46.0533
	二门槛	73.26	0.0000	22.5217	26.8304	37.8872

由表 4－16 可知，F 统计量在一门槛以及二门槛模型中，至少在 10% 水平下显著，说明人均实际产出差距比 q 通过双门槛检验，模型中存在两个门槛值，相应的结果如表 4－17 所示。

表 4－17　门槛值的估计值和置信区间

解释变量	门槛变量	门槛数	估计值	置信区间
ln*ETIK*	*q*	二门槛	0.3657	[0.3391，0.3802]
			0.3802	[0.3534，0.3865]
ln*ETIK*（－1）		二门槛	0.3666	[0.3403，0.3802]
			0.3802	[0.3666，0.3868]

其次，还要对门槛估计值的真实性进行检验，Hansen 使用极大似然法检验门槛值②，在此使用 Hansen 的方法，绘制当期以及滞后期的生态科技创新的两个门槛值的似然比函数（见图 4－10、图 4－11）。其中 LR 统计量最低点为真实的门槛值，虚线表示临界值为 7.35，由图 4－10 和图 4－11 可以看出临界值 7.35 明显大于两个门槛值，由此认为上述门槛值是真

① 李虹，邹庆．环境规制、资源禀赋与城市产业转型研究——基于资源型城市与非资源型城市的对比分析［J］．经济研究，2018，53（11）：182－198.

② Hansen B E. Threshold effects in non-dynamic panels：Estimation，testing，and inference［J］. Journal of Econometrics，1999，93（02）：345－368.

实有效的。

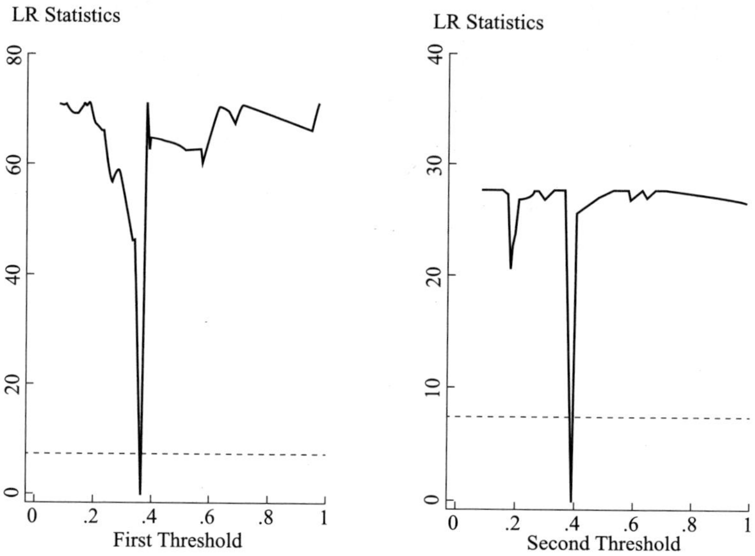

图 4 - 10　解释变量为 lnETIK 下 q 的双门槛估计结果

注：两个图形的门槛值分别为 0. 3657、0. 3802。

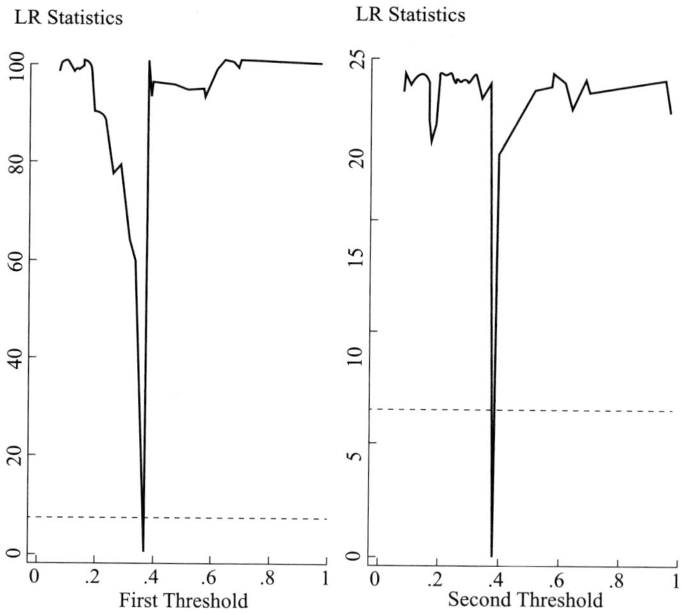

图 4 - 11　解释变量为 lnETIK（-1）下的 q 的双门槛估计结果

注：两个图形的门槛值分别为 0. 3666、0. 3802。

（2）结果分析。门槛回归结果如表 4 - 18 所示，其中第（1）（2）列分别表示核心变量的当期及滞后期的回归结果，可以看出在不同的收入水平下，生态科技创新的影响是不同的。在第（1）列中，当收入水平较低时（$q \leq 0.3657$，以 2018 年为例，$q = 0.3657$ 时实际人均收入为 68365.1 元），生态科技创新的影响系数为 0.0551，且通过了 5% 显著性水平检验，表明在第一区间内，生态科技创新对环境全要素生产率具有显著的正向促进效应；当收入水平处于中等时（$0.3657 < q \leq 0.3802$，同样以 2018 年为例，$q = 0.3802$ 时实际人均收入为 71075.7 元），生态科技创新的影响系数为 0.3671，且通过了 1% 显著性水平检验，表明在第二区间内，生态科技创新对环境全要素生产率具有显著的正向促进作用，且这种正向促进效应得到进一步的加强；当收入水平较高时（$q > 0.3802$），生态科技创新的影响系数为 0.1122，且通过了 1% 显著性水平检验，表明在第三区间内，生态科技创新仍然对环境全要素生产率具有显著的正向促进作用，但这种促进作用低于第二区间高于第一区间。在第（2）列中，除开在第一区间（$q \leq 0.3666$，以 2018 年为例，$q = 0.3802$ 时实际人均收入为 68533.3 元）中，生态科技创新在 10% 水平下显著的正向影响环境全要素生产率，其余区间内结果都大致相同，表明回归结果的稳健性，同时均体现了生态科技创新对环境全要素生产率的影响效应受到收入水平的约束，即随着收入水平的上升，生态科技创新对生态经济发展的影响都显著为正，而且其影响程度呈现出先递增后递减的非线性规律。

表 4 - 18　　门槛模型的回归结果

	（1）	（2）
ln*ETIK* × I（$q \leq 0.3657$）	0.0551** （2.05）	
ln*ETIK* × I（$0.3657 < q \leq 0.3802$）	0.3671*** （8.39）	
ln*ETIK* × I（$q > 0.3802$）	0.1122*** （3.47）	
ln*ETIK*（-1）× I（$q \leq 0.3666$）		0.0541* （1.87）
ln*ETIK*（-1）× I（$0.3666 < q \leq 0.3802$）		0.4762*** （9.47）

续表

	(1)	(2)
ln*ETIK* （-1） ×I （q>0.3802）		0.1141 *** （3.25）
Control	YES	YES
Constant	2.5226 *** （4.34）	2.6851 *** （4.51）
Year	YES	YES
City	YES	YES
R-squared	0.612	0.659
Observation	369	328

注：括号中数值为 t 值；*** 表示 $p<0.01$，** 表示 $p<0.05$，* 表示 $p<0.1$。

上述结果的原因可能有二：一方面，长三角地区生态科技创新扩散较为容易。长三角地区具有经济位置上优势，它不仅是一个具有清洁生产和末端处理的高科技示范区①，还具有较高的经济发展水平。况且，生态科技创新的扩散离不开当地政府、企业以及居民的作用。当地的政府为满足居民美好生活环境的需求，积极推动生态科技创新在社会中的应用，政府将加强环保制度（环境规制、生态补偿以及环境监督等）的实施以及相应的环境治理的补贴投入，增强了企业进行清洁生产的动力以及居民的环保意识；当地企业利用自身的资源优势，获取先进的生产资料和技术，同时为了在激烈的市场竞争中获取高额的利润，不断地进行生态科技创新，使得企业趋向同质化，让它们的劳动生产率和竞争优势得以不断提高，② 最终促进清洁化的生产；当地居民也不再满足于基本的生活需求，开始对生态产品有了需求，极大的促进企业的生产结构转型，从而促进了环境全要素生产率的提升。③ 另一方面，生态科技创新具有一定的能源回弹效应。随着收入水平的提高，生态科技创新对当地生态经济发展影响不断加大，

① Mavi R K, Saen R F, Goh M. Joint analysis of eco-efficiency and eco-innovation with common weights in two-stage network DEA: A big data approach [J]. Technological Forecasting and Social Change, 2019 (144): 553-562.

② Liu Y, Zhu J, Li E Y, et al. Environmental regulation, green technological innovation, and eco-efficiency: The case of Yangtze river economic belt in China [J]. Technological Forecasting and Social Change, 2020 (155): 119993.

③ 陈浩，刘培，余东升，等．科技创新投入对环境全要素生产率的影响机制［J］．中国环境科学，2020，40（04）：1834-1846.

但当收入水平上升到一定的程度的时候，生态科技创新对环境全要素生产率的显著正向影响稍有下降，这是受到能源回弹效应的影响，尽管生态科技创新能够提高资源利用率，促进清洁生产，提高劳动生产率，刺激经济增长，但同时在技术创新生产过程中也导致能源需求增加，生产污染物排放增加，对资源和环境造成负面影响。尽管相较于多数文献，本节使用绿色专利授权存量作为生态科技创新指标的代理具有一定的针对性及前沿性，但是囿于数据限制，该指标仍然较为单一。为了更有效地说明生态科技创新与生态经济发展之间的关系，政府应当单独划分绿色技术创新投入量统计口径。同时较少有文献考察生态科技创新的能源回弹效应，尽管生态科技创新能够降低污染，提高经济发展水平，但在一定程度上也使得能源消耗增加，那么生态科技创新在多大程度上影响能源消耗以及污染排放或许是未来需要解决的问题。

第五章

长三角地区促进生态创新的财政政策绩效评价

在生态创新动力不足的情况下，研究现有不同类型财政政策如何促进生态创新以及如何优化政策从而更有效地激励生态创新具有重要意义。本章从这一角度出发，以长三角城市群为样本，对以收入和支出界定的两类财政政策如何影响区域生态创新绩效进行了探究。基于第四章对生态创新绩效的评价结果，本章以生态创新绩效水平为被解释变量，以收入和支出界定的绿色财政政策为核心解释变量，对本章所要研究的核心问题进行实证分析，并对第三章的理论分析进行实证检验。同时，由于各地区战略规划调整及市场化程度存在差异，很可能会对绿色财政政策的效应造成影响，而生态创新水平也可能会对政府财政政策产生反向影响，从而使基本回归模型存在潜在的内生性问题。针对这些问题，本章做了进一步分析和论述。

第一节 长三角地区促进生态创新的财政政策梳理

一、收入导向的绿色财政政策

（一）全国性的绿色税收政策

1. 环境保护税

环境保护税是对在我国境内排放环境污染物的经济主体征收的一种税收，对于每个涉污单位来说，多污染就多缴税，少污染就少缴税。2018年1月1日，我国正式开始征收环境保护税，但它是按照“税负平移”原则由原来的排污费转换而来的，征收范围、税额标准等和之前的排污费几乎没有差异，只是允许各地区可以在税法规定的范围内自行确定环境保护税具体适用的税率、税额。

我国早在1979年就出台了以“谁污染，谁治理”为环境保护基本原则的《环境保护法（试行）》，对超过国家规定标准排放污染物的企事业单位，要收取“超标排污费”。国务院在1982年进一步发布了《征收排污费暂行办法》，规定了排污费的征收对象、收费程序、收费标准、排污费的列支、管理和使用等。之后又于2003年发布并实施了《排污费征收标准管理办法》，详细规定了征收对象、征管机关、征收标准及计算方法，按照“污染者付费”的原则直接对向环境排放污染物的经济主体征收排污费。与1982年出台的《征收排污费暂行办法》相比，2003年出台的《排污费征收标准管理办法》适当提高了排污费标准，并规定得更加明细。

然而，通过征收排污费来实现遏制环境污染行为的收费方式存在很大缺陷：一旦政府放松要求，可能又重新出现污染环境的行为。经过多年研究与论证，我国终于从2018年1月1日开始征收环境保护税。可以说，2018年以前对污染物征收的是排污费，“费改税”以后征收的就是环境保护税。环境保护税是对企业在生产过程中排放的大气污染物、水污染物、固体废弃物和噪声进行征税。在我国现行绿色税制中，只有环境保护税明确规定以保护和改善环境、减少污染物排放为征收目的，是我国迄今唯一的绿色税种。①

2. 资源税

我国于1984年正式开始征收资源税，其征税对象为在我国境内从事原油、天然气、煤炭等矿产资源开采的单位和个人。国务院在1993年颁布了《资源税暂行条例》，该条例进一步确定了普遍征收、从量定额计征方法。开征30多年来，资源税带来的收入以年均27%的速度飞速增长，对于资源丰富地区的政府而言，资源税已经成为重要的税收来源。

随着我国经济社会发展，原有的资源税制度已不能适应经济社会发展的需要，主要存在以下四个突出问题：一是计税依据缺乏弹性，不能合理有效地调节资源收益：大部分资源品目资源税仍实行从量定额计征的方法，相对固化的税额标准不能及时反映资源的供求关系，即税额标准不能随价格变化而及时调整，导致资源税逆经济周期的调节作用失效；二是征税范围偏窄，许多自然资源尚未被纳入征收范围：现行资源税的征收范围仅限于矿产品和盐，而水、森林和草场等与人们生产生活紧密相关的自然资源尚未被纳入征收范围，因此当前的资源税不能全面、充分地发挥节约资源的作用；三是税费重叠，企业负担不合理，各地存在许多与矿产资源相关的收费基金，这些收费基金与资源税征收对象、方式和环节相同，造成资源税费重叠，增加了企业的税收负担；四是税权集中，不利于调动地方积极性，地方政府仅对少数矿产品的具体适用税率有确定权，而多数矿产品的税率则是由中央政府统一确定，这将不利于调动地方政府发展经济和组织收入的积极性。由于上述突出问题的存在，我国开启了资源税改革的探索之路。

自2014年12月1日起，全国范围开始实施煤炭资源税从价计征改革，具体适用税率由省级财税部门根据本地区企业承受能力和煤炭资源条件等因素在2%—10%的范围之间调整。资源税改革可以完善资源产品价格形成机制，在一定程度上降低企业的税收负担，既可以促进当地的经济发展，也可以促进资源的合理开采，从而推动资源地区的生态经济可持续发展。

---

① 朗威，中国绿色税收制度及其效应研究［D］．长春：吉林大学，2020.

3. 税收减免——“绿色发展先锋”名单

2015 年，上海闵行区青悦环保信息技术服务中心等机构基于大数据技术以及企业公开数据，建立了一个可追溯的企业绿色发展评价体系。政府根据机构提供的企业污染排放数据来制定“绿色发展先锋”名单，并依据《中华人民共和国环境保护税法》的相关规定给予名单上的企业不同程度的税收减免优惠。

首先，进入“绿色发展先锋”名单的企业需要满足以下条件：①参评企业为重点排污单位（或排污许可重点管理）且已安装自动监测设备；②近一年内无环境违法记录；③该企业自行监测数据，数据完整度 >75%。实有有效公开数据量 = 实际已公开数据量 - 停产数据量；④该排污口的该项监测指标，月均排放浓度低于排污许可规定的自行监测标准的 30% 或 50%；⑤所有参与先锋评价企业为符合上述条件的企业，不需要申报参评，不需要缴纳任何费用。

其次，“绿色发展先锋”企业享受的税收减免优惠需要依据以下条款：《中华人民共和国环境保护税法》第十二条中“（三）依法设立的城乡污水集中处理、生活垃圾集中处理场所排放相应应税污染物，不超过国家和地方规定的排放标准的；（四）纳税人综合利用的固体废物，符合国家和地方环境保护标准的”以及第十三条中“纳税人排放应税大气污染物或者水污染物的浓度值低于国家和地方规定的污染物排放标准百分之三十的，减按百分之七十五征收环境保护税。纳税人排放应税大气污染物或者水污染物的浓度值低于国家和地方规定的污染物排放标准百分之五十的，减按百分之五十征收环境保护税”。

（二）长三角地区政府机构颁布的绿色收入政策

1. 大气污染与水污染相关的绿色收入政策

（1）上海市应税大气污染物和水污染物环境保护税适用税额标准。[①] 2017 年 12 月 18 日，上海市财政局、上海市地方税务局和上海市环境保护局联合颁布了《关于本市应税大气污染物和水污染物环境保护税适用税额标准等有关问题的通知》，该通知对不同种类的大气污染物和不同种类的

① 摘自上海市财政局、地方税务局、环境保护局于 2017 年 12 月 18 日发布的《关于本市应税大气污染物和水污染物环境保护税适用税额标准等有关问题的通知》，详细内容请参见 http：//czj. sh. gov. cn/zys_ 8908/zcfg_ 8983/zcfb_ 8985/sszc_ 8998/20171221/0017 - 176692. html。

水污染物的适用税额标准作出了明确规定。

首先，针对大气污染物适用的税额标准为：2018 年 1 月 1 日起，二氧化硫、氮氧化物的税额标准分别为 6.65 元/污染当量、7.6 元/污染当量；其他大气污染物的税额标准为 1.2 元/污染当量；2019 年 1 月 1 日起，二氧化硫、氮氧化物的税额标准分别调整为 7.6 元/污染当量、8.55 元/污染当量。其次，针对水污染物适用的税额标准为：2018 年 1 月 1 日起，化学需氧量税额标准为 5 元/污染当量，氨氮税额标准为 4.8 元/污染当量，第一类水污染物税额标准为 1.4 元/污染当量；其他类水污染物税额标准为 1.4 元/污染当量。

（2）江苏省调整与污染物排放总量挂钩财政政策。[①] 2019 年 1 月 24 日，江苏省政府调整与污染物排放总量挂钩财政政策，提高了污染物排放的统筹标准，并在此基础上实施生态环境高质量指标考核奖励。该财政政策有利于进一步调动各级政府开展环境保护活动的积极性，进而促进江苏省生态环境的可持续发展，具体内容如下：

考核挂钩标的清单不断扩容。2016 年，江苏省开始将各市、县（市、区）排放的化学需氧量、氨氮、二氧化硫和氮氧化物 4 项污染物总量，以及太湖流域各市、县（市、区）总磷、总氮排放量作为考核挂钩标的。2017 年起，在上述 4 项污染物的基础上，各市、县（市、区）挥发性有机物排放量和非太湖流域各市、县（市、区）总磷、总氮排放量也被纳入考核挂钩标的清单之中，由江苏省省财政收取污染排放的统筹资金，并实行考核返还和环境质量达标奖励制度。

统筹标准也在陆续提高。2018 年起，江苏省将化学需氧量、氨氮、二氧化硫、氮氧化物、总磷、总氮、挥发性有机物 7 项考核挂钩标的统筹标准分别提高 500 元，即苏南、苏中、苏北分别按每吨（总磷按每百公斤）2000 元、1700 元、1500 元收取污染排放统筹资金。

（3）安徽省调整排污费征收标准。[②] 2015 年，为了确保安徽省顺利完成国家节能减排的要求，安徽省财政厅和安徽省环境保护厅等部门结合省

① 摘自江苏省政府于 2019 年 1 月 5 日发布的《省政府关于调整与污染物排放总量挂钩财政政策的通知》，详细内容请参见 http：//www.jiangsu.gov.cn/art/2019/1/18/art_64797_8110128.html。

② 摘自安徽省物价局、财政厅、环境保护厅于 2015 年 7 月 1 日发布的《安徽省关于调整排污费征收标准等有关问题的通知》，详细内容请参见 https：//sthjt.ah.gov.cn/public/21691/25232741.html。

内经济发展水平和生态环境等具体情况，对安徽省排污费征收标准进行调整，调整的主要内容有以下两方面：

一是调整排污费征收标准。将废气中的氮氧化物的排污费征收标准由每污染当量 0.6 元提高至每污染当量 1.2 元；将污水中的化学需氧量、氨氮和五项主要重金属（铅、汞、铬、镉、类金属砷）污染物排污费征收标准由每污染当量 0.7 元提高至每污染当量 1.4 元；二氧化硫排污费征收标准仍为每污染当量 1.2 元。在每一污水排放口，对五项主要重金属污染物均须征收排污费；其他污染物按照污染当量数从多到少排序，对最多不超过 3 项污染物征收排污费。排污者向城镇污水集中处理设施排放污水、废水并已按规定缴纳污水处理费的，不再缴纳排污费。

二是实行差别收费政策。企业污染物排放浓度值超过规定的污染物排放限值或者企业污染物排放量高于规定的排放总量指标的，按收费标准加一倍征收排污费；同时存在上述两种情况的，加二倍征收排污费；企业生产工艺装备或产品属于《产业结构调整指导目录（2011 年本）（修正）》规定的淘汰类的，也要按照收费标准加一倍征收排污费；企业污染物排放浓度值低于规定的污染物排放限值 50% 以上的，减半征收排污费。

2. 综合型的绿色收入政策

（1）浙江省的生态环境损害赔偿资金。① 2018 年，为规范生态环境损害赔偿资金管理，推进生态环境损害赔偿制度改革，浙江省财政厅等部门制定了《浙江省生态环境损害赔偿资金管理办法》，办法引用了生态环境损害赔偿义务人和权利人的概念，给出了生态损害赔偿资金的定义以及来源，并明确了生态损害赔偿资金的使用范围。具体的内容如下：

一是引用生态环境损害赔偿义务人和权利人的概念，赔偿义务人是指违反法律法规有关规定，造成生态环境损害的单位和个人，赔偿义务人应当承担生态环境损害赔偿责任。赔偿权利人特指浙江省人民政府、设区的市政府。赔偿权利人可指定相关部门或机构负责生态环境损害赔偿具体工作，设区市政府可指定所属县（市、区）相关部门或机构负责县（市、区）范围内的生态环境损害赔偿具体工作。

---

① 摘自浙江省财政厅、环境保护厅、高级人民法院、人民检察院于 2018 年 9 月 10 日发布的《浙江省生态环境损害赔偿资金管理办法（试行）》，详细内容请参见 http：//www.zj.gov.cn/art/2018/9/26/art_ 1229278037_ 2309143.html。

二是明确生态损害赔偿资金定义和来源。生态环境损害赔偿资金是指生态环境损害事件发生后，根据磋商或法院判决的结果，由赔偿义务人缴纳的用于支付生态环境修复及相关费用的资金。环境公益诉讼经判决确定的赔偿资金和环境污染刑事案件的罚金或没收的财产（变卖所得）纳入本办法管理。

三是界定了生态损害赔偿资金的使用范围。生态环境损害赔偿资金主要用于在损害结果发生地开展的生态环境修复及相关支出，包括：清除或控制污染等相关支出；生态环境修复或替代修复支出；鉴定评估、修复方案编制及修复效果评估、律师代理及诉讼等相关支出等。

（2）安徽省生态环境行政处罚裁量基准规定。① 生态环境行政处罚裁量基准是指生态环境部门对法律、法规、规章中的行政处罚裁量的适用条件、适用情形等予以细化、量化而形成的具体标准。详细、明确的生态环境行政处罚裁量基准有助于环保部门公平、公正地对相关单位或个人进行环保处罚。2020 年 8 月，安徽省生态环境厅根据安徽省的实际情况制定了《安徽省生态环境行政处罚裁量基准规定》。

该规定明确了裁量因素的定义及其影响因素，并指出裁量因素的设置要考虑以下因素：生态环境违法行为所造成的环境污染、生态破坏程度及社会影响；当事人的过错程度；生态环境违法行为的具体方式或者手段等。此外，该规定进一步区分专用裁量表和通用裁量表，对特定的 13 类 28 种环境违法行为设置了 28 张专用裁量表，并对其他生态环境违法行为设置了 1 张通用表，这 29 张表格基本覆盖了安徽省历年生态环境行政处罚违法行为类型。

生态环境部门在进行生态环境行政处罚裁量时要经过以下步骤：第一，选择适用的裁量表。符合专用裁量表的环境违法行为应当选用专用裁量表，不在专用裁量表中的行为则选择通用裁量表；第二，选定裁量起点。即生态环境违法行为法定最低罚款数额对应的裁量百分值；第三，确定各裁量因素的裁量百分值。根据生态环境违法行为事实逐一确定各裁量因素的百分值，再将各裁量因素的裁量百分值累加之和与裁量起点对应的裁量百分值相加得到裁量百分值总和；第四，确定罚款金额。将裁量百分

① 摘自安徽省生态环境厅于 2020 年 8 月 7 日发布的《安徽省生态环境行政处罚裁量基准规定》，详细内容请参见 https：//sthjt. ah. gov. cn/public/21691/119841551. html。

值总和乘以法定最高罚款数额得出建议罚款金额（罚款金额 = 裁量百分值总和 × 法定最高罚款数额）。

二、支出导向的绿色财政政策

（一）河流保护相关的绿色支出政策

1. 长江经济带生态保护修复奖励政策①

2018 年，为深入贯彻党的十九大“以共抓大保护、不搞大开发为导向推动长江经济带发展”精神，以及中央经济工作会议“推进长江经济带发展要以生态优先、绿色发展为引领”的精神，财政部等部门制定了《中央财政促进长江经济带生态保护修复奖励政策实施方案》。该方案针对长江经济带 11 个省（市）实施奖励政策，期限为 2018—2020 年。具体的奖励对象有以下三类：第一类是对流域内上下游邻近省级政府间协商签订补偿协议，建立起流域横向生态保护补偿机制的给予奖励；第二类是对省级行政区域内建立流域横向生态保护补偿机制的行为予以奖励；第三类是对流域保护和治理任务成效突出的省份给予奖励。

该方案还提出应当建立健全的绩效考核评价体系，全面反映流域所在省份工作开展情况。各省份自行组织开展省级行政区域内的绩效评价，有关部门按照职责分工考核水污染防治行动计划、最严格水资源管理制度等，必要时还可以引入第三方机构，对地方工作开展情况、资金使用情况进行绩效评价。此外，该方案指出青海省、西藏自治区作为长江的源头，在长江经济带生态环境保护中发挥着重要作用，可以对其进行适当的定额补助。

2. 浙江省内流域上下游横向生态保护补偿机制②

2018 年，按照党中央、国务院决策部署，围绕浙江省生态环境现状，浙江省财政厅会同省环保厅、浙江省发改委和浙江省水利厅等部门发布了

---

① 摘自财政部、环境保护部、发展改革委、水利部于 2018 年 1 月 30 日发布的《中央财政促进长江经济带生态保护修复奖励政策实施方案》，详细内容请参见 http://www.huanjing100.com/p-7725.html。

② 摘自浙江省财政厅、环境保护厅、发展和改革委员会、水利厅于 2017 年 12 月 22 日发布的《关于建立省内流域上下游横向生态保护补偿机制的实施意见》，详细内容请参见 http://czt.zj.gov.cn/art/2018/1/9/art_1164176_15019345.html。

《关于建立省内流域上下游横向生态保护补偿机制的实施意见》，建立了省内流域上下游横向生态保护补偿机制。该补偿机制有利于保护省内水资源并改善流域内的水的质量，进而促进省内流域上下游地区生态经济可持续发展。补偿机制的主要内容如下：

首先，该机制将流域交接断面的水质水量和上游县（市、区）的用水总量和用水效率作为补偿基准，并借助自动监测系统数据进行考核。该机制强调补偿基准中的流域跨界断面水质要求必须高于国家或省里的水质目标，上游县（市、区）用水总量和用水效率应优于省、市制定的水资源消耗双控指标。此外，各地可商议决定选取哪些监测指标，例如高锰酸盐、水总量、用水效率和泥沙等，并在此基础上，以签订补偿协议前 3 年这些监测指标的均值作为补偿基准。

其次，流域上下游地区应当从该流域生态环境的实际状况出发，综合考虑保护治理和节约用水的成本以及水质改善带来的收益等因素，共同商议决定该地区的补偿标准，每年的补偿标准应不小于 500 万元且不高于 1000 万元。除了资金补偿这种形式，还存在许多其他补偿形式，例如产业转移、人才培训以及共建园区等。此外，排污权交易和水权交易也可以作为流域上下游之间的补偿形式。流域上下游地区可根据当地实际需求及实施成本，选择适合的一种或者多种补偿方式进行补偿。

最后，该机制还提出流域上下游地区应当建立联防共治机制，共同推进流域的保护与治理工作；流域上下游县（市、区）政府之间的合作应当以签订具有约束力的协议等方式进行明确；省财政通过水质考核奖惩和“绿色指数”的方式激励流域上下游地区尽早签订合作协议。

（二）森林保护相关的绿色支出政策

1. 江苏省林业发展专项资金①

江苏省林业发展专项资金是指由省财政预算安排，用于支持全省森林资源管护、森林资源培育、生态保护体系建设、林业产业发展等方面的补助资金。2020 年，江苏省财政厅研究制定了《江苏省林业发展专项资金管理办法》，明确了林业发展专项资金的使用范围以及分配方式，其主要

---

① 摘自江苏省财政厅、林业局于 2020 年 8 月 17 日发布的《江苏省林业发展专项资金管理办法》，详细内容请参见 http：//czt. jiangsu. gov. cn/art/2020/8/21/art_ 74615_ 9460513. html。

内容如下：

专项资金可以用于森林资源管护、国土绿化、生态保护体系建设、林业产业发展等环保活动。其中，森林资源管护支出主要指对森林生态效益的补偿补助，面向对象为国家和省级的公益林，主要用途为公益林的补植、抚育、保护、管理以及护林员的劳务支出等方面；国土绿化支出主要用于林木良种培育补助、造林补助、森林质量提升补助、村庄绿化补助和植被恢复补助等；生态保护体系建设支出主要用于湿地保护与恢复补助、野生动植物保护补助、森林防火及林业安全生产补助、林业有害生物防治补助、省级以上自然保护区补助、省级以上自然保护地保护与修复补助和林业服务体系建设补助等；林业产业发展支出主要用于林业科技创新与推广补助、林业贷款贴息补助和林业优势特色产业发展补助等。

在对专项资金进行资金分配时，主要以因素法与项目法的方式下达。因素法分配主要采用各地森林资源状况、林业专项规划、林业年度建设任务、上年度完成情况和项目绩效等因素，采用因素法进行分配的补助主要包括生态保护体系建设、林业贷款贴息补助及林业优势特色产业发展补助等。采用项目法进行分配时一般遵循以下步骤：首先，省林业局发布项目申报指南，明确项目申报主体以及重点扶持方向；其次，在各地、各单位申报的基础上，组织专家评审，确定最终项目立项及资金分配额度，主要包括林业科技创新与推广补助资金。

2. 浙江省森林生态效益补偿制度[①]

2005 年，根据《中华人民共和国森林法》《中共浙江省委、浙江省人民政府关于全面推进林业现代化建设的意见》《中央森林生态效益补偿基金管理办法》和《浙江省重点生态公益林管理办法（试行）》，浙江省人民政府建立了浙江省森林生态效益补偿制度。

各县级人民政府组织实施森林生态效益补偿制度，如果所在县存在国家或省级重点生态公益林，还应当专门设立森林生态效益补偿基金，国家和省根据相关标准予以补助。补偿基金的支出包括补偿性支出和公共管护支出两部分：补偿性支出主要包括损失性补助和护林人员的劳务费支出等

① 摘自浙江省财政厅、林业局于 2019 年 1 月 31 日发布的《浙江省森林生态效益补偿资金管理办法》，详细内容请参见 http：//www. zj. gov. cn/art/2019/2/13/art_ 1229278037_ 2308985. html。

方面；而公共管护支出主要包括森林防火、森林病虫害防治、森林资源监测支出以及管理费用支出等方面。

此外，该补偿制度按照补偿性支出分类对公益林的补偿分配做了详细的规定：补偿标准为每亩每年 8 元，其中：补偿性支出 7 元，公共管护支出 1 元。补偿性支出中，损失性补助 5 元，护林人员劳务费 2 元（集体、国有林场和自然保护区专职护林人员的劳务费不低于 3 元）；公共管护支出中，森林防火、森林病虫害防治、森林资源监测支出不低于 0.5 元，管理费用支出不得高于 0.5 元。与此同时，按照不同的森林生态功能区位，省政府采取不同的补助标准：钱塘江、瓯江源头及中上游生态脆弱地区、海岛地区等省重点扶持地区，每亩每年补助 7 元；省次重点扶持地区，每亩每年补助 5 元；其余县（市、区）每亩每年补助 4 元（纳入国家重点公益林的面积每亩每年补助 5 元）。

2019 年，省财政厅和省林业局颁布了新修订的《浙江省森林生态效益补偿资金管理办法》，它是对旧版办法的一次重要改进：不仅提出了公益林的补偿政策周期评估制，还明确了“风景林”的补偿职责，更是强调了补偿资金的监督管理工作。自浙江省公益林建设以来，其规模逐步扩大，相应的补偿标准也在逐步提高，基本补偿标准达到 31 元/亩，源头区达到 40 元/亩，保护区租赁价达到 48.2 元/亩。

3. 安徽省林业生态保护恢复资金①

林业生态保护恢复资金是指中央财政预算安排的用于全面停止天然林商业性采伐、完善退耕还林政策、新一轮退耕还林补助等方向的专项转移支付资金。为规范林业生态保护恢复资金使用管理以及提高资金使用效率，2018 年，安徽省财政厅和林业厅结合安徽省实际情况，制定了安徽省林业生态保护恢复资金的实施细则，其主要内容如下：

首先，该细则明确了三类专项资金的使用范围。全面停止天然林商业性采伐补助是指用于停止国有天然商品林采伐后，保障国有林经营管理单位职工基本生活和社会正常运转的补助；完善退耕还林政策补助是指用于上一轮退耕还林任务（2002—2005 年）粮食和生活费补助期满后，为支持解决退耕农户生活困难发放的现金补助；新一轮退耕还林补

① 摘自安徽省省财政厅、林业厅于 2018 年 8 月 31 日发布的《安徽省财政厅安徽省林业厅关于印发〈林业生态保护恢复资金管理办法实施细则〉的通知》，详细内容请参见 http://czt.ah.gov.cn/public/7041/140066161.html。

助是指用于对实施新一轮退耕还林农户发放的现金补助；林业生态保护恢复资金不得用于兴建楼堂馆所、偿还债务等与林业生态保护恢复无关的支出。

其次，在对林业生态保护恢复资金进行资金分配时，主要按照因素法进行分配。三类专项资金分别选取不同因素，其中，全面停止天然林商业性采伐补助按照停伐产量、天然有林地面积等因素分配，并在一定程度上向贫困县倾斜，具体分项权重由省林业厅结合实际分年确定。

最后，该细则还规定了退耕还林补助的补助标准：每亩退耕地每年补助 125 元，期限为：还生态林补助 8 年，还经济林补助 5 年；新一轮退耕还林补助按照省政府有关部门下达的年度任务和国家确定的补助标准执行。补助标准为：退耕还林每亩退耕地现金补助 1200 元，五年内分三次下达，第一年 500 元，第三年 300 元，第五年 400 元。

（三）综合生态保护相关的绿色支出政策

1. 江苏省生态补偿转移支付①

为深入贯彻党的十八大、十八届三中全会精神和习近平总书记对江苏发展的新要求，认真落实《中共江苏省委江苏省人民政府关于深入推进生态文明建设工程率先建成全国生态文明建设示范区的意见》，全面推动实施《江苏省生态红线区域保护规划》，江苏省财政厅于 2013 年建立了江苏省生态补偿转移支付制度，具体的实施办法如下：

生态补偿转移支付制度以《江苏省生态红线区域保护规划》列出的 15 类生态红线区域作为转移支付的范围。生态红线区域内的环境保护、生态修复和生态补偿由省级生态补偿转移支付资金进行支付，各市、县（市）整合当地的专项资金，增加本级财政投入，进一步加大生态红线区域保护和修复力度。

省级财政根据当年的财政收支状况确定生态补偿转移支付资金的数量。生态补偿转移支付为一般性转移支付，包括补助部分和奖励部分。其中，补助部分是生态补偿转移支付资金的主体部分，省财政厅综合考虑各

① 摘自江苏省人民政府办公厅于 2013 年 12 月 26 日发布的《省政府办公厅关于转发省财政厅省环保厅江苏省生态补偿转移支付暂行办法的通知》，详细内容请参见 http：//www. jiangsu. gov. cn/art/2013/12/26/art_ 65017_ 346538. html。

市、县（市）列入转移支付测算范围的生态红线区域的级别、类型、面积和地区财政保障能力等因素，测算各地区标准生态红线区域的面积，以此为根据得到各地区生态补偿转移支付补助资金；奖励部分则是对各地区积极地完成生态保护任务的奖励。省财政厅等部门根据相关规定考核上一年度各市、县（市）生态红线区域保护任务的完成情况，并按考核结果划分奖励资金。若某地在当年发生重大污染事件，导致当地的生态环境受到严重破坏，则其当年奖励部分将被取消。

2. 安徽省重点生态功能区转移支付①

2018 年，为贯彻落实财政部《中央对地方重点生态功能区转移支付办法》的要求，安徽省财政厅根据安徽省实际情况，修订完善了重点生态功能区转移支付办法，其主要内容如下：

转移支付的范围包括：《全国主体功能区规划》中限制开发的国家重点生态功能区和国家级禁止开发区域；生态环境部制定的《全国生态功能区划》中淮河中游湿地洪水调蓄重要区、皖江湿地洪水调蓄重要区等；《安徽省主体功能区规划》确定的省级重点生态功能区；农村建档立卡贫困人口生态护林员选聘实施范围内的县（区）；《中共安徽省委安徽省人民政府关于全面打造水清岸绿产业优美丽长江（安徽）经济带的实施意见》中沿江 5 市有关市、县（区）。

转移支付资金选取影响财政收支的客观因素，针对不同县（区）运用不同的测算方法。例如，针对国家和省级重点生态功能区，转移支付资金的计算方法为国家重点生态功能区转移支付分配总额乘以综合评分比重；针对淮河中游湿地洪水调蓄重要区：转移支付资金的计算方法为淮河中游湿地洪水调蓄重要区转移支付分配总额乘以洪水调蓄面积标准化分值，其中，洪水调蓄面积标准化分值以阜南县为上限按功效系数法计算确定；针对皖江湿地洪水调蓄重要区，转移支付资金的计算方法为皖江湿地洪水调蓄重要区转移支付分配总额乘以综合评分比重，其中综合评分是指：按功效系数法对长江岸线长度、洪水调蓄面积指标进行标准化处理，再乘以相应权重计算的各县（区）综合分值。

① 摘自安徽省财政厅于 2018 年 8 月 21 日发布的《安徽省重点生态功能区转移支付办法》，详细内容请参见 http：//www. guangde. gov. cn/OpennessContent/show/455519. html。

第二节
长三角地区财政政策促进生态创新的实证检验

一、计量模型设定与变量描述

（一）计量模型构建

通过上文理论基础的推理，可以了解长三角地区不同城市生态创新绩效水平，随时间变化的趋势也不同。综上所述，构建如下基础计量模型：

$$FS_{it} = \beta_0 + \beta_1 cfso_{it} + \beta_2 restax_{it} + \beta_3 spend_{it} + \beta_4 X_{it} + \alpha_i + \gamma_t + \varepsilon_{it} \quad (5-1)$$

式中，FS_{it}表示生态创新，该指标是采用熵值法对绿色发明专利授权量、水资源生产力、能源生产力、工业废水排水量、工业烟尘排放量、生态创新媒体报道频率以及二氧化碳排放量进行赋权加总得到综合评价指标；$cfso_{it}$表示长三角地区第 i 个城市在第 t 年工业二氧化硫排污费；$restax_{it}$表示长三角地区第 i 个城市在第 t 年资源税；$spend_{it}$表示长三角地区第 i 个城市在第 t 年节能环保支出；X_{it}表示控制变量，根据上述推导考虑可能直接影响的因素，具体为政府干预（财政自给率）、地区经济发展水平（地区生产总值）、城镇化水平、金融规模、金融效率、固定资产投资水平、外商投资水平、科学事业投入及教育事业投入构成；α_i 和 γ_t 分别表示城市固定效应和年份固定效应；ε_{it}表示模型的随机误差项。

（二）研究对象以及数据来源

长三角地区的重要性毋庸置疑，不仅处于国家级城市群规划中，而且是长江经济带重要组成部分，这些决定了长三角地区在未来发挥越来越重要的社会经济作用。本章使用 2010—2017 年规划下（包括江浙沪皖全部地区）长三角地区 41 个地级及以上城市面板数据，以上海、浙江、江苏、安徽所有地级及以上城市作为研究对象，剔除了数据缺失的巢湖市，共得到328个样本观测值。具体研究对象有上海市、亳州市、六安市、南京市、南通市、台州市、嘉兴市、丽水市、宁波市、常州市、徐州市、扬州市、无锡市、杭州市、泰州市、淮北市、淮南市、淮安市、湖州市、盐城市、绍兴市、温州市、舟山市、芜湖市、苏州市、蚌埠市、衢州市、连云港市、金华市、合肥市、安庆市、宣城市、宿州市、宿迁市、滁州市、铜陵市、镇江市、阜阳市、马鞍山市、黄山市、池州市。

数据来源为2010—2017年《中国城市统计年鉴》《安徽统计年鉴》《上海统计年鉴》《浙江统计年鉴》《江苏统计年鉴》《中国城乡建设统计年鉴》、各市环境公报、各市统计局网站数据库、国家专利局和CSMAR数据库等。

（三）变量描述

1. 被解释变量

生态创新是被解释变量。部分学者通过单一指标测算生态创新，比如我国学者贾军等①、郭捷等②根据OECD公布的IPC分类号在国家知识产权局专利检索及分析系统中检索出环境友好型专利数量，并以此度量生态科技创新水平；我国学者陈晓等③使用能源消费总量与新产品产值的比值衡量生态科技创新。笔者认为仅仅利用绿色发明专利量不能准确衡量生态创新的总体水平，因此借鉴在生态创新指标体系的研究中较为权威的“生态创新计分板”指标体系，并结合长三角地区实际，构建包含绿色发明专利授权量、水资源生产力、能源生产力、工业废水排水量、工业烟尘排放量、生态创新媒体报道频率以及二氧化碳排放量的综合指标体系，并通过熵值法计算各指标的权重，从而形成一项综合指标作为区域生态创新的代理变量。

2. 核心解释变量

财政政策是本章的核心解释变量。本章将财政政策划分为以收入为导

---

① 贾军，魏洁云，王悦．环境规制对中国OFDI的绿色技术创新影响差异分析——基于异质性东道国视角［J］．研究与发展管理，2017，29（06）：81－90.

② 郭捷，杨立成．环境规制、政府研发资助对绿色技术创新的影响——基于宏观视角的实证分析［J］．科技进步与对策，2020，37（10）：37－44.

③ 陈晓，李美玲，张壮壮．环境规制、政府补助与绿色技术创新——基于中介效应模型的实证研究［J］．工业技术经济，2019，38（09）：18－25.

向的财政政策和以支出为导向的财政政策。与生态创新相关的财政政策主要有政府的绿色采购、节能环保支出、资源税、环境保护税（2018 年以前为排污费）、税收优惠等。因数据收集的局限性，部分财政政策数据无法获得，经搜集整理，本章选择节能环保支出作为以支出为导向的财政政策的代理变量。同时，由于本章研究 2010—2017 年的财政政策实施影响，而在 2018 年以前环境保护税以排污费形式存在，因此本章选取排污费和资源税作为以收入为导向的财政政策代理变量。由于城市层面基本不发布排污费统计情况，本章参考卢洪友[①]等的做法，用工业二氧化硫排污费来表征排污费这一指标。根据相关文献，工业二氧化硫排污费通常根据各城市发布的二氧化硫排放征收标准乘以污染当量得到，而污染当量的计算又可以由二氧化硫排放量计算得出。因此本章在数据变化一致的基础上，将二氧化硫排放量乘以征收标准计算得到排污费数据。

3. 控制变量

第一，加入地区生产总值（lngdp）的对数值、城镇化水平（urbanrate = 城区人口数/年末总人口数）用于控制经济发展水平和城镇化水平差异对生态创新可能的影响；第二，加入固定资产投资水平（fixin = 实际固定资产/GDP）用于控制各城市投资水平差异对生态创新可能的影响；第三，加入金融规模（finsize = 年末银行业存贷款余额/GDP）和金融效率（fineff = 年末银行业贷款余额/年末银行业存款余额）用于控制地方金融发展水平差异对生态创新可能的影响；第四，加入教育支出对数值（lnedu）和科学事业支出对数值（lnsic），财政自给率（fss = 一般预算收入/一般预算支出）用于控制地方政府规模和财政能力水平对生态创新可能的影响。

首先对各变量进行描述性统计分析，具体如表 5 - 1 所示。

表 5 - 1　　描述性统计

变量名	变量含义	单位	均值	标准差	最小值	最大值	样本容量
greengp	绿色发明专利授权量	件	134.567	281.385	0.000	1943.000	328
wp	水资源生产力	亿元/Mt	17.951	8.877	3.507	50.285	328
ep	能源生产力	亿元/万 kWh	28.848	15.934	2.196	81.278	328

① 卢洪友，刘啟明，徐欣欣，等. 环境保护税能实现“减污”和“增长”么？——基于中国排污费征收标准变迁视角［J］. 中国人口·资源与环境，2019，29（06）：130 - 137.

续表

变量名	变量含义	单位	均值	标准差	最小值	最大值	样本容量
inwwater	工业废水排放量	千万吨	11.791	13.008	0.486	80.468	328
infume	工业烟尘排放量	吨	27.618	22.377	1.766	131.433	328
media	生态创新媒体报道频率	次	2.116	4.633	0.000	44.000	328
carbon	二氧化碳排放量	万吨	37.914	35.228	5.799	230.712	328
fs	生态创新综合指标	—	24390.2	37744.2	2870.80	276000	328
cfso	二氧化硫排污费	万元	56.379	101.020	1.671	1100.00	328
restax	资源税	万元	9.402	19.708	0.000	235.681	328
spend	节能环保支出	万元	13.267	18.765	0.771	224.660	328
lngdp	地区生产总值对数	亿元	16.822	0.978	14.870	19.540	328
lnsic	科学事业支出对数	万元	11.405	1.217	8.176	15.176	328
lnedu	教育事业支出对数	万元	13.28	0.828	11.086	15.984	328
forein	对外开放程度	—	0.005	0.004	0.000	0.029	328
fixin	固定资产投资水平	万元	0.879	0.552	0.038	4.881	328
fineff	金融效率	—	0.707	0.152	0.272	1.023	328
finsize	金融规模	—	2.948	1.852	1.155	19.461	328
urbanrate	城镇化率	—	59.883	12.206	29.100	89.610	328
fss	财政自给率	—	0.651	0.234	0.069	1.116	328

数据来源：作者根据各类统计年鉴中的数据整理而得。

描述性统计分析结果表明，绿色发明专利授权量均值为134.567件，样本期间该指标的最大值为1943件，而最小值则为0件。从时间上来看，各城市在样本期间的绿色发明专利授权量均随时间增加，其中，上升趋势较为明显的是上海市、南京市、苏州市、杭州市以及合肥市，其余各城市的上升趋势均不明显，甚至趋于平缓；从地域上来看，上海市、南京市和杭州市的绿色发明专利授权量总体呈高水平，合肥市、无锡市、苏州市、宁波市、常州市和镇江市总体呈中间水平，其余城市则接近于0。相对来说，发达省份城市的绿色专利授权量更高。水资源生产力的均值为17.951亿元/百万吨，部分城市如上海市、宁波市、苏州市以及铜陵市在2011年有较大幅度的跃升，随后下降并趋于平缓，其余城市则无较大变动。能源生产力的均值为28.848亿元/万千瓦时，最大值为81.278亿元/万千瓦时，最小值为2.196亿元/万千瓦时。工业废水排放量均值为11.791千万吨，最大值为 80.468 千万吨，最小值为 0.486 千万吨。工业烟尘排放量均值为 27.618 吨，最大值为 131.433 吨，最小值为 1.766 吨。生态创新媒体报道频率均值为 2.116 次，最大值为 44 次，最小值为 0 次。总体来看，有关生态创新的媒体报道较少，各城市对生态创新的关注度较低。二氧化碳排放量均值为 37.914 万吨，最大值为 230.712 万吨，最小值为 5.799 万吨。从时间上来看，各城市在样本期间二氧化碳排放量没有发生较大波动，均呈水平趋势。其中，上海市的二氧化碳排放量总体最高。生态创新综合指标由前文熵值法所得，由于该结果数量级较小，为方便比较及统计分析，本章将该结果进行一定程度的放大。

描述统计结果显示，生态创新综合指标的均值为 24390.2，最大值为 276000，最小值为 2870.8。从时间上来看，各市指标随时间上升或下降的趋势较为明显，比如蚌埠市、淮安市、常州市、淮北市、合肥市、淮南市、杭州市、湖州市、马鞍山市、宁波市、南京市、上海市、苏州市、宿州市、铜陵市、芜湖市、徐州市、扬州市以及舟山市，而呈下降趋势的城市有安庆市、滁州市、池州市、阜阳市、黄山市、亳州市、金华市、嘉兴市、六安市、丽水市、连云港市、南通市、宿迁市、绍兴市、泰州市、台州市、无锡市、温州市、宣城市、盐城市以及镇江市。从地域上来看，金华市、上海市、泰州市以及盐城市的生态创新绩效呈高水平。

二、基本结果分析

本章采用豪斯曼检验方法进行模型选择，根据检验结果选择使用固定效应模型，而非随机效应模型。考虑到不同城市可能存在共同趋势，本章在个体固定效应模型中加入时间固定效应，即双向固定效应，通过设置时间虚拟变量，检验这些时间虚拟变量的联合显著性来判断是否应使用双向固定效应模型。结果显示，P 值为 0.5729，即认为不应该在模型中包含时间固定效应，故最终采用个体固定效应模型。结果显示，组内 R2 为 0.4436，模型拟合程度一般，个体效应与解释变量的相关系数为 -0.25，F 检验下，模型整体显著。rho 为 0.75，故复合扰动项的方差主要来自个体效应 α_i 的变动。在控制其他变量的情况下，二氧化硫排污费与生态创新水平呈负相关，且抑制作用显著（P 值 <0.01），资源税和节能环保支出与生态创新均呈正相关，且促进作用均显著（P 值 <0.01）。

结合理论分析，本章利用上述模型进行了以上 7 个回归分析。其中，列（1）回归分析的是工业二氧化硫排污费（cfso）、资源税（restax）以及节能环保支出（spend）对生态创新综合指标（fs）的影响。结果显示参数均在1%的水平上显著，且工业二氧化硫排污费的参数为负，而资源税以及节能环保支出的参数为正。列（2）回归分析的核心解释变量为工业二氧化硫排污费（cfso），且在5%的水平上显著，参数为负。列（3）回归的核心解释变量为资源税（restax），且在1%的水平上显著，参数为正。列（4）回归分析的核心解释变量为节能环保支出（spend），在1%的水平上显著，参数为正。列（5）回归分析的核心解释变量为工业二氧化硫排污费（cfso）和资源税（restax），工业二氧化硫排污费的参数在5%的水平上显著，参数为负，资源税的参数在1%的水平上显著，参数为正。列（6）回归分析的核心解释变量为工业二氧化硫排污费（cfso）和节能环保支出（spend），工业二氧化硫排污费的参数在5%的水平上显著，参数为负，节能环保支出的参数在1%的水平上显著，参数为正。列（7）回归分析的核心解释变量为资源税（restax）和节能环保支出（spend），资源税的参数在1%的水平上显著，参数为正，节能环保支出的参数在1%的水平上显著，参数为正。

在控制变量方面，列（1）和列（7）情况一致，均为财政效率（fineff）、总产出的对数（lngdp）、科学事业支出的对数（lnsic）和固定资产投资水平（fixin）这4项变量的参数显示为显著，其中仅总产出的对数的系数为正，其余三项系数均为负。列（2）（4）（6）的情况基本一致，均为总产出的对数（lngdp）、科学事业支出的对数（lnsic）和固定资产投资水平（fixin）这3项变量的参数显示为显著，其中仅总产出的对数的系数为正，其余两项系数均为负。列（3）和列（5）的情况一致，均为财政效率（fineff）、总产出的对数（lngdp）、科学事业支出的对数（lnsic）、教育事业支出的对数（lnedu）和固定资产投资水平（fixin）这5项变量的参数显示为显著，其中仅总产出的对数的系数为正，其余四项系数均为负。面板回归结果详见表5-2。

表5-2　　面板回归结果

变量	(1)	(2)	(3)	(4)	(5)	(6)	(7)
cfso	0.488*** (4.64)	-0.735** (-3.33)			0.567*** (3.95)	-0.640** (-3.45)	

续表

变量	(1)	(2)	(3)	(4)	(5)	(6)	(7)
restax	0.083 *** (4.63)		0.069 *** (4.83)		0.094 *** (7.48)		0.060 ** (3.25)
spend	0.083 *** (4.82)			0.080 *** (4.92)		0.070 *** (4.6)	0.089 *** (5.3)
fss	197.985 (0.33)	-45.407 (-0.16)	10.589 (0.02)	53.679 (0.19)	31.549 (0.05)	59.787 (0.2)	192.789 (0.33)
fineff	343.803 ** (3.36)	-100.139 (-0.67)	-429.522 ** (-3.45)	-126.962 (-0.84)	-374.065 ** (-3.26)	-65.101 (-0.50)	-388.590 ** (-3.44)
finsize	56.358 (0.54)	141.582 (1.22)	81.926 (0.79)	96.336 (0.74)	92.491 (0.93)	110.061 (0.89)	44.655 (0.41)
urbanrat	12.665 (0.92)	14.875 (0.87)	6.287 (0.43)	10.197 (0.59)	12.646 (0.92)	17.174 (1.03)	7.269 (0.5)
lngdp	4272.16 *** (4.55)	5071.73 *** (4.47)	4473.58 *** (4.57)	4696.71 *** (3.86)	4605.14 *** (4.98)	4847.15 *** (4.19)	4135.28 *** (4.17)
lnsic	422.43 *** (4.06)	462.29 *** (5.51)	-380.65 ** (-3.36)	425.40 *** (5.28)	416.19 *** (3.94)	453.62 *** (5.84)	392.72 *** (3.54)
lnedu	-719.751 (-1.68)	-790.129 (-1.81)	-773.442 * (1.92)	-606.879 (-1.36)	-841.257 * (-2.07)	-680.717 (-1.53)	-652.987 (-1.55)
forein	1791.31 (0.1)	8082.87 (0.6)	551.392 (0.03)	3379.93 (0.29)	2162.63 (0.12)	5648.52 (0.43)	395.437 (0.02)
fixin	-257.54 * (2.14)	372.11 ** (3.03)	-323.72 ** (2.51)	-325.83 ** (-3.40)	-301.23 * (-2.22)	-310.46 ** (-3.15)	-273.32 ** (-2.37)
City	YES	YES	YES	YES	YES	YES	YES
Year	YES	YES	YES	YES	YES	YES	YES
Constant	32640.93 (1.57)	45109.44 (1.89)	35162.40 (1.67)	41459.14 (1.66)	36484.71 (1.77)	43123.87 (1.77)	31227.53 (1.47)
Observation	278	328	278	328	278	328	278

注：*、**、***分别表示在 10%、5%、1% 的水平上显著；括号里为聚类稳健标准误差。

经分析，本章认为，工业二氧化硫排污费与生态创新呈负相关的原因主要是工业二氧化硫排污费可能有利于减少二氧化硫的排放量，但对工业废水、工业烟尘、二氧化碳的减排作用效果并不显著。同时，尽管工业二氧化硫排污费具有一定的征收强制性，但不如征税的强制性高，无法有效倒逼企业进行生态创新，反而影响经济绩效，因此对生态创新存在抑制作用。另外可以看到，资源税与节能环保支出对生态创新绩效的影响系数都为正，表明资源税与节能环保支出对生态创新有正向促进作用，能够验证理论分析中的作用机制。一方面，资源税属于财政收入政策，增加资源税收入能够倒逼企业在生产活动中减少资源消耗，以更少的资源投入产出更多的收益；另一方面，节能环保支出属于财政支出政策，增加节能环保支出有利于减少污染，节约能源。实证结果也表明，加大节能环保支出和资源税的征收力度有利于刺激生态创新，而排污费这一政策尽管有减少污染排放的初衷，但效果并不理想。对此，可对排污费政策进行合理的改革，比如将排污费变为环境保护税，提高征收强制性，从而有效激励企业进行生态创新。其次在控制变量中，本章认为，总产出的对数系数为正的原因主要是总产出水平高低反映当地经济发展水平的高低。总产出越高，可以从一定程度上表明该地市的经济实力越雄厚，因此从事生态创新相关活动，比如技术创新和制度创新，相对更活跃。而财政效率、科学事业支出和固定资产投资的系数均为负数，主要原因可能是目前各地对生态创新的重视度总体不高，而对能够带动经济快速增长的创新更感兴趣，因此财政对后者的支出可能会挤占对前者的支出，因此与生态创新绩效呈负相关。

三、进一步讨论

各地区战略规划调整及市场化程度的差异，很可能会对绿色财政政策的效应造成影响，同时生态创新水平也可能会对政府财政政策产生反向影响，使得基本回归模型存在潜在的内生性问题。针对这些问题，本章进行进一步讨论。

（一）考虑“十三五”规划影响

本章研究期间经历了“十二五”规划（2011—2015 年）与“十三五”规划的开始两年，考虑到五年规划指导了中国的经济发展方向，对生态创新战略很可能有重要影响。[①] 为避免发展规划战略的调整对实证结果造成的影响，在基准回归模型中加入“十三五”规划虚拟变量（dummy）和财政政策的交叉项，以考察规划调整对财政政策效应的影响。“十三五”规划虚拟变量的设定如下：当样本年份大于 2015 年时，dummy = 1，否则

① Xu L，Fan M，Yang L，et al. Heterogeneous green innovations and carbon emission performance：Evidence at China's city level ［J］. Energy Economics，2021（99）：105269.

dummy =0。回归结果见表 5 -3。

表 5 -3 展示了加入"十三五"规划虚拟变量交叉项后，绿色财政政策分别对绿色发明专利存量、多变量综合指标及全要素绿色生产率的影响。

表 5 -3 控制"十三五"规划因素进行回归

变量	(1)	(2)
	greengp	fs
log (cfso) _ dummy	-4.680 ** (-2.90)	-0.724 (-0.94)
log (spend) _ dummy	49.505 *** (4.94)	0.756 (0.83)
log (cfso)	-4.535 * (-1.92)	-1.099 ** (-2.97)
log (spend)	-0.692 (-0.14)	0.744 (0.80)
Control	YES	YES
City	YES	YES
Year	YES	YES
Constant	-260.575 (-0.73)	-347.744 (-1.57)
Observation	273	273
R - squared	0.642	0.435

注：*、**、***分别表示在 10%、5%、1% 的水平上显著；括号里为聚类稳健标准误差。

列 (1) 的回归结果显示，排污费与"十三五"规划虚拟变量交叉项的估计系数在 5% 水平上显著，且为负，而节能环保支出与虚拟变量交叉项的估计系数在 1% 水平上显著，且为正。这一结果说明，相对"十二五"时期，"十三五"时期排污费和节能环保支出对绿色发明专利存量的影响均进一步强化。列 (2) 的回归结果显示，排污费和节能环保支出与虚拟变量交叉项的估计系数均在 10% 水平上不显著。这说明，"十三五"规划前后，排污费及节能环保支出对生态创新综合绩效的影响没有显著变化。

(二) 考虑市场化程度影响

绿色财政政策对生态创新的效应可能和市场化程度紧密相关。如果市场化程度高，则财政资金更可能得到优化配置，从而更有可能促进生态创新。为此，本部分进一步考察了市场化指数（market）分别与排污费、节能环保支出的交叉项（log（cfso）_ market、log（spend）_ market）对生态创新的影响，其中市场化指数取自王小鲁等①。回归结果见表 5 -4。

表 5 -4 加入市场化程度进行回归

变量	(1)	(2)
	greengp	fs
log（cfso）_ market	-4.680** (-2.90)	-0.724 (-0.94)
log（spend）_ market	49.505*** (4.94)	0.756 (0.83)
log（cfso）	-4.535* (-1.92)	-1.099** (-2.97)
log（spend）	-0.692 (-0.14)	0.744 (0.80)
Control	YES	YES
City	YES	YES
Year	YES	YES
Constant	-260.575 (-0.73)	-347.744 (-1.57)
Observation	273	273
R - squared	0.642	0.435

注：*、**、***分别表示在 10%、5%、1% 的水平上显著；括号里为聚类稳健标准误差。

表 5 -4 展示了加入市场化程度交叉项后的回归结果。列（1）的被解释变量为绿色发明专利存量，结果显示，排污费与市场化程度交叉项的参数在 10% 的水平上显著，节能环保支出与市场化程度交叉项的参数在 5% 的水平上显著，且为负。该结果说明，市场化程度越高，排污费对绿色发明专利存量的负向影响越弱，同时节能环保支出对绿色发明专利存量的“挤入”效应也越弱。列（2）的被解释变量为生态创新多变量综合指标，结果显示，两项解释变量与市场化程度交叉项的参数均在 10% 的水平上不显著。该结果说明，排污费对生态创新的挤出效应以及节能环保支出对生

① 王小鲁．中国分省份市场化指数报告：2018［M］．北京：社会科学文献出版社，2019.

态创新的挤入效应都不随市场化程度的变化而变化。

以上结果说明，排污费对生态创新的挤出效应随着市场化程度的提高而减弱，而节能环保支出对生态创新的挤入效应随市场化程度的提高而降低。

（三）内生性问题

基准模型可能存在反向因果问题，即生态创新也可能会对排污费规模以及政府节能环保支出产生影响。如果生态创新改善了生态环境，进而导致排污费和节能环保支出减少，则回归结果可能会低估财政政策对生态创新的影响效果。作者认为，生态创新与生态环保支出之间的负向相关性则不太可能成立，因为自党的十八大以来，生态环境问题得到越来越多的关注，人们对生态环境质量的要求越来越高，政府对生态环境工作的考核也越来越严格，不太可能因为生态环境稍有好转就减少降低节能环保支出金额。生态创新与排污费的负向相关性确实可能存在，因为排污费是根据污染排放当量征收的，生态创新在促进生态环境改善的同时，确实可能导致排污费征收的减少。但是，生态创新成果的应用推广需要较长的时间，当年的生态创新水平不太可能影响当年的排污费征收。因此，作者认为，回归中的内生性问题并不是一个严重的问题。

为了防止排污费的内生性问题导致的估计偏误，本部分用其他城市的排污费平均值作为工具变量，进行工具变量估计。表 5 - 5 展示了工具变量回归结果。结果显示，对绿色发明专利存量，排污费有挤出效应，但节能环保支出有挤入效应；对多变量综合指标，排污费和节能环保支出都没有显著影响。这一结果与前文的基准回归结果基本一致，回归结果相对稳健。

表 5 - 5　　工具变量估计

变量	(1)	(2)
	greengp	fs
log（cfso）	-4.855* (-1.82)	-1.203 (-1.53)
log（spend）	8.962* (1.73)	0.952 (0.62)
Control	YES	YES

续表

变量	(1)	(2)
	greengp	fs
City	YES	YES
Year	YES	YES
Constant	-396.148 (-0.98)	-354.620*** (-2.99)
Obs.	312	312
Number of id	39	39
Method	IV	IV

注：*、***分别表示在10%、1%的水平上显著；括号里为聚类稳健标准误差。

第三节 长三角地区财政政策阻碍生态创新及绿色发展的突出问题

一、供需不匹配

从供需匹配性看，长三角区域绿色财政政策主要问题表现为供不应求：已有财政政策部分实施机制欠缺、部分无效或低效，许多领域甚至尚不具备有针对性的政策供给。

首先，长三角地区绿色财政政策设计在总体上未将居民也列为政策需求对象。强调生态创新作用的生态与经济相容发展路径相较于以往环境治理模式，使用更系统全面的视角看待环境保护，以绿色发展理念贯穿生产至消费的整个流程，而不止局限于控制生产环节污染排放。但这一视角尚未完全被融入长三角地区绿色财政政策体系构建中，本章第一节所列举的长三角地区主要绿色财政政策中少见以消费者为关注对象的政策，政策设计一直聚焦生产环节，未能顺应绿色消费理念与绿色生活方式兴起的趋势对政策体系加以补充完善，引导和加快向可持续消费的转换。对消费在生态经济发展中作用的轻视，在一定程度上也将反向抑制厂商进一步参与生态创新的主动性，制约长三角地区生态经济发展的推动力。现存的消费环节绿色财政政策主要为针对部分产品征收的绿色消费税、绿色补贴制度以及绿色政府采购，但在实行中没有形成足够的社会影响，消费者关注程度十分有限。浙江省于2019年出台的《关于加快推进绿色产品认证工作的意见》中提及完善和强化绿色产品政府采购制度，引导社会消费绿色产品。除此之外，长三角地区基本不具备能够对消费者绿色消费和生态消费行为形成正向激励的财政制度，促进居民及企业一同参与生态创新的机制欠缺。

其次，长三角地区支出与收入两端的绿色财政政策都与实际需求有所脱节，无法满足现实需要，从而导致对生态创新的激励力度不够，生态经济发展的推动力度不足。具体表现为两点：第一，长三角地区以支出为导向的财政政策普遍存在规模不足的问题，与三省一市各级地方政府财力相比，绿色财政支出相关资金预算偏少，尤其是投向研发领域的财政资金匮乏，限制了对生态创新的激励效果。新安江流域生态补偿试点作为具有代表性的跨省生态补偿制度，一定程度上表现出了财政投入资金受限，带动效应遭遇瓶颈的问题。第二，以收入为导向的绿色财政政策设计也有规模过小的缺陷，基于推动生态创新目的的绿色税收政策只有形成一定规模，在经济活动中占到相当比重时，才能对总体生产消费活动施加有效导向，切实促进生态创新活动。反之，征收规模不足构成了长三角地区收入型绿色财政政策调控效果的瓶颈，分税种而言，资源税的主要问题是征税对象只包含矿产资源与盐，考虑到本章第二节对资源税效果检验的正面评价，应当加快扩展资源税的覆盖范围；环保税没有形成适用于整个长三角地区的统一征收标准，各地税收水平参差不齐而又整体上偏低；消费税如前所言，覆盖的产品类别较少且影响力不足。另外，以上支出或收入政策在具体实施中，由于精准落实所必需的配套制度安排尚不完善，对执行效果的监督与反馈欠缺，生态创新推动效应未能全面发挥，无法作为生态经济发展的有力支持，这一困境同样是强化政策供需匹配性时应当关注的焦点。

二、政策不协调

长三角地区绿色财政政策协调性水平不足，构成了区域生态环境协同治理和促进生态创新的制度阻力。

首先，不同地区“块”与“块”之间不协调。以本章第一节各省收入导向的财政政策为例，长三角地区三省一市排污费或环保税应税污染物的税额标准都不一致，诸如此类财政政策安排的不协调必然带来协同治理上的不顺畅。税收优惠层面，各地政策碎片化严重，缺乏统筹规划，上海市与江苏省、浙江省优惠政策名目繁多，能够有效吸引投资，从而对安徽省产生空吸效应，甚至导致马太效应。另一个典型表现是长三角地区各地绿色财政政策的具体关注方向分别有所侧重，如在大气污染防治方面，上海市侧重城市管理，浙江省注重节能减排，江苏和安徽省则偏重工业减排。总结来说，追求各省份各自区域利益的地方性政策居多，而协同治理的顶层设计与统筹规划偏少，法律制度不健全。缺少顶层制度支撑在相当程度上削弱了区域间绿色财政政策协调推进的意愿和能力，造成协同治理在事实上遭遇了落地执行困难的尴尬局面。

其次，不同部门“条”与“条”之间不协调。生态创新的“双重外部性”要求环境保护与生态经济发展的政策统筹并重，长三角地区绿色财政政策与其他财政政策、非财政政策的协调性仍有所欠缺，主要表现为与促进区域协调发展的政策协同性较差。以安徽省为例，安徽省在长三角地区内部经济发展水平相对滞后，同时生态环境资源又更为丰裕，保存更为完好，承担了长江下游地区生态屏障建设的重要使命，是江浙沪重要水源地和生态涵养区，是长三角区域协调发展的痛点，也是生态环境协同治理的难点，本章第一节列举了安徽省生态转移支付和林业生态修复等政策。但多年来，安徽省生态环境管理的责权利统筹不清，治污与发展未能有效结合，使众多财政政策措施作用相互抵消，没有达到预期的效果。在制定地区产业发展政策时，过度依赖增加资源消耗的方式和产业选择，给原本就比较脆弱的地区生态环境施加了更大的压力；反之绿色财政政策在推动环境保护和治理过程中，对生态屏障区做出的巨大牺牲又缺乏合理补偿。为了生态环境建设，安徽地区制定更严格的污染物排放标准，迫使未达标工业企业退出；对本地工农业用水量实行限制；实施退耕还林工程挤占了农民利益，相应的经济补偿却不到位，使地区经济发展蒙受损失。环境财政政策与扶贫发展政策相互脱节，导致经济开发和生态建设的努力事倍功半，经济发展和生态保护的双重目标未能兼顾。

最后，不同层级“上”与“下”之间不协调。本章所梳理的长三角地区各项绿色财政政策大多包括省级与市县基层两个层面的协调配合，部分流域生态补偿试点还涉及中央财政资金引导，需要各级政府协力推进实施落实。这种情况下绿色财政政策的资金来源与收入处置，都需要在各级政府间实现责权利的纵向协调，这是长三角地区绿色财政政策纵向冲突的核心表现。从加强基层地方政府履行环境保护职能意愿与能力的角度而言，长三角地区相关政策在这一层面协调平衡有待改进，资金与项目权限向基层下放不足，如安徽规定环保税收入的50%上交省级财政，剩余50%归属所在市县财政，与其他省份相比分配比例针对基层地方政府的倾斜较少，不利于缓解区县基层政府财力不足、生态保护资金来源缺失的普遍问题，也会削弱政策实施对当地生态创新与生态经济发展的直接激励效应。

三、集成性不佳

各项绿色财政政策工具在促进生态创新、推动生态经济发展的过程中作用互不相同，在单独制定每一项政策时就从整体性与系统性的角度加以设计，才能构建组合为复杂有机的绿色财政政策体系，通过政策集成实现财政政策组合的协调配合，增强总体实施效果。

长三角地区现有的绿色财政政策考虑了政策集成与协同，并在一定程度上实现了政策联动。一是建立了比较完整的政策体系，从形式上来说收入型与支出型政策兼具，囊括了生态补偿、资源开发利用、生态科技创新与绿色产业培育等政策类别。二是加强了政策间相互促进的互动效应，从而改善单一政策实施效果，典型案例是将横向区域生态补偿制度作为综合性的政策载体，在其中统筹运用多种绿色财政政策，融合了生态修复转移支付、绿色产业培育扶持与神态科技创新激励等。

但是，政策集成程度尚未达到理想水平，一体化水平偏低。根据来自本章绩效检验的实证证据，同时考虑多种绿色财政政策影响时，尽管多数政策对长三角地区生态创新效应为正，仍有工业二氧化硫排污费表现为负面效果，政策间相互抵牾而无法同时达成对生态创新的促进，显示出政策集成性的改进空间。长三角地区绿色财政政策依旧存在不同政策碎片化，部分政策工具间协调性较差的特征，结合实际情况具体而言，除去不同类型政策配合联动依然有限的问题，还存在环境税内部几类生态环境税收政策之间相互独立、互不衔接、不成体系的状况，难以对生态环境治理的目标形成合力。在现行环境税制体系中，环保税是与生态环境密切相关的税种，直接对污染排放征收；资源税则是在生产环节对初级矿产资源和盐征税；此外在消费环节也会对汽油、一次性木制品等特定产品门类征收具有环保目的的消费税。相关税种之间互相独立，征税内容不仅覆盖不全面，甚至在几类税种中交叉出现，总体税收负担表现出缺乏系统协调的混乱性。

四、实施机制不健全

长三角地区绿色财政政策体系在促进生态创新、激励生态经济发展的实践中暴露出一些长效机制欠缺问题，如绿色财政政策绩效管理不全面、监管机制不完善、调控方式不合理等。

绿色财政政策的绩效管理不全面，考核奖惩机制不健全。无论收入型与支出型财政政策，都需要针对其实施过程与结果开展考核奖惩，检验生态创新激励效果，并以此为依据修正更新政策，关键在于构建完善的评价体系与奖惩机制。长三角地区出台的绿色财政政策已积累相当数量，配套绩效管理制度体系仍然不够完善，在最基本的完成情况考核以外，支出型政策缺少完整的资金绩效评价指标体系来度量资金使用效率与效果，收入型政策从影响作用角度开展的政策评估也较为欠缺，评价体系未能涵盖生态环境治理过程所涉及的全部政策。绩效软约束的缺失，导致资金利用的规范性与效果难以监管，税费征收的调节作用无从考察，对生态创新和生态经济发展的推动效应无法保障。进一步说，绿色财政政策的退出机制和更新机制也建立在绩效管理的基础之上，财政政策力度随生态环境质量与治理情况动态调整，不应任由单一财政政策长期化、固定化形成路径依赖，反而弱化市场机制的资源配置能力。

绿色财政政策的监管机制不完善，信息披露机制不足。充分发挥财政职能是绿色财政政策有效推进生态创新与生态经济发展的前提，长三角地区对绿色财政政策实施的监督机制不完善主要表现在以下几个方面：在监督依据上，绿色财政政策相关的财政监督规章制度法治化程度低，监督程序不规范，监管缺少制度支撑；在监督主体上，没有脱离传统财政政策监督主体的范畴，未设立专项处理环境保护与生态经济发展事务相关绿色财政政策监督的独立机构，第三方公共支出监督制度应用不足，生态环境保护事务的社会参与程度和积极性不高；在监督范围上，侧重事后监督，对绿色财政政策推行的事前和事中的监督偏少，没有形成全过程监督，影响资金利用的效果评价；在监督内容上，缺少对财政的全口径监督和财政运行的全方位监控；在监督方式上，限于传统督察形式，未能建立起信息化监控体系和实时的信息披露机制，无法实现信息及时反馈、传递与公开，为扩大绿色财政政策的社会影响力和渗透力度，有必要加大信息公开力度。

绿色财政政策的调控方式不合理，财政政策激励大于约束。本章列举各项政策中，长三角地区新制定的绿色财政政策对通过支出型政策进行激励关注更多，包括生态补偿和修复资金投入、政府绿色采购、产业和技术研发补贴等，既有促进生态保护的转移支付，也有对绿色产业培育的财政支持，形式多样化、覆盖面广泛、资金投入力度较大。收入型政策主要是从排污费转化而来的环保税、资源税组成的环境税制体系，税种零散、征税范围较窄、征管能力较弱的现实问题限制了其效应进一步发挥，作用地位仍然无法与支出型财政政策相提并论。这种激励过强约束过弱的财政政策分配格局，与长三角地区治污攻坚、修复生态的现实状况不相适应，限制了促进生态环境质量好转、生态经济发展的实质效果。

第六章

长三角地区生态创新及财政政策供需不匹配研究

长三角地区是以财政政策促进生态创新的先行地，也是生态创新供需更为丰富的代表性地区。为了提高政策绩效，有必要系统梳理政策供给体系，全面衡量政策供需匹配度，深化理解生态创新供需多重不匹配性的问题。立足“制度供给—制度需求”的分析框架，本章试图构建基于全生命周期过程和选择偏向程度相结合的生态创新财政政策供给体系，梳理国家和长三角三省一市政策安排与结构差异，在政策类别、效率和效果三维度视角下，识别并测度供给侧与需求侧企业、居民和政府三类主体政策需求特征，量化评估政策供需匹配性，揭示存在的突出问题。

第一节 长三角地区生态创新与财政政策供给体系

一、生态创新及其政策分类体系

生态创新政策分类的代表性文献有五类：一是基于政策实施途径，主要文献是哈密尔顿的里约会议五年后26个国家环境政策实施分类研究①；二是基于政策强制程度，主要文献是Garcea围绕公共政策周期与子系统的政策分类研究②；三是基于政策目标，主要文献是Lorraine等环境政策工具选择分类研究③；四是基于政策作用范围，主要文献是张红双的环境政策与环保技术互动关系研究④；五是基于政策绩效，主要文献是OECD的环境政策分类研究⑤。

哈密尔顿依据政策实施途径，将生态创新政策分为四类：市场导向政策、新市场创建政策、规章制度和定量限制政策、信息公开和公共参与政策。尽管哈密尔顿引用大量案例和实证研究支持各类政策的积极效果，但分类项政策存在内容交叉，如创建新市场的政策与基于市场机制的政策存在交叉；规章制度对应的限制性手段覆盖范围不全，且与其他三类政策存在内容交叉。

Lorraine等依据政策可以实现的管理、能力、激励和引导等目的，将生态创新政策分为四类：行政管理政策、能力建设政策、激励政策、系统引导政策⑥。这种分类同样存在政策内容交叉，如激励政策工具的交叉内容较多，分类界限不明晰。

张红双依据政策作用范围的互动关系，将生态创新政策分为四个层面：行业政策、全局政策、区域政策、国家政策⑦。这种分类层次分明，但存在政策承接问题。区域政策、全局政策、行业政策需承接于国家政策，全局政策、行业政策需进一步承接于区域政策，行业政策再承接于全局政策，政策重复性较高。

OECD基于政策绩效标准，将生态创新政策分为九类：绩效管制政策、过程管制政策、差别管制政策、标准管制政策、经济政策、自愿行动

---

① 哈密尔顿．里约后五年——环境政策的创新［M］．北京：中国环境科学出版社，1998.

② Garcea J. Studying Public Policy：Policy Cycles and Policy Subsystems［J］．Canadian Journal of Political Science，1996，29（01）：169－170.

③ Lorraine M. McDonnell，Richard F. Elmore. Getting the Job Done：Alternative Policy Instruments［J］．Educational Evaluation and Policy Analysis，1987，9（02）：133－152.

④ 张红双．环境政策与环保技术互动关系研究［D］．咸阳：西北农林科技大学，2012.

⑤ OECD. OECD Guidelines for Testing of Chemicals［R］．OECD，2016.

⑥ Lorraine M. McDonnell，Richard F. Elmore. Getting the Job Done：Alternative Policy Instruments［J］．Educational Evaluation and Policy Analysis，1987，9（02）：133－152.

⑦ 张红双．环境政策与环保技术互动关系研究［D］．咸阳：西北农林科技大学，2012.

政策、法规指引政策、第三方认证及教育计划/信息公开政策①。OECD 分类划分较为精细，也存在较大的精简空间。

最后，Garcea② 基于政策强制性程度，将生态创新政策分为三类：强制型政策、混合型政策和自愿型政策①。政策强制性程度从强制、选择、自愿依次递减。强制型政策具有国家强制力保障约束，刚性程度最强；混合型政策侧重于利用市场机制及经济手段来影响市场主体，将外部环境成本内部化，通过内部约束迫使消费者及生产者基于环境要求进行利益调整，较强制型政策，刚性程度大大减弱，灵活性程度大大增强。自愿型政策侧重于通过宣传教育等引导、鼓励大众进行绿色技术创新，刚性程度最弱。这种分类方式作用机制明确、层次明晰、覆盖范围完整，被越来越多的分类政策研究所采用。

基于政策的强制性质，前四种代表性研究也可以对应 Garcea 的政策分类方式（具体见表 6 - 1）。哈密尔顿的政策分类中，市场导向和新市场创建政策属于经济性手段，可以归于混合型政策；规章制度和定量限制政策可以归类为强制型政策，而信息公开和公共参与政策可以归于引导型政策。Lorraine 等政策分类中，行政政策工具属于强制性措施，激励和能力建设政策对应经济性政策，可以归于选择型政策，系统引导政策属于规划政策，可以归于引导性政策。OECD 政策分类中，绩效管制政策、过程管制政策、差别管制政策、标准管制政策均属于管制型政策，经济政策工具属于混合型政策；法规指引政策工具中强制性部分属于强制型政策，任意性部分属于引导型政策；自愿行动政策、第三方认证及教育计划/信息公开政策均属于引导型政策。

表 6 - 1　代表性文献的政策分类对应关系

	强制型政策	混合（选择）型政策	自愿（引导）型政策
哈密尔顿	规章制度和定量限制政策	市场导向政策、新市场创建政策	信息公开及公共参与政策
Lorraine 等	行政政策	激励政策、能力建设政策	能力建设政策、系统变化政策

① OECD. OECD Guidelines for Testing of Chemicals [R]. OECD, 2016.

② Garcea J. Studying Public Policy: Policy Cycles and Policy Subsystems [J]. Canadian Journal of Political Science, 1996, 29 (01): 169 - 170.

续表

	强制型政策	混合（选择）型政策	自愿（引导）型政策
OECD	绩效管制政策、过程管制政策、差别管制政策、标准管制政策、法规指引政策	经济政策	法规指引政策、第三方认证及教育计划/信息公开政策、自愿行动政策

二、生态创新国家政策供给体系与结构性关联

基于主流文献分类，结合政策强制程度和实施阶段，对应选择性政策分类，梳理中国国家层面已有的生态创新财政政策体系。选择性政策工具包括财政补贴政策、税收政策、价格政策和特定政策四个子类（具体见表 6－2）。补贴政策可以细分为 3 项：专项补贴、生态补偿、贷款贴息补贴政策。税收政策可以细分为 3 项：资源税、环境税和税收优惠。价格政策细分可以细分为 10 项：阶梯电价、差别电价、惩罚性电价、环保电价、基本水价、污水处理费、排污权价、水权价、用能权价、碳排放权价。全生命周期实施阶段均可细分为研发、生产、应用三个阶段。

表 6－2　　生态创新国家层面政策体系

政策分类 \ 全生命周期			研发阶段	生产阶段	应用阶段
选择性政策工具	补贴政策	专项补贴	●	●	●
		生态补偿	●	●	●
		贷款贴息补贴	●	●	●
	税费政策	资源税		●	
		环境税		●	
		税收优惠	●	●	●
	价格政策	阶梯电价		●	●
		差别电价		●	
		惩罚性电价		●	
		环保电价		●	
		基础水价		●	●
		污水处理费		●	●

续表

政策分类 \ 全生命周期			研发阶段	生产阶段	应用阶段
选择性政策工具	价格政策	排污权价		●	
		水权价		●	
		用能权价		●	
		碳排放权价		●	
	特定政策	绿色采购		●	

国家生态创新政策的结构性关联主要包括三方面：一是体现政策的市场化导向机制，具体包括市场化的生态补偿机制以及生态环境保护的收费基金机制；二是体现政策的奖罚协调统筹机制，具体包括财政激励机制和约束机制；三是体现政策在地区间、部门间协调管控机制，具体包括流域横向生态补偿机制以及部门间资源消耗补偿机制。

市场化的生态补偿机制主要是资源开发补偿、污染物减排补偿、水资源节约补偿、碳排放权抵消补偿等领域的市场体系培育与建设。主要发挥市场交易促进生态环境改善、资源优化配置的作用，引导生态受益者对生态保护者的补偿与生态创新。市场化的生态补偿机制还包括展生态产业、绿色采购、绿色金融、绿色利益分享等领域的市场体系培育与建设。通过市场机制，引导社会投资者对生态保护者的补偿与生态创新。迄今较为完备的制度包括资源开发、排污权、水权市场化交易体系，体现在价格政策子类如基本水费、上网电价、排污权价、水权价等细分项措施。而生态环境保护的收费基金机制主要是矿产资源开发、水电发电收入提取等多种生态补偿基金，具有政府定价性质，但收费额度往往与市场条件相挂钩或据此调整。具体收费基金包括矿山环境恢复治理基金、可再生能源发展基金、森林植被恢复费、草原植被恢复费、水土保持补偿费、污水处理费、垃圾处理费等。这些基金政策一方面体现在补贴政策的专项基金细类，另一方面体现在税费政策的资源税、环境税和附加费。

奖罚协调统筹机制是鼓励生态保护和创新、约束生态影响的重要财政政策。现行财税奖励政策主要体现支持污染防治、环境保护、节能节水的税收优惠。如符合条件的从事污染防治的第三方企业均按15%税率征收企业所得税；符合条件的环境保护、节能节水项目的所得，可享受企业所得税“三免三减半”优惠等。对应地，现行财税约束政策主要体现在向环境排放应税污染物的企业事业单位和其他生产经营者征收环境保护税，向开采矿产品等应税资源的单位和个人征收资源税。资源税和环境保护税收入主要归属地方，有利于增强地方征税积极性并发挥收入筹集功能，更好地开展地区生态保护等作用。

流域横向生态补偿机制主要推动流域上下游建立地区间有效协商和联防联控。财政部牵头和/或地方组织的是黄河流域、新安江流域、引滦入津流域潮白河流域的生态补偿机制试点政策，其中市场化政策主要是流域上下游地区开展排污权交易和水权交易。部门资源消耗补偿机制是预防或补偿资源生产利用过程的生态影响的财政政策，存在于基于用电强度水平、发电大气污染物排放类别等行业差异的补偿措施。主要政策包括差别电价、惩罚性电价和环保电价等。这类补偿机制属于政府定价，补偿额度保持相对稳定。

三、生态创新省域政策供给配套与结构性差异

生态创新的国家财政政策体系下，长三角省域政策供给配套在政策类别、对象、标准方面存在结构性差异。财政补贴政策方面，浙江省、市各级补贴范围和幅度均较大，江苏省和安徽省主要集中在省级层面，上海市补贴力度相对较小。税收政策方面，浙江省、江苏省和安徽省资源税覆盖项目多、征税选项齐备，上海市仅出台水气矿产适用税率；江苏省环境税标准显著高于浙江省和上海市，而安徽省主要实施污染物排放国家最低标准。价格政策方面，浙江省市场化交易制度和定价政策较为完善，上海市惩罚性电价及污水处理费标准较高、实施力度更大，安徽省定价标准区间较大、政策导向性明确。

（一）省级生态创新补贴政策

1. 绿色创新项目补贴

绿色创新项目补贴主要以引导资金、价格补助等形式，实施节能节水节材改造工程、推广新技术和产品。各省市绿色技术创新项目重点项目有所差异。

三省一市均覆盖节能设备、节能技术改造、企业技术改造、合同能源四类。浙江省重点支持项目分列重点节能、大气污染物重点减排、水污染物重点减排、重点循环经济四大领域若干项目。江苏省重点支持循环经济

五类项目，包括关键技术与装备、技术和产品推广、项目实施、信息服务、园区改造等。上海市聚焦应对气候变化的设施、设备、能力提升项目。安徽省重点支持重点行业节能提效、节能装备产业化应用、大气污染物重点减排、水污染物重点减排、循环经济重点工程、秸秆利用产业化提升等六大领域若干项目。

在补贴基准上，三省一市普遍利用因素法进行资金分配。专项资金分配中，依据因素的量化指标、权重系数等，最终确定分配方案。由此，不同年份不同地区的补贴额度差异较大。江苏省对节能减排项目根据年节能减排量，按照每吨标准煤不超过600元或按被替代燃料每吨标准油不超过1000元的标准进行补贴。上海市对清洁生产项目，按照实际投资额低于100万元的，奖励10万元；实际投资额高于100万元的，按项目实际完成投资额20%的标准予以奖励，最高不超过300万元。

2. 绿色制造补贴

配套国家绿色制造体系建设，浙江省、江苏省、上海市、安徽省先后发布相应实施方案，对绿色工厂、绿色企业、绿色产品进行补助或奖励。各地主要差异是补助资金方式不同、额度不同。

三省一市的绿色工厂、绿色企业、绿色产品的资金补助包括省、地方（区）两级。省级层面通过专项建设基金等进行资助建设。安徽省级补贴标准最为明确，获得国家级绿色工厂、绿色产品的分别给予一次性奖补100万元和50万元，对获得省级绿色工厂的企业给予一次性奖补50万元。其他省份尽管出台相关文件，但补贴标准尚未明确。相关地方层面普遍通过奖励方式进行资金配套，并依据国家和省级两类级别进行差异化补助。地方（区）奖补资金额度差异大，存在千万和百万奖励差异。

3. 生态补偿

根据保护修复和利用差异，开展生态保护地区的生态补偿。生态补偿的覆盖范围、补偿标准存在差异。跨区域生态补偿政策仍然处理试点推行阶段或仍缺失（如废物处置补偿），政策不够明确，难以进行省域比较。

浙江省是最早出台省级生态补偿制度的省份。浙江省生态补偿覆盖生态公益林、湿地、省内流域上下游横向生态保护补偿，用于（公益林、湿地）管理、管护和管护人员费用补偿。江苏省生态补偿覆盖水稻田、生态公益林、湿地、备用水源地村，用于维护生态环境、水利工程建设与管护、发展生态经济、集体经济组织成员费用等各项补偿。两省均设置分类生态补偿标准，规定明确的补偿额度。上海市生态补偿覆盖基本农田、公益林和水源地，基本农田包括农村公共服务 + 农户补贴标准，公益林包括林业养护与管理、流转、管护设备、保费等多项补贴标准，但水源地补贴标准不明确。安徽省生态补偿覆盖森林、湿地、水流、耕地等重点领域和禁止开发区域、重点生态功能区等重要区域以及地区间横向生态保护补偿，用于维护生态区域环境、激励生态保护行为、促进贫困人口转为生态保护人员等补偿。三省一市均出台生态补偿工作考核办法，依据考核结果调整补偿力度。

（二）省级生态创新税收政策

1. 资源税

《中华人民共和国资源税法》规定，资源税幅度税率的，具体由省、自治区、直辖市人民政府统筹考虑该应税资源的品位、开采条件以及对生态环境的影响等情况在规定税率幅度内确定。

浙江省已发现的应税资源（包括矿产和盐）共 71 个税目，统筹考虑省域矿产资源开发利用现状和资源税纳税人负担等因素确定相关税率。其中，68 种资源实行幅度税率，在可以选择实行从价计征或者从量计征的资源税税目中，地热和其他黏土实行从量计征，矿泉水实行从价计征，石灰岩和砂石实行从价计征为主，自用或者连续加工成非应税产品的石灰岩、砂石部分保留从量计征。

江苏省已发现的应税资源（包括矿产和盐）共 126 个税目，统筹考虑省域资源禀赋特点、资源节约集约利用导向、企业实际承受能力等因素确定相关税率和计征方式。其中，从价计征为主，原则上取法定税率幅度中值，规定可以选择实行从价计征或者从量计征的税目中，石灰岩、其他黏土、砂石实行从价计征，而地热、矿泉水实行从量计征。

上海市仅对矿泉水的适用税率进行了规定，为 4 元/立方米，明显低于同样实行从量计征江苏省（10 元/立方米）。

安徽省已发现的应税资源（包括矿产和盐）共 87 个税目，统筹考虑资源节约集约利用效率、生态环境保护成效等因素确定相关税率和计征方式。其中，82 种资源实行幅度税率，在可以选择实行从价计征或者从量计征的资源税税目中，砂石、对外销售的石灰岩实行从价计征，地热、其他黏土、矿泉水、自采自用连续生产非应税产品的石灰岩，实行从量计征。

可见，浙江省、江苏省和安徽省结合本地资源情况与《中华人民共和国资源税法》同步形成了比较完善的地方标准。因资源禀赋差异，三省涵盖的资源税目差异较大。因资源利用条件和效率导向差异，相应的征税方式和幅度也存在显著差异。上海市资源税比较为单一，仅对矿泉水的适用税率进行规定，标准也相对较低。

2. 环境税

各省市实施国家环境税新法，纳税主体和各类污染物排放折算方法基本一致。纳税主体是直接向环境排放应税污染物的企业事业单位和其他生产经营者为环境保护税的纳税人。四类污染物排放折算方法是：(1) 应税大气污染物按照污染物排放量折合的污染当量数确定；(2) 应税水污染物按照污染物排放量折合的污染当量数确定；(3) 应税固体废物按照固体废物的排放量确定；(4) 应税噪声按照超过国家规定标准的分贝数确定。

各省市环境税具体征税标准、方式存在着显著差异（具体见表6-3）。征税方式上，江苏省最为丰富，包括当量征税和梯度征税。浙江省污染物征税类别更为细化，个别污染物进行特别规定。上海没有规定工业锅炉大气污染物和固废污染物的地方征税方式。征税标准上，浙江省和上海市在一般大气及水污染物征收标准一致，江苏省梯度征税标准明显高于其他省份，且个别项目对应的规模限定标准也较高。安徽省在大气污染物和水污染物的征税方式较为单一，标准最低。

表6-3　　长三角地区三省一市环境税政策

污染物类别	浙江省	江苏省	上海市	安徽省
大气污染物	1.2元/污染当量	梯度一：4.8元/污染当量	其他大气污染物1.2元/污染当量	二氧化硫、氮氧化物、挥发性有机物1.2元/污染当量
	四类重金属污染物1.8元/污染当量	梯度二：6元/污染当量	二氧化硫7.6元/污染当量	
		梯度三：8.4元/污染当量	氮氧化物8.55元/污染当量	
水污染物	1.4元/污染当量	梯度一：5.6元/污染当量	其他类水污染物1.4元/污染当量	化学需氧量、氨氮、五项重金属1.4元/污染当量
	五类重金属污染物1.8元/污染当量	梯度二：7元/污染当量	化学需氧量5.0元/污染当量	
		梯度三：8.4元/污染当量	氨氮4.8元/污染当量	

续表

污染物类别	浙江省	江苏省	上海市	安徽省
固体废物	施工扬尘按照产生、削减系数调整；分类工业锅炉大气污染物和固废污染物排放标准	施工扬尘按照产生、削减系数调整；固废污染物排放标准	施工扬尘按照产生、削减系数调整	施工扬尘按照产生、削减系数调整；煤炭装卸和堆存按照煤粉尘排污系数调整
噪声	国家标准	国家标准	国家标准	国家标准

3. 税收优惠

在环境保护税法方面，各省市基本平移国家规定。四类暂行免税：一是农业生产（不包括规模化养殖）排放应税污染物；二是机动车、铁路机车、非道路移动机械、船舶和航空器等流动污染源排放应税污染物；三是依法设立的城乡污水集中处理、生活垃圾集中处理场所排放相应应税污染物，不超过国家和地方规定的排放标准；四是纳税人综合利用的固体废物，符合国家和地方环境保护标准的。两类减税优惠：一是纳税人排放应税大气污染物或者水污染物的浓度值低于国家和地方规定的污染物排放标准30%，减按75%征收环境保护税；二是纳税人排放应税大气污染物或者水污染物的浓度值低于国家和地方规定的污染物排放标准50%的，减按50%征收环境保护税。①

所得税减免方面，各省市也平移国家规定。企业从事符合条件的环境保护、节能节水项目的所得，自项目取得第一笔生产经营收入所属纳税年度起，第一年至第三年免征企业所得税，第四年至第六年减半征收企业所得税。符合条件的从事污染防治的第三方企业，减按15%税率征收企业所得税。

（三）省域生态创新的价格政策

1. 电价政策

销售电价政策方面，三省一市存在定价标准和额度差异。浙江省采用单一制阶梯分时电价，江苏省采用阶梯电价，上海市采用两部制阶梯分时电价，安徽省则采用两部制和单一制并行的电价政策。部门用电定

① 《中华人民共和国环境保护税法》，2016年12月25日全国人大常委会第25次会议通过。

价方面，大工业用电、一般工商业及其他用电、农业生产用电等销售电价定价特点一致。浙江省尖峰时段价格最高，高峰次之，低谷时段最低，起到了分时控制企业用电量的作用。上海市峰时和平时的夏季电价高于非夏季的电价，谷时的夏季电价低于非夏季，既控制了夏季用电高峰又考虑了非夏季的用电特点。江苏省未采用分时电价，其电价水平处于浙江省尖峰电价与低谷电价之间，上海市夏季和非夏季平时电价以及谷时电价之间，相对偏低。安徽省与上海市类似，但仅在峰时区分夏季和非夏季电价差异，夏季电价高于非夏季，而平时和谷时则未考虑季节用电差异。

电价加价制度是针对淘汰类、限制类及超排企业实施差别电价、惩罚性电价和环保电价。加价标准方面，浙江省与江苏省基本一致，上海市较高，安徽省则存在分类加价标准差异（见表6－4）。安徽淘汰类加价标准高于其他省市，限制类、超低排放加价标准与其他省市持平，惩罚性加价标准则普遍低于其他省市。为推动钢铁企业超低排放改造，江苏还实行分阶段分层次加价，依据有组织排放、无组织排放、清洁方式运输方式，电价加价 0.3—2 元/千瓦时。脱硫、脱硝和除尘环保电价方面，各省市标准与国家一致，即加价 0.015 元/千瓦时、0.01 元/千瓦时和 0.002 元/千瓦时。

表6－4　长三角地区三省一市差别电价、惩罚性电价和环保电价政策

单位：元/千瓦时

		浙江省	江苏省	上海市	安徽省
差别电价	淘汰类标准	加收 0.3	加收 0.3	加收 0.2	加收 0.5
	限制类标准	加收 0.1	加收 0.1	加收 0.5	加收 0.11
	超低排放		加收 0.3－2		加收 0.11
惩罚性电价	超额 1 倍以上	加收 0.3	加收 0.3	加收 0.4	加收 0.1
	超额 1 倍以内	加收 0.1	加收 0.1	加收 0.15	加收 0.05
环保电价	脱硫	扣减 0.015	扣减 0.015	扣减 0.015	扣减 0.015
	脱硝	扣减 0.01	扣减 0.01	扣减 0.01	扣减 0.01
	除尘	扣减 0.002	扣减 0.002	扣减 0.002	扣减 0.002

综上，高耗能行业电力限制和政策惩罚强度来看，上海市政策实施时间早、整体约束力强，江苏省钢铁行业政策层次更丰富、约束力更强，安

徽省政策完善但惩罚加价标准较弱。环保电价采用国家标准，采用降低污染物排放的适宜技术，各省市平移沿用，没有差异。

2. 水价政策

水价政策主要体现在污水处理收费。长三角地区普遍实行分类分档污水处理收费方式，这样可以起到抑制高污染企业污水排放的作用。具体分类基本包括居民生活污水、工业污水和非工业污水 3 类。鉴于工业污水情况，还会细分一般和高污染工业污水二档。非工业污水处理是居民生活污水和工业污水以外的污水。

各省市污水处理费标准存在较大差异（见表 6－5）。上海市实行全市污水处理统一定价，浙江省、江苏省和安徽省实行各地市自行定价，无省域统一价格。费用额度上，安徽省域内的污水处理价格普遍较低，江苏省污水处理费用介于浙江省非工业企业及一般工业企业污水处理费用之间，相对较低；上海市污水处理费用介于浙江省一般工业企业及高污染工业企业污水处理费用之间，且对于超过排放标准的污水加收 0.8 元/立方米的处理费用，排放成本相对较高，更易激励创新污水排放处理方式。

表 6－5　　长三角地区部分城市污水处理价格政策

单位：元/立方米

	浙江省（杭州市）	江苏省（南京市）	上海市	安徽省（合肥市）
居民	1	1.42	1.7	0.95
一般工业企业污水处理费	2.05	1.95	2.34	1.40
高污染工业企业污水处理费	2.45	1.95	3.24	1.40
非工业企业污水处理费	1.75	1.95	2.34	1.40

3. 排污权价格政策

排污权交易是基于主要污染物总量减排控制，通过排污权交易机构的平台交易实现，排污权交易价格实行市场调节。上海市闵行区是全国最早开展排污权交易实践的地区，但由于后续实施“排海工程”，实际造成污染物排放转移，排污权交易中断。从排污权交易试点探索深化的阶段来看，自 2007 年起由国家环保部等部门批复的试点省份共 12 个，另有 16 个省份自行开展试点。浙江省和江苏省是国家批复的排污权试点省份，安徽省是自行开展排污权交易省份。三个省份在污染物纳入类别和交易方式上存在差异。浙江省实施污染物排放权交易的是化学需氧量和二氧化硫两项主要污染物。江苏省实施污染物排放权交易的是化学需氧量（COD）、氨氮（NH_3-N）、总磷（TP）、二氧化硫（SO_2）、氮氧化物（NOx）五项主要污染物。安徽省实施污染物排放权交易的是现阶段国家作为涉水约束性指标进行总量控制的污染物。浙江省排污权交易采取3种方式：市场交易、公开拍卖或挂牌、直接出让。江苏省采取市场公开出让方式，包括拍卖、挂牌和协议等交易方式。安徽省采取市场交易、公开转让、抵押、租赁等方式。

第二节 长三角地区生态创新的财政政策需求体系

政策从制定到实施到评价到更新再到失效，每一个环节都离不开需求主体的响应。相关主体的政策需求是调整政策、实现供需匹配的重要依据，只有充分把握需求情况，才能使得政策更具针对性。

一、长三角地区生态创新的财政政策需求识别与测度

（一）生态创新的财政政策需求识别

考虑政策激励生态创新的机制作用，需求结构包括政策类别需求（责任归属）、政策效率需求（经济性效率、创新性效率）和政策效果需求（生态效果、经济效果和社会效果）。考虑政策需求主体，包括企业、居民和政策部门三类及其对应的政策类别（具体见表6-6）。考虑政策实施阶段，居民侧政策需求偏重应用阶段，涉及生态产品的补贴政策、生态补偿政策、水和电价政策细类；生产侧政策需求偏重研发与生产阶段，涉及产业补贴政策、税费政策和价格政策细类，政府侧政策需求涉及特定政策细类。

表 6－6 基于政策需求主体的生态创新财政政策体系

政策分类 \ 全生命周期		居民	企业	政府
补贴政策	专项补贴	●	●	●
	生态补偿	●	●	
税费政策	资源税		●	
	环境税		●	
	税收优惠		●	
价格政策	阶梯电价	●	●	●
	差别电价		●	
	惩罚性电价		●	
	环保电价		●	
	基础水价	●	●	●
	排污权价		●	●
	水权价		●	●
	碳排放权价		●	●
	用能权		●	●
特定政策	绿色采购		●	●
	绿色招投标		●	●

（二）生态创新的财政政策需求测度

由于长三角地区生态创新财政政策需求的多元性和异质性，采用问卷调查法对长三角地区生态创新政策需求进行测度。为得到准确、合理、有效的数据样本，问卷设计遵循目的性、通俗易懂和便于处理等原则。根据生态创新政策供给体系和实施阶段，问卷细分居民、企业和政府部门三类主体政策需求调研。由于政策工具的解释具有一定的专业性，不利于被调查者填写问卷。参考专家的专业意见，问卷对部分政策名称进行解释及调整，并邀请不涉及该领域的人员进行试调查，对表述不当的部分进行二次修改，尽量消除正式调查中被调查者的填写障碍及理解偏差。采用李克特五级量表，设定需求程度从 5 到 1 的五级程度，代表需求程度逐级减小。基于问卷数据编码处理，利用均值法估计各类主体的各项政策需求程度。需求值越接近 5，表示需求程度越高。

数据采集方面，考虑个体认知差异，企业调查对象锁定在企业管理及相关业务人员，而排除普通员工；政府部门锁定在市级，而排除其他部门。数据回收整理方面，居民问卷最终回收1532份，有效问卷1289份。有效问卷省市分布来看，浙江省347份，江苏339省份，上海市301份，安徽312省。企业问卷最终回收578份，有效问卷475份，其中，浙江省133份，江苏120省份，上海市99份，安徽123份。政府问卷最终回收401份，有效问卷387份，其中，浙江省110份，江苏92省份，上海市85份。安徽102份。

（三）生态创新的财政政策需求数据信效度检验

由于调查问卷是根据调研内容自行编制的，数据建模分析前，需要评估调查问卷真实性，检验其有效性和可靠性。信度指同一事物重复测量结果的一致程度或测量结果受随机误差影响的程度，两次测量结果愈一致，误差越小，信度值越高。常用评估指标为Cronbach α系数，其值越高，潜在变量的各测量变量之间的相关性越大（见表6-7）。效度是指真实值和测量值的接近程度，效度越高表明调研的结果所代表的调研行为的真实度越高，越能够达到调研目的。效度指标包括内容效度及结构效度两部分。内容效度常用评价方法为专家法，问卷调查将根据专家意见及预调研反馈对问卷进行修改。结构效度检验的常用方法为因子分析法，因子分析之前需先做因子分析适合性评估。KMO统计量检验是检验变量之间相关性的指标，KMO越大，越适合做因子分析（见表6-8）。巴特利特检验是测量变量值之间是否独立，要求检验结果必须达到显著水平。本章调研主要信效度检验指标是Cronbach α系数检验、KMO统计量检验和巴特利特检验。

表6-7　Cronbach α系数取值标准

信度系数取值范围	含义
0.50—0.60	无法接受该方法给出的结果
0.60—0.70	比较可以接受该方法给出的结果
070—0.80	可以接受该方法给出的结果
0.80—0.90	很可以接受该方法给出的结果
0.90—1.00	非常可以接受该方法的结果

表 6-8　　KMO 取值标准

KMO 检验取值范围	含义
0—0.50	无法接受该方法给出的结果
0.50—0.60	稍微有点可以接受该方法给出的结果
0.60—0.70	比较可以接受该方法给出的结果
0.70—0.80	可以接受该方法给出的结果
0.80—0.90	很可以接受该方法给出的结果
0.90—1.00	非常可以接受该方法给出的结果

生态创新的财政政策需求调查整体 Cronbach α 系数达到 0.958，信度较好，可靠性高。其中，浙江省 Cronbach α 系数达到 0.958，细类政策 Cronbach α 系数均高于 0.6，多数高于 0.8；江苏省 Cronbach α 系数达到 0.960，细类政策 Cronbach α 系数均高于 0.65，多数高于 0.8；上海市 Cronbach α 系数达到 0.963，细类政策 Cronbach α 系数均高于 0.72；安徽省 Cronbach α 系数达到 0.953，细类政策 Cronbach α 系数均高于 0.60，多数高于 0.75。三省一市问卷数据信度普遍较好，可靠性较高。问卷数据整体效度检验 KMO 值为 0.919，巴特利特检验 p 值小于 0.01。各省市样本 p 值均小于 0.01，问卷结构性效度较好。

二、长三角地区生产侧生态创新的体系化财政政策需求

（一）生态创新的财政政策类别需求

生产侧生态创新的财政政策类别的整体需求和地区需求均呈现高值，表明企业对生态创新政策具有系统性需求。生态创新政策类别需求均值整体达到 3.95 分，属于接近四分值区间，说明政策供给类别较为合理，均处于企业有需求的范畴，并认可其责任归属是企业主体。政策细类方面，整体需求在补贴政策、税费政策、价格政策、特定政策类别方面分别达到 4.195 分、3.676 分、3.716 分和 4.222 分，显然激励性政策类别需求度高于惩罚性政策以及市场化政策类别需求高于管控性政策。

各省市比较来看，激励性、市场化政策类别的需求程度同样高于惩罚性、管控性政策（见表 6-9）。三省一市税收性政策类别需求值普遍更低，补贴性政策、特定政策类别需求值普遍更高（见表 6-10）。浙江省和上海市补贴政策类别需求值普遍较高，而税收政策类别需求值相对较

低。江苏省和安徽省资源税政策类别需求值显著高于其他两省市，而环境税需求略低于其他两省市。上海价格政策需求值较高，各细类分值普遍较高，尤其是水价政策，包括污水处理费和水权价政策达到4.3分以上。三省一市碳排放权价政策类别需求也表现明显，需求均值达到3.75分。特定政策方面，三省一市政策类别需求普遍较高，尤其是绿色招投标政策类别需求值最高，达到4.355分，表明各类企业对市场机制下政府采购需求意愿非常强烈。

表6-9 长三角地区三省一市生产侧生态创新的财政政策类别需求值

单位：分

政策类型	浙江省	江苏省	上海市	安徽省	总体
补贴政策	4.242	4.156	4.196	4.218	4.203
税收政策	3.752	3.820	3.700	3.793	3.766
价格政策	4.073	3.890	4.071	3.837	3.967
特定政策	4.306	4.360	4.271	4.353	4.289

表6-10 长三角地区三省一市生产侧生态创新的财政政策细分需求值

单位：分

政策类型		浙江省	江苏省	上海市	安徽省	总体
补贴政策	专项补贴	4.323	4.242	4.382	4.393	4.360
	生态补偿	4.392	4.267	4.289	4.110	4.265
	贷款贴息补贴	4.010	3.955	3.916	4.152	4.000
税收政策	资源税	3.511	3.697	3.301	3.712	3.555
	环境税	3.712	3.620	3.802	3.655	3.697
	税收优惠	4.033	4.162	4.001	4.010	4.051
价格政策	差别电价	3.901	3.621	3.982	3.611	3.778
	惩罚性电价	3.872	3.626	3.737	3.617	3.713
	环保电价	4.100	4.005	4.110	4.000	4.054
	阶梯电价	4.166	4.105	4.210	4.100	4.145
	污水处理费	4.122	4.100	4.300	4.008	4.132
	排污权价	4.218	4.010	4.112	4.001	4.085
	水权价	4.030	3.710	4.321	3.678	3.909
	用能价	4.398	4.118	4.211	3.855	4.145
	碳排权价	3.851	3.715	3.760	3.656	3.745

续表

政策类型		浙江省	江苏省	上海市	安徽省	总体
特定政策	绿色采购	4. 290	4. 305	4. 255	4. 308	4. 222
	绿色招投标	4. 321	4. 415	4. 287	4. 398	4. 355

（二）生态创新的财政政策效率需求

企业生态创新财政政策效率的整体需求和地区需求呈现高值差异化情况（见表 6－11）。经济性效率需求方面，整体均值达到 4. 123 分，属于四分值区间，且高于类别需求值，说明财政政策经济效率是影响企业政策响应的重要因素，将显著影响企业政策接受度和执行效果。政策细类方面，整体需求在补贴政策、税费政策、价格政策、特定政策方面分别达到 4. 241 分、4. 069 分、3. 989 分和 4. 195 分，且税费政策和价格政策的经济性效率需求均值显著高于类别需求。这一结果显示企业对生态创新政策的经济负担较为敏感，导致灵活性较低的管控类政策需求不高。创新性需求方面，整体均值达到 3. 884 分，弱于经济性效率需求程度，说明财政政策的创新驱动效率仍有较大的提升空间。政策细类方面，整体需求在补贴政策、税费政策、价格政策、特定政策方面分别达到 4. 259 分、3. 508 分、3. 519 分和 4. 351 分。这一结果显示，激励性政策比约束性政策更有利于激发生产侧创新内生动力，需求性驱动政策与供给侧转型政策对创新激励同样重要。

表 6－11　长三角地区三省一市生产侧生态创新的财政政策效率需求值

单位：分

	政策类型	浙江省	江苏省	上海市	安徽省	总体
经济性效率	补贴政策	4. 222	4. 354	4. 100	4. 289	4. 241
	税收政策	4. 047	4. 100	4. 121	4. 010	4. 069
	价格政策	3. 989	3. 957	4. 101	3. 910	3. 989
	特定政策	4. 213	4. 222	4. 344	4. 001	4. 195
创新性效率	补贴政策	4. 291	4. 279	4. 267	4. 201	4. 259
	税收政策	3. 481	3. 495	3. 856	3. 201	3. 508
	价格政策	3. 542	3. 548	3. 666	3. 321	3. 519
	特定政策	4. 310	4. 298	4. 401	4. 398	4. 351

三省一市生态创新的财政政策效率需求尽管存在一定差异，但呈现较为一致的结果。经济性效率需求方面，各省市需求均值差异在 0.2—0.3 分，差距不大。创新性需求方面，三省一市需求均值差异有所变化。补贴政策创新性效率需求值区域差异缩小，而税收政策创新性效率需求值的区域差异扩大。这一结果显示，激励性、市场化政策更有助于普遍激发创新效率需求。

（三）生态创新的财政政策效果需求

企业生态创新财政政策效果的整体需求和地区需求呈现较强趋同性（见表 6 - 12）。政策经济效果、生态效果和社会效果的整体需求均值分别达到 4.172 分、4.226 分、3.980 分，属于 4 分值区间，分值接近，说明企业对生态创新政策效果的需求认同性较高。政策细类方面，生态效果的整体需求均值最高，且补贴政策、税费政策、价格政策、特定政策需求均值接近。这一结果显示税收政策需求有效体现生态约束效应。

表 6 - 12 长三角地区三省一市生产侧生态创新的财政政策效果需求值

单位：分

	政策类型	浙江省	江苏省	上海市	安徽省	总体
经济效果	补贴政策	4.417	4.501	4.420	4.598	4.484
	税收政策	3.971	3.879	4.011	3.671	3.883
	价格政策	3.871	3.900	3.915	3.761	3.861
	特定政策	4.487	4.439	4.511	4.407	4.461
生态效果	补贴政策	4.198	4.300	4.202	4.198	4.225
	税收政策	4.218	4.321	4.223	4.204	4.242
	价格政策	4.201	4.298	4.210	4.176	4.221
	特定政策	4.156	4.278	4.256	4.169	4.214
社会效果	补贴政策	4.113	4.001	4.123	4.010	4.061
	税收政策	3.531	3.449	3.610	3.501	3.522
	价格政策	4.001	3.998	4.100	3.723	3.955
	特定政策	4.312	4.409	4.378	4.398	4.374

长三角地区三省一市生态创新政策效果需求差异小，呈现趋同结果。三类政策效果需求，各省市均值在 0.2—0.3 分，差异不大，比政策类别、

政策效率需求均值差距都小。这些结果表明各省市对生态创新政策效果需求度高且一致性强。

三、长三角地区居民侧生态创新的异质性政策需求

（一）生态创新的财政政策类别需求

居民侧生态创新财政政策类别的整体需求和地区需求均呈现显著差异（见表6-13）。整体需求均值达到4.43分，高于生产侧类别需求均值，表明居民政策需求整体意愿较高。但居民补贴政策比价格政策需求均值高0.50分，具有较强的类别偏好差异。各省市来看，浙江和上海对两类政策整体需求偏好较为接近，江苏和安徽价格政策需求相对偏弱，认同度显著低于补贴政策。

表6-13　长三角地区三省一市居民侧生态创新的财政政策需求值

单位：分

	政策类型	浙江省	江苏省	上海市	安徽省	总体
政策类别	补贴政策	4.712	4.530	4.712	4.713	4.666
	价格政策	4.440	4.002	4.411	3.980	4.200
经济性效率	补贴政策	4.798	4.841	4.803	4.871	4.828
	价格政策	4.040	4.041	4.270	3.676	4.006
创新性效率	补贴政策	4.512	4.239	4.451	4.510	4.428
	价格政策	3.780	3.543	3.618	3.210	3.538
经济效果	补贴政策	4.782	4.800	4.678	4.882	4.785
	价格政策	4.010	4.110	4.081	3.509	3.925
生态效果	补贴政策	4.745	4.623	4.732	4.786	4.721
	价格政策	4.615	4.612	4.650	4.812	4.672
社会效果	补贴政策	4.801	4.783	4.856	4.899	4.834
	价格政策	4.113	4.000	4.213	3.801	4.031

（二）生态创新的财政政策效率需求

居民侧生态创新财政政策效率的整体需求和地区需求也呈现显著差异（见表6-13）。整体需求均值达到4.20分，高于生产侧效率需求均值，

表明居民政策需求整体意愿较高。无论是经济性还是创新性效率方面，补贴政策比价格政策需求均值高，接近0.90分，具有较强的效率偏好差异。各省市来看，补贴政策的经济效率需求同样偏高。安徽省补贴政策高于价格政策的经济效率需求均值达到1.2—1.3分，其他省市在0.53—0.80分，具有较大差距。这一结果表明各地区细分政策的效率需求具有较强异质性。

（三）生态创新的财政政策效果需求

居民侧生态创新财政政策效果的整体需求和地区需求还是呈现显著差异（见表6-13）。整体需求均值达到4.49分，高于生产侧效果需求均值，表明居民政策需求效果的整体认同性仍然较高。然而，细分效果方面，补贴政策比价格政策需求均值高，尤其是经济和社会效果，均值差异达到0.80分，具有较强的政策效果偏好差异。各省市比较来看，安徽省政策效果需求与其他省份差异较大，尤其是价格政策的经济效果，比其他省市需求均值低近0.5分。可见，各省市细分政策的效果需求也具有异质性。

四、长三角地区政府侧生态创新的财政政策需求

（一）生态创新的财政政策类别需求

作为重要公共机构，政府部门对生态创新财政政策类别的整体需求和地区需求较为一致（见表6-14）。整体需求均值达到4.94分，高于生产侧和居民侧，政策需求整体意愿高，类别偏好差异小。各省市生态创新政策类别需求均值在四分区内，且分值差异在0.5分以内，整体需求程度较为接近，政策认同感强。

表6-14 长三角地区三省一市政府侧生态创新的财政政策类别需求值

单位：分

	政策类型	浙江省	江苏省	上海市	安徽省	总体
政策类别	补贴政策	4.889	4.898	4.965	4.949	4.925
	价格政策	4.910	4.911	4.935	4.955	4.927
	特定政策	4.957	4.976	4.970	4.964	4.967

续表

	政策类型	浙江省	江苏省	上海市	安徽省	总体
经济性效率	补贴政策	4.878	4.800	4.850	4.901	4.857
	价格政策	4.211	4.121	4.306	4.310	4.237
	特定政策	4.901	4.920	4.909	4.121	4.712
创新性效率	补贴政策	4.910	4.912	4.950	4.901	4.918
	价格政策	4.930	4.921	4.939	4.906	4.924
	特定政策	4.902	4.900	4.909	4.911	4.905
经济效果	补贴政策	4.780	4.780	4.700	4.800	4.765
	价格政策	4.017	4.005	4.100	4.000	4.030
	特定政策	4.899	4.870	4.900	4.700	4.842
生态效果	补贴政策	4.902	4.912	4.904	4.919	4.909
	价格政策	4.911	4.832	4.876	4.740	4.839
	特定政策	4.915	4.910	4.922	4.929	4.919
社会效果	补贴政策	4.901	4.980	4.982	4.976	4.959
	价格政策	4.904	4.901	4.900	4.984	4.922
	特定政策	4.978	4.980	4.982	4.975	4.978

（二）生态创新的财政政策效率需求

政府部门生态创新财政政策效率的整体需求和地区需求趋同度高，创新性效率需求显著（见前面表6－14）。整体需求均值达到4.75分，高于生产侧和居民侧。无论是经济性还是创新性效率方面，整体需求均值都在4.2以上，具有高度认同性。需要指出的是，政府部门对创新性效率需求尤其突出，相较于生产侧和居民侧，比经济性效率需求更高。长三角地区三省一市来看，生态创新财政政策效率需求均值在四分区，且分值差异在0.3分以内，整体需求程度接近。创新性效率方面，各省市政府部门价格政策需求更显著，超过补贴和特定政策。

（三）生态创新的政策效果需求

政府部门生态创新财政政策效果的整体需求和地区需求基本呈现较高意向（见前面表6－14）。整体需求均值达到4.79分，高于生产侧和居民侧，表明政府部门生态创新政策效果需求的整体认同性较高。细分效果来看，价格政策需求均值略偏低，尤其是经济和社会效果，均值差异达到0.80分，具有较强的政策效果偏好差异。各省市比较来看，安徽省政策效果需求与其他省份差异较大，尤其是价格政策的经济效果，比其他省市需求均值低近0.5分。可见，各省市政府部门细分政策的效果需求也具有异质性。

第三节 长三角地区生态创新财政政策供需不匹配问题

一、财政政策供需匹配度测度方法

借鉴徐德英和韩伯棠供需匹配度及匹配环境二维指标匹配模型[①]，测度长三角地区生态创新政策的供需匹配性。

（一）模型构建

政策供需匹配度定义为供需序值相似度的数据化衡量。满足以下假设条件：（1）人都为理性的经济人；（2）供给与需求呈线性关系而非加减关系；（3）以余弦为1的向量作为参考向量（$y=x$），采用余弦相似度计算法，测度政策需求与实际政策供给之间的匹配程度λ，计算公式如下：

$$\lambda = \cos\theta = \frac{x_i x_j + y_i y_j}{\sqrt{x_i^2 + y_i^2}\sqrt{x_j^2 + y_j^2}} \qquad (6-1)$$

$$\theta \in [0°, 90°]$$

$$\lambda \in \left(\frac{\sqrt{2}}{2}, 1\right)$$

式中，（x_j，y_j）为 $y=x$ 上任意一点，（x_i，y_i）为政策工具 i 的供需坐标，x_i为需求序数，y_i为供给序数，θ 为从原点出发的供需坐标向量与参

---

① 徐德英，韩伯棠．政策供需匹配模型构建及实证研究——以北京市创新创业政策为例［J］．科学学研究，2015，33（12）：1787－1796＋1893.

考向量之间的夹角。λ 越接近于 1，从原点出发的供需坐标向量与参考向量方向越一致，供给坐标与需求坐标的匹配程度越高。

匹配环境表示政策供给与政策需求之间大小的绝对比较，利用下式衡量：

$$\varphi_{ij}=\begin{cases}-1 & \theta_{ij}\leqslant 45^{\circ}\\ 1 & \theta_{ij}\geqslant 45^{\circ}\end{cases} \tag{6-2}$$

式中，φ_{ij}表示匹配环境，取值 1 或 -1。-1 表示政策供给大于政策需求程度，1 则相反。

（二）政策供给序值赋值方法

政策供给序值是政策供给类别、效率、效果程度进行排序。1 代表政策供给最大排序，依次减弱。生态创新政策类别方面，以数量多寡进行排序。由于生态政策效率和效果难以直接利用政策文件进行确认，将基于专家打分进行量化并排序。专家打分方面，采用李克特五级量表，赋予政策供给 1—5 级程度。“5”代表供给最强烈，“1”代表供给最不强烈，取均值代表各类政策的供给程度。

（三）政策需求序值赋值方法

政策需求序值是政策需求类别、效率、效果程度进行排序。基于政策需求问卷调查，采用李克特五级量表，赋予政策需求 1—5 级程度。“5”代表需求最强烈，“1”代表需求最不强烈，取均值代表各类政策的需求程度。在此基础上，依据各项政策需求程度进行排序，排序为 1 代表需求值最大，需求程度最强烈。

二、生态创新的财政政策供需类别不匹配

基于政策供需匹配度及匹配环境二维指标匹配模型，得到生态创新政策供需匹配性的相关结果（见表 6 - 15）。无论是长三角地区整体还是各省市来看，生态创新财政政策类别存在不同程度的供需不匹配。

从长三角地区综合结果来看，生态创新财政政策类别处于供需匹配相对较好的状态，但细类政策供需匹配性差异大，多利益方协调类政策、市场化政策类别的匹配程度相对较低。补贴细分政策存在供给过度和不足双重情况，专项补贴政策供给相对需求略显过度，而生态补偿政策供给相对需求明显不足。税收细分政策同样存在双重情况，环境税供给相对过度，

而资源税和税收优惠政策明显不足。价格政策方面，市场化政策工具匹配性显著较低，梯度电价、差别电价、惩罚电价、环保电价和污水处理费政策为良好或一般匹配，而排污权价、用能权价等政策存在一般或失调匹配。特定政策方面，匹配类型为失调匹配，政策供给远不足以满足需求。

从长三角地区各省市结果比较来看，生态创新财税细类政策类别供需存在显著的地区异同。生态补偿和资源税政策，各省市普遍处于良好匹配，但供给仍显不足。专项补贴政策、差别电价和惩罚性电价政策，存在省市供需双向失衡差异化情况。浙江省和上海市主要体现在政策类别供给不足，江苏省体现在惩罚性电价政策类别供给过度，安徽省兼有专项补贴政策供给过度和惩罚性电价政策类别供给不足情况。分类主体来看，生产侧政策类别供需匹配性度与整体情况基本一致；居民侧政策类别供需匹配性较低的，主要是专项补贴和生态补偿政策类别供给不足。政府侧政策类别供需匹配性良好。最后，值得注意的长三角地区三省一市排污权、用水权、用能权、碳排权等市场化价格政策均处于部分缺失状态，而各类主体需求意愿较高，实际政策类别供给处于远远不足状态。

表 6-15 长三角地区三省一市生态创新的财政政策类别供需匹配度

政策	政策细分	浙江省	江苏省	上海市	安徽省
补贴政策	专项补贴	（平衡）	（良好、不足）	（良好，不足）	（良好、过度）
	生态补偿	（良好、不足）	（良好、不足）	（良好、不足）	（良好、不足）
税收政策	环境税	（良好，不足）	（优秀，不足）	（平衡）	（良好，不足）
	资源税	（优秀，不足）	（良好，不足）	（良好，不足）	（良好，不足）
	税收优惠	平衡	（优秀，不足）	（一般，不足）	（一般，不足）
价格政策	梯度电价	（平衡）	（平衡）	（优秀，不足）	（良好，不足）
	差别电价	（良好，不足）	（平衡）	（一般，不足）	（平衡）
	惩罚性电价	（良好，不足）	（一般，过度）	（一般，不足）	（良好，过度）
	环保电价	（良好，不足）	（平衡）	（平衡）	（平衡）
	污水处理费	（一般，不足）	平衡	（优秀，过度）	（优秀，不足）
	排污权价	（良好，不足）	（良好，不足）	缺失	（良好，不足）
	水权价	（一般，不足）	缺失	缺失	（一般，不足）
	用能价	（失调，不足）	缺失	缺失	缺失
	碳排权价	缺失	缺失	缺失	缺失
特定政策	绿色采购	（失调，不足）	（失调，不足）	（失调，不足）	（失调，不足）
	绿色招投标	（失调，不足）	（失调，不足）	（失调，不足）	（失调，不足）

三、生态创新的财政政策供需效率不匹配

无论是从长三角地区整体来看还是从各省市来看，生态创新财政政策效率供需不匹配度较高的细类政策相对集中，部分市场化政策效率匹配性显著较低。表6－16汇集了供需匹配程度不够平衡的量化结果，具体讨论区域与省市生态创新财政政策效率问题。

表6－16　长三角地区三省一市生态创新的财政政策效率供需匹配度

经济性效率	（一般、过度）	（一般、不足）	（失衡，过度）	（失衡，不足）
浙江省	—	生态补偿、环境税、污水处理费	用能权价	—
江苏省	环境税	生态补偿、污水处理费、排污权价	—	—
上海市	惩罚性电价	税收优惠、环境税	—	—
安徽省	—	污水处理费、税收优惠	—	排污权价
创新性效率	（一般、过度）	（一般、不足）	（失衡，过度）	（失衡，不足）
浙江省	—	生态补偿	—	用能价
江苏省	—	生态补偿、资源税	—	水权价
上海市	—	生态补偿	—	—
安徽省	—	生态补偿、资源税	—	排污权价

注：—表示无。

从长三角地区综合结果来看，生态创新财政政策效率处于供需不够匹配。政策经济性效率方面，供需匹配度不够平衡主要集中在生态补偿、环境税、税收优惠和污水处理费政策。政策创新性效率方面，供需不够平衡主要集中在生态补偿、资源税和排污权价政策。同时，政策经济性效率和创新性效率均突出体现在供给不足，意味着政策干预在内部化外部成本、激发绿色内生动力方面上还未能充分发挥作用。

从长三角地区各省市结果比较来看，生态创新财政政策效率存在显著的地区异同。政策经济性效率方面，浙江省和江苏省的生态补偿、环境税和污水处理费政策效率的供需匹配均相对不平衡，但前者环境税供给不足，而后者供给过度。上海市和安徽省税收优惠政策效率的供需匹配均相对不平衡，且均供给不足。浙江省和安徽省在市场化政策效率中还表现出截然相反的供需匹配性。前者用能权政策效率处于供需失衡，且供给显著过度，而后者排污权政策效率也失衡，但供给显著不足。政策创新性效率

方面，三省集中在生态补偿政策、资源税和市场化政策效率的供需不平衡，且供给显著不足。上海市政策创新性效率的供需匹配性较好，不存在显著不平衡。分类主体来看，生产侧税收政策和市场化政策效率供给不足，居民侧集中在生态补偿政策的经济性效率供给不足，政府侧政策效率的供需匹配性良好。以上结果可见，生态创新财政政策效率不容忽视，尤其是市场化政策具备较大的效率提升空间。

四、生态创新财政政策供需效果不匹配

无论从长三角地区整体来看还是从各省市来看，生态创新财政政策效果比类别、效果供需匹配性程度高，但供给不足情况相对突出。表6－17汇集供给不足的三类量化结果，具体讨论区域与省市生态创新财政政策效果问题。

表6－17　长三角地区省级生态创新政策的财税效果供需匹配度

经济效果	（优秀、不足）	（良好、不足）	（一般，不足）
浙江省	专项补贴、绿色采购	生态补偿、税收优惠	—
江苏省	专项补贴、绿色采购	生态补偿、税收优惠	—
上海市	专项补贴	税收优惠	—
安徽省	专项补贴、绿色采购	生态补偿、税收优惠	—
生态效果	（优秀、不足）	（良好、不足）	（一般，不足）
浙江省	排污权价	生态补偿、环境税	惩罚性电价、用能权价
江苏省	环境税	生态补偿、资源税	
上海市	污水处理费	环境税	—
安徽省	污水处理费	生态补偿、资源税	—
社会效果	（优秀、不足）	（良好、不足）	（一般，不足）
浙江省	生态补偿、三类电价政策	环境税、排污权价、绿色采购	用能权价
江苏省	生态补偿、两类电价政策	环境税、绿色采购	—
上海市	三类电价政策	环境税、绿色采购	—

从长三角地区综合结果来看，生态创新财政政策效果供需匹配相对较好。政策经济效果方面，供需匹配度不够平衡主要集中在专项补贴、生态补偿、税收优惠和绿色采购政策。政策生态效果方面，供需不够平衡主要集中在生态补偿、资源税和环境税和市场化政策。政策社会效果方面，供

需不够平衡主要集中在环境税、绿色采购。同时，这些政策效果均突出体现在供给不足，意味着政策干预在生态环境改善效果上还未能充分发挥全面、系统性作用。

从长三角地区各省市结果比较来看，不同细类政策效果的供需匹配程度相对一致。政策经济效果方面，三省一市均表现为专项补贴和税收优惠政策效果的相对供给不足，三省还表现在生态补偿和绿色采购的相对供给不足。政策生态效果方面，浙江省突出体现在惩罚性电价和用能权价政策效果显然不足；各省市在其他约束性政策效果供给均略显不足。政策社会效果方面，浙江省仍然突出体现在用能权价政策效果不足，且各省市在环境税和绿色采购政策效果显现供给相对不足。分类主体来看，生产、居民和政府侧均表现出类似的生态创新政策效果供给不足的情况。以上结果可见，各省市无论是市场化还是管控性，无论是哪类政策主体目标，均需显著提升政策供给效果。

五、生态创新财政政策供需不均衡基本结论

长三角地区生态创新供需日益丰富，但从政策类型、政策效率和政策效果三维度都反映出供需关系存在不同程度的不匹配性，并未实现有效的市场出清。政策供需匹配性的评估，不仅对应着政策层面的制度性问题刻画与原因追溯，而且对应着政策主体对象与客体对象多层次的供需关系与作用方式，需要分类分层厘清相互关联和突出问题。以从政策工具、产品形式、成果形式，分别探讨多重。

（一）长三角地区生态创新的财政政策供需关系

就总体而言，无论是国家还是长三角地区层面生态创新的财政政策体系不断取得重大改进。然而，基于政策类别、政策效率和政策效果三个维度来评估，政策供给还远未达到结构性平衡或充分满足政策需求。

生态创新的政策供给需要建立在政策需求的基础之上。政策需求包括刚性政策和柔性政策。缺乏内生需求时，刚性政策和外部约束会更有效，但往往效率效果欠佳。基于内生动力和选择意愿视角，微观主体会更倾向柔性政策，激励性、市场化政策更实效、更灵活、更易激发内生需要。但由于政策供给主体与需求主体通常并不相同，以需求为导向的政策效率效果往往难以得到充分保障。

生态创新的政策供给还需要鲜明的地域范围指向。长三角地区三省一市生态创新的资源环境条件、生产消费关系、经济社会结构均存在不同程度的差异，就需要相对应的财政政策工具选择，也会形成差异化的区域政策类别供需关系。相应地，生态创新财政政策工具会因区域经济、技术外部条件以及主体效能差异，显现出不同的供给效率和需求效率响应，形成区域效率性供需平衡偏差。政策体系化原则意味着当生态创新的财政政策类别和效率存在供需不对称性关系，政策效果的供需关系往往也不对等。

基于政策类别、效率和效果维度的量化结果，长三角地区生态创新的财政政策供需匹配关系突出反映三大问题：一是政策系统呈现体系性供给缺位关系。重点体现在排污权、用水权、用能权和碳排权等四大生态产权的价格政策缺失。除浙江外，其他省市均未全面覆盖四大生态产权价格政策，上海整体缺失相关政策；江苏开展首例地下水权交易，但缺失完善的用水权和用能权价格政策；安徽也缺失完善的用能权、碳排权价格政策。二是政策细类兼具高需低供、低需高供的错配关系。高需低供的政策关系比较突出，普遍存在政策类别、效率和效果维度，且激励性和市场化政策失衡程度更高。低需高供的政策关系集中在特定的补贴政策和价格政策，如安徽专项补贴类别供给过高、江苏惩罚性电价类别供给过高、浙江生态产权政策效率过度等。三是三省一市呈现不对称的区域政策供需关系。从政策类别来看，浙江省和上海市主要体现在政策类别供给不足，江苏省主要体现在政策类别供给过度，而安徽省供给过度和供给不足情况并重。从政策效率来看，浙江省和安徽省在市场化政策效率中表现出截然相反的供需匹配关系；浙江省和江苏省在生态补偿、环境税和污水处理费政策效率也表现出相反的供需匹配关系。政策供需关系不对称同样显著，兼具结构性和程度性差异，如浙江省已实施用能权价格政策，且政策生态效果和社会效果维度显现出供给显著不足的情况，而其他省份该项政策缺失，且其他约束性政策效果供给均略显不足。

（二）长三角地区供给侧生态创新与需求侧生态创新供需关系

供给侧生态创新的主体是企业，对应着中间品、最终产品的生态价值创造和价值传递，为需求侧生态价值的最终实现提供商业可能性。这一过程中，生态价值内化可以发生在研发、生产和应用全阶段，也可以发生在某一特定阶段，形成产品生态创新、过程生态创新、组织方式生态创新等各种形式创新，显现为不同程度、不同方式的商业价值。无论是单一阶段还是全阶段过程，生态价值经济化需要得到前后向产业链的互相认可与接受，也需要获取生态经济利益的机制性保障。这样，不同行业、不同领域呈现不同形式的生态产品生产和供给以及对应不同程度的供需均衡关系。

需求侧生态创新的主体是居民，对应着应用阶段的最终产品的价值实现和价值再创造，以货币投票来反映供给侧生态价值实现。最终价值实现意味着生态产品购买、使用、维护各环节的生态需求实现。价值再创造意味着生态产品废弃、再生产和再利用各环节的生态需求实现。两类价值需求实现的关键点不仅在于生态价值与经济价值的双重实现，还在于居民对两类价值的认同和接受。进一步细化居民生态创新需求类型，包括商业（营销、组织等）、社会（共享、共治等）、生态（要素、系统等）各类各层次需求。居民处于特定的社会经济阶段、资源环境条件以及阶层分类，就会表现出不同类别和不同程度的生态创新产品偏好。这样，不同区域、不同消费群体呈现不同领域、不同层次的生态产品需求以及对应不同程度的供需均衡关系。

基于政策需求度和供需匹配性的量化结果，长三角地区供给侧生态创新与需求侧生态创新供需关系突出反映三大问题：一是供给侧存在生态产品多阶段、过程性的供需不均衡关系。企业在研发、生产和应用阶段都表现出全面、强劲生态创新政策需求，但四大类十项政策在各阶段、多维度均存在供给缺失或供需不均衡。这些结果表明供给侧生态创新价值在长三角地区已经普遍得到业界认同，但无论是现实层面还是政策层面，无论是过程阶段还是全产链维度，生态价值还得不到充分地内化和落实，可能存在绩效性、机制性等多重原因。二是需求侧生态产品供需不均衡关系相对供给侧程度更高。基于政策需求度和供需匹配性的量化结果，居民需求均值都显著高于企业侧，且高需低供关系显著。这意味着居民高度认同生态创新产品需求，但需求以及潜在需求并未得到供给侧有效供给支持。三是需求侧区域间生态产品供需不均衡关系存在区域异质性。基于政策需求度和供需匹配性的量化结果，浙江省和上海市政策整体需求偏好较为接近，安徽省更多表现出异质性特点，尤其是补贴类政策需求均值偏差大、经济效率和经济效果维度的政策供需不匹配性大。这些结果表明，除考虑制度层面外，生态创新的财政政策匹配性问题还需要深入微观层面主体、地区特征，需要厘清内外部多重影响因素。

（三）长三角地区生态创新成果的供需关系

区域生态创新成果的主体是企业、科研机构和大学。企业可以是生态创新成果的开发者和供给方，也是科研机构和大学生态创新成果的需求方和转化者。生态创新成果的多方主体关联意味着其具有强劲的产业横向、后向效应及其地区扩散效应。生态创新成果的供需平衡决定着生态产品的供需均衡，也影响着地区间市场均衡。实现生态创新成果的供需平衡，受制于资金、技术和人才等创新要素，也取决于创新要素的协同转化机制。财政政策提供资金支持以及结合其他高端创新要素的协同机制来促进生态创新成果供给，提供特定需求支持新成果示范应用，促进供需市场出清。

政策类别、效率和效果维度以及二级维度的量化结果突出显示两大问题：一是生态创新成果具有最为紧密的供需关系，但仍存在因覆盖面不足、效率不高造成市场失衡的问题。支持生态创新成果的三类政策即专项补贴、绿色招投标、政府采购政策的需求均值都高于其他政策细类，尽管专项补贴政策供需匹配性良好，但后两大细类政策仍呈现供需显著失衡，尤其是供给类别和供给效率不足。也就是说，财政政策支持生态创新成果供给，但成果形式、转化效率仍不充分。二是生态创新成果的供需不均衡关系在地区间普遍存在，具有高度一致性。支持生态创新成果的三类政策具有需求均值、区域均值双重平衡，也具有政策供需匹配度的整体和区域双重失衡情况。值得注意的是，政策创新效率维度的整体需求均值显著低于经济效率维度下，补贴政策单项需求均值更高，绿色招投标和政府采购两类政策需求均值相仿，三类政策的各省市均值区间均更小；经济效果维度下，也存在类似情况。同样地，各省市绿色招投标和政府采购政策的类别和效率供需失衡程度类似。也就是说，长三角地区生态创新成果供需非均衡问题与资金投入要求、创新能力、供需对接机制密切相关，普遍存在政策、效率效果欠佳的情况。

综上所述，可以得到长三角地区生态创新财政政策供需关系的四点结论：一是现行财政政策突出偏向高需低供关系，需要重点强化基于需求响应的政策供给体系建设。二是现行政策供需不匹配关系隐含着供给侧和需求侧生态产品的失衡关系以及关联，需要深化政策层面的作用机制分析以及厘清微观主体和外部条件等多层面的多重因素影响。三是现行政策供需不匹配关系还隐含着生态创新成果的供需失衡及其后向影响，需要强化基于政策关联性的政策优化研究。四是长三角地区三省一市财政政策供需匹配关系具有异质性，需要兼顾区域社会经济特征性事实推进政策协同研究。

第七章

长三角地区生态创新财政政策供需不匹配影响效应研究

本章基于长三角地区生态创新财政政策供需多重不匹配性，深入探析造成政策供需不匹配的制度因素以及与其他内外部因素的作用效应。聚焦政策干预的正当性、激励性和经济性机制，探讨政策偏差导致的责任缺位/缺失、自主选择受限和社会承受力过度等问题。对应选取碳税政策、垃圾分类政策和绿证政策作为典型的财政政策工具，探讨并实证研究各类政策激发长三角地区居民侧生态创新需求的责任认同、契合异质性外部条件的作用方式和影响路径，论证并情景检验政策工具优化影响生产侧政策实施的成本负担和经济性效应。

第一节 财政政策正当性与责任认知偏差效应——以碳税政策为例

一、生产者责任、消费者责任还是共同责任？

（一）财政政策的正当性问题

外部性理论和公共物品理论是财政政策干预正当性的理论基础。代表性理论包括 Marshall① 的外部经济理论、Pigou② 的庇古税理论和 Coase③ 的科斯定理。Marshall 在《经济学原理》中最早提出“外部经济”理论，为外部性理论奠定了基础。Pigou 在《福利经济学》中把“外部经济”概念进一步拓展到“外部不经济”，将外部性问题的研究从外部因素对企业的影响效果转向企业或居民对其他企业或居民的影响效果，并提出了当存在正外部性时给以补贴、当存在负外部性时予以征收“庇古税”理论。Coase 在《社会成本问题》中指出，产权得到明确界定的情况下，外部性问题的解决同样可以采取协商和交易的市场手段，庇古税只是特例。外部经济理论、庇古税理论和科斯定理共同成为外部性理论的重要基石。

“谁污染谁付费、谁破坏谁补偿”原则是提高环保效率、推进生态创新的基本原则，也是财政政策干预正当性的重要体现。但环境污染对越来越稀缺的青山绿水生态资源的破坏、对人类生命健康的危害、对社会持续稳定发展的阻碍，仅靠“排污费”是根本不可能赎回的。“污染者付费”的同时，还要强调“污染者负担”以及“受益方负责”。最需要明确的是，“污染者付费”不是付费即可污染，污染者承担的环境责任不只是经济补偿，污染追责的主体不仅包括“污染者”还有“受益者”。由此，财政政策干预正当性需要充分体现相关利益主体责任、跨期责任以及责任可承担性，优化多方利益主体的共同担责。

（二）碳减排政策的研究动机

国际货币基金组织（IMF）报告（2019）称，碳排放量化定价是抗击全球变暖和减少空气污染最有效的方法。④ 碳排放量化定价在国际上一般采用碳税和碳排放交易两种政策。从效率角度出发，碳交易体系适合于大的排放主体，而小的排放主体更适合采取碳税。中国已经建立碳交易试点体系，碳税政策可以很好补充碳交易体系，尤其是对居民侧碳排放行为约束。

欧洲早在 1990 年已开始推行碳税减排政策，中国 2010 年开始讨论实

---

① 阿尔弗雷德．马歇尔．经济学原理［M］．朱志泰，译．北京：商务印书馆，2010.

② Pigou. The Economics of Welfare［M］. Washington：library of Congress，2001.

③ R. H. Coase. The Problem of Social Cost［J］. Journal of Law and Economics，1960（03）：1－44.

④ IMF. Fiscal monitor how to mitigate climate change［R］. IMF，2019，Oct.

施碳税。但一直以来，该政策的制定和实施受到相关利益主体、研究学者的质疑或争议。主要体现在：

首先，碳税责任归属存在三个路径。碳税责任归属可以包括生产者责任、消费者责任和共同责任原则。生产者责任是“谁生产、谁污染、谁负责”原则，优点是可操作性强、责任划分边界明晰，弊端是易造成区域间碳泄漏和公平性偏差。消费者责任是“谁消费、谁污染、谁负责”原则，优点是克服生产者责任缺点，弊端是政策实施成本高、低收入消费者福利影响大。共同责任原则是同时促使生产者和消费者改变其环境行为，是一种有效的激励机制，已被越来越多的学者证明是最优分配方案，但如何进行责任分配，并未有共识。

其次，各国碳税实施效应存在极大争议。德国红绿联盟执政时期引入“生态税”，即二氧化碳的生产、服务和消费行为征收碳税。根据2019年德国经济研究所（DIW）最新研究结果认为该政策是失败的[①]，因为不同能源的税基太低，无法产生长时期减少能源消费的作用。澳大利亚实施碳税后，矿业公司利润大幅下滑，利益者相关者大力抵制碳税政策。法国对油气燃料征收碳税，导致油价和其他生活消费品价格上涨，进而生活成本上升，引起民众强烈抵制。瑞士征收化石燃料碳税，每吨二氧化碳征税80欧元，尽管多数碳税收入返还居民，但巨大财政压力导致各方极力抵制。

最后，中国碳税推行困难重重。2010年，国家发改委和财政部联合推出中国碳税税制框架设计专题报告[②]，但各方对征税对象、征税方式、征税额度均存在较大争议，难以统一意见落实具体政策。之后，碳税政策处于停滞阶段，《2014年政府工作报告》[③] 和《2014年中央和地方预算草案的报告》[④] 仅提及“做好环境保护税立法相关工作”，没有实质性推进碳税工作。2018年两会期间，碳税政策重新提上议程，多位人大代表提出改进碳税议案，进一步引发了对需求侧而非局限于供给侧的减排措施探讨。迄今为止，中国碳税政策仍处于研究未实施阶段。

---

① Stefan Bach, Hermann Buslei, Michelle Harnisch, Niklas Isaak. Ecological tax revenue still yields lower pension contributions and higher pensions today [R]. DIW, 2019 (13): 108-115.

② http://cn.chinagate.cn/development/2010-05/28/content_20135047.htm

③ 李克强.2014年政府工作报告［N］.人民日报，2014-03-05.

④ 第十二届全国人民代表大会财经经济委员会.2014年中央和地方预算执行情况与2015年中央和地方预算草案的审查结果报告［N］.经济日报，2015-03-13.

综上可见，碳税政策可以作为财政政策干预正当性的重要案例进行探讨，其制度安排和接受程度值得理论和政策层面深入探讨。本节将聚焦居民侧碳税政策问题，重点探讨碳税接受度及影响因素、责任归属认知与政策作用机制、政策设计与安排优化。

二、基于碳减排责任归属的居民碳税政策接受度理论建模

（一）问题的提出

鉴于财政政策正当性问题，本节以碳税政策为例，聚焦需求侧碳税政策的接受度及其影响因素，重点探讨碳减排责任归属的影响机制、政策传导路径和作用强度。具体研究内容细化为：

1. 碳税政策接受度的影响因素及其关联

结合计划行为理论（PBT）和价值信念理论（VBN），个体行为意向通过“价值—信念—规范”因果链分析框架进行分析。主体接受碳税政策的行为意向，首先由价值取向和生态世界观决定，通过结果意识和责任归属决定行为规范，最终影响行为决策。价值观与价值取向变量对应，涵盖三类价值取向：追求自身利益最大化的利己价值观、追求人类社会群体利益最大化的利他价值观、同时考虑人类群体福利和非人类物种利益的生态价值观。由于“价值—信念—规范”构成因果链，不同价值观形成不同的因果链，关联不同的行为决策变量。由此，探讨行为决策变量影响碳税政策接受度的作用机制和影响路径将是制定碳税政策的重要理论依据。

2. 减排责任影响碳税政策接受度的作用效应

在“价值—信念—规范”因果链上，责任归属是中间环节，任何前置变量的作用影响都会导致责任归属认知缺失。责任激发是责任归属、个人规范与社会规范的共同作用，关联作用偏差同样无法激发主体对象的政策行为取向。居民往往存在碳减排责任归属认知偏差，难以有效激发减排责任，造成碳税接受度低或存在地区性显著差异。由此，探讨碳减排责任影响碳税政策接受度的作用机制与效应可以作为居民意愿承担碳减排责任的重要理论依据。

3. 碳税政策形式影响碳税接受度的作用效应

根据拓展的情景模型（ABC），碳税政策接受度还会受到具体政策情景设定影响。政策情景包括政策实施的便利条件和自我效能，便利条件是

居民认为能为其支付碳税提供便利的条件，如国家政策支持等；自我效能是指居民对自身是否有能力支付碳税的条件判断。由此，探讨碳税政策形式及其效应可以作为居民实际落实碳减排责任的重要理论依据。

（二）理论建模

根据 VBN 理论和 ABC 模型，设置碳税政策接受度的理论模型。被解释变量是行为意向，本书中行为意向是指居民对支付碳税的倾向程度，以此来衡量其碳税接受度。解释变量是 7 个，包括环境感知、政策认知、价值观、信念、个人规范、社会规范和感知行为控制，以二级变量进行解释，具体如下：

（1）环境感知，其二级指标为环境现状感知和环境关切。

（2）政策认知，其二级指标为碳税政策认知。

（3）价值观，其二级指标为利己价值取向、利他价值取向、利生态价值取向。

（4）信念，其二级指标为后果意识和责任归属。

（5）个人规范，其二级指标为罪恶感和正义感。

（6）社会规范，其二级指标为描述性规范和指令性规范。

（7）感知行为控制，其二级指标为便利条件和自我效能。

（三）因果链假设

结合 VBN 理论和碳税政策情景，设定以下 9 个理论假设，因果链路径关系具体如图 7 - 1 所示。

假设 1：价值观正向影响后果意识。

假设 2：后果意识正向影响责任归属。

假设 3：责任归属正向影响个人规范。

假设 4：社会规范通过影响个人规范影响价值 - 信念 - 规范因果链。

假设 5：个人规范通过影响感知行为控制影响行为意向。

假设 6：居民支付碳税的社会规范正向影响支付碳税的意向。

假设 7：居民支付碳税的感知行为控制正向影响支付碳税的意向。

假设 8：支付碳税的个体规范正向影响支付碳税的行为意向。

假设 9：环境感知正向影响感知行为控制。

从模型路径来看，“环境感知/政策认知—价值观—后果意识—责任归

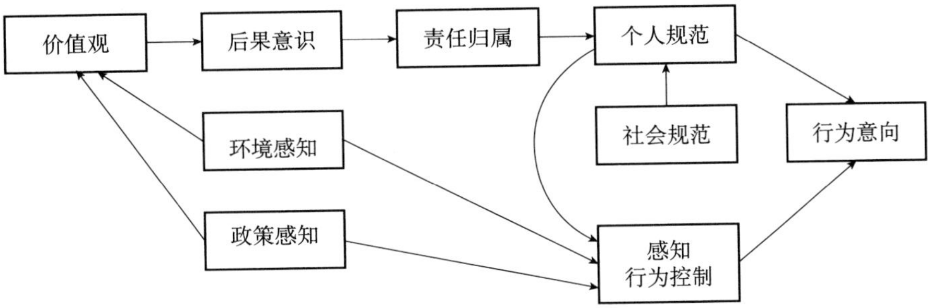

图 7－1 基于 VBN 理论框架的碳税接受度因果链

属—个人规范—行为意向”为主要因果链。居民对环境变化的感知和减排政策的了解度影响其利生态价值观的构建，并指引其做出对环境改善或恶化后果的判断。基于对后果可承受与否的判断，居民将进一步明确减排责任归属。根据责任的确定，居民容易产生相应道义感或内疚感。在此基础上，最终影响到居民行为意向的选择。

“政策认知—感知行为控制—行为意向路径、社会规范—行为意向和个人规范—感知行为控制”为次要因果链。居民基于对政策的了解，推测自身经济能力、便利条件是否能承担碳税，最终影响其接受与否的选择。社会规范是居民身边环境，对居民最终行为选择有直接影响。个人规范是指居民因行为产生的道义感或内疚感。

基于以上主次路径，构建结构方程（Structure Equation Modeling, SEM）实证模型，检验路径显著性，开展居民碳税接受度的实证研究。

三、基于碳减排责任归属的碳税政策接受度实证研究

（一）实证建模

结构方程模型普遍应用于社会科学以及行为科学领域中，是一种融合因素分析和路径分析的多元统计技术，可以对多变量间交互关系的定量检验。模型通常分为测量方程和结构方程两部分。基于模型指标体系，将预定指标与变量一一对应。

测量模型通常写为下式：

$$\begin{cases} x_j = \Lambda_{xj}\xi_j + \delta \\ y_i = \Lambda_{yi}\eta_i + \varepsilon \end{cases} \tag{7-1}$$

式中，ξ_j 表示第 j 个外因潜变量，η_i 表示第 i 个内因潜变量。x_j 表示第 j 组外源指标组成的向量，y_i 表示第 i 组内源指标组成的向量。Λ_{xj} 表示第 j 组外源指标与其外源潜变量之间的关系，Λ_{yi} 表示第 i 组内源指标与其内源潜变量之间的关系。δ 表示外源指标 x 的误差项，ε 表示内生指标 y 的误差项。

（二）变量确定

基于 VBN 理论和 ABC 模型，设定七个潜变量以及对应的代表观察变量。需要说明的是，责任归属的变量设定包括低碳行为责任和碳排放费用责任。前者基于意动视角，后者基于成本承受力视角。碳税政策情景设定主要提出不同的征收方式，包括含税和单独计税、交易纳税和网上缴税等（具体见表 7-1）。

表 7-1　居民碳税政策接受度的变量设定

变量	变量解释	问卷设定
责任归属	低碳行为	采取低碳行为是每个居民的责任
		采取低碳行为是我的责任
		采取低碳行为是企业的责任
		采取低碳行为是政府的责任
		是否采取低碳行为，与责任无关
	碳排费用	支付排碳费用是每个居民的责任
		支付排碳费用是我的责任
		支付排碳费用是企业的责任
		支付排碳费用是政府的责任
		是否支付排碳费用，与责任无关
政策情景	征收方式	购买的商品价格里已经涵盖碳税
		购买商品后单列碳税额，并在结账时一并缴纳
		网上报税，购买产品可通过网上系统查询碳税额

（三）数据来源

采用问卷调查法，对长三角地区三省一市发放 1300 问卷。为得到准确、合理、有效的数据样本，问卷设计遵循目的性、通俗易懂和便于处理等原则。为确保问卷有效性，实施预调查，设计发放 180 份预调查问卷，根据收集的数据以及专业人员的分析评价，对不合理或者无显著影响的问题进行修改。最终回收问卷 1200 份，有效问卷 1105 份。有效问卷中，浙江省 301 份，江苏省 287 份，安徽省 285 份，上海市 232 份。

（四）实证结果

1. 模型假设验证结果

假设检验结果如表 7 - 2，可以得到以下基本结论：

基于假设 1：价值观影响后果意识的路径检验结果可见，价值观正向影响后果意识。p 值小于 0.05，原假设成立。

基于假设 2：后果意识影响责任归属的路径检验结果可见，后果意识正向影响责任归属。p 值小于 0.05，原假设成立。

基于假设 3：责任归属影响个人规范的路径检验结果可见，责任归属正向影响个人规范。p 值小于 0.05，原假设成立。

基于假设 4 和假设 5：社会规范影响 VBN 理论和个人规范影响 TPB 理论的路径检验结果可见，社会规范通过影响个人规范影响价值—信念—规范理论，个人规范通过影响感知行为控制影响计划行为理论。p 值均小于 0.05，原假设成立。

基于假设 6：社会规范影响支付碳税的路径检验结果可见，社会规范正向影响支付碳税的意向。p 值小于 0.05，原假设成立。

基于假设 7：感知行为控制影响支付碳税的意向的路径检验结果可见，感知行为控制正向影响支付碳税的意向，p 值小于 0.05，原假设成立。

基于假设 8：个体规范影响居民行为意向的检验结果可见，个体规范正向影响居民行为意向，p 值小于 0.05，原假设成立。

基于假设 9：检验结果显示，环境感知对感知行为控制的影响较不显著，所以推翻原假设，认为环境感知对感知行为控制没有直接影响。其原因可能为，居民对环境和自身的联系认识较为简单，缺乏深入思考，即普遍认为环境的变化与其是否有时间、精力、经济状况支付碳税无关。故删除环境感知到感知行为控制的假设。

表 7-2 长三角地区居民碳税政策接受度假设检验结果

假设序号	假设关系	路径系数	T值	结论
假设1	价值观正向影响后果意识	0.493***	4.939	成立
假设2	后果意识正向影响责任归属	0.542***	10.085	成立
假设3	责任归属正向影响个人规范	0.578***	14.945	成立
假设4	社会规范通过影响个人规范	0.592***	12.898	成立
假设5	个人规范影响感知行为控制	0.513***	11.931	成立
假设6	社会规范正向影响行为意向	0.078**	1.993	成立
假设7	感知行为控制正向影响行为意向	0.42***	10.329	成立
假设8	个体规范正向影响行为意向	0.519***	10.487	成立
假设9	环境感知正向影响感知行为控制	0.012	0.348	不成立

注：**表示 $p<0.05$；***表示 $p<0.01$。

2. 潜在变量的关联效应

表7-3显示SEM模型的系数估计以及潜变量相互影响的标准化系数，用以度量不同路径间的系数大小。

表 7-3 长三角地区居民碳税接受度的影响系数估计

项目	政策认知	环境感知	价值观	后果意识	社会规范	责任归属	个人规范	感知行为控制	行为意向
价值观	0.15	0.21	0.00	0.00	0.00	0.00	0.00	0.00	0.00
后果意识	0.04	0.05	0.25	0.00	0.00	0.00	0.00	0.00	0.00
责任归属	0.02	0.02	0.10	0.39	0.00	0.00	0.00	0.00	0.00
个人规范	0.01	0.01	0.06	0.23	0.41	0.58	0.00	0.00	0.00
感知行为控制	0.36	0.01	0.03	0.11	0.20	0.29	0.49	0.00	0.00
行为意向	0.16	0.01	0.04	0.17	0.30	0.43	0.74	0.42	0.00

结果可见，居民行为意向分别受到政策认知、环境感知、价值观、后果意识、社会规范、责任归属、个人规范和感知行为控制的直接和间接影响，直接影响系数分别为个人规范0.53、感知行为控制0.419，间接影响系数按从政策认知到行为意向分别为0.155、0.009、0.042、0.168、0.298、0.43和0.205。

实证结果可以得到以下结论：所有潜变量的相关系数具有明显差异。其中，个人规范影响最明显，影响系数高达0.74，说明居民若认为在道义上应该缴纳碳税，或者会因未缴纳碳税抱有负罪感，他们就更倾向于接受碳税政策。责任归属和感知行为控制对行为意向的影响较明显，其中责任归属对行为意向的影响系数为0.43，感知行为控制对行为意向的影响系数为0.419。这些结果说明居民若认为有责任缴纳碳税，则在行为上会更倾向于缴纳碳税，但是若认为缴纳碳税手段不够便利或者没有能力缴纳，则更倾向于不缴纳碳税。社会规范对行为意向有一定影响，影响系数为0.3，说明他人的意见对居民碳税接受起正向影响。后果意识对行为意向影响较小，影响系数为0.17，说明部分居民认为即使缴纳碳税，环境也不一定变好，温室效应也并不会减缓。环境感知行为意向的影响系数最小，原因可能是居民普遍对环境的变化感受不敏锐，或由于内部因素排斥碳税征收。若分别对各省市进行单独实证估计，不能显著改变整体结果。

3. 责任归属与碳税政策接受效应

整体来看，责任归属对居民行为意向的影响显著，影响系数为0.43，即居民责任归属强度与其是否愿意缴纳碳税关联较强，且影响较大。这一结果表明强化居民环境责任感认知对碳税政策的实施有积极作用。为探究责任归属是否对不同接受度的居民产生不同程度的影响，令居民接受碳税为1，不接受为0，对不同接受度的居民做了进一步的责任归属影响路径的分析。由表7－4结果可知，对接受碳税的居民来说，责任感对他做出接受的决定的影响系数明显较大，不接受碳税的居民则更体现出轻责任感的特征。可以得出政策结论，责任归属对居民的不同行为意向选择均有显著的影响，接受碳税的居民环境责任感相对更强，对其行为的导向性更明显。

表7－4　　责任归属对居民行为的影响

	路径		显著性	影响系数
接受	←	责任归属	***	0.556
不接受	←	责任归属	***	0.283

4. 政策实施方式与碳税政策接受效应

为探究影响居民具体碳税征收手段的因素，推测其愿意接受的征收手段，具体结果见表7－5。

表 7-5 长三角地区居民碳税征收形式选择的影响因素

	政策认知系数	环境感知系数	价值观系数	后果意识系数	社会规范系数	责任归属系数	个人规范系数	感知行为控制系数
(1)	0.121	0	0.002	0.073	0.127	0.124	0.254	0.351
(2)	0.109	0	0.002	0.066	0.115	0.112	0.23	0.318
(3)	0.068	0	0.001	0.041	0.072	0.07	0.144	0.199

注：①如果缴纳碳税，我希望购买的商品价格涵盖碳税；②如果缴纳碳税，我希望购买商品后单列碳税额，结账时一并缴纳；③如果缴纳碳税，我愿意网上报税，即购买的含碳产品明细都可通过网上系统查阅。

表 7-5 可见，影响居民三种具体征收方式的主要因素是感知行为控制。感知行为控制的影响系数分别达到 0.351、0.318、0.199。即当居民认为征收方式便利度越低，其接受的可能性也越低，当居民认为征收碳税需要花费时间精力越多，其接受的可能性也越低。若基于各省市单独样本，实证结果未有显著改变。由此，可以得出政策结论，若碳税政策实施，则征收方式越透明清晰越好，征收过程越便利越好。

（五）基本结论与政策含义

1. 基本结论

（1）碳税政策还未得到居民普遍接受。居民普遍认同生态或利他价值观、充分意识到碳排放的环境影响，但并不完全具备政策认知、环境感知、经济能力、便利条件等情景和自我效能因素，极大削弱碳税政策认可性和执行力。

（2）碳减排责任认知显著影响碳税政策接受度。碳税接受意愿影响程度最大的是个人规范和责任归属。居民越是认同减排道德义务和责任，越可能接受减排政策并付诸于行动。接受碳税的居民环境责任感在实证检验中显著高于不接受群体。

（3）碳税征收方式显著影响碳税政策接受度。居民行动意愿显著受制于政策实施流程的烦琐耗时程度。透明便利的碳税征收方式得到居民普遍接受，提高自我效能和政策响应。

2. 政策含义

（1）强化生态创新行为的财政政策认同。重视财政政策的宣传和解读，尤其是政策的生态效应和效果作用，减少因政策认知偏差、偏误导致的主体生态创新需求不足或具体行为不匹配。

（2）有效平衡财政政策选择的权责归属。财政政策工具应充分体现生态建设的责任归属，避免责任归属错位和责任缺失。考虑居民侧社会承受力、自主能力相对较弱，财政政策工具偏向还需要考虑适宜的生态、经济成本损益比衡量标准，有效激发各类利益主体的供需对接。

（3）注重财政政策实施的便民惠民效率。重视财政政策实施的透明性和便利度，提高流程可操作性、信息安全性和结果可追溯性，避免政策实施方式问题影响主体生态创新需求意愿。

第二节 财政政策激励作用与受限效应——以垃圾分类政策为例

一、强制性导向还是市场化导向？

（一）财政政策的约束与激励机制问题

生态行为中，受害者和受益者、保护者和破坏者的生态环境及其相关利益分配往往不均衡。单纯依赖个体自主选择行为或市场力量难以实现利益的公平分配，使得生态环境保护遇到极大的困难，从而造成生态创新供需失衡。通过政策干预与强制实施，可以形成强大的外部约束力或鼓励效应，提升行为主体的生态保护自觉性和公平性。政策机制涵盖约束与激励机制以及强制性导向和市场化导向。税费、罚金等财政政策具有强约束力和相对固定性特点，补贴、奖金政策等财政政策具有激励性和有限成本负担特点。正是由于财政政策的强制性和（或）经济性考量，政策实施往往约束力过强而激励性不足，难以激发主体生态行为的自发性、自觉性和创新性，反而会造成行为主体的抵触心理和政策实施的高成本负担。

有效推进生态创新供需平衡，财政政策需要发挥资金投入和内生化外部成本的“杠杆”作用，更要注重发挥市场机制的配合作用。财政政策的市场化导向包括政策自身的市场化导向及与市场制度相结合，如政策补贴的“门槛机制”和“退坡机制”，可以有效还原生态产品服务的稀缺性，引入具备市场竞争力的生态创新供给，以及满足人性化、异质性的生态需求。由此，优化财政政策工具的约束与激励机制，结合“强制促成”和“自愿协作”相协调，将促成生态创新供需匹配长效作用。

（二）垃圾分类政策的研究动机

垃圾分类是民生关键小事，也是绿色发展大事。围绕《生态文明体制改革总体方案》顶层文件和《生活垃圾分类制度实施方案》总文件，2017—2020 年国家发改委、住建部、人大常委会和地方部门已出台 54 项政策文件，涵盖垃圾分类管理、处理、资源化利用等产业链各环节的法律法规、标准体系和管理制度，开展重点城市先行示范、地级城市逐级覆盖及城农两级共建的分区分阶段工作，有效提升垃圾分类意识、行为意愿和分类效率，缓解进而解决垃圾围城、城乡“漫游”等乱象。由此，探究研究垃圾分类政策安排，尤其是财政政策及其实施效率，具有重要的理论和现实意义。

垃圾分类的社会治理至少需要关注两大问题：地方与全国的关系、强制性政策与市场化政策的关系。忽略地区差异、主体特征差异，将难以实现可操作性、可推广性、可持续性的垃圾分类模式。

1. 不同地区、不同社区居民垃圾分类效率存在显著差距

垃圾分类涉及分类投放阶段、转运阶段和末端处理多环节衔接以及设施、标准、治理多领域协调，不同地区垃圾分类的管理方法和运作机制各有差异。上海、宁波等都是强制实施垃圾分类标准、识别、投放、回收的城市，居民垃圾分类参与效率显著提升，但前者不实施定时定点投放，后者已试行撤桶并点、定时定点的措施。另一方面，社区基础设施和管理存在差异。新建、改建社区垃圾分类设施完善，社区居民归属意识强、垃圾分类配合度高。老小区、第三方管理小区则缺失垃圾分类的场地和设施，居民及物业管理对垃圾分类的配合度低，普遍存在垃圾分类规范和居民意愿冲突的问题。

2. 居民环境保护意识提高与垃圾分类效率提升并不同步

生态文明建设的持续推进、垃圾分类的宣传和教育，居民环保意识显著提高。然而，居民年龄、教育背景、环境条件等异质性特征，垃圾分类内生动力和效率并没有得到充分激发和实现。大部分居民环保后果意识强，但往往改变垃圾不分类、少分类习惯的自觉性不足。高龄、低教育人

群垃圾分类认知普遍较低、意愿不强，即使强化宣传和管理，也往往难以改变其不分类、少分类习惯。强化考虑分类、分群垃圾分类内生动力，对提升垃圾分类效率尤为重要。

3. 垃圾分类管理的制度性安排仍存在缺陷

政策规范层面，垃圾分类大类标准、设施配备已基本完善，但距离精细化标准、精确化管理仍有巨大差距。不论社区类别和居民构成，垃圾分类投放站点选址往往遇到“邻避效应”。经济性手段如奖罚等，是激发居民积极参与垃圾分类的有效方法，可以作为局部地区短期支撑措施，但难以作为全范围覆盖、满足个性化绿色需求的长效机制，多种政策有效结合存在巨大空白。

综上可见，垃圾分类政策可以作为财政政策激励机制设计的重要案例进行探讨，其制度安排和激励效应值得理论和政策层面深入探讨。本节将聚焦居民垃圾分类效率问题，依据垃圾分类环节，探讨 5 大政策内容：垃圾分类类别规范、垃圾分类投放站点、垃圾分类补贴、垃圾分类奖惩、垃圾处理收费，分析财政政策效率及其工具优化。

二、基于激励效应的垃圾分类财政政策理论建模

（一）问题的提出

鉴于财政政策激励问题，本节以垃圾分类政策为例，聚焦政策强制性安排结构与效率，分类、分社区比较探讨政策效率的影响机制、传导路径和作用强度。具体研究内容细化为：

1. 居民垃圾分类的内生动力与影响效率

基于环保行为理论体系，梳理激发环保行为各类内生因素，如环保意识、价值取向、后果意识、个人和社会规范及其如何影响垃圾分类行为，并检验个体特征、地区条件异质性效应。

2. 居民垃圾分类的政策和市场制度及其影响效率

基于示范与非示范两类城市，比较居民垃圾分类的政策强度、结构和影响效应。基于新旧社区类别，比较垃圾分类的市场化领域、程度和影响效应。探讨不同制度安排与效率问题。

3. 居民垃圾分类制度优化与地区、社区居民异质性选择

主要比较市场化政策（价格、补贴和奖惩政策）与市场化手段（精

细化、个性化、智能化、一站式市场服务）的垃圾分类制度工具，探讨不同地区、社区居民倾向与效率改进。

（二）理论建模

基于 VBN 理论模型，设定居民生活垃圾分类效率的内外部影响因素。指标体系由三部分构成，地区社区特征因素、内部激励因素和外部情景因素。地区社区特征因素包括社区类型、社区垃圾收集站类型。内部激励因素依据 VBN 基础模型进行设定。外部情景因素主要不同的政策工具设定。

（三）因果链假设

结合 VBN 理论和垃圾分类政策特征，设定以下 8 个理论假设，因果链路径关系具体如图 7－2 所示。

假设 1：价值观影响新环境范式

假设 2：新环境范式影响结果意识

假设 3：后果意识影响责任归属

假设 4：责任归属影响个人规范

假设 5：制度因素影响责任归属

假设 6：制度因素影响个人规范

假设 7：个人规范影响行为

假设 8：制度因素影响行为意愿

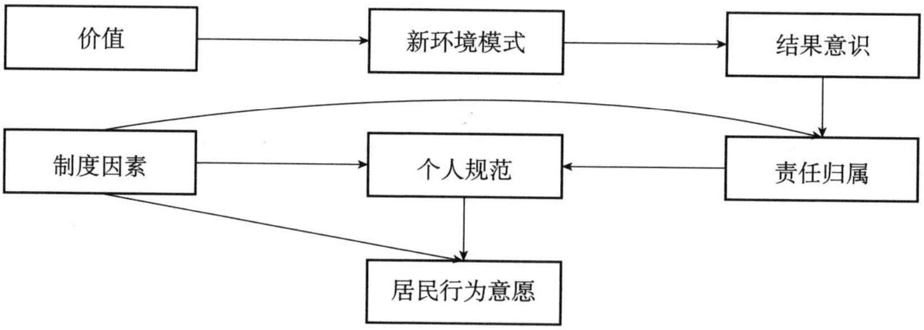

图 7－2　垃圾分类政策效率的因果链路径关系假设

（四）情景假设

基于 ABC 拓展模型和政策强制程度，设定政策情景。依据垃圾分类环节，设定 5 大政策内容：垃圾分类类别规范、垃圾分类投放站点、垃圾分类补贴、垃圾分类奖惩、垃圾处理收费。这些政策的细化情景设定具体如下：

1. 垃圾类别情景

情景1.1：政府固定垃圾分类标准变动频率

情景1.2：商品包装标注所归属的废弃分类标识

2. 垃圾分类投放站点情景

情景2.1：可回收垃圾引入智能垃圾桶

情景2.2：厨余垃圾桶引入智能垃圾桶盖

情景2.3：垃圾分类专职人员进行生活垃圾分类

3. 垃圾分类补贴情景

情景3.1：垃圾分类补贴形式更多样丰富

情景3.2：政府公示垃圾分类补贴发放情况

情景3.3：垃圾分类补贴资金由居民自主进行分配

4. 垃圾分类奖惩情景

情景4.1：鼓励居民举报乱扔垃圾的行为

情景4.2：安装摄像头监控非法倾向倒垃圾行为

情景4.3：垃圾分类行为纳入社会征信系统

情景4.4：高额罚款甚至停水停电等惩罚居民垃圾收费欠账、不分类行为

情景4.5：做志愿服务免受未分类投放生活垃圾惩罚

5. 垃圾收费制度情景

情景5.1：生活垃圾处理费计量收费、分类计价

情景5.2：生活垃圾处理费与用水量、排污水量挂钩

情景5.3：垃圾处理费指定垃圾袋容量、差别化收费

情景5.4：垃圾超规定量，收取垃圾处理费

三、基于激励效应的垃圾分类政策实证研究

（一）实证建模

利用结构方程进行实证建模，建模方法具体参见本章第一节。变量设定和因果关联设定，见本节的理论建模和因果链假设。

（二）数据来源

采用问卷调查法，对三省一市发放1500份问卷。为得到准确、合理、有效的数据样本，问卷设计遵循目的性、通俗易懂和便于处理等原则。调研地点确定原则，依据2017年12月住房和城乡建设部发布的《生活垃圾分类制度实施方案的通知》46个重点城市先行实施生活垃圾分类。选取上海市、浙江省宁波市、江苏省苏州市、安徽合肥市为垃圾分类重点城市，浙江省衢州市、江苏省泰州市、安徽芜湖为垃圾分类非重点城市。社区分类原则，依据社区是否开放式和非开放式。为确保问卷有效性，实施预调查，设计发放160份预调查问卷，根据收集的数据以及专业人员的分析评价，对不合理或者无显著影响的问题进行修改。最终回收问卷1453份，有效问卷1321份。有效问卷中，浙江省342份，江苏省321份，安徽省335份，上海市323份。

（三）实证结果

1. 模型假设验证结果

基于重点城市样本，因果链检验基本支持模型假设（见表7-6）。模型假设1、2、3、4、7成立，证明VBN理论变量存在因果关系。因果链是“价值观—新环境范式—结果意识—责任归属—个人规范—行为意向”。假设5和假设8成立、假设6不成立，说明政策强制性通过影响责任归属作用于行为意向，也会直接显著影响行为意向，且影响路径相对稳定。

表7-6　长三角地区重点城市垃圾分类效率的路径检验

假设	假设关系	T值	结论
假设1	价值观影响新环境范式	***	成立
假设2	新环境范式影响结果意识	***	成立
假设3	后果意识影响责任归属	***	成立
假设4	责任归属影响个人规范	0.009	成立
假设5	制度因素影响责任归属	***	成立
假设6	制度因素影响个人规范	0.781	不成立
假设7	个人规范影响行为意愿	0.06	成立
假设8	制度因素影响行为意愿	0.09	成立

注：***表示 $p<0.01$。

基于非重点城市样本，因果链检验也基本支持模型假设，但政策因素的影响关联存在显著差异（见表7－7）。模型假设1、2、3、4、7成立，证明VBN理论变量存在因果关系，即因果链是“价值观—新环境范式—结果意识—责任归属—个人规范—行为意向”。假设8成立、假设5和假设6不成立，说明非重点城市由于未实现强制政策，并无激发责任归属的直接作用，无法影响内生动力，但仍会通过强制性影响作用于垃圾分类行为意向。以上结果，不因社区类型差异而发生显著改变。

表7－7　长三角地区非重点城市垃圾分类效率的路径检验

假设	假设关系	P值	结论
假设1	价值观影响新环境范式	***	成立
假设2	新环境范式影响结果意识	***	成立
假设3	后果意识影响责任归属	***	成立
假设4	责任归属影响个人规范	0.009	成立
假设5	制度因素影响责任归属	0.639	不成立
假设6	制度因素影响个人规范	0.782	不成立
假设7	个人规范影响行为意向	0.06	成立
假设8	制度因素影响行为意向	***	成立

注：***表示 $p<0.01$。

2. 潜在变量的关联效应

两类组别来看，重点城市组潜在变量的关联系数普遍较高，路径传导效应更强。表7－8结果表明，强制性垃圾分类制度的实施使得重点城市政策激励作用更为强劲，包括责任归属的间接影响0.187，以及行为意向的直接影响0.365，总影响达到0.552。非重点城市组并未实施强制性垃圾分类制度，但通过政策环境外生影响仍然显著作用于垃圾分类效率，影响系数达到0.453，低于重点城市总系数0.1。考虑社区特征，重点城市责任归属总影响因素0.314，高于非重点城市0.16。可见，无论是影响显著度还是强度，强制性政策激励效应显著（见表7－9）。

表7－8　重点与非重点城市组的变量影响系数

	重点城市组	非重点城市组
行为意向←价值观	0.647	0.578
行为意向←新环境范式	0.882	0.776

续表

	重点城市组	非重点城市组
行为意向←后果意识	0.795	0.430
行为意向←责任归属	0.942	0.932
行为意向←个人规范	0.282	0.199
行为意向←制度因素	0.552	0.453

表 7 - 9　考虑社区类型下重点与非重点城市组的变量影响系数

	重点城市组	非重点城市组
行为意向←价值观	0.620	0.777
行为意向←新环境范式	0.745	0.860
行为意向←后果意识	0.668	0.658
行为意向←责任归属	0.984	0.988
行为意向←个人规范	0.272	0.284
行为意向←制度因素	0.314	0.148

3. 政策情景及其效应

(1) 垃圾类别情景。

情景 1.1：政府固定垃圾分类标准变动频率

情景 1.2：商品包装标注所归属的废弃分类标识

垃圾分类标准情景下，标准化系数结果显示情景 1.1 结果吻合性较高（见表 7 - 10）。由于垃圾分类标识具有指导性、指向性特点，固定标准有助于提高居民垃圾分类效率。情景 1.2 结果表明居民对于商品还是垃圾桶上更新垃圾分类标识的问题，更倾向于商品标注分类标识，增强商品所属类别辨别便利。

表 7 - 10　垃圾分类类别标准情景结果

指标	标准化系数	指标	标准化系数
客观情况	0.435	情景 1.2 吻合性	0.154
居民自评	0.806	相关性 1.1	0.237
情景 1.1 认可度	0.802	相关性 1.2	0.212
情景 1.2 认可度	0.832	倾向性	0.57
情景 1.1 吻合性	0.334		

（2）垃圾分类投放站点情景。

情景 2. 1：可回收垃圾引入智能垃圾桶

情景 2. 2：厨余垃圾桶引入智能垃圾桶盖

情景 2. 3：垃圾分类专职人员进行生活垃圾分类

垃圾分类投放站点情景下，标准化系数结果显示情景 2. 1、情景 2. 2 满意度较高，情景 2. 3 满意度相比情景 2. 1、情景 2. 2 明显下降（见表7 - 11）。居民更认同可回收垃圾、厨余垃圾桶引入智能垃圾桶比较有效。垃圾的智能化处理可以改善垃圾站环境，减少异味，并且有效解决厨余垃圾桶与常规垃圾桶不匹配的问题。情景 2. 2 结果中，厨余垃圾桶引入智能垃圾桶垃圾效率相关性更大，居民认为厨余垃圾的分类过程更为困难。情景 2. 3 结果中，居民更倾向于公共垃圾桶专职人员管理，与付费智能垃圾桶的成本支出有关，大部分居民对垃圾分类付费仍然难以接受。

表 7 - 11　　垃圾分类投放站点情景结果

指标	标准化系数	指标	标准化系数
客观情况	0. 435	情景 1 吻合性	0. 320
居民自评 1	0. 754	情景 2 吻合性	0. 282
居民自评 2	0. 758	情景 2. 3 吻合性	0. 096
居民自评 3	0. 734	相关性 2. 1	0. 167
居民自评 4	0. 72	相关性 2. 2	0. 223
情景 2. 1 认可度	0. 802	相关性 2. 3	0. 113
情景 2. 2 认可度	0. 832	倾向性	0. 496
情景 2. 3 认可度	0. 796		

（3）垃圾分类补贴情景。

情景 3. 1：垃圾分类补贴形式更多样丰富

情景 3. 2：政府公示垃圾分类补贴发放情况

情景 3. 3：垃圾分类补贴资金由居民自主进行分配

垃圾补贴制度情景下，标准化系数结果显示情景 3. 1 认同度最高，即垃圾分类补贴形式应多样化（见表 7 - 12）。作为垃圾分类鼓励措施，补贴不仅是垃圾袋发放，还可以是奖励、表彰等结果导向性措施。情景 3. 3 居民自行分配补贴，政策措施自由度更高、市场化程度更大、协作性更强，但居民认同性较低。情景 3. 3 结果来看，政府公示垃圾补贴的居民认可度和相关度最高。可以推断，受限于垃圾分类补贴水平，撬动居民内生动力更加依赖于政府公开、直接、有限选择的补贴方式。

表 7-12　　垃圾分类补贴情景结果

指标	标准化系数	指标	标准化系数
客观情况	0.571	情景 3.2 吻合性	0.237
居民自评	0.738	情景 3.3 吻合性	0.191
情景 3.1 认可度	0.802	相关性 3.1	0.100
情景 3.2 认可度	0.832	相关性 3.2	0.221
情景 3.3 认可度	0.804	相关性 3.3	0.154
情景 3.1 吻合性	0.179	倾向性	0.522

（4）垃圾分类奖惩情景。

情景 4.1：鼓励居民举报乱扔垃圾的行为

情景 4.2：安装摄像头监控非法倾向倒垃圾行为

情景 4.3：垃圾分类行为纳入社会征信系统

情景 4.4：高额罚款甚至是停水停电惩罚居民垃圾收费欠账、不分类行为

情景 4.5：做志愿服务免受未分类投放生活垃圾惩罚

垃圾分类奖惩情景下，标准化系数结果显示居民较认可情景 4.2 安装摄像头监控违法和情景 4.3 纳入社会征信系统（见表 7-13）。居民对情景 4.4、4.5 认可度较低，即将垃圾分类行为与高额罚金、停水停电相关联，会给居民的生活带来比较大的困扰。可见，居民更倾向实行成本低、作用更有效的数控机制和诚信机制来实施惩罚措施。

表 7-13　　垃圾分类奖惩情景表

指标	评分	指标	评分
客观情况	0.621	情景 4.3 吻合性	0.268
居民自评	0.746	情景 4.4 吻合性	0.17
情景 4.1 认可度	0.742	情景 4.5 吻合性	0.142
情景 4.2 认可度	0.786	相关性 4.1	0.183
情景 4.3 认可度	0.764	相关性 4.2	0.195
情景 4.4 认可度	0.674	相关性 4.3	0.263
情景 4.5 认可度	0.688	相关性 4.4	0.156
情景 4.1 吻合性	0.164	相关性 4.5	0.053
情景 4.2 吻合性	0.238	倾向性	0.73

（5）垃圾收费制度情景。

情景5.1：生活垃圾处理费计量收费、分类计价

情景5.2：生活垃圾处理费与用水量、排污水量挂钩

情景5.3：垃圾处理费指定垃圾袋容量、差别化收费

情景5.4：垃圾超规定量，收取垃圾处理费

垃圾收费制度情景下，标准化系数结果显示居民较认可情景5.1、情景5.3，即分类、分量计价（见表7-14）。居民对情景5.4垃圾超规定量收费的认可度不高，主要是对容量标准存在较大的个体认同差异。居民对情景5.2垃圾处理费与用水量、排污水量相挂钩的认同度一般，主要在于居民对垃圾分类效率与垃圾处理用水关联性并不完全认同。以上结果显示，生活垃圾处理费的定价方式会显著影响垃圾分类效率，差别化收费反映居民异质性需求，其影响程度也最大。

表7-14　垃圾收费情景表

指标	评价分值	指标	评价分值
客观情况	0.555	情景5.3吻合性	0.247
居民自评1	0.764	情景5.4吻合性	0.248
情景5.1认可度	0.77	相关性5.1	0.163
情景5.2认可度	0.748	相关性5.2	0.206
情景5.3认可度	0.774	相关性5.3	0.241
情景5.4认可度	0.738	相关性5.4	0.236
情景5.1吻合性	0.245	倾向性	0.514
情景5.2吻合性	0.265		

（四）基本结论与政策含义

1. 基本结论

（1）垃圾强制分类政策可以有效提升垃圾分类效率。强制性政策通过增强责任归属间接显著影响垃圾分类行为意向，也会通过强制作用直接显著影响垃圾分类行为意向，政策刚性的约束效应有助于落实生态环保行为。

（2）垃圾强制分类政策需要与精细化标准、精确化管理相结合。居民环境保护意识提高与具体生态行为规范提升并非同步，标准化、精细化管

理可以有效提升垃圾分类效率。

(3) 垃圾分类效率提升受制于财政政策工具选择。居民垃圾分类行为因习惯、经济条件、基础设施情况等内外部因素存在异质性，因地制宜的财政政策（价格、补贴和奖惩政策）以及市场化措施（智能化、一站式市场服务）可以更广泛地激励大众群体高效落实生态环保行为。

2. 政策含义

(1) 积极发挥财政政策激励和约束效应。重视主体言行一致性，利用财政政策柔性激励效应撬动生态环保的内生需求，利用刚性约束效应维护生态环保行动力，有效提升生态行为的自觉性、高效性和可持续性，强化生态创新需求对接生态创新供给。

(2) 构建考虑生态行为异质性的财政政策方案。充分考虑主体特征、环境条件、设施状况等异质性特点，因地制宜实施财政政策，提高政策影响力和受众群体，利益更广范围的生态创新供需匹配。

(3) 发挥多方合作治理下财政政策的生态创新效应。充分调动居民、社区、政府三方力量，提升财政政策推进生态共同治理的系统效应和协调效应，实现生态文明共建共荣和长效发展。

第三节 财政政策经济性与成本承受力效应——以绿证政策为例

一、财税成本是高还是低？

（一）财政政策成本与社会福利问题

经济增长模型对政策干预成本及其社会福利影响的讨论最为深入。新古典增长理论下，Nordhaus① 利用外生增长模型论证有限而持续的政策干

① Nordhaus, William D. A Review of the Stern Review on the Economics of Climate Change [J]. Journal of Economic Literature, 2007, 45 (03): 686 - 702.

预对避免生态环境崩溃是必要的，由此长期增长受到影响，但程度适中。[①] Stern 比较悲观，他认为广泛、深入的政策干预是必需的，且这些干预会导致显著的经济成本。[②] Greenpeace 早期研究则更为悲观，认为必须停止增长才能挽救环境恶化。[③] 内生经济理论下，Acemoglu 等相当乐观，最优生态政策或甚至是次优政策，如生态创新补贴或税收减免，只要暂时实施，都足以改变技术方向，可以避免环境崩溃，也不会影响长期增长。[④] 其他学者，如 Golosov 等[⑤]也支持该结论。

以能源转型的财政政策为例，文献研究依据新兴可再生能源补贴类别、性质、对象和方式，利用具体项目法、价差法、生产者或消费者补贴等价法、资源租金法和边际社会成本法等对不同电价政策：固定上网电价（FIT）、可交易绿色证书、净计量电价和招标电价，开展补贴规模和税负成本估算（Grau[⑥]，2014；Falconett 和 Nagasaka[⑦]，2010）。基本结论是财政政策有利于降低新兴技术创新发展风险，但容易强化政策依赖，削弱成本下降，且可再生能源补贴已超过或将超过化石能源，长期财政补贴不可维系。

综上可见，理论和实证结论显示，财政政策有利于生态创新发展，但政策干预时效、幅度将显著影响其经济成本，提高生态创新的社会负担。财政政策工具需强化经济性为导向，提高政策实施的经济效率。

（二）绿证政策的研究动机

标杆电价政策和绿证制度是应用最广泛的可再生能源政策工具。标杆

① Nordhaus, William D. A Review of the Stern Review on the Economics of Climate Change [J]. Journal of Economic Literature, 2007, 45 (03): 686 – 702.

② Stern, Nicholas. The Economics of Climate Change: The Stern Review [M]. New York: Cambridge University Press, 2007.

③ https: //www. greenpeace. org/international/explore/nature/

④ D. Acemoglu, P. Aghion, L. Bursztyn, D. Hemous. The Environment and Directed Technical Change [J], American Economic Review, 2012, 102 (01): 131 – 166.

⑤ Golosov, Michael, John Hassler, Per Krusel, Aleh Tsyvinski. Optimal Taxes on Fossil Fuel in General Equilibrium [J]. Econometrica, 2014 (01): 41 – 88.

⑥ T. Grau. Comparison of Feed-in Tariffs and Tenders to Remunerate Solar Power Generation [J]. DIW Berlin discussion paper, 2014 (01).

⑦ I. Falconett, K. Nagasaka. Comparative Analysis of Support Mechanisms for Renewable Energy Technologies Using Probability Distributions [J]. Renewable Energy, 2010 (35): 1135 – 1144.

电价政策通过溢价或固定支付，以价格机制推动可再生能源市场应用。绿证交易通常与可再生能源配额制相配套，以市场交易和数量机制实现可再生能源发展的规模要求。① 截至 2017 年，两类政策分别被 84 个和 32 个国家采用。两类政策选择和应用存在经济性争议：

（1）标杆电价政策的成本争议。支持标杆电价政策的文献认为长期价格保障减少了政策风险和投资不确定，有助于市场规模扩张，有利于更低成本的技术创新和应用，从而减轻财税成本。相反结论是该政策定价缺乏竞争性，不仅扭曲能源市场价格，也削弱低成本进行电力生产，财政负担会超过支付意愿。

（2）绿证政策的成本争议。绿证制度无须公共财政支持，但支出成本即交易价格波动性大，社会福利影响不确定大。交易机制方面，支持性文献认为绿证价格由供需内生决定，购证成本由市场主体直接承担，定价或成本效率会更高。相反结论是市场竞争意味着风险更大，投资稳定性更低，投资者会选择成熟的低成本技术，而抑制新兴技术创新及低成本应用，从而不利于长期成本降低。

（3）中国标杆电价政策的成本之争。中国实施可再生能源标杆电价政策，从供给层面有效推进风、光发电等新兴能源的市场应用及对传统能源的规模替代，但过快的市场扩张引致全国范围长时间的补贴拖欠。可再生能源电价附加征税标准一再调高，从 0.1 增至 1.5 分/千瓦时，增幅达 15 倍，仍不能满足实际补贴需求。2017 年 7 月，涵盖风光发电的绿色电力证书（绿证）作为绿电消费唯一凭证，正式启动政府核发和市场认购制度。然而，该政策能否减轻政策成本，业界和学界仍然存疑。

绿证政策成本问题可以作为比较探讨研究财政政策经济性的重要案例，其制度安排和福利效应值得理论和政策层面深入探讨。本节将从交易机制和激励机制视角探讨绿证交易是否可以减轻标杆电价政策的财税负担，比较政策效率，优化财政制度安排。

---

① 余杨，李传忠．绿证交易、发售电配额制与可再生能源财税减负效应［J］．中国人口·资源与环境，2020（2）．

二、绿证制度影响财政政策减负效应的理论建模

（一）问题的提出

鉴于财政政策经济性问题，本节以绿证制度为例，聚焦两类政策并存下，绿证交易的制度安排、强制市场交易的影响机制和绿证交易的税负转嫁效应，具体研究内容细化为：

（1）发电商配额与绿证市场均衡。绿电发电商为售证方，通过绿证交易获得补贴对等收益，实现利润最大化。探讨发电商配额制下，电力市场管制和交叉补贴电价政策的双重作用，建模并论证绿证市场均衡及发电企业最优履约抉择。

（2）售电商配额与绿证市场均衡。售电商为绿证购证方，通过绿证交易完成配额。探讨售电商配额下发电商最优策略，建模并论证绿证市场均衡与发电商履约抉择。

（3）绿证交易与财税负担综合影响。绿证交易综合影响体现在标杆电价补助的公共支出减负效应和绿证交易的税负转嫁支付效应。建模并论证绿证强制交易通过强化交易参与率影响财税减负的电量规模，通过限价机制和定价策略的价格效应影响财税减负效率。

（二）理论建模

1. 发电商配额制与绿证市场交易建模

绿证强制市场是通过配额约束来促进绿证交易。火力发电商配额时，基于成本最小化原则，可以选择购买绿证或自建绿电项目完成配额。在购证情境下，完成配额的成本（RC_t^z）是购证成本和高于自建火电的购电成本，如式 7－2 所示：

$$RC_t^z = GP_{n,t}^z + \mathrm{Ind}_t^z - CC_t^z \tag{7-2}$$

式中，$GP_{n,t}^z$表示 n 期装机项目在 t 期的绿证认购价格，Ind_t^z 和 CC_t^z 表示 t 期工业购电价格和自建火电成本。绿电项目自建情景下，绿电可以自发自用，也可以并网销售。前者完成配额的成本（DC_t^z）是自发电源的相对成本，后者（GC_n^z）是绿电自发自用相对并网售电的差额，分别如式（7－3）和式（7－4）所示：

$$DC_t^z = PC_t^z - CC_t^z \tag{7-3}$$

$$GC_t^z = PC_t^z - PS_t^z \tag{7-4}$$

式中，PC_t^z 是绿电自发自用成本；PS_t^z 是绿电销售电价，是标杆电价 SP_t^z 或其他方式的转让电价。比较式（7－2）和式（7－3），无论绿证价格高低，绿电自发自用成本小于工业常规购电成本时即 $Ind_t^z \geqslant PC_t^z$，自建自用项目更合算即 $RC_t^z > DC_t^z$。比较式（7－2）与式（7－4），得到①若按照标杆电价并网，满足绿电投资成本低于标杆电价 $PC_t^z \leqslant PS_t^z = SP_n^z$，结合式（7－2）和式（7－4），得到：$RC_t^z - GC_t^z > GP_{n,t}^z - PC_t^z + SP_t^z \geqslant 0$，即绿电投资销售更合算；②其他形式与绿电自发自用结果一致，当 $Ind_t^z \geqslant PC_t^z$，$RC_t^z - GC_t^z > Ind_t^z + GP_{n,t}^z - CC_t^z - PC_t^z + CP_t^z \geqslant 0$，即绿电投资销售更合算。基于此，得到命题 1。

命题 1：标杆电价政策与发电商配额制并存时，火电企业通过购买绿证或自建自发绿电项目完成配额要求，绿证市场均衡在于购证和绿电投资相对成本差异。当满足工业常规购电成本大于绿电自发自用成本即 $Ind_t^z \geqslant PC_t^z$，或绿电投资成本低于标杆电价即 $SP_t^z \geqslant PC_t^z$，火电企业选择自建绿电项目，绿证市场有价无市，绿证定价与标杆电价补贴基准一致。

2. 售电商配额制与绿证市场交易建模

依据中国市场发、售电商集中度，设定发电商在电力和绿证交易中具有定价权。设定线性需求曲线及其表达式（7－5）和（7－6）：

$$w = a_1 - b_1 m \tag{7-5}$$

$$s = a_2 - b_2 n \tag{7-6}$$

电力批发价格与需求量是（w，m），电力供给包括火电和绿电（x，y）；绿证价格和销售量（s，n），绿电配额占比 α；电力最终价格 p。发电商（r）火电和绿电成本函数设为：

$$c_r = c_r(x_r)，满足\ c'_r(x_r) > 0\ 且\ c''_r(x_r) \geqslant 0 \tag{7-7}$$

$$g_r = g_r(y_r)，满足\ g'_r(y_r) < 0\ 且\ g''_r(y_r) \geqslant 0 \tag{7-8}$$

由于规模和学习效应，火电边际成本递增，而绿电边际成本递减。

基于市场竞争特点，讨论发电商在两类市场采取斯塔克尔贝格产量策略。为简化分析，设定两类发电商：I 个领导者和 J 个跟随者，同类企业具有相同产量和成本。领导者火电、绿电、绿证供给量（x_i，y_i，n_i），火电和绿电成本（c_i（x_i），g_i（y_i））。跟随者火电、绿电、绿证供给量（x_j，y_j，n_j），火电和绿电成本（c_j（x_j），g_j（y_j））。

发电商利润最大化问题表示式（7－9）和式（7－10）：

$$\underset{x_j, y_j}{\mathrm{Max}}\pi_j(x_j + y_j) = w(x_j + y_j) + sn_j - c_j(x_j) - g_j(y_j) \tag{7-9}$$

$$\underset{x_i, y_i}{\mathrm{Max}}\pi_i(x_i + y_i) = w(x_i + y_i) + sn_i - c_i(x_i) - g_i(y_i) \tag{7-10}$$

$s.t.\ n_i \leqslant y_i$；$n_j \leqslant y_j$

构建 *Lagrange* 方程：

$$L_j(x_j, y_j, n_j) = w(x_j + y_j) + sn_j - c_j(x_j) - g_j(y_j) - \lambda_j[n_j - y_j] \tag{7-11}$$

$$L_i(x_i, y_i, n_i) = w(x_i + y_j) + sn_i - c_i(x_i) - g_i(y_i) - \lambda_i[n_i - y_i] \tag{7-12}$$

求导得到：

$$-b_1(x_j + y_j) - b_2 n_j + w + s = g'_j(y_j) \tag{7-13}$$

求解得到：

$$m_i^* = \frac{a_1 + Jc'_j - c'_i(J+1)}{b_1(I+1)};$$

$$m_j^* = \frac{a_1 + c'_i(IJ + I) - c'_j(IJ + I + 1)}{b_1(I+1)(J+1)} \tag{7-14}$$

$$m^* = (x^* + y^*) = n^*/\alpha \tag{7-15}$$

$$n_i^* = \frac{a_2 - J(c'_j - g'_j) + (J+1)(c'_i - g'_i)}{b_2(1+I)};$$

$$n_j^* = \frac{a_2 + (IJ ++ I + 1)(c'_i - g'_i) - I(J+1)(c'_j - g'_j)}{b_2(1+I)(1+J)} \tag{7-16}$$

$$s^* = a_2 - b_2 n^*, p(m^*) + \frac{\partial p(m^*)}{\partial m}[m_r^* + n_r^*]$$

$$= (1-\alpha)c'_r(x_r^*) + \alpha g'_r(y_r^*), r = i, j \tag{7-17}$$

由式（7－9）和式（7－17）推导可知，两市场产量策略下绿证销售影响绿证也影响电力价格，增大边际收益下降。由此，电力和绿证供给量减少，电力批发和终端价格提高。这一结论与 *Amundsen*[①] 一致，即两市场产量策略导致电力和绿证价格均攀升。不同的是，两政策并存使绿证价格

① E. Amundsen, L. Bergman. Green certificates and market power in the Nordic power market [J]. The energy journal, 2012, 33 (02): 101－117.

保持限价水平，仅造成电力价格攀升，且市场出清结果稳定。

根据以上结论，得到命题2。

命题2：售电商配额制下，发电商最优策略是电力批发和绿证市场均采取领导-跟随产量策略，标杆电价政策并存使绿证定价与补贴一致，但不改变产量竞争格局。

3. 绿证交易的财税减负效应建模

绿证交易的财税减负效应是标杆电价补贴削减、可再生能源电价附加下降以及绿证交易引致绿电消纳区域的售电成本上升的综合效应。公共支出和附加税减负效应具体如式（7-18）和式（7-19）：

$$\Delta TS_t = \sum_{z=1}^{Z} \sum_{n=1}^{t} S_{n,t}^{z} GQ_{n,t}^{z} \tag{7-18}$$

$$\Delta TX_t = \Delta TS_t / TE_t \tag{7-19}$$

其中，财政支出削减幅度（ΔTS）是绿证交易量（$GQ_{n,t}^{z}$）与对应电量的标杆电价补贴（$S_{n,t}^{z}$）合计。附加税削减幅度（ΔTX_t）取决于可征税电量规模（TE_t）的支出削减程度。

另一方面，绿证交易成本或标杆电价补贴的支付转嫁效应如下：

$$TG_t = \sum_{z=1}^{Z} \sum_{n=1}^{t} GP_{n,t}^{z} GQ_{n,t}^{z} \leqslant \Delta TS_t \tag{7-20}$$

$$\Delta GTX_t^z = GP_n{}^z \text{ 或者 } \Delta GTX_t^z = TG_t^z / TE_t^z > |\Delta TX_t| \tag{7-21}$$

由于绿证限价机制（$GP_{n,t}^{z} \leqslant S_{n,t}^{z}$），其交易额（$TG_t$）不高于相应绿电量的总补助下降幅度（$\Delta TS$），从而减轻电力总支出负担。绿证市场出清结果可知，财政补贴总支出净减负效应取决于强制市场的绿证策略定价水平。由于可征税电量（TE_t^z）远超过认证电量（$GQ_{n,t}^{z}$），配额主体的电价成本增幅（ΔGTX）可以高于电价附加降幅（ΔTX），即会抵消甚至超过绿电附加税减负效应，增加度电支出实际负担。

命题3：绿证市场通过购证交易转嫁绿电补贴支出，绿证限价机制和市场竞争策略使得转嫁总支付低于相应电量的资金补助，减轻公共支出负担，但绿电规模与可征税电量的巨大差异使得配额义务主体购电成本增幅高于附加税下降幅度，抵消绿证交易的财税减负效应。

三、绿证制度影响财政政策减负效应的实证研究

（一）情景模拟设定

基准情景设定如下：考虑中国2020年风光电力平价上网目标，设定

标杆电价政策的财税负担基准情景，估算 2015—2020 年各省风光度电补贴、总补贴需求和可再生能源电价附加负担。

比较情景设定如下：（1）发电商配额情境下，比较省份风光平准化电价与工业电价差异，检验绿证政策可行性；（2）售电商配额下，发电商最优策略促进绿证交易，但仍会提高主体购电成本。该情境下，设定非水绿电消纳规划为配额基准，标杆电价为绿证交易价格，量化未达标省份完成规划要求所需的财税负担、通过绿证交易达标的财税减负效应、绿证交易转嫁的电价支付增负效应。

（二）数据来源

依据“十三五”规划、《关于可再生能源发展“十三五”规划实施的指导意见》和《关于建立可再生能源开发利用目标引导制度的指导意见》，确定风光生物质发电量占比和各省发售电商非水绿电配额要求。其他数据来源依据电力建设项目财务指标进行设定，依据保障性电量收购政策设定弃电率。

（三）情景模拟结果

基准情景下，风光发电标杆电价持续下降，每度电补贴需求显著降低，但总补贴和电价税负因装机扩张仍将持续上升。2015—2020 年各省风电补贴基准由 0.150—0.289 元/kWh 降到 0—0.120 元/kWh，其中湖南、广东和冀北可实现平价上网，1/3 省份补贴降至不足 0.03 元/kWh；光伏发电相应由 0.510—0.638 元/kWh 下降到 0.089—0.354 元/kWh，降幅明显但仍需补贴支持。风、光发电总补贴需求分别由 484 亿元增至 949 亿元和 304 亿元增至 820 亿元，总量达 1729 亿元，造成工商业可再生能源电价附加由现行标准 1.9 分/kWh 增至 2.8 分/kWh，增幅高达 47%—110%（见图 7-3）。财税增量主要来自装机增幅显著或弃电改善地区，如河北，山东、山西、河南、湖北、新疆等。

发电商配额情景下，2018 年各省风电成本已普遍实现低于工商业电价水平，火电企业选择自建绿电项目和标杆电价补贴政策完成配额，绿证政策无效。

售电商配额情景下，绿证交易的财税减负效应取决于售电配额未达标的补贴需求和通过绿证交易实现的支付转嫁。由于 2020 年绿电消纳省份

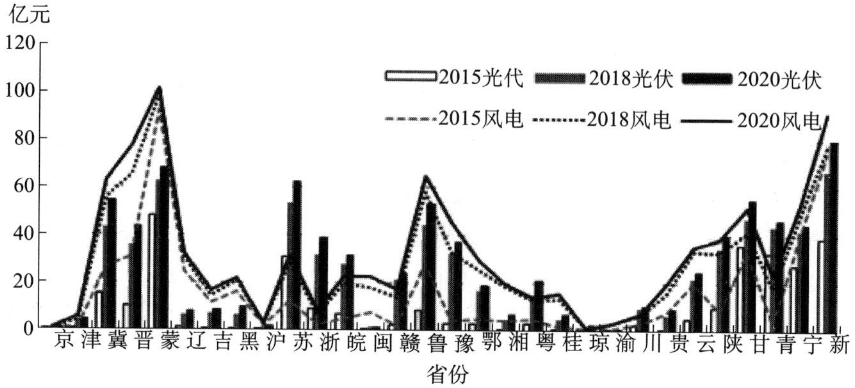

图 7－3　基准情景下各省风电、光伏发电财政补贴规模

包括北京、天津、辽宁、上海、江苏、浙江、广东、海南、重庆和四川，以这些省份风、光发电 2020 年补贴基准来衡量，未完成配额的补贴需求是 25.28 亿—116.72 亿元，占总补贴 1.43%—6.60% 或相当于 0.04—0.19 分/kWh 的可再生能源电价附加。通过绿证市场，完成配额的交易额是实际转嫁的财税负担。不考虑补贴拖欠和并网消纳影响，低成本跨区交易使得完成配额的最低总交易额为 45.29 亿元，相当于绿电消纳省份工商业电价税负平均增长 0.195 分/kWh。可见，绿证交易造成的度电成本上升可能但并不必然低于相应的标杆电价税负成本，这取决于跨区绿电成本比较优势和交易规模。

（四）基本结论与政策含义

1. 基本结论

（1）绿证交易提供了绿电消费选择或低成本履行配额义务的制度安排，有助于减轻标杆电价政策的财税负担。绿证购买成本由市场主体直接承担，可以有效反映需求意愿，且兼顾生产需求意愿和消费需求意愿。绿证市场机制下定价效率更高，减少跨区域信息不对称，即时反映绿能生产成本递减趋势，提供具有竞争力的要素资源配置效率，有效减少社会福利损失。

（2）绿证市场在标杆电价政策并存时，必须考虑相关利益方市场最优策略，避免变相增加配额义务主体的电价成本。鉴于现有发电商拥有强势的市场地位，发电商可以在电力批发和绿证市场采取领导－跟随产量策略，会造成电力和绿证价格双双攀升，削弱绿证交易的财税减负效应，增加购电者尤其是低收入消费者购电成本，抵消绿证市场化交易所带来的社会福利提升效应。

（3）绿证政策实施效率还可以取决于补贴拖欠和并网消纳等其他因素，并不一定能充分实现财税减负需要。即使是市场化政策手段，也需要考虑政策实施方式和外部关联条件匹配程度。现阶段，补贴拖欠和并网消纳问题逐步得到缓解，绿证收益溢出会受到影响，削弱市场化政策手段的吸引力。

2. 政策含义

（1）强化生态创新的财政政策成本控制。财政政策工具需强化经济性为导向，提高政策实施的经济效率，降低生态创新的社会负担。稳定有保障的财税价格政策工具包安排可以有效助推生态创新市场发展壮大，合理而完备的替代性市场化政策工具包安排可以高效提升财政资金利用效率。

（2）健全生态创新的财政政策市场化制度。充分考虑生态创新价值和市场交易机制，加快建设体现生产侧供给效率与需求侧消费意愿的市场体系。财政政策市场化制度需要考虑体现主体类别和支付意愿的市场参与者范围、反映资源配置效率的定量和（或）定价配套交易机制以及限制市场势力影响的限价和再交易机制等制度性问题，分阶段推进生态创新的财政政策市场化制度，极大地激发市场供需潜力，有效优化市场出清效率。

（3）协调财政政策实施的互动效应。充分考虑支持生态创新的财政政策关联作用，降低政策实施方式和外部条件的不利影响，充分发挥政策协同作用。财政政策类别关联方面，尤其需要评估命令控制型税收政策与资金补贴补助政策相配套，补助性政策与市场价格政策相互补。财政政策收支平衡方面，尤其需要考虑收支平衡效应为基础的财税政策工具设计。财政政策落地方面，尤其需要考虑各地区的经济社会条件差异、基础设施匹配差距和跨区域协调能力差别。

第八章

长三角地区财政政策与生态创新“多重”供需匹配研究

结合长三角地区生态创新的财政政策供需匹配性和政策效应研究，有必要总结政策供需不匹配的特征性问题、开展问题溯源分析以及提出改善现行政策体系的基本逻辑和思路，为进一步深化区域生态创新的市场出清与政策干预提供依据。本章立足“问题导向—原因探究—对策思路”的分析框架，概括生态创新的财政政策供需所隐含的“三重”关系，即生态创新产品、生态创新成果和生态创新政策的供需不匹配问题，尝试从供需错配的结构性、机制性和制度性层面进行原因追溯，也从兼顾政策工具优化和政策管理创新提出对策与思路。

第一节 推进长三角地区生态创新产品的供需匹配

一、推进消费侧生态创新言行一致的供需匹配

基于消费侧生态创新的财政政策供需匹配性和政策作用机制的研究结

果，长三角地区居民生态产品供需关系呈现三大特征性问题：一是居民生态产品的高需低供关系尤其显著，体现在政策层面，居民政策类别、效率和效果三维度需求均值普遍高于供给均值，以及政策改进情景下，居民需求态度显著提升；二是居民生态产品供需关系具有区域异质性，体现在政策层面，安徽省相对偏离其他二省一市居民政策需求偏好，也表现在群体层面，主体社会经济特征显著影响生态产品的需求意愿；三是居民生态产品的高消费态度和低消费意愿并存，高度认同的生态创新消费态度体现在居民生物圈价值、环保信念和生态文明社会规范的共同取向，低消费意愿体现在实际消费占比低，即不具有充分的言行一致消费行为意向或倾向。

以上问题究其原因，可以归结为责任认知不足、习惯固化严重等内生动力因素以及外部条件不具备等外部因素，从而导致生态创新的潜在需求强劲而有效需求不足或不一致。责任认知方面，居民往往认为改善生态环境的行动属于政府责任或企业责任，而非消费者责任。这种认知往往与微小的个体行为不足以改善环境状况或造成环境恶化的观念有关，从而回避自身责任或形成消极态度。习惯固化方面，即涉及风俗习惯下的传统烙印，也涉及经济文化条件差异下的生活需求习惯，改变习惯必然是反复螺旋而非短期性效应，否则难以保持持续、一贯性行为。外部条件方面，不仅包括消费阶段需要配备的生态创新硬件和软件，还包括这些软硬件设施的便利性和经济性，即需要提高居民侧生态创新消费意愿的自我效能。

为充分激发居民生态创新动力，推进消费侧生态创新言行一致的供需匹配，现有财政政策需要落实三大转变：一是转向大众需求体系，全面涵盖生态创新需求的基础和公共领域；二是转变大众需求动力，有效激发内生动力；三是转变生态创新需求外部条件，匹配实际和潜在消费需要。详见图 8－1。

落实三大转变，提出推进消费者生态创新言行一致供需匹配的三方面思路：

（一）识别大众生态创新需求共性与异质性特征，激发内生需求与供需匹配

聚焦影响生态创新的群体和个体特征，围绕长三角地区省市县域、经济开放度、收入水平、人口结构等分类分层基准因素，识别生态创新基础和公共领域的大众化和异质性需求，推进生态新产品新服务的全领域开发

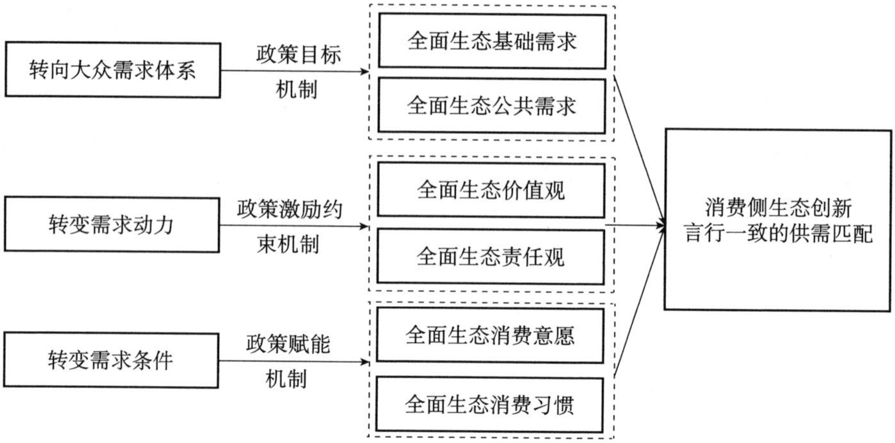

图8－1 消费侧生态创新言行一致的供需匹配转变

与应用，加速潜在需求转化为现实需求与实际供给。长三角地区作为生态文明建设先锋区域，绿色食品、交通、公共基本服务等大众基本需求领域，积极推进全域对接生活方式的生态创新变革，强化先进市场的示范引导与政策扶持；绿色服饰、康养、居住等多样化、选择性领域，积极推动个性化、特色化对接生态创新需求升级，以市场化政策导向与竞争引领，全面激发内生需求与供需匹配。

（二）发挥大众生态创新需求的激励与约束机制，催化需求引领与供需匹配

大众生态创新需求激励机制涵盖信心激励、目标激励、绩效激励等多种方式，约束机制涵盖监管约束、信用约束、成本约束等多种方式。以目标和信心激励为主的大众生态创新需求，应发挥但避免过度依赖直接激励手段，可以通过具有退坡机制，即逐步减少政策依赖的方式，如分阶段递减的资金补助、税收减免等措施，鼓励新产品、新市场建设。以绩效激励为主的大众生态创新需求，应积极利用间接激励手段，可以通过服务引导和平台支撑措施，促进消费者之间信息交流、相互影响与需求扩散，实现需求引领供给。长三角地区市场形态与消费主体的分类分层异质性，要求大众生态创新需求的政策激励与约束相结合。政策激励与环保标准体系相结合，避免生态创新需求误导或低端化。需求偏好激发与市场规范建设相结合，避免市场碎片化、产品保障缺失、隐私安全隐患等弱化生态创新影

响与用户需求偏好转换。

（三）提供生态创新需求的外部条件便利，加速需求落地与供需匹配

有效发挥外部有利条件的赋能效应，围绕经济性、共享性、便民化和高效化的需求支撑，推进生态创新的新基建、新技术和数字网络系统建设，落实外部条件优化与支持。新基建涉及5G基站、特高压、城际铁路和轨道交通、充电桩、大数据中心等基础建设领域，新技术对应着大数据、人工智能、5G、云计算、区块链等技术领域，新系统对应着支撑新消费物联网的智能硬件与应用服务协同系统。政策支持应遵循提升用户体验、改变用户使用习惯、减少用户转换成本等方式，推进外部软硬件条件改善，落实生态创新的供需匹配。

二、推进生产侧生产与生态融合创新体系的供需匹配

结合生产侧生态创新的财政政策供需匹配性和政策作用机制的研究结果，研究发现，长三角地区企业生态产品供需关系呈现三大特征性问题：一是传统产业生态产品供需结构性失衡关系显著，体现在产品类别在各省市普遍存在高需低供和低需高供关系；二是新兴产业生态产品整体高需低供关系显著，长三角地区作为生态创新“三新（新产业、新业态、新商业模式）”发展的先进地区，生产端的制造（种植）、分销和配送等诸多产业链环节均存在先进生态创新供给限制与不足；三是企业生态产品的市场竞争地位不对等，表现在政策效率、效果维度，细类政策不同程度地出现高需低供关系，企业市场竞争动力并不充分显示在生态价值层面。

以上问题究其原因，可以归结为政策干预不当、市场机制不足等机制性因素，导致生产侧生产、生态融合创新的供需不匹配。政策干预不当方面，长三角地区企业往往面临政策标准偏向或差异引致的不对等市场竞争和缺乏市场支持。这体现在企业对改善生态政策补贴基准以及补缺应用阶段政策等方面的强烈需求，对形成生态、经济“双高”价值的新产业体系的迫切需要。市场机制不足方面，长三角地区企业往往面临生态创新供给的市场进入门槛过高和过低的双重问题。突显在企业对提升绿色采购及其招投标政策效率、资源价格政策效率等方面的强烈需求。由于企业缺乏体现生态价值的公平市场竞争地位以及良好竞争环境，限制了生产和生态融

合创新的有效供给和市场竞争。

长三角地区需要协同重塑生产侧生态产品与服务的供给体系，更好地应对产业生态体系和生态产业体系变革，更好地激发市场活力，充分实现生产和生态高效融合发展。为此，现有财政政策需要落实三大转变：一是转向生态先导产业体系，以绿色范式、绿色先导产业引领未来产业体系；二是转向传统产业生态价值体系，重塑生态融合、生态优势的传统产业体系；三是转向市场绿色竞争动力，正视生态价值基础的公平公正市场竞争体系。详见图8-2。

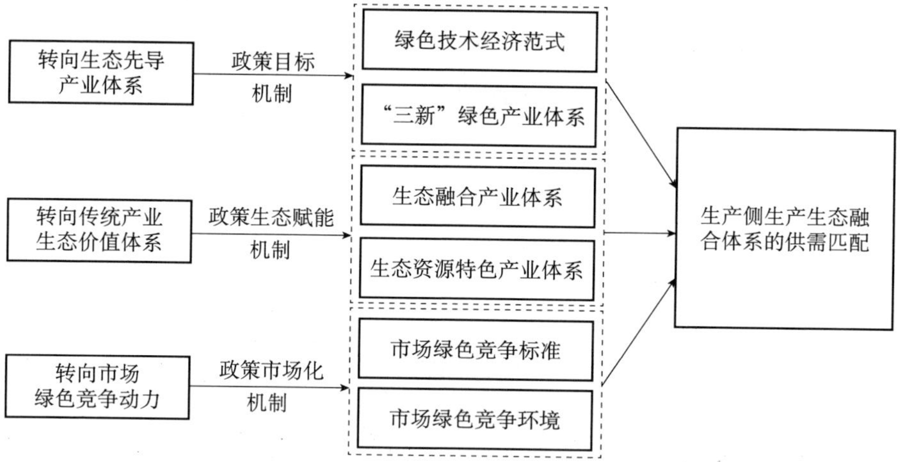

图8-2 生产侧生产与生态融合创新体系转变

落实三大转变，提出推进生产侧生产与生态融合创新体系供需匹配的三方面思路：

（一）强化生产与生态融合发展视角，推进财政政策的先导产业引领与供需匹配

生产与生态融合发展视角不仅体现可持续发展目标，还是新技术经济范式转换下融合创新的新产业体系发展。长三角具备数据智能和新能源产业先发优势，财政政策倾斜可以充分体现“三新”发展趋势，对应全球产业前沿，还能推进现有产业体系的生态化、智慧化、互联化升级以及地区空间布局的柔性化、多功能、复合型需要，有效促成生产供给体系全面生态创新优化以及供需匹配提升。

（二）强化生产与生态融合创新的区域特色，提升财政政策的产业优势引领和供需匹配

长三角地区的资源禀赋条件、产业体系结构各具特点，各省市具备工商农旅单一型、混合型等复杂经济体系。生产、生态融合发展既可以是绿色生态为主线的经济类别，也可以是绿色生态为底线、产业发展为支撑的发展模式。财政政策应倾向生产与生态融合创新的发展要求，尤其是提升地方生态资源特色的产业领域，助推地方生态产业体系的长效发展优势。

（三）强化企业生态创新供给的市场主导地位，提升财政政策正当性干预和供需匹配

突出企业主体地位，明确财政政策干预与市场竞争的制度边界和地理边界。完善补贴政策的绿色标准和退出机制，重视生态创新的环境价值与财政政策干扰正当性要求，重溯财政政策作用于绿色收支的基本性质，回归“对其提供环境服务进行补偿”的属性。完善绿色采购及其招投标的市场进入标准，突出绿色技术门槛，弱化企业性质、属地与规模门槛，避免扶持政策导致的限制、排他竞争行为。协调长三角地区企业参与生态创新供给的市场进入标准，形成一体化发展态势下公平公正的市场化竞争环境。

三、推进要素领域生态创新的供需匹配

结合要素侧生态创新的财政政策供需匹配性和政策作用机制的研究结果，长三角地区生态资源要素领域的供需关系呈现三大特征性问题：一是生态资源产权交易体系缺失无法显现供需关系，三省一市排污权、用水权、用能权和碳排放权政策全部或部分缺失导致生态产权供需关系缺位；二是生态资源要素定价扭曲难以显现有效供需关系，存在水、大气、土壤等污染防治价格政策效率供需双向不匹配，也存在新资源生态价值定价政策不完全供给；三是跨域生态资源有效供给难以实现，受访企业明确表示跨行政区域生态资源供给存在极大困难。

以上问题究其原因，可以归结为：生态创新制度的要素市场化机制、价格机制、区域协调机制仍不平衡、不充分，无法实现生态资源要素的高效合理配置。生态要素市场化机制方面，长三角地区缺乏完整的生态资源确权及其市场化体系，在环境状况必须纳入经济动力情况下，将导致使用

权错配和供需失衡。生态要素价格机制方面，竞争性要素的价格改革始终是市场化改革重点，国家、省市层面处于不完全市场定价向市场化定价过渡阶段，可以部分体现资源耗竭和生态防治成本，但难以充分体现供需波动与市场出清。生态要素区域协调机制方面，无论是生态产权交易还是生态要素交易大部分仍局限在行政地区层面，可以实现局部均衡，但欠缺规模化、灵活性、系统性的大市场调节，难以实现全局均衡。

鉴于生态资源要素领域的源头效应和市场供需不均衡，现有财政政策需要落实三大转变：一是转向生态产权的市场化体系，全面推进生态治理的市场化配置；二是转向生态资源要素市场化定价体系，深化市场化以及市场挂钩形式的价格政策改革；三是转向区域一体化生态要素市场体系，消除行政性、制度性障碍。详见图 8－3。

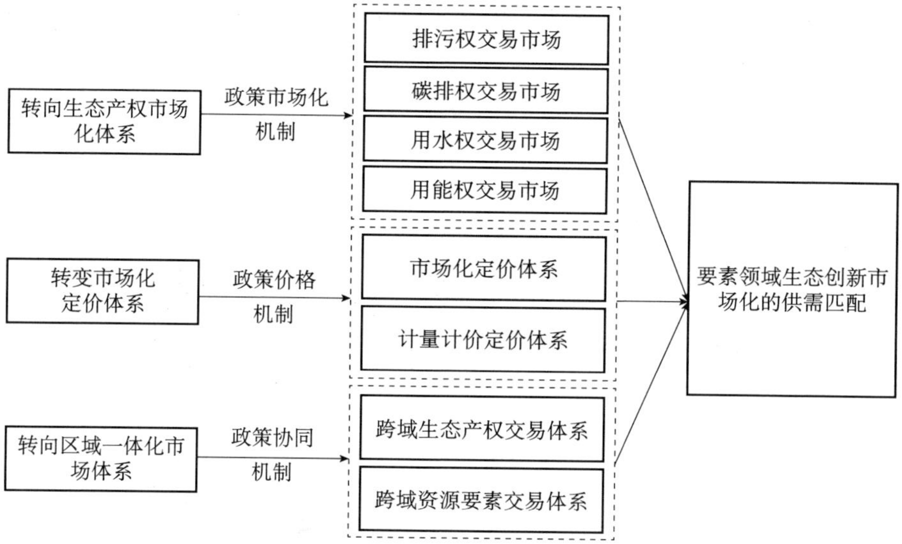

图 8－3　要素领域生态创新的供需关系转变

落实三大转变，提出推进要素领域生态创新供需匹配的三方面思路：

（一）加快四大生态产权交易市场建设，推进生态治理的市场化配置和供需匹配

充分体现生态要素用途管制和高效集约使用要求，全面建设排污权、用水权、用能权和碳排放权的四大生态产权交易市场体系建设。重点建设排污权、用能权和碳排放权的强制交易制度，确立总量目标、配额分配、

价格机制和供需调节，强化资源配置、价值流通以及降低治理成本的市场功能。实施生态产权交易与资源综合利用协同调控，避免交叉效应，可以将用能权纳入碳排放权范畴，提高推进生态要素管控效率。拓展用水权交易形式，以浙江省和安徽省水库水权、江苏省地下取水权为代表，推进流域间、行业间以及用户间等多样化水权交易体系，提高节水型资源管理效率与多主体供需匹配。

（二）强化两类资源要素的市场配置机制，推进财政政策市场化手段和供需匹配

推进资源要素配置的市场化制度安排，还原资源稀缺性属性，提高资源创新效率。长三角地区是实施资源要素市场配置的先发地区，更可以是深入要素市场化改革的先锋区域。市场化改革的重点领域是推进资源要素的政府定价、定额定价向市场化定价、计量计价定价转变。主要推动常规电力、分布式电力和油气等能源竞争性要素的市场化改革，突破交叉补贴、政府限价等非市场性竞争问题。主要推动垃圾和污水处理在生产生活领域的综合计量和统一定价改革，有效体现“污染者付费”和“公平负担”原则。

（三）建立生态与资源要素区域市场交易体系，推进一体化大市场建设与供需匹配

基于长三角地区跨区域生态协同保护、协同治理视角，实施区域一体化的生态补偿制度和资源有偿使用制度，将省市层面的生态产权和竞争性资源要素交易拓展到地区层面的大市场体系，推动跨域生态资源要素的价值实现与有效调配。重点推进排污权、碳排放权、用能权和用水权的协同规划，实施同一大气污染防控区内大气污染物排污权交易和同一流域内水污染排污权交易，建设跨省市、跨县域的统一交易管理平台；推行碳排放权全域交易，实现整体区域提前碳达峰；实施用水权与流域横向生态补偿制度、省市县域间用水交易制度等相结合，主要推进太浦河等重点流域，形成生态补偿型、产业互补型等多模式区域水权交易体系。重点推进竞争性或具有地区竞争性的电力能源要素的区域市场交易体系，允许风能、太阳能进入华东区域电力交易体系，鼓励开展跨省集中交易、日前交易等多样形式，提升跨域电力供给调配灵活性和稳定性。

第二节 推进长三角地区生态创新成果体系的供需匹配

一、推进生态研发成果的供需匹配

生产侧生产与生态融合创新体系的供需不匹配，还在于生态研发成果自身的供给与需求错位。长三角地区生态成果的供需匹配关系呈现三大特征性问题：一是产业需求难以获得充分的生态成果支持，体现为科技专项政策在政策类别维度是需求均值最高的政策分项，也是高需低供程度较大的类别，现有政策体系不能支持有效的生态创新成果需求；二是生态成果的生产供给效率不足，反映在政策经济效率和创新效率维度的高需低供关系依然存在，也体现在学界、业界对财政补贴急速攀升的重大关切；三是生态成果供给不能有效转化为产业需要，体现为科技专项政策在经济和生态效果维度，尤其是经济维度的市场失衡现象显著。

以上问题究其原因，可以归结为：财政资金支出扶持创新活动的作用机制和效果仍不平衡、不充分，涵盖资金的研发投向、来源和产出问题。财政资金的投向方面，生态创新正处于技术路线阶段，资金倾向受生态创新新兴阶段限制，不完全覆盖先导性、前沿性领域，不充分体现地方产业共性技术需求。财政资金的投入来源方面，财政补助往往无法满足急速增长的创新资金需求，也缺失市场机制提升双向投入互配。财政资金的产出效率方面，生态创新技术有更高的研发风险和收益风险，导致研发产出效率差异化更大、波动性更高，企业不愿意也不敢贸然进行全面研发投入与成果转化，导致政策效率低、效果弱。

新发展理念下，绿色、创新是经济社会整体战略需求也是系统性战略要求。为此，现有财政政策需要落实三大转变：一是转向生态战略技术全面培育体系，高效覆盖产业前沿和先导生态技术培育，也综合覆盖地区产业生态化技术培育；二是转向生态技术全面投融资体系，深化区域绿色资本合作以及绿色金融体系；三是转向生态技术全面提标增效体系，发挥生态创新成果“领跑者”“小巨人”的产业示范引领作用。详见图8－4。

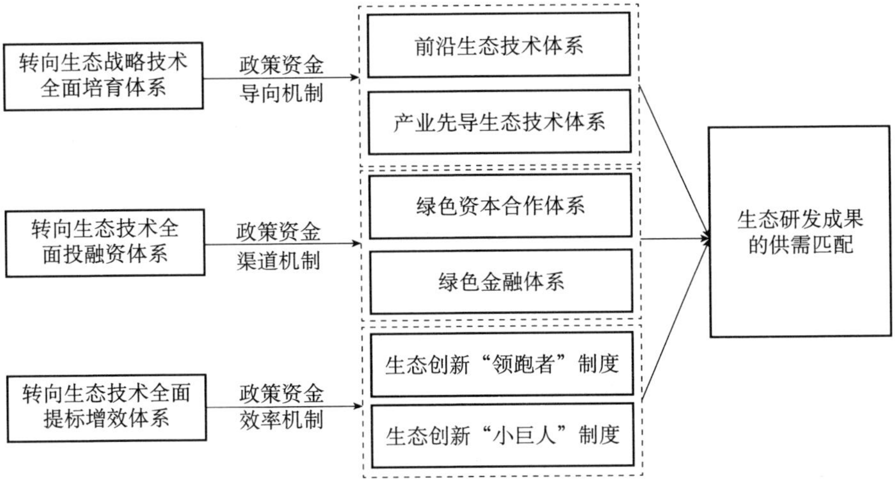

图8－4　生态研发成果的供需关系转变

落实三大转变，提出推进生态研发成果供需匹配的三方面思路：

（一）建立生态战略技术培育体系，形成前沿、先导生态技术体系和供需匹配

承接国家生态技术战略体系，对应省域生态技术战略需要，构建省级层面生态战略技术培育体系。聚焦碳中和、水污染防治和大气污染防治等重点领域，开展重大技术、关键技术和共性技术三层次、省市县三级别技术需求普查，开展产业、院校、机构三层面技术供给普查和专家库意见普调，推行技术攻克清单制和年度动态调整机制，实施专项财政配套资金，分阶段落实培育、孵化和转化行动。

（二）强化多渠道资金互补融通，弥补生态创新资金缺口和供需匹配

充分发挥长三角地区金融市场发达、资金丰腴优势，开展区域性的绿色金融市场、政策和制度建设。可以将衢州、湖州的绿色金融市场建设模式和改革成果进行复制推广，形成区域性的生态金融改革态势。可以进一步拓展政府和社会资本合作PPP模式，尤其是民营资本的投资融通，用于生态创新的研发试点、成果转化和市场应用，有效弥补财政政策资金补助限额。

（三）强化提标增效的市场竞争机制，提高财政政策的创新扶持效率和供需匹配

构建长三角地区生态技术市场化导向的制度优势，构建生态创新“领跑者”制度和“小巨人”制度，强化财政政策对不同层次生态创新活动的靶向对接与效率扶持。“领跑者”制度强化财政政策倾向前沿和最佳可行技术的企业创新研发、示范和推广。“小巨人”制度强化财政政策倾向通过绿色创新孵化和先进标准建设实现绿色“高专特”技术突破。以点带面，推动创新动力从“生态倒逼”向“科技引领”相融合转化，创新能力从“扶持培育”向“先进引领”相结合转变。

二、推进产业链与生态创新链供需匹配

生态研发成果的供给与需求错位，不仅在于研发成果自身，还在于产业链与生态创新链的体系性供需错位。长三角地区产业链生态创新的供需匹配关系呈现三大特征性问题：一是传统产业和新兴产业生态创新成果均存在不同程度的效率效果不足，反映在政策供需关系不具有显著的产业偏向，但具有程度偏向；二是生态创新成果的供需关系失衡具有产业链传导效应，体现在上中下游和配套产业链存在显著前后向联动影响；三是生产和服务产业链存在生态创新成果的效率和效果不足，普遍反映在政策维度的供需量化评估中。

以上问题究其原因，可以归结为财政政策还不能充分支持生态创新的体系化变革。这种体系化变革涵盖三大产业体系，涉及生产和服务全产业链，惠及大中小各类型企业，需要影响力大、范围广、关联强的创新活动，也需要小众性、个性化、特色化等多样性创新活动。这样，就不仅需要战略性技术体系导向，还需要产业全面性、协同化以及普惠性创新体系进行支持。

为此，现有财政政策需要落实三大转变：一是转向全面生态创新体系，发挥资本引导机制，强化创新共向和体系化；二是转向生态协同创新体系，发挥资本联结机制，落实创新合力和高效创新；三是转向生态创新普惠扶持体系，落实创新激励，强化内外驱动力。详见图 8－5。

落实三大转变，提出推进产业链与生态创新链供需匹配的三方面思路：

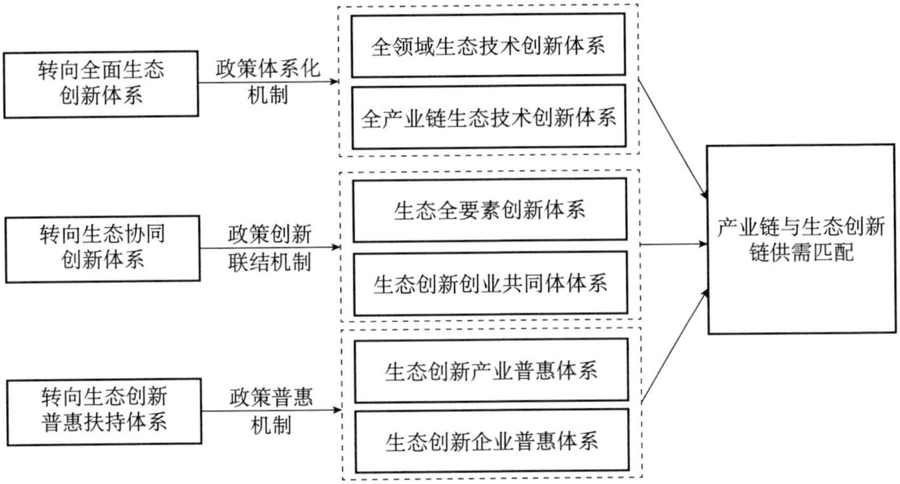

图 8-5　产业链与生态创新链供需匹配转变

（一）构建生态创新的全产业链布局，推动财政政策全面支持均衡高效的生态技术体系

绿色发展对应清洁低碳高效技术全面提升，长三角具备所有地区率先推进产业体系全面生态化的经济和社会基础。聚焦六大领域、三类技术体系的财政政策支持：推进工业、农业、服务业、城镇化、乡村发展和资源环境领域，开展源头绿色替代、中端技术改造和终端减排治理的全产业链技术体系创新，推进节能环保、清洁能源、环境治理、城市绿色及绿色消费技术均衡发展。长三角地区同样具备引领生态创新的广泛技术基础，财政政策支持就必须定位高水准、专业化和特色化技术体系扶持和供给，既满足需求高水平发展需要，也保持创新优势的可持续性。

（二）构建生态创新普惠体系，推进产业和企业创新普惠扶持和供需对接

充分考虑长三角地区传统产业、地方特色产业以及服务产业的生态创新需求和中小微企业薄弱的生态创新能力，构建省市县三级生态创新普惠体系，开展生态创新普惠行动。依托科普协会和各类产业联盟，开展生产性、服务性传统产业和地方特色产业的生态技术普及、产业化帮扶和应用创新。依托科普协会和中小企业协会，开展市县乡级中小微企业开展生态标准普及、技术诊断和创新扶持。充分结合政府侧生态成果需求，积极发挥绿色招投标政策的普惠效应，可以通过“创新研发＋项目回购”等形

式，在符合生态技术标准下，鼓励创新合作，优先惠及中小微企业。

（三）构建创新链生态圈，推进政产学研用金深度融合和供需匹配

依托长三角地区产业创新综合体建设，推进生态创新的政产学研用金深度融合，提高产业链与生态创新链的深广度匹配。贯通长三角地区绿色产业基地、高校科技园、创新孵化园、绿色金融创新试验区和可持续发展议程创新等资源载体，形成“基地＋创新院校＋创新平台＋示范区＋基金池＋专利池”六位一体协同创新体系。绩效目标的基金池运作模式，有效匹配政府、社会与产业资金，更有效地实现前沿、基础与应用以及跨行、跨界的生态创新供需匹配。

三、推进区域产业链与生态创新链供需匹配

生态研发成果的供给与需求错位，也体现在区域间产业链与生态创新链的体系性供需错位。长三角地区省市间产业链与生态创新链的供需匹配关系呈现三大特征性问题：一是生态创新成果存在依据省市、产业和企业分类的财政政策创新效率供需不匹配差异且差异（方差）较为明显；二是区域内存在产业生态化和生态产业化的创新能力不足的共性问题，表现在各省市政策需求整体与分类均值最高；三是区域内还存在转化效率不足的共性问题，体现企业生态成果转化的访谈和意见反馈。

以上问题究其原因，可以归结为财政政策体系自身，还在于政策发挥效率的创新基础条件。政策体系方面，长三角一体化规划以及相关财政政策缺乏有关域内生态成果供给的协调政策体系。生态创新基础条件方面，缺少体系化、平台型的生态创新载体、有利条件支持创新过程和转化。

为此，现有财政政策需要落实三大转变：一是转向区域一体化生态创新布局，落实知识创新阶段和产品创新阶段的区域联动合作安排；二是转向区域生态创新联盟体系，发挥绿色资本与其他创新要素的区域联动；三是转向区域生态创新互联体系，打造智能运行的生态数字创新空间。详见图 8－6。

落实三大转变，提出推进区域产业链与生态创新链供需匹配的三方面思路：

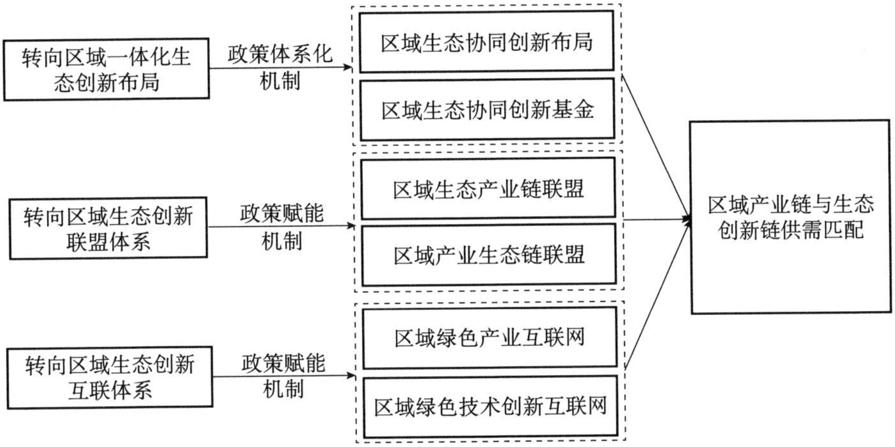

图8-6 区域产业链与生态创新链供需匹配转变

（一）构建区域一体化生态创新布局，加强财政政策的区域创新溢出效应和供需匹配

围绕生态治理体系和生态经济体系的重点领域与技术体系（六大领域和三类技术体系），落实生态创新阶段的区域联动布局，强化地区间创新溢出效应和供需匹配。区域生态协同创新布局方面，结合江浙沪资源环保装备研发优势、江浙徽装备制造和配套优势以及省市县生态治理基础，充分发挥财政政策调动跨区创新要素机制，围绕碳中和、水污染防治和大气污染防治等重点领域的跨省市产业合作，推进区域产业链与生态创新链的协同合作布局。编制区域生态环境领域产业关键技术攻关清单、产业化技术能力清单以及生态项目适用技术清单，对应配套生态细化产业分类名单、产业链技术配套名单和生态示范项目备选名单，带动知识创新阶段和产品创新阶段的区域产业要素供需对接。生态创新专项基金基础上，设立区域生态协同创新基金细类，以扶持区域化生态协同创新载体建设、成果转化与产业化应用、跨域示范与市场推广等，切实提高区域整体的生态创新效能和供需匹配。

（二）鼓励企业建设开放创新“生态圈”，提高财政政策的企业溢出效应和供需匹配

发挥区块链在生态创新成果供给的互联效应，提高财政政策对企业生态创新扶持的溢出效应。依托长三角大企业和优势产业基地以及财政政策

倾斜，实施“互联网 + 双创 + 绿色 + ”企业计划，打造立体式、无边界企业协作生态圈。鼓励建设企业与面向产业链的网络研发众包平台，推动绿色技术工具、双创人才等高端资源在线集聚与共享，提供绿色技术开发、生产和服务的开放共享和实时交互，加快实现绿色创新链网状分布与产业链纵向融通的共同发展。

（三）构建地区绿色产业互联网，提高财政政策的跨区溢出效应和供需匹配

发挥区块链在生态创新成果供需互联的辐射效应，提高财政政策对生态创新扶持的区域溢出效应。长三角工业互联网基础上，实施“互联网 + 双创 + 绿色 + ”区域平台计划，推进绿色农业、绿色工业、绿色服务业互联网体系建设，整合技术专家、实验室、数据库等线上线下研发资源，提供区域全产业绿色技术需求发布、技术诊断、创新联盟、成果转化和绿色资金支持的综合服务，强化财政资金支出的需求导向、创新扩散和应用成效，加快长三角区域生态创新研发的协同发展。

第三节 构建长三角地区生态创新财政政策的供需匹配

一、构建生态创新的财政政策管理体系

长三角地区生态创新财政政策实现供需匹配，还体现在能否推动制度的持续创新。财政政策的制度设计阶段，需要考虑能否可以有效保证政策方案与政策实施相一致。财政政策实施过程中，需要考虑政策灵活性和调节性以应对不确定因素。财政政策结果阶段，需要考虑政策评估的合理性和科学性以给出有效的政策效应。由此，从政策管理体系方面来考虑生态创新的财政政策匹配问题（详见图 8 - 7）。

基于管理创新视角，提出推进财政政策供需匹配性的三方面思路：

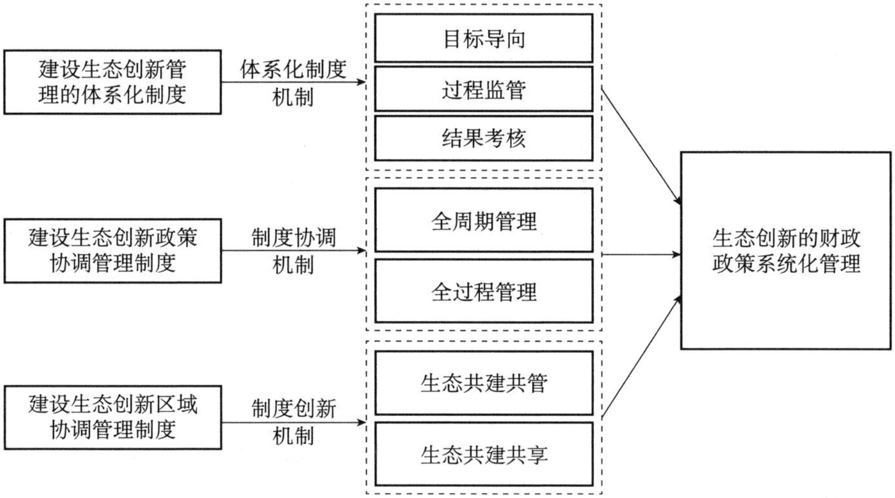

图 8－7　构建生态创新的财政政策管理制度

（一）建设生态创新目标导向、过程监管、结果考核的体系化制度，提高财政政策的管理效率

生态建设涉及生态环境各个领域的防范、保护、治理和提升，制度创新应覆盖公开化、常态化、精细化的目标、过程和结果管理的体系化制度。① 长三角地区生态建设目标覆盖面广、类别多，目标管理与政策取向必然遵循全局性、关联性、科学性和创新性原则，要能满足多目标统筹、省市县目标统筹、省际目标统筹的创新需求。长三角地区生态建设监管涉及主体类型多、部门关联复杂、数据容量大要求，过程管理以及政策保障必然遵循信息化、实时性、预警性、协办性原则，要能满足各方在精准监管、规范资金筹集和使用的创新需求。长三角地区生态建设结果考核需涉及经济、生态、社会各个层面，结果管理与政策方案效果必然遵循时效化、经济性和影响力原则，要能对接政策标准、形式和预期效果的创新需求。

（二）建设生态创新的全周期管理、全过程管理体系，提升财政政策协调管理效率

高标准管理对应绿色内循环体系，要求由“末端应对”向“全生命

① 邓翠华．全面深化改革与生态文明制度体系建设［C］．“改革与创新——当代世界社会主义的理论与实践”学术研讨会暨当代世界社会主义专业委员会 2014 年年会．

周期管理”“全过程管理”转变，实现生态管理和规制技术的协同创新。财政政策实施需要与生态设计制度、上下游生产者责任延伸制度、绿色标准、评估和信息披露制度建设相配合，落实从原料选择到工艺流程、生产加工、销售配送和再资源化的全过程、多层级的绿色监管及其技术创新。财政政策用于支持生态全周期管理、全过程管理创新，也匹配全周期管理、全过程管理方式进行制度落地和动态化改进。尤其是扶助传统产业生态化转型、推进生态治理和生态补偿以及提升资源循环利用全周期、全过程管理中，强化财政政策与生态管理和规制技术的协调匹配，有效提高财政资金利用效率效果。

（三）建设生态创新协同管理的区域制度体系，推进财政政策的跨省市协同管理效率

财政政策实施需要落实绿色闭环管理的跨区域生态创新。绿色闭环管理是落实并促进生产、生活、生态在省市域内域间的“三生合一”，避免财政分权以及生态制度差异导致的污染天堂效应和生态供给柠檬市场。生态创新的财政政策制度须与区域内生态标准化管理、生态保护监管、生态创新管理等制度性安排相协调，实现共建共管和共建共享。财政政策以绿色农业生产、清洁制造和再生资源利用等区域共建标准化制度为生态基准，以生态环境标准管理、生态环境联防联控管理、产品质量生态追溯管理等区域共建监管制度为生态保障，推进生态创新成果和产品的共建共享。

二、加强生态创新的财政政策供需协调管理

长三角地区生态创新财政政策实现供需匹配，突出体现在政策的供需协调管理。保持政策供需协调管理，需要深化供需信息反馈和交互机制。生态创新的财政政策供需信息反馈重在结构性逻辑，包括政策工具的体系化结构、主体性结构、地区性结构等多重供需关联，还需要重点考虑不同发展阶段、战略要求下供需结构性逻辑的动态变化，显现信息反馈的适时性和代表性。生态创新的财政政策供需信息交互机制方面，进一步在区域间实现重要政策信息的交流、学习和借鉴。由此，从协调管理视角，需要形成制度性安排来实现政策供需信息反馈和交互机制，推进生态创新的财政政策供需均衡管理（详见图8－8）。

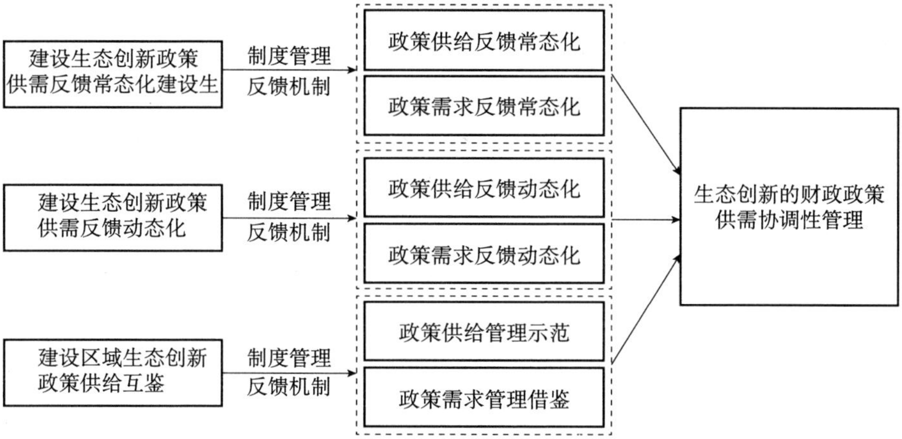

图 8－8　构建生态创新的财政政策供需协调制度

基于协调管理视角，提出推进财政政策供需匹配性的三方面思路：

（一）进行生态创新财政政策供需反馈的常态化制度建设，提升政策供需管理效能

鉴于生态创新的财政政策供需关系呈现市场机制与政策机制下多维度、多层次的供需关联，需要形成全面系统的政策供需常态化反馈制度，以协调政策供需管理效能。生态创新财政政策供需关系是基于生态产品、创新成果的市场错配而对应的政策干预供需关系，隐含着重塑经济社会生态多重关联，包括产出投入生态关联、生态损益关联、生态平衡地区关联等。进行生态创新财政政策供需反馈的常态化制度，可以展现单一关联和多重关联下相关主体的政策需求结构和程度，展现反映单一关联和多重关联的政策供给效度、信度的需求响应方式和程度，展现改进单一关联和多重关联的政策工具组合方案的需求接受度。从而，充分体现生态创新财政政策的供需双向管理和协调管理效能。

（二）开展生态创新财政政策供需反馈的动态化制度建设，提升政策供需管理效能

开展财政政策供需反馈的动态化制度建设，服务于生态创新的阶段性、区域性的重点和新兴领域供需关系重大变化，保持长三角地区政策供给的适时性、引领性和示范性，有助于显著提升政策管理的效能。动态化制度包括

生态创新的目标与主体对象、产业与技术领域、生态与资源范围等内容动态调整，进入退出、反馈调节等机制动态调整，供需调查、处理、分析和评估等方法性动态调整，以及实施部门和实施方式等管理性动态调整。

生态创新财政政策供需反馈的动态化制度还与地区统筹范围、资源环境系统复杂性、生态产权性质等密切相关，需要因地制宜进行调整。

（三）构建生态创新财政政策供给的区域互鉴体系，提升政策供需管理效能

生态创新覆盖多重战略领域和新兴领域，财政政策的区域互鉴可以有效加快政策优选和应用推广，提高政策供需双向管理效能。财政政策供给的区域互鉴包括地域性、领域性、主体化、部门间的政策管理借鉴。依托生态文明、共同富裕、乡村振兴、能源革命等战略推进，财政政策供给管理的区域互鉴主要包括依托长三角一体化绿色发展示范区、可再生能源示范城市、绿色交通示范城市、低碳示范县等生态创新地区综合建设的政策工具包设计与实施，绿色设施、绿色服务等生态公共产品供给的政策工具优选与实施，以及水、土壤污染等重要生态治理领域的政策工具评估与改进。财政政策需求管理的区域互鉴主要包括需求性政策工具设计，如异质性生态创新需求政策、生活生态一体化创新需求政策、个体生态投资需求政策和政府部门生态创新需求政策等，也包括政策工具需求管理，如县乡生态创新价格政策需求结构管理、生态损益主体的政策需求响应管理、跨域生态治理的政策需求协调管理等。生态创新财政政策供给的区域互鉴还需要省市县政府部门的联络沟通机制为基础，落实政策交流与互鉴工作。

三、加强财政政策供需匹配性评估管理

财政政策供需匹配性评估需要体现政策体系效率和效果。[①] 长三角地区现有政策评估逐步纳入经济性、生态性、社会性评估指标，但仍未考虑创新性效应，也难以有效改进政策创新性。尽管财政政策评估涵盖目标导向，但通常难以反映长期目标，经济、环境、社会等因素的不确定变化也使得政策长期效应难以得到有效评估。为此，需要结果评估与预期评估机

---

① 应晓妮，吴有红，徐文舸．我国政策评估方法选择和评估指标体系构建的思路和建议［Z］．中国宏观经济研究院投资研究所，2020. 7.

制来完善生态创新的财政政策制度体系（详见图 8－9）。

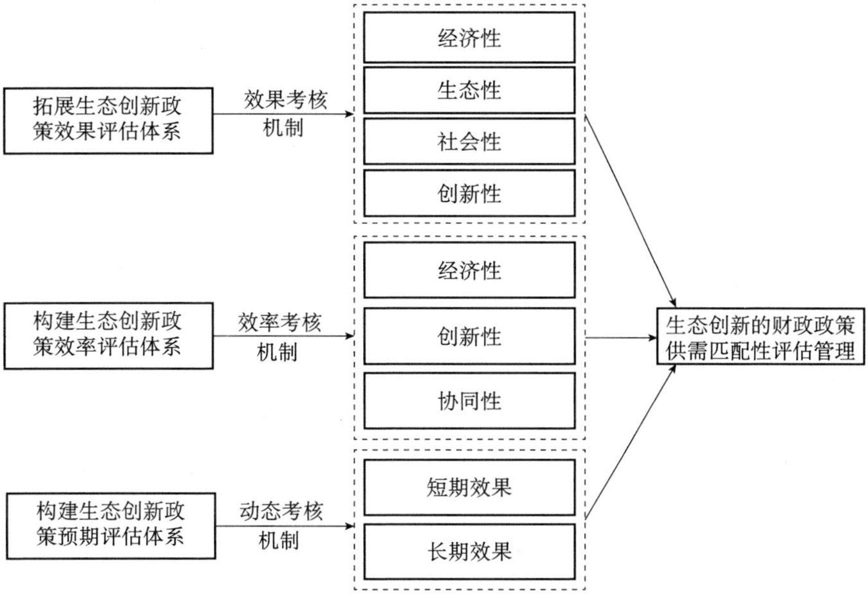

图 8－9　构建生态创新的财政政策供需匹配性评估管理制度

下面，笔者从评估管理视角，提出推进财政政策供需匹配性的三方面思路：

（一）拓展财政政策效果评估指标体系，全面体现经济性、生态性、社会性、创新性效应

拓展现行生态创新的财政政策效果评估体系的指标维度，体现经济、生态、社会和创新效果。经济效果主要反映经济发展成效，生态效果主要反映生态环境改善成效，社会效果主要反映社会生态规范和影响力成效。创新效果可以是经济、生态和社会单一维度以及综合维度的创新成效体现，包括经济—技术范式转换、生态系统效率改善、社会组织形态转变等各方面。考虑财政细分政策的多元化，创新效应评估维度可以作为核心指标构成，也可以作为辅助指标进行衡量。

（二）建设财政政策效率评估指标体系，有效体现生态创新经济性、创新性和协同性效率

构建生态创新的财政政策效率评估指标体系，综合涵盖经济性、创新

性和协同性效率维度。经济性反映政策成本，即政策实施的成本代价，可以包括财政收支平衡和税费负担等细类维度指标。创新性反映政策的结构性和程度性效率，即制度优化效率，可以包括要素价格竞争性、外部成本内部化程度、税费减负率等细类维度指标。协同性反映区域一体化方面生态创新的政策实施效率，即生态创新的区域协同度，可以包括生态经济共享度、生态优化共建度等细类维度指标。

（三）建设财政政策预期评估指标体系，有效体现生态创新的短、长期预估效应

财政政策预期评估指标体系不仅考虑政策实施后可能产生的经济性、生态性、社会性和创新性效应，还需要考虑政策实施周期长度所造成的阶段性、长期性效应。财政支出性政策主要考虑政策实施的代际税负压力、社会福利影响和生态创新偏向。财政收入性政策主要考虑政策实施的经济增长率影响、产业生态化效率提升和生态创新动力激发。同样地，考虑财政细分政策多元化，预期评估指标体系依据政策性质、目标对象、实施范围等有所调整。

第九章

长三角地区推进生态创新财政政策一体化机理研究

完善长三角地区财政政策体系、推进生态创新财政政策一体化是统筹兼顾实现生态创新和经济社会可持续发展的重要保障和重要途径。长三角地区生态创新财政政策一体化研究包括以财政体系目标、财政体系内容和财政政策组合等重要方面，主张从内部一体化和外部一体化视角挖掘长三角生态创新的内在机理，旨在突破生态创新财政政策一体化面临的困境、构建生态创新财政政策一体化理论框架、推进生态创新财政政策一体化改革。

第一节 推进长三角地区生态创新的财政体系与财政困境

一、推进长三角地区生态创新的财政体系

推进长三角地区生态创新的财政体系包括体系目标、体系内容和政策组合三个方面。在体系目标上，需要选定最适合特定发展阶段的目标，需

要与国家总体目标同步，需要为构建生态创新的财政政策体系打好基调。在体系内容上，需要激发企业参与生态创新的积极性和主动性，提高公众的生态消费意识，同时要考虑对各类对象的激励或惩戒。在政策组合上，需要解决税收优惠形式纷繁复杂、财政政策一致性较弱的问题，使生产要素真正从事生态创新活动并使企业获益。

（一）促进生态创新的财政体系目标

我国一直坚持生态创新、生态环境保护工作与国家总体目标同步。2020 年，我国决胜全面建成小康社会取得决定性成就，“十三五”规划纲要确定的 9 项约束性指标和污染防治攻坚战阶段性目标任务超额完成，生态文明建设发生历史性、转折性、全局性变化。党的十九大报告进一步明确，在全面建成小康社会基础上，分两步走在 21 世纪中叶建成富强民主文明和谐美丽的社会主义现代化强国的宏伟目标，并制定了建设美丽中国的时间表：到 2035 年，生态环境根本好转，美丽中国目标基本实现；到 21 世纪中叶，生态文明全面提升，实现生态环境领域国家治理体系和治理能力现代化。国家“十四五”规划纲要明确提出，长三角一体化发展要把生态文明建设和生态环境保护摆放在更加重要的位置。

促进生态创新的财政体系目标同样要与国家总体目标保持一致，这意味着在全面建成小康社会基础上需要从生态环境质量、温室气体排放、资源开发利用效率和经济高质量发展四个方面发力，通过财政政策的有效实施分两步走推进，同时需要考虑兼顾现实问题与政策对象的自身状况。具体地说，促进生态创新的财政体系要深入实施可持续发展战略，争取在 2035 年实现生态环境质量从源头上好转，碳排放达峰后稳中有降，能源资源配置和利用效率更加合理，经济结构更加优化，美丽中国建设目标基本实现。到 21 世纪中叶，促进生态创新的财政体系要坚持统筹国内国际两个大局，实现生态环境质量、能源资源配置以及经济结构的最优化，实现碳排放基本中和，建成社会主义现代化强国。长三角地区是长江经济带的龙头，理当在包括美丽中国目标在内的现代化建设中先行。

（二）促进生态创新的财政体系内容

从财政政策本身的收入政策与支出政策角度来看，收入政策主要包括：生态创新的（狭义的）资源税政策、环境税政策、碳税政策及其他税收优惠政策（如研发费用加计扣除、所得税减免、科技创新设备采购税前扣除标准并作进项抵扣、生态创新技术引进和转让的税收优惠等）；支出政策主要包括生态创新的资源节约补助政策、生态保护补偿政策、低碳发展补贴政策和政府绿色采购政策等。

从财政政策的对象来看，促进生态创新的财政政策包括：面向企业、面向公众和面向政府的财政政策。面向企业的财政政策主要是促进生态生产，实质上是供给侧的生态创新，主要包括循环经济补贴、低碳发展补贴、环境税收政策以及其他税收优惠政策。面向公众的财政政策主要是促进生态消费，实质上是需求侧生态创新，主要包括结构性消费税政策和绿色产品财政补贴（消费者绿色价格补贴）政策。面向政府的财政政策既有促进生态生产的供给侧生态创新，如国有企业的生态生产，又有促进生态消费的需求侧生态创新，如政府绿色采购等。由于国有企业不仅具有经济职能，还要发挥社会功能，因此可以率先投入资源促进生态技术创新，通过生态技术创新的双重外部性带动其他主体的生态创新活动。

（三）促进生态创新的财政政策组合

促进生态创新的财政政策相互配合形成财政政策体系，财政政策的适当组合带来的不是单一财政政策效应的简单叠加，而是耦合强化，以便能更有效地促进生态创新。

从政策对象看，财政政策体系尽量覆盖企业、公众、政府各主体，将财政政策激励的作用范围扩大至全社会。当环境税和绿色补贴组合运用时，除了要考虑对企业绿色创新的激励作用，还需要在环境税实施时对弱势群体提供相应的补贴。面向“企业 + 公众 + 政府”的政策组合产生的生态创新效应会优于单项政策的实施效果。

从政策效果看，财政政策体系需要考虑政策间存在的替代效应和互补效应，以最小的制度成本获取最大的政策效应。在政策替代性研究方面，虽然排污权交易、排污费和环境税都是以节能减排为初衷，遵循“谁污染，谁付费”的机制，但因政策执行机构、执行力度以及执行效果上存在差异，环境税在激励企业生态科技创新投入上更具优势。

从政策互补性来看，环境税和税收优惠两个政策工具虽然作用机制相反，但政策目标一致，通过合理的税制设计可以实现功能协同互补，发挥组合工具"1+1>2"的政策效应，最大化提升企业开展生态创新活动的积极性。例如，在向污染企业征收环境税的同时给予生态创新企业以政府补贴（税收优惠），可以有效提高企业从事绿色产品开发和生态技术研发活动积极性，有助于缓解企业融资约束，推动企业绿色转型。

二、推进长三角地区生态创新的财政政策

（一）推进长三角地区生态创新的财政收入政策

1. 环境税政策

广义的环境税是将环境保护因素与税收融合形成的税收复合体系，而非某一单一税种。狭义的环境税是指环境保护税，是根据企业单位污染物对环境污染的治理成本进行确定的，税率水平是企业单位产品的外部损害或污染治理的边际成本，以向环境排放应税污染物的排污行为为征税对象，包括大气污染物、水污染物、固体废物和噪声。

2. 资源税政策

资源税是对在我国境内开采煤、石油、天然气、盐等自然资源的单位和个人，就其应税数量征收的一种税。传统的资源税设计的出发点不是环境保护，而在于筹集财政收入、调整收入分配和调节资源级差。生态文明时代，资源税的重要功能之一是节约资源和保护环境，如水资源税的首要目标是节约水资源，保障生态用水。

3. 碳税政策

碳税是为了减缓全球气温变暖进程，通过税收制度来抑制二氧化碳的过度排放，主张利用市场的无形之手引导企业低碳发展，提供了具有成本效益的杠杆。

4. 其他税收优惠政策

税收优惠政策是一种间接的补贴方式，将企业本应上缴的税收无偿让渡于企业，企业可自主决定和选择是否享受节税收入及幅度，如研发费用加计扣除、所得税减免、科技创新设备采购税前扣除标准并作进项抵扣、生态创新技术引进和转让的税收优惠等。

上述四类政策为生态创新的财政收入政策。其中，环境税和资源税政策的实施会抑制废弃物排放和促进资源的高效利用，而碳税能够抑制温室

气体的排放[①]，但是不同的碳税政策或者征税对象都将影响减排效果。[②]从作用形式来看，环境税主要通过抑制消费和企业投资影响经济产出，资源税主要通过调节投资结构对经济发展产生影响，碳税在短期内则通过增加非环保企业的销售成本和价格引导效应对经济发展产生负向影响，尤其是一些能源密集型企业；从长期来看，征收碳税反而会刺激企业优化能源结构、提高能源利用效率，促进经济绿色发展。也就是说，能源密集型或者是重污染企业由于税收成本的增加导致了生产规模的减少，资本、劳动等生产要素被转移到了绿色企业，从而形成被征税企业经济倒退、未被征税企业经济发展的局面。从组合视角来看，采用恰当的税率组合能实现对经济发展的负向影响最小，或最大程度地实现抑制废弃物和温室气体排放的最优目标。常用的政策组合是，在征收环境税、资源税和碳税的同时实施其他税收优惠政策。

（二）推进长三角地区生态创新的财政支出政策

1. 资源节约补助政策

资源节约补助政策是指对具有资源节约、环境保护等公益属性的企业，如废弃物回收、废弃物资源化利用企业进行税收优惠或减免的政策，保证具有资源节约性质的企业存活率。

2. 生态保护补偿政策

生态保护补偿政策是指以保护生态环境、促进人与自然和谐发展为目的，根据生态系统服务价值、生态保护成本、发展机会成本，政府或生态保护受益者向生态保护者支付一部分资金，激励生态保护者的保护积极性。

3. 低碳发展补贴政策

为了控制二氧化碳等温室气体的排放，减缓对生态环境的破坏进程，政府采取补贴政策以引导企业生产或消费低碳环保型产品，从而带动市场产品逐渐低碳环保化。

4. 政府绿色采购政策

在产品采购过程当中，政府优先购买环境友好型产品来提升环保物品

---

① Proost S, Regemorter D V. Economic effects of a carbon tax: With a general equilibrium illustration forBelgium [J]. Energy Economics, 1992, 14 (02): 136-149.

② 许士春，张文文．不同返还情景下碳税对中国经济影响及减排效果——基于动态 CGE 的模拟分析［J］．中国人口·资源与环境，2016，26（12）：46-54.

的销路，进而提高环保物品的生产和使用，避免环保产品由于经济成本大而陷入供大于求的窘境。

上述四类为生态创新的财政支出政策。作为政府激励市场主体的直接方式，在一定程度上起到了有效治理外部性、纠正市场失灵、推动生态创新的作用。资源节约补助、生态保护补偿和低碳发展补贴等政策，一方面能够使企业在生态创新过程中的成本和风险减少，同时降低企业的税收负担，为企业的研发提供必要的资金帮助；另一方面财政补贴还间接增强了企业的现金供给能力，缓解企业在生态创新过程中的融资压力。此外，政府实行绿色采购政策能够对企业形成显著的引导作用，推动企业绿色化、循环化、低碳化发展。

三、推进长三角地区生态创新的财政困境

（一）推进长三角地区生态创新的财政收入政策缺陷

1. 环境税政策不健全且税率制定不完善

一是环境税政策不健全。《中华人民共和国环境保护税法》（2016 年 12 月 25 日通过）计税依据仅包含固体废物、大气污染物和水污染物大类，其中大气污染物的适用税额为 1.2—12 元，水污染物的适用税额为 1.4—14 元，征收对象和标准有待完善。环境税相关的制度设计不完善，缺乏支持性文件，其灵活性、有效性有待提高。二是环境税率制定不完善。由于不同区域、行业对污染排放和能耗存在差异，环境税率的制定必须综合考虑各种因素，比如生产工艺、技术设备、管理水平等。现行《中华人民共和国环境保护税法》中，税率制定环节未能充分考虑区域、行业和能耗差异。

2. 资源税存在环境影响弱、征税范围窄和税负水平低等问题

一是政策效果与本意相矛盾。资源税是根据数量而不是价格设定的，也就是说相关企业或者单位的不当开采即使会对生态环境造成不可再生的严重影响，也不用为此付出相应的代价，无法实现“污染源付费”理念，更无法有效引导企业开展生态创新。2020 年 9 月 1 日正式实施的《中华人民共和国资源税法》没有规定资源税的法律性质，资源税与相关税费的界限尚未明确。二是资源税征税范围过窄。仅包括原油、天然气、煤炭、金属矿产品和其他非金属矿产品以及盐类，我国草场资源、森林资源等自然

资源消耗巨大，但尚未纳入资源税征收范围。三是资源税的税率相对较低。原油和天然气等资源税税率仅为6%，且存在免征资源税和资源税优惠等情况。

3. 碳税政策推进滞后

一是理论研究和政策设计推进滞后。国内碳税制度仍处于从研究探索到政策实践的过渡阶段。2006年前后，国内就开展了关于碳税的研究工作，但碳税始终未作为一项政策呈现出来。二是法律保障推进滞后。立法是碳税实施的基础，党的十八届三中全会重申“税收法定原则”，明确表示税种的设立、税率的确定和税收征收管理等税收基本制度只能由法律规定，但由于税收涉及面广，征收碳税步履艰难。

4. 其他税收优惠政策效果不明显

某些税收优惠政策客观上产生了不利于环境保护的后果，抵消了其他税种的环保功能。同时，那些有利于环境保护的无污染或清洁生产产品又没有享受到优惠的税收政策。[①] 上述不平等现象造成税收优惠政策和生态创新脱钩。例如，早在2007年，我国就绿色信贷出台了《关于落实环境保护政策法规，防范信贷风险的意见》，但用于可再生能源、资源综合利用和环保节能的绿色信贷项目较少，且信贷监管力度不足。

（二）推进长三角地区生态创新的财政支出政策缺陷

1. 资源节约补助政策机制不够完善

一方面，资源节约补助缺少长期、稳定的财政资金投入渠道，比如尚未成立全国型或长三角地区的资源节约补助基金，用于专项补助资源节约类重大项目。另一方面，资金投入结构有待改善，“撒胡椒面”式投入过多，未能实现资金精准有效投放，且补助政策对节能环保技术研发示范等核心领域关注度不够。[②] 利用财政补贴推广高效节能环保产品的政策机制不够成熟，未形成相关框架体系。

2. 生态保护补偿政策有待进一步健全

一是生态保护补偿资金不统一。长三角地区生态保护补偿水平存在较

---

① 罗志红，朱青．构建我国生态补偿机制的财政政策探析［J］．华东经济管理，2010，24（03）：31－34.

② 田智宇，杨宏伟．完善绿色财税金融政策的建议［J］．宏观经济管理，2013（10）：24－26.

大省域差异，生态补偿横向转移支付尚处在试点阶段，尚未形成社会广泛参与的市场化生态补偿机制，与党的十九大报告提出的“要建立市场化、多元化生态补偿机制”目标仍有较大差距。二是生态保护补偿政策效果不明显。生态保护补偿政策未能与其他政策组合发挥协同效果，尚未建立着眼于整体性、协调性、综合性的补偿机制，尚未形成生态产品市场交易与生态保护补偿协同推进生态环境保护的新机制。三是生态保护补偿法律基础不牢固。生态保护补偿立法由于上位法立法已经明显滞后于生态保护补偿实践。

3. 低碳发展补贴政策效果不显著

由于低碳产品开发成本大，普遍经济投入较高，即使在有政府补贴的情形下，面对市场上的同类产品仍然缺乏价格优势，造成低碳产品有价无市，低碳发展补贴政策对企业生产减排技术的激励效果甚微。政府对低碳发展补贴额度设置过低起不到激励作用，过高则面临政府财政负担加重的压力，而且低碳发展补助对象覆盖面比较小。

4. 政府绿色采购政策合理性欠缺

一是政府绿色采购清单不科学。2003 年我国推出政府绿色采购，并正式实施《政府采购法》。相对发达国家而言，我国政府绿色采购制度仍处于发展初期，绿色采购产品数量占比较低。政府节能产品采购清单以及政府环境标志产品采购清单覆盖面、涉及范围不够广，采购清单具体节能环保产品更新速度比较慢，调整速度不够及时，未能充分及时反映节能环保产品的最新成果，故而对绿色环保产品的市场拉动效应小，引导节能产品推广的作用不明显。二是政府绿色采购政策监督力度不充分。在采购过程中，政府是否优先采购环保节能产品无从得知。在预算监督方面，由于采购预算编制粗糙，具体节能环保产品无法细分，导致预算安排无法体现绿色采购的政策取向。三是政府绿色采购政策法律基础不牢固。2019 年我国出台《关于调整优化节能产品、环境标志产品政府采购执行机制的通知》以落实“放管服”改革要求，但新政策仍未形成政府绿色采购完整的框架体系和政策计划，而且政策法律间协调性差，政府绿色采购实际效用不高。

第二节
推进长三角生态创新财政政策一体化的理论框架

一、财政政策与其他环境经济政策的协同机理

哈肯（Hermann Haken）提出协同学理论，刻画的是系统中各子系统（要素）的协同作用。[①] 他认为，如果能使系统整体出现各子系统所没有的系统属性和功能，那么各个子系统就是协同较好，反之则协同不佳。以此类推，促进生态创新的财政政策间相互配合形成财政政策体系要求财政政策的适当组合能够耦合强化生态创新，与其他环境经济政策的协同配合同样能够有效促进生态创新。

促进生态创新的财政政策与绿色金融政策协同性的基本要义就是要发挥政府与市场的作用。加强金融财政税收等多项政策有机协调配合，发挥多项政策的合力作用，提高政策效能，最大限度地实现目标。绿色金融政策包括绿色信贷、绿色保险、绿色证券、绿色基金等，其与财政政策的协同配合有两方面的优势。[②] 一是放大生态创新财政政策效应。通过财政支出政策降低金融机构运营成本，从而刺激其进行绿色金融生态创新的积极性。[③] 二是组合政策避免单一财政政策带来的负面作用。通过组合政策的共同引导作用，能够以较少的资金带动私人资本进入绿色金融生态创新领域，实现生态创新目标。作为长三角中心城市，杭州在绿色金融与生态创新结合方面不断尝试，积极引导金融机构加快绿色信贷产品创新，加强对绿色企业部门的融资支持，努力实现金融产业生态绿色化，提高社会资本

---

① ［德］赫尔曼·哈肯．协同学——大自然构成的奥秘［M］．凌复华，译．上海：上海译文出版社，2001.

② 魏玮，曹景林．产业升级视角下绿色信贷与环保财政政策协同效应研究［J］．科技进步与对策，2019，36（12）：21－27.

③ ZhenghuiLi，Gaoke Liao，Zhenzhen Wang，et al. Green loan and subsidy for promoting clean production innovation［J］．Journal of Cleaner Production，2018（187）：421－431.

的配置效率，为经济结构绿色化转型提供引领和支撑。浙江省 2017 年被确立为中国绿色金融创新示范区，其成功经验证明政府的财政政策有助于完善区域金融政策，而区域金融政策也能够完善财政政策。

促进生态创新的财政政策与信息资源共享制度建设的协同性在于突破行政区划界限。加强信息公开共享的深度和广度，在更大范围、更广领域、更高层次优化资源配置，精准资源导向，发挥对长三角地区生态创新的基础性支撑作用。充分利用生态创新财政政策与信息资源共享制度的衔接机制，有利于提高共享信息数据的准确性、利用率，统一各方面进程，避免“信息孤岛”现象的出现。信息资源共享不仅是行政区域之间政府信息资源的交换，更是政府与公众之间的信息共享，无论是加快建设全面规范、公开透明的财政预算制度，还是尽快建立与公众信息资源及时互通的平台，都有利于硬化预算约束、规范政府行为、实现有效监督，使政府财政在阳光下运行，全面提升财政透明度，进一步促进生态创新。这就要求建立长三角生态动态管理信息平台，提高长三角地区环境管理、环境监测、环境污染预警信息公开共享水平，完善长三角地区重点污染源信息、重大项目环境影响评价信息等的信息披露机制，实现区域间、政府与公众间生态环境信息共享。

促进生态创新的财政政策与环保责任制度的协同配合能够有机统一经济效益、生态效益和社会效益。事权和支出责任相适应的制度建设要求，中央政府承担全局性、普遍性的重大生态环境建设事权和支出职责，地方政府承担应由本地方相关的生态环境建设支出，并与其他地方政府共同承担跨区域性质的生态环境建设支出，各级政府各职能部门垂直管理。以新基建为例，新基建的兴起意味着生态创新应用范围的扩大、应用对象的更新。为了支持创新、绿色环保和消费升级，新基建的建设要体现我国社会主要矛盾转化，符合我国经济高质量发展的要求。在新形势下，充分利用新基建优势，结合促进生态创新的财政政策与环保责任制度，建立长三角生态归责信息管理平台，健全包括政府及其具有法定职责的监督管理部门在内的环保责任制度是大势所趋。重点是将责任细化到每一个行政主体，制定相应的执法责任追究制度，逐步建立和完善政府主导、环保部门分工协作、企业配合、全社会共同参与的环保责任制度。

绿色金融政策、信息资源共享制度、环保责任制度等政策之间也是相互联系的。首先，环境经济政策归根结底是为了实现经济高质量发展与生态创新“双赢”的目标，只是彼此间实现路径有所区别。譬如，绿色金融制度是通过在金融与生态创新间建立联动点，寻找最有利于金融业生态良性发展的方式；信息资源共享制度是通过利用关于生态创新方面的信息资源在区域间的调度、在全社会的共享，从应用层面、宣传层面，加强对生态创新的推广；环保责任制度是通过政府强制性规定，加强各社会阶层对生态环境的责任心和使命感。其次，绿色金融政策与信息资源共享制度之间也存在协同性，两者之间可以相互促进。构建绿色金融政策信息资源共享平台及其实施与监管系统，有利于将数据的查询、采集、储存等功能关联整合，让监管更便捷、更智能、更精准。同时，利用信息资源共享制度进行信用监管和“互联网＋监管”改革，能够优化绿色金融监管执法，有效避免“漏洞”现象的发生。再次，环保责任制度与信息资源共享制度之间也存在协同性，信息资源共享平台在扩大环保责任制度影响力的同时也能优化环保责任执法力度，对违法者依法严惩、对守法者无事不扰。与此同时，优势互补、互利互惠的信息资源共享制度可以实现区域间、政府与公众间各类信息互联互通，从而使信息资源布局更加合理，最大限度地满足各个主体的信息需求，提高相关部门间的工作配合度，提升环境经济政策的震慑力。最后，绿色金融政策与环保责任制度的相互协同也互相保障和督促了彼此政策的有效性。在环保责任制度的间接影响下，金融机构会主动考虑贷款方的生产或服务是否具有生态效率，甚至站在贷方的角度思考问题，推出绿色金融产品，而绿色金融政策的施行也给环保责任制度的制定带来了新的改革方向，两者共同为生态创新和绿色发展保驾护航。

二、财政政策结构性补位与错位的内部一体化

促进生态创新的财政政策相互配合形成财政政策体系，财政政策的适当组合带来的不是单一财政政策效应的简单叠加，而是耦合强化或者是优化选择。不同财政政策对生态创新的作用效果呈现差异化，有些政策间具有相互替代性，有些政策间则具有相互补充性。当两种政策制度可以相互替代时，基于制度绩效的比较分析有助于优化选择；当两种政策制度可以相互补充时，需要进行有效对接、耦合强化。[①] 因此财政政策体系需要充分考虑政策间的替代性和互补性，使政策间更加协调，政策体系更加有

① 沈满洪．促进绿色发展的财税制度改革［J］．中共杭州市委党校学报，2016（3）：68－73.

效，进而实现生态创新财政政策的结构性补位与错位。

财政政策短板错位发展是在充分了解财政政策的性质和特点的基础上，充分利用财政政策的相互替代性，尽量避免政策不必要和无意义的重复制定，选择对生态创新和经济发展更有利的财政政策，制定辐射和带动长三角地区经济与生态创新共同发展的财政政策。具体地，“费改税”就是利用替代性来促进实现生态创新与经济增长的同步健康发展。2018 年 1 月 1 日，我国首部“绿色税法”《中华人民共和国环境保护税法》开始实施，对大气污染物、水污染物、固体废物和噪声四类污染物，过去由环保部门征收排污费，现在改为由税务部门征收环境税。环境税体现了加征和减免的原则，即企业多排污就多交税，企业少排污则能享受税收减免。环境税法将现行排污费收费标准作为环境税的税额下限，税额上限为最低税额标准的 10 倍，具体适用税额由各省区确定。有学者担忧，如果地方政府规定税率过高或过低，各省份的差异化税率导致污染转移等，甚至造成一系列更严重的问题。① 因此，有必要推进税收政策一体化。合理的环境税以市场机制为主、行政干预为辅，能减少不必要的行政干预，有助于克服以往排污费制度的各种弊端，实现生态创新财政政策的结构性错位发展。

财政补贴政策和税收优惠政策间也存在相互替代性，其激励环境创新的作用原理相同，是政府牺牲部分公共财政利益给企业，降低企业经营成本，引导鼓励企业转向具有生态创新性质的经济行为。财政补贴形式灵活，包括价格补贴、科技悬赏、创新券等，能够为企业的创新研发提供资金支持。由于信息不对称问题，政府无法对财政补贴资金进行实时有效监管，容易造成资金的挪用，反而不利于企业的创新研发活动。税收优惠是政府收入的一种让渡，不仅能够同样降低企业成本和负担，还能间接增加企业流动研发资金的同时，避免财政补贴带来的“信息不对称”隐患，促使企业进行相应的生态创新活动。

财政政策补位发展是指在充分了解政策优势的情况下，利用政策的差异性与互补性实行优势互补，追求政策独特性，合理调整政策结构，以反差组合的方式实现财政政策、生态创新目标一体化。具体地，财政支出政

① 叶金珍，安虎森．开征环保税能有效治理空气污染吗［J］．中国工业经济，2017（05）：54－74.

策与财政收入政策（不包括税收优惠）互相补充。前者促进绿色发展，后者抑制黑色发展，共同促进生态创新、经济高质量发展。生态创新财政支出政策通过四种政策形式激励资源节约、生态保护、低碳发展和绿色采购，营造绿色消费、绿色生产的良好氛围；生态创新财政收入政策通过征税形式控制污染物和温室气体的排放量，实现自然资源的高效利用，建成资源节约、环境友好的社会。例如，碳税政策通过“税痛”强制限制温室气体的排放，而低碳发展补贴政策引导相关企业或单位生产消费低碳环保型产品，充分调动其生产消费积极性，两者相辅相成并在最大程度上实现了财政政策的生态创新效用。此外，税收和税收优惠两个政策工具虽然同属于生态创新财政收入政策，政策目标一致，但作用机制相反。通过合理的税制设计可以实现功能协同互补，发挥组合工具“1 + 1 > 2”的政策效应。例如，在征收环境税的同时进行政府补贴（税收优惠），可以有效提高企业从事绿色产品开发和生态技术研发活动积极性，有助于缓解企业融资约束，推动企业绿色转型。此外，环保税和资源税政策相互协同配合则可以解决代内和代际负外部性问题，环保税旨在实现“污染源付费”，发挥规制作用以实现代内公平，但只能使当代部分人从中得益或受损，会导致代际不公平问题；资源税旨在“受益者付费”，合理分配资源在不同代际间的配置，抑制当代对资源的无节制消耗，实现代际公平。两种政策不仅在职能定位上相互补充，还在代内代际公平问题上实现统一。

利用生态创新财政政策的相互替代性和相互补充性促进生态创新财政政策短板补位发展或错位发展，实现结构性补位与错位的内部一体化思路如图 9 - 1 所示。这一思路不仅仅保证了财政政策的丰富性、差异性和互补性，而且大大降低了政策投入成本，提高了政策执行效率，同时使得处于不同层面的行政主体要求都得到满足。

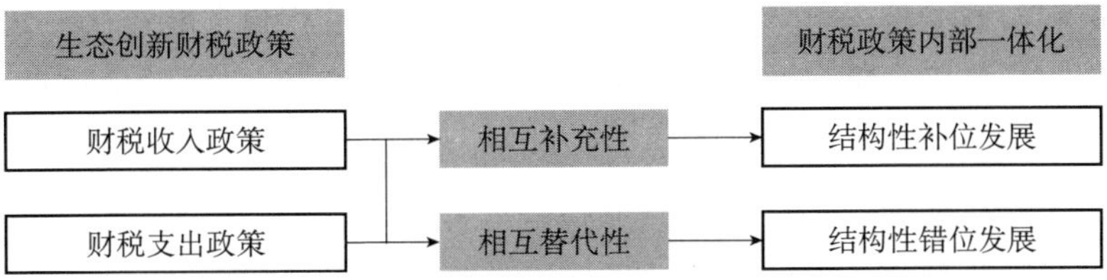

图 9 - 1　财政政策结构性补位与错位

三、推进生态创新财政政策一体化的机制耦合

长三角地区推进生态创新财政政策一体化进程中，可以利用的制度政策繁多。制度创新带来生态创新的同时也存在问题：制度门类繁杂，往往叠床架屋，难以实现科学管理；涉及部门众多，企业精力有限，难以妥善应对。为了降低实现生态化发展的交易成本，要把推进生态创新财政政策一体化的机制进一步耦合。因此，推进长三角地区生态创新建设不仅需要建立系统完整的财政政策体系，更需要政策彼此之间优化选择和协同互补，从而真正发挥财政政策体系整体功效。无论是促进生态创新的财政政策体系，还是一些其他的环境经济政策，都是属于推进环境保护、加强生态创新的制度范畴，两者耦合强化有助于生态创新财政政策一体化的机制，如图 9－2 所示。

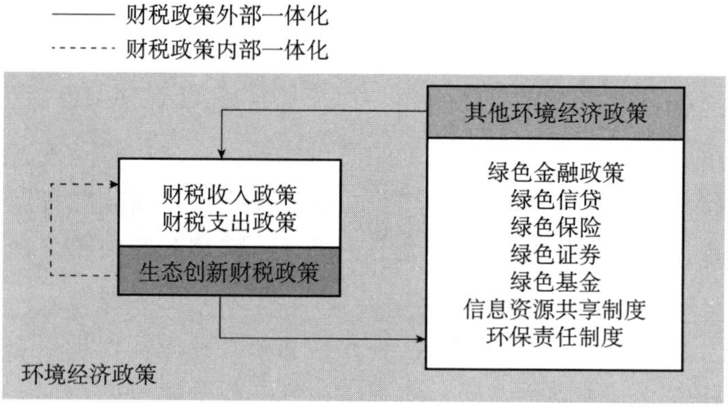

图 9－2 财政政策耦合及其一体化框架

绿色金融政策、信息资源共享制度、环保责任制度相互衔接构建生态创新财政政策外部一体化耦合机制。具体举措包括，对不合理使用能源、污染环境、破坏生态的企业实行财政约束政策，对积极节能减配、优化能源结构、保护生态的企业实行财政激励政策，加大对节能减排重点工程、生态创新项目的支持力度，严控对高能耗、高污染企业的信贷投入，实行环境污染责任保险制，建立环境信息通报制度，公开绿色财政预算，明确污染排放管控要求和预期，推动形成公平规范的环境执法守法秩序，减少污染物排放、改善环境质量、强化绿色体制保障，全方面推动发挥经济社会可持续发展的长效作用，推动形成人与自然和谐发展的现代化建设新格局。

促进生态创新的财政政策结构性补位与错位的内部一体化，形成内部耦合机制。在系统内部，不同财政政策充分利用自身的相互替代性和相互补充性，以资源协调、权力协调、管理协调为导向，不断发挥政府、公众、企业的主体作用，以形式更灵活、发展更长远的新制度去替代不适合时代发展的旧制度，以惩罚性质的制度去辅助激励性质的制度，优化财政政策内部结构，从而实现结构性补位发展和错位发展，充分激发出财政政策能够促进生态创新的最大效用，进而推进全社会绿色健康发展。

系统内部外部耦合的力度决定着生态创新财政政策发挥效果的程度。要清楚各子政策在政策体系中的定位及责任担当，在相互博弈中不断调整利益关系，持续维护利益平衡，不懈追求生态创新最大化和经济发展最大化的共同实现，在推进生态创新财政政策一体化的机制耦合过程中，不断实现长三角区域内部的综合协同发展，从而满足广大人民群众全面发展的美好生活需要。

随着长三角地区层级的不断增加，政府间的互动愈发频繁，调整“碎片化”的行政体制，实现政府间的松散型合作到制度化合作的转变，有利于逐渐推进长三角地区间的生态创新财政政策一体化的机制耦合。随着系统耦合度的提高，财政政策体系内部逐渐向更加有序的结构演进。

第三节 推进长三角地区生态创新财政政策一体化的改革举措

要推进长三角地区生态创新财政政策一体化建设改革，应以问题为导向。从改革目标上看，需要通过长三角地区生态创新财政政策的内部一体化和外部一体化改革推动生态创新和经济发展双赢。从改革进程上看，应该在财政政策体系改革的各个阶段融入生态创新，与国家总体目标协调一致，只是在程度侧重上略有不同。从改革任务上看，生态创新财政政策在理论研究、政策设计、法律保障等方面均存在或多或少的缺陷，相关政府部门要对症下药，完善长三角地区生态创新财政政策一体化建设。研究分析这些问题实质就是研究揭示生态创新与财政政策体制的关系、互相作用规律，为下一步实现两者的融合扫清认识上的障碍，形成基本共识。促进生态创新的财政体系改革举措可以从促进生态创新的财政政策组成、行为主体以及收支结构三个方面展开。从促进生态创新的财政政策组成来看，需要以注重效率优先的环保税改革为起点兼顾效率与公平，需要构建起生态创新财政政策一体化的平台网络建设，需要推进生态创新财政政策横向一体化改革。从促进生态创新的行为主体来看，需要以政府为主导，以企业生态创新的财政改革为着力点强调政府、企业、公众等多元主体协同。从促进生态创新的收支结构来看，财政收入政策与支出政策彼此渗透，需要逐步调整和优化生态创新财政政策各主体间的收支结构，需要共同推进生态创新财政政策纵向一体化改革。

一、推进长三角地区生态创新财政政策一体化的平台网络建设

推进长三角地区生态创新财政政策体系建设始于注重效率优先的环保税改革，目标是构建兼顾公平与效率的财政政策体系。经过理论与实践的双重探索，我国环境保护方面的财政政策分为财政支出政策和财政收入政策。财政支出政策和财政收入政策相互协同配合，共同组成推进长三角地区生态创新的财政政策体系，再与其他环境经济政策相互促进，共同推进长三角地区生态创新。然而，在生态创新财政体系内部仍旧存在这样或者那样的政策缺陷，财政体系内部与外部尚存在横向衔接问题。如何优化生态创新财政政策体系，走出财政困境，实现长三角地区的生态创新，已经成为亟待解决的问题。笔者认为，这就需要注意或做好以下三方面工作：

首先，有针对性地对各条细化政策的缺陷提出理性思考和改进建议，扭转生态创新目标与财政政策之间的脱钩现象。就生态创新财政收入政策而言：一是资源税和其他税收优惠政策均存在与生态创新目标明显不符之处，需改进甚至推翻长三角地区与生态创新相矛盾的政策，通过合理“税痛”的形式倒逼企业进行生态创新；二是环保税和资源税的征税范围、税率制定问题，要根据长三角地区不同区域间的实际情况进行税率的制定，经济相对发达的地区，比如上海、浙江，可以负担较多的税负，而经济相对落后的地区，比如安徽，则负担较少的税负，并适度扩大税赋的征收范围，保障税收横向公平；三是碳税政策整体进程滞后，需尽快在长三角地区落实政策，引导企业、公众共同参与到低碳经济中来。就生态创新财政支出政策而言：一是建立长三角地区优先支持发展企业项目库，构建长

期、稳定的资源节约补助资金投入渠道，重点关注资源节约、节能环保技术研发示范等核心领域，建立优先支持企业、过程监管制度和末端退出机制；二是统一长三角地区生态保护补偿资金，标准化生态保护补偿，加速生态保护补偿立法进程，建立起着眼于整体性、协调性、综合性、社会广泛参与的市场化生态保护补偿机制，要充分考虑长三角地区不同区域间的生态功能因素和支出成本差异，多渠道筹措资金，加大生态保护补偿力度，逐步增加对重点生态功能区的转移支付；三是加大低碳发展补贴对象覆盖面，加强对低碳绿色发展型产品的研发；四是扩宽构建政府绿色采购清单涉及范围，增强政府绿色采购政策监督力度，夯实政府绿色采购政策法律基础。

其次，生态创新财政政策一体化框架的具体实施还要考虑长三角地区不同横向主体间的利益分配关系。通过横向生态保护补偿政策来调节三省一市间的生态环境相关利益关系，充分认识到长三角地区区域间在经济能力、环保意识和监测能力上的差异，明晰彼此间的生态保护权责关系，建立流域上下游横向补偿外以及受益地区与生态保护地区间的补偿，探索多元化的横向生态保护补偿机制。通过生态创新财政收入和支出政策的耦合强化和优化选择来保证各个主体间的均衡性，比如通过“费改税”可以规避政府间财力分配的不规范造成的不公平现象，政府可以因地制宜地设定各地的税收政策，构建更公平的收入分配关系；通过税收优惠政策可以规避由于“信息不对称”问题造成的不公平现象，政府可以实现对资金的有效监督，保障对生态创新的财政支出；通过“奖励＋惩罚”的政策形式，政府引导、规范企业生态创新行为，充分调动其生产、消费积极性，例如碳税和低碳发展补贴政策互补共同控制温室气体的排放，争取早日实现碳中和目标，税收和税收优惠政策互补共同促进企业生态创新积极性，环境税和资源税政策的相互补充，可以解决代内和代际负外部性问题，保障代内和代际公平以及资源配置的公平，促进区域生态创新，实现可持续发展。绿色金融政策、信息资源共享制度、环保责任制度与生态创新财政政策之间的耦合强化关系到同级政府间的博弈，如果不能处理好政府间的内部矛盾，就根本无法顺利实施政策并达到预期效果。必须充分利用好三种其他环境经济政策，从而有效约束各主体经济行为策略，借助绿色金融政策来引导经济结构绿色化转型，下好长三角“一盘棋”；借助信息资源共享制度来实现长三角地区间环境信息的互通有无，确保长三角地区区域主体间的信息公平；借助环保责任制度来解决生态环境责任归属问题，实现长三角地区区域主体间的责任公平，进而实现利益公平。

最后，为保障长三角地区生态创新财政政策一体化的平台网络建设工作顺利开展和实现建设目标，需要切实建立和完善科学化的保障机制，形成一套完整的流程化政策体系。加强促进生态创新的前端财政政策设计的同时，加强促进生态创新的后端财政政策评价。针对前端财政政策设计，根据每阶段促进生态创新的财政体系目标，分步提出政策建议、明确政策实施方案；针对后端财政政策评价，根据历史数据和实际经验探讨政策效果以及生态经济绩效、生态创新绩效、财政政策绩效等，预估政策实施后的绩效、探索调整政策改进方案，同时积极制定生态创新财政政策相关考核制度，将目标完成情况和措施落实情况纳入各级政府生态创新目标责任制评价考核体系，从绩效目标、重点任务及重要措施三个方面对各地政府相关部门进行定量考核，考核结果与年度考核相挂钩，对考核结果进行“奖优惩劣”，充分完善绩效考核办法，完成分解连接“财政政策→生态创新→生态经济”的“绩效因果链”，有序推进长三角地区生态创新发展工作，逐步实现长三角地区生态经济。

总之，在综合考虑横向利益分配关系的前提下，分条优化和细化生态创新财政政策，突破财政困境，实现生态创新财政政策体系内部与外部的一体化，从而搭建一体化平台网络，实现可持续发展。

二、推进长三角地区生态创新财政政策一体化的多元主体共商

推进长三角地区生态创新财政政策体系建设需要全民参与，包括政府、企业、公众等多元主体，多元主体共商的生态创新财政政策纵向一体化需要各类主体在合作中走向共赢。其中，政府包含中央政府和地方政府；公众包含家庭和个体组成的公众、社区、社团等社会组织。

在从高速度增长转向高质量发展的关键时期，长三角地区经济发展必须依靠生态创新驱动。虽然企业以利润最大化为最终追求目标，但其在生态创新中依然占据主角位置。[①] 作为长三角地区生态创新财政政策一体化建设的主力军，企业的发展决定了整体经济发展的走向。因此，为了更好

① 叶子青，钟书华．欧盟的绿色技术创新［J］．中国人口·资源与环境，2003（06）：116－118.

地走上绿色生产而非黑色生产之路，更好地发展低碳经济而非高碳经济，长三角地区企业理应自觉承担起绿色社会责任，将环境问题融入自身发展战略中去，积极推进生态创新产品研发，提高绿色创新能力，追求绿色产品红利，以此来提高企业竞争力。① 但考虑到生态创新的强外部性，如果仅凭借市场的自动调节，生态创新很难实现，因此需要政府通过生态创新财政政策进行引导。如果中央政府能够高度重视生态创新的正外部性，充分利用生态创新财政政策平台网络，而地方政府能够做到上行下效，准确及时传达指令，强制性或者鼓励性地推动企业、公众生态创新，全社会进行低碳消费和生态保护，那么全社会共同参与长三角地区生态创新建设的良好氛围可期。根据“经济人”假设，企业作为利己者，它必将顺应机遇生产和提供具有环境保护、生态创新性质的产品；根据马斯洛需求层次理论，公众需要已经从基本的衣食住行等的最低层次需要向生态环境质量等与生命质量息息相关的较高层次需要转变。政府为了防止投机取巧者的出现，明确规定生态创新产品规格及其进入市场的最低门槛，牢牢把控产品质量，通过实施低碳发展补贴政策、政府绿色采购政策等生态创新支出政策鼓励企业生产此类产品，充分利用长三角地区人口密集的特点，调动公众组织构建生态创新长三角地区的积极性，培育生态创新协同治理的价值共识，充分发挥公众在推进长三角地区生态创新财政政策一体化进程中的重要作用，如此生态创新效果将事半功倍。

要充分利用政府、企业、公众之间的密切联系，高度重视不同纵向主体间的博弈关系，处理好利益分配问题，从而促进形成长三角地区生态创新市场中的“政府购买—企业生态创新—公众消费”传导机制链。一是上下级政府和不同政府部门的利益分配关系，考虑到政府是由不同层级和不同部门构成的，表面上看政府是一个主体，实际上财政改革往往会因为主体的责任和利益差异各自为政，生态创新财政政策往往交叉重复，政策之间难免会出现相互冲突的现象，因此要加强上级财政政策与下级财政政策、上游财政政策与下游财政政策以及不同部门间政策的协同性，聚力区域生态创新财政政策效能。二是政府需合理规划好监管与惩治力度，平衡好企业与政府两者的利益关系。企业纳税程度与政府的监管与惩治力度相

① Guangpei Li, XiaoyuWang, Shibin Su, et al. How green technological innovation ability influences enterprise competitiveness [J]. Technology in Society, 2019 (59): 101-136.

关；当力度偏低时，企业会倾向于偷税、漏税，而政府相应收入减少；当力度偏高时，政府收入增加，而企业运营成本则会偏高。三是政府和企业对公众的生态创新引导行为。在构建纵向利益分配机制的同时，兼顾对公众的生态创新意识和行为的引领。

具体地，政府在生态创新财政收入政策上，对于环保税、资源税等税率规定的抉择上要慎之又慎，要结合长三角地区的地理环境、政策环境、市场环境；在生态创新支出政策上，对于企业部门的各类补贴要综合考虑企业与市场的各类情况，避免由于信息不对称造成的不公平现象，争取实现对高排放企业的有效惩戒、对绿色创新企业的大力支持；除此之外，考虑生态创新财政政策内部的相互替代性与相互补充性以及内部与外部的强化耦合，在一定前提条件下，实现财政政策组合效能在主体作用上的最大化，比如，政府通过利用生态创新财政政策的互补性来引导企业和公众更好参与到生态创新建设中来；政府通过绿色金融政策和财政政策变相加大了相关企业进行生态创新的资金力度；通过信息资源共享制度和财政政策实现了环境信息在企业、公众间的信息共享，营造了全社会共同追求生态创新的风气；通过环保责任制度和财政政策明确了环境责任归属的界限，避免环境责任彼此推诿的现象，各自分工，共同促进生态创新。企业则针对自身发展状况，主动承担在能源、环境等方面对生态造成负面影响的责任：产生大气污染物、水污染物、固体废物和噪声等的缴纳环境税，开采煤、石油、天然气、盐等自然资源的缴纳资源税，排放温室气体的则缴纳碳税；绿色金融政策保障了绿色金融市场体系的充分运转和企业发展资金的充裕，企业能够顺势改进产业结构和经营模式，逐渐向生态创新型企业靠拢，从而企业发展战略与社会经济发展目标相一致，企业履行绿色社会责任不再是被动的、附加的和成本消耗的负担，而成为主动的、内生的和带来竞争优势的驱动力，有利于形成构建企业绿色发展氛围。推进长三角地区生态创新的财政政策体系覆盖政府、企业、公众各主体，秉持“政府掌舵，公众划桨”的原则，以企业生态创新的财政改革为着力点，将财政政策的激励作用扩大至全社会。面向“政府＋企业＋公众”的政策组合产生的生态创新效应会优于单项政策的实施效果，在平台网络建设基础上，考虑政策互补性、替代性的同时，也要权衡政策对企业和弱势群体的不同激励、惩戒作用，从而构建长三角地区生态创新市场中的“政府购买—企业生态创新—公众消费”传导机制链，加速政府、企业、公众等多元主体协同的财政政策纵向一体化改革。

三、推进长三角地区生态创新财政政策一体化的收支结构调整

推进长三角地区生态创新财政政策体系还需要财政收入政策与支出政策彼此渗透、相互调整。收支结构的调整和优化能进一步推进长三角地区的生态创新财政政策一体化，保障和促进生态环境质量改善。“绿色财政收入”或“绿色财政支出”的力度没有达到“外部成本”或“外部收益”的额度，会导致生态创新财政政策实施力度不够，因此要想方设法使“绿色财政收入”等于“外部成本”，使“绿色财政支出”等于“外部收益”①。生态创新财政政策收支结构调整的目的就是为了走出市场失灵困境。生态创新具有正外部性，当消费行为或者生产行为有正外部性溢出时可以通过生态创新财政支出政策予以鼓励；当消费行为或者生产行为有负外部性时可以通过生态创新财政收入政策予以约束，从而促进生态环境的改善、资源的合理配置和经济的高质量发展。2019 年，长三角地区经济总量在全国的占比为 23.9%，2020 年为 24.1%。这说明长三角地区生态创新财政政策一体化的收支结构调整潜力明显。在“政府购买—企业生态创新—居民消费”为一体的传导机制基础上，进一步优化生态创新财政收入支出体系，实现生态创新的外部性问题内部化。

（一）生态创新财政收入政策选择

对于政府而言，一种税收的增加意味着另外一种税收的减少。因此，财政收入政策的选择要倾向于有利于生态创新、绿色发展的改革方向，在进行生态创新财政收入政策选择的时候，要统筹考虑长三角地区生态环境质量、温室气体排放、资源开发利用效率和经济高质量发展四个方面的问题。

环保税、资源税政策和碳税分别是针对环境污染物、自然资源和温室气体而设定的政策，虽然对象不同，但都是为了环境和能源的可持续发展。从排污费到环保税，由“费改税”，即具有税收性质的收费转变为税收，这有助于政府规范收入体系和优化财政收入结构，有利于与其他保护

① 沈满洪．促进绿色发展的财税制度改革［J］．中共杭州市委党校学报，2016（03）：68－73.

生态环境的手段形成合力，发挥环境治理的协同效应，通过环境税立法过程，也增强了社会的环境保护意识，强化了企业治污减排的责任。

2019 年《长江三角洲区域一体化发展规划纲要》明确提出强化能源消费总量和强度“双控”，推进煤炭清洁高效利用，联合制定控制高耗能、高排放行业标准，推动大气主要污染物排放总量持续下降，切实改善区域空气质量；共同实施细颗粒物（PM2.5）和臭氧浓度“双控双减”，建立固定源、移动源、面源精细化排放清单管理制度，联合制定区域重点污染物控制目标。纲要为生态创新财政收入政策改革提供了战略目标和方向，在环保税、资源税政策和碳税政策制定和优化的时候，要统筹考虑彼此间征收对象、具体收费的合理性，不要顾此失彼，以实现生态创新和经济发展的最大化。在对企业征税时，也要考虑企业实际的发展，如果对企业两端同时收取较重的税负，可能会造成企业运营成本增加，经营困难，反而违背了当初政策制定的初衷。同时也要使政策全面覆盖到企业，确保每个企业都能纳入到环境保护、生态创新的轨道上来。

（二）生态创新财政支出政策选择

在统筹设计长三角地区生态创新财政收入政策的同时，也要统筹设计生态创新支出政策。随着对生态环境保护的逐渐重视，虽然我国加大了在生态创新方面的财政投入，但市面上低碳环保型产品和环境友好型产品数量占比依然偏低，公众对此类产品的购买率、使用率依然较低。这主要是因为我国财政投入偏向于生产环节，而非消费环节，我国生态创新财政支出政策改革有必要从这方面着手，统筹推进资源节约补助政策、生态保护补偿政策、低碳发展补贴政策和政府绿色采购政策的改革。

如果长三角地区相关政府税收收入充裕，资源节约补助政策、低碳发展补贴政策和政府绿色采购政策的实际落地实施不会受到实质性限制，比较容易落实到位，比如，在生产环节，政府顺应资源节约补助政策、低碳发展补贴政策，合理补贴、大力扶持具有资源节约、环境保护等公益属性的企业，引导企业生产资源节约型和低碳环保型产品，从而带动市场产品逐渐资源节约化、低碳环保化和环境友好化；政府顺应政府绿色采购政策，加大政府绿色采购力度，围绕企业经营战略和绿色采购目标制定绿色采购标准，扩大绿色产品采购范围，优先采购节能、环保标志的产品，充分发挥市场配置资源的决定性作用，引导企业积极构建绿色供应链，促进绿色流通和可持续发展。在消费环节，政府通过生态创新财政支出政策来引导企业和公众在采购活动中推广绿色低碳理念和提倡绿色消费行为，针对公众，可以从衣食住行游出发，引导公众绿色消费行为的培养，引导公众逐步意识到绿色消费行为的正外部性，构建“绿色时尚、绿色食品、绿色建筑、绿色交通、绿色旅游”的绿色消费基本框架；针对企业，从原材料采购出发，鼓励企业以环境保护、资源节约和安全健康的原则，优先采购节能、节水、节材等有利于环境保护的原材料和产品，从而减少环境污染，以实现循环利用或无害化处理。

在统筹设计长三角地区的生态创新财政支出政策的时候，要合理规划四种政策之间的财政投入比例和投入对象，在对企业进行生态创新补贴时，要充分考虑企业自身情况，建立生态创新补贴的全生命周期监督机制，实时监测企业补贴资金的来龙去脉，确保资金用以环境保护、生态创新性质的运营活动，同时也要把握好资金投入比例，确保每个对象都能享受到政策的红利。考虑政策间存在的替代效应和互补效应，完全能够实现以最小的制度成本获取最大的政策效应。资源节约补助政策、低碳发展补贴政策、生态保护补偿政策和政府绿色采购政策促进绿色发展，环保税、资源税政策和碳税抑制黑色发展，生态创新财政收入政策与财政支出政策通过优化选择或耦合强化，充分发挥生态创新财政政策效果，尽可能保证“绿色财政收入”等于“外部成本”，“绿色财政支出”等于“外部收益”，保障各主体收支结构趋向平衡。

收支两条线之间的强化耦合，也要进行有选择的决策。在政策统筹设计的时候，要对政策实施的对象针对其运营内容和性质进行划分。诸如对企业来说，不能既实施碳税和低碳发展补贴的组合政策，又实施税收和税收优惠的组合政策，这样容易造成资金的冗余，反而不利于生态创新目标的实现。绿色金融政策通过财政支出政策来降低金融机构运营成本，信息资源共享制度通过环境信息公开来硬化预算约束、提升财政透明度，环保责任制度通过事权和支出责任相适应的制度来明确不同行政主体间的财政支出，三者在一体化理论框架中能够辅助收支结构的调整，助推生态创新目标的实现。

第十章

推进长三角地区生态创新的财政政策纵向一体化研究

绿色财政制度是生态文明制度体系的重要组成部分，既包括环境税等绿色财政政策，也包括保障生态文明建设的外围性财政政策。绿色财政政策的经济效应、社会效应和生态效应能够显著产生积极影响，然而如何利用外围性财政政策推进生态创新等问题尚未被深入研究。外围性财政政策改革有两类：一是纵向一体化，如省直管县改革；二是横向一体化，如税收竞争优化。本章关注了财政政策纵向一体化，测度了长三角地区城市层面的财政分权程度，梳理了长三角地区省直管县改革实践，分析了财政分权与生态创新等指标相关性，提出了垂直财政不平衡的利弊假说、省直管县与市直管县的利弊假说、省直管县改革的生态创新效应和社会经济效应假说等，并加以验证。虽然财政政策的纵向一体化并非纯粹的环境政策工具，主要目标也并非为了促进生态创新，然而科学的纵向一体化财政政策可以引导地方政府行为和优化资源配置，进而提升生态创新水平。

第一节
长三角地区财政分权的演化历程

财政政策纵向一体化旨在寻找最优的财政分权程度，以期通过财税体制改革提高地方政府在生态创新等行为上的积极性和主动性。过于集权和过于分权都不利于调动中央和地方的积极性，财政分权的演化历程也是财税体制的改革过程，集中表现为省直管县改革。

一、全国范围内的财政体制改革

财政体制改革自 1949 年新中国成立起大致经历了四个阶段：统收统支阶段（1949—1977 年），分灶吃饭阶段（1978—1993 年），分税制改革阶段（1994—2002 年）和新一轮税改阶段（2003 年至今）。在统收统支阶段，新中国的经济体制基本参照了苏联的计划经济体制，对应的则是实行“统收统支”的高度集中管理体制①。统收统支的显著特征是财政权力几乎完全集中于中央政府，具体表现在税收制度、税收设置等由中央确定，财政收支统一由中央预算控制。统收统支确保了国家可以将有限的资金集中起来用在最需要的地方，有效缓解了新中国成立初始资本不足等问题。当然，统收统支也存在一些突出问题，如地方的经济利益和自主权利被忽视，尤其是对农业剩余的过度索取。② 同时，它是导致城乡二元发展的体制动因。③

在分灶吃饭阶段，我国开始由计划经济逐步向市场经济转轨，高度集中的统收统支已成为制约经济体制改革的重要阻碍，财政体制改革势在必行。1980 年，国务院出台《关于实行“划分收支、分级包干”的财政管理体制的暂行规定》，这标志着财政分权改革正式拉开序幕。这一阶段的

① 兴华．一九五〇年实行高度集中统收统支的财政体制［J］．财政，1982（11）：37－39.

② 贾康．以改革创新推进积极财政政策前行［N］．金融时报，2008－12－29（T04）.

③ 温铁军．市场失灵＋政府失灵：双重困境下的“三农”问题［J］．读书，2001（10）：22－29.

改革以“分权让利”为基本特征，逐步将财政收支权利向地方政府下放，大致经历了“划分收支、分级包干”的财政分级管理体制，“划分税种、核定收支、分级包干”的预算管理体制和针对过度分权后中央财政收入占比和调控能力下降后进行微调三个阶段。[①] 这一阶段的放权让利改革令地方政府的财政自主权大幅提高，刺激了地方政府的积极主动性；但同时“过度放权”导致国家财政分散，促使地方展开逐底竞争，片面追求经济增长，造成了资源浪费和环境破坏，加剧了地方政府的“诸侯经济现象”[②]。

在分税制改革阶段，中央政府的宏观调控方式从计划经济的直接调控转向间接调控。1993 年 12 月，国务院发布《关于实行分税制财政管理体制的决定》，决定从 1994 年开始实行分税制财政体制，以期通过分税制改革理顺政府与企业、中央与地方两大基本关系。分税制体现了市场经济的要求，以期从“行政分权”转为“经济分权”[③]。分税制改革标志着统一的规范的财政分权体制正式建立。主要改革内容包括：明确中央与地方政府税收的划分。依据税收来源将税收分为中央税、地方税和中央地方共享税；明确中央与地方政府支出责任的划分；与全国经济社会相关的支出责任归中央政府，与地方经济社会相关的支出责任归地方政府；确定税收返还和转移支付体系；设立中央与地方两套税务机构。分税制的确立，一方面充分调动了地方政府征集财政收入的积极性，有学者指出这是 20 世纪 90 年代我国经济高速发展的体制动力[④]；另一方面中央政府的财政收入占比提升保障了中央政府的宏观调控能力，同时随着转移支付制度建立，地区之间的财政收入差距相对缩小。然而，分税制的确立同样有其弊端。由于财政支出责任不明确、边界不清晰，中央事权和支出层层下压，地方支出占比不断提高，财政收支不均衡、事权与财权不匹配问题逐渐凸显，地

---

① 倪红日. 改革开放以来中央与地方财政关系的演进与展望［J］. 经济纵横，2018（06）：31 - 38.

② Young A. The razors edge：Distortions and incremental reform in the People's Republic of China［J］. The Quarterly Journal of Economics，2000，115（4）：1091 - 1135.

③ 贾康. 以改革创新推进积极财政政策前行［N］. 金融时报，2008 - 12 - 29（T04）.

④ Qian Y，Roland G. Federalism and the Soft Budget Constraint［J］. American Economic Review，1998，88（5）：1143 - 1162.

方政府债务规模不断增大，城乡差异和区域不均衡程度由之扩大。[①]

在新一轮税改阶段，党的十六届三中全会通过的《关于完善社会主义市场经济体制若干问题的决定》针对现行税制与市场经济发展过程中出现的不适应问题，按照“简税制、宽税基、低税率、严征管”的原则，进行了新一轮税改。主要内容包括：分步实施税收制度改革，对出口退税制度、增值税、个人所得税等进行改革以适应社会主义市场经济的要求；推进财政管理体制改革，健全公共财政体制，明确各级政府的财政支出责任，进一步完善转移支付制度，加大对中西部地区和民族地区的财政支持；深化农村税费改革；以“共享”和“共担”为特点调整中央与地方财政分配关系；探索省直管县改革。

由此可见，省直管县改革是新一轮税改的重要组成部分。2004 年以来，浙江、湖北、安徽、吉林、河南等省份开展了省直管县财政改革试点。在此之前，2002 年起，浙江、湖北、河南、广东等省份先后开始“强县扩权”行政改革试点，把地级市的部分事权直接下放到县一级。“强县扩权”主要是事权的下放，而省直管县则是财权的下放，包括财政体制制定、转移支付和专款分配、财政结算、收入报解、资金调度、债务管理等全部或部分实行省对县的直接管理。[②] 与事权相匹配的财权下放改革是财政政策纵向一体化的本质要求。

二、长三角地区省直管县改革

从财政分权的角度看，长三角地区三省一市的财政分权历程与全国保持一致。然而，在省直管县改革问题上，浙江率先起步并业已积累了丰富的经验。浙江省财政纵向一体化的省直管县财政体制并不是依据中央政府后期颁布的政策建立的。1953 年，中央取消大区级财政和增设市（县）级财政；省财政与市县财政对接时浙江就确立了财政省直管县的体制（在没有特殊说明的情况下，同省直管县）。尽管这种财政体制中断了一段时间，但此后这种体制仍得以保持，并形成了自己独特的财政管理路径，这

① 傅勇，张晏．中国式分权与财政支出结构偏向：为增长而竞争的代价［J］．管理世界，2007（03）：4－12＋22；王永钦，丁菊红．公共部门内部的激励机制：一个文献述评——兼论中国分权式改革的动力机制和代价［J］．世界经济文汇，2007（01）：81－96.

② 才国伟，张学志，邓卫广．“省直管县”改革会损害地级市的利益吗？［J］．经济研究，2011，46（07）：65－77.

在全国而言是极具代表性的。

浙江省的分权改革大致经历了这样几个阶段：在1978—1992年，浙江省在财政体制上实行省直管县，行政事务上实行市管县；在1992—2008年，实行强县扩权改革，分别于1992、1997、2002、2006和2008年进行五次扩权，下放部分地级市经济管理权限到县级政府。1992—2005年，浙江省选取萧山、余杭等十多个经济发展较快的强县下放经济管理权限，逐步将原属于地级市的313项经济管理权限、12大类经济管理审批权全部下放。2006—2008年，浙江省以义乌市为改革试点，逐步给予县级政府更多的经济管理权限。2008—2011年，进一步扩权强县，如《浙江省扩权强县工作若干规定》规定，"除规划建设重要资源配置重大社会事务管理职能外，其他社会经济管理职能原则上应当交由县（市）人民政府行使"。从2011年至今，强化中心城市，从2011年《浙江省国民经济和社会发展第十二个五年规划纲要（2011—2015)》提出"支持有条件的县级市培育成为区域中心城市"，到2016年《浙江省国民经济和社会发展第十三个五年规划纲要（2016—2020)》提出"加快建设四大都市区，推进县域经济向都市区经济转型，以都市区为主体形态优化空间布局，促进中心城市与周边县域协同协调发展"，浙江省强中心城市的步伐逐渐加快。

浙江省财税省直管县的做法概括起来包括：预算内费用省财政与县财政直接结算，预算外费用省财政和市财政对接，市财政在政策、业务传导等方面保持对县（市）的管理[①]；对经济发展大县采取奖励方式紧抓发展，通过富县带穷县和补助等方式紧抓经济小县发展，对经济发展水平介于两者之间的采用和发达县一样的补助政策，简称"抓两头、带中间，分类指导"[②]；精简高效的市、县财政、地税合署办公机构。

全国范围内的省直管县试点始于2002年。2005年起，中央陆续出台各类政策鼓励和支持省直管县改革，各地掀起省直管县、行政省直管县、强县扩权等改革试点热潮。2003年起，福建省和广东省陆续开展省直管县、扩权改革或人事省直管县改革试点。各领域省直管县试点顺序上并不统一，如湖北省2003年进行了经济管理放权改革、2004年进行了省直管县改革，2005年和2006年继续对22个县市扩大经济权限。2009年，《关

---

① 傅光明．湖北的省直管县——中部地区财政体制改革的探索与创新［J］中国财经信息资料，2007（02）：7－11.

② 吴云法．浙江省"省管县"财政体制分［J］．经济研究参考，2004（86）：32－37.

于推进省直接管理县财政改革的意见》（财预〔2009〕78号）发布，对各省省直管县体制改革做出五点要求：一是在收支划分上，按责任划分市、县支出，统一划分市、县收入；二是转移支付、税收返还、所得税返还等由省直接核定；三是市和县分别编制本级财政收支预算和年终角色；四是取消市与县的资金往来；五是财政结算省与县直接对接。各省市以这一意见为纲进一步深化了省直管县体制改革，并结合自身特色制定了相应的实施方案。

在长三角地区其他省市，省直管县试点改革进度也不尽相同。安徽省自2004年开始对57个县进行省直管县试点。依据皖政〔2004〕8号要求，除马鞍山、铜陵、淮南、淮北市辖县外，其余地区均进行了省直管县改革，改革的主要内容与国家相关文件规定基本相同，并要求国税、地税、人行等部门积极配合。《安徽省人民政府关于在宁国等12个县（市）开展扩大经济社会管理权限试点工作的通知》（皖政〔2006〕126号）进一步强化了省直管县改革。江苏省自2007年开始对52个县进行省直管县改革，在《省政府关于实行省直管县财政管理体制改革的通知》（苏政发〔2007〕29号）里进行了明确的安排。同时，江苏省财政厅连续出台了苏财预〔2007〕22号、23号、24号文进行配合。2008年8月，江苏省出台了《关于调整分税制财政管理体制的通知》（苏发〔2008〕15号），进一步明确省直管县后的财政分成规则，更具有可操作性。此外，江苏省积极尝试行政管理上的省直管县改革，如《关于进一步扩大县（市）经济管理权限的通知》（苏办发〔2008〕17号）赋予县（市）更大的经济审批权，2011年11月开始对昆山市、泰兴市、沭阳县3个县（市）进行行政管理上的省直管县试点，赋予三个县（市）与地级市相同的行政管理权限。

第二节 长三角地区财政分权程度测度及其影响

在不同阶段上推进财政政策体制改革可以归因于分权程度的差异及其

具体影响。财政分权是指中央政府给予地方政府一定的税收权力和支出责任并允许其自主决定预算支出规模与结构等。合理的分权程度对于激励地方政府行为至关重要，包括生态创新、经济发展和污染减排等。

一、长三角地区城市层面财政分权程度测度

学术界对于财政分权的定义一直有争议。一方面，采用下级政府财政收支份额来显示财政分权程度的做法有潜在的问题，因为发展中国家财政数据的准确性令人质疑，数据的可比性也存在问题。[①] 另一方面，采用自有收入的边际增量方法得到的财政分权指标结果可能也并没有反映中国各省真实的财政分权情况。[②] 分权指标选择的困难源于对财政分权定义的不同理解和偏重，信息的缺乏导致不得不用简单的收支份额度量财政分权。[③] 借鉴张宴和龚六堂（2005）的做法，即以地方政府人均财政支出（地方财政支出比地方人口）比中央人均财政支出（中央财政支出比全国人口）反映一地的财政分权程度。[④] 鉴于后续经验研究数据的可得性，选取长三角地区有代表性的 24 个地级市（包括上海）作为研究对象对财政分权程度进行测度。值得指出的是，所有数据都是全市范围（包括下属县市）。图 10 - 1 显示了长三角地区 24 市 2003—2018 年的平均财政分权程度。上海的财政分权程度远高于其他城市，苏州、常州、无锡和舟山的财政分权程度也相对较高。安徽地级市的财政分权程度则普遍较低。

图 10 - 2 显示了 2003—2018 年江苏省部分地级市财政分权程度。从 2003—2018 年的平均财政分权程度来看，这些地级市大致可以分为两组：一组的平均财政分权程度大于 1，为苏州市、常州市、无锡市和南京市；另一组的平均财政分权小于 1，为扬州市、泰州市、南通市和盐城市。从两类城市对比来看，在财政分权程度较高的城市，其社会与经济发展普遍

---

① Oates, W. E. Searching for Leviathan: An Empirical Analysis [J] . American Economic Review, 1985, 748 - 757. Bird, R. Threading the fiscal labyrinth: Some issues in fiscal decentralization [J] . National Tax Journal, 1993 (46): 207 - 227.

② Lin, J. Y. and Z. Liu. Fiscal Decentralization and Economic Growth in China [J] . Economic Development and Cultural Change, 2000, 49 (01): 1 - 21.

③ Martinez Vazquez, Jorge and R. M. McNab. Fiscal Decentralization and Economic Growth [M] . World Development, 2003 (31): 1597 - 1616.

④ 张晏，龚六堂. 分税制改革、财政分权与中国经济增长 [J] . 经济学（季刊），2005, 5 (01): 75 - 108.

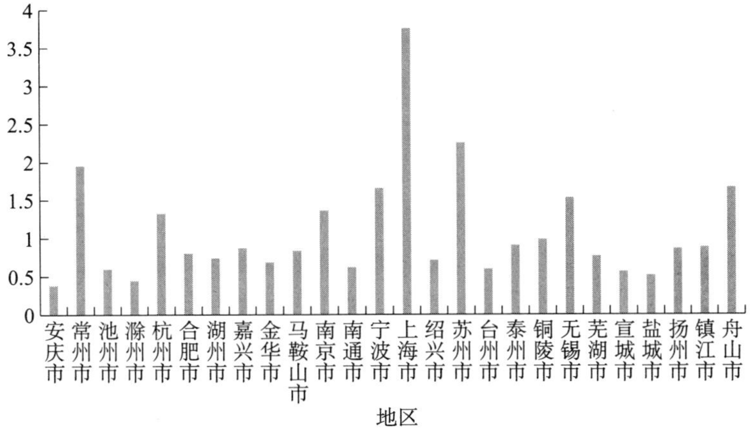

图 10－1　2003—2018 年长三角地区 24 市平均财政分权程度

更好，但是财政分权对经济发展的正面效应仅在组间成立，在组内并没有证据显示财政分权与经济发展存在正向关系。财政分权程度小于 1 的各地级市在 2003—2018 年经历了一个较为缓慢的财政分权上升趋势，而分权程度大于 1 的各地级市趋势则各有不同。苏州市经历了整体下降的趋势，无锡市和南京市则在 2003—2018 年期间有过一定的波折但总体平稳，常州市经历了整体上升趋势。大多数地级市在 2007—2011 年的省直管县改革期间都经历了财政分权程度的上升。

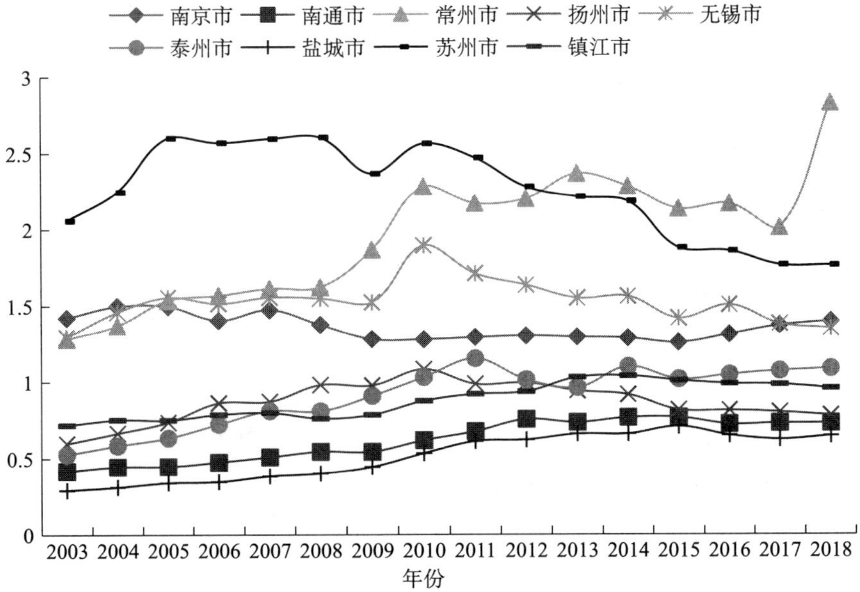

图 10－2　2003—2018 年江苏省部分地级市财政分权程度

图 10－3 显示了 2003—2018 年上海市和浙江省部分地级市财政分权程度。上海市财政分权程度要显著高于浙江省地级市，在 2003—2018 年期间经历了先增再减后增的波动，整体上呈下行趋势。浙江省部分地级市按 2003—2018 年平均财政分权程度同样可分为两组：一组的平均财政分权程度大于 1，为宁波市、舟山市和杭州市；另一组的平均财政分权程度小于 1，为嘉兴市、绍兴市、台州市和湖州市。财政分权程度对经济发展的正向效应在组间依然明显，但在组内不明显。舟山市经历了财政分权渐进增大历程，其余各地级市在 2003—2018 年财政分权程度并无明显变化。

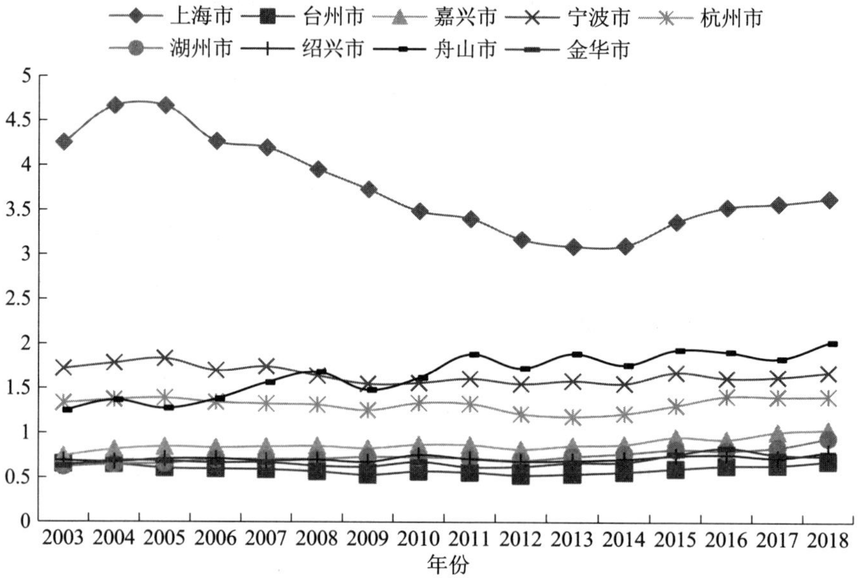

图 10－3　2003—2018 年上海市和浙江省部分地级市财政分权程度

图 10－4 显示了 2003—2018 年安徽省部分地级市财政分权程度。相比江苏省和浙江省，安徽省的财政分权程度普遍较低，大多数地级市在 2003—2018 年间财政分权程度小于 1，意味着人均财政支出不及全国平均水平。铜陵市在 2003—2018 年期间的财政分权程度经历了较大变化，最终在 2016 年达到了与池州市和宣城市同样的水平。马鞍山市、合肥市和芜湖市经历了相似的财政分权程度变化过程，在 2003—2010 年上升，在 2011—2018 年缓慢下降。整体来看，所有地级市在 2004 年以后都经历了财政分权不同程度的上升，这与安徽省自 2004 年开始的省直管县改革相对应。

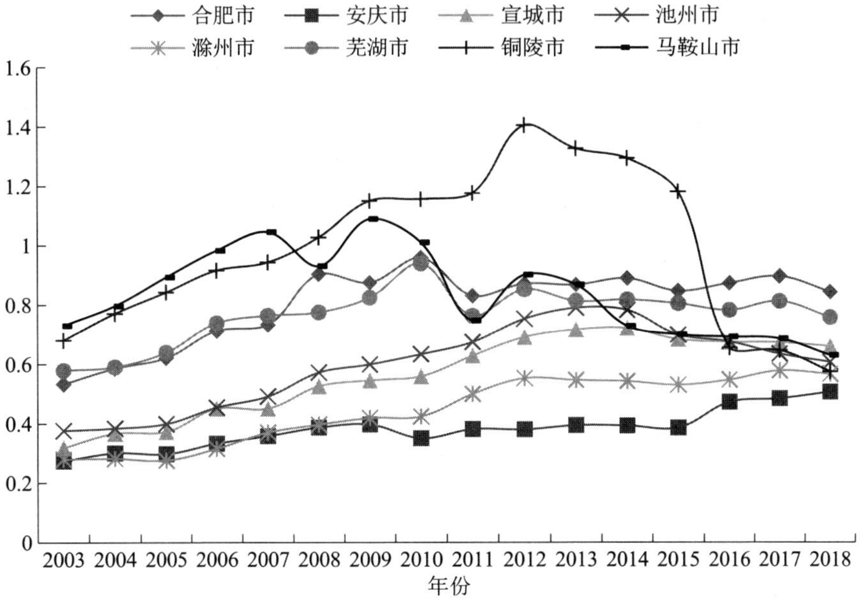

图 10－4　2003—2018 年安徽省部分地级市财政分权程度

二、长三角地区城市层面财政分权程度的影响

图 10－5 显示了长三角地区代表性城市生态创新和财政分权的线性拟合情况。生态创新的衡量方法众多，主要包括 DEA 数据包络分析、加权指数法等。本章采用对数化的绿色发明专利申请量来衡量本地区的生态创新，绿色发明专利数据来源于中国研究数据服务平台（CNRDS）的绿色专利研究数据库（Green Patent Research Database，GPRD）。此数据是根据中国专利数据和世界知识产权局公布的绿色专利分类号标准进一步开发的专业数据库，数据来源权威，被相关研究广泛采用来衡量生态创新、绿色创新等方面。[①] 从图 10－5 中可以看出，总体上生态创新（个）与财政分权呈正向关系。大部分城市的财政分权程度不高，财政分权程度在 0.5—2

① 李青原，肖泽华．异质性环境规制工具与企业绿色创新激励——来自上市企业绿色专利的证据［J］．经济研究，2020，55（09）：192－208；方先明，那晋领．创业板上市公司绿色创新溢酬研究［J］．经济研究，2020，55（10）：106－123；徐佳，崔静波．低碳城市和企业绿色技术创新［J］．中国工业经济，2020（12）：178－196；马骏，朱斌，何轩．家族企业何以成为更积极的绿色创新推动者？——基于社会情感财富和制度合法性的解释［J］．管理科学学报，2020，23（09）：31－60；解学梅，朱琪玮．企业绿色创新实践如何破解“和谐共生”难题？［J］．管理世界，2021，37（01）：128－149＋9；陶锋，赵锦瑜，周浩．环境规制实现了绿色技术创新的“增量提质”吗——来自环保目标责任制的证据［J］．中国工业经济，2021（02）：136－154.

的样本点其生态创新和财政分权之间并没有呈现出较为明确的关系。同时，分权程度较高的样本点显示生态创新略有下降，因此有必要进一步对生态创新和财政分权进行二次拟合。图 10－6 报告了长三角地区代表性城市生态创新与财政分权的二次拟合结果。相比一次拟合结果，拟合优度有所升高。从拟合线来看，生态创新与财政分权呈倒 U 形关系，较高财政分权可能会抑制生态创新，过低的财政分权也不利于生态创新，理论上存在一个推进生态创新的最优财政分权程度。

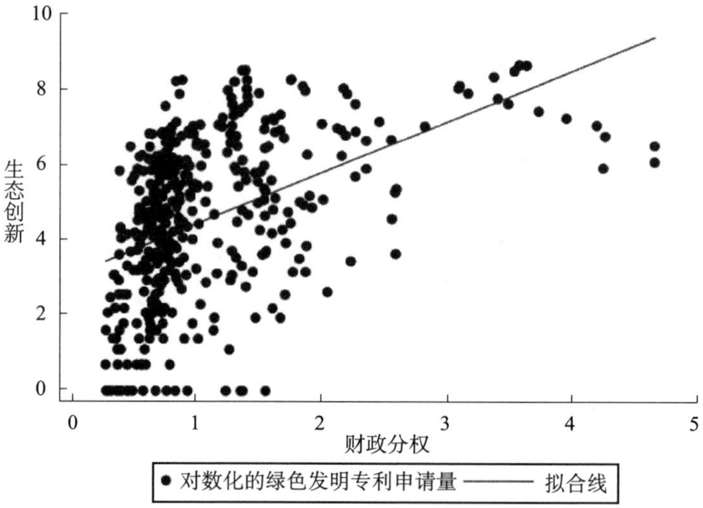

图 10－5　生态创新与财政分权的线性拟合

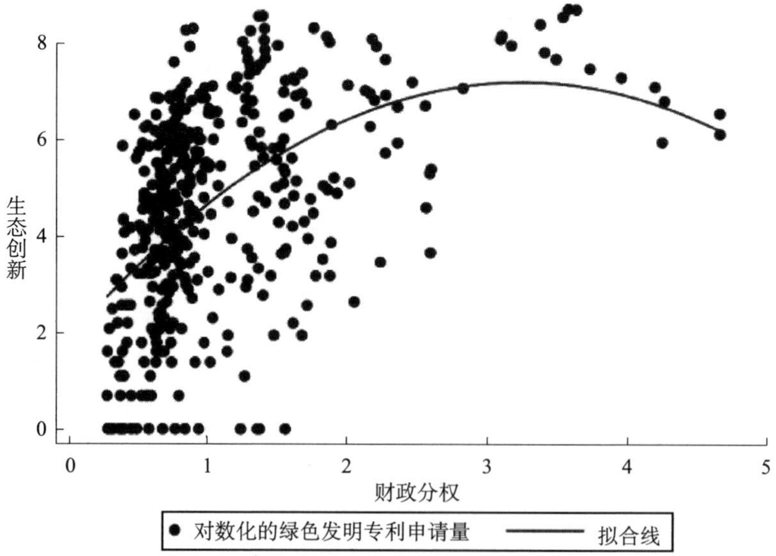

图 10－6　生态创新与财政分权的二次拟合

图 10 -7 报告了长三角地区代表性城市人均地区生产总值（元）和财政分权的线性和二次拟合关系。从线性拟合线看，财政分权和人均地区生产总值呈正向关系；然而当财政分权较大时，人均地区生产总值有回落。二次拟合优度得到明显改善，人均地区生产总值与财政分权之间的二次关系更加显著。随着财政分权程度的提高，人均地区生产总值先升后降。

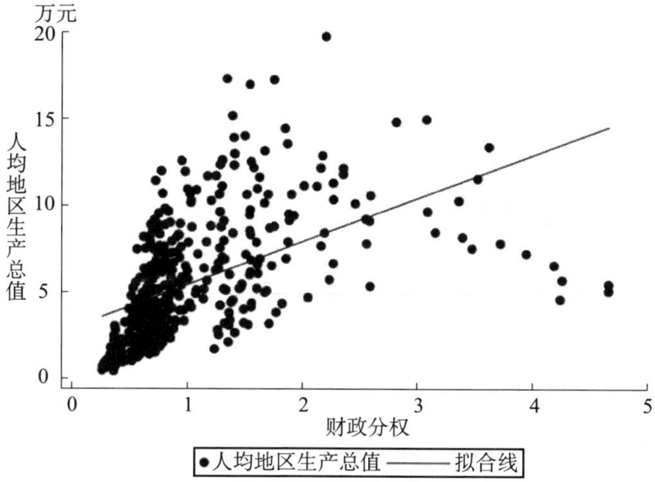

图 10 -7　人均地区生产总值与财政分权的线性和二次拟合

图 10 -8 报告了长三角地区代表性城市人均工业二氧化硫排放和财政分权的线性和二次拟合关系。从线性拟合线看，财政分权和人均工业二氧化硫排放（吨/万人）呈正向关系；在财政分权程度位于 1—2 区间上时，人均工业二氧化硫排放特别高。二次拟合优度得到改善，人均工业二氧化

硫排放与财政分权之间的二次拟合更优。随着财政分权程度的提高，人均工业二氧化硫排放先升后降，与人均地区生产总值同步变化。

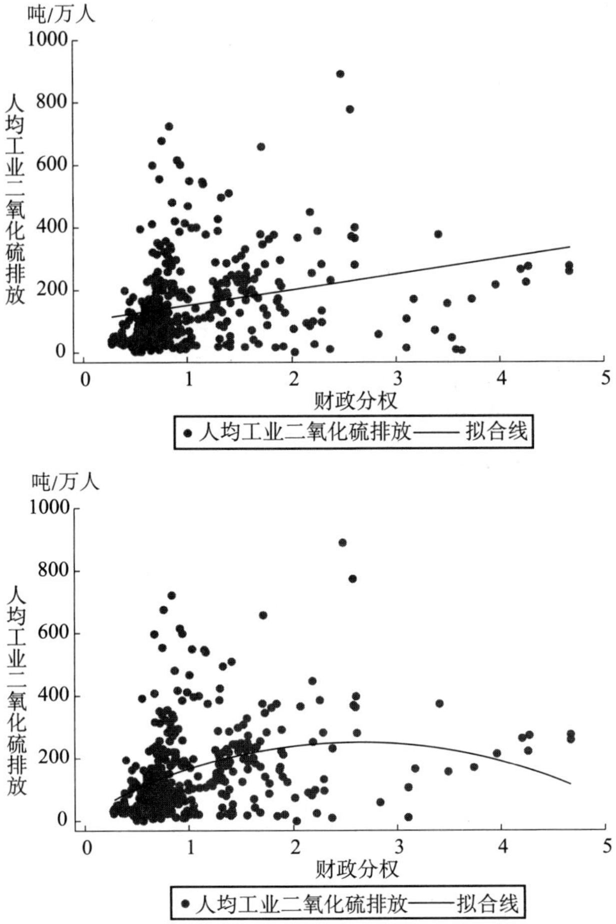

图 10－8　人均工业二氧化硫排放与财政分权的线性和二次拟合

三、长三角地区财政分权困境

（一）财政分权的影响是全方位的但对生态创新的影响是附加的且不确定

财政分权是对财政体制变革的一种衡量，财政体制变革对一国的影响会涉及经济、社会和环境的方方面面。政府支出是影响宏观产出的决定因素，中央和地方政府支出规模及其结构会影响宏观产出。财政政策对企业和居民的影响更为直接，企业所得税、个人所得税和税收返还等政策直接影响企业利润和个人可支配收入，对社会的影响也不证自明。在生态文明建设的大背景下，推进绿色财政体制改革的环境效应也逐渐显现。然而，经济效应、社会效应和环境效应是否经得起经验检验且能否通过创新机制进步强化是不确定的。具体地，一方面财政分权是否有助于长三角地区经济增长和污染减排不明确，另一方面财政分权是否有助于推进长三角地区生态创新不明确。

（二）财政分权在多大程度上能够促进生态创新且是否存在最优财政分权程度难确定

相关性分析结果表明，生态创新与财政分权之间并非简单的线性关系，即并非单纯加大市级和县级政府的财政自主权就可促进生态创新。与此同时，即便是理论上存在这样的最优财政分权程度，实践中的政府也很难把握，毕竟对于生态创新而言最优也只是局部最优而非全局最优。此外，尽管从理论上，通过合适的模型设定、数据处理和计量方法应用可以计算推导出一个理论最优值，但这一理论最优值可能并非适用于每一个市级或县级政府，尤其是考虑到各个地区特点和其他干扰因素的情况下。

（三）财政分权程度的调整牵一发而动全身且路径依赖使得政策选择瞻前顾后

即使政府知晓推动生态创新的最优财政分权程度，在财政政策纵向一体化设计上如何达到这一最优点也面临重重困难。从财政分权的相关性分析中可以直观地发现，大多数长三角地区代表性城市的财政分权程度不高，距离理论的优化方向尚有相当的调整距离，如何大幅度提升财政分权在财政体制设计上是一个难题。同时，实际工作中财政分权的调整是一个离散且不连续的过程，无法做到非常精确。财政分权的衡量也存在时间上的滞后性，如何确保财政政策纵向一体化的体制设计保持在最优水平很难。

（四）环境效应和经济效应的双重红利无法通过改变财政分权程度直接实现

财政分权与生态创新、人均地区生产总值之间均存在着倒 U 形关系，即对大多数城市来说进行财政政策的纵向一体化改革可以适当提高财政分权程度进而助力生态创新和提高产出水平。然而，财政分权和环境污染存在同样的倒 U 形关系。经济增长和环境污染之间的高度相关使得财政分权与环境污染的关系遵循了经济发展路径，这意味着如果想改变财政分权对环境污染的影响方向，需要改变经济发展路径。虽然人均工业二氧化硫排放这一代理变量的选取可能影响结果的稳健性，但至少说明财政分权程度对于环境污染影响的解释力可能不足，财政分权的改变似乎并不能对环境污染施加直接的影响。由此有，财政分权促进生态创新在短期内未必可以在环境效应中有所体现，但通过财政政策纵向一体化改革调整财政分权或可在长期中促进生态创新。

第三节 推进长三角地区生态创新的财政政策纵向一体化理论框架

推进长三角地区生态创新的财政政策体系创新是缓解财政分权困境的必然要求，推进财政政策纵向一体化是变革央地关系和创新机制设计的重要举措。财政政策纵向一体化的理论框架构建需要梳理理论基础、探讨改革逻辑、明确相关假说。

一、推进生态创新的财政政策纵向一体化理论基础

（一）委托—代理理论

委托—代理理论的核心思想在于委托人和代理人的目标不一致带来的利益冲突问题。地方政府和官员都有着自己的利益诉求，随着政府层级的增加，委托—代理问题变得愈发严重。财政政策纵向一体化改革通过减少管理层级，可以有效地降低委托—代理问题，降低信息不对称，有利于上级政府目标任务的完成和县域经济的发展。这也有利于县级政府因地制宜的设定发展规划，做出更适合本地社会经济发展的决策。

（二）扁平化组织理论

扁平化组织理论的核心思想在于以紧凑的横向组织代替多层次垂直组织，减少中间管理层级，以此减少信息传递环节与成本，增加信息传递效率和质量，此时组织会更具有灵活性、效率性和竞争力。财政政策纵向一体化改革（如省直管县改革）是一种组织结构扁平化的与时俱进，不仅可

以降低管理成本，降低交易成本，而且可以有效地调动县级政府经济性、提升管理效率。

（三）“掠夺之手”与“援助之手”

中国自从1994年分税制改革以来，各级政府间实现经济稳定和增长主要是通过“掠夺之手”与“援助之手”来实现。“援助之手”认为地方政府对社会经济活动干预的主要目的是为了社会福利最大化，当市场失灵发生时，政府通过干预经济平缓市场失灵造成的影响。“掠夺之手”则认为地方政府有追求本地区和自身利益最大化的动机，利益集团可能通过寻租等方式影响政府决策，而这可能违背社会福利最大化的目的，造成社会福利损失。

二、推动生态创新的财政政策纵向一体化改革逻辑

由欧盟主导成立的生态创新观察站将生态创新定义为通过引入任何新的或显著改进的产品（商品或服务）、流程、组织变革方案或营销解决方案，以减少自然资源的使用（包括材料、能源、水和土地），并减少有害物质在整个生命周期中的释放。① 在实践中，溧阳认为的“生态创新”理念是在区域竞合中以生态作为基础变量、核心资源和比较优势，吸引产业、科技、人才等与其聚合裂变，带动城乡空间、公共服务、生活方式与其融合嬗变，系统打通绿水青山就是金山银山的价值转化路径，从而在更大范围内实现以生态推动区域分工协作、城市能级提升的创造性实践。② 鉴于没有统一的定义，生态创新也被认定为绿色创新和环境创新等，是实现更高程度可持续发展的手段。③ 简单来说，环境相关的技术创新就是生态创新。类比于一般的技术创新，生态创新同样是一种通用技术，其应用范围广泛，可以作为投入品被其他行业采用，并可以在应用领域催生新的

---

① O. Brien M, Miedzinski M, Bleischwitz R, et al. Europe in transition: Paving the way to a green economy through eco-innovation ［R］. 2013.

② 中国经济周刊. 江苏溧阳：生态创新走出“两山”好风景［EB/OL］（2020-09-09）. http://app.ceweekly.cn/?action=show&app=article&contentid=312153&controller=article.

③ Marchi V. D. Environmental innovation and R&D cooperation: Empirical evidence from Spanish manufacturing firms ［J］. Research Policy, 2012, 41 (3): 614-623. Tamayo-OrbegozoU, Vicente-Molina M A, Villarreal-Larrinaga O. Eco-innovation strategic model. A multiple-case study from a highly eco-innovative European region ［J］. Journal of Cleaner Production, 2017 (142): 1347-1367.

创新。生态创新涉及可再生能源技术、污染防治计划、废弃物管理设施、绿色金融产品和生态农业等各个方面。[①] 但与其他类型的创新相比，它不仅具有知识外部性，还具有正的环境外部性。[②]

生态创新的实现离不开政府的引导和财政的支持。技术创新尤其是与环境技术相关的生态创新常具有较强的外部性，单纯依靠市场会导致供给不足，来自政府的公共财政尤为必要。财政政策是政府追求经济与社会发展目标、实施宏观经济调控的重要政策手段，通过直接的利益调整使政府意志得以体现、政策得以实施，尤其在缩小地区差距和外部性处理方面，财政政策的作用不可替代。[③] 但财政政策的作用不仅在于调控经济变量，宏观经济政策同样会对生态环境施加重要影响，这种影响的机制有重要的一部分即与生态环境领域技术创新的财政资金支持密切相关，财政政策纵向一体化是财政政策支撑生态创新的重要举措。

财政政策纵向一体化中的财政政策和纵向一体化在原来的含义上有所演化。纵向一体化在工商管理领域一般指企业在现有业务的基础上向上游或下游发展，形成供产、产销或供产销一体化，以扩大现有业务范围的企业经营行为。财政政策代表政府的财政事务权力，财政政策纵向一体化并不是产业上下游兼并，是指上下级政府行政权力的整合。财政政策纵向一体化的典型改革案例是省直管县改革，因此财政政策纵向一体化实际上是一类财政分权问题。

有学者认为，省直管县改革可以作为财政分权严格外生的衡量。[④] 中国的财政分权有其特殊性，从中央和地方关系来看，中央政府掌握着高度集中的政治和人事权，而地方政府则享有一定的行政和经济控制权，这是中国特色的“集权与分权相结合”制度，即“中国式分权”[⑤]。这种中国式分权背景决定了财政体制改革的主体是中央政府。1994 年的分税制改

---

① Karakaya E, Hidalgo A, Nuur C. Diffusion of eco-innovations: a review [J]. Renewable & Sustainable Energy Reviews, 2014, 33 (02): 392 - 399.

② RenningsK. Redefining innovation—eco-innovation research and the contribution from ecological economics [J]. Ecological Economics, 2000, 32 (02): 319 - 332.

③ 刘尚希，孟春. 公共政策与地区差距 [M]. 中国财政经济出版社，2006.

④ 宋美喆. 财政分权对资源空间错配的影响——基于“省直管县”改革的准自然实验 [J]. 云南财经大学学报，2021，37 (09): 1 - 14.

⑤ Xu C. The fundamental institutions of China's reforms and development [J]. Journal of Economic of Literature, 2011, 49 (04): 1076 - 1151. 高楠，梁平汉. 晋升激励、市场化与地方财政预算周期 [J]. 世界经济文汇，2014 (04): 103 - 119.

革令中央政府在财政预算收入中占比大于财政预算支出中的占比，地方财政依赖中央政府的转移支付，财政体制呈现出垂直不平衡态势。① 由于省级以下的各级政府间财政关系中央并没有明确规定，各省大多参照中央文件设置，导致事权层层下移，财权层层上收，政府层级越低，财政不平衡的程度越严重。② 在中国式分权与财政垂直不平衡的背景下探究财政政策纵向一体化对生态创新的影响是重要的机制创新。

从省直管县改革视角看，推动生态创新的财政政策纵向一体化具有三大功能：一是能够增强县级政府决策科学性。市管县财政时期，由于县级政府财政留存资金不足，它们过度依赖国家、省级和地级市的各种转移支付，过分关注短期利益而忽视决策的长期科学性。不同层级政府的税收分层千差万别，长三角地区生态绿色一体化示范区税收分成情况如表 10 - 1 所示。在固定中央政府税收分成比例的基础上，优化市区、或省市区、或省市（县）的分层比例是一体化改革的重点，也是增强县级政府决策科学性的关键，财政上的省直管县能够提升财政自给率。③ 二是能够充分利用知识溢出效应。省直管县可以将县级政府直接跟省政府积极沟通、与省会城市保持更紧密的交往。由于知识和人才等各种要素更多的集聚在省会城市，要素的流动带来知识溢出，各县可以更充分地享受到知识溢出带来的红利，进而提高县级政府工作人员的管理水平、企业技术水平和全要素生产率。三是能够提高财政支出效率。省直管县政策降低了地级市的财政资金留取环节，直接保留在本地供县级政府发展使用，这一方面可以降低地级市向县级政府转移支付过程中存在的信息不对称问题，另一方面地级市财政资金的减少也会促进财政支出效率的提升。省直管县财政体制改革可以提高地级市财政收入，抑制财政支出，提高财政支出的效率。④

---

① 鲁建坤，李永友．超越财税问题：从国家治理的角度看中国财政体制垂直不平衡［J］．社会学研究，2018，33（02）：62 - 87 + 243 - 244.

② 宋美喆．财政分权对资源空间错配的影响——基于“省直管县”改革的准自然实验［J］．云南财经大学学报，2021，37（09）：1 - 14.

③ 刘佳，马亮，吴建南．省直管县改革与县级政府财政解困———基于省面板数据的实证研究［J］．公共管理学报，2011（03）：33 - 43.

④ 才国伟，黄亮雄．政府层级改革的影响因素及其经济绩效研究［J］．管理世界，2010（08）：73 - 83.

表 10-1　长三角地区生态绿色一体化示范区税收分成情况

<table>
<tr><th>地区</th><th>级别</th><th>增值税</th><th>所得税</th><th>税收优惠政策</th></tr>
<tr><td rowspan="3">青浦</td><td>中央</td><td>50%</td><td>60%</td><td rowspan="3">税收额小于500万元，扶持奖励最高75%；税收总额大于500万元，扶持奖励最高为90%；另有核定征收，个人所得税税率为0.5%—1%</td></tr>
<tr><td>市级</td><td>17.5%</td><td>20%</td></tr>
<tr><td>区级</td><td>32.5%</td><td>20%</td></tr>
<tr><td rowspan="4">吴江</td><td>中央</td><td>50%</td><td>60%</td><td rowspan="4">税收扶持比例达到10%—100%</td></tr>
<tr><td>省级</td><td>20%</td><td>20%</td></tr>
<tr><td>市级</td><td>2%</td><td>2%</td></tr>
<tr><td>区级</td><td>28%</td><td>18%</td></tr>
<tr><td rowspan="3">嘉善</td><td>中央</td><td>50%</td><td>60%</td><td rowspan="3">实际缴税小于500万元，最高扶持70%；实际缴税大于、等于500万元，最高扶持90%</td></tr>
<tr><td>省级</td><td>10%</td><td>8%</td></tr>
<tr><td>县级</td><td>40%</td><td>32%</td></tr>
</table>

数据来源：魏陆．构建长三角生态绿色一体化示范区财税分享机制研究［J］．上海商学院学报，2020，21（03）：3-10；浦区、吴江区和嘉善县招商局网站等。

三、财政政策纵向一体化推进生态创新的理论假说

（一）垂直财政不平衡的利弊假说

探究财政政策纵向一体化离不开对垂直财政不平衡议题的探讨。垂直财政不平衡是中国财政分权体制的一个重要事实。垂直财政不平衡起源于1994年中国财政体制改革建立的中央与地方收入分配关系。由于建立了收入分征体制，地方政府行为对中央财政收入的侵蚀降低；高度行政性分权的体制又决定了中央政府获得较改革前更高比例税收收入；地方政府需要承担大部分公共品提供的责任并没有相应调整。这表明，支出责任没有随政府间收入分配关系而调整，这种改革塑造了中国财政体制的一个显著特征，即财政垂直不平衡。① 由于中国1994年的财政体制改革只是确立了中央—地方财政收入分配关系，将省级以下财政体制改革留给了省、自治区和直辖市政府，而各地选择的本辖区省级以下财政体制改革方案基本上参照了中央主导的财政体制改革，因而财政垂直不平衡在县级政府层级变得更加严重。一种观点认为垂直财政不平衡产生了不利影响。垂直财政不

① 李永友，张帆．垂直财政不平衡的形成机制与激励效应［J］．管理世界，2019，35（07）：43-59.

平衡导致了地方政府事权和财权的不平衡，地方政府面临治理和资金困境，从而阻碍了效率。一个关于发达国家的经验研究发现，财政垂直不平衡对地方政府财政行为、地方政府绩效等都产生了显著负面影响。在澳大利亚，财政垂直不平衡不仅没有确保联邦政府声称的宏观经济控制，而且导致州政府增加无效率税收的使用。① 另一种观点认为，垂直财政不平衡问题应从国家治理的高度看待，中国财政体制的垂直不平衡存在中国特色的内在逻辑。② 中央政府依赖自上而下的纵向激励能够统筹地区发展和解决地方政府约束机制不完善等问题。

（二）省直管县与市直管县的利弊假说

从行政和财政管理体制的历史沿革来看，新中国成立初期，我国实行“中央—大区—省—（地区）—县”的行政管理体制，其中地区行政公署作为省政府的派出机构，不是正式的一级行政区划。1954 年中央政府撤销“大区”一级行政机构。1982 年，为发挥城市的集聚效应、缩小城乡差距、促进城乡统一协调发展，中央向全国发出改革地区体制、实行市管县体制的指示，经在江苏试点后在全国试行。自此，我国建立起“中央—省—市—县—乡镇”五级政府层级结构。至 1994 年，除海南省外，各省（自治区、直辖市）都实行了市管县体制。

市管县体制在一段时间内较好地契合了中国的社会经济情况。市管县体制是在从传统计划经济体制向社会主义市场经济体制转轨过程中产生发展的，有其历史必然性。这一体制对于密切城乡关系、加强城乡合作、促进城乡一体化起到了积极作用。在一定程度上，市管县体制提高了政府行政效率。在市管县之前，位于省县之间的地区行署基本上对应着每一个省级部门，机构重叠、人员闲置现象严重。同时，在行政体制改革没有到位、政府职能没有根本转变的情况下，省如果直管县，其行政幅员过大，管理负担较重，在省、县之间增加一级行政层级，可以起到加强管理的作用。同时，由于计划经济体制下的“块块”分割严重制约了区域经济的发

① Madden J. Economics of Vertical Fiscal Imbalance: An Applied General Equilibrium Approach [J]. Austrila tax F, 1993. Grewal B. Vertical Fiscal Imbalance in Australia: A Problem for Tax Structure, not for Revenue Sharing [J]. Victoria University, 1995.

② 鲁建坤，李永友．超越财税问题：从国家治理的角度看中国财政体制垂直不平衡［J］．社会学研究，2018（02）：66－91＋247－248.

展，市管县体制在很大程度上解决了社会转型初期行政区和经济区的磨合问题，推动了区域市场统一和规模经济形成。市管县体制突出了城市在社会、经济发展中的中心地位和作用，为城镇化进程和工业水平提高起到了促进作用。

但是，随着时间的推移和社会经济情况的变化，市管县体制的负面影响逐渐显现。市管县体制的实行本意为发挥中心城市的辐射作用，带动所辖县的发展，但事实上这种带动作用并不显著。许多市自身经济发展水平有限，同时为了优先保障市一级的发展，损害所辖县利益之事时常发生，从而导致了城乡差距不仅没有缩小反而有加大的趋势。同时，该体制的建立本应在一定程度上缓解县乡财政的压力，通过市级政府的财力优势帮助落后县发展。但市一级政府为了保障自身财力的充足性，将市级支出责任层层下放至县乡，县级财力不断上移至市，“市刮县”“市压县”的现象屡见不鲜，县乡财政压力反而加重。①

省直管县改革被普遍认为扩大了县级政府的管理权限，增加了其可支配的财政资金，缓解了县级政府因财力事权高度不相适应造成的财政困难的局面，是盘活县域经济的重要手段。与国际通行的三级财政相比，省直管县减少了财政层级，与国际接轨。省直管县改革能够推行财政层级的扁平化改革，推动县级财政管理权限提高和科学化水平提升，有助于解决市管县体制的弊端。省直管县改革的本意在于跳过市一级，由“省—市—县”三级管理转变为“省—市、省—县”二级管理，建立起省级和市县直接的财政关系。具体地，省直管县旨在打破市管县体系的障碍，在财政预算编制和收入划分等方面由省级财政直接对口县级财政，同时把财政转移支付、资金调度、专项资金补助、债务管理等管理权限下放到县，赋予县级政府在财政领域更大的自主权，使县级政府的事权与财力匹配，事权与支出责任相适应。由此可见，省直管县改革主要是对市级和县级的财政分权施加影响。有研究表明，省直管县改革提高了县级财政分权程度，降低了市级财政分权程度。②

当然，省直管县财政体制在学术界也存在一些质疑的声音。有学者指

① 申雪峰，王子轩．“省直管县”财政体制改革脉络及文献述论［J］．地方财政研究，2018（09）．

② 谭之博，周黎安，赵岳．省管县改革、财政分权与民生——基于“倍差法”的估计［J］．经济学（季刊），2015，14（03）：1093－1114.

出，浙江省直管县改革的成功最主要得益于民营经济的强大，不能因浙江成功而将省直管县体制全面推广，“一刀切”地搞省直管县体制改革可能会阻碍我国城市化的进程；省直管县财政体制改革只有在省级财政调控能力较强、市弱县强的情况下才适合推进。①

（三）省直管县改革的生态创新效应和社会经济效应假说

在“省管市、市管县”财政管理体制下，省级以下各级政府权责不匹配，各省多参照中央文件的中央和省关系设计省市和市县的财政管理体制。在事权层层下移和财权层层上收的情形下，政府层级越低其财政不平衡的程度越严重。随着“市管县”体制下的种种矛盾日益凸显和激化，如果各种管理权限集中于市级政府，县级政府的自主权会受到制约，无法充分发挥县级政府的积极性。省直管县改革最直接的效应便是县级政府获得了更多处理辖区内财政事务和经济社会事务的权力，对于县级政府来说财政分权程度能够大幅提升。② 财政分权程度的提升意味着县级政府能有更充裕的资金投放到公共资本投资领域。当县级政府掌握了地区更多的信息，例如地区的自然资源禀赋、人口结构、产业特点等，出于政治绩效和经济税收方面的考虑县级政府拥有较充分的招商引资热情。同时，相比于市政府的经济规划，县级政府会更多考虑到环境污染对于自身县域经济的潜在危害，能够从实际出发加大对环境治理、污染减排、生态创新等绿色发展领域的关注和投资。

由此，有假说1：省直管县是缓解财政分权困境的重要手段，省直管县改革能够提高区域创新水平和治理水平等。

与此同时，省直管县改革的生态创新效应可能在不同地区有不同的表现，这和经济发展的阶段有关。一个人均地区生产总值尚未达到全国平均水平的经济相对落后县对生态创新关注度不会很高。一方面，经济相对落后的县一般不会面临严重的环境污染问题；恰恰相反，这些县由于工业并不发达，反而拥有自然环境方面的禀赋。另一方面，生态创新对于环境治理的影响在短期内无法得到体现，即便通过省直管县改革提升了县的财政

---

① 郑风田．不宜神化“省直管县”［J］．人民论坛，2009（9）．刘尚希．改革成果存续时间是否太短——对“省直管县”欢呼背后的冷思考［J］．人民论坛，2009（02）．

② 毛捷，吕冰洋，陈佩霞．分税的事实：度量中国县级财政分权的数据基础［J］．经济学（季刊），2018，17（02）：499－526．

分权程度，生态创新和环境治理水平也无法快速得到提升。对于经济相对落后的县来说，当务之急是尽快进行资本的积累以实现经济的飞跃。当然，经济的飞跃并不一定意味着环境的破坏。通过发展绿色特色产业例如生态旅游、文化产业等可以在保护环境的同时实现经济的高质量增长。当然，县域其他社会经济变量也会对生态创新效应有影响。一个地域大县和人口大县可能同时面临机会和挑战，一方面人口基数的庞大意味着创新拥有更大的源泉，地域面积的广阔意味着生态创新拥有更大的市场空间，这两者都会对生态创新起到促进作用；另一方面，人口和地域也会使财政压力增大，县政府可能会减少在公共品上的投入。

由此，有假说 2：省直管县改革的生态创新效应存在空间异质性，并受到人口、GDP 等社会经济变量的影响。

此外，省直管县改革的效应不仅仅体现在生态创新上。随着财政分权程度增大，县级政府享有了更充分的财政自主权，县级政府官员获得更大的激励关注经济的快速增长，投资期短、见效快的基础设施投资支出会受到县级政府的青睐。基础设施投资的增加可以改善当地的交通通信条件，使要素流动突破空间和时间的限制，从而降低运输成本和交易成本，提高本地要素进入其他地区的便利性，有助于要素从配置低效地区流向高效地区，促使经济在空间上集聚的形成。同时，由于出口导向一直以来是中国的经济增长模式，是经济高速增长的引擎之一。在更大的财政分权体制下，为获得更好的政绩，地方政府最大限度地鼓励出口和吸引能够带来资本、管理经验、先进技术等的外商直接投资，提高了本地的外贸依存度和对外开放度，进而提升本地企业的竞争力，促进本地居民的收入增长。

由此，有假说 3：省直管县改革的影响是全方位的，能够提高平均工资、增加税收收入和提升县域经济发展水平。

第四节 长三角地区省直管县改革试点效应及政策启示

省直管县改革一般是指财政省直管县改革，该改革的利弊假说表明需要分地区推进试点效应的检验，包括该改革对生态创新的影响，对其他社会经济变量的影响，以及是否还受到其他经济变量的影响等。本节以长三角地区为例探讨省直管县改革试点效应及其政策启示。

一、省直管县对生态创新影响的实证研究

（一）解释变量研究设计

针对浙江省、江苏省、安徽省和上海市实行省直管县财政体制改革的具体时间情况，构建是否进行省直管县财政体制改革的虚拟变量，本地区进行省直管县财政体制改革的取1，否则取0。省直管县财政体制改革构成一个准自然实验，可以通过双重差分的思想进行检验。双重差分框架可以剔除群组效应和时间效应，如果满足假设，则可以尽量规避内生性问题带来的偏误，得到更精准的政策效果评估。

（二）变量选取与数据来源

生态创新的代理变量依然选取地区绿色发明专利申请量。与此同时，根据理论上可能存在的因果关系以及已有文献梳理，以下控制变量和衡量方式被广泛采用：自然增长率，用全市的人口自然增长率衡量；第二产业从业人员比重，用全市的指标衡量；人口密度，用全市每平方公里的人口数量衡量；人均地区生产总值，以元为单位衡量的全市人均GDP；地区生产总值增长率，本市的经济增长速度；第二产业占GDP的比重，产业结构指标。所用数据来源于2003—2019年《中国城市统计年鉴》。主要变量的描述性统计见表10-2。

表10-2　　　　变量的描述性统计

变量名称（单位）	观测值	均值	方差	最小值	中位数	最大值
绿色发明专利申请数量（个）	416	516.582	972.188	0	111.5	6052
发明专利申请数量（个）	416	3759.483	6823.627	0	956	42812
进行省直管县财政体制改革	416	0.784	0.412	0	1	1
人口自然增长率（%）	412	2.559	2.657	-3.26	2.4	13.11
第二产业从业人员比重（%）	415	51.840	16.647	1.85	54.53	83.31
人口密度（人/平方千米）	338	671.244	376.510	117.84	641.255	2275.67

续表

变量名称（单位）	观测值	均值	方差	最小值	中位数	最大值
人均地区生产总值（元）	390	56862.008	35994.466	4876	51184.5	199017
地区生产总值增长率（%）	390	11.835	3.470	3.1	12	37.69
第二产业占 GDP 的比重（%）	390	51.899	7.648	29.78	52.15	74.73

（三）省直管县的生态创新效应

表 10－3 为省直管县改革试点对地区生态创新影响的实证结果。表 10－4 的结果同时验证了假说 1 和假说 2。从模型（1）可以看出，省直管县改革有效地促进了长三角地区的生态创新，改革的净影响为提升了 51.5% 的生态创新效率。模型（2）说明，省直管县改革还有效地促进了以发明专利为代表的创新水平。模型（3）对江苏省的研究发现，省直管县改革的效果比长三角地区整体要好，这可能是由于在长三角地区江苏是最晚开展省直管县的地区，所以边际效果比较明显。模型（4）对安徽省的结果并不显著，说明从异质性的角度看，安徽省的省直管县并没有有效地提升生态创新。另外，回归结果也表明，省直管县的生态创新效应会受到人口、人均地区生产总值、改革历史等多方面社会经济因素的影响。表 10－3 中缺浙江的子样本检验是因为，浙江是全国最早进行省直管县的地区之一，因为早期社会经济和绿色创新数据的缺失较为严重，无法采用本方法进行政策效果评估。

表 10－3　　　　省直管县对生态创新的影响

项目	(1) 长三角地区 生态创新	(2) 长三角地区 发明专利	(3) 江苏省 生态创新	(4) 安徽省 生态创新
省直管县财政体制改革	0.515*** (3.60)	0.545*** (3.03)	2.935*** (4.92)	1.339 (1.72)
自然增长率	0.041 (1.45)	0.007 (0.26)	－0.018 (－0.53)	0.008 (0.32)
第二产业从业人员比重	－0.003 (－0.51)	－0.005 (－0.70)	0.005 (0.51)	0.006 (0.41)
人口密度	0.000 (1.07)	0.000 (1.50)	0.001 (1.69)	－0.000 (－0.45)

续表

项目	(1) 长三角地区 生态创新	(2) 长三角地区 发明专利	(3) 江苏省 生态创新	(4) 安徽省 生态创新
人均地区生产总值	0.000 (1.59)	-0.000 (-0.60)	0.000 (0.99)	0.000 (0.89)
地区生产总值增长率	-0.064*** (-2.89)	-0.045* (-1.98)	-0.045 (-0.78)	-0.028* (-2.23)
第二产业占 GDP 的比重	0.051*** (4.21)	0.078*** (6.18)	-0.060* (-2.02)	0.075*** (5.58)
_ cons	-0.088 (-0.11)	0.451 (0.63)	6.007** (3.30)	-2.412*** (-3.67)
个体效应	是	是	是	是
时间效应	是	是	是	是
N	333	333	116	103
r2_ a	0.91	0.91	0.96	0.91

注：下方括号内为聚类稳健标准误差下的 t 统计量；* 表示在 1% 水平上显著，** 表示在 5% 水平上显著，*** 表示在 10% 水平上显著。

（四）省直管县的社会经济效应

表 10-4 为省直管县改革对长三角地区社会经济影响的实证结果，假说 3 得证。从模型（1）可以发现，省直管县改革促进了地区的平均工资水平的增加，一方面县级政府财政留存的增加可以用来鼓励和吸引生产企业扩大再生产，创造新增就业岗位和资本利得，另一方面可以提升基础公共服务、提高社会保障水平，居民消费意愿的增加又可以反过来进一步推进再生产。从模型（2）可以发现，省直管县改革促进了地区税收的增加，改革增加的财政经费可以用来减免企业税收、鼓励扩大再生产以及营造良好的营商环境等生产型活动，同时基层政府财政的富余也可以一定程度上降低行政管理人员吃拿卡要的道德风险。从模型（3）和模型（4）的对比可以发现，省直管县改革促进了县域人均 GDP 的提升，但是没有能显著地促进地级市辖区的人均 GDP，说明省直管县政策是非常有针对性的，主要是利好县域经济的发展，这与当前相关研究的结论较为一致。

表 10-4 省直管县改革对社会经济的影响

项目	(1) 平均工资	(2) 总税收	(3) 市辖区人均 GDP	(4) 县人均 GDP
省直管县财政体制改革	0.127*** (4.31)	0.410*** (3.44)	0.039 (0.94)	0.096** (2.23)
自然增长率	0.007* (1.83)	0.015 (0.91)	-0.025*** (-2.96)	0.005 (1.01)
第二产业从业人员比重	-0.001 (-1.21)	0.010** (2.53)	0.000 (0.37)	0.001 (0.74)
人口密度	0.000 (1.01)	0.000 (1.21)	-0.000 (-1.19)	-0.000 (-0.26)
人均地区生产总值	0.000 (0.87)	-0.000 (-0.86)	0.000*** (6.62)	0.000*** (2.80)
地区生产总值增长率	0.013*** (2.86)	0.035*** (3.34)	-0.000 (-0.04)	-0.007 (-1.29)
第二产业占 GDP 的比重	0.015*** (6.80)	0.060*** (5.44)	0.021*** (4.86)	0.018*** (5.78)
_ cons	8.617*** (74.54)	9.457*** (15.89)	8.963*** (38.85)	8.384*** (34.93)
个体效应	是	是	是	是
时间效应	是	是	是	是
N	333	333	322	330
r2_ a	0.98	0.85	0.93	0.97

注：下方括号内为稳健标准误差下的 t 统计量；* 表示在 1% 水平上显著，** 表示在 5% 水平上显著，*** 表示在 10% 水平上显著。

二、通过财政政策纵向一体化推进长三角地区生态创新

（一）完善省直管县改革方案，强化财政政策纵向一体化的生态创新方向

一是要深化省直管县改革，推进财政政策纵向一体化。省直管县改革作为财政政策纵向一体化的重要举措，总体上有助于提高生态创新水平，以节约交易成本为目标的省直管县改革必须坚持。当然，省直管县深化改革需要选择合适的时机，即需要根据理论上的最优财政分权程度来讨论不同省市县所处的发展阶段及其改革的方向。二是要因地制宜设计财政政策

纵向一体化的省市方案。不同层级政府对省直管县改革的认知不同、偏好不同，财政政策纵向一体化改革既包括财政省直管县改革，也包括人事省直管县改革，财权和事权匹配的改革方案方是能落地的方案，而这恰恰又需要新的行政管理体制改革契机。三是要突显和强化财政政策纵向一体化的生态创新目标方向。省直管县不单单有助于推动生态创新，还有助于提高居民收入、政府收入和社会产出。在多元改革目标下生态创新的目标往往被忽略，如何突显和强化生态创新目标是关键。这就要求在生态文明理念深入人心的关键时刻加强生态创新思想的灌输，加强生态创新方法的运用，加强生态创新成果的宣传。

（二）以财政政策纵向一体化提高生态效率，尤其是生态要素的区域配置效率

财政政策一体化是财税体制在垂直维度上的一项综合改革方案，其影响是全方位的，包括效率的提升、公共服务的均等化和要素的自由流动。区域内各主体的生态效率有高有低，一体化改革的要求是让低生态效率主体变得更加有效。这一过程就要求生态效率趋于收敛。相比较于教育和医疗等领域的公共服务，生态系统服务的均等化也逐渐被提上议事日程，其他生产要素的自由流动也是一体化改革方案的题中之意。由此，一方面要以财政政策纵向一体化推进资源利用效率收敛于长期高效，长三角地区财政政策纵向一体化制度设计应以效率为先，以提高区域内所有资源利用效率为主要手段，克服财政分权等造成的局部最优与全局最优的冲突。另一方面要以财政政策纵向一体化化解区域内全要素自由流动阻力，降低交易成本是最能克服初始资源禀赋差异的策略，长三角地区需要进一步优化产业布局和经济结构，破解资本、人才和技术等要素在区域内自由流动的障碍。

（三）发挥财政政策的均等化基本公共服务功能，提高生态创新的多元参与

财政政策纵向一体化过程中表现出的区域经济增长、产业结构和公共品供给问等问题需要通过再次分配进行调节。均等化基本公共服务不仅可以缩小贫富差距、降低社会不平等程度、减少社会冲突，而且可以激发各地区和每一个人的能动性，提高整体民众幸福感、社会参与度和参与质

量。长三角地区的财政政策纵向一体化政策设计应以基本公共服务均等化为基础目标，重点做好以下三个方面的工作：一是长三角地区一体化建设要坚持基本公共服务均等化原则，从提升基础设施互联互通水平和加快公共服务便利共享等角度落实各类规划；二是建立统一的基本公共服务数据库和评价指标体系，均等化应从打破数据库壁垒开始，接连互通并最终实现统一的数据库管理，对各级政府和官员的考核、企业的要求以及民众的服务均实现统一标准；三是从提高供给满意度的角度推动基本公共品均等化，应做好基本公共服务信息公开，拓展民众知情渠道，提升公众评价能力，完善跟踪反馈制度，扩大民众的知情权、参与权和监督权。

（四）发挥好财政政策的要素、部门和空间协同作用，为生态创新保驾护航

政府分配的能源与排放指标完成情况是官员考核和晋升的重要依据，也是地方政府和官员对辖区双高企业有效管理的抓手。科学合理的双限指标设定和管理体系建设不仅有利于资源高效利用和生态环境保护，更能激励企业绿色创新。这就要求包括：一是发挥好财政政策的要素协同作用，共同加强资源开发和生态环境保护，本着全社会福利最大化原则规划资源开发强度和环境保护力度，本着有区别的共同责任原则防止高污染高耗能企业的无效转移；二是发挥好财政政策的部门协同作用，推进生态环境协同防治，需要兼顾自然边界和行政边界推进生态环境协同防治；三是发挥好财政政策的空间协同作用，推动资源与环境协同监管，建立健全协同监管机制，常态化地区间轮岗、异地监督、互派观察员、随机检查等措施，同时鼓励利益相关者共同参与，以降低监管成本。

第十一章

推进长三角地区生态创新的财政政策横向一体化研究

推进长三角地区生态创新的财政政策横向一体化研究需要重点考察财税竞争与地区生态创新的关系。在市场化程度相对较高的长三角地区，财税竞争水平在省市和地市之间存在显著差异。合理的财税竞争水平有利于推动创新并助力长三角地区一体化发展，反之则反。本章聚焦长三角地区不同城市主体的财政政策，深入研究财税竞争与生态环境、经济发展和区域创新的关系，以及对生态创新的具体影响。

第一节 财政政策横向一体化的内涵特征及具体影响

一、财政政策横向一体化的内涵与特征

税收一体化是指有关国家间在税收上结合起来形成一个税收联合体的过程，是由各有关国家政府出面为了某种目的在社会再生产的某些领域内

实行税收联合调节的手段。[①] 税收全球化趋势集中表现在各国税制趋同上。[②] 大多文献从经济全球化或者税收竞争的角度引申出税收一体化，包括世界各国税制诸如税收原则、税制结构、税种、税收政策、征收管理等各方面趋于一致。[③] 一国之内的区域财政政策横向一体化更多地表现为对税收竞争的考察，最优财税竞争水平是财政政策横向一体化的关键。

财政政策横向一体化主要表现出区域性、层次性和渐进性等特征，是对税收一体化的综合。一是财政政策一体化的区域性。财政政策一体化首先会在一个经济体内部率先实现，一个经济体的内部经济发展水平相对比较接近，且内部成员之间生产要素的流动更加频繁，经济一体化的程度越高，要求税收制度的共享和协调配合就越强烈。该区域不同经济体之间就会共同推动内部的财政一体化进程。二是财政政策一体化的层次性。影响地区竞争力的因素是多方面的，税收只是其中的一项重要因素。相对而言，发达地区在税收以外的其他条件方面拥有更强的竞争优势。因此，若要吸引资金、技术等生产要素，应突出自身的相对优势。三是财政政策一体化的渐进性。财政一体化首先会在一个区域经济体内部实现，然后才是全国乃至全球一体化。短期内，各成员会从自身利益出发调整其财政政策，即“财税竞争”。因此，经济体内部各成员之间的要素自由流动和财政政策一体化是一个长期的过程。

二、财税竞争的具体影响

财税竞争的具体影响可以是在宏观经济增长层面，在微观要素和企业层面；可以在机制层面，可以在模式层面。从文献来看，财税竞争的具体影响包括经济增长、资源配置、区域创新和区域市场等，他们有些是经验性的，有些是问题性的，有些是机制性的，有些是结论性的。

（一）财税竞争对区域经济增长的影响

地方政府一定的财政自主权为地方政府发展区域经济提供了动力。政府可以通过税收优惠等财税竞争手段降低实际税率以增强对人才、资本等生产要素的吸引力。财税竞争对经济影响主要表现为三方面：第一，财税

① 车明辉．税收一体化的发展趋势［J］．涉外税务，1990（01）：33－34．

② 靳东升．论国际税收竞争与竞争性的中国税制［J］．财贸经济，2003（09）：73－80＋97．

③ 祝遵宏．税收一体化辨析［J］．经济学家，2009（06）：102－104．

竞争会影响生产要素空间份额变化。财税竞争使得政府出台税收优惠政策，吸引人力、资本、技术等生产要素流入，企业得以扩大生产，区域经济实力得到提升。第二，财税竞争增强了对外资的吸引力。在区域经济发展过程中，外资一直是比较稀缺的生产要素，而且流动性较强，财税竞争可以通过各项税收优惠吸引外资，甚至给予外资特殊待遇，从而对区域经济产生影响。第三，财税竞争可能会对政府行为产生影响。由于财税竞争可能会降低地方政府的财政收入，影响公共产品的供给，进而提高企业生产成本；为了避免产生这个不利后果，地方政府往往会降低政府运行成本，而低成本运行政府和高效税收系统会提高企业生产效率。① 总体而言，财税竞争对于区域经济增长的影响具有两面性，在吸引流动资源进入和为经济创造活力的同时也导致政府减少了基础设施和公共产品投资。长三角地区是中国经济增长最快和活力最强的地区之一，财税竞争曾是长三角地区经济快速发展的重要政策保障。

（二）财税竞争对区域资源配置的影响

财税竞争是引发资源空间配置扭曲的重要原因。地区竞争越激烈，地方保护主义越强，空间扭曲越严重。② 一方面，政府的税收以及补贴政策会降低制造企业的生存门槛。区域性的制造业转型升级面临能力有限且动力不足的情形，税收优惠和补贴政策使得一些企业在市场竞争中得以存活下来。③ 然而，这一类存活事实上是一种扭曲。另一方面，财税竞争对资源的流动施加了一个强压力。财税竞争能够为企业扩大产能提供条件，但扭曲情形下的扩张会造成了产能过剩。④ 就税收竞争而言，增值税、企业税和营业税的作用不同，增值税和企业税竞争阻碍了制造业高端化，营业税竞争可以间接促进了中高端制造行业的发展。⑤ 值得指出的是，作为地

---

① 肖叶，贾鸿．异质性、税收竞争与城市经济增长——基于面板分位数模型的分析［J］．北京邮电大学学报（社会科学版），2016，18（06）：81－88＋118.

② 杨继东，罗路宝．产业政策、地区竞争与资源空间配置扭曲［J］．中国工业经济，2018（12）：5－22.

③ Brandt L，Thun E．Constructing a Ladder for Growth：Policy，Markets，and Industrial Upgrading in China［J］．World Development，2016，80：78－95.

④ 白俊红，李汉．地区间税收竞争对产能过剩的影响——基于空间相关的视角［J］．江苏社会科学，2019（03）：58－66＋258.

⑤ 王玮，曾智涵．地方税收竞争与我国制造业的升级——基于门槛回归的研究［J］．工业技术经济，2020，39（03）：107－115.

方性投资政策的重要传导机制，财税竞争在一定程度上也会引起过度投资的问题。① 随着政府间税收竞争程度不断加剧，地方利用税收优惠、税收返还以及放松征管力度等方式招商引资会导致产业同质化严重，实际税负的下降会弥补投资净收益为负的项目损失，企业存在过度投资的冲动。② 因此，不管是在城市层面还是在企业层面，税收政策和财政支出政策都可能会对区域的资源配置产生深刻影响。一般认为长三角地区的区域一体化程度较高，财税竞争作用可能没有那么强，但从税收竞争、支出竞争和政策差异来看长三角地区财政政策横向一体化的空间依然存在。

（三）财税竞争对区域创新的影响

财税竞争对经济增长和资源配置的影响途径很多，尤其对区域创新具有明显影响。财税竞争对区域创新的影响主要可以分为两类：一类是探究财政政策变动对企业创新活动的影响，通常以 R&D 支出表示；另一类是探究财政政策变动对创新成果的影响。已有研究表明财税竞争有利于企业增加 R&D 支出和产生创新成果。③ 也有研究指出，税收优惠等财政政策对于企业的研发支出具有显著影响，内在机制是企业进行内向研发。④ 当然，也有学者指出，财税竞争显著增加了企业的研发成本，不利于企业创新。⑤ 正向激励和负向成本或多或少给财税竞争政策的出台提出了挑战，企业的研发对税收政策的敏感性要求税收政策出台需要慎之又慎。绿色财政体制变革要求财政政策对区域创新的影响有绿色偏向，即一般性或专项性的财政政策对生态创新的影响机制需要在经济增长和资源配置框架下进行探索。

（四）财税竞争对区域市场一体化的影响

党的十八届三中全会提出要加速形成统一开放、竞争有序的市场体

---

① 朱军，许志伟．财政分权、地区间竞争与中国经济波动［J］．经济研究，2018，53（01）：21－34.

② 蒲龙，杨高举．地方政府间税收竞争会诱发过度投资吗［J］．经济理论与经济管理，2020（04）：69－81.

③ 郑新业，王宇澄，张力．政府部门间政策协调的理论和经验证据［J］．经济研究，2019，54（10）：24－40.

④ Giovanni Cerulli，BiancaPoti，RaffaeleSpallone. The impact of fiscal relief on multinationals business R&D investments：a cross-country analysis［J］. EconomiaPolitica，2018.

⑤ JiaJ，MaG. Do R&D tax incentives work? Firm－level evidence from China［J］. China Economic Review，2017：46.

系。这就要求建立公平竞争的保障机制，打破区域分割和行业垄断，着力清除市场壁垒，促进商品和要素自由有序流动、公平交换。这是因为，地方政府善于通过税收竞争、财政杠杆、税收减免或税收返还等政策吸引资本或保护本地企业，严重束缚了市场机制的“自发性”作用，阻碍了区域市场的一体化进程。推进跨区域基础设施一体化和公共服务的均等化，打破“以邻为壑”的市场一体化政策是经济发展“新常态”的现实选择。[①] 已有研究表明，地区间税收竞争会阻碍市场一体化，地区间财政支出竞争会加剧国内市场分割，税收竞争和支出竞争还会对中国市场一体化空间溢出产生负影响。[②] 因此，从市场角度来看，财税竞争也需要适度，长三角地区一般被认为是国内财税竞争相对适度的地区，毕竟该地区的市场化程度是最高的，然而总体最高不代表不存在结构性差异，探讨财政政策一体化的市场因素也很重要。

三、长三角地区生态创新中的财税竞争困境

一方面，财政政策竞争导致经济运行面临“竞高”“竞低”的选择困境。地方政府竞相降低实际税负以争夺流动性经济资源竭力打造避税“天堂”，地方政府大有被投资者“绑架”的可能，从而形成地方间税收“竞低”行为。同时，税务部门通常会产生足额甚至超额完成税收计划的动机，地方政府因此竞相提高实际税负，从而形成地方间税收“竞高”行为。地方政府是“竞低”还是“竞高”取决于绩效考核中经济发展和税收增长的相对重要程度，即本辖区居民对经济增长和社会福利的偏好程度。[③] 若本辖区居民的偏好为社会福利，受到升迁激励的官员就会侧重保证税收收入足额甚至超额征收。若居民的偏好为当地经济发展，“晋升锦标赛”的激励使地方官员通过降低本地企业实际税负的方式吸引流动性较大的企业到本地入驻。地方间过度的“竞低”竞争会侵蚀中央财政收入；而“竞高”则导致企业负担加重，不利于经济长期发展。

---

① 毛军，梁宏志．财税竞争、空间关联与我国市场一体化发展［J］．财经论丛，2019（11）：20－29.

② 阳敏，毛军．财税竞争与中国市场一体化发展的空间关联分析［J］．经济地理，2017，37（09）：57－61.

③ 高凤勤，徐震寰．“竞高”还是“竞低”：基于我国省级政府税收竞争的实证检验［J］．上海财经大学学报，2020，22（01）：3－17＋122.

另一方面，财政政策竞争导致环境经济协调发展的困境。面对环境污染的负外部性，地方政府在对企业污染排放量的管控和治理方面起到关键作用，然而地方政府在进行税收竞争的过程中，政府环境政策“向底线赛跑”，进一步加剧了环境污染。① 财税竞争应是政府政策对环境污染的重要传导渠道之一，各地环境规制存在互相竞争主要来源于两个因素：一是跨行政区的资本竞争，二是跨境污染问题。② 在其他条件不变的情况下，税收竞争与环保支出存在负相关关系，即随着本地税收征管效率的减少，税收竞争会通过改变财政支出进一步扭曲财政支出结构，本地环保支出会表现出下降的变化趋势。③ 地区财税竞争降低了税负，较低的税负水平无法有效弥补环境污染所带来的外部性，在政府财力有限的情况下，重视经济建设必然会导致非经济性公共物品的供给减少，而地方政府是环境公共物品最大的供给方，这将大大降低环境治理的能力。④⑤ 同时地方政府将财政支出更多投入到经济效益见效快的企业，忽略了环保型创新型等经济效益显现较慢的企业，加剧了环境污染。

第二节 推进生态创新的横向财政政策一体化理论假说

一、财政政策横向一体化的理论基础

经济自由主义学说是财政政策一体化的直接理论基础。亚当·斯密认

① 谢佳敏．我国地区税收竞争检验及对环境污染影响研究［D］．长春：吉林财经大学，2019.

② 熊波，陈文静，刘潘，等．财政政策、地方政府竞争与空气污染治理质量［J］．中国地质大学学报（社会科学版），2016，16（01）：20－33＋170.

③ 赵娜，李香菊．税收竞争与地区环保财政支出：传导机制及其检验［J］．财经理论与实践，2019，40（04）：95－100.

④ 邓琨．地区税收竞争对生态环境的影响效应研究［D］．兰州：兰州财经大学，2019.

⑤ 张华．环境支出、地区竞争与环境污染——对环境竞次的一种解释［J］．山西财经大学学报，2018，40（12）：1－14.

为自由市场是唯一有效配置资源的手段。① 伦敦学派和弗莱堡学派则是自由市场经济的典型代表。伦敦学派在二战后全球范围内自由贸易无法全面实现的情况下，提出了“区域一体化”的概念。其代表人物罗宾斯在1963年出版的《政治学和经济学》一书中分析了“一体化”的三个好处：一是一体化有可能实现区域内较好的分工，二是一体化能更有效地动员资金和分配资金，三是市场越大越可以刺激技术革新。② 弗莱堡学派认为：“一体化”是经济自由主义思想在国际经济领域中的引申和运用。其代表人物艾哈德（Ludwig Erhard）认为，实行一体化之大忌是把一体化搞成一个超国家的经济管制机构，其重点应放在建立自由的区域经济秩序上。他认为“一体化”应采取的措施有：第一，商品和劳务的贸易自由；第二，资本流动自由；第三，人员就业自由；第四，废除一切保护主义经济政策。③ 要实现这些措施必须消除三大障碍，即国土、税率和技术三个边界，在这种情况下，“财政一体化”也就不可避免地产生了。④

新制度经济学的交易费用理论是财政一体化政策的间接理论基础。新制度经济学家科斯用交易费用理论解释了一体化形成的原因。区域经济一体化的形成正是为分工和专业化提供了空间上的优势。区域经济一体化除了通过制度创新降低交易费用之外，还存在一种显著的优势，即可以形成区域内的产业聚集效应。扩大了的要素市场可以使分工进一步深化，企业进行分工和协作，彼此间形成一种互动性的关联从而实现产业集聚扩大市场。如果将区域经济一体化视为在宏观范围内通过降低贸易壁垒来节约交易费用的话，那么区域内的分工和专业化则是在微观范围内通过产业的聚集而使资源整合，进而提高资源的使用效率，从而进一步降低专业化企业之间的交易费用。因此，不断地追求较低的交易费用是区域经济一体化形成的内在原因。同样，只有在已经形成的区域内部不断地降低交易成本，才会促使区域内的经济得到更好的发展，进而促进全球范围区域经济一体化的有效发展。⑤

---

① ［英］亚当·斯密．国民财富的性质和原因的研究［M］．郭大力，王亚南，译．北京：商务印书馆，1972.

② ［英］莱昂内尔·罗宾斯．政治学和经济学［M］．北京：商务印书馆，1963.

③ ［德］路德维希·艾哈德．来自竞争的繁荣［M］．北京：商务印书馆，1983.

④ 车明辉．税收一体化的理论基础［J］．涉外税务，1990（09）.

⑤ 李平，陈娜．区域经济一体化的新制度经济学解释［J］．哈尔滨工业大学学报（社会科学版），2005（04）.

二、财政政策横向一体化的理论假说

推动生态创新的财政政策横向一体化要求从目的论视角切入研究财政政策横向一体化的必要性。财政政策作为重要的环境保护政策工具，其横向一体化对区域生态创新的影响主要体现在三个方面：环境影响、经济影响以及创新影响。

（一）财政政策横向一体化对区域生态环境的影响

财政政策横向一体化对环境影响的研究较少，国外大多数学者从税收竞争的角度进行了研究，且多数学者支持税收竞争会加剧环境污染的观点。地区税收竞争与公共产品和服务之间存在密切的关系，地方政府可以通过降低本地税负来吸引外部投资，但政府征收无效率的低税率，将直接带来当地政府财政收入的减少，进而导致了环境治理投入不足，同时通过增加经济项目投资和基础设施建设，降低环境治理等类型的公共品支出来展开税收竞争。[①] 从而引出了“趋劣竞争”的概念，即地方政府间存在为了吸引更多外资和防止本地资源流出，实施低水平的环境标准和较低的环境准入门槛来降低企业社会边际成本，导致环境恶化的现象[②]。

国内对财税竞争与环境污染的理论研究较少，主要侧重实证分析。研究结论虽不尽相同，但大多数印证了国外学者的结论。不少学者选取了我国各省的面板数据进行研究。基于不同税种及其设置，我国省级政府更注重对工业固体废弃物和废水的治理，甚少研究对大气污染物的监管与治理[③]；在污染物的外溢性条件下，地方税负的降低促进了当地工业废气排放量的增加[④]；以税收优惠来衡量的税收竞争强度与环境污染呈正相关关系，财政分权和税收竞争都会加剧环境污染，并且二者相互作用会加强对环境污染的影响作用，表现为明显的“趋劣竞争”[⑤]；地方政府税收征管

---

① Oates, W. E. , 1972, Fiscal Federalism, Harcourt Brace Jo-vanovich.

② Cumberland. Efficiency and equity in interregional environmental management [J] . Review of regional studies, 1981 (2): 1 -9.

③ 崔亚飞，刘小川. 中国省级税收竞争与环境污染——基于1998—2006年面板数据的分析 [J] . 财经研究, 2010, 36 (04): 46-55.

④ 刘洁. 中国地方政府间税收竞争机理及效应研究 [D] . 济南: 山东大学, 2013.

⑤ 贺俊，刘亮亮，张玉娟. 税收竞争、收入分权与中国环境污染 [J] . 中国人口·资源与环境, 2016, 26 (04): 1 -7.

效率越高，环境污染程度越低，而地方宏观税负越高，环境污染越严重。降低本地实际税率会导致该地区污染排放量的增加。[①] 地方政府逐底的税收竞争显著加剧了本地雾霾的污染，抑制了环境治理政策的减霾效应，环境治理政策未达到引导良性税收竞争促进地区经济高质量发展的目标。[②] 地方政府税收竞争对绿色发展效率提高具有抑制作用。[③] 总之，区域间税收竞争会导致地方政府对高产值、高利税、高污染的企业放松排污监管，降低其环境污染排放标准。

因此有假说1：财政政策一体化程度越高，地方财税竞争越弱，区域环境污染程度越低。

（二）财政政策横向一体化对区域经济发展的影响

财税竞争容易导致地方政府陷入“竞高”“竞低”的两难困境。限制区域间劳动力、资本、技术、人才等生产要素的自由流动会降低区域整体的资源配置效率。税收作为各地方政府的“钱袋子”，特别是在我国经济步入新常态和全球新冠病毒防治常态化的叠加下，各地方政府调控经济的压力较大。从全区域视角破除制度障碍，促进区域资本、技术、人才以及信息等要素的自由流动尤为重要。特别是新冠病毒疫情冲击导致的贸易保护主义抬头以及国际贸易摩擦进一步加剧的背景下，我国将采取以国内循环为主的“双循环”模式。这必将加剧国内各地方政府间已经存在的多种有序或无序的过度竞争，许多领域的竞争也会由参与国际市场竞争转变为国内市场竞争，由增量经济竞争转变为存量经济竞争，由此导致我国的国内外产业分工调整和产业链重组。[④] 在财政政策一体化过程中，生产要素间流动障碍减弱，要素在区域和城际间自由流动，导致货物运输成本、劳动力流动成本、工作、信息匹配成本的下降，从而实现收益递增。

因此有假说2：财政政策一体化程度越高，地方财税竞争越弱，区域

---

① 周林意，朱德米．地方政府税收竞争、邻近效应与环境污染［J］．中国人口·资源与环境，2018，28（06）：140－148.

② 上官绪明，葛斌华．地方政府税收竞争、环境治理与雾霾污染［J］．当代财经，2019（05）：27－36.

③ 杨丽，曹慧敏，丁仁展．地方政府税收竞争、FDI与绿色发展效率［J］．重庆理工大学学报（社会科学），2020，34（05）：24－33.

④ 李娜，张岩．长三角地区生态绿色一体化发展示范区建立财政分享机制的问题及对策建议［J］．上海城市管理，2020，29（04）：38－43.

经济发展程度越高。

（三）财政政策横向一体化对区域创新能力的影响

创新从本质上来说是知识的创造性重组，不同创新主体通过直接或间接交流并产生无意识的知识传播。区域财政政策一体化能够降低区域内创新要素流动成本，有利于实现创新要素的空间集聚。知识的传播具有明显的地理衰减规律。在一体化过程中，由于空间的一体化打破了区域间的地理隔阂，区域中创新主体的空间距离被拉近。一方面，企业和组织等创新主体往往会选择从区域内寻找合作伙伴，空间临近效应会更有利于发挥主体间的学习效应，实现知识共享；另一方面，区域一体化中由于地理距离的邻近，使得创新主体间可以有效避免信息不对称，增强信任，有利于抵抗创新的不确定性风险，减少了企业的创新成本，从而进一步降低由创新不确定性产生的交易成本。因此，区域一体化有助于知识外部性的形成，而知识的外溢效应促进了以知识、技术为主导的区域创新能力的提高。已有研究表明，区域一体化政策对推进长三角地区区域协调与区域创新能力的提升具有正向影响作用。①

由此有假说3：财政政策一体化程度越高，地方财税竞争越弱，区域创新能力越强。

第三节 长三角地区财税竞争对生态创新影响的实证研究

基于财税竞争对经济增长、资源配置、区域创新和市场一体化的可能影响以及突出的区域环境问题，由财税竞争、生态创新和经济影响构成的内在逻辑有待进一步明确。为了验证3条假说，本章选取2010—2018年

① 毛金祥，张可．经济集聚与区域创新的空间关联研究——以长三角地区为例［J］．现代城市研究，2018（11）：41－46＋72；金露露，王子晨．区域一体化对城市绿色创新水平的影响研究——基于长三角地区26个城市的动态空间面板实证检验［J］．技术经济与管理研究，2019（11）：111－116.

长三角地区 41 个城市的面板数据以及 2010—2019 年长三角地区上市公司的相关数据进行实证研究。数据来自《中国城市统计年鉴》（2011—2018 年）、《浙江统计年鉴》（2011—2018 年）、《安徽统计年鉴》（2011—2018 年）、《江苏统计年鉴》（2011—2018 年）、《上海统计年鉴》（2011—2018 年）以及各上市公司年报。基本思路如下：首先就财税竞争对生态创新的影响进行分析，即利用一个指标衡量生态创新并以此进行回归分析，其次根据假说将财税竞争对生态创新的影响分为三个方面分别建立各自的回归模型。面板数据回归模型设定如下：

$$y_{it} = x_{it}\beta + z_i\delta + \mu_i + \varepsilon_{it} \tag{11-1}$$

式中，x_{it}为随时间随个体变化的影响因素；z_i 为不随时间而变的个体特征；u_i 代表个体异质性的截距项，即“个体效应”；ε_{it}为扰动项；u_i + ε_{it}为复合扰动项；y_{it}为城市 i 在时间为 t 时的生态创新指标值；β 和 δ 为回归系数。

一、财税竞争对生态创新的影响

（一）数据说明

将绿色发明专利授权量作为衡量生态创新的指标。绿色发明专利不仅能够衡量绿色技术创新活动的数量，还能够有效刻画绿色技术创新活动的质量。[①] 该指标能在体现生态性的同时反映地区的创新能力。为了探究财税竞争对生态创新的影响，故需将财税竞争作为核心解释变量。参照衡量地方政府财税竞争的宏观税负水平，微观层面上的财税竞争指标（com）计算公式为[②]：

$$com_{it} = \frac{Tax_{tj}/gdp_t}{Tax_{itj}/gdp_{it}} \tag{11-2}$$

式中，com 是地方财税竞争指数；i 指地区；t 表示时间；Tax_{tj}/gdp_t 反映了 t 年全国企业所得税的总体平均实际税率；Tax_{itj}/gdp_{it} 是某一地区企业所得税的实际税率。com 越大，代表地方财税竞争程度越激烈。

---

① 陶锋，赵锦瑜，周浩．环境规制实现了绿色技术创新的“增量提质”吗——来自环保目标责任制的证据［J］．中国工业经济，2021（02）：136－154.

② 孔令池，高波，李言．市场开放、地方财税竞争与产业结构调整——基于我国省级面板数据的实证研究［J］．经济理论与经济管理，2017（10）：45－57.

据测算，2009—2018 年，长三角地区不同城市间的宏观税负水平没有发生太大变化。上海市的地方税收竞争指数始终维持在一个较低的水平且逐年递减，10 年平均税收竞争指数为 1.094，远远低于同期其余三个省份。这说明上海市的财税竞争程度在长三角地区处于最低水平，相对领先的发展水平使得上海开始聚焦于资源争夺之外的其他方面，如经济发展质量而非单纯的经济发展速度。浙江省、安徽省和江苏省的地方税收竞争指数存在一定的差异。2009—2018 年安徽省平均税收竞争指数为 3.39，处于较高水平，且大多数年份高于浙江省、江苏省以及上海市。江苏省的税收竞争指数与安徽省税收竞争指数的变化趋势大体一致，但两省的差距在不断缩小。2017 年，江苏省反超了安徽省，成为长三角地区税收竞争指数最高的省份。与安徽省、江苏省相比，2009—2018 年浙江省的税收竞争程度较低，浙江省的税收竞争指数逐年下降。特别是在 2014 年后，税收竞争程度显著下降，2014—2018 年的平均税收竞争指数为 2.76。总之，长三角地区不同省市的税收竞争程度存在较大的差异。相较于浙江省和上海市，安徽省、江苏省的税收竞争更为激烈。而且，长三角地区的税收竞争指数在 2011 年左右达到了最高值，2017 年出现整体性下降，与长三角地区一体化战略的深化有关。

就省内各地市而言，在 2009—2018 年，江苏省城市间的税收竞争差异较小，而安徽省城市间的税收竞争异质性问题显著，浙江省次之。浙江省 11 个城市之间的税收竞争指数绝对差距较大，呈现出两极分化的态势，宁波市、杭州市以及舟山市的税收竞争指数处于较低水平，而金华市、嘉兴市、丽水市等城市则处于较高的水平。与此同时，每个城市间的发展趋势非常一致，所有城市的税收竞争指数都逐年下降，且城市间的税收竞争程度的差距在不断缩小。2017 年后，所有浙江省的城市税收竞争指数都下降到 2 以下。总体上，浙江省中部和南部城市的税收竞争指数相对较高，2015 年以来，浙江省各城市税收竞争程度的差距在不断缩小且保持在较低水平。较浙江而言，江苏省 13 个城市间税收竞争指数的差异较小。虽然每个城市都存在着各自的税收竞争水平以及发展趋势，但总体而言差别不大。其中，盐城市的税收竞争程度每一年都高于其余城市，甚至在 2010 年达到 6.92，从长三角地区全局来看也相当高。除此之外，南通市、宿迁市以及泰州市税收竞争水平也相对较高，其余城市的税收竞争程度都在 2.5 上下浮动。作为江苏省的省会城市，南京市的税收竞争程度在全省处于最低水平，且整体呈现出逐年下降的趋势。值得注意的是，淮安市的税收竞争程度虽然保持在较低水平但逐年上升，这与长三角地区一体化发展趋势相悖。安徽省城市间税收竞争差异显著，两极分化严重。宿州市、宣城市、安庆市、六安市、亳州市税收收入竞争激烈，其余城市的税收竞争指数较为相似且相对较低。安徽省宿州市税收竞争程度在 2010 年达到长三角地区所有城市的历史最高，为 18.1，2015 年后各城市间的差距不断缩小。

此外，控制变量包括财政状况、经济发展状况和金融运行状况，为了衡量指标的实际变化，对地方财政科学事业支出、金融机构贷款余额以及固定资产投资总额等指标以 2010 年为基年进行平减处理，具体指标如表 11－1 所示。其中，财政自给率是地方财政一般预算内收入与地方财政一般预算内支出的比值，金融效率系年末银行业贷款余额/年末银行业存款余额。

表 11－1　财税竞争对生态创新影响的回归变量

	变量	符号	衡量指标
被解释变量	生态创新水平	*green*	绿色发明专利授权量（件）
核心解释变量	财税竞争程度	*com*	宏观税负水平
控制变量	税费强度	SO_2	二氧化硫排污费（亿元）
		restax	资源税（亿元）
	财政状况	*sci*	地方财政科学事业支出（亿元）
		fss	财政自给率
	金融状况	*fineff*	金融效率
		loa	金融机构贷款余额（亿元）
	经济发展水平	*cap*	固定资产投资总额（万元）/GDP（亿元）
		gdp	地区生产总值（亿元）

（二）实证结果及分析

构建的双向固定效应模型如下式所示：

$$green_{it} = com'_{it}\beta + s2o'_{i}\delta_1 + restax'_{i}\delta_2 + sci'_{i}\delta_3 + fss'_{i}\delta_4 + fineff'_{i}\delta_5 + loa'_{i}\delta_6 + cap'_{i}\delta_7 + gdp'_{i}\delta_8 + \mu_i + \varepsilon_{it} \qquad (11-3)$$

各变量进行描述性统计如表 11 - 2 所示。2010—2018 年长三角地区 41 个城市绿色发明专利授权量均值为 69.52，标准差为 169.479。最大值为 2016 年的上海市，授权量达到 1376 件。横向对比其余城市，存在多个绿色发明专利授权量为零的城市。除了上海市、南京市、杭州市、苏州市等城市外，其余城市的绿色创新状况并没有出现较为明显的提升。在财税竞争方面，长三角地区 41 个城市的宏观税负水平指数（*com*）的均值为 4.35，标准差为 2.728。2010 年宿州市达到最大值 3.9397，而最小值为 2018 年上海市，仅为 0.9363。纵向比较财税竞争程度的变化趋势可以发现，接近一半的城市财税竞争指数呈下降趋势。

表 11 - 2　　变量描述性统计（生态创新）

变量符号	个数	均值	标准差	最小值	中位数	最大值
green	328	69.52	169.479	0	12.5	1376
com	369	4.35	2.728	0.9363	3.5369	18.104
SO_2	328	66.41	129.960	2	36.5	1706
restax	278	158.31	429.540	0	84.5	5987
gdp	369	3.76e+07	4.54e+07	3008439	2.30e+07	3.27e+08
sci	355	22.875	49.268	0.253	9.224	426.366
loa	369	0.6885	1.3104	0.0365	0.2569	10.5
fss	327	0.650	0.234	0.069	0.662	1.116
fineff	327	0.710	0.151	0.272	0.725	1.023
Cap	341	10.873	3.281	7.625	11.473	17.686

就控制变量而言，二氧化硫排污费以及资源税的均值分别为 66.41 和 158.31 亿元，标准差分别为 129.96 和 429.54。相比之下不同地区资源税征收状况的差异更大，2011 年铜陵二氧化硫排污费为 1706 亿元，徐州的资源税为 5987 亿元，为 2009 年以来最高水平。财政自给率的均值为 0.65，最小值为 0.686（2010 年淮安市），最大值为 1.116（2013 年马鞍山市）。地方财政科学事业支出的均值为 22.875 万元，最小值为 0.253，最大值为 426.3655，标准差为 49.268，长三角地区不同城市间的科学事业支出差异较大。对比之下，固定资产投资总额、*GDP*、金融机构贷款余额的标准差处于一个相当高的水平。

基于双向固定效应模型，长三角地区财税竞争对生态创新影响的回归结果如表 11 - 3 所示。整个方程显著性的 F 统计量为 291.17，其对应的 *p*

值为0，模型可信度高。

表11－3　　　　财税竞争对生态创新影响的组内估计

项目	*green*
com	5.193 *** (2.319)
SO_2	0.009 (0.613)
restax	－0.003 (－1.876)
gdp	28.579 *** (4.092)
sci	4.805 ** (4.939)
loa	0.350 * (1.061)
fss	3.713 (0.064)
fineff	46.367 ** (2.248)
cap	－36.164 * (－1.785)
_ *cons*	－103.648 *** (－3.243)
N	264

注：***、**、*分别表示在1%、5%、10%的显著性水平上拒绝原假设。

根据回归结果，核心解释变量财税竞争（*com*）以及GDP（*gdp*）在1%的显著性水平上对绿色发明专利授权量（*green*）具有显著影响，*com*的系数为5.193。这表明财税竞争指数每上升一个单位，绿色发明专利授权量就会增加5.193个单位。同理有，财政科学事业支出（*sci*）、金融效率（*fineff*）在5%的置信水平上对生态创新产生正效应。固定资产投资（*cap*）以及金融机构贷款余额（*loa*）在10%的置信区间对生态创新有显著影响。此外，地区经济发展、科研环境优化、金融系统的高效运行都能推动区域绿色创新，较高的财政自给率将为地区的研发经费以及地区发展提供动力。总之，虽然财税竞争会造成区域恶性竞争，但经验上看长三角地区财税竞争对生态创新产生了较为积极的影响。

二、财税竞争对经济发展的影响

（一）数据说明

地区生产总值是衡量地区经济发展状况的良好指标，但为了能够在地区间进行横向比较，人均 *GDP*（*pgdp*）作为被解释变量来衡量地区经济发展水平。宏观税负水平（*com*）依然是重要的解释变量。与此同时，根据经济增长理论，生产要素资本和劳动力以及技术进步对经济发展具有决定性作用，且已有学者研究表明产业结构、贸易开放度、财政自给率、城镇化对经济发展程度有重要影响。①② 因此，控制变量引入了劳动力、产业结构、对外开放程度、城市化、教育投入、金融等，具体指标如表 11－4 所示：

表 11－4　　财税竞争对经济发展影响的回归变量

项目	变量	符号	衡量指标
被解释变量	经济发展水平	*pgdp*	人均 GDP（元）
核心解释变量	财税竞争程度	*com*	宏观税负水平
控制变量	劳动力	*lab*	城镇就业人口（万人）
	产业结构	*con2*	第二产业产值（亿元）/GDP（亿元）
	对外开放程度	*open*	进出口贸易总额（亿元）/GDP（亿元）
	城市化	*urb*	城市人口（万人）/总人口（万人）
	金融发展水平	*fineff*	金融效率
	教育投入	*edu*	地方财政教育事业费支出（万元）

（二）实证结果及分析

构建的双向固定效应模型形式如下：

① 肖叶，刘小兵．税收竞争促进了产业结构转型升级吗？收竞基于总量与结构双重视角［J］．财政研究，2018（05）：60－74＋45.

② 张坤领，刘清杰．户籍制度竞争及其经济发展效应——基于动态空间杜宾模型的实证检验［J］．中南财经政法大学学报，2019（04）：78－88.

$$\mathrm{pgdp}_{it} = com'_{it}\beta + lab'_{i}\delta_1 + con2'_{i}\delta_2 + open'_{i}\delta_3 + urb'_{i}\delta_4 + edu'_{i}\delta_5 + fineff'_{i}\delta_6 + \mu_i + \varepsilon_{it} \quad (11-4)$$

各变量进行描述性统计如表 11 -5 所示。

表 11 -5　变量描述性统计（经济发展）

变量符号	个数	均值	标准差	最小值	中位数	最大值
pgdp	369	63165. 71	36085. 535	9068	56702	199017
com	369	4. 35	2. 728	0. 9363495	3. 53685	18. 1043
lab	364	192. 04	212. 648	19. 0119	120. 5943	1357. 324
con2	369	48. 86	7. 403	29. 78	48. 22	74. 73
urb	327	58. 86	12. 218	29. 1	59. 5	89. 61
edu	360	283134. 79	7. 30e +05	1882	47253. 5	9179869
open	369	0. 08	0. 062	0. 0069	0. 0562	0. 3493
fineff	327	0. 71	0. 151	0. 2716409	0. 725419	1. 022784

2010—2018 年，长三角地区 41 个城市人均 *GDP* 均值为 62165. 71 元，标准差为 36085. 535；最小值为 2010 年的阜阳市，仅有 9068 元，最大值为 2013 年的苏州市，人均 *GDP* 达到 199017 元。2010—2018 年，长三角地区 41 个城市的人均 *GDP* 呈上升趋势，增长速度呈现较大差异。

在控制变量方面，劳动力、城市化以及政府教育事业投入资金的最小值分别出现在丽水市、亳州市、宿州市，最大值均出现在上海市。上海市经济发展水平较高，科技发展快，对于教育的重视程度较高，劳动力需求较大，且作为国际大都市对外开放程度较高，这反过来又促进了经济的进一步增长。2018 年上海市的工业化程度达到最小值，这是由于经济的发展推动了第三产业的发展。相较之下，铜陵市在 2011 年第二产业比重达到了 74. 73%。由于实证研究的变量有交叉，本章不再赘述相关变量的描述性统计。

长三角地区财税竞争对经济发展影响的双向固定效应回归结果如表 11 -6 所示。整个方程显著性的 *F* 统计量为 57. 76，回归方程整体是高度显著的。核心解释变量财税竞争（*com*）在 1% 的显著性水平上对于经济发展具有显著的影响，*com* 的系数为 835. 64，表示财税竞争指数每上升一个单位，人均 *GDP* 就会提高 835. 64 个单位。劳动力数量（*lab*）、第二产业比重（*con2*）、城市化水平（*urb*）、对外开放程度（*open*）以及金融效率（*fineff*）均在1%的水平上对经济发展产生了显著影响。其中，劳动力数量、城市化水平、金融效率、对外开放程度对经济发展存在正效应，第二产业比重对于经济发展存在显著负效应。政府教育事业支出（*sci*）对经济发展的影响在10%水平上显著，且系数为正。

表 11-6　　财税竞争对经济发展影响的组内估计

项目	*pgdp*
com	835.640*** (2.835)
lab	51.432*** (3.121)
con2	-710.186*** (-2.794)
urb	2075.142*** (7.598)
edu	0.011* (1.733)
open	8.21e+04*** (2.977)
fineff	23534.264*** (6.654)
_cons	-5.21e+04** (-2.253)
N	316

注：***、**、*分别表示在1%、5%、10%的显著性水平上拒绝原假设。

回归结果表明，随着城市化进程的不断加快，劳动力等要素不断流入，逐步形成要素集聚的巨大优势，从而推动地区经济快速增长。教育水平的提高能够推动地方经济的发展是因为完善的教育体系是提高国民素质的必要途径，从而推动科技创新。科技水平的提高能够极大提高生产效率，促进地区经济的发展。完善的金融体系极大促进经济的发展，金融效率的提升能够有效调动资源的配置与投入产出比，进而不断激发市场活力；地区开放程度以及产业结构也会对经济产生重要影响。地区间的贸易能够进一步提高资源的利用效率，合理的产业结构也可以带动地方经济的健康高质量发展。

通过以上分析可以得出以下结论：长三角地区财税竞争对于经济发展存在显著的正效应。基于历史的经验证据表明，短期内地方政府为了吸引流动性资源通过财政手段进行横向竞争，大量资本涌入推动了地区产出增加，促进经济快速增长。长期中，由于企业良莠不齐，可能无法保证地区经济的长期稳定发展。假说2的成立与否与长短期分析有关，从短期的实证结果来看，财税竞争对经济发展的影响为正，预期假说不成立。

三、财税竞争对生态环境的影响

（一）数据说明

环境污染作为影响生态环境质量的一个重要因素，污染物排放量的大小能够很好反映出生态环境状况，使用环境污染排放指数（*emi*）来刻画。该指数将基于熵值法对工业废水排放量、工业二氧化硫排放量、工业烟粉尘排放量以及固体废弃物排放量为进行加权计算。宏观税负水平（*com*）依然是重要的解释变量。为了更好研究财税竞争对于生态环境的影响，控制变量包括产业结构、创新能力、开放程度、经济发展程度以及城市化。其中，用第二产业产值占GDP的比重（*con2*）来衡量产业结构，用地区专利授权量（*pat*）来衡量创新能力，用进出口贸易占GDP的比重（*open*）来衡量对外开放程度，同时分别用城市人口占总人口的比重、人均GDP（*pgdp*）作为城市化以及经济发展衡量指标。变量设定如表11－7所示。

表11－7　财税竞争对生态环境影响的回归变量

项目	变量	符号	衡量指标
被解释变量	生态环境水平	*emi*	环境污染排放综合指数
核心解释变量	财税竞争程度	*com*	宏观税负水平
控制变量	产业结构	*con2*	第二产业产值（亿元）/*GDP*（亿元）
	经济发展水平	*gdp*	*GDP*（亿元）
	对外开放程度	*open*	进出口贸易总额（亿元）/*GDP*（亿元）
	创新能力	*green*	绿色创新专利授权量（件）
	教育水平	*lnedu*	地方财政教育事业费支出的对数（万元）

（二）实证结果及分析

双向固定效应模型设定如下：

$$emi_{it} = com'_{it}\beta + con2'_{i}\delta_1 + gdp'_{i}\delta_2 + open'_{i}\delta_3 + green'_{i}\delta_4 + \text{lnedu}'_{i}\delta_5 + \mu_i + \varepsilon_{it} \quad (11-5)$$

各变量进行描述性统计如表 11－8 所示。2010—2018 年长三角地区 41 个城市环境污染排放综合指数（*emi*）的均值为 28703.33。最大值 352409.3 出现在 2011 年的徐州市，2018 年的黄山市达到最小值 616.789，标准差为 31692.838。这说明不同地区之间的污染排放量存在相当大的差距。2010—2018 年，长三角地区地区 41 个城市环境污染综合指数都呈现出下降趋势。

表 11－8　　变量描述性统计（生态环境）

变量符号	个数	均值	标准差	最小值	中位数	最大值
emi	359	28703.33	31692.838	616.789	21391.7	352409.3
com	369	4.35	2.728	0.9363	3.5369	18.1043
con2	369	48.86	7.403	29.78	48.22	74.73
gdp	369	3.76e+07	4.54e+07	3008439	2.30e+07	3.27e+08
open	369	0.08	0.062	0.0069	0.0562	0.3493
green	328	69.52	169.479	0	12.5	1376
lnedu	360	11.08	1.661	7.5401	10.7632	16.0325

通过双向固定效应回归得到的长三角地区财税竞争对生态环境影响结果如表 11－9 所示。整个方程显著性的 *F* 统计量为 17.15，回归方程的整体显著性水平较好。

表 11－9　　财税竞争对生态环境影响的组内估计

项目	*emi*
com	1669.579*** (3.148)
con2	881.531* (1.742)
gdp	－0.001* (－1.895)
open	1.56e+05* (1.688)

续表

项目	*emi*
green	53.443 (0.921)
lnedu	-9902.839*** (3.052)
_ *cons*	-1.06e+05** (-2.168)
N	319

注：***、**、*分别表示在1%、5%、10%的显著性水平下拒绝原假设。

根据回归结果可知核心解释变量财税竞争（*com*）对生态环境在1%的显著性水平下具有显著的影响。回归系数1669.579表明财税竞争程度对于环境污染排放（*emi*）具有显著的正效应。教育费用支出在1%的置信水平下对生态环境的影响显著为负。当教育费用每提高一个百分比，综合排放指数就会下降9902.839个单位。经济发展程度在10%的水平上对环境污染程度的影响非常显著，回归系数为-0.0011。这可能因为长三角地区经济发展与环境污染之间已经迎来拐点，长三角地区41个城市污染综合排放指数大体下降。相似地有，对外开放程度（*open*）、产业结构（*cons2*）在10%的置信水平下都存在显著的负效应。

通过以上分析可以得出以下结论：财政政策一体化对于长三角地区的环境污染排放水平具有负向影响。财政政策一体化程度越高，地方财税竞争程度越低，污染排放综合指数越低，对于生态环境的压力就越小。这主要是由于地方政府通过降低税负水平等财税竞争手段来吸引资本流入，其中也包括生态补偿费用，这就导致了低端污染型企业不断增加，甚至产生集聚，从而产生重大的环境污染，降低财税竞争程度也就可以降低由此带来的环境污染。长三角地区污染排放综合指数总体呈现出下降的趋势，这与长三角地区一体化进程以及财税竞争水平的变动趋势相一致。由此假说1得以验证。

四、财税竞争对区域创新的影响

（一）数据说明

由于区域专利数量中很大一部分来自于高校以及研究机构，税收的变化不会对其产生较大的影响，相比之下企业的创新行为会更大程度上受到税收的影响。因此，可将长三角地区上市公司的专利申请总数作为被解释变量，用以衡量区域创新行为。税收优惠作为财税竞争的手段之一，对企业产生重大的影响，可将各上市公司收到的税收返还作为核心解释变量，来探究财税竞争对于区域创新的影响。[①] 此外，用技术人员数量占总人员比例（*rdper*）来衡量研发人力投入，同时根据相关研究将企业规模、财务杠杆、资产结构、利润总额、营业收入增长率以及托宾 *Q* 值作为控制变量。[②] 具体指标设计如表 11 - 10 所示。

表 11 - 10　　财税竞争对区域创新影响的回归变量

项目	变量	符号	衡量指标
被解释变量	区域创新	*pat2*	申请专利总数（件）
核心解释变量	财税竞争程度	*back*	收到的税费返还（亿元）
控制变量	科研投入	*rdper*	研发人员数量占比（%）
	公司状况	*size*	企业规模（ln（总资产），元）
		lev	财务杠杆
		tan	资产结构
		pro	利润总额（亿元）
		inc	营业收入增长率（%）
	市场状况	*tobin*	托宾 Q 值

注：财务杠杆和资产结构沿用国泰安财报数据库中的传统定义。

（二）实证结果及分析

构建双向固定效应模型，通过组内估计法进行回归分析，具体模型如下：

$$\text{pat2}_{it} = back'_{it}\beta + tdper'_{i}\delta_1 + size'_{i}\delta_2 + lev'_{i}\delta_3 + \tan'_{i}\delta_4 + pro'_{i}\delta_5 + inc'_{i}\delta_6 + tobin'_{i}\delta_7 + \mu_i + \varepsilon_{it} \quad (11-6)$$

表 11 - 11 为主要变量的描述性统计。专利申请总数（*pat*）的均值为

① 柳光强．税收优惠、财政补贴政策的激励效应分析——基于信息不对称理论视角的实证研究［J］．管理世界，2016（10）：62 - 71.

② 李香菊，杨欢．产业异质性、税收激励与自主创新——中国战略性新兴产业 A 股上市公司实证研究［J］．科技进步与对策，2019，36（09）：60 - 68；王彦超，李玲，王彪华．税收优惠与财政补贴能有效促进企业创新吗？收优基于所有制与行业特征差异的实证研究［J］．税务研究，2019（06）：92 - 98.

158.78 件，标准差为 464.580，说明不同企业的专利产出差距较大，符合长三角地区企业技术创新水平参差不齐的现状。税收返还（*back*）的均值为 0.582 亿元，标准差为 2.28，不同企业接受的税收优惠程度呈现出较大的差异，甚至有企业出现无专利无税收优惠的情况，税收返还总额最高能达到 61.6 亿元。研发人员占比（*rdper*）的均值为 18.93%，标准差为 167.135，说明企业间科研投入存在一定的差距。企业规模（*size*）、财务杠杆（*lev*）、营业收入增长率（*inc*）、资产结构（*tan*）、利润总额（*pro*）、托宾 Q 值（*tobin*）的均值分别为 22.02、1.60、68%、0.35、7.03 亿元、2.64。

表 11-11　变量描述性统计（区域创新）

变量符号	个数	均值	标准差	最小值	中位数	最大值
pat	4667	158.78	464.580	0	52	12230
back	8292	0.582	2.28	0	0.0839	61.6
rdper	4758	18.93	167.135	0	12.995	11066
size	9288	22.02	1.372	16.161	21.849	29.924
lev	8467	1.60	24.157	-81.344	1.058	2210.36
inc	8479	0.68	22.805	-1.309	0.110	1878.37
tan	9100	0.35	0.171	0	0.339	0.971
pro	9288	7.03	39.6	-118	1.352	882
tobin	8903	2.64	2.969	0.503	1.990	192.705

基于双向固定效应模型，长三角地区财税竞争对生态环境影响的回归结果如表 11-12 所示。在 5% 的置信水平上，税收返还总额（*back*）对企业创新行为具有显著的正向影响，回归系数为 2.34，当政府向企业增加一个单位的税收返额时，企业会增加 2.34 个单位的专利申请数量。研发人员数量占比（*rdper*）和托宾 Q 值（*tobin*）对企业专利授权数量的正向影响在 1% 的置信区间内显著，相比之下托宾 Q 值的系数更大，说明其对企业创新行为的影响更大。企业规模（*size*）和资产结构（*tan*）在 10% 的置信区间对于企业创新存在显著的正效应，财务杠杆（*lev*）以及利润总和（*pro*）在 5% 的置信区间分别存在显著的负效应和正效应。

表 11-12　财税竞争对于区域创新影响的组内估计

项目	*Patents_ sum*
back	2.34** (2.277)

续表

项目	Patents_ sum
rdper	4.588*** (2.613)
size	51.109* (1.281)
lev	-14.546** (-2.172)
inc	-0.4756 (-0.369)
tan	354.405* (1.82)
pro	7.06** (2.13)
tobin	14.972*** (2.971)
_ *cons*	-1343.7 (-0.921)
N	2128

注：***、**、*分别表示在1%、5%、10%的显著性水平上拒绝原假设。

通过以上分析可以得出以下结论：财税竞争对企业创新存在显著影响，主要表现在税收返还减少了企业的赋税负担，从而增加研发资金，促进了地区创新。这与假说3的结论不符，这种情况产生的原因与财税竞争对经济发展影响的状况类似。

第四节 长三角地区间财税竞争视角的一体化对策

一、长三角地区间财税竞争视角的一体化政策基础

自1994年分税制改革始，为更好贯彻落实中央相关税收政策，各省

份结合自身情况制定地方财政政策。长三角地区四个省（市）各自的发展阶段有所不同，地方经济特色与发展目标也有所差异。

（一）小型微利企业的税收优惠

小型微型企业在我国经济中占有十分重要地位，占国民经济总量的1/3以上。2019年1月17日，财政部、税务总局发布《关于实施小微企业普惠性税收减免政策的通知》，明确提高增值税小规模纳税人起征点、放宽小型微利企业标准并加大所得税优惠力度、扩展初创科技型企业所得税优惠政策适用范围，并授权地方政府在50%幅度内减征增值税小规模纳税人资源税、城市维护建设税、房产税、印花税（不含证券交易印花税）、城镇土地使用税、耕地占用税和教育费附加、地方教育附加。为贯彻落实国家税务总局文件精神，推进大众创业、万众创新，长三角地区四个省（市）对当地小微企业实施了相应的税收优惠政策。

浙江省按规定落实扶持小微企业发展的各项行政事业性收费减免政策，对初创企业均按不高于政府价格主管部门核定标准的50%收取。凡累计实际利润额不超过10万元（含）的，可以享受减半征税政策；超过10万元但不到30万元（含）的，可以享受减按20%税率征收的企业所得税优惠政策（减低税率政策），但不享受减半征税政策；超过30万元的，不适用减低税率以及减半税率。同时，在浙江省范围内，月销售税收入或月营业收入2万元（含本数，下同）至3万元的企事业单位和个体经营者，免征地方水利建设基金。

安徽省对于增值税小规模纳税人和营业税纳税人，月销售额或营业额不超过3万元（含3万元，下同）的，免征增值税。其中，以1个季度为纳税期限的增值税小规模纳税人和营业税纳税人，季度销售额或营业额不超过9万元的，免征增值税。自2017年1月1日至2019年12月31日，将小型微利企业的年应纳税所得额上限由30万元提高到50万元，对年应纳税所得额低于50万元（含50万元）的小型微利企业，其所得减按50%计入应纳税所得额，按20%的税率缴纳企业所得税。金融机构向农户、小型企业、微型企业以及个体工商户发放小额贷款取得的利息收入免征增值税优惠。

上海市与江苏省对年应纳税所得额在20万元到30万元（含30万元）之间的小型微利企业，其所得减按50%计入应纳税所得额，按20%的税率缴纳企业所得税。

由此可见，就小微企业普惠性税收优惠政策而言，虽长三角地区四省（市）大同小异，但由于每个地区都有其特殊性，发展的阶段目标也有所不同，各地区还是需要强化其薄弱环节或者凸显其优势领域。

（二）浙江和安徽对科技型和环保型领域或企业的税收优惠

浙江省和安徽省关于企业创新和环境保护的税收优惠政策密度较大。表 11－13 和表 11－14 分别梳理了浙江省和安徽省关于企业技术创新和环境保护的相关政策。

表 11－13　浙江省部分税收优惠政策

领域（企业）	政策发布时间	政策概况
企业技术改造	2013 年	企业购置并实际使用符合条件的环境保护、节能节水、安全生产等专用设备的，该专用设备投资额的 10% 可从企业当年应纳税额中抵免
		企业为开发新技术、新产品、新工艺发生的研究开发费用，按照研究开发费用的 50% 加计扣除（未形成无形资产）或按照成本的 150% 摊销（形成无形资产）
		符合条件的技术转让所得免征减征企业所得税
		对从事国家鼓励发展项目，进口设备、关键零部件及原材料享受进口税收优惠
		对增值税一般纳税人自行开发生产的用于工业产品、成套设备、自动化生产线和信息系统改造的软件产品，按 17% 税率征收增值税后，对其增值税实际税负超过 3% 的部分实行即征即退
高新技术企业	2014 年	技术先进型服务企业、国家需要重点扶持的高新技术企业减按 15% 的税率征收企业所得税优惠
	2019 年	高新技术企业所得税减免、所有企业研发费用加计扣除比例提高至 75%，高新技术企业和科技型中小企业亏损结转年限延长至 10 年
		省级以上科技企业孵化器、大学科技园和国家备案众创空间免征房产税、城镇土地使用税、增值税
节能环保	2015 年	企业综合利用资源减计税收优惠、节能服务公司实施合同能源管理项目所得减免所得税优惠
资源综合利用	2008 年	对销售符合条件的综合利用资源的自产货物实行增值税即征即退的政策

资料来源：浙江省发改委官网、浙江省经信委官网。

表 11－14　安徽省部分税收优惠政策

领域（企业）	政策发布时间	政策概况
企业技术改造	2013 年	企业为开发新技术、新产品、新工艺发生的研究开发费用，按照研究开发费用的 50% 加计扣除（未形成无形资产）或按照资产成本的 150% 摊销（形成无形资产）
	2017 年	科技型中小企业开展研发活动中实际发生的研发费用，按照实际发生额的 75% 在税前加计扣除（未形成无形资产）或按照资产成本的 175% 在税前摊销（形成无形资产）
高新技术企业	2015 年	高新技术企业发生的职工教育经费支出，不超过工资薪金总额 8% 的部分，准予在计算企业所得税应纳税所得额时扣除；超过部分，准予在以后纳税年度结转扣除
	2016 年	对符合条件的孵化器自用以及无偿或通过出租等方式提供房产、土地，免征房产税和城镇土地使用税；免征营业税；对其想孵化企业出租场地、房屋以及提供孵化服务的收入，免征增值税
	2017 年	经认定国家重点扶持的高新技术企业，减按 15% 的税率征收企业所得税。国家规划布局内重点软件企业减按 10% 的税率征收企业所得税
节能环保	2012 年	对节约能源、使用新能源的车船可以减征或者免征车船税
	2016 年	节能环保电池、节能环保涂料免征消费税优惠
	2017 年	企业从事《环境保护、节能节水项目企业所得税优惠目录》所列项目的所得，自项目取得第一笔生产经营收入所属纳税年度起，第 1 年至第 3 年免征企业所得税，第 4 年至第 6 年减半征收企业所得税
		企业购置并实际使用规定的环境保护、节能节水、安全生产等专用设备投资额的 10% 可以从企应纳税额中抵免
资源综合利用	2008 年	企业以规定的资源作为主要原材料，生产合法达标产品取得的收入，减按 90% 计入企业当年收入总额
	2013 年	符合条件的水力发电站销售自产电力产品，对其增值税实际税负超过 8% 的部分实行即征即退政策；对其增值税实际税负超过 12% 的部分实行即征即退政策
	2016 年	对纳税人销售自产的利用太阳能生产的电力产品，实行增值税即征即退 50% 的政策

资料来源：安徽省发改委官网、安徽省经信委官网。

相比而言，浙江省税收政策的重心偏向于地区技术创新和高新技术企业的引进，而安徽省偏好促进节能环保以及资源综合利用。虽然有所不同，但是方向一致。

（三）江苏和上海园区经济和总部经济的税收优惠

江苏省和上海市税收优惠的重点在于其总部经济以及园区经济，突出表现为江苏和上海的税收奖励比例相比全国有很大的优势。他们广泛开展招商引资工作，鼓励国内外各类企业设立总部或分支机构，给企业提供注册地址，不需要企业实体入驻即可享受相应税收优惠政策。针对园区内的企业，江苏和上海也有特定的优惠政策，江苏省的财政扶持奖励高达70%，上海市享受的税收奖励是地方留存的30%—80%。表11-15梳理了上海市和江苏省发展总部经济以及园区经济的相关税收优惠政策。

表11-15 上海市和江苏省部分税收优惠政策

政策优惠类别	上海市	江苏省
发展总部经济相关税收优惠	对于在上海市注册的有限公司，增值税按照地方留存40%—50%给予企业支持，所得税按照地方留存的40%给予奖励	各服务型企业在保持现有的经营地址和经营模式不变的前提下，在江苏进行注册的企业，其增值税（营改增）或营业税以纳税总额的50%—70%予以奖励，企业所得税按照地方财政所得部分（中央财政所得60%，地方财政所得40%）的50%—70%予以奖励
	针对个人独资企业，按照个体工商户的生产经营所得5级累进制缴纳5%—35%的个人所得税	
	在上海崇明岛享受核定征收，核定开票额的10%作为利润，所得税核定为开票额的0.5%—3.5%，小规模纳税人0.5%—3.1%，一般纳税人为3.1%—3.5%	
发展园区经济相关税收优惠	对于入驻园区的个人独资企业或合伙企业（小规模纳税人/一般纳税人），增值税地方实得部分返还50%—70%，企业所得税地方实得部分50%—70%，个人生产经营所得税地方实得部分返还50%—70%	对于入驻园区的个人独资企业或合伙企业（小规模纳税人/一般纳税人），其个人所得税可申请核定征收（综合税负3.31%—5.93%，针对解决个税、股东分红、劳务报酬、投资权益分红等问题）所得税综合税负为0.5%—3.5%

资料来源：江苏省、上海市发改委官网以及江苏省、上海市经信委官网。

由此可见，上海市与江苏省税收优惠政策更侧重于发展园区经济和总部经济。总体而言，每个省（市）对于环境保护的税收优惠政策都占有一定的比例，但是在各自省（市）中的力度却有所不同，安徽省和浙江省对于资源综合利用、新能源开发以及节能环保方面的税收政策相对较为完善，而上海市、江苏省更加侧重于发展园区经济和总部经济。

二、长三角地区间财税竞争视角的一体化政策创新

首先，提倡适度财税竞争，推动区域财政政策一体化，提高生态创新和经济高质量发展的协同水平。当财税竞争与财政政策一体化是一个相对概念时，即财税竞争水平越高，财政政策一体化程度越弱，那么财政政策一体化对经济发展、区域创新和生态创新的影响均为负，唯独有利于生态环境，与预期结果产生诸多不符。然而，当财税竞争和财政政策一体化不是一个线性关系时，如存在最优的财税竞争水平时，财政政策一体化、财税竞争以及经济、环境和创新目标的关系就会变得更复杂。财政政策一体化能够降低地区的交易成本，有利于优化资源配置与整合，较高的一体化程度将极大加快长三角地区的发展，同时财税竞争也会对地区发展产生积极影响。因此，应该在财政政策一体化的大背景下提倡合理的财税竞争，发扬财税竞争对地区发展的积极作用，鼓励适当竞争以减少一体化中缺乏活力的问题，减少地区间的交流壁垒，避免财税竞争中固有的恶性竞争关系。

其次，财政政策一体化的生态创新离不开城市体系、开放体系、教育体系、产业体系、金融体系等领域的组合拳。城市化进程的不断加快形成要素集聚的巨大地区优势，从而推动地区经济快速增长。较高地区对外开放程度能够进一步提高资源的利用效率，但同时也会对环境产生负面影响，应该提高外贸的交易环境以及外商投资门槛，控制其产生的环境压力。教育水平的提高能够有效推动科技创新，科技水平的提高能够极大提高生产效率，促进地区经济的发展，同时也会催化高新技术的产生，从而降低环境污染水平。合理的产业结构将带动地方经济的健康高质量发展，同时也有利于形成较好的科研环境，由此产生的正外部性将有效提高整体的生产质量并提高地区的创新能力。完善的金融体系极大促进地区的发展，金融效率的提升有效调动了资源的配置与投入产出比，进而不断激发市场活力。无论是地区发展中的各个方面，还是地区内的不同个体，唯有各个要素都发挥其正面作用、统筹考虑才能最终形成一个有机整体，一体化进程才能有效推进，才能进一步推动地区整体发展。

第三，积极推动税收数据共享，深化财政政策横向一体化试点，提高区域财政政策一体化水平。长三角地区作为我国先进制造业集聚地，要主动适应全球产业链分工和重组。长三角地区更高质量的区域一体化必然离不开生态环保领域的共享共建和协同治理。2019 年 11 月，国家发改委发布的《长三角地区生态绿色一体化发展示范区总体方案》明确了探索跨区域投入共担、利益共享的财政分享管理制度。2019 年 12 月，税收支持和服务长三角地区一体化发展联席会议召开，沪苏浙皖甬“三省两市”税务局签订了《关于共同推进税收支持和服务长三角地区一体化发展合作协议》，长三角地区税收制度合作迈出实质性一步。为了更好地发挥税收服务国家重大发展战略的作用，国家税务总局 2020 年 8 月印发《关于进一步支持和服务长江三角洲区域一体化发展若干措施的通知》，推出进一步支持和服务长三角一体化发展的 10 项税收征管服务措施。《通知》明确，推动长三角地区区域税收数据共享共享，积极打造税收“服务共同体”“征管共同体”“信息共同体”。利用税收大数据加大长三角地区区域税收经济联合分析力度，根据区域产业布局拓展产业链、供应链分析是近期的重点工作。

第十二章

以财政政策推进长三角地区生态创新的仿真模型构建

本章引入系统动力学方法，将长三角地区生态创新系统划分为5个子系统：经济子系统、人口子系统、能源子系统、生态子系统、科技子系统。将财政政策作为子系统嵌入到模型中，构建财政政策推进长三角地区生态创新的政策仿真模型，包括资源税、环境税、碳税等三种收入政策和低碳补贴、循环补贴、生态补偿等三种支出政策。政策仿真模型分四个地区（上海市、浙江省、江苏省和安徽省），三种类型包括单一政策模型、两种政策耦合模型及多种政策耦合模型，共64个模型。以浙江省为例展示了政策模型参数和方案设置过程。

第一节　财政政策推进区域生态创新的系统动力学主体模型构建

一、系统动力学方法

（一）系统动力学方法概念

系统动力学（System Dynamics）是美国Forrester教授首先提出的一种

研究系统信息管理的重要方法。① 它是一门集数学、系统、信息、管理等学科为一体的交叉学科，主要是通过研究系统的信息反馈来解决系统问题。

系统动力学方法（简称"SD模型"）"本质上是基于系统思维的一种计算机模型方法"。在系统思维方式下，现实中很多事物都可以看作一个由多个组成部分的系统，这些组成部分之间不是孤立存在，而是相互作用、相互影响，形成众多复杂因果关系，存在很多反馈结构。系统动力学用信息理论和计算机技术来描述这些反馈，形成因果关系图和系统流程图。系统动力学区别于一般系统思维建模在于，它根据反馈给定初始值，通过系统流量和流速的变化得出仿真结果。

SD模型是建立在控制论、系统论和信息论基础上，反映系统结构、功能和动态行为特征的一类动力学模型。② 最初系统动力学是用于研究库存管理分析的，之后由于它可以描述复杂系统关系，对现实系统结构具有揭示性，因此被广泛用于经济学、公共管理学、公共政策等领域。

（二）系统动力学方法原理与建模

1. 系统动力学方法原理

依据系统动力学原理，系统的行为模式与特性主要取决于其内部的动态结构与反馈机制，而信息反馈的控制原理受因果关系的逻辑分析影响。该方法在面对复杂的实际问题时，从系统的微观结构入手，依据数理方程建立系统的仿真模型，并对模型实施各种不同的"模拟政策试验"，寻求解决问题的有效途径。现在系统动力学主要利用计算机技术对真实系统构建仿真模型，可以研究系统的结构、功能和行为之间的动态关系，进而理解和控制系统的行为。

在系统动力学中，系统 S 可以被划分成若干个（p 个）相互关联的子系统，即 $S=\{S_i \mid S_i \in S\}$，$i=1, 2, \cdots, p$，依据系统结构流程图和构造方程实施系统动力学建模。流程图用于描述系统中各变量间因果关系和反馈控制机制；构造方程是变量间定量关系的数学表达式，可以根据真实数据构造拟合方程，或者由流程图直接确定。这里的构造方程是数理方程，

① 李玉文，沈满洪，程怀文．基于SD方法的水资源有偿使用制度生态经济效应仿真研究——以浙江省为例［J］．系统工程理论与实践，2017，37（03）：664－676.

② 潘婧，杨山，沈芳艳，等．基于系统动力学的港城耦合系统模型构建及仿真——以连云港为例［J］．系统工程理论与实践，2012，32（11）：2439－2446.

可以是线性或非线性的微分方程，其一般表达式如下：

$$\frac{\partial x}{\partial t} = f(x_i, a_i, r_i, p_i) \tag{12-1}$$

其差分形式如下：

$$X(t + \Delta t) = X(t) + \Delta t \cdot f(x_i, a_i, r_i, p_i) \tag{12-2}$$

式中，X 表示状态变量，a_i 表示辅助变量，r_i 表示流率变量，p_i 表示转移参数，t 表示仿真时间，Δt 表示仿真步长。

其中，状态变量可以是一个子系统的宏观表达量。

方程亦可扩展为如下矩阵形式：

$$X = PR \tag{12-3}$$

式中，P 为转移矩阵，R 为流率变量向量。

同时还需满足：

$$\begin{bmatrix} R \\ A \end{bmatrix} = W\begin{bmatrix} V \\ A \end{bmatrix} \tag{12-4}$$

式中，A 表示辅助变量向量，W 表示关系矩阵，V 表示仅与时间 t 有关的纯速率变量向量。

2. 系统动力学建模步骤①

①确定边界。明确研究目的与待解决的问题后，搜集相关的统计数据，阅读学习国内外的研究文献，划定系统边界。客观世界的系统大多是开放系统，但是在建模时，要确定系统界限，将其简化为封闭系统。

②系统结构分析。分析所要研究的对象，划分子系统，分析系统内的主要因果关系，确定变量间的关系。

③建立模型。模型包括系统结构流图与结构方程式，首先确定状态变量、速率变量和辅助变量，然后构建系统流图，它是整个系统的核心，根据变量间的关系建立数学方程式。最后对模型中的参数进行赋值。

④运行与检验模型。检验内容包括模型的方程式与实际情况的变化规律是否一致，量纲是否正确。在检验过程中根据模拟结果要不断对模型进行调试与修改，直至符合要求。

⑤模型模拟与分析预测。对模型进行模拟并将结果自动保存为数据集，分析得出的预测值。通过改变参数进行多种不同方案的模拟，根据模

① 刘靖尧. 天津市水资源可持续利用的系统动力学研究［D］. 北京：北京林业大学，2014.

拟结果进行分析比较，得出结论。

（三）系统动力学方法的应用

系统动力学的诸多特性决定了它非常适用于区域生态创新的政策仿真相关研究：

①系统动力学研究的是开放系统，系统既具有整体性，又具有层次性。系统存在子系统，整体和局部之间有着紧密的联系。而区域生态创新是一个涉及多种要素的复杂系统，系统内部及其与外界诸多因素存在交互作用。

②系统动力学研究的是多变量、线性与非线性反馈叠合的复杂系统。在解决问题时采用计算机仿真模拟真实系统，将线性与非线性叠合的动态过程转化成多次仿真拟合求解的问题，避开了数学工具的局限。与真实实验相比，大大降低了风险、控制了成本、提高了效率。这些特性决定了它可以更加真实地反映出政策效果，为制定科学合理的政策提供参考。

在20世纪80年代初，我国开始引进系统动力学，90年代，系统动力学在我国的社会、经济、产业、能源、区域与城市发展等领域得到了全面的应用，特别是人口、资源、环境与经济社会等可持续问题研究方面取得了长足发展。① 贺彩霞等对区域化社会经济发展模式的特点与原理进行了系统分析，建立了符合中国发展情况的区域社会经济系统的系统动力学模型。② Wei Jin 建立了生态足迹（EF）系统动力学，发展了动态的 EF 预测框架。③ Qiping Shen 从人口、经济、住房、交通和城市开发的土地五个子系统出发，建立了可持续的土地利用和香港城市发展的系统动力学模型。④此后，关于绿色发展和生态创新系统动力学模型的研究成果也越来越多。从经济发展视角，通过对农业、森林、绿色建筑等7个行业从绿色经济的角度进行界定和模拟，得出走绿色发展道路，中国可以实现更有质量的经

① 蔡林. 系统动力学在可持续发展研究中的应用［M］. 北京：中国环境科学出版社，2008.

② 贺彩霞，冉茂盛，廖成林. 基于系统动力学的区域社会经济系统模型［J］. 管理世界，2009（03）：170－171.

③ Jin W，Xu L，Yang Z. Modeling a policy making framework for urban substainability：Incorporating system dynamics into the Ecological Footprint［J］. Ecological Economics，2009，68（12）：2938－2949.

④ Shen Q，Chen Q，Tang B，et al. A system dynamics model for the sustainable land use planing and development［J］. Habitat International，2009，33（01）：15－25.

济增长[①]。从能源视角，采用系统动力学方法，建立了碳排放权交易市场、绿色证书交易市场和电力市场三个宏观市场间的交互模型和包含分布式可再生能源的配电网模型，研究可再生能源的激励机制。[②] 从农业绿色发展视角，通过建立系统动力学模型来分析研究绿色农业的未来发展趋势，以此来分析解决相关环境问题。[③] 从产业发展视角，采用系统动力学方法建立区域生态创新系统模型，探讨了产业生态创新健康问题。[④] 同时系统动力学在管理领域[⑤]、能源领域[⑥]、城市发展领域[⑦]等方面得到应用。

二、财政政策推进区域生态创新的系统分析

根据区域生态创新概念与内涵，将其划分为 6 个子系统，其中人口、经济、科技、能源和环境是基本子系统，而财政政策是嵌入子系统，表现为绿色财政政策体系。图 12－1 给出了绿色财政政策体系推进区域生态创新的系统关系。从中可以看出人口、经济、科技、能源和环境 5 大子系统相互作用，而绿色财政政策体系则作用于 5 大子系统。

（一）人口、经济、科技子系统分析

首先，人口系统表现为绿色消费，通过绿色消费促进绿色生产，影响经济系统。如果没有绿色消费，绿色产品将成为空谈。人口系统通过对能源需求来影响能源系统，人们的绿色能源消费意愿影响着能源系统，比如新能源产品的购买意愿会影响新能源产品服务等。人口系统以人力资本的形式参与到科技系统里，区域的科研力量（研发机构和研发人员）决定了

① 佟贺丰，杨阳，王静宜，等．中国绿色经济发展展望——基于系统动力学模型的情景分析［J］．中国软科学，2015（06）：20－3.

② 赵盛楠，王蓓蓓，李扬，等．基于系统动力学的分布式可再生能源激励机制分析［J］．电力系统自动化，2017，41（24）：97－104，128.

③ 王昊，仇蕾．基于系统动力学的绿色农业对生态系统的影响研究［J］．经济研究导刊，2017（12）：12－18.

④ 龚常，游达明．区域产业生态创新系统健康评价研究——以长株潭城市群为例［J］．经济学家，2015（06）：41－47.

⑤ 程怀文，李玉文．我国水资源管理的经济政策耦合效果仿真研究［J］．中国环境管理，2019，11（05）：53－60.

⑥ 范德成，李昊，刘贇，等．基于系统动力学的我国产业结构演化动力系统仿真研究［J］．运筹与管理，2017，26（04）：177－184.

⑦ 杨浩雄，李金丹，张浩，等．基于系统动力学的城市交通拥堵治理问题研究［J］．系统工程理论与实践，2014，34（08）：2135－2143.

区域科技水平。同时人口系统会将污染释放到环境系统，也会通过环境保护行为改善环境。

其次，经济系统表现为绿色生产，通过采用清洁技术、发展新工艺、组织创新等实现环境友好型生产。经济系统为人口系统提供绿色产品，为科技系统提供研发支持。经济系统通过消耗能源影响能源系统，同时能源系统供应会支撑经济系统。经济系统通过污染排放影响环境系统；环境承载力的有限性也会抑制经济系统发展。

最后，科技系统为绿色生产提高技术、工艺等支撑，科技系统受到人力资本的制约，新科技的运用也会给人口系统带来物质需求的满足；科技系统支持新能源开发，改善能源结构，从而实现绿色能源体系；科技系统通过技术创新减少环境污染从而改善环境，但有时科技带来的大规模生产会造成资源过度开发、环境破坏。

（二）能源、环境子系统分析

能源系统表现为绿色能源，即通过改善能源结构，新能源替代化石能源。能源系统与环境系统密不可分，能源本身也是环境要素的产物，同时化石能源消耗会污染环境，而清洁能源则是环境友好型。其次，能源系统为人口系统和经济系统提供能源支撑，是生活和生产所依赖的；最后，能源系统推进生态科技的进步，新能源开发过程伴随着科技进步。

环境系统表现为生态化，即人口、经济活动不能超过环境承载力范围。首先环境系统是其他所有系统的支撑系统，是能源的母体，为人口系统提供舒适的生存环境；其次，环境系统消纳经济系统产生的废弃物，在一定的阈值范围内，自然净化可以消除某些废弃物，比如流水 6 天可完成循环净化过程；最后环境系统也推动科技的发展，人们为了解决环境问题，会加大科技投入，寻找更先进的技术，从而推进科技进步。

（三）绿色财政政策的调节作用

从图 12 - 1 可以看出，绿色财政政策体系对其他 5 个子系统都存在相互作用。

绿色财政政策体系处于 5 大子系统的中心位置，对于 5 大子系统有着不同的作用：第一，绿色财政政策体系由人口系统提供，而绿色财政政策系统可以从经济方面激励引导人们的绿色消费行为或其他环保行为，优化

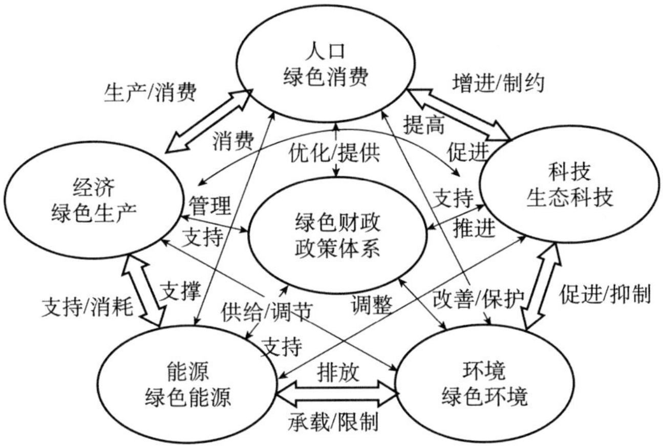

图 12－1　区域生态创新的系统组成示意图

消费结构，促进绿色消费。第二，绿色财政政策体系对于经济系统具有管理制约的作用，引导企业或生产单位选择绿色生产，同时经济系统为绿色财政政策体系提供财政支持。第三，绿色财政政策体系通过政府科技投资或企业生态技术投资等推进科技发展，同时科技的进步也会推进绿色财政政策体系的完善。第四，绿色财政政策体系通过碳税、大气污染排放税等直接促进区域调整能源结构，促进绿色能源体系建立，同时可以通过人口绿色消费、经济绿色生产，间接地促进绿色能源体系的建立。第五，绿色财政政策体系可以通过促进经济的绿色生产来减少环境污染，通过人口的绿色消费来改善环境，通过能源的绿色化减少对环境的破坏和污染，通过生态科技的进步改善和保护环境。

三、地区生态创新的系统动力学主体模型构建

系统动力学是根据系统变量之间的关系来构建模型。图 12－2 是根据区域生态创新的系统分析得到的模型系统因素逻辑关系图，是建模的基本思路。从图 12－2 可以看出，财政政策体系是核心，生态环境是关键。人口系统排放污染进而影响生态环境，同时会通过绿色消费减少污染；经济划分为农业、工业部门，排放污染进而影响生态环境；经济水平影响生态科技水平，生态科技促进环境保护；能源系统分为化石能源和新能源，化石能源与工业能源消耗有关，化石能源消耗影响生态环境，而新能源则会减少污染达到改善生态环境目的；财政政策体系受到经济水平、生态科技等影响，同时会抑制资源和化石能源使用、农业污染、工业污染和生活污

染，促进绿色消费，从而实现区域生态创新的目标。下面介绍5个子系统的模型系统流程图和方程式表达。

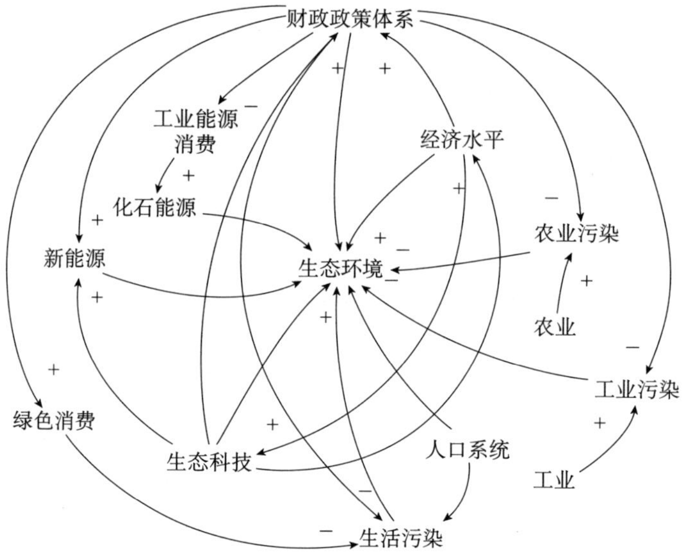

图 12－2 模型系统因素逻辑关系示意图

（一）人口子系统模型

人口子系统核心变量是总人口，它是由人口增长率和死亡率决定的，总人口决定了生活用水量、生活污染等水平。浙江省是人口流入区，地区人口增长率包括出生人口和迁入人口。从图 12－3 可以看出，常住人口是由地区人口增长率和死亡率决定的，而常住人口影响生活用水量和生活垃圾清运量。在人均不变的情况下，人口越多，生活用水量和生活垃圾清运量越多。

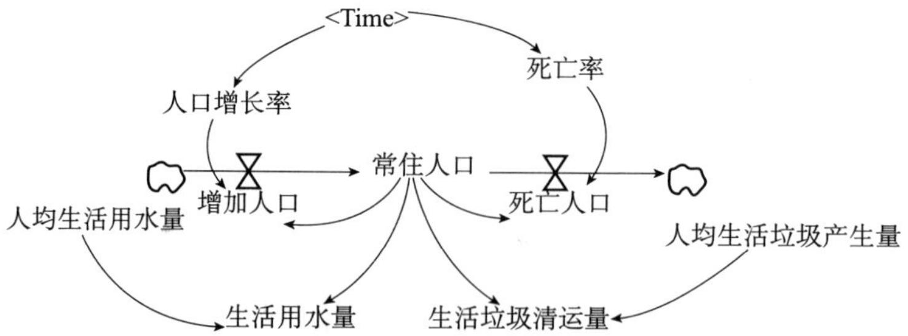

图 12－3 人口子系统流程示意图

以下［1］—［3］为模型的关系方程式表达：

［1］总人口 = INTEG①（出生人口 - 死亡人口，初始值）

［2］出生人口 = 总人口 × 出生率

［3］死亡人口 = 总人口 × 死亡率

（二）经济子系统模型

经济子系统核心变量为 GDP、绿色 GDP、农业 GDP、工业 GDP 和第三产业 GDP，它们反映了地区经济增长水平；GDP 是由 GDP 增长率决定，绿色 GDP 是由 GDP 和能源环境损失决定的；农业 GDP，工业 GDP 分别由其增长率决定；第三产业占比反映了产业结构变化。同时还有反映地区生产相关指标。从图 12 - 4 可以看出，财政政策对资源使用量、资源效率、污染排放等都有很大的影响。

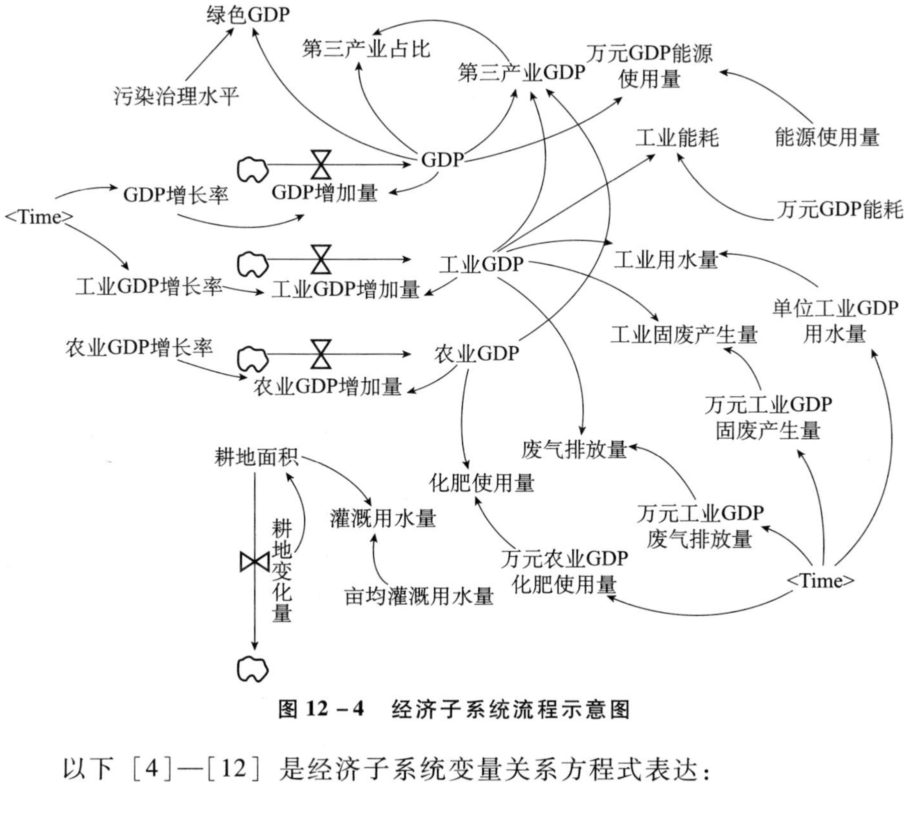

图 12 - 4　经济子系统流程示意图

以下［4］—［12］是经济子系统变量关系方程式表达：

① INTEG 代表 Interger 函数。

[4] GDP = INTEG（GDP 增加量，初始值）

[5] GDP 增加量 = GDP × GDP 增长率

[6] 工业 GDP = INTEG（工业 GDP 增加量，初始值）

[7] 工业 GDP 增加量 = GDP × 工业 GDP 增长率

[8] 农业 GDP = INTEG（农业 GDP 增加量，初始值）

[9] 农业 GDP 增加量 = GDP × 工业 GDP 增长率

[10] 耕地面积 = INTEG（耕地增加量，初始值）

[11] 第三产业 GDP = GDP - 工业 GDP - 农业 GDP

[12] 第三产业占比 = 第三产业 GDP/GDP

（三）能源科技子系统模型

科技和能源子系统流程见图 12 - 5。能源子系统核心变量是能源总量，化石能源量，新能源量，反映了地区能源使用情况。地区能源使用结构影响碳排放。同时政策和科技可以促进能源利用效率和新能源开发利用，进而调整能源比例实现节能减排。科技子系统主要是 R&D 投资比例、R&D 投资及科技投入变化率。科技投入影响地区能耗水平。

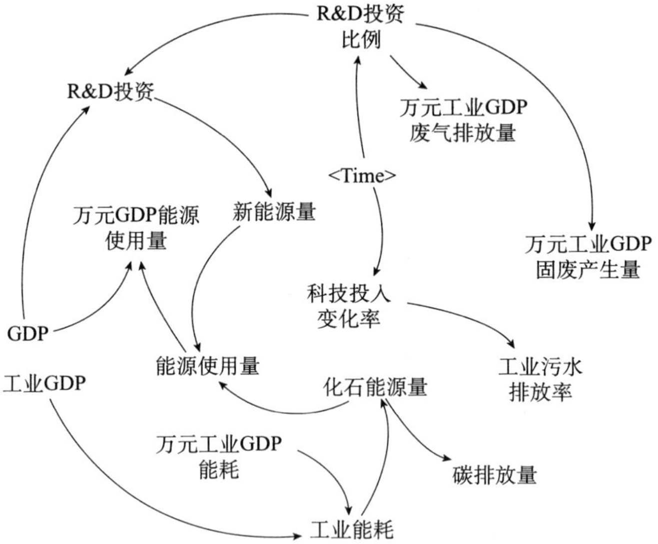

图 12 - 5 科技和能源子系统流程示意图

以下 [13]—[18] 为能源科技子系统变量关系方程式表达：

［13］ 新能源量 =285 +1.663 × “R&D 投资”①

［14］ 化石能源量 =4603 +0.848 × 工业能耗②

［15］ 工业能耗 = 工业 GDP × 万元工业 GDP 能耗

［16］ 万元 GDP 能源使用量 = 能源使用量/GDP

［17］ 能源使用量 = 新能源量 + 化石能源量

［18］ R&D 投资 = GDP × R&D 投资比例

（四）环境子系统模型

是环境子系统流程见图 12－6。环境子系统为反映地区污染排放相关指标：农药使用量，化肥使用量，废水排放量，废气排放，固废排放及碳排放。农药化肥使用量与生态科技相关，科技水平越高，使用量就相对减

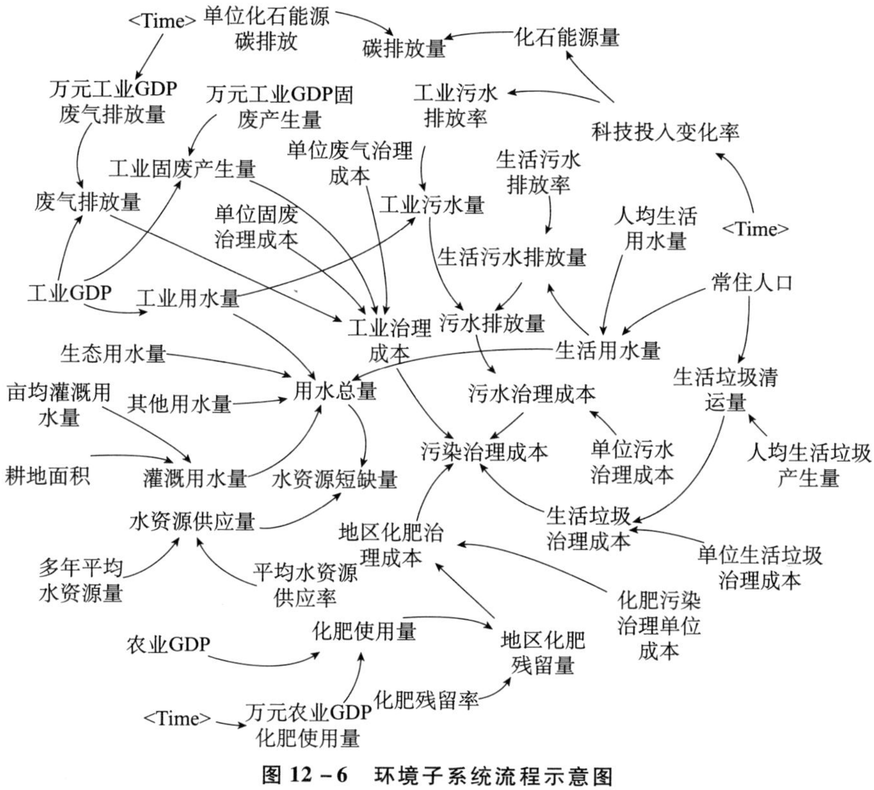

图 12－6　环境子系统流程示意图

① 根据 2010—2019 年的能源数据回归得到。

② 根据 2010—2019 年的能源数据回归得到。

少。废水排放量分为生活废物和工业废水，生活废水与人口相关，工业废水与工业相关，同时受到政策科技等影响。废气排放与工业相关，同时受到政策科技影响。固体废物与人口相关，受到科技政策影响。碳排放与生活方式与能源使用相关，受到政策科技影响。以下为辅助指标：万元农业GDP化肥使用量，万元工业GDP能耗，万元工业GDP用水量，人均日生活用水量。

以下［19］—［42］为环境子系统变量关系的方程式表达：

［19］化肥使用量 = 万元农业GDP化肥使用量 × 农业GDP

［20］地区化肥残留量 = 化肥使用量 × 化肥残留率

［21］地区化肥治理成本 = 地区化肥残留量 × 化肥污染治理单位成本

［22］灌溉用水量 = 亩均灌溉用水量 × 耕地面积

［23］工业用水量 = 单位工业GDP用水量 × 工业GDP

［24］生活用水量 = 人均生活用数量 × 常住人口

［25］用水总量 = 灌溉用水量 + 工业用水量 + 生活用水量 + 生态用水量 + 其他用水量

［26］水资源短缺量 = 水资源供应量 − 用水总量

［27］水资源供应量 = 多年平均水资源量 × 水资源开采率

［28］生活垃圾清运量 = 人均生活垃圾产生量 × 常住人口

［29］生活垃圾治理成本 = 生活垃圾清运量 × 单位生活垃圾治理成本

［30］工业污水排放率 = 0.3 × 科技投入变化率$^{0.1}$

［31］工业污水量 = 工业污水排放率 × 工业用水量

［32］生活污水量 = 生活污水排放率 × 生活用水量

［33］污水排放量 = 工业污水量 + 生活污水量

［34］污水治理成本 = 单位污水治理成本 × 污水排放量

［35］废气排放量 = 工业GDP × 万元工业GDP废气排放量

［36］工业固废排放量 = 工业GDP × 万元工业GDP固废排放量

［37］万元工业GDP废气排放量 = 2016年万元工业GDP废气排放量 × R&D投资比例^{弹性系数}

［38］万元工业GDP固废排放量 = 2016年万元工业GDP废气排放量 × R&D投资比例^{弹性系数}

［39］工业治理成本 = 单位废气治理成本 × 废气排放量 + 单位工业固废治理成本 × 工业固废排放量

［40］污染治理成本＝地区化肥治理成本＋生活垃圾治理成本＋工业治理成本＋污水治理成本

［41］绿色 GDP＝GDP－污染治理成本

［42］碳排放量＝化石能源×单位化石能源碳排放

（五）模型参数与验证

模型参数分为状态变量、速率变量和中间变量，状态变量为初始值，速率变量为表函数或常数项，中间变量为函数。具体模型参数详见表 12－1。

表 12－1　主体模型参数及说明

子系统	模型参数名称	单位	类型
经济	GDP	万元	状态变量
	GDP 增加量	万元	中间变量
	GDP 增长率	%	速率变量
	工业 GDP	万元	状态变量
	工业 GDP 增加量	万元	中间变量
	工业 GDP 增长率	%	速率变量
	农业 GDP	万元	状态变量
	农业 GDP 增加量	万元	中间变量
	农业 GDP 增长率	%	速率变量
	第三产业 GDP	万元	中间变量
	第三产业占比	%	中间变量
	耕地面积	万亩	状态变量
	耕地变化量	万亩	速率变量
	万元农业 GDP 化肥使用量	吨	辅助变量
	化肥使用量	吨	中间变量
人口	常住人口	万人	状态变量
	增加人口	万人	中间变量
	死亡人口	万人	中间变量
	人口增加率	‰	速率变量
	死亡率	‰	速率变量

续表

子系统	模型参数名称	单位	类型
科技	科技投入变化率	%	速率变量
	R&D 投资	万元	中间变量
	R&D 投资比例	%	速率变量
能源	新能源	千瓦时	中间变量
	化石能源量	标准煤	中间变量
	万元工业 GDP 能耗	标准煤	辅助变量
	工业能耗	标准煤	中间变量
	万元 GDP 能源使用量	标准煤	中间变量
	能源使用量	标准煤	中间变量
生态环境	化肥残留率	%	辅助变量
	地区化肥残留量	吨	中间变量
	地区化肥治理成本	万元	中间变量
	化肥污染治理单位成本	万元/吨	辅助变量
	亩均灌溉用水量	立方米	辅助变量
	灌溉用水量	万立方米	中间变量
	生态用水量	万立方米	辅助变量
	其他用水量	万立方米	辅助变量
	工业用水量	万立方米	中间变量
	生活用水量	万立方米	中间变量
	单位工业 GDP 用水量	立方米	辅助变量
	人均生活用数量	立方米	辅助变量
	用水总量	万立方米	中间变量
	水资源短缺量	万立方米	中间变量
	水资源供应量	万立方米	中间变量
	水资源开采率	%	速率变量
	多年平均水资源量	万立方米	辅助变量
	人均生活垃圾产生量	吨	辅助变量
	生活垃圾清运量	吨	中间变量
	单位生活垃圾治理成本	万元/吨	辅助变量
	生活垃圾治理成本	万元	中间变量
	工业污水排放率	%	中间变量
	工业污水量	万吨	中间变量

续表

子系统	模型参数名称	单位	类型
生态环境	生活污水排放率	%	辅助变量
	生活污水量	万吨	中间变量
	污水排放量	万吨	中间变量
	污水治理成本	万元	中间变量
	单位污水治理成本	万元/吨	辅助变量
	单位废气治理成本	万元/吨	辅助变量
	单位工业固废治理成本	万元/吨	辅助变量
	废气排放量	万吨	中间变量
	工业固废排放量	万吨	中间变量
	万元工业 GDP 废气排放量	吨	辅助变量
	万元工业 GDP 固废排放量	吨	辅助变量
	工业治理成本	万元	中间变量
	污染治理成本	万元	中间变量
	绿色 GDP	万元	中间变量
	单位化石能源碳排放	吨	辅助变量
	碳排放量	万吨	中间变量

为了确保模型的可靠性，针对每个地区都进行了模拟结果验证。选取了状态变量人口和 GDP 及主要资源能源指标生活用水量和能源使用量四个指标，运用 2016—2019 年真实值和模拟值进行比较，发现所有指标值的差都在 10% 以内，表示模型结果可靠。具体数据详见表 12 - 2。

表 12 - 2　2016—2019 年四省市真实值和模拟值及指标误差

地区	指标	单位		2016 年	2017 年	2018 年	2019 年
上海市	人口	真实值	万人	2419.7	2418.33	2423.78	2428.14
		模拟值	万人	2419.7	2424.07	2422.38	2424.33
		误差	%	0.0000	0.2374	-0.0578	-0.1569
	GDP	真实值	亿元	28183.51	30632.99	32679.87	38155.32
		模拟值	亿元	28183.5	30100	32086.6	35891.2
		误差	%	0.0000	-1.7399	-1.8154	-5.9340
	生活用水量	真实值	亿立方米	13.44	13.5	13.59	13.89
		模拟值	亿立方米	13.44	13.5	13.57	13.63
		误差	%	1.7433	0.9562	0.0293	-2.6483

续表

地区	指标	单位		2016 年	2017 年	2018 年	2019 年
上海市	能源使用量	真实值	万吨标准煤	11241.73	11381.85	11453.73	11696.46
		模拟值	万吨标准煤	10881.2	11552	11937	12779
		误差	%	-3.2071	1.4949	4.2193	9.2553
浙江省	人口	真实值	万人	5590	5657	5737	5850
		模拟值	万人	5590	5649.81	5704.39	5763.23
		误差	%	0.0000	-0.1271	-0.5684	-1.4832
	GDP	真实值	亿元	47254.04	52403.13	58002.84	62351.74
		模拟值	亿元	47254	52404.2	57669.1	62971.5
		误差	%	-0.0001	0.0020	-0.5754	0.9940
	生活用水量	真实值	亿立方米	28.29563	28.4687	28.55698	28.74799
		模拟值	亿立方米	28.2016	28.5033	28.7787	29.0755
		误差	%	-0.3323	0.1215	0.7764	1.1392
	能源使用量	真实值	万吨标准煤	20275.6	21030.01	21674.56	22392.77
		模拟值	万吨标准煤	20275.1	21082.2	21900.1	22718.4
		误差	%	-0.0025	0.2482	1.0406	1.4542
江苏省	人口	真实值	万人	7998.6	8029.3	8050.7	8070
		模拟值	万人	7998.6	8028.59	8054.21	8075.39
		误差	%	0.0000	-0.0088	0.0436	0.0668
	GDP	真实值	亿元	77350.85	85869.76	93207.55	99631.52
		模拟值	亿元	77350.9	83384.3	89033.5	94153
		误差	%	0.0001	-2.8945	-4.4782	-5.4988
	生活用水量	真实值	亿立方米	37.5	38.7	39.2	40.6
		模拟值	亿立方米	37.4334	38.3767	39.3045	40.2154
		误差	%	-0.1776	-0.8354	0.2666	-0.9473
	能源使用量	真实值	亿千瓦时	5458.95	5807.89	6128.27	6264.36
		模拟值	亿千瓦时	5325.94	5755.33	6150.47	6495.53
		误差	%	-2.4365	-0.9050	0.3623	3.6902
安徽	人口	真实值	万人	6196	6254.8	6323.6	6365.9
		模拟值	万人	6196	6255.37	6318.39	6373.47
		误差	%	0.0000	0.0091	-0.0824	0.1189
	GDP	真实值	亿元	26307.7	29676.22	34010.91	37113.98
		模拟值	亿元	26307.7	29675.1	34007.6	37771.2

续表

地区	指标	单位		2016 年	2017 年	2018 年	2019 年
安徽	GDP	误差	%	0.0000	-0.0038	-0.0097	1.7708
	生活用水量	真实值	亿立方米	25.08	25.24	25.36	25.99
		模拟值	亿立方米	25.0318	25.2717	25.5263	25.7488
		误差	%	-0.1922	0.1256	0.6558	-0.9280
	能源使用量	真实值	万吨标准煤	12694.96	13051.87	13228.91	13869.73
		模拟值	万吨标准煤	12587.2	13117	13697	14124
		误差	%	-0.8488	0.4990	3.5384	1.8333

将财政政策体系划分为支出政策和收入政策两类，收入政策包括资源税、环境税和碳税，支出政策包括低碳补贴、循环补贴和生态补偿。表 12-3 给出了不同地区和不同政策耦合模型，共 64 个。政策模型类型分为单一政策和耦合政策，单一政策有六种，涉及四个省市，共 24 个。耦合政策包括收入政策耦合、支出政策耦合、混合政策耦合和多重政策。其中收入政策耦合共有两种，涉及四个省市，共 8 个；支出政策耦合共有两种，涉及四个省市，共 8 个；收入和支出混合政策耦合共有 3 种，涉及四个省市共 12 个模型；多重政策耦合共有 4 种，涉及四个省市共 16 个。

下面以浙江省为例分别介绍单一政策仿真模型和耦合政策仿真模型的构建过程。主要包括六种财政政策的单一模型：资源税（水资源税）、环境税（排污税）、碳税、低碳补贴、循环补贴、生态补偿。两种收入政策模型：资源税 + 环境税耦合、环境税 + 碳税耦合。两种支出政策模型：低碳补贴 + 循环补贴耦合、循环补贴 + 生态补偿耦合，以及三种混合政策模型和三种多重政策模型。具体数据详见表 12-3。

表 12-3　推进生态创新的财政政策仿真模型

类型	财政政策	上海市	浙江省	安徽省	江苏省
单一政策	资源税（水资源）	模型 1-S*	模型 1-Z*	模型 1-A*	模型 1-J*
	环境税（环境税）	模型 2-S	模型 2-Z*	模型 2-A	模型 2-J
	碳税	模型 3-S	模型 3-Z*	模型 3-A	模型 3-J
	低碳补贴	模型 4-S	模型 4-Z*	模型 4-A	模型 4-J
	循环补贴	模型 5-S	模型 5-Z*	模型 5-A	模型 5-J
	生态补偿	模型 6-S	模型 6-Z*	模型 6-A	模型 6-J

续表

类型	财政政策	上海市	浙江省	安徽省	江苏省
收入政策耦合	资源税 + 环境税	模型 7 – S*	模型 7 – Z*	模型 7 – A*	模型 7 – J*
	环境税 + 碳税	模型 8 – S	模型 8 – Z	模型 8 – A	模型 8 – J
支出政策耦合	低碳补贴 + 循环补贴	模型 9 – S	模型 9 – Z*	模型 9 – A	模型 9 – J
	循环补贴 + 生态补偿	模型 10 – S	模型 10 – Z*	模型 10 – A	模型 10 – J
混合政策耦合	资源税 + 循环补贴	模型 11 – S*	模型 11 – Z*	模型 11 – A*	模型 11 – J*
	环境税 + 循环补贴	模型 12 – S	模型 12 – Z*	模型 12 – A	模型 12 – J
	碳税 + 低碳补贴	模型 13 – S	模型 13 – Z*	模型 13 – A	模型 13 – J
多重政策	三种收入政策	模型 14 – S	模型 14 – Z*	模型 14 – A	模型 14 – J
	三种支出政策	模型 15 – S	模型 15 – Z	模型 15 – A	模型 15 – J
	资源税 + 碳税 + 生态补偿 + 循环补贴	模型 16 – S*	模型 16 – Z*	模型 16 – A*	模型 16 – J*

注明：由于模型较多，带 * 表示主要仿真模型。

第二节 推进长三角地区生态创新的单一财政政策仿真模型构建

一、地区生态创新的资源税与环境税政策仿真模型

（一）资源税政策仿真模型

资源税对资源具有节约作用，是针对自然资源开采征收的税种。本模型以水资源为例进行设计仿真模型。根据长三角地区实施的水资源税政策，本模型中资源税分为生活用水的资源税、农业用水的资源税、工业用水的资源税。为了更好地显示生态创新效果，所有模型中特别设置了资源效应、环境效应和绿色增长效应三个指标，分别是衡量在每单位财税收入或支出所带来的资源、环境和绿色增长指标的边际效应。

本模型方程式除了包括主模型的［1］—［42］之外，模型新增方程式如下：

［43］生活单方水费 = 生活用水的资源税 + 生活用水成本

[44] 农业单方水费 = 农业用水的资源税 + 农业用水成本

[45] 工业单方水费 = 工业用水的资源税 + 工业用水成本

[46] 人均用水量 = 人均用水量 ×(1 -(生活水费变化率)^{生活用水弹性系数})

[47] 单位工业 GDP 用水量 = 单位工业 GDP 用水量 ×(1 -(工业水费变化率)^{工业用水弹性系数})

[48] 亩均灌溉用水量 = 亩均灌溉用水量 ×(1 -(农业水费变化率)^{农业用水弹性系数})

[49] 资源税收入 = 农业用水的资源税 × 灌溉用水量 + 工业用水的资源税 × 工业用水量 + 生活用水的资源税 × 生活用水量

[50] 资源效应 =(总用水量 - 初始值)/资源税收收入

[51] 环境效应 =(污水排放量 - 初始值)/资源税收收入

[52] 绿色增长效应 =(绿色 GDP - 初始值)/资源税收收入

模型输入参数为三类常数、初始值和表函数。表 12 -4 给出了模型输入的初始值常数指标，表 12 -5 给出了表函数（也是方案设置参数）。本模型中生活用水弹性、工业用水弹性和农业用水弹性为常数，分别为 -0. 12、 -0. 157和 -0. 3。

表 12 -4　资源税政策模型参数

参数名称	类型	单位	值
2016 年生活用水的资源税	初始值	元	0. 2
2016 年生活单方水费	初始值	元	3. 4
2016 年生活用水的资源税	初始值	元	0. 2
2016 年生活单方水费	初始值	元	4. 6
2016 年生活用水的资源税	初始值	元	0
2016 年生活单方水费	初始值	元	0. 25
生活用水弹性[①]	常数	-	-0. 12
工业用水弹性[②]	常数	-	-0. 157
农业用水弹性[③]	常数	-	-0. 3

参数来源：中国水价网、浙江省水资源政策文件及根据研究文献推算。

① 沈大军，杨小柳，王浩，等. 我国城镇居民家庭生活需水函数的推求及分析［J］. 水利学报，1999（12）.

② 毛春梅. 工业用水量的价格弹性计算［J］. 工业与废水，2005，36（03）.

③ 毛春梅. 农业水价改革与节水效果的关系分析［J］. 中国农村水利水电，2005（04）：2 -4.

根据浙江省水资源供需现状，在政策基础上设置了三个方案，第一是社会经济发展型，主要考虑到经济增长需要水资源，过高的资源税会抑制经济增长[①]，同时考虑居民生活用水保障和社会公平。2016—2035 年一直维持 2020 年资源税不变。第二是环境效应优先型，即根据水资源稀缺性来设置资源税，有效考虑资源节约和资源环境价值，提高资源利用效率。全面征收资源税，根据水资源价值[②]设置了 2025 年为 2.5 元，2035 年为 2.5 元。第三是环境—社会经济协调型。既考虑社会公平又考虑效率，根据弹性进行分类设置，2025 年和 2035 年生活用水的资源税分别为 0.4 元和 0.6 元、农业用水的资源税分别为 0.4 元和 1 元，而工业用水的资源税分别为 1 元和 2.5 元。

表 12－5　　　　　　　　资源税政策模型方案

方案	模型参数名称	单位	2016 年	2025 年	2035 年
方案 1：社会经济发展型	生活用水的资源税	元/立方米	0.2	0.3	0.4
	农业用水的资源税	元/立方米	0	0	0
	工业用水的资源税	元/立方米	0.2	0.2	0.2
方案 2：环境效应优先型	生活用水的资源税	元/立方米	0.2	2.5	2.5
	农业用水的资源税	元/立方米	0.2	2.5	2.5
	工业用水的资源税	元/立方米	0.2	2.5	2.5
方案 3：环境－社会经济协调型	生活用水的资源税	元/立方米	0.2	0.4	0.6
	农业用水的资源税	元/立方米	0	0.4	1.0
	工业用水的资源税	元/立方米	0.2	1	2.5

（二）环境税政策仿真模型

环境税是针对污染环境行为进行的经济手段。根据当前全国和浙江省的政策现状和规划，针对废水排放和废气排放收税，指标为生活（用水）环境税、工业废水环境税和工业废气环境税包括污水排放和废气排放两个方面。生活污水环境税会对生活污水有抑制作用同时会增加居民负担，工

① 贾绍凤，康德勇．提高水价对水资源需求的影响分析——以华北地区为例［J］．水科学进展，2000，11（01）：49－53.

② 李友辉，董增川，孔琼菊．江西省水资源生态系统服务功能价值评价［J］．江西农业学报，2007，19（01）：95－98.

业废水环境税和工业废气环境税的征收会带来工业废水排放的减少。本模型方程式除了包括主模型［1］—［42］之外，模型新增方程如下：

［53］万元工业 GDP 废气排放量 = 万元工业 GDP 废气排放量 ×（工业废气环境税/1.26）$^{-0.01}$

［54］工业污水水排放率 = 工业污水排放率 ×（工业废水环境税/2.05）$^{-0.01}$

［55］生活污水排放率 = 生活污水排放率 ×（生活排污/1）$^{-0.01}$

［56］环境税收 = 生活污水环境税 × 生活污水量 + 工业废水环境税 × 工业污水量 + 工业废气环境税 × 工业废气排放量

环境税仿真模型设置了三个方案，表 12 - 6 给出了模拟方案的具体参数。

方案 1 是经济发展型。根据我国“十三五”时期的经济发展情况，优先考虑经济，就将现状的水费中污水处理费改为环境税，收费标准按照 2016 年设置：生活污水环境税 1 元/立方米，工业废水环境税 2.05 元/立方米，工业废气环境税 1.26 元/立方米，整个模拟其内保持不变。生活污水环境税和工业废水环境税是按照中国水价网公布的污水处理费用设置的。工业废气环境税根据二氧化硫排放收费标准设置的。①

方案 2 是环境保护型。完全根据污水处理成本和废气治理成本进行征税，可以将外部性完全内化；消除生产的负外部，提高整个社会效益。2016 年生活污水环境税 1 元/立方米，工业废水环境税 2.05 元/立方米，工业废气环境税 1.26 元/立方米；2025 年和 2035 年，生活污水环境税 6.4 元/立方米，工业废水环境税 6.4 元/立方米，工业废气环境税 5 元/立方米②生活污水环境税。

方案 3 是环境经济兼顾型。此方案既考虑了经济发展需求和污染防治又考虑社会公平即居民生活保障。对于生活污水环境税增加幅度较小，到 2025 年比 2016 年增加了 50%，2035 年比 2016 年增加 1 倍，都低于实际的污水处理费用，在居民收入增加的基础上可以保障居民消费成本不会太高。为了抑制工业污染，工业废水环境税逐步增加，2016—2025 年每立方米工业废水环境税增加了 1 元，2016—2035 年每立方米工业废水环境税增加了 2.1 元。工业废气环境税则是到 2025 年每立方米增加至 2.3 元，至

① 沈洲旭．我国二氧化硫税制度设计研究［J］．财讯，2017（24）：75 - 76.

② 沈洲旭．我国二氧化硫税制度设计研究［J］．财讯，2017（24）：75 - 76.

2035 年一直保持不变。

表 12-6 环境税政策模型方案

方案	模型参数名称	单位	2016 年	2025 年	2035 年
方案 1：经济发展型	生活污水环境税	元/立方米	1	1	1
	工业废水环境税	元/立方米	2.05	2.05	2.05
	工业废气环境税	元/立方米	1.26	1.26	1.26
方案 2：环境保护型	生活污水环境税	元/立方米	1	6.4	6.4
	工业废水环境税	元/立方米	2.05	6.4	6.4
	工业废气环境税	元/立方米	1.26	5	5
方案 3：环境经济兼顾型	生活污水环境税	元/立方米	1	1.5	2
	工业废水环境税	元/立方米	2.05	3.05	4.15
	工业废气环境税	元/立方米	1.26	2.3	2.3

二、地区生态创新的碳税与低碳补贴政策仿真模型

（一）碳税政策仿真模型

碳税抑制化石能源的使用减少碳排放，对生态创新具有促进作用。征收碳税会倒逼我国经济转型改革，提高清洁生产技术，减少生产污染，进而促进经济更加健康地持续发展。

本模型方程式除了包括主模型的［1］—［42］之外，新增模型方程式如下：

［57］万元工业 GDP 能耗 = 万元工业 GDP 能耗 ×（碳税/20）$^{-0.02}$①

［58］碳税收入 = 碳税 × 碳排放量

根据长三角地区经济发展情况，为了探究碳税政策对区域生态创新的影响，设置了碳经济、碳减排和碳抑制三种发展模式。根据碳交易价格②进行设置碳税标准。表 12-7 给出了模拟方案的具体参数。

方案 1 是化石能源型方案，不收碳税即碳税为 0。方案 2 为碳减排型方案，根据我国 2016—2019 年的经济发展现状和我国碳交易价格③，设置

① 碳税增加 10%，能耗减少 2%。

② 曹志文，牛晓叶．企业碳会计信息的整合核算探讨［J］．商业会计，2019（08）：58-59.

③ 2017 年碳排放价格为 30 元/吨。

了逐步缓慢增加的方案，参照我国碳交易价格，在 2025 年为 20 元/吨，模拟期末 2035 年为 30 元/吨。方案 3 则是碳中和型方案，参考国际碳交易价格①从 2022 年起征，为 30 元/吨，2025 年为 40 元/吨，期末年份 2035 年达 80 元/吨。

表 12 -7　　　　碳税政策模型方案

方案	模型参数名称	单位	2016 年	2025 年	2035 年
方案 1：化石能源型	碳税	元/吨	0	0	0
方案 2：碳减排型	碳税	元/吨	0	20	30
方案 3：碳中和型	碳税	元/吨	0	40	80

（二）低碳补贴政策仿真模型

低碳补贴可以促进企业进行研发创新，增加研发投入；从而降低化石能源消耗，增加新能源使用。

本模型方程式除了包括主模型的［1］—［42］之外，新增方程式如下：

［59］低碳补贴支出 = 能源低碳补贴 × 新能源量

［60］R&D 投资比例 = R&D 投资比例 ×（新能源补贴比例/0.1）^{能源弹性系数}②

根据 2017 年碳交易价格，将低碳补贴设置为 30 元。根据补贴比例设置三种方案，见表 12 -6。方案 1 为传统能源方案，按照 2016 年的标准进行设置补贴比例，整个模拟期内为 10%，也就基本维持初始年的情况。方案 2 为新能源型，即新能源替代传统能源。方案 3 是组合型，在碳中和的指导下，允许部分化石能源的使用。表 12 -8 给出了低碳补贴政策的模型参数。2016 年新能源补贴比例为 10%，2035 年传统能源型、新能源型和组合型三种方案新能源补贴比例分别设置为 10%、100%、30%。

① 2017 年国际碳价格约为 80 元/吨。

② 取值 -0.01。

表 12-8　　低碳补贴政策模型方案

方案	模型参数名称	单位	2016 年	2025 年	2035 年
方案 1：传统能源型	新能源补贴比例	%	10	10	10
方案 2：新能源型	新能源补贴比例	%	10	50	100
方案 3：组合型	新能源补贴比例	%	10	20	30

三、地区生态创新的循环补贴和生态补偿政策仿真模型构建

（一）循环补贴政策仿真模型

循环补贴是为了减少污染增加资源循环利用而进行的居民生活或工业生产补贴。本研究主要是针对生活垃圾和工业固废进行循环补贴。补贴标准是根据生活垃圾和工业固废治理成本进行设置。生活补贴是直接补贴到居民，每人 25 元；而工业固废则是按照生产值进行补贴，每万元 500 元。

本模型方程式除了包括主模型的［1］—［42］之外，新增方程式如下：

［61］万元工业 GDP 固废产生量 = 万元工业 GDP 固废产生量 ×（工业循环补贴比例/0.014）$^{-0.001}$

［62］人均生活垃圾产生量 = 人均生活垃圾产生量 ×（生活循环补贴比例/0.014）$^{-0.001}$

［63］生活循环补贴财政支出 = 生活循环补贴 × 常住人口 × 生活循环比例

［64］工业循环补贴 = 工业循环补贴 × 工业 GDP × 工业循环比

［65］循环补贴支出 = 生活循环补贴 + 工业循环补贴

循环补贴政策模型设置了三种方案，表 12-9 给出了模拟方案的具体参数。方案 1 是传统治理型，生活补贴比例保持不变。方案 2 是效益优先型，主要考虑生活和工业垃圾的减少，以高比例的补贴，全方位地激励居民和企业参与到资源循环利用当中，形成社会大循环，而不仅仅是企业生产的循环。因此设置生活循环补贴比例和工业循环补贴比例方案为：2016 年 1.4%，2025 年为 10%，2035 年为 50%。方案 3 为成本效益兼顾型，即考虑补贴成本和补贴的边际效应，针对工业循环补贴比例做了修正，2025 年从 10% 减少到 5%，2035 年则减少到 10%。

表 12-9 循环补贴政策模型方案

方案	模型参数名称	单位	2016 年	2025 年	2035 年
方案 1：传统治理型	生活循环补贴比例	%	1.4	1.4	1.4
	工业循环补贴比例	%	1.4	1.4	1.4
方案 2：效益优先型	生活循环补贴比例	%	1.4	10	50
	工业循环补贴比例	%	1.4	10	50
方案 3：成本效益兼顾型	生活循环补贴比例	%	1.4	10	50
	工业循环补贴比例	%	1.4	5	10

（二）生态补偿政策仿真模型

生态补偿是为了激励生态保护而采用的经济手段，即将生态收益转化为经济价值针对生态保护而经济发展限制的人或地区。本研究将其简化为针对农村生态环境保护进行的补偿。化肥使用对农业增产非常重要，据研究表明化肥对产量的贡献率为 58%[①]；同时化肥使用与农民收入有较大的相关性，据研究表明相关性为 0.78。[②] 本研究针对减少使用化肥而减少的收入进行生态补偿。

本模型方程式除了包括主模型的［1］—［42］之外，新增方程式如下：

［66］万元农业 GDP 化肥使用量 = 万元农业 GDP 化肥使用量 ×（1 - 亩均补偿金额/1200）

［67］生态补偿财政支出 = 耕地 × 亩均补偿金额

本政策模型设置了三个方案，表 12-10 给出了模拟方案的具体参数。方案 1 是经济优先，低补偿，减少损失，按照化肥使用成本进行补贴。方案 2 是环境效应优先，按照亩均收入进行补偿。当补贴增加到亩均收入时，农民可以做到完全耕作有机化，不使用化肥；这时成本会很高。方案 3 是成本效益兼顾，按照农民因化肥使用而损失成本进行补偿。

---

① 梅子．化肥使用与粮食生产关联分析——以重庆市农业绿色生产为例［J］．中国统计，2019（12）：65-67.

② 阿娜尔·阿扎提，努尔巴依·阿布都沙力克．化肥施用量对农民纯收入和环境的影响［J］．北方园艺，2014（02）：197-200.

表 12 – 10 生态补偿政策模型方案

方案	模型参数名称	单位	2016 年	2025 年	2035 年
方案 1 经济优先型	亩均补偿额	元	0	100	150
方案 2 环境优先型	亩均补偿额	元	0	1200	1200
方案 3 成本效益兼顾型	亩均补偿额	元	0	150	550

第三节 推进长三角地区生态创新的财政政策耦合仿真模型

一、推进长三角地区生态创新的两种收入政策耦合仿真模型

（一）资源税 + 环境税政策耦合仿真模型

通过征收水资源税来激励用水者节约用水，促进生产部门采用循环技术节约水资源，间接地减少污染排放量；从源头上控制、防止过度开发，也具有减少污染的作用。资源税对资源使用的外部性进行了纠正，但对污染排放外部性不能起到控制作用。因此，为了从末端进行环境污染控制，增加环境税政策。资源税和环境税同时实施时，会对区域资源节约和污染排放控制具有促进作用，从而有利于区域生态创新推进，走向地区绿色发展。

资源税主要是针对不同用途的水征收水资源税，包括对生活用水、工业用水和农业用水（灌溉用水），环境税主要是针对废水、废气污染进行征税。图 12 – 7 给出了此耦合模型的政策变量及其相关变量关系。从图 12 – 7 可以看出，资源税对用水具有抑制作用，资源税提高会促进企业和用水者的工艺、技术等创新从而达到用水量的减少。环境税对废水、废气排放具有制约作用，随着环境税的提高，废水、废气的排放量会随之减少。环境税为促使排污单位采用清洁技术或管理创新等，减少废气、废水的排放量加快推进区域可持续发展。生活用水、农业用水和工业用水对税收收入具有正向作用，生活污水排放、工业废水排放和工业废气排放对收税收

入同样具有正向作用，而对于环境效应具有负向作用，即排放量增加越多，环境效应越小。总用水量对资源效应是负向作用，绿色 GDP 对绿色增长效应有正向作用。

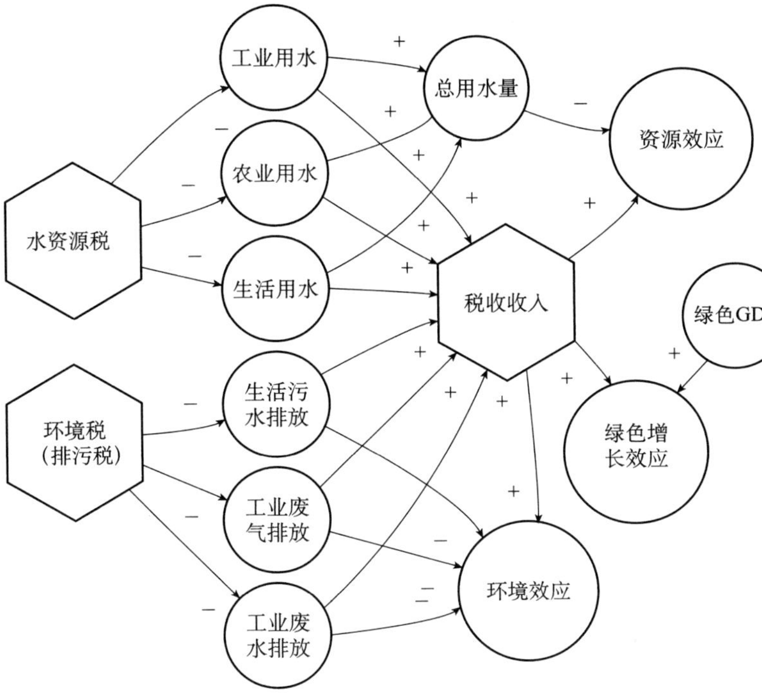

图 12-7 资源税+环境税耦合模型的逻辑关系表达示意图

注：+表示是正的逻辑关系，-表示负的逻辑关系。

本耦合模型的方程式包括［1］—［56］，之外新增方程式如下：

［68］税收收入 = 资源税收入 + 环境税收入

［69］资源效应 =（总用水量 - 初始值）/税收收入

［70］环境效应 =［（废气排放量 - 初始值）+（废水排放量 - 初始值）］/税收收入

［71］绿色增长效应 =（绿色 GDP - 初始值）/税收收入

本耦合模型采用了环境经济协调型方案。所有政策既考虑污染防治和环境改善、生活保障和社会福利，同时也考虑促进经济增长。首先，不能仅关注环境保护而限制地方经济发展。其次，不能过度关注环境保护而损害居民的社会福利，有失社会公平。最后，虽然从经济学视角看可以征收很高的税赋，但是考虑到经济发展阶段和居民生活质量保障等现实问题，政策需要进行一定的妥协。因此制定了环境经济协调型方案。表 12 - 11 给出了耦合模型的政策变量参数。2016 年生活用水的资源税为 0.2 元/立方米，农业用水的资源税为 0，工业用水的资源税为 0.2 元/立方米，生活污水环境税为 1 元/立方米，工业废水环境税为 2.05 元/立方米，工业废气环境税为 1.26 元/立方米。各项税缓慢增加，至 2035 年分别增加至 0.6 元/立方米、1.0 元/立方米、2.5 元/立方米、2 元/立方米、4.15 元/立方米和 2.3 元/立方米。

表 12 - 11　　资源税和环境税政策模型方案

模型参数名称	单位	2016 年	2025 年	2035 年
生活用水的资源税	元/立方米	0.2	0.4	0.6
农业用水的资源税	元/立方米	0	0.4	1.0
工业用水的资源税	元/立方米	0.2	1	2.5
生活污水环境税	元/立方米	1	1.5	2
工业废水环境税	元/立方米	2.05	3.05	4.15
工业废气环境税	元/立方米	1.26	2.3	2.3

（二）环境税 + 碳税政策耦合仿真模型

环境税针对企业污染排放进行征税，促进其生态创新行动，而碳税政策是针对碳排放的单位或企业或个人进行征税，更加具有针对性，同时和环境税有时会出现重叠效果。本模型为了验证两种税是否存在这种效果。本模型是将环境税和碳税相加，从大气污染和水污染两个方面进行考虑。本模型的财政政策推进生态创新的逻辑关系表达详见图 12 - 8。碳税政策对碳排放具有抑制作用，主要因为碳税的经济刺激促使碳排放行为主体通过改变行为方式或采用生产技术等方面参与生态创新过程。碳排放量对环境效应具有负向作用，即排放量增加会促使环境效应减少。

本模型方程式除了［1］—［52］、［57］—［58］之外，新增方程式如下：

［72］税收收入 = 环境税收入 + 碳税收入

［73］资源效应 =（总用水量 - 初始值）/税收收入

［74］环境效应 =［（废气排放量 - 初始值）+（废水排放量 - 初始值）+（碳排放量 - 初始值）］/税收收入

[75] 绿色增长效应 =(绿色 GDP - 初始值)/税收收入

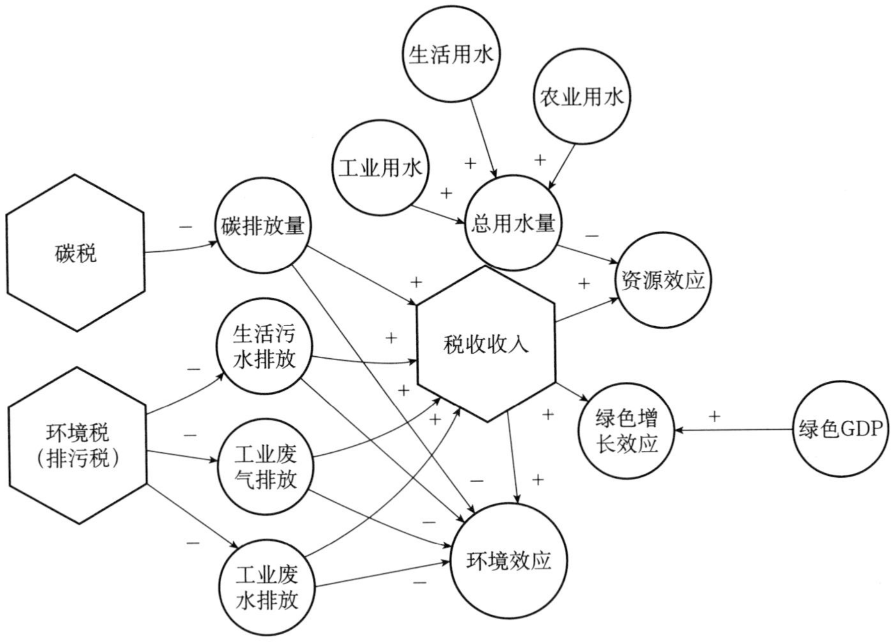

图 12-8　环境税 + 碳税政策耦合模型的逻辑关系表达示意图

注：+表示是正的逻辑关系，-表示负的逻辑关系。

本模型设置了经济—碳—环境协调型方案，此方案选取碳税的碳减排型方案和资源税的环境经济兼顾型方案耦合，模型参数设置具体见表 12-12。2016 年生活污水环境税为 1 元/立方米，工业废水环境税为 2.05 元/立方米，工业废气环境税为 1.26 元/立方米，碳税为 0 元/吨。到 2035 年分别增加至 2 元/立方米、4.15 元/立方米、2.3 元/立方米和 50 元/吨。

表 12-12　环境税和碳税方案

模型参数名称	单位	2016 年	2025 年	2035 年
生活污水环境税	元/立方米	1	1.5	2
工业废水环境税	元/立方米	2.05	3.05	4.15
工业废气环境税	元/立方米	1.26	2.3	2.3
碳税	元/吨	0	40	50

二、推进长三角地区生态创新的两种支出政策耦合仿真模型

（一）低碳补贴＋循环补贴政策耦合仿真模型

低碳补贴是针对企业、个人等行为主体的低碳活动或行为进行经济激励的一种形式，补贴形式会有直接补贴或者购买优惠等。比如新能汽车企业的税收优惠政策。经济激励使得行为主体积极技术创新、组织创新等，从而对于节能减排具有促进作用。循环补贴则是更重视自然资源回收利用、循环利用，或环境要素的破坏减少等。两者之间具有叠加或互补效应。为了验证两种税是否存在这种效果，本模型将低碳补贴和循环补贴相加，从新能源补贴、生活循环补贴和工业循环补贴等方面进行考虑。本模型的财政政策推进生态创新的逻辑关系表达见图 12－9。低碳补贴对碳排放具有抑制作用，主要因为低碳补贴可以促进地区

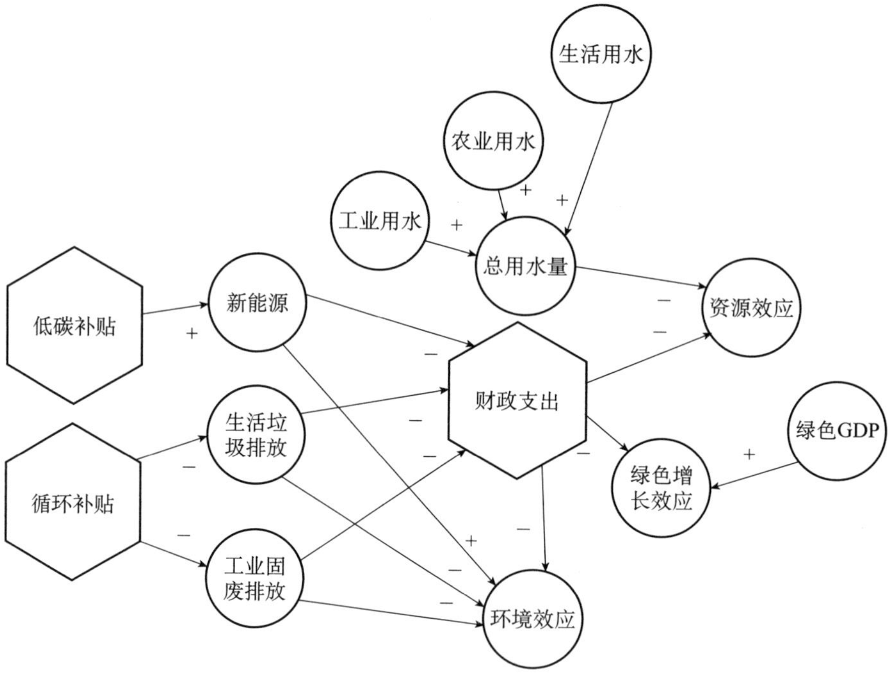

图 12－9　低碳补贴＋循环补贴耦合模型的逻辑关系表达示意图

注：＋表示是正的逻辑关系，－表示负的逻辑关系。

新能源使用比例，从而调整了能源结构。碳排放量对环境效应具有负向作用，即排放量增加会促使环境效应减少。循环补贴则对生活垃圾排放和工业固体垃圾排放具有抑制作用，主要因为循环补贴一般以项目的形式出现，企业或行为主体为了申请这些项目一定通过不同于以往的做法即创新来完成这些项目。但同时财政支出对于资源效应、环境效应和绿色增长效应都具有负向作用。本政策实施非常考验地方财政能力。如果成本高就会降低政策可行性。

本模型方程式除了［1］—［42］、［59］—［65］之外，新增方程式如下：

［76］财政支出 = 低碳补贴支出 + 循环补贴支出

［77］资源效应 =（总用水量 - 初始值）/财政支出

［78］环境效应 =［（生活垃圾清运量 - 初始值）+（工业固废排放量 - 初始值）+（碳排放量 - 初始值）］/财政支出

［79］绿色增长效应 =（绿色 GDP - 初始值）/财政支出

本模型为成本效益兼顾型方案，选取了低碳补贴的组合方案和循环补贴的成本效益兼顾型方案进行耦合，模型参数设置具体见表 12 - 13。2016 年新能源补贴比例为 10%、生活循环补贴比例 1.4%、工业循环补贴比例 1.4%；之后逐年增加，到 2035 年分别增加至 30%、50% 和 10%。

表 12 - 13　　低碳补贴和循环补贴方案

模型参数名称	单位	2016 年	2025 年	2035 年
新能源补贴比例	%	10	20	30
生活循环补贴比例	%	1.4	10	50
工业循环补贴比例	%	1.4	5	10

（二）循环补贴 + 生态补偿政策耦合仿真模型

循环补贴重视资源回收利用，生态补偿则更重视环境改善。生态补偿主要是让环境保护者得到相应的经济收益，而环境受益者需要支付相应的费用。在新安江生态补偿案例①中体现非常明显，环境保护了就得到补偿。

① 沈满洪，谢慧明. 跨界流域生态补偿的“新安江模式”及可持续制度安排［J］. 中国人口·资源与环境，2020，30（09）：156 - 163.

生态补偿政策是更直接的环境友好政策，直接激励了环境保护的创新行为。两种政策都是从自然环境友好出发，可能会存在效果叠加或互补的效果。本模型将生态补偿和循环补贴进行耦合，验证实施两种支出政策促进创新活动的资源环境和经济效果。图 12 - 10 给出了生态补偿 + 循环补贴耦合模型的逻辑关系表达。本模型选取行为主体明确的生态补偿政策，即通过促进生产者有机肥替代化肥的过程从而减少化肥残留量，相应的出现环境保护的效果。循环补贴政策逻辑关系则是通过经济激励行为主体创新活动减少生活垃圾和工业废弃物的排放。

本模型包括方程式 [1]—[42]、[61]—[67]，之外，新增方程式如下：

[80] 财政支出 = 生态补偿支出 + 循环补贴支出

[81] 资源效应 =(总用水量 - 初始值)/财政支出

[82] 环境效应 =[（生活垃圾清运量 - 初始值）+（工业固废排放量 - 初始值）+（化肥残留量 - 初始值）]/财政支出

[83] 绿色增长效应 =(绿色 GDP - 初始值)/财政支出

本模型设置了成本效益兼顾方案，选取了两种政策的成本效益兼顾型方案进行耦合，具体参数见表 12 - 14。2016 年亩均补偿额为 0 元、生活循环补贴比例 1.4%、工业循环补贴比例 1.4%；之后逐年增加，到 2035 年分别增加至 550 元、50% 和 10%。

表 12 - 14　生态补偿和循环补贴方案

模型参数名称	单位	2016 年	2025 年	2035 年
亩均补偿额	元	0	150	550
生活循环补贴比例	%	1.4	10	50
工业循环补贴比例	%	1.4	5	10

三、推进长三角地区生态创新的两种混合政策耦合仿真模型

（一）资源税 + 循环补贴政策耦合仿真模型

资源税是从资源使用视角促使行为主体创新，而循环补贴则是从环境视角促进行为者主体创新。在财政上，税收收入可以用于转移支付，实施补贴政策。两者无论是对环境还是财政都具有互补的效果。本模型以此为

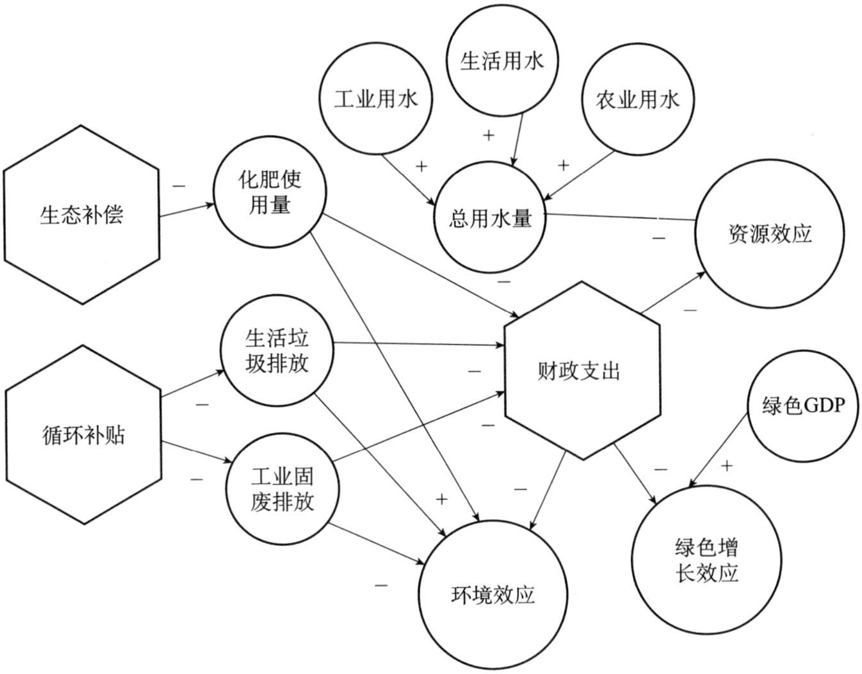

图 12－10　生态补偿＋循环补贴耦合模型的逻辑关系表达示意图

注：＋表示是正的逻辑关系，－表示负的逻辑关系。

提前，构建了资源税和循环补贴的耦合政策仿真模型。本研究资源税以水资源税为模拟政策。图 12－11 给出了资源税＋循环补贴耦合模型的逻辑关系表达。资源税对水资源使用具有抑制作用，循环补贴对固废垃圾排放量具有减少作用。生活用水、农业用水（灌溉用水）和工业用水等对财政收支起到正向作用，有利于财政收入，而生活垃圾排放和工业固废排放则对财政收支起到负向作用，带来财政压力。财政收支对资源效应、环境效应和绿色增长效应起到正向作用。

本模型方程式包括［1］—［52］、［61］—［65］，之外，新增方程式如下：

［84］财政收支差额＝资源税收入－循环补贴支出

［85］资源效应＝(总用水量－初始值)/财政收支差额

［86］环境效应＝［（生活垃圾清运量－初始值）＋(工业固废排放量－初始值)＋(废水排放量－初始值)］/财政收支差额

［87］绿色增长效应＝(绿色 GDP－初始值)/财政收支差额

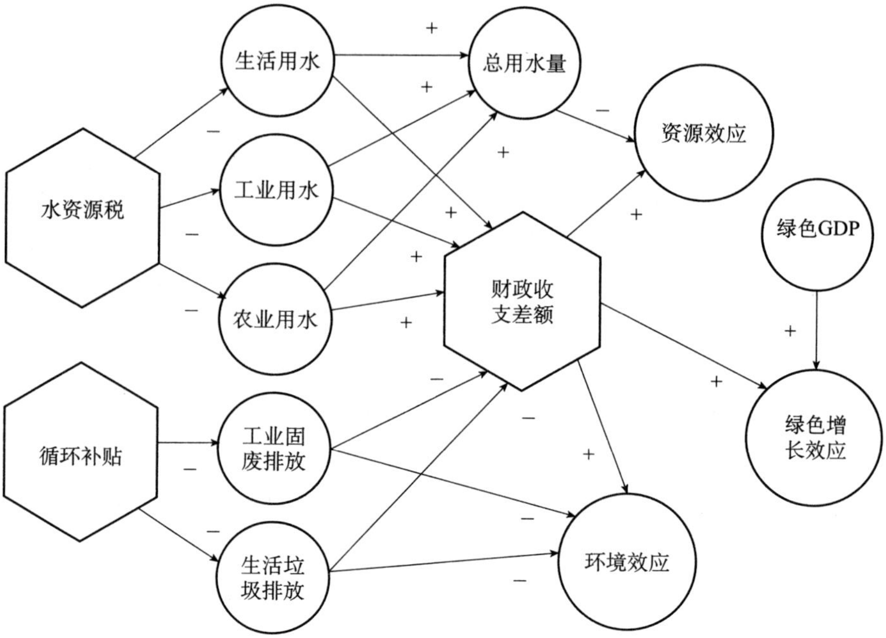

图 12－11　资源税＋循环补贴耦合模型的逻辑关系表达示意图

注：＋表示是正的逻辑关系，－表示负的逻辑关系。

本模型设置了成本效益兼顾的环境经济协调型方案。本方案既关注环境经济协调发展又考虑了成本效益，选取了资源税的环境社会经济协调型方案和循环补贴的成本效益兼顾型方案。模型参数具体见表 12－15。2016 年生活用水的资源税为 0.2 元/立方米，农业用水的资源税为 0，工业用水的资源税为 0.2 元/立方米，生活循环补贴比例 1.4%、工业循环补贴比例 1.4%；之后逐年增加，到 2035 年分别增加至 0.6 元/立方米、1.0 元/立方米、2.5 元/立方米、50% 和 10%。

表 12－15　　生态补偿和循环补贴方案

模型参数名称	单位	2016 年	2025 年	2035 年
生活用水的资源税	元/立方米	0.2	0.4	0.6
农业用水的资源税	元/立方米	0	0.4	1.0
工业用水的资源税	元/立方米	0.2	1	2.5
生活循环补贴比例	%	1.4	10	50
工业循环补贴比例	%	1.4	5	10

（二）环境税 + 循环补贴政策耦合仿真模型

环境税是通过征税的方式促进行为主体进行生产、组织制度创新，从而减少污染，而循环补贴则通过经济激励促进行为主体进行生产、生活及组织制度创新，从而减少环境破坏。从制度目标来看具有相似性，实施效果有可能一致。本模型将环境税和循环补贴政策耦合实施，验证其生态创新效果是否一致。图 12－12 给出了环境税 + 循环补贴耦合模型的逻辑关系表达。环境税在一定程度上可以抑制生活污水排放，工业废水排放和工业废气排列，但过高的税负会增加企业和居民负担，甚至影响地方经济发展。循环补贴则通过经济激励减少污染排放包括生活垃圾和工业固废。如果在废水废气排放方面同样实施循环补贴的话有可能出现相同的效应。生活垃圾排放和工业固废排放对财政收支具有负向作用，而生活污水排放和工业废水排放及工业废气排放对财政收支具有正向作用。

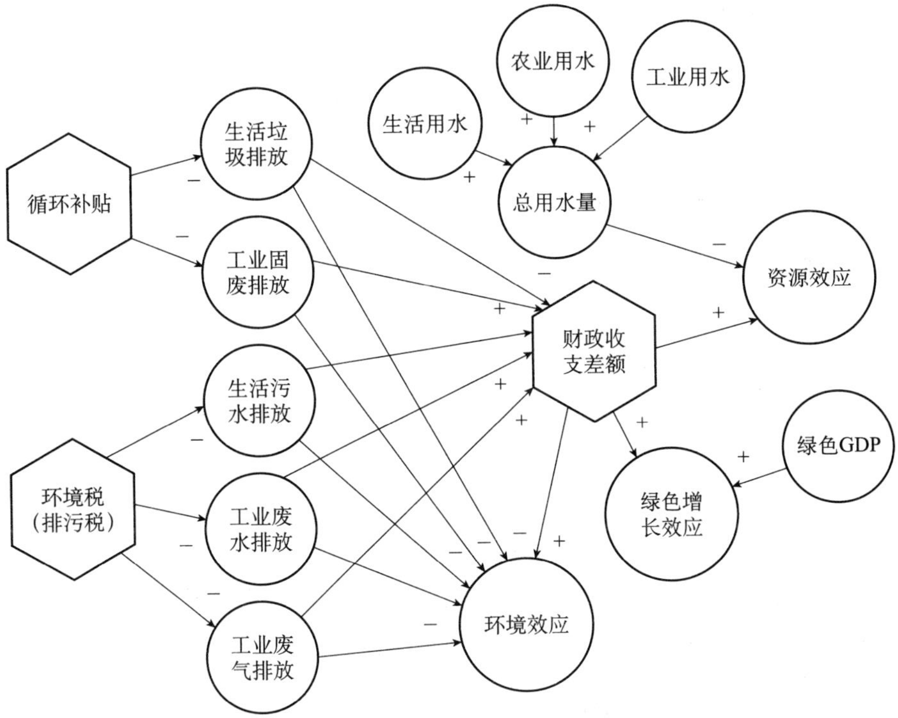

图 12－12　环境税 + 循环补贴耦合模型的逻辑关系表达示意图

注：+ 表示是正的逻辑关系，－表示负的逻辑关系。

本模型方程式包括［1］—［42］、［53］—［58］、［61］—［65］，之外，新增方程式如下：

［88］财政收支差额 = 环境税收入 - 循环补贴支出

［89］资源效应 =（总用水量 - 初始值）/财政收支差额

［90］环境效应 =［（生活垃圾清运量 - 初始值）+（工业固废排放量 - 初始值）+（废水排放量 - 初始值）+（废气排放量 - 初始值）］/财政收支差额

［91］绿色增长效应 =（绿色 GDP - 初始值）/财政收支差额

本模型设置了成本效益兼顾的社会环境协调型方案。本方案既考虑居民生活保障和环境，同时兼顾成本效益，生活污水环境税和补贴比例适中；选取了环境税方案的环境社会经济协调型方案和循环补贴的成本效益兼顾型方案。具体模型参数见表 12 - 16。2016 年生活污水环境税为 1 元/立方米，工业废水环境税为 2.05 元/立方米，工业废气环境税为 1.26 元/立方米，亩均补偿额 0 元；根据兼顾环境效应和社会经济效益，2035 年生活污水环境税为 2 元/立方米，工业废水环境税为 4.15 元/立方米，工业废气环境税为 2.3 元/立方米；根据成本效益兼顾原则，2035 年亩均补偿额为 550 元。

表 12 - 16　　　　环境税和生态补偿方案

模型参数名称	单位	2016 年	2025 年	2035 年
生活污水环境税	元/立方米	1	1.5	2
工业废水环境税	元/立方米	2.05	3.05	4.15
工业废气环境税	元/立方米	1.26	2.3	2.3
亩均补偿额	元	0	150	550

（三）碳税 + 低碳补贴政策耦合仿真模型

碳税政策是从碳排放的末端促进创新，而低碳补贴则从能源使用和碳产生源头实现减排效果，甚至碳中和。碳税和低碳补贴是从约束和激励两个不同角度促进碳减排，两者之间可能会存在互补性。本模型将碳税和低碳补贴两种政策进行耦合，验证它们的效果如何。图 12 - 13 给出了碳税 + 低碳补贴耦合模型的逻辑关系表达。

从图 12 - 13 可以看出：碳税对碳排放具有直接的抑制作用，而低碳

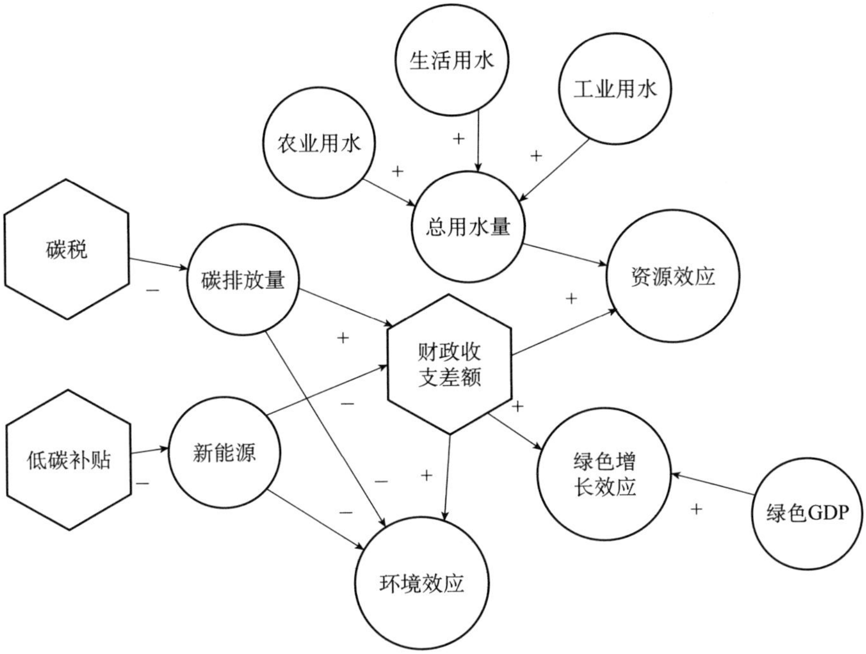

图 12－13　碳税＋低碳补贴耦合模型的逻辑关系表达示意图

注：＋表示是正的逻辑关系，－表示负的逻辑关系。

补贴则通过新能源增加或替代化石能源过程实现碳减排。碳排放量对财政收支有正向关系，而新能源补贴比例具有负向关系。碳税政策和低碳补贴政策对于地方政府来说一个是收入政策，另一个是支出政策，而从政策目的上看都是实现碳减排。碳税政策更具有直接性效果，而低碳补贴则目标更多元，从直接和间接排放两方面进行调节。

本模型方程式包括［1］—［52］、［57］—［60］，之外，新增方程式如下：

［92］财政收支差额＝碳税收入－低碳补贴支出

［93］资源效应＝(总用水量－初始值)/财政收支差额

［94］环境效应＝(碳排放量－初始值)/财政收支差额

［95］绿色增长效应＝(绿色 GDP－初始值)/财政收支差额

本模型设置了经济环境协调型方案，在碳税方面参考了国际和 2017 年我国碳价格，同时考虑到我国正处于经济转型期，因此设置了一个高于我国但低于国际价格的值，这样既能促进经济发展又可以起到环境改善作用。低碳补贴方案考虑了成本。具体模型参数见表 12 – 17。2016 年碳税为 0，新能源补贴比例为 10%，2025 年碳税为 40 元/吨，新能源补贴比例为 20%，2035 年碳税为 50 元/吨，新能源补贴比例为 30%。

表 12 – 17　　碳税和低碳补贴方案

模型参数名称	单位	2016 年	2025 年	2035 年
碳税	元/吨	0	40	50
新能源补贴比例	%	10	20	30

四、推进长三角地区生态创新的多重政策耦合

区域生态创新表现为多个方面，一种财政政策往往激励一个方面或几个方面的创新，因此多个政策耦合是有必要的。政策越多是否效果越明显，还是有效性会有所消耗。这是多重政策耦合模型设置的目的。到底哪些财政政策耦合在一起更能促进区域生态创新，到底哪些财政政策会增加创新成本或者存在边际效用递减等。这需要构建模型验证。本节构建了收入政策耦合、支出政策耦合及多种混合政策耦合三类模型。

（一）三种收入政策耦合仿真模型

按照庇古税理论，当存在负外部性时，可以通过征税的方式实现外部性的内部化。[①] 按照经济学原理，通过征税，让私人边际成本曲线和社会边际成本曲线重合，消除了污染并避免了产出过剩。资源税、环境税和碳税可以抑制“黑色增长”的有效[②]工具，分别从资源使用、污染排放和碳排放三个方面进行抑制。本模型将三种税耦合仿真三种政策耦合效果。图 12 – 14 给出了模型逻辑关系表达。从图 12 – 14 可以看出，资源税一定程度内可以促使生活用水、农业用水（灌溉用水）和工业用水的减少，环境税可以抑制污染排放包括生活污水排放、工业废水排放和工业废气排放，而碳税则有助于碳减排。这些指标对于税收收入都是正向作用。总用水量影响资源效应，碳排放、生活污水排放、工业废水排放和工业废气排放与

---

① 沈满洪．促进绿色发展的财税制度改革［J］．中共杭州市委党校学报，2016（03）：68 – 73.

② 沈满洪．以制度创新推进绿色发展［J］．浙江经济，2015（12）：23 – 25.

环境相关，绿色 GDP 则与绿色增长效应有关。

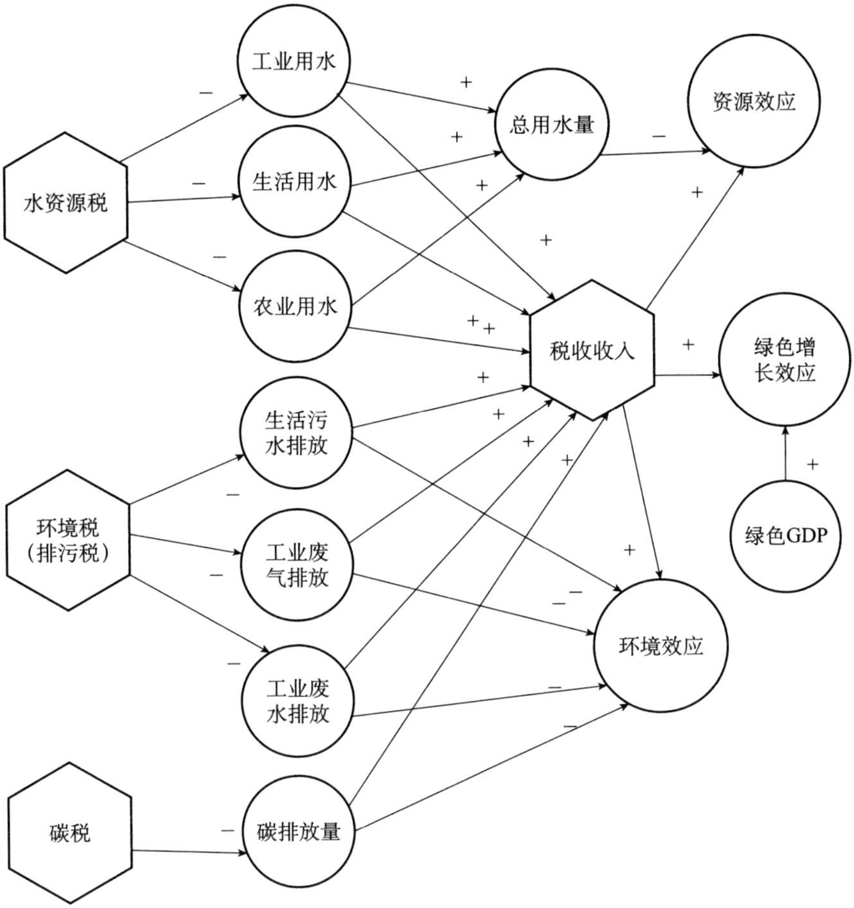

图 12－14　三种收入政策耦合模型的逻辑关系表达示意图

注：＋表示是正的逻辑关系，－表示负的逻辑关系。

本模型方程式包括［1］—［58］，之外，新增方程式如下：

［96］税收收入＝资源税收入＋环境税收入＋碳税收入

［97］资源效应＝(总用水量－初始值)/税收收入

［98］环境效应＝［（废水排放量－初始值）＋(废气排放量－初始值）＋(碳排放量－初始值)/税收收入

［99］绿色增长效应＝(绿色 GDP－初始值)/税收收入

本模型设置的是环境社会经济协调型方案，既考虑了减少污染，又考虑社会保障和经济发展。模型参数具体见表 12－18。2016 年生活用水的资源税为0.2元/立方米，农业用水的资源税为0，工业用水的资源税为0.2元/立方米，生活污水环境税为1元/立方米，工业废水环境税为2.05元/立方米，工业废气环境税为1.26元/立方米，碳税为0元；到2035年分别增加至0.6元/立方米、1.0元/立方米、2.5元/立方米、2元/立方米、4.15元/立方米、2.3元/立方米、50元/吨。

表12-18　　三种收入政策模型方案

模型参数名称	单位	2016年	2025年	2035年
生活用水的资源税	元/立方米	0.2	0.4	0.6
农业用水的资源税	元/立方米	0	0.4	1
工业用水的资源税	元/立方米	0.2	1	2.5
生活污水环境税	元/立方米	1	1.5	2
工业废水环境税	元/立方米	2.05	3.05	4.15
工业废气环境税	元/立方米	1.26	2.3	2.3
碳税	元./吨	0	40	50

（二）三种支出政策耦合仿真模型

按照庇古税理论，当存在正外部性时，可以通过补贴的方式实现外部性的内部化。按照经济学原理，通过补贴可以让私人的边际收益曲线与社会边际收益曲线重合。① 推进生态创新的主要财政支出政策包括低碳补贴、循环补贴和生态补偿等。通过这些支出政策可以激励低碳生产创新及绿色消费者、资源循环利用者和生态保护者的行动积极性，更好实现区域绿色发展。每项支出政策都有成本的，支出政策耦合效果呈现缓速相加还是乘数效应？现实中是否需要所有的支出政策同时实施？这是本模型想要验证的问题。将三种支出政策耦合在一起，形成耦合政策模型。图12-15给出了模型逻辑关系表达。从图12-15可以看出生态补偿对化肥使用量具有抑制作用，激励有机肥使用者，循环补贴对生活垃圾排放和工业固废排放具有抑制作用，激励资源循环利用者，低碳补贴对新能源使用具有正向作用，激励低碳行为。这些补贴对于财政支出都具有负向作用，即需要大量财政投入。财政支出对于资源效应、环境效应和绿色增长效应都具有负

① 沈满洪. 促进绿色发展的财税制度改革［J］. 中共杭州市委党校学报，2016（03）：68-73.

向作用。

本模型方程式包括［1］—［42］、［59］—［67］，之外，新增方程式如下：

［100］财政支出 = 低碳补贴支出 + 循环补贴支出 + 生态补偿支出

［101］资源效应 =（总用水量 − 初始值）/财政支出

［102］环境效应 =［（生活垃圾清运量 − 初始值）+（工业固废排放量 − 初始值）+（化肥残留量 − 初始值）］/财政支出

［103］绿色增长效应 =（绿色 GDP − 初始值）/财政支出

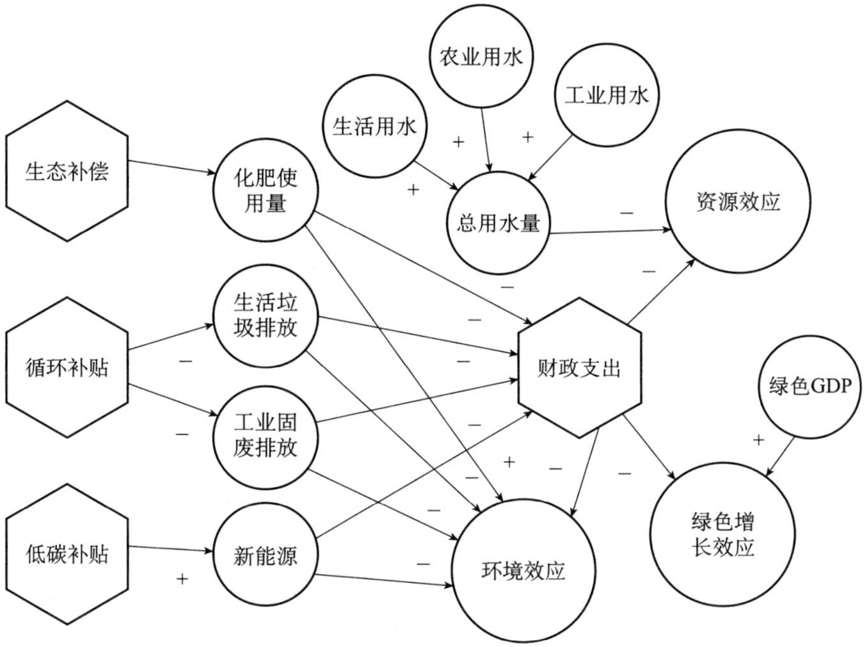

图 12－15　三种支出政策耦合模型的逻辑关系表达示意图

注：+表示是正的逻辑关系，－表示负的逻辑关系。

本模型设置了成本效益兼顾方案，选取了三种政策的成本效益兼顾型方案进行耦合，具体模型参数见表 12－19。2016 年新能源补贴比例为 10%，工业循环补贴比例 1.4%，生活循环补贴比例 1.4%，亩均补偿额为 0 元；之后逐年增加，2025 年新能源补贴比例为 20%，工业循环补贴比例 5%，生活循环补贴比例 10%，亩均补偿额为 150 元；至 2035 年新能源补贴比例为 30%，工业循环补贴比例 10%，生活循环补贴比例 50%，亩均补偿额为 0 元。

表 12 – 19　　　　三种支出政策方案

模型参数名称	单位	2016 年	2025 年	2035 年
新能源补贴比例	%	10	20	30
工业循环补贴比例	%	1．4	5	10
生活循环补贴比例	%	1．4	10	50
亩均补偿额	元	0	150	550

（三）资源税 + 碳税 + 生态补偿 + 循环补贴政策耦合仿真模型

根据区域生态创新内涵，区域生态创新关键目标是资源效率提高、改善环境和产生经济价值。财政政策通过经济手段将环境外部性内化，促进生态创新。资源税将资源的环境负外部性内化，碳税将污染外部性内化，循环补贴和生态补偿则通过环境正外部性内化激励环境保护者。四种类型政策耦合是否会达到更有好的效果，或者出现相互冲突？既有收入又有支出政策是否更有利于财政平衡。本模型为验证这些结果，将四种政策叠加，包括两种收入政策和两种支出政策。收入政策为资源税和碳税，支出政策为循环补贴和生态补偿。图 12 – 16 是本模型逻辑关系表达。资源税对生活用水、农业用水（灌溉用水）、工业用水具有抑制作用，循环补贴对生活垃圾排放、工业固废排放有抑制作用，生态补偿和碳税分别对化肥残留量和碳排放量有抑制作用；收入政策变量对财政收支有正向作用，而支出政策变量对财政收支有负向作用。财政收支对资源效应、环境效应和绿色增长效应都有正向作用。

本模型方程式包括［1］—［52］、［57］—［58］、［59］—［65］，之外，新增方程式如下：

［104］财政收支差额 = 碳税收入 – 低碳补贴支出

［105］资源效应 =（总用水量 – 初始值）/财政收支差额

［106］环境效应 =［（生活垃圾清运量 – 初始值）+（工业固废排放量 – 初始值）+（化肥残留量 – 初始值）+（碳排放量 – 初始值）］/财政收支差额

［107］绿色增长效应 =（绿色 GDP – 初始值）/财政收支差额

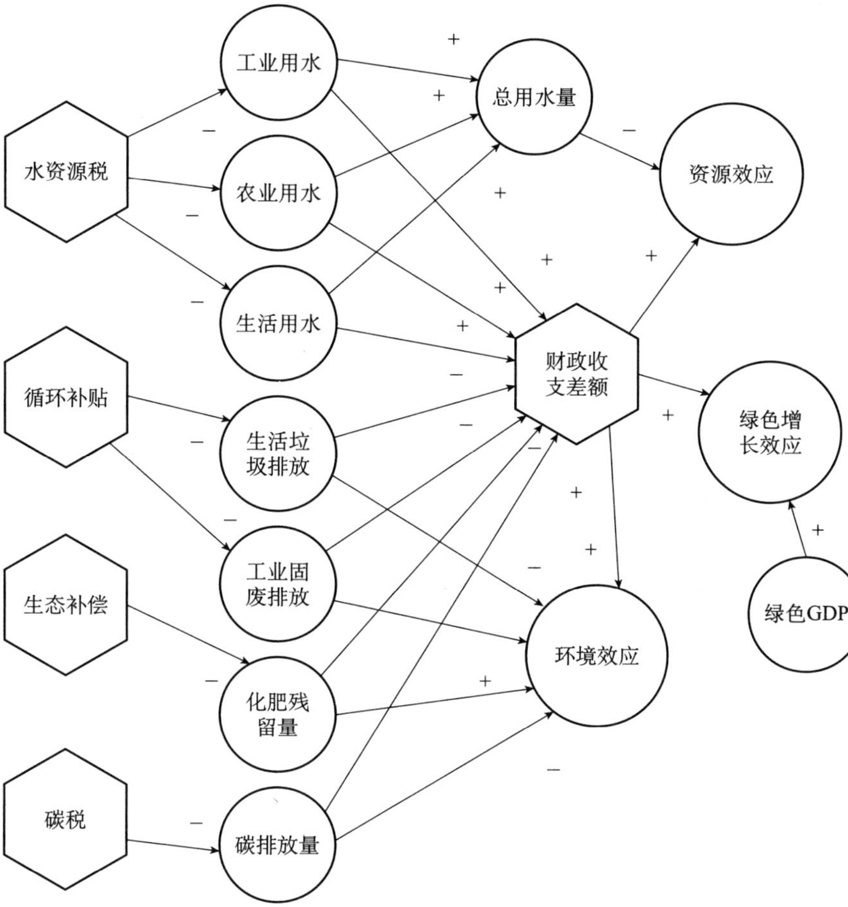

图 12-16　四种政策耦合模型的逻辑关系表达示意图

注：+表示是正的逻辑关系，-表示负的逻辑关系。

本模型设置了成本效益兼顾的环境社会经济协调方案，在税收方面既考虑经济发展和社会公平，又考虑促进环境保护，在支出方面则是成本效益兼顾，成本太高会让政策可操作性变弱。模型政策参数见表 12-20，2016 年生活用水的资源税为 0.2 元/立方米，农业用水的资源税为 0.2 元/立方米，工业用水的资源税为 0.2 元/立方米，碳税为 0 元/吨，工业循环补贴比例为 1.4%，生活循环补贴比例 1.4%，亩均补偿额 0 元；到 2035 年生活用水的资源税为 0.6 元/立方米，农业用水的资源税为 1 元/立方米，工业用水的资源税为 2.5 元/立方米，碳税为 50 元/吨，工业循环补贴比例为 10%，生活循环补贴比例 50%，亩均补偿额 550 元。

表 12-20　四种政策模型方案

模型参数名称	单位	2016 年	2025 年	2035 年
生活用水的资源税	元/立方米	0.2	0.4	0.6
农业用水的资源税	元/立方米	0	0.4	1.0
工业用水的资源税	元/立方米	0.2	1	2.5
碳税	元/吨	0	40	50
工业循环补贴比例	%	1.4	5	10
生活循环补贴比例	%	1.4	10	50
亩均补偿额	元	0	150	550

其他省市模型变量和方程式关系和浙江省一致，由于自然资源、经济发展、社会政策等都不同，三省一市的主模型参数是根据各地区实际情况取得。为了达到政策均衡效果以及地区之间对比分析、政策效应之间比较的效果，政策参数则在 2025 和 2035 年设置相同。

数据来源于 2011—2020 年《中国统计年鉴》《上海统计年鉴》《浙江统计年鉴》《江苏统计年鉴》《安徽统计年鉴》，2010—2019 年《中国水资源公报》《上海市水资源公报》《浙江省水资源公报》《安徽省水资源公报》《江苏省水资源公报》，2010—2019 年《中国环境公报》等。

第十三章

推进长三角地区生态创新的单一财政政策效应仿真模拟

本章运用 Vensim 软件针对单一财政政策进行模拟仿真，区分了收入和支出政策类型，分析了资源税、环境税、碳税、低碳补贴、循环补贴的生态创新效果以及政策之间的关系效应，并进行了财政政策的区域比较。研究结果发现：资源税和环境税对节约资源和减少污染排放作用明显，碳税和低碳补贴可推动碳减排和能源结构优化调整，循环补贴可从源头减少垃圾产生量促进资源社会大循环，而生态补偿则可以避免污染性行为的发生；资源税与环境税、循环补贴与生态补偿具有替代效应，资源税与循环补贴、资源税与碳税具有互补效应，碳税与低碳补贴、循环补贴与低碳补贴具有累加效应。自然资源禀赋、经济水平和社会治理水平是导致财政政策效果地区不均衡的主要原因。由于经济水平和社会治理水平不同，导致财政政策在三省一市表现出来的效果不同，比如环境税在制度水平较高地区发挥作用更大。

第一节 财政收入政策对区域生态创新的作用分析——以浙江省为例

本节主要从资源节约、环境改善及绿色增长三个方面，对财政收入政策的区域生态创新作用单独进行了分析，涉及政策对区域的资源节约、污染减排、能源结构、绿色增长、支出政策财政压力等方面的影响。

一、资源税政策的生态创新效果分析

（一）资源税可以促进地区资源节约

图 13－1 给出了三种方案水资源短缺[①]趋势图。从图 13－1 可以看出

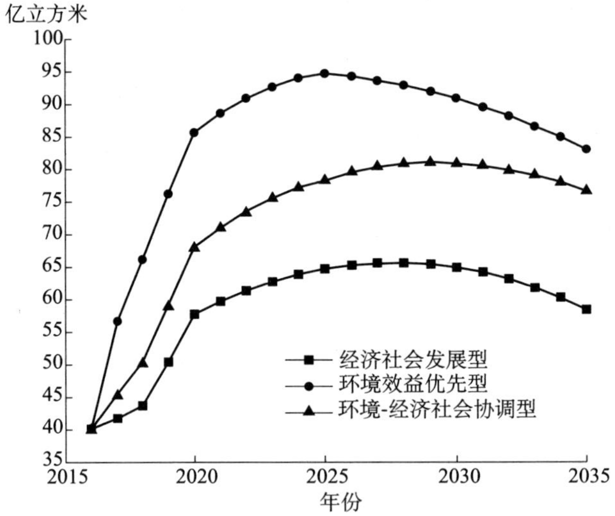

图 13－1 资源税三种方案水资源短缺指标仿真结果

① 本书中水资源短缺含义是水资源供给量减去总用水量，如果正值说明供给大于需求，反之亦然。

经济社会发展型方案水资源短缺处于比较平稳状态，环境效应优先型和环境—经济社会协调型方案水资源供给空间比较大，说明浙江省水资源数量供应压力不大。根据资源税在浙江省的三种方案仿真结果，就水资源短缺指标来讲，环境效应优先型方案和环境—经济社会协调型方案的生态创新效果要优于经济社会发展型方案，说明资源税可以促进地区资源节约。水资源短缺主要与经济和社会用水相关，如果以经济发展为导向，用水量会大幅度增加导致水资源短缺；当地区以环境效应优先时会限制经济和人口规模；而当实施经济和人口规模与水资源匹配时，会出现更加平衡的效果。

从总用水量来看（图 13 －2），经济社会发展型方案中，2021 年至 2035 年变化不大，保持在 160 亿立方米左右；环境效应优先型和环境—经济社会协调型方案则呈现下降趋势，至 2035 年分别减少到 137. 329 亿立方米和 143. 822 亿立方米。说明资源税有助于资源节约，环境效应优先型和环境—经济社会协调型方案的资源节约效果相似。

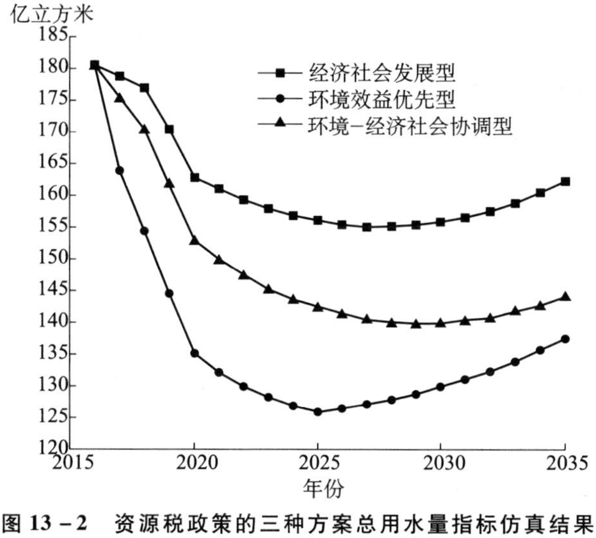

图 13 －2　资源税政策的三种方案总用水量指标仿真结果

（二）资源税对不同用途的水价格敏感性不同

从浙江省资源税三种方案中各项用水量指标模拟结果来看，不同用途的水资源对于资源税敏感性不同，水资源设置过高会带来社经济不利影响。从图 13 －3 可以看出，在经济社会发展方案中，生活用水量和工业用水量呈现明显增加趋势。从图 13 －4 可以看出，在环境效应优先型方案中，工业用水量得到有效控制，2035 年为 534550 万立方米，比 2021 年仅增加了 60%，在人均用水量不断减少的情况下，生活用水量变化不大；从图 13－5 可以看出在环境—经济社会协调型方案中，工业用水量依然得到控制，生活用水量变化不大，灌溉用水量有明显增加，2035 年比环境效应优先型方案增加了 26%，有利于农业发展。居民生活用水量在后两种方案中变化不大，但在用水方面生活负担增加了 1 倍。

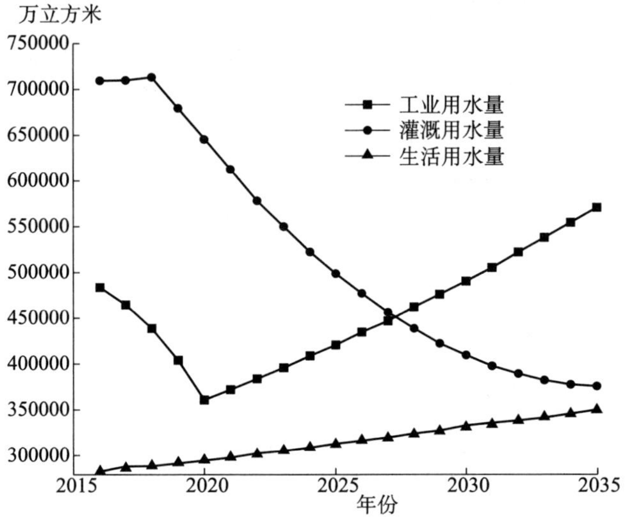

图 13－3 资源税政策的经济社会发展型方案用水指标仿真结果

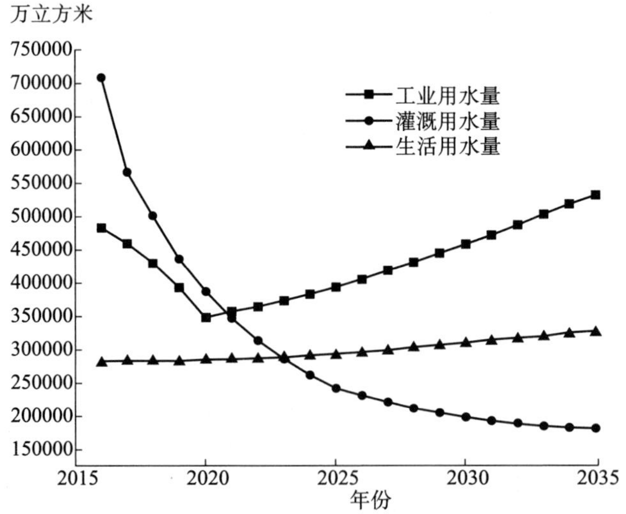

图 13－4 资源税政策的环境效应优先型方案用水指标仿真结果

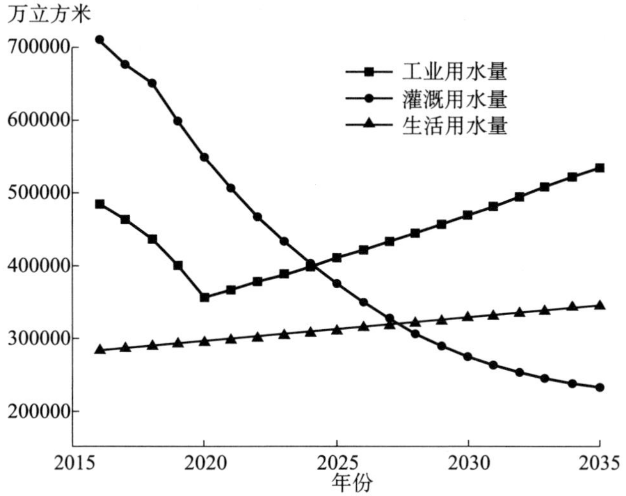

图 13－5　资源税政策的环境—经济社会协调型方案用水指标仿真结果

从水资源节约效果看资源税标准，较低的资源税，资源节约效果相对较差，这和居民用水敏感性有关。相对较低资源税对用水户节约用水的刺激不明显。较高资源税对于居民刚性用水量来讲作用效果不大，反而会增加相应的负担，有碍区域整体协调发展。说明在制定资源税征收标准时不一定越高越好，在一定的经济社会水平下会有一个合适的范围。

（三）资源税可以减少地区污染排放

图 13－6 给出环境-经济社会协调型方案中浙江省水污染排放指标模拟结果。污染排放指标包括生活污水排放量和工业废水排放量。在经济社会发展型方案中，2035 年生活污水排放量为 104541 万立方米，比 2021 年增加了 16%；2035 年工业污水排放量为 142421 万立方米，比 2021 年增加了 4444. 5 万立方米。在环境效应优先型方案中，2035 年生活污水排放量为 98255. 7 万立方米，工业污水排放量为 133638 万立方米，比经济社会发展型方案分别减少了 6285. 3 万立方米和 8783 万立方米。在环境-经济社会协调型方案中，2035 年生活污水排放量为 103155 万立方米，工业污水排放量为 133638 万立方米，比经济社会发展型方案分别减少了 1386 万立方米和 8783 万立方米。这说明资源税可以减少污染物排放，环境效应优先和环境-经济社会协调型方案污染减排效果相似，优于经济社会发展型方案。污染排放指标在三种方案中变化趋势是一致：生活污水排放量呈

现增加趋势，工业废水排放量则是从 2020 年起至模拟期处于增加趋势。说明资源税不能完全抑制污染排放，在浙江经济转型时期，污水排放依然与用水量相关；工业用水量的增加是由于工业 GDP 增长而产生，生活用水量是与高速增长的人口有关。从浙江省资源税三种方案中水污染排放指标模拟结果来看，征收资源税也有助于减少地区污染排放，区域水质方面的压力大于水量短缺压力。浙江省污染排放压力远大于供水压力，水质管理将是未来关注的目标。

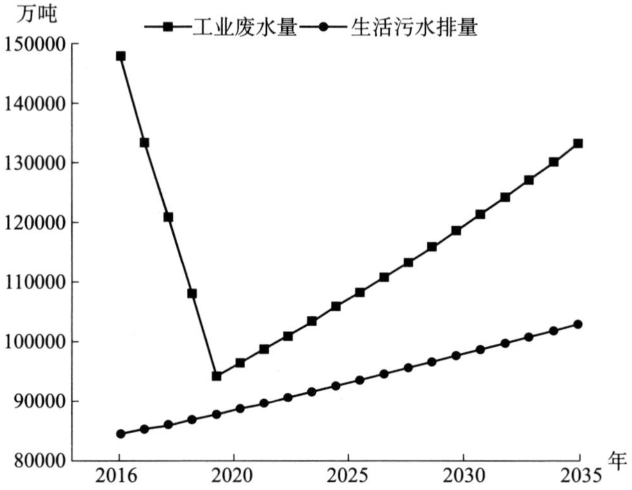

图 13－6　资源税政策的环境-经济社会协调型方案污染排放指标仿真结果

从上述分析可以看出，经济社会发展型方案对于环境来说并不友好，而环境效应优先型方案则会抑制经济社会发展。从长期来看，环境—经济社会协调型方案既能促进资源节约，又不损害经济增长并有利于减少环境污染。因此，环境经济社会协调型方案更有利于地区发展。

资源税政策促进资源节约和绿色发展，但不能完全解决环境污染问题。首先，资源税有利于资源节约。从经典经济学理论—科斯定理可知，当资源具有公共性质时，人们会为了增加自己的私人利益而不断消耗资源。资源税通过经济手段让使用者付费，增加其成本而促进节约。从分析结果看，环境效应优先型方案和环境—经济社会协调型方案中生活用水量和农业用水量都是呈现下降趋势，同时对工业用水量的上升速度有抑制作用。其次，资源税有利于绿色发展。由于资源税的实施，将一些自然资源成本内部化，也就是说企业或生产部门在使用资源时付费，为了降低成本会采用先进生产技术，从而推动生态创新。因此，资源税对地区绿色经济有推动作用，有助于生产生活部门采用相关生态技术或实施生态理念的管理方案。最后，资源税不能完全解决环境污染问题。在模拟结果中可知，资源税可以通过资源节约而减少污染的排放，但是却不能有效地抑制环境污染。资源税是生产源头控制，污染排放是末端治理，短期来看资源税很难完全解决污染问题。因此，如果要全面促进地区生态环境治理还需要耦合其他政策。

二、环境税政策的生态创新效果分析

（一）环境税对水环境改善效果并不明显

图 13 – 7 和图 13 – 8 分别给出了三种方案中环境税政策下浙江省 2016—2035 年工业废水和生活污水排放指标模拟结果。整体上三种方案中，生活污水排放量和工业废水排放量的变化趋势是一样的。工业废水从 2016 年至 2020 年是下降的，从 2021 年至 2035 年是上升的，而生活污水排放量则一直处于缓慢上升趋势。说明环境税对工业污水排放和生活污水排放控制作用不明显。这是由于当前的技术条件下，工业用水和生活用水的排污弹性相对较小，除非关停的方式牺牲工业经济增速，否则污水排放很难仅仅用环境税来抑制。这也说明只有提高生态创新技术才能让财政政策起到更好的作用。

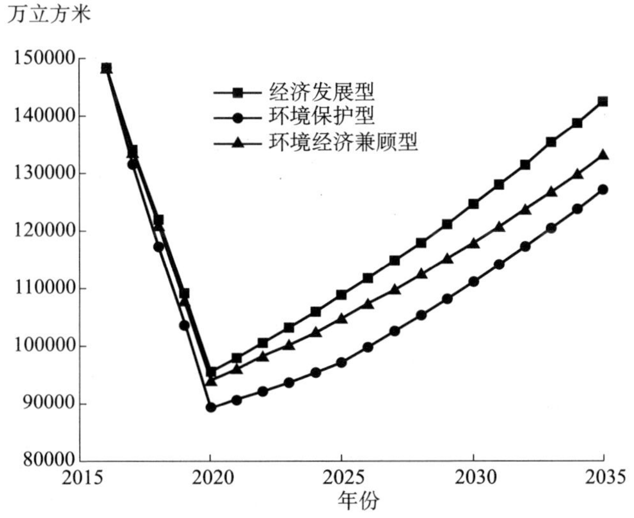

图 13 – 7 环境税政策的三种方案中工业废水排放量指标仿真结果

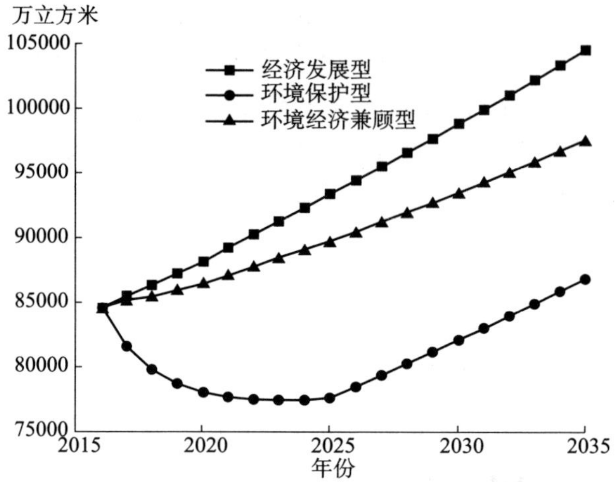

图 13－8 环境税政策的三种方案中生活污水排放量指标仿真结果

（二）环境税可改善大气环境

图 13－9 给出了环境税政策的三种方案中废气排放仿真结果。从图 13－9 可以看出，经济发展型方案中废气排放量由初始年份的 675 吨，降至 2035 年的 303 吨；2020 年出现最高点为 682 吨。这和浙江省经济水平相关，根据环境库茨涅兹曲线可知，经济发展到一定水平后环境污染排放量出现拐点。而在环境保护型和环境经济兼顾型方案中，2035 年的废气排放量则分别下降至 264 吨和 283 吨，说明环境税可抑制废气排放，对大气环境具有改善作用，由于清洁技术、组织管理等创新因素会出现废气排放量的减少现象。环境保护型方案下废气下降最为明显，说明环境税可以促进环境改善，减少污染排放；而环境经济兼顾型方案下废气排放量也呈现下降趋势，其减少数量处于前两者之间，这说明环境经济兼顾型方案也起到了促进环境改善的作用。

（三）环境税具有资源节约效应和边际环境效应递减特征

图 13－10、图 13－11 和图 13－12 分别给出了环境税政策三种方案中资源效应、环境效应和绿色增长效应。从资源效应方面看，三种方案基本趋势都是先下降，后上升。经济发展型方案最低点在 2026 年，环境保护型方案在 2020 年，环境经济兼顾型方案在 2023 年。从数值方面看，经济发展型方案最低，环境保护型和环境经济兼顾型案相差不大，整体上都是

负值，说明资源税对水资源节约具有一定促进作用。

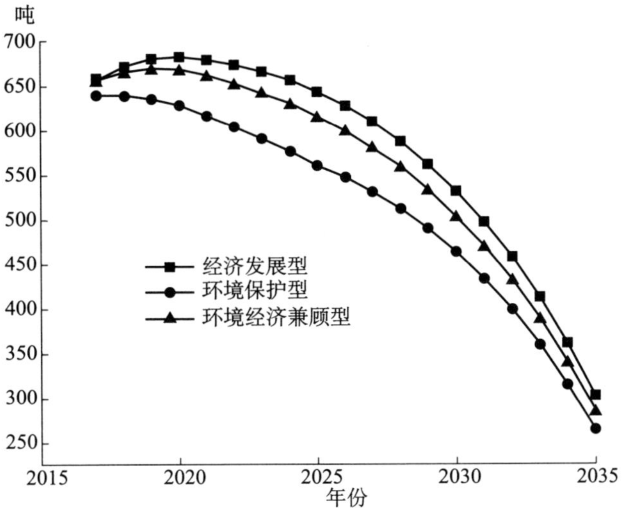

图 13－9　环境税政策的三种方案中废气排放量指标仿真结果

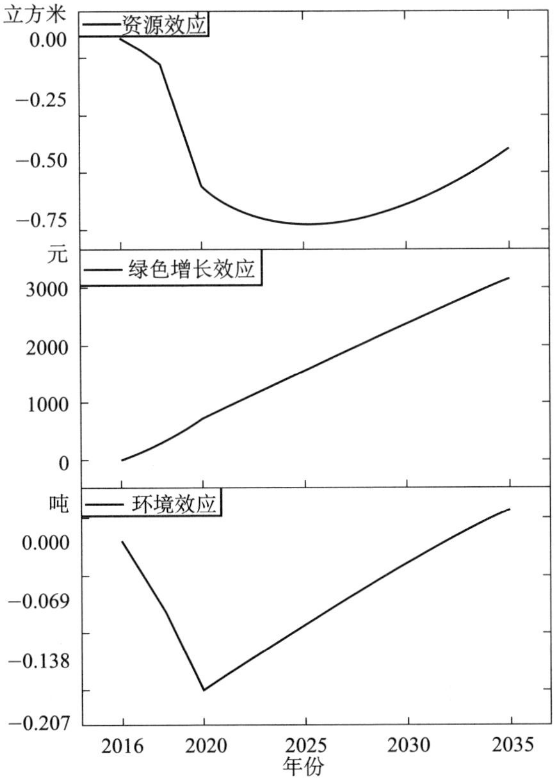

图 13－10　环境税政策的经济发展型方案中生态创新效应指标仿真结果

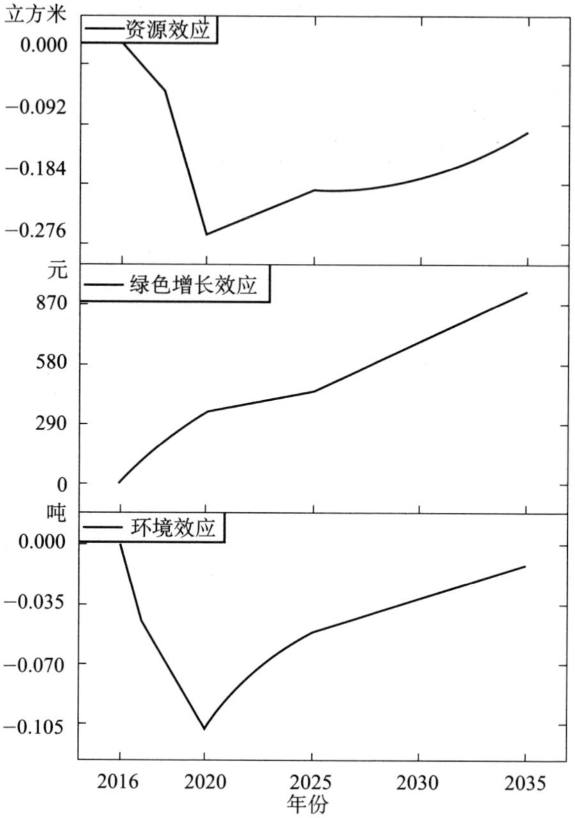

图 13－11 环境税政策的环境保护型方案中生态创新效应指标仿真结果

环境效应方面，三种方案的变化趋势也相同，先下降再上升；经济发展型方案出现了由负转正的转折点（2033 年），而环境保护型和环境经济兼顾型方案都是负值，说明环境税的环境效应非常明显。同时环境效应的绝对值是在 2021—2035 年是由大变小的，说明每单位的税收边际环境保护效果是不断减小的。这也从一个侧面说明不是税收越高越好。税负标准制定需要考虑成本和效果，同时也要考虑经济社会条件及征税对象的承受能力等。

环境税政策可以减少污染并促进资源节约和环境改善，但对绿色增长发展有一定抑制作用。首先，从外部性理论来看，环境税是通过经济手段而将环境污染的外部性内部化。这样，将地区污染的外部性成本转化为企业或生产生活部门的内部成本，让污染排放者承担这些污染成本；迫使污染排放者采用清洁生产技术或生态型的生活方式等来减少污染排放。从分析结果明显看出，环境税对废水污染、废气污染都有抑制

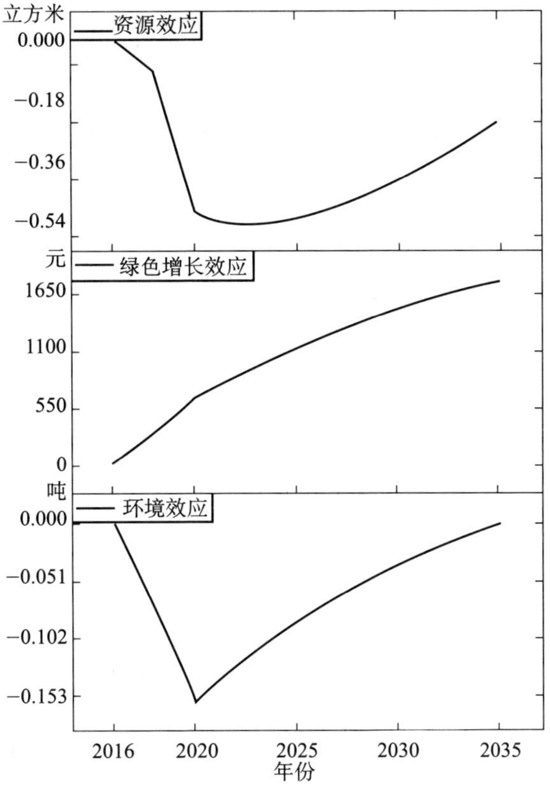

图 13-12 环境税政策的环境经济兼顾型方案中生态创新效应指标仿真结果

作用。但是由于生产需要或生态技术的限制，污染得不到绝对的控制。要绝对的控制污染还需要生产技术升级和淘汰旧的生产技术的形式控制污染。其次，环境税的实施促使资源节约。由于新型技术采用，资源利用效率得到提高，从而促进资源节约。从资源效应分析结果看，环境税可以让资源需求矛盾减少，从而缓解资源压力。最后，从环境税的生态创新效应的分析结果可以看出，环境税虽然可以缓解资源压力和减少污染排放，但是对经济增长具有一定的抑制作用，特别是环境保护型方案，使经济增长受到了一定的限制。如果要同时解决经济增长和环境改善问题，还需要耦合其他政策。

三、碳税政策的生态创新效果分析

（一）碳税促进碳减排

图 13-13 给出了碳税政策模型的三种方案中碳排放量模拟结果。化

石能源型方案和碳减排方案中，碳排放量都呈现上升趋势，但碳减排方案中碳排放增加速率明显减慢，期末碳排放量比化石能源型方案少了将近2000万吨。碳中和方案在2025年达到峰值，达峰值约为4000万吨；从碳排放累加量上看，比化石能源型方案少了4亿多吨碳排放。说明碳税政策对碳排放具有抑制作用。

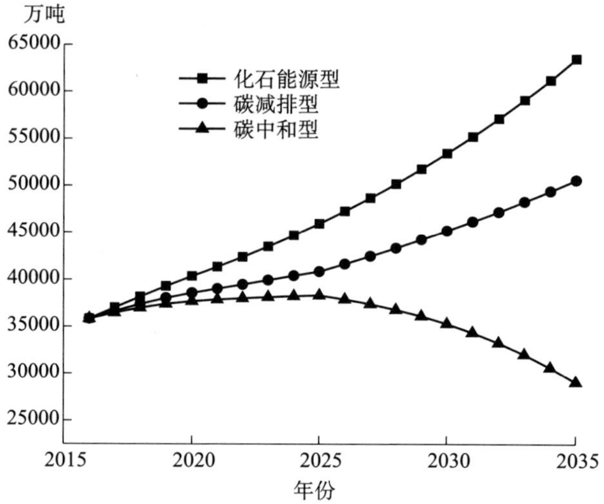

图 13-13　碳税政策的三种方案中碳排放指标仿真结果

（二）碳税改善能源结构和提高能源效率

能源经济型方案中化石能源使用量都呈上升趋势，在2021—2035年，化石能源量都增加了近55%，新能源和化石能源比例变化不大。碳减排型方案中化石能源也呈现增加趋势，但新能源增加趋势更明显，新能源和化石能源比例不断增加。

从图13-14可以看出，碳中和型方案中能源使用量先稍微增加，2027年之后呈现下降的趋势；化石能源2025年达到最高，之后出现明显下降趋势；新能源则呈现逐渐增加趋势，新能源与化石能源比例不断增加。在第三种方案中GDP依然是增加的，万元GDP能源使用量从2016年的4286吨，减少到2035年的1297吨。说明碳税政策促进能源效率的提高。碳税政策让企业或生产单位的成本提高，促使他们进行改善产品生产工艺、提高能源效率或采用新能源等创新活动，推进区域生态创新。

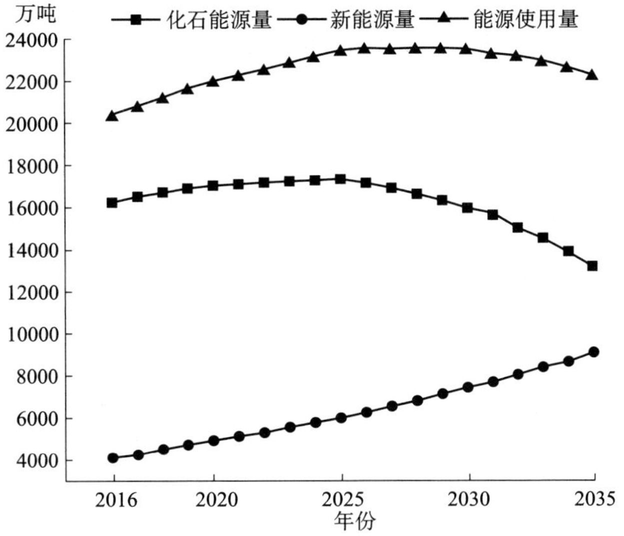

图 13－14　碳税政策的碳中和型方案中能源使用指标仿真结果

第二节
财政支出政策对区域生态创新的作用分析——以浙江省为例

本节主要针对三类财政支出政策的仿真结果，从资源能源、环境改善和绿色增长等方面进行了分析，深入剖析财政政策的生态创新作用。

一、低碳补贴政策的生态创新效果分析

（一）低碳补贴政策可以改善能源结构

三种方案下能源使用量都在不断增加，但化石能源和新能源对能源使用量的贡献比例不同。由于补贴促进了能源使用总量的增加，导致低碳补贴政策对能源效率提高作用不明显。与传统能源型方案相比，新能源在新能源型方案的增加速度更明显，新能源从初始年份的 4055 万吨标准煤增长至近 12536 万吨标准煤。说明低碳补贴政策对新能源的开发与使用有显

著的促进作用。图 13－15 给出了低碳补贴政策的三种方案中新能源比例仿真结果。在传统能源型方案 2035 年新能源比例为 30%，而新能源型方案高达 60%，组合型方案则为 40%。说明低碳补贴政策促进能源结构改善，但由于新能源型方案补贴金额太大，2035 年达 114 亿元，整个模拟期累计 710 亿元，因此从成本角度来看，组合型方案最优。从浙江省的实际情况来看，综合考虑效果和成本，组合型方案更符合实际，既可调整能源结构，又能降低碳排放的增加速度。

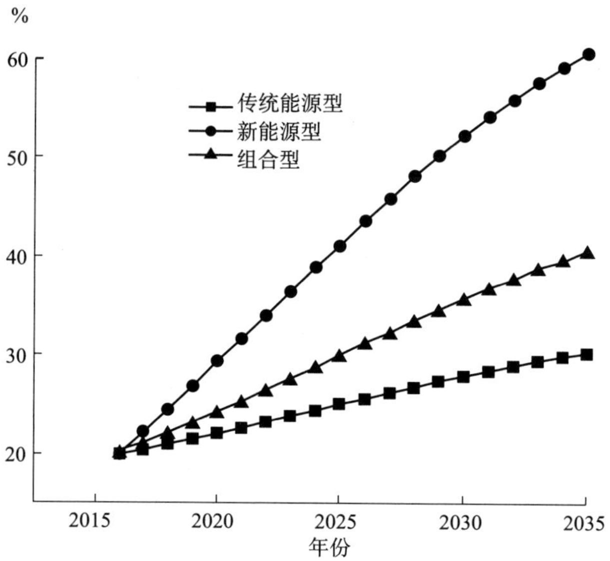

图 13－15　低碳补贴政策的三种方案中新能源比例模拟仿真结果

（二）低碳补贴政策减排作用并不明显

从仿真结果来看，三种方案中碳排放量都呈现上升趋势。但从数值上看，同时期内新能源型和组合型方案少于传统能源型方案。2035 年传统能源型方案碳排放量高达 63533 万吨，新能源型方案为 54672 万吨，组合型方案为 59050 万吨。说明低碳补贴政策可以减缓增加速度，却很难让碳排放量减少。

从图 13－16 可以看出，传统能源型方案的资源效应是缓慢 U 形，环境效应和绿色增长效应都呈现增加趋势。环境效应呈现正值增加趋势，即污染排放不断增加，说明传统能源型方案不利于环境改善。

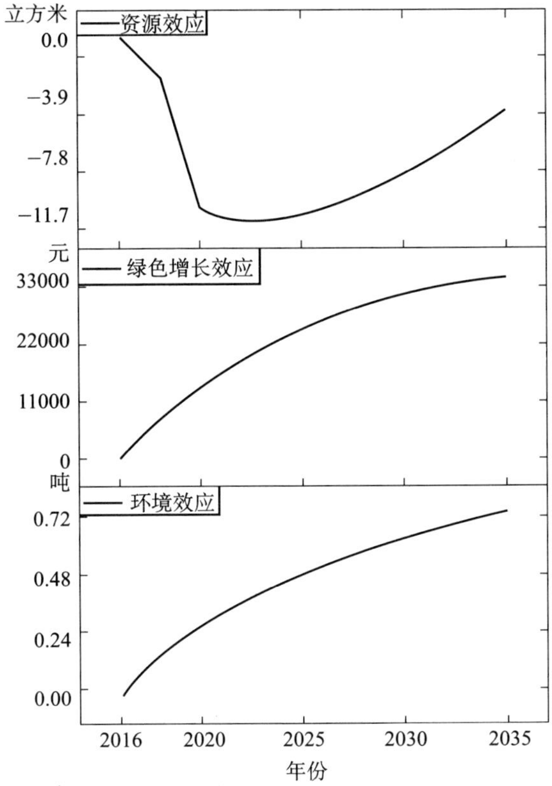

图 13－16　低碳补贴政策的传统能源型方案中生态创新效应仿真结果

从图 13－17 可以看出，新能源方案下资源效应呈现 V 形，环境效应和绿色增长效应都呈先增加后下降趋势，即倒 V 形。说明新能源型方案有利于环境改善，但会影响经济增长，从而使得绿色增长效应下降。

从图 13－18 可以看出，组合方案资源效应形状呈现 V 形。环境效应和绿色增长效应则呈现先快速上升后缓慢下降的趋势，缓慢倒 U 形，顶点在 2024 年，环境效应和绿色增长效应都是先快速增加，至 2024 年达顶点，然后趋于平缓。

低碳补贴对环境具有正向作用，但是不能完全解决环境问题，在低碳补贴政策下碳排放依然是增加趋势。如果太高的低碳补贴会抑制经济增长，长期来看不易过高比例的补贴。也就是说低碳补贴可以解决短期局部的问题，但长期全局的碳排放还需要耦合其他政策。

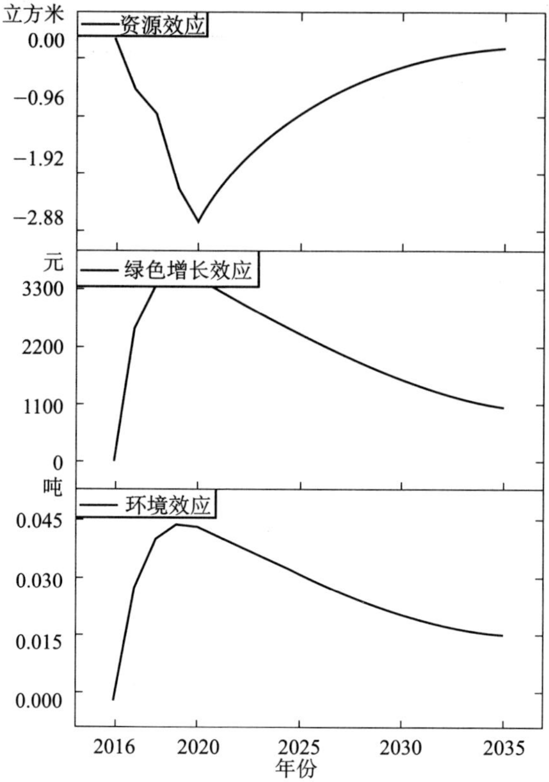

图 13－17　低碳补贴政策的新能源型方案中生态创新效应仿真结果

（三）低碳补贴政策促进新能源开发

低碳补贴政策仅针对能源方面，在保持经济发展速度不受损失的情况下，鼓励企业和生产部门采用新能源。首先，在低碳补贴政策下，居民和生产者低碳意识更强，在经济和意识双重激励下，居民减排意识和地区能源效率都会提高，从而促使碳排放量减少。其次，低碳补贴政策通过新能源补贴促使新能源使用比例增加，工业化石能源能耗随之减少，化石能源使用比例相应减少，从而实现能源结构优化。最后，低碳补贴政策是针对性的经济手段，从仿真结果来看，资源效应和经济效应没有呈现积极上升的趋势，废水排放量并没有得到抑制。因此，低碳补贴政策在资源节约和经济效应方面作用并不明显，其他方面的环境问题也没有得到解决。

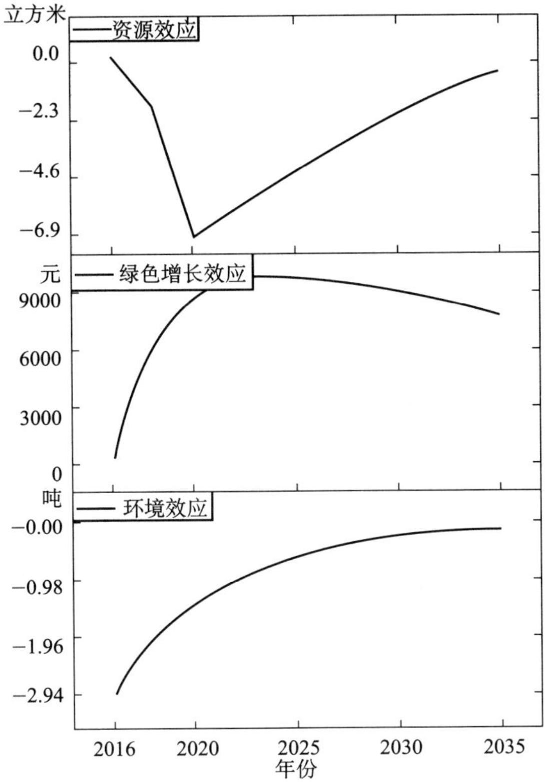

图 13－18 低碳补贴政策的组合型方案中生态创新效应仿真结果

二、循环补贴政策的生态创新效果分析

（一）循环补贴政策可以抑制污染排放但改善环境作用不明显

循环补贴政策三种方案中固废排放的仿真模拟结果变化趋势相同。在传统治理方案中，浙江省的生活垃圾清运量在模拟期内始终保持增加趋势，从起始年的 1500 万吨到终止年的 1780 万吨，增长了近 19%，说明传统治理模式不能减少生活垃圾量。

在效益优先型方案中，浙江省的生活垃圾清运量在模拟期内呈先减后增的趋势，说明注重环境效应的方案对生活垃圾有一定的抑制作用，但人口增加是后期生活垃圾清运量增长的主要原因。

从图 13－19 可以看出，在成本效益兼顾型方案中，浙江省的生活垃圾清运量在模拟期内呈先减后增再减趋势，总体波动幅度较小，从起始年到结束年减少 64 万吨，说明循环补贴政策区域环境污染减排具有一定作用。三种方案下浙江省工业固废排放量在模拟期内始终保持增加趋势，由起始年 2021 年 6000 吨至终止年 2035 年 12400 吨，增长了大约 1.07 倍，说明循环补贴政策改善环境作用不明显。

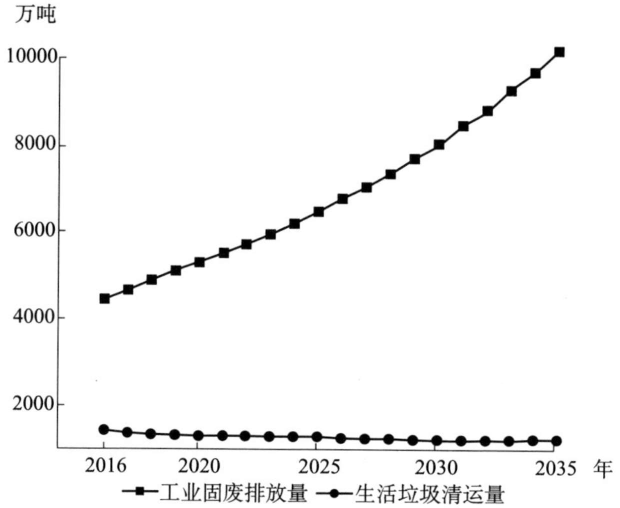

图 13－19　循环补贴政策成本效益兼顾型方案中固废排放的仿真模拟结果

（二）循环补贴政策有助于绿色增长与资源节约

三种方案下绿色 GDP 和绿色增长效应呈增加趋势。短期来看，传统治理型方案绿色增长效应更高；从长期发展看，效益优先型方案的绿色增长效应增长速度更快（见图 13－20）。这是由于短期来看，资源治理投入较少，绿色 GDP 数值上就越大，随着环境投入增长，传统治理方案下，绿色 GDP 就到了拐点并有减少趋势。从长期来看，随着生态创新活动水平增加，环境治理成本降低，绿色增长效应就越来越明显。这说明循环补贴政策是有助于绿色经济增长的。从资源效应来看，后两种方案明显高于传统治理型方案，说明循环补贴有利于资源节约。

（三）循环补贴政策不能解决环境污染问题

循环补贴政策对资源节约和减少固废排放作用明显，但不能完全解决环境与发展之间的矛盾。首先，循环补贴政策主要是通过经济手段促进生产者采用新生产技术或循环原材料。从前面分析结果来看，循环补贴政策的资源效应明显。其次，循环补贴政策通过经济刺激手段促使居

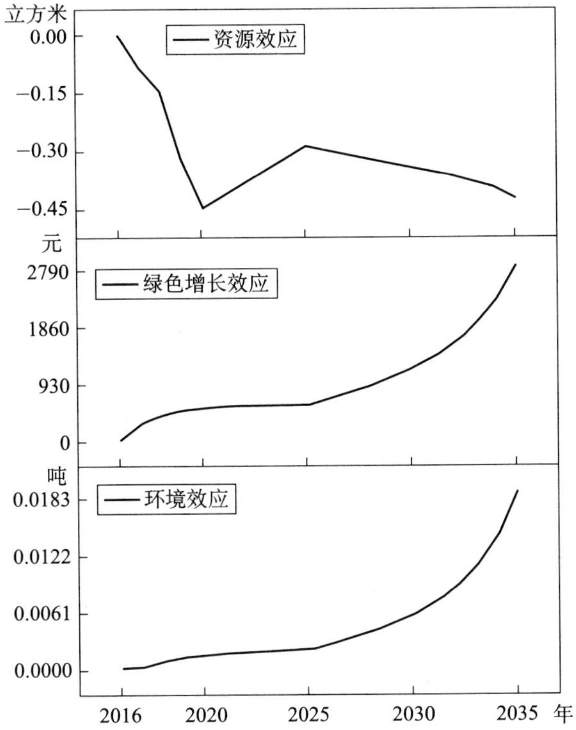

图 13－20　循环补贴政策的效益优先型方案中生态创新效应仿真结果

民自主减少固废垃圾产生。垃圾清运量随着循环补贴比例增加而减少。最后，虽然长期来看有助于绿色增长，但现阶段循环补贴政策解决不了环境污染问题。废水排放量、生活污水排放量都是逐年增加的。因此说明只有耦合其他政策才能解决环境污染。

三、生态补偿政策的生态创新效果分析

（一）生态补偿政策激励环境保护

图 13－21 给出了生态补偿政策中化肥使用量仿真结果。从图 13－21 可以得出以下结论：第一，较低水平的生态补偿下环境保护激励作用不明显。在经济优先型方案下，浙江全省的化肥使用量在模拟期内总体上是增加的，从 2016 年的 84 吨增加到 2035 年的 90 吨，增加了约 7.1%。第二，环境成本和污染成本补偿可以激励环境保护行为。在环境优先和成本效益兼顾方案下，化肥使用量总体上呈现减少趋势。环境优先方案下化肥使用量从 2016 年的 73 吨至 2035 年的 0 吨，基本没有污染。在成本效益

兼顾型方案下，化肥使用量从 2016 年的 83 吨减至 2035 年的 55 吨，减少了约 33.7%。生态补偿政策对环境保护是最有效的，通过经济激励可以将环境外部性内化。环境优先型方案下可以实现零污染。说明生态补偿政策环境效应好。

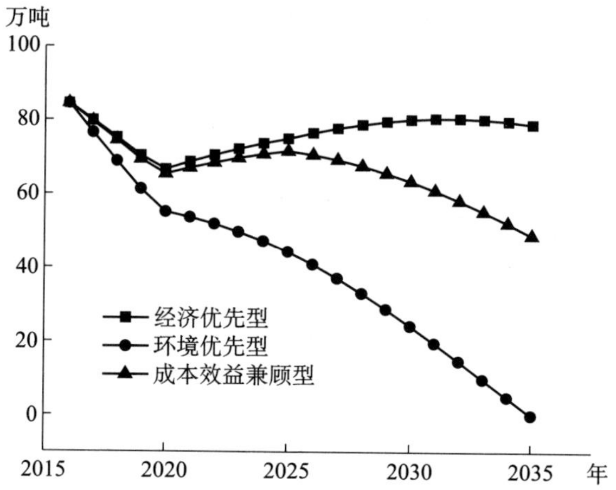

图 13－21　生态补偿政策的三种方案中化肥使用量仿真结果

（二）生态补偿政策的生态创新边际效用呈现下降趋势

首先，生态补偿对于资源节约的效果不明显，在三种方案的变化趋势相同，资源效应在整个模拟期基本处于不变的状态（见图 13－22）。其次，环境效应的单位边际效用减少，在成本效益兼顾型方案下，环境效应是先快速下降后快速上升，2026 年之后趋于同一水平。说明生态补偿对生态保护具有重要的作用，但长期来看单位边际效用会随着补偿金额的增加而减少单位边际效用会随着补偿金额的增加而减少。最后，三种方案下绿色增长效应是处于增长状态，但是环境优先型方案下绿色增长效应相对是最少的，是成本效益兼顾型方案的四分之一。说明虽然生态补偿政策对于绿色增长效应来说是正面作用，但是长期来看，生态补偿的边际效用会有下降。

（三）生态补偿政策的财政压力大

图 13－23 给出了三种方案下生态补偿政策财政支出金额仿真结果。

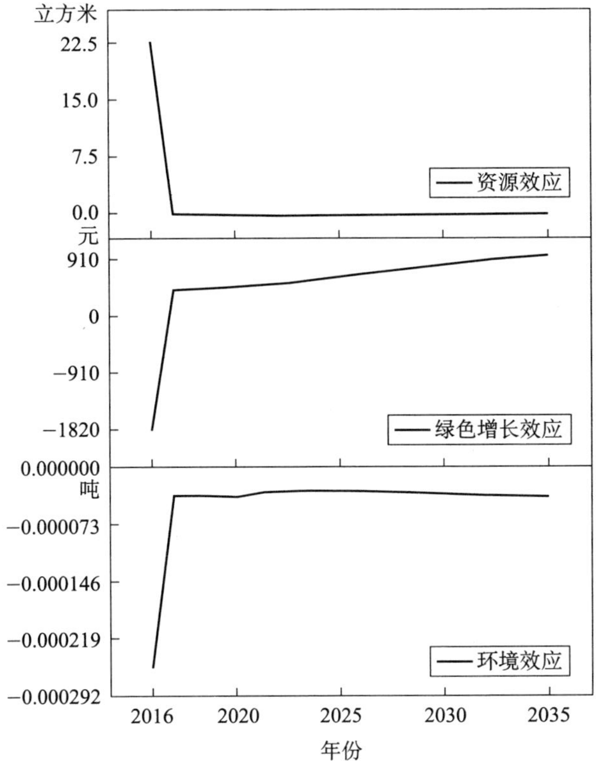

图 13－22　生态补偿政策的环境优先型方案中生态创新效应仿真结果

从图 13－23 可以看出，第一，生态补偿政策支出金额较大。经济优先型方案 2035 年比 2016 年增加 15.2 亿元的支出，而环境优先型在 2035 年约为 140 亿元的支出，模拟期内累计 1400 多亿元。这给地方财政带来压力。第二，生态补偿政策在经济水平较高的地区更具可行性。生态补偿政策是支出型政策，需要政府的财政支持。无论是横向生态补偿还是国家财政转移，都需要地方经济的支撑。在经济水平较高的区域，财政支撑力度越大，因此更具可行性。

生态补偿政策对减少局部污染作用明显但不能完全解决经济与环境问题。生态补偿政策是通过对生态保护者的补偿达到环境保护目的。首先，生态补偿政策环境效应作用明显，对减少局部污染有明显作用。从仿真结果来看，在实施生态补偿之后，化肥使用量和化肥残留量都有明显减少。化肥使用残留是目前全球氮污染的主要来源，全球超过一半的合成化肥都是在过去 30 年间使用的，但这 1.2 亿吨肥料中只有约 0.5 亿吨被植物吸

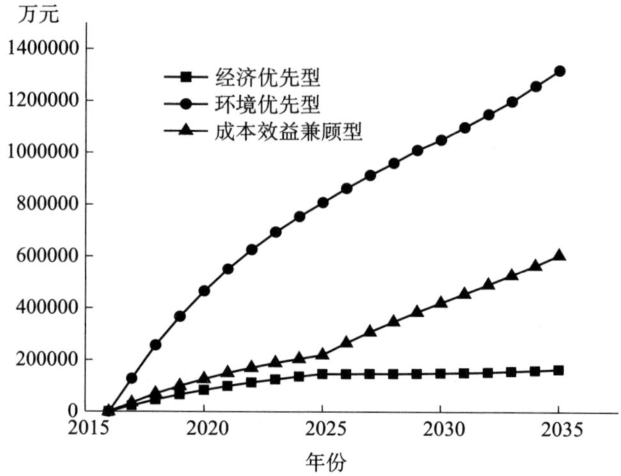

图 13－23 生态补偿政策的三种方案中财政支出金额仿真结果

收，大部分都进入了更广阔的环境中，最后大多汇入海洋，致使沿海地区死亡区面积大幅度增加。从生态补偿政策仿真效果来看，此政策对减少污染和环境保护具有重要的作用。其次，生态补偿政策对绿色经济发展也有促进作用。从仿真结果来看，除了环境效应上升外，绿色增长效应也有上升趋势。生态补偿政策促使人们主动减少污染和保护环境，从而出现正外部性，即间接地促进了经济发展，比如环境保护带来旅游收入等。最后，生态补偿不能完全解决环境问题。从仿真结果来看，生态补偿政策的三种方案中废水排放量和碳排放量都呈现明显增加趋势；要全面促进生态创新而解决环境问题还需要耦合其他制度。

第三节

长三角地区财政政策的生态创新效应对比研究

以浙江省为例，从资源、环境和绿色增长三个视角对比分析六种政策的生态创新效应，总结政策效果之间存在的关系。以资源税为例，进行了四省市的财政政策推进生态创新的效应对比分析；总结地区发展条件对政策实施效果的影响。为了更好地对比分析政策效果，本小节在政策对比分析时采用六种政策的第三种方案，即符合研究区发展阶段的方案；在进行区域对比分析时采用相同的资源政策期末参数。

一、六种财政政策的环境效应对比分析

（一）资源税政策资源节约效果最为明显

图 13－24 给出了六种财政政策的地区总用水量仿真结果。六种财政政策下地区总用水量的变化趋势一致，呈“U”形，先下降后上升。资源税政策是在 2029 年达到最低点，而其他五种政策是在 2028 年达到最低点。财政政策在短期内资源效果明显，这说明具有资源节约空间，但随着经济发展，在现有的技术水平下，自然资源的弹性变小，需求量随之增大。从图 13－24 可以看出，资源税政策下的地区总用水量曲线低于其他政策，也就说新鲜水消耗量减少，资源税政策的资源节约针对性强，迫使自然资源使用者采用生产工艺创新、循环用水技术等来减少新鲜水的使用，从而降低成本。资源税政策对生态创新促进作用明显。

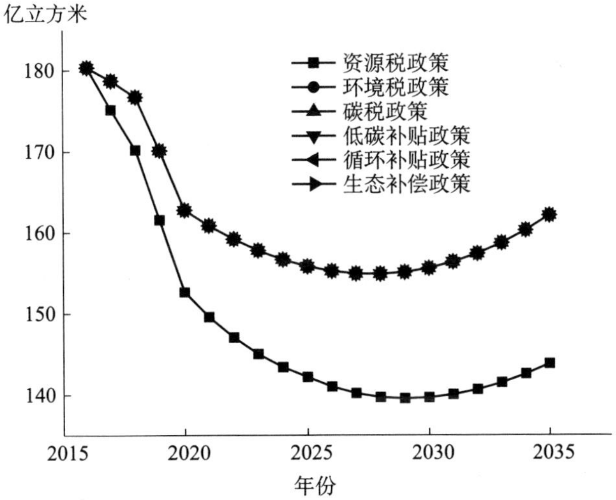

图 13－24 六种财政政策下浙江省地区总用水量仿真结果

（二）碳税政策仅对碳减排效果明显

图 13－25 显示，碳税政策仿真结果中碳排放量是处于逐渐减少的趋

势，说明碳税政策的减排效果最好。这与碳税政策的制定目的有关。碳税政策下废水排放量最多，从 2021 年到 2035 年增加了约 8 亿立方米。说明碳税政策对除了碳之外的污染物控制作用不明显。这也从一个侧面说明不同的政策对生态创新的促进视角和方向不同。地方要全面促进生态创新实现可持续发展需要耦合其他政策。

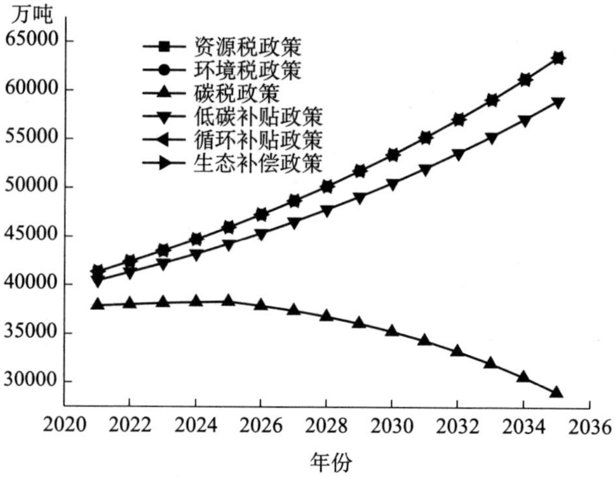

图 13－25　六种财政政策的第三种方案碳排放量仿真结果对比

（三）资源税与环境税政策对废水排放有抑制作用

从图 13－26 中可以看出，六种财政政策的废水排放量变化趋势一致，但绝对数量上不同。环境税政策和资源税政策曲线非常接近，而且在减低水平上。说明资源税和环境税政策比其他政策在污染排放具有减少作用。同时说明资源税和环境税政策在改善环境方面具有相同的效果。低碳补贴、循环补贴和生态补偿政策下废水排放量重合，说明这些政策的效果相同。

（四）碳政策环境效应的边际递减

图 13－27 给出了六种财政政策中环境效应仿真结果，资源税、环境税模拟结果相似，都产生了正向的环境效应。碳税政策是从负环境效应转向正的环境效应，碳减排贡献巨大。低碳补贴政策呈现正向环境效应，但变化较大。整个曲线呈现上升并趋于平衡状态，政策实施前期环境效应非常明显。这说明环境边际效应随着时间延长而递减。

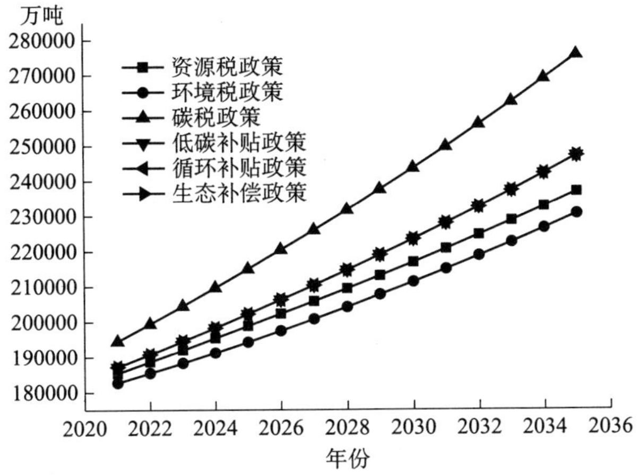

图 13－26　六种财政政策的第三种方案废水排放量仿真结果对比

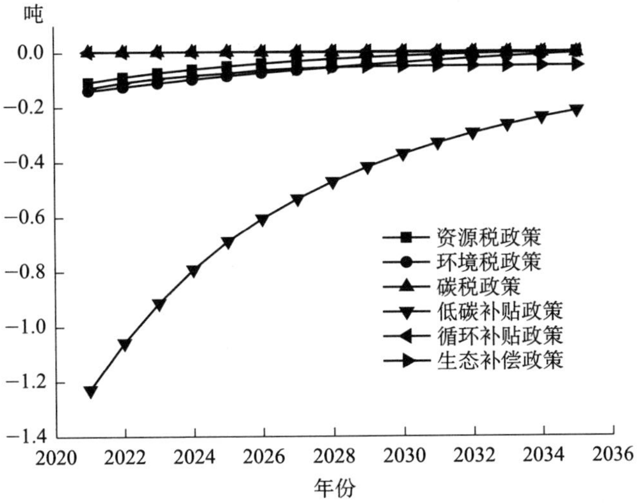

图 13－27　六种财政政策的第三种方案环境效应仿真结果对比

（五）生态补偿政策环境改善的针对性最强

从图 13－28 中可以看出，生态补偿政策下地区化肥残留量呈现逐渐下降趋势，而其他五种政策是在同一个水平上，呈现逐渐上升趋势。这说明生态补偿政策对环境保护有正面作用，生态补偿环境改善的针对很强。针对农村地区生态环境进行补偿，居民的环境保护行为就受到激励，面源污染就得到根本性治理，但其他方面污染排放并不能控制比如碳排放。也就是说，生态补偿政策具有很强的针对性。

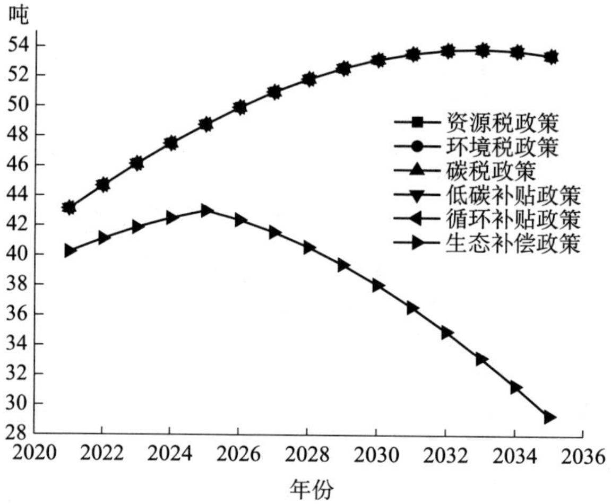

图 13－28　六种财政政策的第三种方案地区化肥残留量仿真结果对比

二、六种财政政策的能源与绿色增长效应对比分析

（一）财政政策可以提高能源效率和改善能源结构

从图 13－29 中可以看出，六种财政政策下万元 GDP 能源使用量指标值都呈现下降趋势，说明六种财政政策都可以提高能源效率。财政政策是市场手段应用到资源配置上，通过价格机制提高能源效率。碳税政策下能源效率最高，低碳补贴政策下能源效率最低，其他政策处于中间水平。说明六种财政政策的作用方向不同。

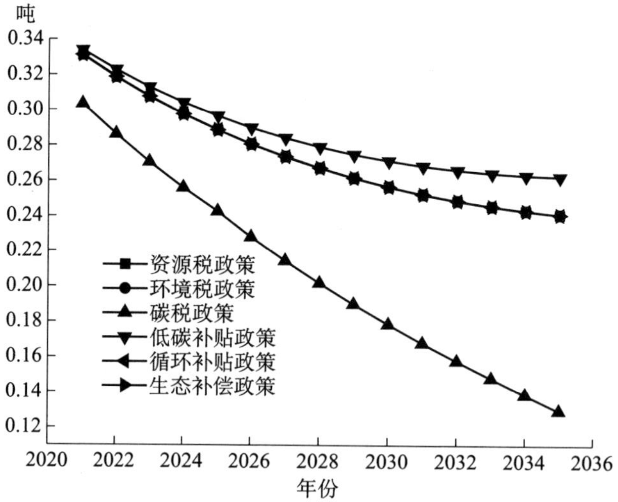

图 13－29　六种财政政策的浙江省万元 GDP 能源使用量指标仿真结果

从图 13－30 中可以看出，六种财政政策下，新能源占比都出现上升趋势。低碳补贴政策下新能源比例最高，碳税政策其次，其他四种政策下新能源比例处于较低水平。六种财政政策都可以改善能源结构。这与财政政策本身的特征和制定目标有关。

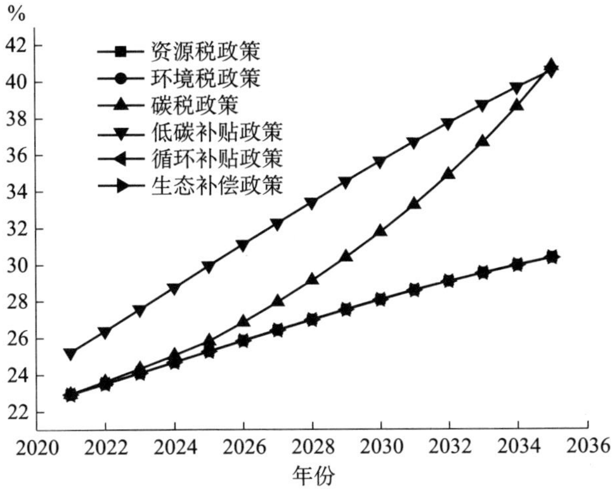

图 13－30　六种财政政策下浙江省新能源比例指标仿真结果

（二）碳税政策不仅提升能源效率同时改善能源结构

碳税政策中的万元 GDP 能源使用量水平最低（见图 13－29），能源使用总量水平最低，新能源比例处于中间水平（见图 13－30），化石能源使用是唯一呈现下降趋势。这说明碳税政策在提高能源效率和减少化石能源使用方面的作用明显。

（三）低碳补贴政策改善能源结构但增加了能源使用

低碳补贴政策让新能源比例得到提升（见图 13－30），而万元 GDP 能源使用量呈上升趋势（见图 13－29），说明低碳补贴政策可以优化能源结构，但对能源消费效率没有提升作用。低碳补贴对新能源开发具有促进作用，但不改变经济发展模式，这时化石能源依然是很多行业的可靠能源，成本相对较低。在这种情况下，刺激了新能源行业的创新，传统行业在生态创新时能源使用不会作用专门的方向。图 13－31 可见，低碳补贴政策并未能降低能源消耗，反而增加了总能源消耗。这说明不同的政策在不同方面发挥作用，可能具有互补作用。

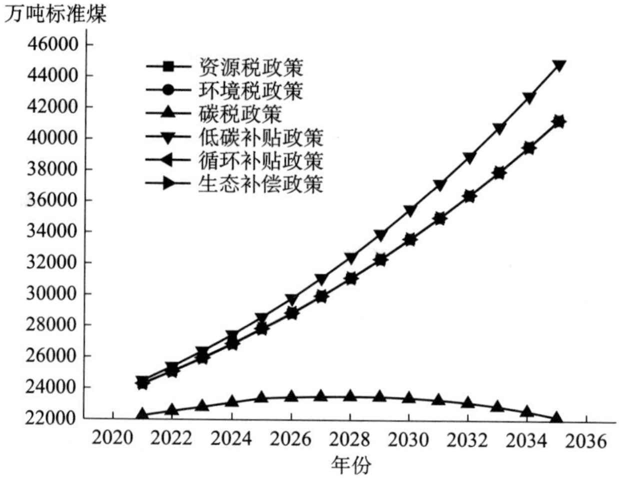

图 13-31　六种财政政策下浙江省能源使用量指标仿真结果

三、推进生态创新的六种财政政策效果关系

（一）推进生态创新的财政政策同质效果

1. 资源税政策与环境税政策

从仿真结果来看，资源税与环境税在推进区域生态创新时具有相同的环境改善效果。主要表现在以下几个方面：第一，从两者政策目的来看，资源税是针对水资源使用，从资源节约视角自然资源效率提高，意味着污染排放的减少。环境税则是从污染末端对污染物排放量征税，则是倒逼产生转型升级从而实现污染排放减少的同时实现资源节约效果。第二，从两者税制上看，资源税是包括在水费当中，实际上水费中也包含了污水处理费用。因此随着资源税提高，水费随之提高，成本增加导致水资源使用量减少，污染排放也会减少。第三，无论是环境税还是资源税都是针对相同的使用者，用水敏感性相同，因此具有相同的资源和环境效应。

2. 低碳补贴政策与循环补贴政策

从仿真结果来看，低碳补贴和循环补贴在资源消耗、污染排放、绿色增长等方面都具有相似的效果。第一，从六种政策的地区总用水量的对比分析结果可知，低碳补贴和循环补贴政策的地区总用水量指标仿真结果一致，说明两种政策具有相同的资源消耗功能。第二，从六种政策的废水排放量的对比分析结果可知，两种政策的废水排放量仿真结果是一致的，说明两种政策对污染排放的控制效果相似。第三，两种政策的绿色 GDP 绝对数量上仿真结果也是一致的，但绿色增长效应曲线不同（详见图 13 - 32），这是由于财政支出的不同才造成的，说明在绿色增长方面的作用相似，但实施成本并不相同。这两种政策都是支出政策，在实施效果上具有同质性。这种结果可以为地区政策选择提供依据。

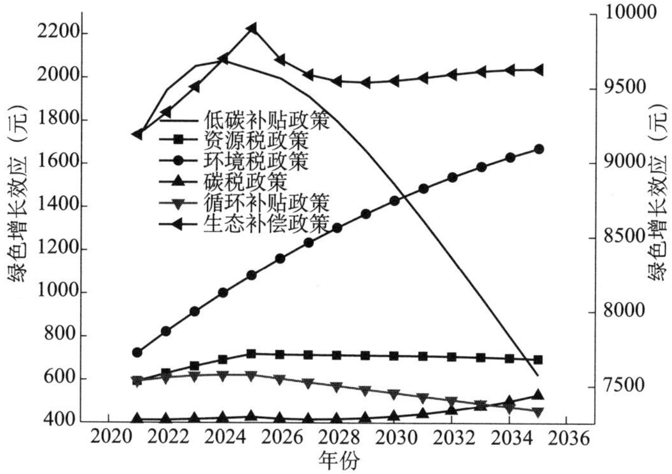

图 13 - 32　六种财政政策下浙江省绿色增长效应仿真结果

（二）推动生态创新的财政政策互补效果

1. 环境税政策与低碳补贴政策

环境税政策与低碳补贴政策在减少污染排放和优化能源结构、减少碳排放方面具有互补性。环境税是针对污染排放而征税，让环境污染外部成本内化，抑制地区污染排放，但对能源结构改善不大，碳排放减少作用不明显。而低碳补贴政策则是通过对新能源使用进行补贴，提升新能源使用比例，优化能源结构，减少碳排放。因此两者具有互补性。

2. 碳税政策与低碳补贴政策

从仿真结果分析来看，在碳排放和能源结构优化方面，碳税政策和低碳补贴政策具有互补的效果。首先，从分析结果看，碳税政策对于碳减排作用非常明显，而低碳补贴政策则对新能源使用比例具有提升作用。其次，两种政策都优化了能源结构，新能源比例不断上升。碳税政策从化石能源的减少方面改善能源结构，低碳补贴政策则从新能源增加改善能源结构。最后，从政策目的来看，碳税政策是直接对碳排放收费，在一定的收费水平下可以抑制碳排放增加速度。而低碳补贴政策是从能源结构视角，给予新能源补贴，改善能源结构，减少碳排放。

3. 资源税政策与碳税政策

资源税政策和碳税政策从资源环境外部性内化视角解决地区资源环境问题促进生态创新。从仿真结果分析可以看出，资源税政策减少自然资源消耗而碳税政策则促进碳达峰。资源税政策是通过对资源使用者征税，实现资源有效利用，从而促进了资源节约，对碳排放没有影响。而碳税政策则是针对碳排放征税，促进减少碳排放。因此两者具有互补性。

（三）推动生态创新的财政政策累加效果

1. 环境税政策与生态补偿政策

从生态创新效应来看，生态补偿与环境税具有相加性，主要表现在政策目标、实施对象和实施效果三个方面。环境税目标是征收因污染排放产生的治理成本，主要针对污染排放者，在一定水平上起到减少污染改善环境的功能。生态补偿政策目标是补偿因环境保护转移到受益者或社会上的价值，主要通过对环境保护者给予补偿，这在一定水平上起到了产生社会环境效应的功能。两者从相同方向促进生态创新效应，从而具有累加性。

2. 环境税政策与循环补贴政策

从生态创新效应来看，资源税和循环补贴具有相加性，主要表现在政策目标、实施对象和实施效果三个方面。资源税是征收因资源开发损失的资源价值，主要征收对象是资源使用者，具有节约资源的功能，减少对自然的破坏从而具有减少污染的功能。而循环补贴则是补贴污染治理的成本，主要是对减少污染排放者补贴，具有减少资源浪费和污染排放的功能。两种同时具有减少污染改善环境功能，具有累加性。

四、推进生态创新的财政政策区域效果比较

本节以资源税政策为例，进行区域效果的比较研究。模型方案采用的是资源税的环境经济社会协调型方案。为了对四个区域进行比较，除初始年之外，政策的模拟参数取值一样。

（一）区域的自然禀赋造成区域政策效果差异

1. 资源效应差异

浙江省水资源短缺量都是正值（见图 13－33），说明水资源供应充

足，同时水资源短缺量呈倒U形曲线，如果一直是这样的技术水平和发展模式的话，长期来看，水资源供需矛盾会变大。安徽省，节水空间相对较大，水资源供应相对充足，水资源短缺量除初始年份，基本都是正值。这两个地区的水资源禀赋较好，水资源从量上看是相对供应充足的。而上海市和江苏省水资源消耗增长较快，水资源相对短缺，水资源短缺量都是负值。说明上海市和江苏省水资源供应相对紧缺，在经济发展和人口增加的情况下，水资源数量上供应不充足。

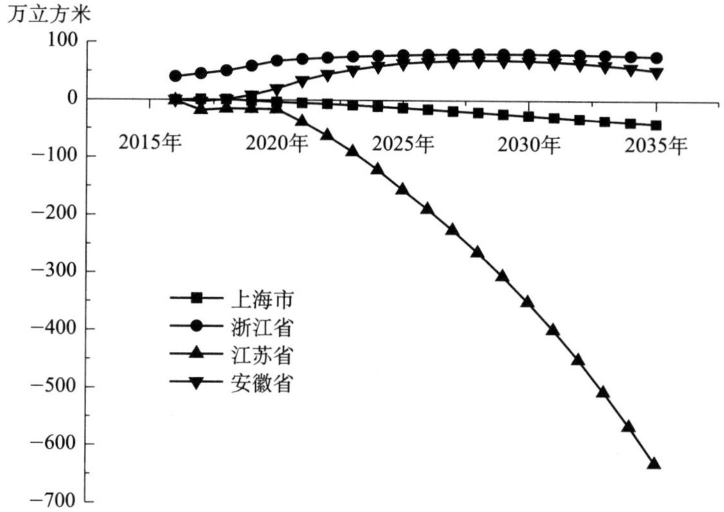

图 13－33 长三角地区三省一市资源税政策的水资源短缺指标仿真结果对比

从地区政策的生态创新效应来看，相同的政策参数在不同的自然资源禀赋地区实施效果不同。资源税在浙江省实施时，水资源数量上并不出现短缺；而在上海和江苏省实施时，则出现比较严重的水资源短缺。这是由于浙江省的水资源量相对比较充足；而上海市和江苏省水资源相对短缺。因此自然资源禀赋不同会造成区域政策效果差异。

2. 污染敏感性差异

图 13－34 给出了长三角地区三省一市的工业废水排放和生活污水排放的比例。从图 13－34 中可以看出，长三角地区三省一市的废水排放比例差别较大。上海市生活污水排放和工业废水排放相差最大，工业废水量是生活污水量的 10 倍。而且工业废水排放量呈现明显增加趋势。说明上海市工业污染是主要来源。江苏省生活污水排放和工业废水排放比例随着时间逐渐拉大，说明江苏省工业废水排放将是主要来源。浙江省也有比例

拉大趋势但程度较小，同时两者都保持比较平缓的增加。而安徽省两者比例是不断缩小，但两者增长趋势非常明显。

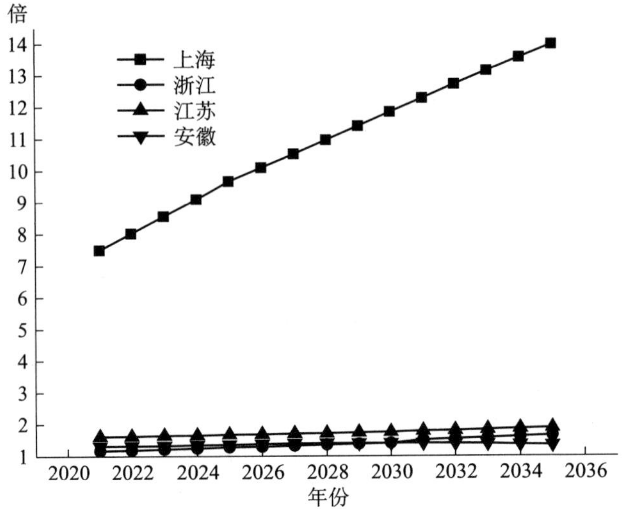

图 13-34　长三角地区三省一市的工业废水排放和生活污水排放的比例

从绝对数量上看，安徽省污染排放最多，其次是浙江省，而江苏省和上海市相对较少。

从以上分析可知，实施同样的水资源政策，自然资源禀赋不同造成污染敏感性不同。浙江省水资源污染比较严重，而上海市的水资源污染相对较轻。说明资源短缺地区污染排放比较敏感，而相反资源数量比较充裕的地区的污染排放水平较高。其他两个省份也符合整个规律，安徽省水资源数量上不短缺但污染排放水平比较高，而江苏省则是水资源短缺严重，污染排放量相对较少。

（二）区域的经济水平造成区域政策效果差异

从地区政策的生态创新效应来看，相同的政策参数在经济水平不同的地区实施效果截然不同。区域的经济社会水平不同会出现不同的政策效果，主要表现在以下几个方面：

1. 经济发展水平较高地区政策效果较好

从图 13-35 可以看出，对于水资源短缺指标，浙江省和安徽省虽然都是正值，但是从资源消耗节约的程度来看，浙江省政策效果要好于安徽省。同时在水资源短缺都处于负值状态下，上海市政策效果要好于江苏省。这种现象说明自然资源禀赋相同情况下，经济社会发展水平较高地区，资源税的效果较好。资源税政策属于经济政策，其效果与地区经济发展水平直接相关。当经济发展到一定水平后，市场化程度就相对较高。在市场化程度越高的地区实施资源税政策更容易达到预期效果。这是因为资源税政策本身就是依据市场规律的经济政策，它的发挥需要依据市场机制，是市场机制对资源配置起主导的过程，因此经济发展水平相对较高的区域实施效果更好。

图 13－35、图 13－36、图 13－37、图 13－38 给出了资源税政策下三省一市的资源效应、环境效应和绿色增长效应仿真结果。对于环境效应，上海市的效果最好，其次是浙江省和江苏省，安徽省排在最后，这符合地区的经济发展水平高低顺序。这种现象也说明经济社会发展水平较高地区效果好于相对低的地区。

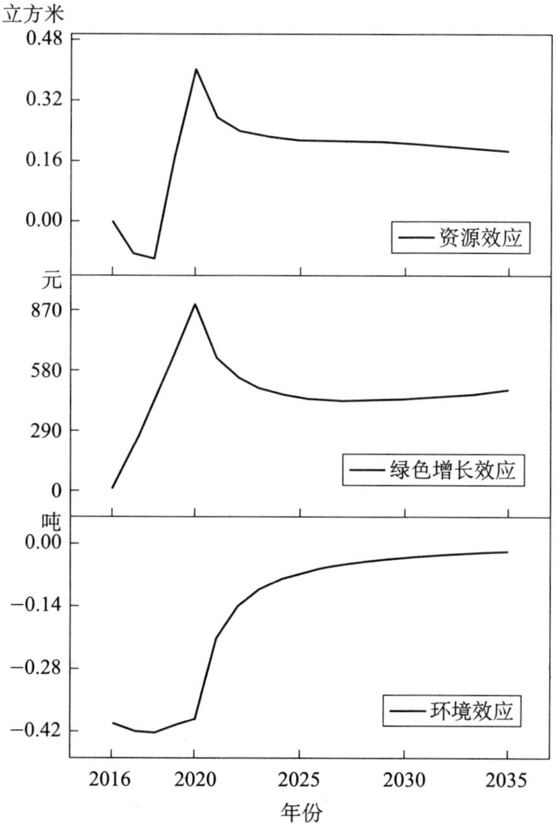

图 13－35　上海市资源税政策中生态创新效应仿真结果

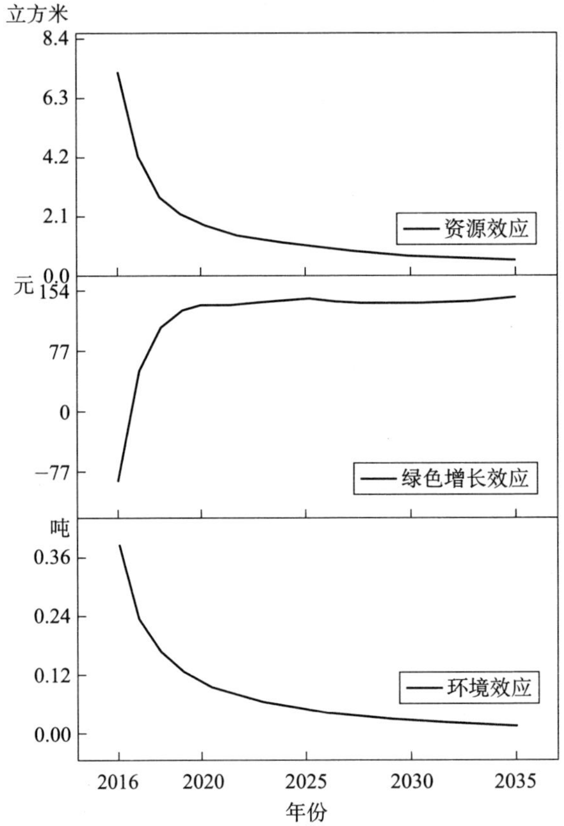

图 13－36 浙江省资源税政策中生态创新效应仿真结果

2. 相同经济区位下经济发展水平影响绿色增长效应

对比浙江省和上海市来看，2020—2035 年浙江省绿色增长效应处于平缓增长趋势，而上海市自 2020 年之后就处于下降趋势；对比江苏省和安徽省，2020—2035 年江苏省绿色增长效应处于下降趋势，而安徽省的绿色增长效应处于上升趋势。说明相同区位条件下，经济发展水平较低的地区绿色经济增长增加速率较快，而经济发展水平较高的地区速率是逐渐减慢的。这可以用经济学边际效用递减规律解释这一现象。相同的政策参数下，在经济水平较低地区政策实施时地区边际效用会大于经济水平较高的区域。

（三）区域制度壁垒造成的区域政策效果差异

本章附表给出了长三角地区三省一市的资源税政策仿真结果，包括

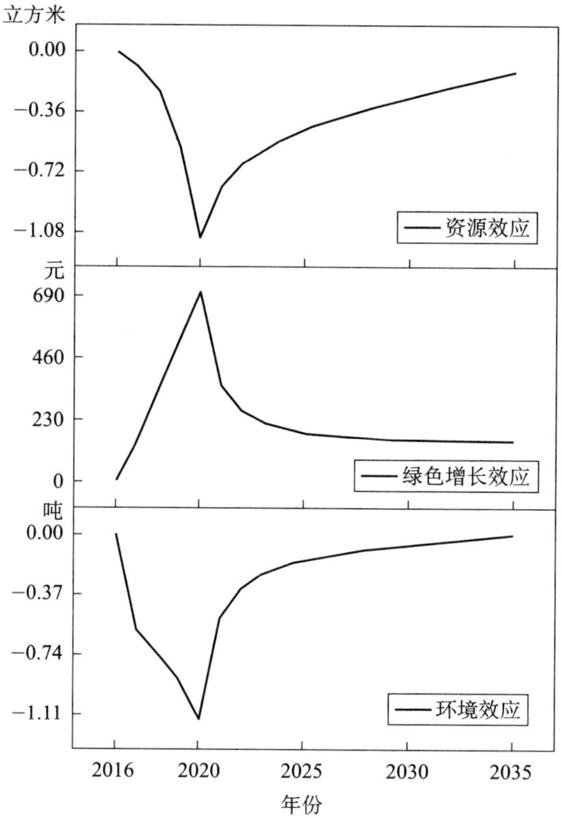

图 13－37　江苏省资源税政策中生态创新效应仿真结果

人均用水量、生活用水量、工业用水量、生活污水排放量、工业废水排放量五个指标。在模型政策参数一致的情况下，四个地区的同一指标结果相差较大。人均用水量上海市最多，浙江省第二，江苏省和安徽省最少，同时上海市和浙江省的人均用水量变化很小，说明节水空间小，而江苏省和安徽省变化较大，说明节水空间大、效果好；但是生活污水量方面浙江省和上海市排放增加很少，江苏省和安徽省则增加较多。工业用水量和污水排放量也有相似的结果，这是区域制度壁垒造成了政策实施效果差异。浙江省的水资源禀赋与安徽省相差不大，但相同的政策参数下其政策实施效果好于安徽省。浙江省与上海市的经济社会条件相差不大，但相同的政策参数下其政策实施效果要好于上海市。这是由于制度差异造成的。浙江省是全国“制度窗口”，具有制度优越性。也说明了区域制度壁垒会造成区域政策效果差异。因此，推进长三角地区制度一体化十分重要。

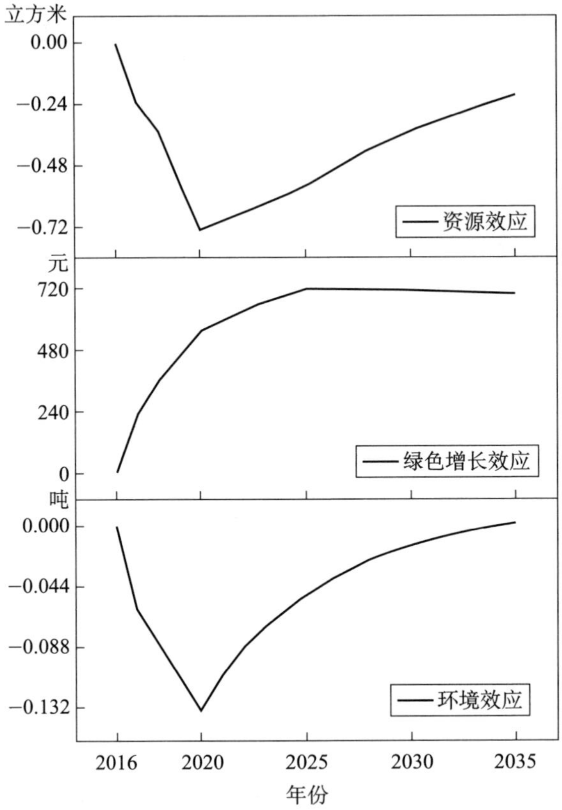

图 13－38　安徽省资源税政策中生态创新效应仿真结果

附表　长三角地区三省一市资源税仿真结果

区域	指标	单位	2021 年	2022 年	2023 年	2024 年	2025 年	2026 年	2027 年	2028 年	2029 年	2030 年	2031 年	2032 年	2033 年	2034 年	2035 年
上海	生活用水量	亿立方米	13.44	13.5	13.57	13.63	13.68	13.73	13.77	13.8	13.84	13.87	14.45	14.52	14.58	14.64	14.69
	工业用水量	亿立方米	39.99	42.61	45.3	48.07	50.91	53.78	56.71	59.67	62.66	65.67	70.03	72.72	75.38	77.98	80.51
	生活污水排放量	亿立方米	4.03	4.05	4.07	4.09	4.11	4.12	4.13	4.14	4.15	4.16	4.34	4.36	4.37	4.39	4.41
	工业废水排放量	亿立方米	29.85	31.87	33.95	36.1	38.3	40.53	42.81	45.12	47.47	49.83	53.22	55.36	57.48	59.55	61.58
浙江	生活用水量	亿立方米	29.62	29.94	30.27	30.59	30.92	31.25	31.59	31.93	32.27	32.62	32.97	33.31	33.67	34.03	34.38
	工业用水量	亿立方米	36.56	37.61	38.69	39.8	40.95	42.06	43.19	44.37	45.57	46.81	48.08	49.37	50.71	52.07	53.46
	生活污水排放量	亿立方米	8.89	8.98	9.08	9.18	9.28	9.38	9.48	9.58	9.68	9.79	9.89	9.99	10.1	10.21	10.32
	工业废水排放量	亿立方米	10.38	10.73	11.09	11.47	11.85	12.22	12.6	13	13.4	13.81	14.96	15.47	16	16.54	17.09
江苏	生活用水量	亿立方米	36.11	35.87	35.67	35.51	35.4	35.33	35.25	35.16	35.06	34.95	36.95	36.78	36.61	36.43	36.24
	工业用水量	亿立方米	154.05	156.31	158.71	161.22	163.86	167.05	170.34	173.72	177.2	180.77	188.02	190.81	193.64	196.47	199.3

续表

区域	指标	单位	2021年	2022年	2023年	2024年	2025年	2026年	2027年	2028年	2029年	2030年	2031年	2032年	2033年	2034年	2035年
江苏	生活污水排放量	亿立方米	10.83	10.76	10.7	10.65	10.62	10.6	10.57	10.55	10.52	10.48	11.08	11.04	10.98	10.93	10.87
	工业废水排放量	亿立方米	17.61	17.66	17.74	17.85	17.99	18.19	18.41	18.65	18.9	19.16	19.82	20	20.2	20.39	20.59
安徽	生活用水量	亿立方米	26.06	26.2	26.37	26.55	26.76	27	27.41	28.01	28.8	29.79	31	32.46	34.19	36.23	38.63
	工业用水量	亿立方米	76.9	77.79	78.9	80.27	81.89	83.8	86	88.5	91.33	94.5	98.06	102.03	106.45	111.37	116.82
	生活污水排放量	亿立方米	19.81	19.92	20.04	20.18	20.33	20.52	20.83	21.29	21.88	22.64	23.56	24.67	25.99	27.54	29.36
	工业废水排放量	亿立方米	26.02	26.32	26.7	27.16	27.71	28.36	29.1	29.95	30.9	31.98	33.18	34.53	36.02	37.68	39.53

第十四章

推进长三角地区生态创新的多种财政政策效应仿真模拟

本章以浙江省为例，进行了两种财政政策耦合、三种财政政策耦合和多重财政政策耦合的仿真结果分析，发现财政政策的生态创新效果具有替代性、互补性、冗余性，相同类型财政政策耦合具有效果叠加效应和边际效用递减的规律。针对长三角地区三省一市进行了两种和多种财政政策效应对比分析，发现政策的耦合可以弥补自然资源禀赋、经济水平和制度壁垒造成的区域不平衡，财政政策促进区域一体化也需要区域一体化，区域发展决定了政策耦合。

第一节 推进长三角地区生态创新的两种财政政策耦合仿真结果分析

一、两种财政收入政策耦合仿真

（一）资源税和环境税政策耦合

1. 农业用水节约明显但工业用水呈增加趋势

图 14－1 给出了浙江省资源税和环境税耦合仿真结果，右侧坐标是总

用水量。从图 14 - 1 可以看出，浙江省用水总量呈现“下降—均衡”趋势，2028 年是拐点。在 2016—2028 年呈现整体下降的趋势。但是，在 2028—2035 年，用水总量保持稳定。

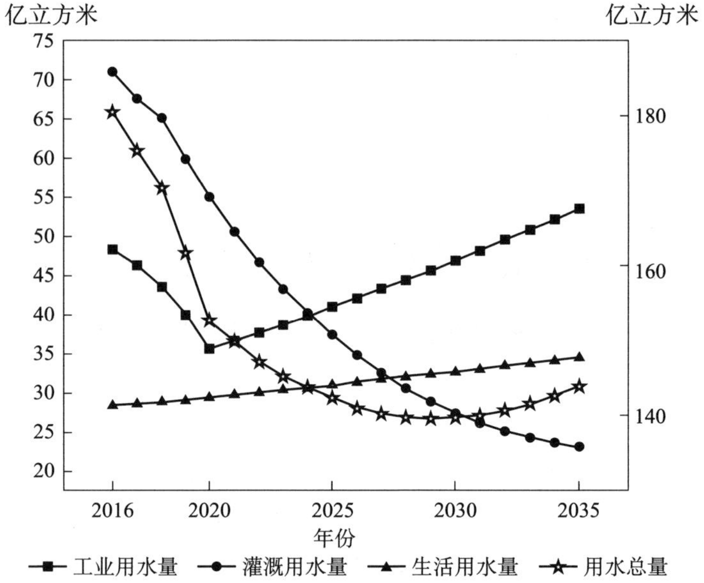

图 14 - 1　资源税和环境税政策耦合模型中用水指标仿真结果

浙江省农业用水量（灌溉用水量）呈现快速下降趋势，从 70 多亿立方米下降到 10 多亿立方米，说明农业用水节约明显。浙江省工业用水量在 2016—2020 年快速减少，2020 年相较 2016 年减少了 123846 万立方米，随后用水量逐年上升，2035 年增至 569685 万立方米。这说明这两种政策的耦合并不能抑制该地区的工业用水。浙江省生活用水量整体呈现上升趋势，2035 年生活用水量 248469 万吨，相比 2016 年增幅约为 23.56%。这说明资源税和环境税的政策耦合对生活用水所产生的影响较小。

2. 废水排放量呈增加趋势

图 14 - 2 给出了浙江省资源税和环境税水污染模拟结果。在资源税和环境税政策耦合下，浙江省废水排放量整体呈现出增长的趋势，其中工业废水排放量在 2016—2020 年缓慢下降。这说明在两种税收政策的耦合效应下短期内效果较好，随后直至 2035 年，工业废水排放量逐年增加，上涨趋势明显，期间增长近 60%。可见政策耦合模型对工业废水的排放控制效果不大。相比之下生活污水排放量增长趋势趋于平缓，但整体上升。这

说明在两种税收政策的耦合下对于生活污水排水所产生的影响较小。

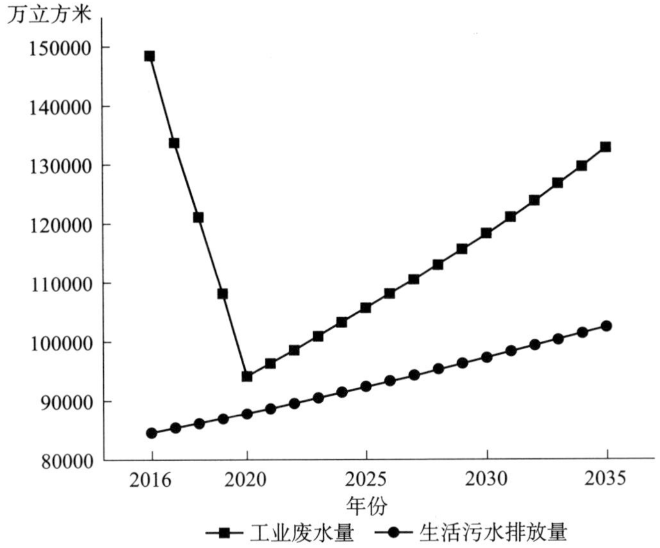

图 14-2　资源税和环境税政策耦合模型中废水排放量仿真结果

3. 资源效应好于环境效应并呈边际效用递减趋势

图 14-3 给出了资源税和环境税耦合下的资源效应、环境效应和绿色增长效应曲线。在资源税和环境税的政策耦合下，浙江省资源效应值一直低于 0，模拟期间呈现出“上升—下降”的趋势，资源效应负值越大表示效益越好，2016—2021 年浙江省资源效应快速上升，由 -0.009 提升至 -0.29，而 2021—2035 年资源效应不断下降，2035 年相较于 2021 年资源效应下降了 59%。这说明两点：一是资源税和环境税耦合下模拟期内资源效应良好；二是两种政策耦合下由于两种政策都是收入政策，会产生边际效用递减，即后期的单位税收的效益减少。

模拟期间浙江省环境效应变化较大，整体呈现“下降—上升—下降”的趋势。2016—2018 年浙江省环境效应高于 0，此期间会对浙江省环境产生反向的效应，带来较大污染；2019—2023 年环境效应小于 0，对浙江环境产生正向效应，减少污染；而 2024—2035 年环境效应大于 0，可见对浙江省的环境会带来不利的影响。模拟期间内浙江省绿色增长效应最好，呈现出不断增长的趋势，且增幅明显，浙江省绿色增长效应从 2016 年接近于 0，到 2035 年增至 0.043。对比三种效应，资源税与环境税政策耦合所带来的资源效应和绿色增长效应较好，优于环境效应。

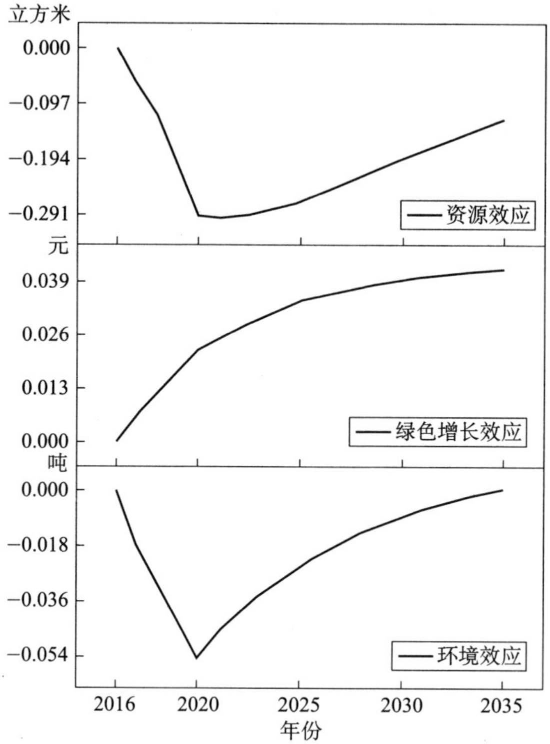

图 14 - 3　资源税和环境税政策耦合模型中生态创新效应仿真结果

（二）资源税与碳税政策耦合

1. 地区水资源压力与环境压力同时得到缓解

图 14 - 4 给出了浙江省资源税和碳税耦合仿真结果，右侧坐标是总用水量。从图 14 - 4 中可以看出，在资源税和碳税政策耦合效应之下，浙江省用水总量在模拟期内呈先现下降趋势，直至 2029 年开始逐渐上升，总体在模拟期内下降了约 20%，可见其对水资源的利用情况有一定的改善作用；浙江省工业用水在模拟期内同样呈现出先下降后上升的趋势，以 2020 年为时间节点，工业用水量先逐年减少再逐年增长，且增速较快，2035 年相比于 2020 年增幅近 50%；浙江省生活用水量在模拟期内整体呈现出上升趋势，可见两种政策耦合整体上对浙江省生活用水和工业用水所产生的资源效应较差；浙江省灌溉用水量在模拟期内整体呈现下降趋势，且降幅较大，直至 2035 年，浙江省灌溉用水量减少至 230719 万立方米，可见资源税和碳税政策的耦合在模拟期内对灌溉用水所产生的资源效应较好，

灌溉用水得到了一定控制。

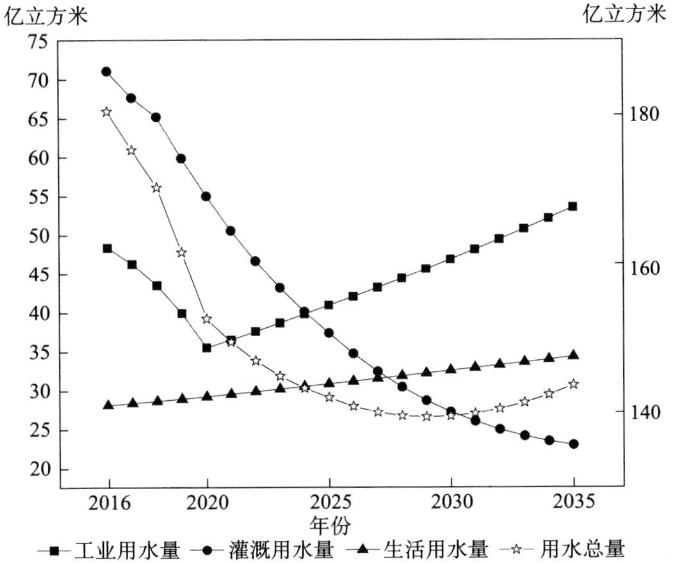

图 14－4　资源税和碳税政策耦合模型中用水指标仿真结果

从图 14－5 可知，在模拟期内浙江省废气排放量整体呈下降趋势，在 2016—2020 年，废气排放量降速较快，降幅约为 39%，2020—2027 年趋于平稳，2027—2035 年开始缓慢下降。可见资源税和碳税政策耦合对浙江省废气排放污染治理的效果明显，环境效应较好。

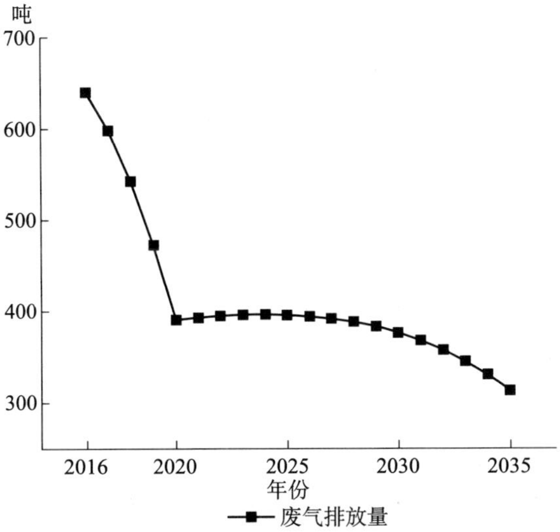

图 14－5　资源税和碳税政策耦合模型中废气排放量仿真结果

2. 资源税与碳税政策耦合有利于节能减排

图 14－6 给出了资源税和碳税政策耦合模型中碳排放量（右侧纵轴）、万元 GDP 能源使用量（左侧纵轴）的仿真结果。从图 14－6 可以看出，两种政策耦合下碳排放呈倒 U 形，在 2025 年是顶点。说明政策耦合有利于碳减排，可以实现碳达峰。

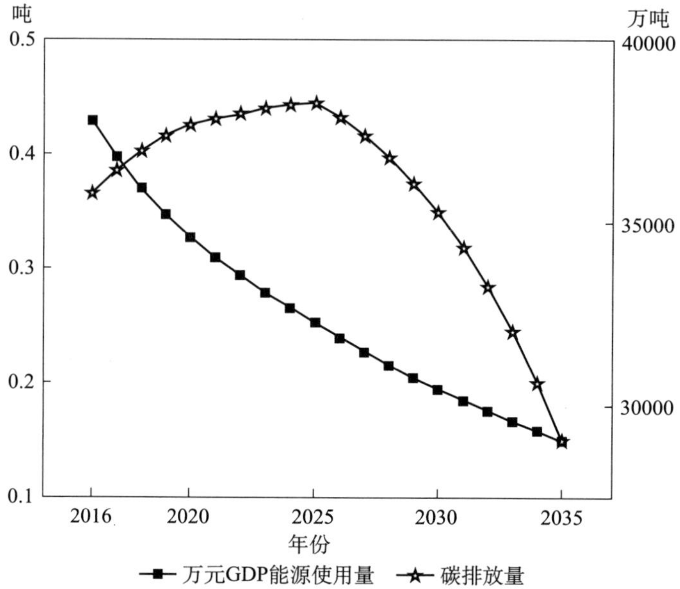

图 14－6　资源税和碳税政策耦合模型中碳排放和能源效率指标仿真结果

2016—2035 年万元 GDP 能源使用量呈现下降趋势，能源效率不断提高。说明资源税与碳税政策耦合对于地区能源节约效果较好。地区总水量也呈现下降趋势，说明资源税与碳税政策耦合有利于资源节约。

图 14－7 给出了资源税和碳税政策耦合模型中资源、环境与绿色增长三种效应仿真结果。从图 14－7 的资源效应曲线看，在模拟期内整体低于 0，对浙江省的资源管理产生正向的影响，资源效应较好，期间 2016—2020 年资源效应呈现出上升的趋势，随后资源效应又逐年下降，可见在模拟期内浙江省整体资源效应较好，但存在着效应不断减弱的趋势；这符合边际效用递减规律。

图 14－7 的环境效应曲线整体处于 0 之下，呈宽 V 形。政策耦合模型的环境效应在模拟期内持续下降，2016—2025 年浙江省环境效应急剧下降，随后环境效应缓慢减少；表明两种政策耦合下对浙江省污染治理效果

整体较好。政策实施初期，环境效应最好，污染治理效果也比较好，但随着时间的推移环境效应减弱。

3. 绿色增长效应良好，有利于绿色发展

在资源税和碳税政策耦合下，模拟期间内浙江省绿色 GDP 呈现出持续上升的趋势，其中在 2025 年前增速较缓慢，2025 年后急剧增长。这也说明两种政策的耦合对浙江省绿色发展前期效应并不明显，其绿色增长效应存在“滞后性”，随着时间的推移绿色增长效应逐渐显现，且带来的效益不可估量。

从图 14 – 7 中绿色增长效应模拟结果可以看出，模拟期内浙江省绿色增长效应最好，整体呈现出上升的趋势，且增幅较大。从实施初期绿色增长效应接近于 0 到 2035 年增长至 0. 29，说明该政策耦合所带来的绿色增长效应好，有利于地区的绿色发展。

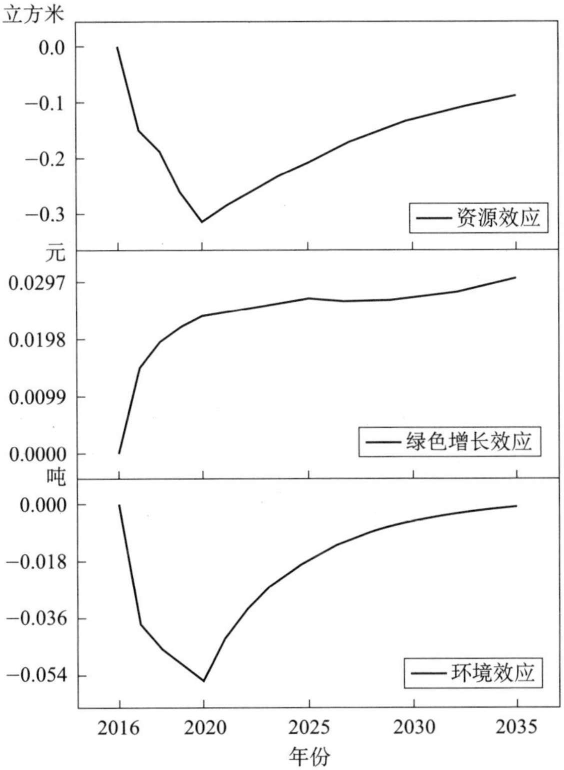

图 14 –7　资源税和碳税政策耦合模型中生态创新效应仿真结果

二、两种财政支出政策耦合

（一）低碳补贴与循环补贴政策耦合

1. 政策耦合的抑制污染排放速度但总量增加

从图 14－8 可以看出，碳排放量总量是呈现增加状态，增加速率逐渐减缓，这主要是低碳补贴虽然可以抑制其增长速度，但是对能源结构优化不够，从绝对值上还是呈现增加趋势。在模拟期末年份比初始年份碳排放增加 50%。说明低碳补贴和循环补贴的政策耦合对浙江省碳排放的减排效果不佳。这与政策目标有关，低碳补贴和循环补贴政策更多针对资源循环和碳排放减少，不能直接减少污染排放。说明地区可持续发展需要多种政策耦合。

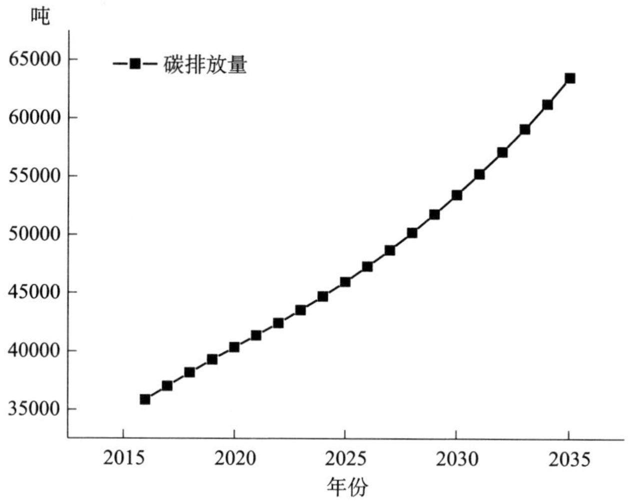

图 14－8　低碳补贴与循环补贴政策耦合的碳排放量仿真结果

2. 环境改善效果一般但资源循环效率高

低碳补贴和循环补贴的政策耦合对浙江省生活垃圾减排效果较好。浙江省生活垃圾产生量整个模拟期内呈现减少趋势，开始减少速度较快，到 2020 年呈现平缓趋势，基本保持在一定水平上（见图 14－9）。说明对补贴政策对生活垃圾产生量的减少具有明显作用。浙江省工业固废排放量在模拟期内呈现平缓上升的趋势，2035 年比初始年份工业固废排放量增加了 2924 吨。这主要是循环补贴虽然可以抑制工业固废排放的增长速度，但在相同的技术水平下由于工业经济增长的刚性需求导致工业固废排放量呈现增长趋势。低碳补贴则对工业固废排放作用不大，要减少工业固废排放还需要通过其他途径或耦合其他制度。

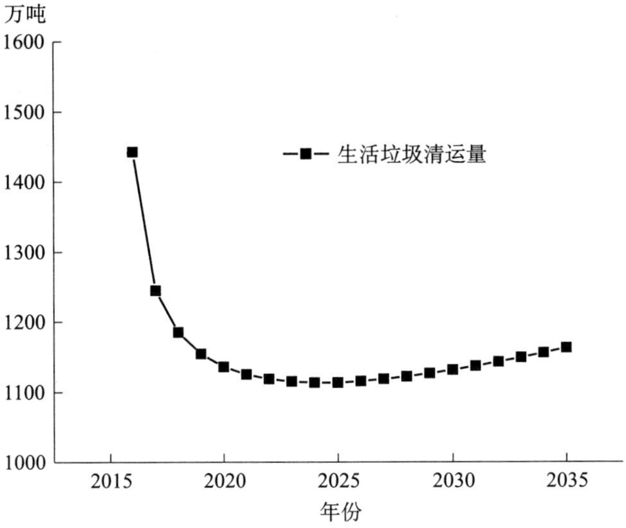

图 14－9　低碳补贴与循环补贴政策耦合的生活垃圾清运量仿真结果

从图 14－10 可以看出，人均生活垃圾排放量和单位工业固废排放量都是呈现下降趋势，人均生活垃圾产生量 2035 年为 0.175 吨，比 2016 年减少了 0.083 吨，减少了大约 32%；万元 GDP 工业固废排放量 2035 年为 0.204 吨，比 2016 年减少了 0.034 吨，减少了大约 14%。可见无论是生活还是生产上资源利用效率都在提高。说明低碳补贴和循环补贴的政策耦合有利于资源循环效率的提高。

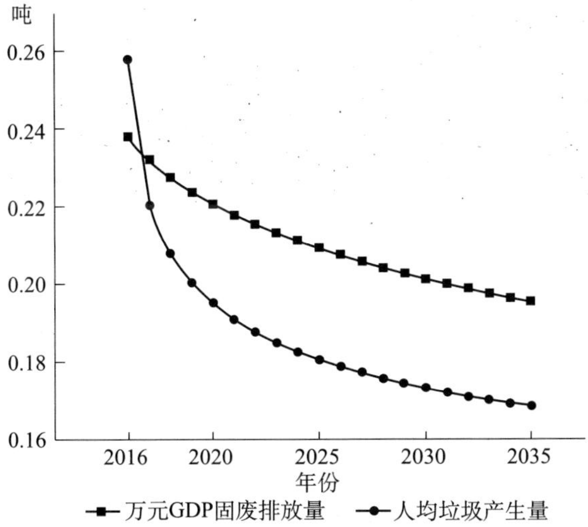

图 14－10　低碳补贴与循环补贴政策耦合模型中资源利用效率指标仿真结果

（二）生态补偿与循环补贴政策耦合

从图 14－11 的固废排放仿真结果可知，循环补贴和生态补偿政策耦合对浙江省的生活垃圾清运量具有明显减排作用，而对工业固废排放量减排效果不佳。浙江省生活垃圾清运量是呈现下降趋势，而浙江省工业固废排放量在模拟期内呈上升趋势。

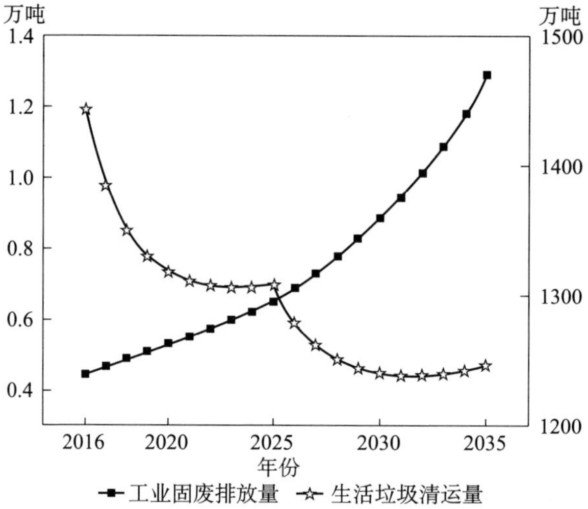

图 14－11 生态补偿与循环补贴政策耦合的固废排放仿真结果

从图 14－12 可以看出，在循环补贴和生态补偿的政策耦合下，所带来的绿色增长效应和资源效应较好，环境效应较差。模拟期内绿色增长效应呈现出持续上升的趋势，政策实施初期绿色增长效应并不明显，变化较小，随着时间的推移绿色增长效应快速提升，可见该政策耦合下绿色增长效应不断向好；环境效应在模拟期内呈现出持续减弱的趋势，不利于浙江省对于环境污染的治理；模拟期内资源效应呈现出“下降—上升—下降”的趋势，但整体小于 0，说明资源效应较好。

三、两种混合财政政策耦合

（一）资源税和循环补贴耦合

1. 政策耦合短期效果好

从图 14－13 可以看出，在资源税和循环补贴的政策耦合下，浙江省用水总量在模拟期内呈先降后升的趋势，以 2029 年为节点，2016—2029

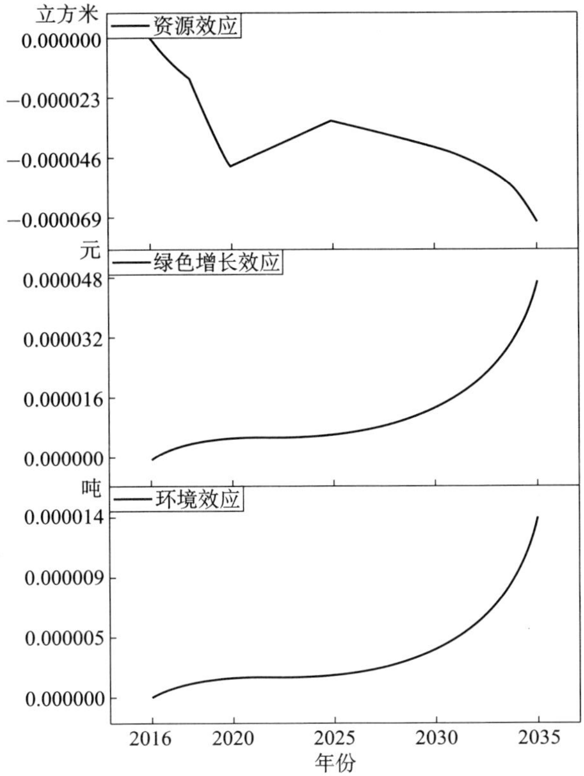

图 14－12　循环补贴和生态补偿政策耦合的生态创新效应指标仿真结果

年浙江省用水总量持续下降，降幅为 22.6%，2029 年后缓慢增长，有回升的趋势。可见资源税和循环补贴政策耦合短期内资源效应较好，但长期来看的话其效应会不断减弱。浙江省工业用水在模拟期内同样呈现出先下降后上升的趋势，以 2020 年为时间节点，工业用水量先逐年减少再逐年增长，且增速较快，2035 年相比于 2020 年增长了近 50%。这与资源税单独实施效果相似，但比单独实施循环补贴效果要好。

2. 政策耦合模型比单一政策环境效应好

在资源税和循环补贴政策混合下，对浙江省废水排放产生的资源效应较差，对废气产生的资源效应较好。模拟期内浙江省以 2020 年为节点，实施第一年排放量微幅增长，2017—2020 年逐年减少，同时也从 2020 年开始排放量逐年增加，2035 年相比 2020 年工业废水排放量增长了近 70%，可见政策耦合，在短期内对工业废水排放有一定抑制作用，但长期来看效果较差。生活污水排放量在模拟期内呈现出整体上升的趋势，废气

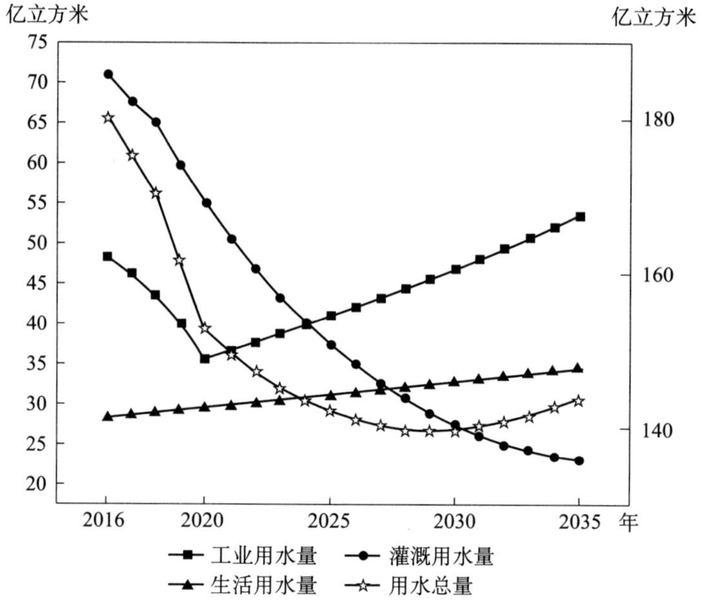

图 14－13　资源税和循环补贴耦合模型中生产生活用水指标仿真结果

排放在模拟期内呈持续下降的趋势，2016—2020 年降速较快，期间降幅为 38.9%，2020 年后降速减缓，2035 年相比 2016 年减少 326.632 吨，可见该政策混合对废气排放控制效果较，所产生的环境效应好。整体来看，资源税和循环补贴的政策耦合方式对区域环境改善比单独实施政策要好。

资源税和循环补贴耦合对浙江省的固废排放有明显抑制作用。首先，浙江省生活垃圾清运量是呈现下降趋势，说明生活垃圾清运量具有明显减排作用。其次，工业固废排放量在模拟期末为 10218 吨，单一资源税模拟期末为 12439 吨，减少了 2000 多吨。虽然是呈现增加趋势，但是增加速率小于单一的资源税实施，说明政策耦合模型效果要好于单一的政策。

从图 14－14 可以看出，资源税和循环补贴的政策混合对浙江省带来的绿色增长效应较差，模拟期内浙江省绿色增长效应持续下降，且短期内降幅较小，长期来看，绿色增长效应下降速度逐渐加快，可见绿色增长效应逐年减弱，不利于绿色发展；模拟期内浙江省资源效应呈“上升—下降—上升”的趋势，但整体大于 0，说明资源效应较差；环境效应在模拟期内变化较多，实施后第一年环境效应微幅下降，随后至 2020 年逐渐增加，2020—2035 年环境效应持续下降。但从整体来看，2017—2018 年，和 2030—2035 年，环境效应小于 0，说明这两段时间内环境效应较好，从长期来看，环境效应不断提升，有利于环境治理。对比三种效应，可见该两种政策混合所带来的环境效应比较好，对绿色增长效应和资源效应所产生的效果差。

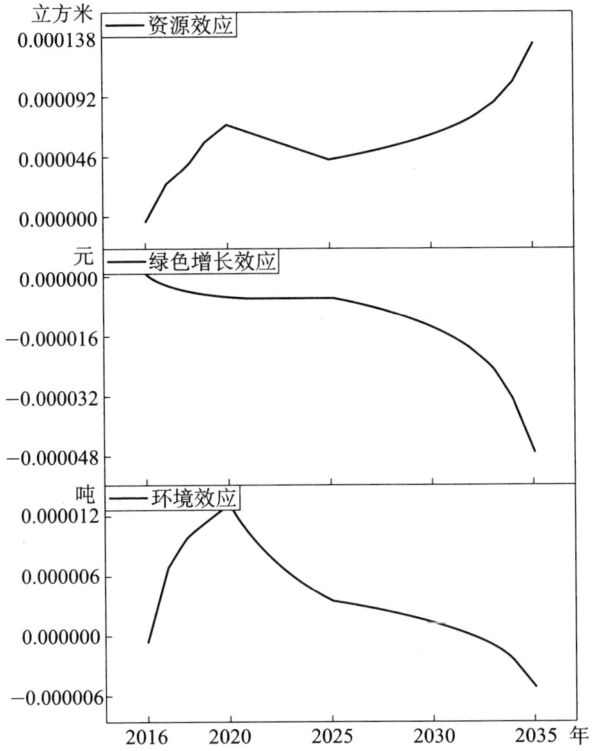

图 14－14　资源税和循环补贴政策耦合模型中生态创新效应仿真结果

环境税和循环补贴耦合政策效果与资源税和循环补贴耦合政策相似，不再赘述。

（二）碳税和低碳补贴耦合

1. 促进碳排放量减少

碳税和低碳补贴耦合政策下碳排放是呈现先增加后减少的趋势，2025年达峰，与单独实施碳税政策效果相似。同时低碳补贴会给政府带来财政压力。这说明在推动地区生态创新时并不是政策越多越好，合适的政策才既能实现相应的效果又可以节约成本。

2. 提高能源使用效率和优化能源结构

从图 14－15 可以看出，新能源使用量呈现不断上升趋势。说明该耦合政策有利于能源结构改善。万元 GDP 能源使用量是不断减少的，从初始年的 0. 33 吨减少到期末年的 0. 15 吨，减少了一半多。这说明耦合政策对能源使用效率有较大的提升。

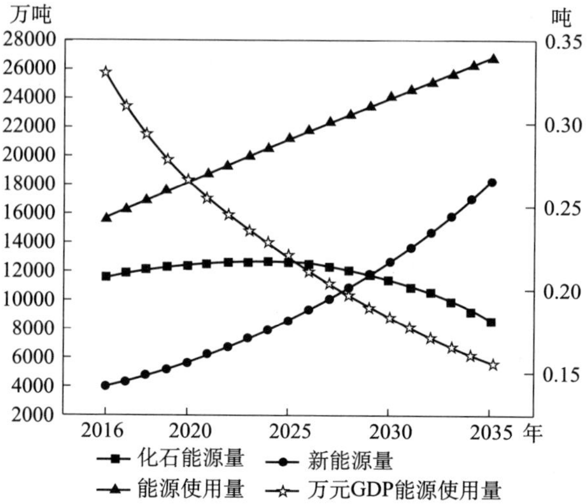

图 14－15　碳税和低碳补贴政策耦合模型中能源使用和能源效率仿真结果

从图 14－15 还可以看出，能源使用总量呈现上升趋势，化石能源呈现平缓“先上升后下降”趋势。2016—2026 年化石能源消费量不断增加，2026 年以后化石能源消费量不断减少。从能源使用总量上看，在实施耦合政策时能源使用总量是不断增加的，而实施单一的碳税政策时能源总量是呈现先增加后减少的趋势（见本书第十三章碳税政策分析）。这说明要实现某方面的生态创新效果并不是政策越多越好。

第二节
推进长三角地区生态创新的多种财政政策耦合仿真结果分析

一、三种财政收入政策耦合

（一）短期内资源效应较好，长期来看其效应会不断减弱

从图 14－16 可看出，浙江省水资源短缺呈现先增加后趋于下降的趋

势。浙江省用水总量在模拟期内呈先降后升的趋势，以 2029 年为节点，2016—2029 年浙江省用水总量持续下降，降幅为 22.64%，2029 年后开始逐年增加，但增速较慢。可见在收入政策混合下短期内资源效应较好，长期来看其效应会不断减弱。说明短期内由于水资源禀赋较好，资源短缺不明显，但是随着经济社会发展，需水量不断增加的情况下，长期来看会出水资源短缺问题。

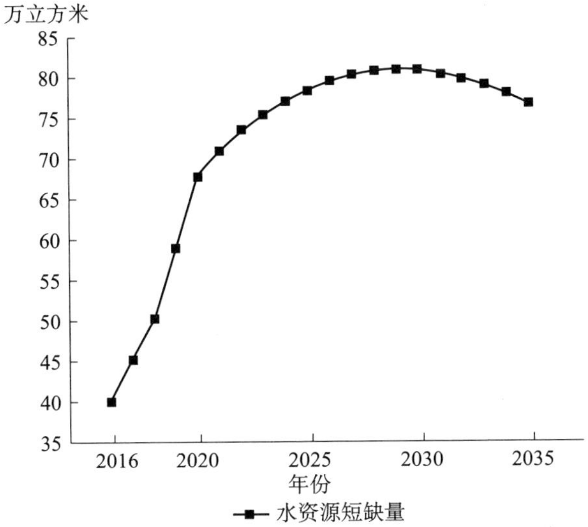

图 14－16　收入政策耦合模型中水资源短缺仿真结果

（二）水环境没有明显得到改善

图 14－17 给出了三种收入政策耦合下的废水排放量指标仿真结果。从图 14－17 可以看出，浙江省工业废水量以 2020 年为节点，政策实施第一年排放量微幅增长，2017—2020 年逐年减少，同时也从 2020 年开始排放量逐年增加，2035 年相比 2020 年工业废水排放量增长了 59%。可见该耦合政策下短时间内对工业废水排放所产生的环境效应较好，但长期来看效果较差。生活污水排放量在模拟期内呈现出整体上升的趋势。这也说明该政策组合对生活污水的影响较小，水环境没有得到明显改善。区域环境问题是一个复杂的系统工程，单独依赖经济手段特别是税收手段不能完全解决环境问题，政府环境规制和居民环保宣传等手段也是不可或缺的。

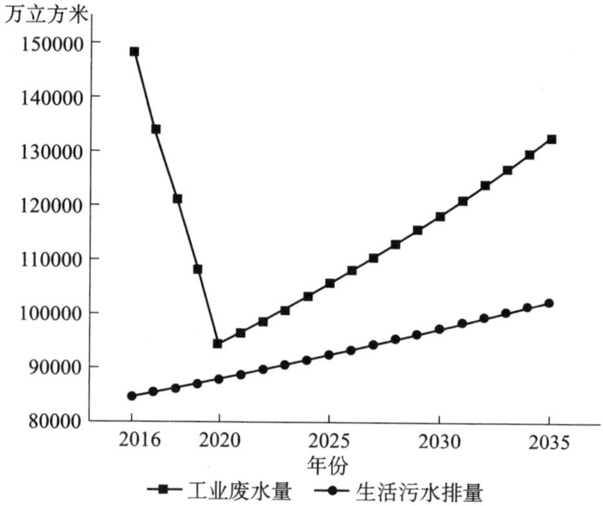

图 14－17　三种收入政策耦合下废水排放指标仿真结果

二、三种支出政策耦合

（一）三种支出政策耦合环境改善效果弱

图 14－18 给出了三种支出政策耦合模型中废水、废气排放指标仿真结果。浙江省工业废水量以 2020 年为节点，政策实施第一年排放量微幅增长，2017—2020 年逐年减少，同时也从 2020 年开始排放量逐年增加，2035 年相比 2020 年工业废水排放量增长了近 70%。可见该政策组合下初期对工业废水排放所产生的环境效应较弱。生活污水排放量在模拟期内呈出持续增长的趋势，可见环境效应较差。废气排放量在支出政策混合下呈持续下降的趋势，这期间的 2016—2020 年废气排放量降速较快，降幅约为 39%，2020—2035 年废气排放量趋于稳定后缓慢下降。总体上三种支出政策没有比两种政策特别改善了环境效果。

（二）有利于地区绿色经济发展

与两种支出政策耦合仿真结果相似，模拟期内浙江省绿色增长效应呈持续上升的趋势，政策实施初期绿色增长效应不显著，2028 年后增长速度明显加快，绿色增长效应逐渐向好。可见支出政策混合下所产生的绿色增长效应较好，且有快速提升的趋势，有利于浙江省绿色经济发展。

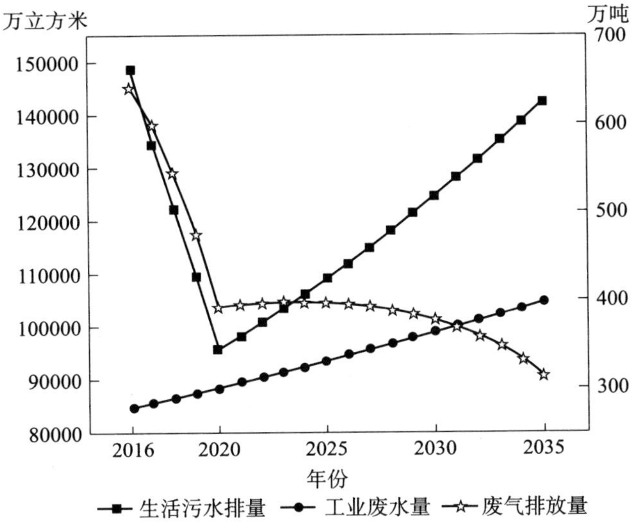

图 14－18　三种支出政策耦合模型中废水、废气排放量仿真结果

三、资源税＋碳税＋循环补贴＋生态补偿四种财政政策耦合

（一）四种财政政策耦合缓解了水资源压力

四种财政政策耦合下，浙江省用水总量在模拟期内呈先降后升的趋势（见图 14－19），以 2029 年为节点，2016—2029 年浙江省用水总量持续下降，降幅为 22.64%，2029 年后开始逐年增加，但增速较慢。这个增加是由于地区经济人口规模导致的。在模拟期内万元 GDP 用水量大幅度减少，从期初的 25.9 立方米下降到期末的 12.3 立方米，降幅约为 53%。但是工业经济规模不断增加的，从期初的 18665 亿元，增加到期末的 36088 亿元。如果没有耦合政策的实施水资源压力会非常的大。

图 14－20 给四种财政政策耦合模型中水资源短缺量仿真结果。水资源短缺量整个模拟期内是正值，说明地区水资源供应大于需求。水资源短缺量在整个模拟期内变化也不是特别大，2016—2028 年基本是呈现增加趋势，之后比较稳定在一个水平上，最后年份有下滑趋势。这说明了两点：第一，耦合政策的实施确实对水资源压力缓解是非常有效的；第二，如果区域人口经济规模不限制的话，政策的效果就会减弱。

（二）耦合政策改善了环境

从图 14－21 可以看出，废气排放量在多重政策混合下呈持续下降的

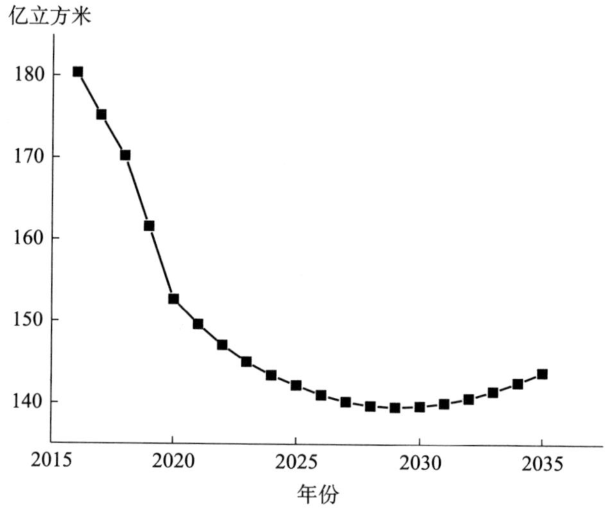

图 14－19　四种财政政策耦合的地区用水总量仿真结果

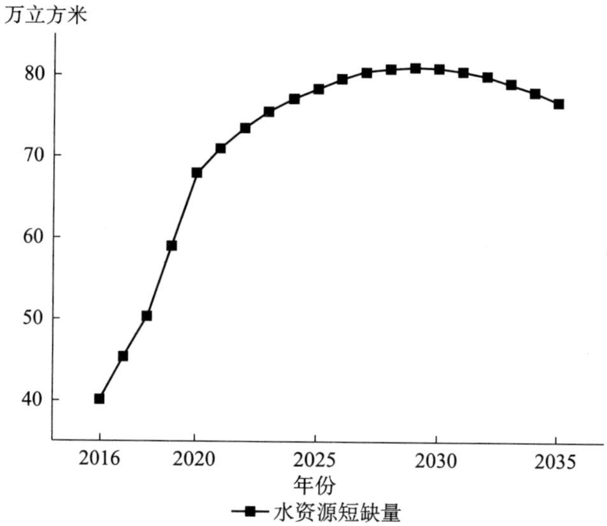

图 14－20　四种耦合政策模型中水资源短缺量仿真结果

趋势，期间 2016—2020 年废气排放量降速较快，降幅约为 38.9%，2020—2035 年废气排放量趋于稳定后缓慢下降。这说明：第一，在多重政策混合下浙江省废气排放量得到控制；第二，耦合政策通过促进生态创新，确实改善了环境，有利于废气治理，环境效应较好。

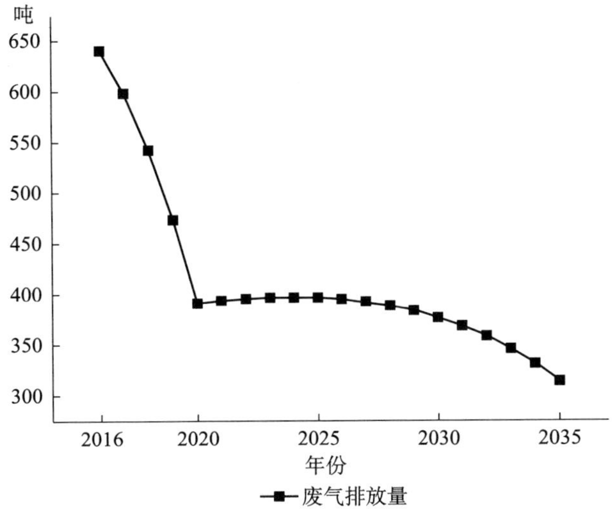

图 14－21　四种耦合政策模型中废气排放量仿真结果

（三）耦合政策对地方财政要求较高

图 13－22 和图 14－23 给出了四种耦合政策模型中财政指标仿真结果。在多重政策混合下，税收收入（包括水资源税收和碳税收入）在模拟期内呈现增加趋势；财政支出（包括补贴和补偿财政支出）在模拟期内呈现出先增后减的趋势，呈倒 V 形。财政支出压力非常大，以 2025 年为节

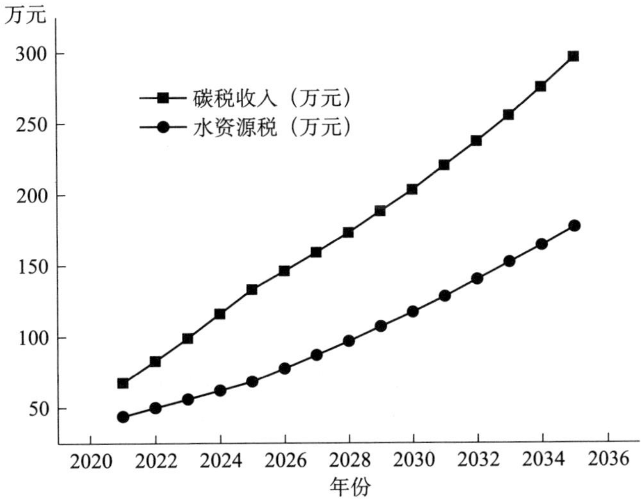

图 14－22　四种耦合政策模型中财政收入指标仿真结果

点，2016—2025 年支出持续增长，2025 年相比 2016 年支出增长了近 5.9 倍，2025—2035 年循环补贴支出持续下降。财政收支差呈现倒 V 形，说明财政支出占据了优势地位，收支差由财政支出决定。在环境治理过程中税收收入远小于环境治理投入，耦合政策的实施对地方财政要求很高，因此在制度实施时财政压力也是需要考虑的目标，财政赤字问题在发展过程中值得重视。

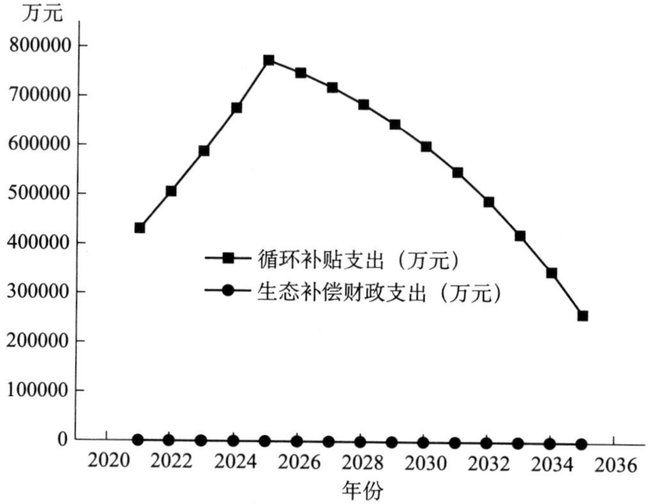

图 14－23　四种耦合政策模型中财政支出指标仿真结果

第三节
推进长三角地区生态的创新财政政策体系关系研究

一、推进长三角地区生态创新的财政政策可替代性

（一）在资源环境效应方面资源税与环境税的替代

（1）从用水量指标来看，资源税与环境税政策耦合效果与资源税政策效果相似。地区总用水量呈 L 形，2028 年是节点。资源税和环境税政策实施后，迫于双重税收压力，各类主体根据成本—收益角度会适当地减少

用水量，选择提高生态创新能力，减少水资源利用时对环境产生的污染，同时提高水资源的用水量。灌溉用水在资源税和环境税政策的实施下所受到的影响相较于工业用水和生活用水影响较大。在组合政策下，灌溉用水明显减少，工业用水和生活用水在此政策下都有增长的趋势，和资源税实施效果相似。可见，浙江省水资源通过这两种税收政策，各类水资源配置方式得到了一定改变，整体来说在两种政策组合下浙江省用水量一定程度上有所减少，资源效应良好。

（2）资源税与环境税都具有改善环境效果。无论是资源税、环境税单独实施，还是资源税和环境税耦合实施情形下，对环境改善效果相似。首先，工业废水排放量在这两种模型下趋势相同；其次，废气排放量都处于减少状态；最后，环境效应变化趋势也相同，环境效应在单独实施时数值上更大。这是因为税收政策单独实施时税收金额小，而污染排放相似。

综上所述，资源税与环境税具有替代性，在自然资源禀赋较好或经济条件较好时使用资源税，而在自然资源禀赋差或经济发展初期时可以考虑环境税。

（二）在节能减排方面低碳补贴与循环补贴的替代

1. 低碳补贴与循环补贴都可以改善能源结构

从前面的单一和耦合政策仿真结果分析可知，低碳补贴单独实施的效果是增加新能源比例，抑制碳排放，但没有达峰。单独实施循环补贴时，新能源比例也在增加，在模拟期内碳排放也没有达峰。两种政策耦合实施时在能源结构和碳排放方面也存在相同的效果。因此，从实施效果来看，低碳补贴和循环补贴同时具有改善能源结构功能。如果地区能源结构问题更突出时可以采用低碳补贴，如果时资源能源浪费问题更突出时采用循环补贴。

2. 低碳补贴与循环补贴都可以缓解资源压力

由十三章和十四章关于低碳补贴政策、循环补贴政策及两者政策耦合模型仿真结果分析可知：低碳补贴政策资源效应呈现正向作用，水资源短缺量大于0，新能源开发总量和比例都上升，但污染排放增加；循环补贴政策资源效应也呈现正向作用，地区总水量没有超出水资源供应范围，新能源比例也不断上升，污染排放也是增加的；两种政策耦合时具有相同的效果，污染排放方面依然没有改善。因此在缓解资源压力方面，循环补贴低碳补贴政策可以相互替代。

3. 低碳补贴与循环补贴及政策耦合都会促进绿色增长

循环补贴政策是会通过补贴形式让更多的废物利用，减少污染排放，从而也减少污染治理方面的投入。循环补贴政策可以通过经济激励企业或生产者进行生产技术、生产管理及产品周期设计的方面创新而促进地区绿色发展，从而促进绿色增长。低碳补贴则是通过经济手段对能源使用或能源效率等方面的促进，比如对新能源产品的购买补贴或生产补贴等。低碳补贴政策可以促进绿色消费从而促进绿色产品开发，达到绿色增长的效果。两者耦合的绿色增长效应也是呈现增加趋势，说明了低碳补贴与循环补贴及政策耦合都会促进绿色增长。

二、推进长三角地区生态创新的财政政策互补效应

（一）资源税与碳税

资源税与碳税在节能减排方面具有互补效应。从两种政策及其耦合政策的仿真结果来看，资源税可以缓解地区资源压力，减少污染排放速度，水资源短缺值都处于 0 以上，而生活污染和废气排放都呈现下降趋势；而碳税则是改善能源结构、提高能源效率和促进碳达峰，万元 GDP 能源使用量是不断下降的，新能源比例不断增大，2025 年碳达峰。资源税对于自然资源利用和污染排放起到效率提高和排放减少的作用；而碳税则在能源利用和碳排放方面起到效率提高和减排作用。资源税和碳税分别对资源节约、废气和碳减排具有促进作用，让地区水环境和大气环境同时改善，让耦合政策具有多方面的生态效果。

（二）环境税与循环补贴

资源税和循环补贴分别对资源节约具有促进作用，让地区的水环境改善和固体垃圾减少，改善环境。循环补贴则是通过经济手段激励生产者进行绿色生产、激励消费者进行绿色消费，从而让绿色产品市场份额扩大。循环补贴政策通过绿色生产和绿色消费对废气、废水和固废排放都有抑制作用，从而达到环境改善的作用。水环境、大气环境改善同时减少固废垃圾，提升整体环境质量。

三、推进长三角地区生态创新的财政政策累加与冗余

（一）绿色增长效应的累加

在绿色 GDP 增长方面，低碳补贴与生态补偿这两种政策实施时呈增加趋势，资源效应在耦合实施时最为明显。这说明具有累加效应。低碳补贴通过补贴形式间接激励生态保护行为，从而增加绿色产品生产和消费，促进绿色增长。生态补偿是通过补贴形式激励生态保护行为，是直接的激励保护行为。前者从经济视角进行激励，而后者从生态视角进行激励，最后的效果形成累加。

（二）环境效应的累加

在改善环境方面，环境税与生态补偿具有累加效应，主要表现在以下三个方面：一是环境税对于生产生活污染排放具有抑制作用，从排放末端进行征税从而通过企业、居民行为创新减少污染排放。二是生态补偿是从环境保护端通过给予保护环境行为者补偿因环境保护受损价值来激励居民、企业等行为主体的创新活动，从而改善环境。三是环境税与生态补偿分别从资源节约和环境保护促进环境改善，从而具有累加效应。单一政策和耦合政策的结果分析验证了这一点。

（三）政府财政压力的累加

政策耦合实施过程中会出现相同类型政策带来的财政压力。比如低碳补贴 + 生态补偿政策同时实施时，仅是财政支出累计经费将达上亿元，这会给政府财政压力巨大的累加作用。三种支出政策耦合更是如此，如果地方经济发展水平不高的话，操作性会很难。

（四）使用者负担累加

低碳补贴和生态补偿都是使用经济手段使用者负担的累加，资源税 + 环境税耦合实施时增加了使用者负担，无论是资源税还是环境税都是增加在用水者身上，对于用水者来说在使用水资源时缴纳污水处理成本同时排污也要收费，相当于累加了税赋，增加了使用者的负担。

（五）政策冗余现象

从推进生态创新的耦合政策来看，并不是越多政策耦合实施效果就越好。这表现在两个方面：一是针对某种生态创新效果，如针对废水废气排放来讲，环境税和生态补偿政策耦合之后并不能有效减少污染排放，而对于能源使用量来说讲，碳税 + 低碳补贴耦合不如实施单一的碳税政策效果，形成了“累赘”政策也称冗余现象。二是针对综合生态创新效果。在三种支出政策耦合实施时，和两种政策实施时效果相差不大，在资源效应和三废排放方面并没有明显抑制作用，而且增加了地方财政压力，综合这些效果来看，出现了政策冗余。

第四节 长三角地区财政政策耦合效应与区域生态创新效果

本节通过对长三角地区三省一市的政策模型仿真结果对比，分析地区财政政策的生态创新效果，同时分析地区的自然、经济和社会条件如何影响区域财政政策实施效果。图 14 - 24、图 14 - 25 分别给出了长三角地区三省一市两种政策和多种政策模型的资源效应仿真结果，图 14 - 26、图 14 - 27 分别给出了长三角地区三省一市两种政策和多种政策模型的环境效应仿真结果；图 14 - 28 和图 14 - 29 分别给出了长三角地区三省一市两种政策和多种政策模型的绿色增长效应仿真结果。下面的分析都是基于这些仿真结果。

一、政策耦合资源效应与区域资源可压力

（一）自然资源禀赋好的地区财政政策耦合可以缓解区域资源压力

由图 14 - 24 和图 14 - 25 显示的浙江省仿真效果来看，在实施耦合政策时，资源效应呈现负值下降趋势，即水资源效应正向效果逐渐变强。结合单一政策和耦合政策结果，可以看出政策耦合可以缓解区域资源压力。上海市在实施耦合政策时，资源效应呈现正值，说明供需矛盾仍然突出。两个

区域经济社会条件差不多，但自然资源禀赋相对不同，浙江省水资源相对丰富，说明自然资源禀赋较好的地区耦合政策可以缓解资源压力。不同的区域自然条件会影响区域财政政策效果，在政策选择时需要考虑自然条件。

在传统经济发展模式和资源开发模式下，资源禀赋较好地区很容易出现资源定价过低造成资源浪费或资源效率低下。比如当地区水、煤炭等资源比较丰富时，开发成本低造成资源价格偏低，从而导致经济发展过度依赖资源。同时资源禀赋较好地区，资源弹性较大。当实施资源税时，通过市场机制引导资源开发价格制定，资源很容易转向较高效率的行业，缓解区域资源压力效果明显。而资源禀赋较差地区，资源稀缺性非常明显，一般弹性较小，因此资源税政策实施效果会弱于资源禀赋较好地区。

（二）自然资源禀赋较差地区的财政政策耦合会造成累赘政策现象

实施单一政策时上海市资源效应时呈现增加趋势。实施两种政策时上海市资源效应呈现下降趋势（见图 14 – 24），说明耦合政策要比单一政策效果好。但从图 14 – 24 和图 14 – 25 显示的上海市仿真结果可以看出，两种政策耦合和四种政策耦合时资源效应有相似的结果。说明对于区域生态创新来讲也不是政策越多越好。对比三种模型的仿真结果可知，地区自然资源禀赋相对差的情况下，对于资源效应过多政策耦合会造成政策冗余。

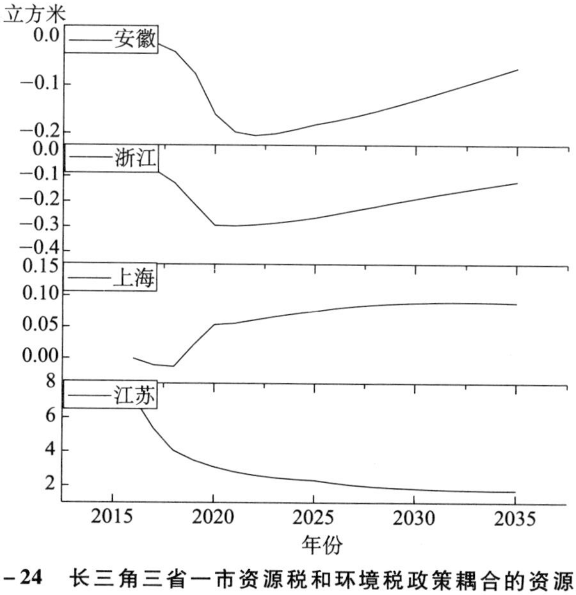

图 14 – 24　长三角三省一市资源税和环境税政策耦合的资源效应

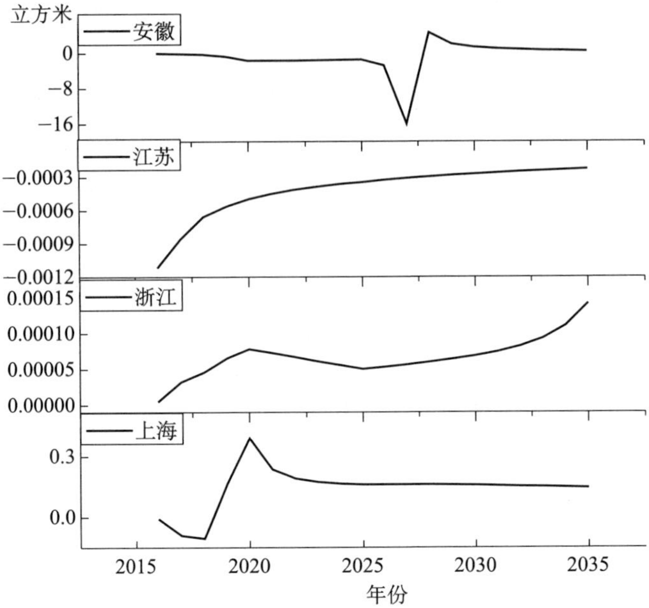

图 14－25　长三角地区三省一市四种政策耦合的资源效应

当实施多个政策时往往会存在政策同质性。自然资源禀赋较差地区，资源弹性较小，这些政策之间具有替代作用。比如碳税、资源税和碳税费制度存在着一定替代性，实施对象都包括化石燃料，所起到的作用都是使化石燃料的使用成本上升；短期内会对对经济体的短期冲击较大。又比如如果在征收资源税时又征收环境税，同时会导致资源价格上涨，短期内会明显增加企业成本，特别是对高能耗、资源依赖型产业或供给相对缺乏弹性的产业形成较大冲击。因此，在自然资源禀赋较差地区实施多种政策时可能会造成政策冗余。

（三）经济水平较高地区的财政政策耦合效果更好

从浙江省仿真结果分析可以看出，浙江省资源效应是两种政策好于单一政策，四种政策好于两种政策。但是对于安徽省资源效应却不同结果：两种政策耦合差于单一政策，四种政策耦合差于两种政策。单一政策资源效应呈先下降再上升趋势，而两种政策耦合下呈现一直上升趋势。由图 14－24 和图 14－25 显示的安徽省资源效应比较，四种政策耦合中资源效应呈现高位上升趋势，资源效应更差。比较长三角地区四个省市，浙江省和安徽省是水资源相对丰富地区，但是安徽省的经济条件相对较差，浙江省的相对较好。因此说明在自然资源禀赋相同情况下，经济水平高的地区财政政策的区域政策效果更好。

财政政策是典型的经济手段，是以市场机制为前提的政策。经济水平较高的地区市场化程度较高，因此实施效果较好。在经济水平较弱的地区往往政府机制较浓，财政政策效果会变弱。

二、财政政策耦合环境效应与区域环境改善

（一）自然资源禀赋较差地区的政策耦合可以改善区域环境

由图 14 -26 和图 14 -27 显示的上海市仿真效果来看，在实施耦合政策时，环境效应呈现负值下降趋势，说明环境改善效果明显。在单一政策实施下环境效应呈现负值增加趋势，即环境效应是正向的但是效果逐渐变弱；说明政策耦合可以改环境。在实施单一政策下环境效应呈现正值增加趋势，浙江省环境污染排放增加；在实施耦合政策时，环境效应呈现正值。虽然中期出现下降趋势但仍然是正值，说明耦合政策依然没有促进环境改善。上海市与江浙省两个区域经济社会条件相似，由于自然资源禀赋不同，从而出现自然资源禀赋较差的地区耦合政策可以缓解环境压力。说明不同的区域自然条件会影响区域财政政策效果，在政策选择时需要考虑自然条件。

（二）自然资源禀赋较好地区的政策耦合会造成环境边际效用递减

从图 14 -26 和图 14 -27 显示的安徽省环境效应仿真结果来看，对比两种政策耦合效果，四种政策耦合时环境效应虽然有所改善，但没有那么明显，因此过多政策耦合会造成边际效用递减；浙江省也存在这种现象。说明自然资源禀赋较好地区的政策耦合会造成边际效用递减。

（三）经济水平较好地区的政策耦合会造成政策冗余

从图 14 -26 和图 14 -27 显示的江苏省仿真结果来看，实施单一政策时环境效应时呈现下降趋势，但一直处于 0 以上，说明环境效应呈现负向效果但具有环境改善效果。而实施两种政策时呈现下降趋势，但数值在 0 以下，说明环境效应呈正向效果。说明两种耦合政策效果好于单一政策。两种政策耦合和四种政策耦合时资源效应有相似的结果。说明对于区域生态创新来讲也不是政策越多越好。同时在上海市也存在这种现象：两种政策耦合好于单一政策；相比两种政策耦合效果，四种政策耦合时环境效应

并没有明显增加。地区自然资源禀赋相对差的情况下，在经济条件相对较好的地区对于环境效应来讲，过多耦合政策会造成政策冗余。

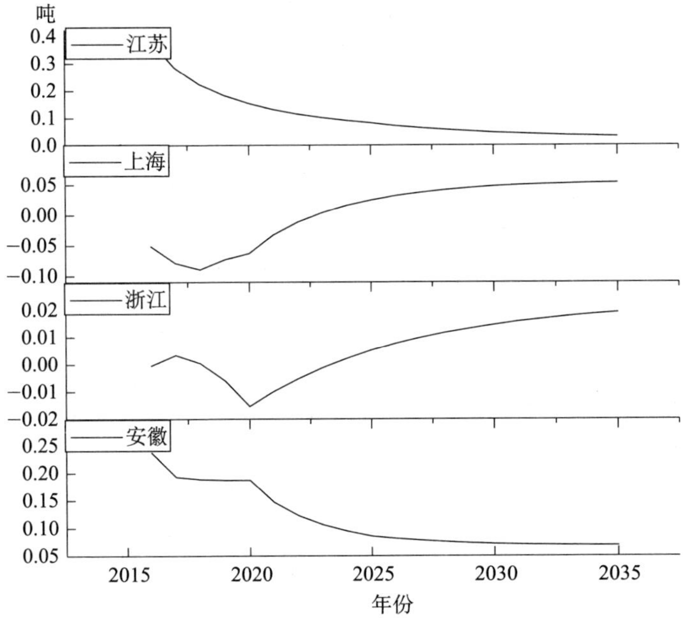

图 14－26 长三角三省一市资源税和环境税政策耦合的环境效应仿真结果

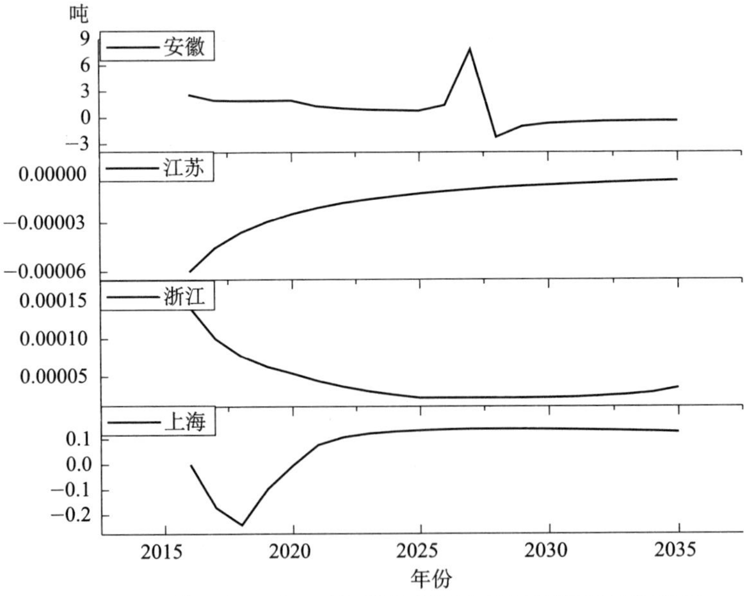

图 14－27 长三角三省一市四种政策耦合的环境效应仿真结果

三、政策耦合与地区绿色发展

（一）地区发展水平较高地区的政策耦合的绿色增长效果更佳

自然资源禀赋相同情况下，经济发展水平较高的地区，耦合政策促进区域绿色发展。安徽省和浙江省自然资源禀赋相对丰富，但浙江省经济水平比安徽省高。无论是两种政策耦合还是四种政策耦合，浙江省的总体资源环境效应改善情况要比安徽省好。同时上海市和江苏省两个地区自然资源相似，从三种政策对比情况来看，资源效应方面来看上海市改善更大。

（二）政策耦合可以缩短区域政策效果差距

单独实施水资源税时，浙江省绿色增长效应的上升趋势最明显，其他三个地区基本处于上升到一定水平后稳定。图 14 - 28 和图 14 - 29 显示，政策耦合之后，四个地区的绿色增长效应变化趋势大致相同，除安徽省之外基本处于下降再稳定状态。说明政策耦合缩小了区域财政政策的环境效应差距。

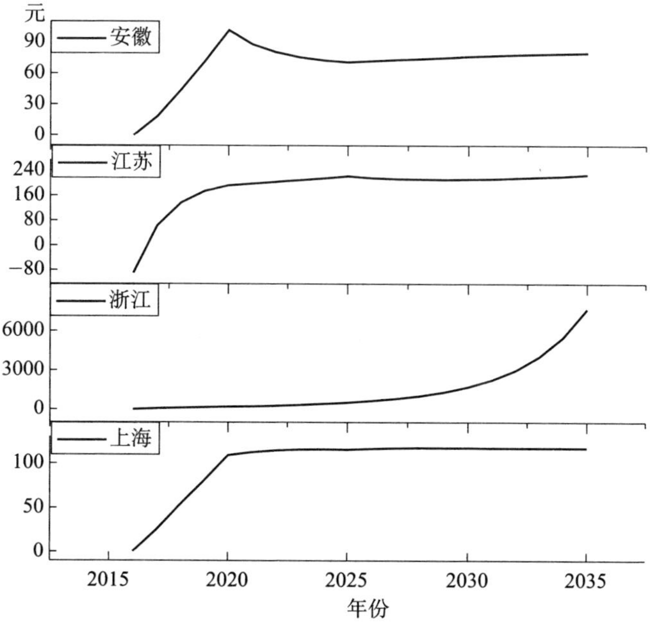

图 14 - 28　长三角三省一市资源税和环境税政策耦合的绿色增长效应

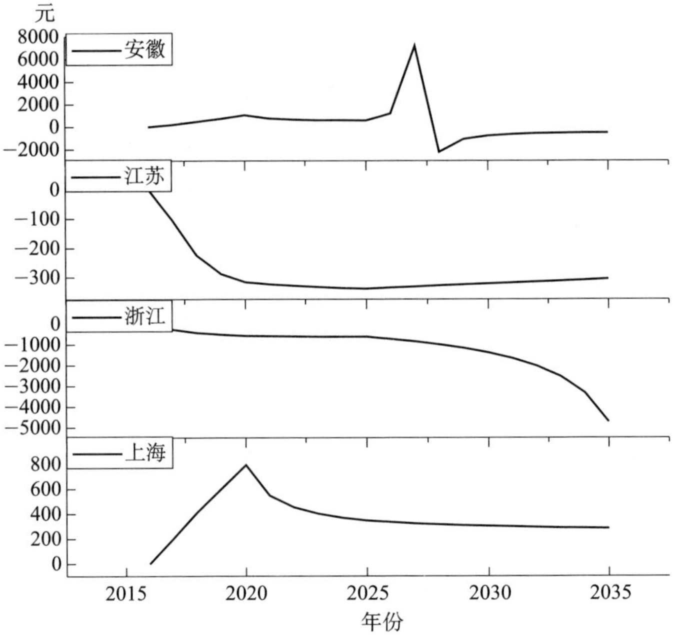

图 14－29　长三角三省一市四种政策耦合的绿色增长效应

（三）政策耦合有助于弥补区域壁垒造成的政策效果差距

首先，单独实施水资源税政策时，四地区的资源效应相差很大。浙江省单一实施水资源政策时资源效应是负值，先下降后上升趋势，安徽省从2018年开始至2035年一直是负值，呈先下降后上升趋势，说明这两个地区水资源短缺并不严重。单独实施水资源税政策时，上海市和江苏省的资源效应值为正，说明这两个地区的水短缺相对严重。但两地区变化趋势相差较大，江苏省是下降趋势，而上海市是上升趋势，说明单一的财政政策对于区域的资源效应相差很大。

其次，当实施两种政策的耦合政策时，四地区资源效应发生变化。从2020年开始，浙江省资源效应是负值下降趋势，安徽省是负值上升趋势，而上海市则是正值下降趋势，江苏省是负值上升趋势（见图 14－24），说明上海市和江苏省水资源短缺现象发生了改变。政策耦合缓解了地区的水资源短缺趋势，也平衡了地区之间的资源差距。

最后，当实施四种政策的耦合政策时，四地区资源效应相应的缩短了差距（见图 14－27）。在模拟期后期，浙江省资源效应负值下降趋势不太明显，安徽省则变为负值平稳，上海市资源效应则呈下降趋势，而江苏省则变得平稳。

由上面分析可知，政策耦合有助于弥补区域壁垒造成的政策效果差距，促进一体化进程。同时一体化也会促进地区财政政策的实施效果在地区间的平衡。

四、推进长三角地区生态创新的财政政策

（一）地区财政政策推进生态创新机理

从以上仿真结果分析可知，财政政策通过改变行为主体活动达到生态创新效果，从而促进可持续发展。地区财政政策是促进地区可持续发展的经济手段，财政政策通过行为主体的创新活动实现资源效应、环境效应和绿色经济增长。政府是制定和监管主体，政府的生态发展理念间接的实现资源、环境和绿色增长效应；企业是财政政策执行的对象，企业会降低成本或规避环境风险而进行创新活动，实现资源、环境和绿色增长效应；居民是财政政策的对象，通过绿色消费促进绿色产品繁荣和环境保护，从而直接实现资源效应和环境效应，间接的实现绿色增长效应。

资源税和环境税通过财政策可以调节资源级差收入，让企业在市场环境下竞争。财政政策可以促进企业研发和采用清洁生产技术。企业最终是利润所驱动，掌握最新的生产技术是保持企业竞争力的最好方法。

政府可以通过高额的环境税弥补工人的实际收入损失，因为环境税和对劳动的课税不同，不仅劳动者而且非劳动者的收入也要负担环境税，政府把来自于那些非劳动者的征收所得向全体劳动者做了再分配。由此带来的结果就是实际工资的上升和劳动力供给的相应增加。同时政府可以通过生态补偿激励环境保护者持续保持环境保护行为。

低碳补贴和循环补贴可以从居民层面增加其绿色消费行为，比如碳税的实施，居民为了减少费用支出，个人可能会放弃私家车，改乘公共交通，并使用节能灯（CFL）来代替白炽灯；通过安装新型装置或更新供热/制冷系统来提高能源利用效率；使用废弃洗涤塔、低氮氧化物燃烧器或气化法来减少温室气体排放。

（二）长三角地区推进生态创新的财政政策问题与解决

从前面仿真结果可知，长三角地区财政政策之间存在替代性和互补性，表现为新能源、新技术使用税收优惠，环保小企业扶持等，仅仅税收优惠政策就不下十几种，而且每个城市又有很大不同。不同时期出台不同的政策，政策稳定性相对差，导致有需求的企业很难享受到这些政策，或者有些重复享受政策，从而导致政策效率不高。

推进生态创新长三角地区的财政政策效果存在很大差异，具体表现为实施不协调。长三角地区覆盖三省一市，由于地区之间的自然、经济和社会发展条件不同，区域财政政策实施不同；比如上海市的生态创新相关政策较多，效率也较高，而安徽省一些城市生态创新相关的政策并不多；从而导致区域之间财政政策实施不同，导致生态创新分布不平衡，不利于整体政策实施效果。

从需求的视角来看，长三角地区生态创新财政政策主要包括资源税征收和减免、环境税征收和减免、新能源、新技术的税收减免、绿色产品购买补贴、低碳产品补贴、循环材料补贴、生态保护补偿等；长三角地区实施的财政政策中，资源税、税收减免等政策相对较多，企业相关较多，而针对居民方面的很少。因而产生了财政政策的需求和供给矛盾问题。长三角地区一体化背景下，亟须一套完善的财政政策体系来推进地区生态创新，从而实现发展目标。

（三）地区财政政策的最佳耦合

从上海市、浙江省、江苏省和安徽省的多种财政政策耦合仿真结果来看，地区财政政策最佳耦合并不相同。这是由于地区的自然、经济和制度等水平决定的。表现在以下四个方面。

首先，在自然资源禀赋较好和经济水平较好的地区，比如浙江省，实施资源税 + 碳税 + 循环补贴 + 生态补偿最佳，具有政策效应的互补性和相加性。资源税可以促进环境改善和资源节约，从源头上促进生态创新。资源税是从生产端开始，让资源使用者意识到自然资源的重要性，自然环境的重要性。碳税可以减少碳排放实现碳中和，这也是经济相对发达地区的责任。循环补贴和生态补偿则是分别从资源循环和生态保护方面去激励行为主体的生态创新行为。这符合区域特征。

其次，在自然资源禀赋较好但经济水平较差的地区，比如安徽省，实施环境税 + 碳税 + 循环补贴的政策。区域的可持续发展首先是发展，经济和环境协调发展是核心。因此从污染排放端实施环境税，保障经济和环境共同发展。碳税促使地区积极寻找碳减排创新，为全球环境实现碳中和做贡献，同时增加地方收入，缓解地方财政压力，为循环补贴政策实施做支撑。循环补贴政策则是通过经济激励居民、企业等实现资源效率提高，促进节能减排，实现环境改善。

再次，在自然资源禀赋差但经济条件好的地区，比如上海市、江苏省，实施资源税 + 低碳补贴 + 生态补偿政策。自然资源禀赋差的地区更要重视资源效应，因此资源税是此类区域首先选择的，根据环境库兹涅茨曲线经济发展到一定水平环境就会改善，同时通过仿真结果可知在环境效应方面资源税对环境税具有替代性，为了避免产生冗余，资源税是最佳选择。而低碳补贴和生态补偿则是用经济手段激励地区居民、企业等行为主体进行低碳行为和环境保护行为，从而减少碳排放和保护环境。

最后，在自然资源禀赋和经济社会条件相对差的地区，实施资源税 + 碳税更有利于区域生态创新效果。在此种地区改善环境和绿色增长同样重要，地区发展过程中同时注重绿色增长和改善环境两重任务。通过财政政策推进地区生态创新从而走绿色发展道理。资源税起到资源节约和改善环境的双重作用，而碳税则是绿色增长效应较好的收入政策。由于经济条件比较差，财政压力大，在当前阶段支出政策是比较困难。

第十五章

推进长三角地区生态创新的财政政策体系优化的总体思路研究

传统财政政策往往局限于经济目标而忽略了生态目标。为此，需要针对长三角地区生态创新绩效不佳的财政政策根源，从整体性、协同性及成本最小化等视角，聚焦生态创新的内涵与本质，把握政策权威性、强制性、专业性、透明性、协同性及稳定性明确推进生态创新的财政政策体系优化的目标，同时立足问题导向、目标导向和需求导向，确立推进生态创新的财政政策体系优化的基本原则。

第一节 推进长三角地区生态创新的财政政策体系优化的目标与原则

一、长三角地区生态创新的财政政策体系优化的现状评析

构建财政政策体系是长三角地区生态文明一体化建设的重要任务和关键抓手。为此，长三角地区内外均积极推进制度创新。2014 年 1 月，长三角地区与环保部、国家发改委等八部门成立了长三角地区大气污染防治协

作小组，以共识、共治、共赢为基础，建立“协商统筹、责任共担、信息共享、联防联控”的协作机制，以推进长三角地区空气质量的整体改善。2018 年 5 月，三省一市建立了长三角地区生态环境保护司法协作机制，进一步加强协同治气、治水，完善重污染天气环境的应急预警与管理。2018 年 11 月，习近平总书记在首届中国国际进口博览会主旨演讲时明确提出，支持长江三角洲区域一体化发展并上升为国家战略。2019 年 5 月，中共中央政治局会议审议通过《长江三角洲区域一体化发展规划纲要》，同年 10 月，国务院批复《长三角生态绿色一体化发展示范区总体方案》，标志着长三角地区一体化发展国家战略进入全面建设阶段。与此同时，长三角地区各省市在积极探索绿色财政政策创新，其中最典型的案例是全国首例跨界流域生态补偿试点——新安江流域上下游生态补偿试点。“新安江模式”为财政资金支持生态补偿制度建设提供了范本，对全国均有重要的借鉴意义。

在各方持续努力下，长三角地区生态创新的财政政策体系优化不断推进，长三角地区环境质量不断改善。生态环境部发布的《2018 生态环境质量简况》显示，长三角地区的 PM2.5 同比下降 10.22%，长江流域水质不断得到改善。尽管长三角地区生态创新的财政政策体系优化取得了一定的成绩，但仍存在制约生态创新的财政政策因素：

第一，推进长三角地区生态创新的财政政策体系优化的方向、任务不明确，缺乏系统性的顶层设计。长三角地区生态创新的财政政策体系优化既要针对现实问题，也要满足生态创新的现实需求和全国改革示范区的具体要求。以往的政策往往局限在解决单一问题，忽视了政策间的互补关系、替代关系、协同关系以及所带来的成本收益关系等问题，未能从“政策体系”角度作通盘考虑，严重影响了财政政策的实施效果。

第二，长三角地区生态创新的财政政策协同性不足，上下级政府之间、不同部门之间、不同区域之间存在政策壁垒。在推进长三角地区一体化的国家战略背景下，长三角地区生态文明建设也面临诸多一体化发展的任务，其中促进财政政策的协同化是亟须解决的核心课题。长三角地区生态创新的财政政策的制定及实施涉及上下级政府、不同省市政府、不同部门之间的协调问题，不同主体间的政策取向、政策力度差异导致政策体系在推进生态创新过程中难以发挥应有的合力。

第三，全生命周期理念尚未融入长三角地区生态创新的财政政策体系构建，引导居民及企业绿色消费的制度尚存欠缺。长三角地区生态创新的财政政策体系建设始终侧重于生产端和末端治理，长期忽视消费环节，对消费者行为缺乏规范与引导，这也使得生产者没有动力推进生态创新。除消费税、绿色产品政府优先采购制度和节能产品政府强制采购制度外，基本上没有建立其他激励绿色消费、生态消费的财税制度，且消费税及政府绿色采购体制仍不完善。

第四，推进长三角地区生态创新的财政政策体系的实施路径不清晰，“好政策”未能发挥“好效果”。政策顶层设计需要与完善的实施机制相匹配、相结合才能发挥其应有的效用。政府、企业和居民是生态创新财政政策实施的参与主体，只有建立多方协同的治理结构才能确保财政政策的制订、宣传、执行、监督及评价等全过程的高效运行。然而，长三角地区生态创新依然主要表现为政府单一治理的格局，企业、居民微观主体的生态创新积极性及参与程度较低，且政府主体本身还涉及上下级、不同地区及不同部门之间的协同问题，因此财政政策实施路径面临较为复杂的现实环境。

二、推进长三角地区生态创新的财政政策体系优化的目标刻画

（一）问题导向的目标刻画

实现环境效应与经济效应的统一是生态创新的财政政策体系理应解决的根本现实问题。推动绿色发展的过程本身带有较强的外部经济特征，在缺乏外部干预的条件下往往面临市场失灵的困境，企业缺乏绿色生产的动力。因此，借助政策手段实现外部经济的内部化，激励和引导绿色生产和绿色消费，是实现生态创新促进绿色发展的关键。为此，要以政府为主导，以绿色发展为导向，集中社会力量，通过直接的资金支持、贷款贴息、以奖代补、低碳税收等手段将外部经济内部化。生态创新的“双重外部性”天然地要求财政政策应当尽可能地融合环保与创新这两大目标，实现生态保护与经济发展的统一。“十三五”以来，国家层面出台的许多规划都在强调生态与创新的结合。推进长三角地区生态创新的财政政策体系不能单纯地思考某一方面，而应当重点考虑相应的财政政策能否弥补生态创新的“双重外部性”，兼顾技术创新和绿色发展，尤其要注重激励企业更好地兼顾环境效益与经济效益。因此，推进长三角地区生态创新的财政政策体系改革的最终目标是环境效益与经济效益的统一。

（二）需求导向的目标刻画

推进生态创新的财政政策体系作为现代财政制度的重要组成部分，理应满足事权明确、税制合理、税负稳定、预算透明四项基本原则：一是事权明确。充分考虑生态服务的受益范围、信息的复杂性和不对称性，以及三省一市的自主性、积极性，合理确定推进生态创新的财政政策体系的功能定位和各级财政的职能分工，明确中央与三省一市的事权和支出责任。形成各项环保支出责任重心设置科学、各级财政支出责任重点明确，中央与三省一市各级政府支出比例合理的财政支出体制，促进各级政府各司其职、各负其责、各尽其能。二是税制合理。按照有利于科学发展、社会公平、市场统一的总体要求，在法制化的框架内，完善税制结构和健全税收功能，形成直接税与间接税有效配置，各级政府主体税种设计科学，税收与非税收入结构合理，政府拥有必要财政汲取能力的税制结构，更好地发挥税收在调整经济结构、推进生态创新、保护生态环境等方面的功能。三是税负稳定。主要包括：税负水平适中、税负结构公平、财政支出总体水平适当、支出结构合理。四是预算透明。国家治理能力的现代化要求政府所有收支活动公开、透明和可问责，预算作为一项重要的政策工具应更好地发挥公共资源有效配置功能，为提高现代政府生态服务绩效提供重要支撑。①

（三）战略导向的目标刻画

推进长三角地区生态创新的财政政策体系优化还应满足全国示范区建设的根本要求，以推动长三角地区绿色一体化作为战略目标。2019 年 5 月，中共中央政治局会议审议通过《长江三角洲区域一体化发展规划纲要》，明确了建设长三角生态绿色一体化发展示范区，要求打造生态友好一体化发展样板，破解生态与经济、人与自然的矛盾，在高标准生态基础上推进高质量发展；破解行政区划阻止发展的障碍，在不打破行政区划基础上实现区域协调融合一体化发展。然而，由于区域间的行政壁垒、制度藩篱和政策掣肘，示范区生态绿色一体化发展面临着不充分、不平衡等问题。长三角地区生态创新的财政政策体系优化就是要突破区域间的种种行

---

① 王蕴．深化财税体制改革研究［A］．中国财政学会 2015 年年会暨第二十次全国财政理论讨论会交流材料汇编之一［C］．北京：中国财政学会，2015.

政障碍，通过在顶层设计上加强三省一市的财政政策融合，推动区域财政政策的联动协同，为长三角地区绿色一体化提供制度土壤。

三、推进长三角地区生态创新的财政政策体系优化的原则

（一）坚持统一推进和差别对待相结合的原则

长三角地区中，安徽的经济发展水平与江、浙、沪存在较大差距，2017 年其人均 GDP 仅为上海的 1/3，不到江、浙的 1/2，而与此同时，安徽省在长三角地区中的生态环境问题也最为严重。2017 年安徽 PM2.5 浓度为 $56mg/m^3$，而江苏为 $49mg/m^3$、浙江为 $39mg/m^3$、上海为 $39mg/m^3$。水环境质量亦是如此，2017 年安徽有三个考核断面劣于Ⅴ类水，江苏有一个考核断面劣于Ⅴ类水，浙江和上海均无。对于经济基础相对薄弱、环境质量相对较差的安徽来说，环境治理面临的挑战更为明显。对此，可借鉴京津冀结对治污机制或设计差异化的生态补偿财税责任制度，由经济相对发达地区补贴相对落后地区，进而实现区域均衡发展的目标。

推进生态创新财政政策的制定、实施和监督通常涉及政府多个部门，如环保、经信、发改、财政、税收等，部分政策还可能涉及金融机构、行业部门等。这就要求政策制定者从顶层设计开始，开展部门协商，形成政策合力，借助财政杠杆，以较低的社会成本提高污染减排效果。以电力行业为例，涉及电厂排污治理的绿色交易机制包括排污权交易、碳排放权交易、发电权交易等多种类型，且这些机制之间存在密切联系，但在实践操作中不同的交易机制往往隶属于不同的主管部门，在多头监管下面临信息共享不足、部门协调不足等突出问题，影响了污染治理效率。因此，有必要研究建立长三角地区推进生态创新的财政政策统一协调的工作机制，推动形成政策合力。另外，不同地区间发展与利益问题也需统筹考虑，尤其在涉及区域重大环保民生工程方面，需要区域层面共同出谋划策，建立合作共赢的财政政策体系，在更大平台上实现优势互补、利益平衡。

（二）坚持系统推进和局部突破相结合的原则

从财政政策的类型来看，财政奖补占绝对优势（2011—2017 年占长三角地区环境经济政策总数的 39.8%），排污收费（税）、排污权交易、生态补偿占比基本在 10%—20%，分布较为均匀且多有创新，综合政策、损害

赔偿占比则比较低（分别为 6.8% 和 2.8%）。其中，上海推进生态创新的财政政策类型更为单一，财政奖补高达 71.1%。从财政政策作用的对象来看，由于"大气十条""水十条"发布时间相对较早（分别为 2013 年和 2015 年），因此长三角地区各省市推进生态创新的财政政策关注对象主要为大气和水，而涉及土壤、废弃物、海洋污染等其他环境要素的相关政策较少，并且由于环境规制、技术进步等原因，大气、流域等首要污染物会发生重大变化，原来的次要矛盾在首要污染物降下来之后会转变为主要矛盾。这一方面反映出推进生态创新的各项财政政策已有成效，另一方面也提醒着政策制定者要根据形势的变化调整政策的关注对象。比如"十三五"以来对大气污染物的治理由 SO_2、NO_x 等传统污染物转变为 VOC_s 等新型污染物，各地政策也应逐渐向电厂脱硫脱硝、清洁能源替代等向 VOC_s 治理补贴等转变，其中上海市已专门出台了 VOC_s 减排扶持办法，明确 VOC_s 减排企业污染治理项目的补贴对象、标准及条件以及相关的补贴申领程序。综上，无论是从政策类型还是作用对象来看，推进长三角地区生态创新的财政政策体系存在较大优化空间。既要坚持改革的全面性、均衡性，也要把握实际中的特殊性，通过局部突破，重点突破，以点带面，在财政政策的运用过程中实现全面平衡与重点倾斜相结合，对生态创新进程中所出现的一些突出问题予以重点关注。

（三）坚持制度创新和制度传承相结合的原则

长三角地区生态创新既是一脉相承，也是推陈出新的。回顾以往的制度改革可以发现，改革之路往往是一条渐进之路，是一种"由点到面"的增量渐进方式。[①] 中共中央、国务院于 2019 年 12 月 1 日印发《长江三角洲区域一体化发展规划纲要》，三省一市也陆续发布了各自的实施方案，如《浙江省推进长江三角洲区域一体化发展行动方案》《安徽省实施长江三角洲区域一体化发展规划纲要行动计划》，从区域合作情况来看，多头管理、职能重叠等问题制约生态创新进一步推进。为此，在已有制度安排的基础上需要进行制度创新，主要体现在参与主体的创新性、作用对象的创新性和政策工具的创新性这三个方面。参与主体的创新性主要体现在以政治动员来推动的各实施部门受改革所带来的政治激励，针对辖区内的实

---

① 张海清，廖幸谬．领导挂点调研与政策扩散：中国改革过程的风险调控［J］．中国行政管理，2020（11）：92－98.

际问题进行的自主探索和自发实验，[①] 充分发挥各级政府（部门）的自主性和创新性。因此在参与主体方面既要秉持自上而下的政治动员，又要敢于在局部区域先试先行。作用对象的创新性体现在进一步跨越行政边界，关注自然环境的生态价值，实现经济社会绿色可持续发展。一方面，要突破传统行政边界对于要素资源流动限制的桎梏，聚焦于生态保护、要素流动、财税共享等方面探索行之有效的制度安排；另一方面，要通过财政政策助力技术创新实现产业跨界融合，通过产业实现各主体有效串联，达到生态创新的预期效果。[②] 2020 年 7 月长三角生态绿色一体化发展示范区理事会发布的《长三角生态绿色一体化示范区产业发展指导目录》和 2020 年 9 月发布的《长三角生态绿色一体化发展示范区先行启动区产业项目准入标准》就是在政策改革过程中以产业发展为切入点来突破区域边界的。政策工具的创新性主要体现在以下三个方面：一是给予有利于生态创新的生产技术更为充分的促进条款，比如对绿色专利技术的审查程序实行“先行授权，长期监督”的模式、将绿色技术纳入专利强制许可范围。二是对于生态资源的生产要素施以差异化的税负，扩大污染物征收范围，形成激励性减排刺激机制。三是进行收入划分改革、设置差异化共享比例来协调政府之间及其与示范区管理机构的利益，进而推动跨区域财税分享机制的建设。

第二节 推进长三角地区生态创新的财政政策体系优化的模式构想

一、推进长三角地区生态创新的财政政策体系优化的要素识别

（一）一体化

推进长三角地区生态创新的财政政策体系优化优先需要解决的就是一

① 王厚芹．如何摸着石头过河？——基于政策试验的中国政府渐进改革策略分析［J］．中国行政管理，2021（06）：112－118.

② 胡彬，仲崇阳．长三角生态绿色一体化示范区跨界治理的需求层次与模式创新［J］．科学发展，2021（03）：71－81.

体化问题，所谓一体化是区域内的行政主体通过制度创新形成跨越行政边界的治理合力。根据治理主体和工具可以划分为科层型、市场型和自治型三种机制。科层制在长三角地区的模式主要是通过中央成立环境保护领导小组，地方政府针对环境问题出台相关的法律法规，或通过联合执法等方式加强监管。市场型治理主要解决外部性问题，发挥市场在资源配置中的决定性作用，降低治理成本，提高企业参与生态创新的积极性。自治型治理是通过建立协调沟通机制，厘清参与主体间的权利关系，实现资源有效配置。新安江流域生态补偿试点是该治理模式在长三角地区的试点案例，在此基础上浙江省于2018年在全省内开展流域上下游横向生态补偿机制的探索。

一体化主要解决价值冲突、协调阻碍、制度缺陷这三个问题：其一，由于区域公共价值目标与局部利益诉求错位而产生的价值冲突；其二，缺乏统一有效的执行机构而产生的协调不畅；其三，缺乏法律依据和财税支持而产生的制度缺陷。这三个问题严重阻碍了长三角一体化进程，进而影响推进生态创新的财政政策优化在长三角地区的落地。

首先，生态创新这一目标实现具有显著的溢出效应，区域内公共价值目标与地方价值目标普遍存在冲突，要化解整体目标与部分目标间的不一致，长三角地区生态创新的财政政策优化需要从整个区域层面对域内产业布局、交通发展、资源供给等多个方面统一谋划，统筹安排长三角地区城镇空间、产业空间和生态空间，协调处理城市增长边界问题，合理分配各地区生态创新目标。其次，从组织架构来看，一体化的实现依赖于建立一个权威的协商决策机构，这一机构需要拥有区域层级的决策权、监督权，实现统一规划、实施和管理，以提高部门协作效率，明确各地区、各层级行政管理机构的责任，推动跨区域、跨部门利益协调机制的完善。以长三角生态绿色一体化发展示范区为例，理事会和执行委员会作为区域协商决策机构，由常务副省（市）长轮流担任理事长，执行委员会是理事会下辖的执行结构，负责落实示范区发展规划、制度创新、改革事项、项目落地等。最后，从保障机制上助力区域一体化的有效实现，针对重点区域的生态创新活动完善立法，为财政政策落地提供法律依据。如长三角生态绿色一体化发展示范区中，青浦（上海）、吴江（江苏）、嘉善（浙江）三地经济发展水平存在差异，区域决策机构应给予缺口地区财政支持以促进其生态创新。

（二）供需平衡

社会的进步是政府和市场双向协调运作的结果，政府政策调节的目标应是为市场中的各主体提供支持以建立健康有序的发展环境。当进行生态创新的企业享受政府财政政策支持时，支持力度与企业的实际需求匹配程度将直接影响政策绩效。因此，了解改革政策推行时所面临的供需平衡情况将有助于保障财政政策体系的合理制定与高效实施，避免政策重复低效。

各类政策的制定是建立在充分研判的基础上的，各类政策间存在着相关性，政策制定者需从顶层设计视角对各政策体系进行调整，各级政府应致力于构建政策供需匹配模型，有效测度企业期望的政策支持与实际政策供给间的差距，根据实际情况进行政策的完善、偏移和终止。[①] 政府改革政策落地需要与企业生态创新政策相匹配。一方面，企业对某种要素存在着较大需求（如资金、土地、劳动力等），其中涉及政策支持的部分就构成了企业的政策需求；另一方面，政府通过特定渠道获取企业的政策需求，通过制定完善相应政策体系给予支持。企业通过政策传导享受支持，当政策支持力度与企业实际需求存在差距时，特定渠道将供需错配差距及时反馈于政策制定部门，并对其进行完善。长三角地区企业众多，政策庞杂，企业对于政策的实际需求可能面临政策工具选择、多部门管理、政策时效性、渠道便利性等问题，解决这些问题的关键是整合、完善政策传递的渠道，将政策宣传和辅导的职能交予行业协会、技术联盟等第三方机构，促进信息传递，推动企业绿色发展。此外，现阶段企业生态创新实践过程表明，依靠政府不断加大支持力度的同时，还需要借助高校、科研院所的研发优势来实现生态创新。

（三）政策组合

长三角地区已处于提质增效的经济结构转型快速升级时期，经济增长与生态创新的协调发展是单一财政政策所无法实现的。[②] 生态创新兼具知

---

① 徐德英，韩伯棠．政策供需匹配模型构建及实证研究——以北京市创新创业政策为例［J］．科学学研究，2015，33（12）：1787－1796＋1893.

② 童健，武康平，薛景．我国环境财税体系的优化配置研究——兼论经济增长和环境治理协调发展的实现途径［J］．南开经济研究，2017（06）：40－58.

识溢出和环境保护正外部性两大特征[①]，财政政策优化的方向也应由单一政策转变为多重政策体系。首先，将生态创新理念根植于财政政策体系设计之中，政策工具选择的单一化往往无法兼顾生态创新所具备的技术创新和绿色创新双重特性。多重政策组合能够增强政策协同，缓解冲突效应，转变当前政策存在的碎片化问题。其次，多重政策可以涵盖政府、企业、社会等多个主体，从全生命周期视角实现政策效应的有效闭环。当然多重政策组合也面临着不确定的互动影响，在政策制定时需要从整体角度重点论证政策组合如何有效促进生态创新。

具体而言，环境税是传统财政政策工具中用于约束企业污染排放行为的重要手段，旨在将环境负外部性内部化、遏制企业随意排污，在短期内可能抑制经济活力。因此亟须丰富政策种类以实现经济绿色联动发展，如政府可以在政策端通过绿色技术研发补贴、对生产者的清洁生产技术研发进行补贴，引导企业进行技术研发；通过绿色采购，直接创造清洁产品需求刺激企业增加清洁产品供给，通过消费者价格补贴和生产者绿色补贴，对于清洁产品的购买和生产行为予以支持。

二、推进长三角地区生态创新的财政政策体系优化的治理结构

长三角地区治理结构中协同机构相对较多，各省市县三级政府同质竞争性高，合作互信度不足，需要依靠组织中的领导者加以协调。[②] 自长三角开启一体化发展进程以来，生态创新协同治理经历了同一层级环境协同治理结构、以“三级运作”为主要特征的多层级协商主导的环境协同治理结构、纵向管控和横向协同兼顾的环境协同治理结构等不同发展阶段。同一层级的城市主体间的合作机制多以会议、集体磋商、协商等方式实现，所达成的环境保护共识缺乏跨区域的执行力和约束力，区域性约束激励机制等制度化安排缺失，再加上地方政府主体存在“逐底竞争”现象而放松治理，使得区域环境协同治理呈现“运动式治理”特征。同时协同治理结构旨在定期协商研究区域环保合作的重大事项，城市层面的横向协同缺乏顶层设计和决策支持，发挥的作用有限。在多层级协商主导的发展时期，

① 欧阳洁，张静堃，张克中．促进生态创新的财税政策体系探究［J］．税务研究，2020（09）：105－110.

② 锁利铭，阚艳秋．大气污染政府间协同治理组织的结构要素与网络特征［J］．北京行政学院学报，2019（04）：9－19.

环境协同治理结构仍以横向关系为主，主要表现为多个层次的同级地方政府间的平行关系，特别是决策层的横向结构关系。在横向协商结构关系的基础上，长三角通过构建决策、协调、执行三级架构，以及国家有关部委在环境协作政策上给予支持、协调，开始形成一种弱纵向结构关系。在这种结构框架下，决策层、协调层和执行层共同运作，实现苏浙皖沪三省一市不同层级政府之间、政府与企业之间、政府与社会组织之间的互动结合，协同优化区域环境协同治理格局。

虽然通过“三级运作”大大加强了环境协同治理进程中的决策效应和执行效应，但“三级运作”机制本质上还是一个交流沟通、协商磋商的协同治理机制，受区域间环境治理成本差异影响，环境协同治理结构和协调机制总体上是松散的，区域环境协同治理仍受到一定程度的制约。2019年，国家层面成立的推动长三角一体化发展领导小组是一个更高层次的协调机构，能够完成生态环境部等单一部委难以完成的任务，能够开展跨越三省一市的顶层决策设计。因此，在长三角环境协同治理领域，有必要推动长三角一体化发展领导小组成为超越国家相关部委以及长三角地方决策层、协调层、执行层之上的更高层级协同治理主体。在原先“三级运作”的区域协同治理结构基础上，形成一种纵向管控和横向协同兼顾的多层级协同治理结构。鉴于国家省市联动、部门区域协同会形成强大合力，这种基于“强纵向—强横向”双重协同关系耦合形成的长三角多层级环境协同治理模式，将突破传统横向政府间协同治理难以形成有效约束的局限性，使长三角地区环境合作机制转型升级为真正抓落实的机制，切实承担起推进落实一体化发展各项任务的具体责任。

虽然长三角一体化发展上升为国家战略之后，区域生态创新治理结构正向纵向管控和横向协同兼顾主导的治理结构转变，但长三角地区生态创新治理仍以行政区之间的协商合作、沟通交流为主，缺乏确保决策协同、利益协调的长效机制。财政政策作为推动生态创新发展的重要手段，是长三角生态一体化长效机制的关键抓手，理应在长三角生态创新一体化发展进程中发挥核心引领、协调作用。

根据长三角地区发展的实际情况，在一个具有一定合作基础、同质性较高的成员组成的治理结构中，需要一个资源充沛、经验丰富、协调上下、统领全局者居中协调。以长三角地区大气污染防治小组为例，小组由上海、江苏、浙江、安徽会同国务院八部委共同构成，省市间与国家部委的利益诉求不一致，据此提出优化长三角财政政策体系治理结构的方向应当是由以牵头式领导的组织架构向支持类网络组织转变，效率和包容性在此架构下能够有效平衡，网络中的重要成员参与关键决策，同时让其他网络成员承担日常事务。充分体现治理结构内部共享共建和轮值协调的特征。

第一，搭建主体合作平台。设立高于省市一级的生态创新机构作为牵头单位，负责顶层设计；可以由中央主管部门提供业务指导，省市政府一把手出任该牵头单位组长，实现轮值制；三省一市主管厅长具体衔接政策，负责任务落实，同时协调各主体利益诉求，促进平台内部各成员优势互补、责任共担、信息共享、发展共利，不同时段组织成员轮值负责，设立激励机制，以缓解时间推移而造成各级政府治理积极性下降的问题。

第二，推广区域治理模式，打破现有行政壁垒和制度障碍。建立定期商议机制，定期在不同省份组织召开联席会议，共同制定有利于生态创新的财政政策制定，协商解决治理过程中集中体现的重大问题，在一定时期内实现协同治理组织制度化，联动执法联合检查联合督察，根据工作需要，三省一市各职能部门定期展开统一调配，统一执法视角、统一开发联动执法，从执法、评价、监察三个维度构建区域内环境治理实时预警机制。

第三，丰富生态创新实践。设立生态创新的财政政策试点区，从统一规划、统一开发、统一管理、统一实施、一体化治理五个方面展开探索。试点区内可从产业创新、生态保护、设施互通等方面通过集聚以高新技术产业为主体的总部经济，充分发挥核心试点区的政策引领对于周边地区政策洼地带来的绿色发展的辐射作用。以长三角生态绿色一体化发展示范区为原点，以长三角地区特有的文化载体为依托，沿沪杭、杭宁、通苏嘉甬（开工建设中）等交通干线逐步铺开，以点成线，以线带面，稳步形成以政府引导、企业主导、公众参与的生态创新网络体系。

三、推进长三角地区生态创新的财政政策体系优化的组合模式

生态创新不应局限于单一环节，而应融入产品的投资、生产、消费和再循环的各个环节，有效降低环境风险、提高资源使用效率。这就要求推进长三角地区生态创新的财政政策必须贯穿于投入、生产、消费和再循环的各个阶段，并立足长三角实际，将相关的财政政策工具进行匹配与组

合，形成全方位、多层次的制度体系。

在投资和生产阶段，政府可以向污染企业征收环境税，对企业的生态创新活动提供税收优惠和财政补贴，或通过投入政府基金降低企业生态创新的风险。从狭义上，环境税是典型的惩罚型财政政策，本质上是对企业的环境有害活动进行定价。广义的环境税既包括狭义的环境税，还包含资源税、特定产品消费税等一系列与生态保护有关的税种。长三角地区工业规模大，除上海外其余省份均以第二产业为支柱产业，而第二产业多属于机械、电力、冶金、化工等高耗能、高排放、高污染产业。发展第二产业往往会产生较多污染物，对资源环境产生较大压力。而环境税的征收能使污染企业的环境负外部性内部化，通过增加其生产成本，促使企业为少缴或不缴相应的环境税而引入或研发绿色技术，进而向绿色生产模式转变。与此同时，环境税还间接地通过影响消费过程来促进生态创新。理性的消费者在面对环境税的价格惩罚时，会更倾向于选择价格相对低廉甚至享受政府补贴的生态创新产品，继而通过拉动相应的市场需求，推动生态创新。相比于同属于“大棒型”环境规制手段的排污费，环境税的征管程序更加规范，征收效率与使用效率更高，对企业的影响力度总体更强，同时可以覆盖生产、流通、消费的各个环节。税收优惠是政府收入的一种让渡。一方面，针对性的税收优惠直接降低了企业的税收负担，可以减少资本的使用成本，促使企业加大与生态创新相关的研发投入；另一方面，税收优惠还间接增强了企业的现金供给能力，可以缓解企业在生态创新过程中的融资压力，进而有利于进行生态创新活动。税收优惠除常用的税收抵免、R&D 税收优惠外，在生态创新活跃的长三角地区可进一步借鉴西欧盛行的专利盒税制对已经具有一定研发经验或创新成果的企业进行后端激励，促进企业研发成果的转化。财政补贴是激励生态创新的核心政策工具之一，除了传统的 R&D 补贴外，还包括创新券、科技悬赏等多种灵活形式。财政补贴能够减少企业在生态创新过程中的成本和风险，为企业的研发活动提供必要的资金支持，促使企业进行相应的生态创新活动。但由于政府与企业之间存在信息不对称和委托—代理问题，很难对财政补贴资金进行监管，存在企业获取财政补贴资金后反而降低研发投入的可能。因此补贴制度需要升级，需要从政策的“单轮独行”向政策与法律的“双轮驱动”转变，更新或提升补贴的标准，建立健全补贴的监管机制。另外，在投入阶段还可设立多种类型的生态创新引导基金，如技术创新基金、能源创新基金等，通过贷款贴息、无偿资助和资本金投入等方式支持产品研发和成果转化，推进生态创新。

在居民消费阶段，政府可以通过绿色采购、价格补贴以及对特定产品征收消费税等方式引导居民绿色消费。政府可制定相关的采购政策来促使市场鼓励再循环利用，如通过政府的绿色购买行为，优先采购具有绿色标志的、通过ISO14000体系认证的、非一次性的、包装简化的、用标准化配件生产的产品。政府采购能从宏观和微观两个层面引导生态创新。在宏观经济层面，绿色型的政府采购通过政府支出乘数形成市场需求，带动绿色产业链的构建，刺激形成生态创新的产品市场；在微观层面上，政府对企业大规模的绿色采购，能形成明显的引导效应，推动企业开发相关的绿色产品和生态技术，鼓励消费者加大对绿色食品、节能产品等的消费。生态环境部环境与经济政策研究中心2019年发布的《公民生态环境行为调查报告（2019年）》显示，中国居民虽然高度认可有利于提高资源效率的绿色消费行为，但受质量和价格等因素影响，绿色消费的践行度依然较低。因此，对绿色产品进行价格补贴、增强居民消费意愿十分必要。而消费税的职能不能仅限于调节消费，也应该在环境保护方面发挥调节作用。对污染环境的消费行为，可以通过对企业生产有害于环境的产品征收环境保护税和消费税来提高其生产成本，进而达到提高个人消费成本的目的；通过价格信号限制破坏生态环境的消费，鼓励健康性的消费和保护资源环境的绿色消费；对纳入消费税范围的节约型产品、资源消耗量小的产品、循环利用资源的产品、不会对环境造成污染的绿色产品、清洁产品应征收较低的消费税，以引导居民的消费偏好，促进居民使用节能、高效、环保的产品，并提高企业生产节约型、环保型产品的积极性。在循环阶段，政府可以通过财政补贴和税收政策引导企业引入环境友好型技术以解决相应的副产品，实现资源的回收利用和废弃物治理。长三角地区环境污染的一个重要原因是没有把环境作为经济要素进行合理定价和有偿使用。在市场价格形成机制中，没有相应地充分考虑环境成本要素，产生了废弃物排放的环境成本过低的问题。因此要以保护环境为目的，控制废弃物排放，提高废弃物排放成本，使排放污染的外部成本内部化，排放废弃物成为企业成本的一个组成部分，成为价格形成的一个要素，从而把循环利用废弃物转变为企业降低环境使用成本的一个经济途径，这样可以提高循环利用废弃物的比较经济效益，激励企业发展循环经济。另外，把废弃物变成再生资源往往需要复杂的技术处理和较高的技术成本投入。企业废弃物的资源化处理为社会带来了环境效益而具有较高的正外部性，但同时因企业前期的技术性投资很可能只具有很低的回报，甚至是负的经济效益。从这个角度看，循环利用废弃物是一种公共资源的保护行为，政府应该通过外部效益内部化的方式对企业发展循环经济给予一定的补偿和支持，比如清洁机器设备加速折旧、对用于发展循环经济的银行贷款予以财政贴息等。

第三节 推进长三角地区生态创新的财政政策体系优化的运行机制

一、推进长三角地区生态创新的财政政策体系优化的政策选择机制

在经济发展和环境保护的双重压力下，推动生态创新是实现可持续发展的必然选择。总体上看，财政政策创新滞后于生态创新发展的需要。在财政政策体系优化中应融入生态创新理念，实现生态保护与技术创新双重红利。重点考虑财政政策能否弥补生态创新的双重外部性，兼顾技术创新与绿色发展，激励企业将环境收益内化为经济收益，针对投入、生产、消费和再循环四个阶段出台相应的财政政策。最后财政政策优化需要强调政策协同，解决当前政策的碎片化问题，从整体化视角设计财政政策体系。本部分将从市场化、政府和社会三个方面阐述政策选择机制。

（一）市场化运行机制

从资源配置的方式来看，结合当前时代背景和改革现状，建立市场化运行机制应是长三角地区推进生态创新的财政政策体系优化的目标和方向。

长期以来，长三角地区环境保护、生态修复等相关工作主要由政府推动。受行政边界影响，政府主导的垂直型资源配置模式不利于资源环境发展要素的空间最优配置。为此，需要加快市场机制的培育，推进市场在资源环境要素配置中发挥更重要的作用。未来可根据长三角生态绿

色一体化示范区建设经验，建设覆盖整个长三角范围的跨区域环境交易平台，重点探索区域碳交易、区域排污权交易和流域生态补偿等市场化表现方式，以市场机制调节长三角地区生态保护利益相关者之间的利益关系。

通常认为价格会对资源的稀缺程度作出灵敏的反应，市场机制能够解决资源稀缺性问题；同时也可以通过技术进步与创新解决资源稀缺性问题。但市场机制发挥调节作用的一个重要前提是明晰产权。而长期以来，多数资源的产权未清晰化或无法界定，因而资源没有真正作为一种生产要素、产品或商品进入市场，市场规律无法对其进行调节。理论上科技进步与创新也许可以解决包括环境与资源在内的一切问题，但是，现实中却存在科技进步与创新的速度不能超越自然资源与环境消耗的速度的问题。这时，生态环境已经从自然要素转变为经济要素。

充分运用宏观调控手段促进生态创新，既是政府责无旁贷的任务，也是政府公共职能的重要内容。正确运用财税调控手段，能很好地规范、引导和调节市场主体的经济行为，使之朝着有利于整个社会效益改善和提高方向发展，进而实现政府的宏观调控意图和经济发展目标。其一，财政政策能够给予生产者在税收方面以政策倾斜，假使对绿色商品给予税收优惠，生产厂商就会改变原有产品结构，增加绿色产品的产量。其二，财政政策对于消费者而言也存在着替代效应。若政府对绿色商品实行税收减免，那么普通商品的价格便会相对上升。消费者就会增加绿色商品的购买量，从而促进生态创新的终端激励。

从治理模式选择来看，长三角环境协同治理在决策上要加强纵向管控，而在执行和参与上要加强横向到边，促进更多社会主体参与，形成同一层级主体之间横向联系密切的扁平化协同治理网络结构，使得各治理主体之间的信息沟通更加灵活，较好地解决了行政分割、分段管理、各自为政等问题，实现了区域环境治理从政府主导向多元共治转型。长三角地区环境协同治理在决策上要加强纵向管控，而在执行和参与上要加强横向到边，促进更多社会主体参与，形成同一层级主体之间横向联系密切的扁平化协同治理网络结构，使各治理主体之间的信息沟通更加灵活，较好地解决行政分割、分段管理、各自为政等导致的整体环境治理效能低下问题，实现区域环境治理从政府主导向多元共治转型。

（二）政府运行机制

1. 财政政策调整

生态创新离不开政府资金的支持。这就要求政府要加大对生态创新的资金投入力度，增加财政支出对生态创新的扶持力度，将推进生态创新作为专门科目纳入国家预算和地方预算，包括设立生态创新研究专项资金，积极构建以政府投入为主导、企业投资为主体、公众参与的生态创新投入保障机制。另外，应对污染类型进行细分，合理调整绿色支出结构。对于用水权、用能权、排污权、碳排放权等生态环保市场机制，财政资金也应予以支持，充分发挥第三方在生态创新中的作用。

在中国，政府是国内市场上最大的消费者，采购种类多、数量大。政府在生态创新中扮演的是消费者的身份，其购买行为既能体现政策导向，又能对生态创新发挥监管作用，因此，要鼓励政府实现绿色采购。长三角地区各级政府应对实施绿色采购的主体、范围、标准、清单制定和发布进行明确规定，规范绿色采购流程、将政府机关的绿色采购考评纳入绩效考核之中，建立一套可以科学反映政府绿色采购情况的绩效指标，构建具有约束力的政府采购考评机制。

2. 税收政策运用

促进生态创新，必须发挥税收的激励作用，完善绿色税收体系。本质上，税的征收能够使企业的生态负外部成本内部化，增加其生产成本，倒逼企业引入清洁生产技术，进而向绿色生产模式转变。不仅如此，税收还间接地通过影响消费行为促进生态创新，面对税负转嫁，理性的消费者更加青睐税率较低价格优惠的生态创新产品，拉动市场需求，推动生态创新。为此，必须加快现有税制改革，完善促进生态创新的相关税收体系，将那些必须加以保护但未列入资源税税目的资源加以扩充，规范设定征税标准。

激励性税收政策与惩罚性税收政策相结合。对于从事生态创新研发、生产和贸易的企业实施激励性的税收优惠，鼓励各类企业参与生态创新。鼓励企业和科研院所进行绿色生产技术的研发，给予生产性和流通性的企业减免一定比例的增值税、营业税或所得税，如允许企业在应交税款中扣除当年的研发支出。对于推进生态创新的企业中从事技术研发、培训咨询的从业人员，可适当降低其个人所得税征收比例。传统排污费征收仅仅作用于企业生产的最终环节，征收效率较低，对企业影响总体偏弱。为此，对于污染企业和高耗能产业，征税应覆盖企业生产、流通、消费各个环节，对其产品出口不予与出口退税优惠。

3. 配套政策支持

价格机制是市场机制的核心，也是实现财税体制改革的重要手段。价格机制体现市场价值规律，反映资源稀缺程度，能够发挥积极的杠杆调节作用。长三角三省一市可以在协调各方利益的基础上，探索建立能够反映资源稀缺性、市场供求和环境成本的自然资源价格机制。生态产品市场化是推进生态创新改革的动力机制和运行机制。世界上已有四个交易所专门从事碳金融交易，中国也已成立天津、上海和北京三个环境交易所进行排污权交易。作为中国经济活动、资本流动最为活跃的长三角地区可以尝试设立生态产品现货交易市场、绿色技术产权市场，逐步试点一定区域内统一的交易市场，为政府和企业关于生态产品提供有效的价格信号，发挥市场对资源配置的基础性作用。

完善生态补偿机制，建立生态补偿动态投入机制。把生态补偿收入纳入长三角地区统一的政府预算管理，每年从财政收入中划拨一定比例的生态补偿资金，建立生态补偿专项转移支付和横向转移支付制度。长三角三省一市可统一设立生态补偿转移支付专项，推动区域内经济发达地区建立对口支援环境承载力较弱的横向转移支付。在自然资源禀赋较为丰富的地区设立生态补偿保证金账户，当辖区内企业生产活动对生态造成严重破坏时，保证金用于修复生态环境，在有效约束企业行为的同时，尽可能减少地方政府财政负担。

（三）社会运行机制

生态创新与社会发展和公民生活质量息息相关，社会公众是推动生态创新的重要力量（主力军是企业）。加强社会公众对于促进生态创新的财税体系优化的认识是当务之急。首先应当充分发挥各级宣传部门的传播和教育职能，多种渠道、多种方式普及生态创新概念和财政政策种类，使得公众明晰生态创新之于自身生活质量的重要性，同时推广示范区、试点区域的经验，营造生态创新的良好氛围，实现示范效应的循环累积和持续扩散。其次要增强非政府组织间合作，通过组织间合作实现创新效力最大化，辅之以制度性保障。非政府组织对于生态创新问题的关注与日俱增，但由于独立性不足与资源匮乏，严重制约了非政府组织作用的发挥。因此在优化进程中，在制定财政政策时可以对参与生态创新的非政府组织给予资金支持，在提供财政支持的同时，允许非政府组织寻求社会资本加入。最后加强非政府组织与地方政府的合作，充分发挥非政府组织的专业性、亲民的草根性、联系的广泛性及组织结构的灵活性等特点[①]，建立生态创新的信息共享和联合治理机制，弥补地方政府部门的治理空白[②]，实现社会资源的有效整合。

促进社区和个人积极参与生态创新的财政政策体系优化。社区参与生态创新的财政政策体系优化主要是依靠基层力量来克服绿色消费行为带来的负外部性，以实现财政政策有效助力生态创新实现。[③] 长三角地区各基层区域组团大多历史悠久，拥有丰富的社会资源，充分发挥基层组织的“在场”优势[④]，降低改革推行的阻力，确保政策实施的连贯性和持续性。首先要发挥社区组织的自发优势，通过完善“村规民约”，引导公众呵护身边的绿水青山。除此以外，社区组织通常是辖区内生态情况的亲历者，对于辖区内可能损害生态创新的行为能够及时发现并主动上报，有极强的主观意愿去推动生态创新实现。再者，财政政策的实施落地需要基层组织的通力配合，长三角地区存在着大量村镇企业，多以制造业为主，这类企业生产技术革新转变与财政政策支持紧密相关，在基层组织设立生态创新促进委员会，让促进生态创新的财政政策真正延伸到每一个企业，这将是改革在社区治理方面的重要方向。

二、推进长三角地区生态创新的财政政策体系优化的多元协调机制

（一）政府—政府协调机制

长三角地区是我国经济发展最活跃、开放程度最高、创新能力最强的

---

① 康伟，陈茜，陈波．基于 SNA 的政府与非政府组织在公共危机应对中的合作网络研究——以“4·20”雅安地震为例［J］．中国软科学，2014（05）：141－150.

② 秦鹏，唐道鸿，田亦尧．环境治理公众参与的主体困境与制度回应［J］．重庆大学学报（社会科学版），2016，22（04）：126－132.

③ 彭小霞．我国农村生态环境治理的社区参与机制探析［J］．理论月刊，2016（11）：170－176.

④ 张志胜．多元共治：乡村振兴战略视域下的农村生态环境治理创新模式［J］．重庆大学学报（社会科学版），2020，26（01）：201－210.

区域之一。搭建税收信息共享平台是推进长三角地区财政政策优化政府间协调机制中的重要环节。2015 年 4 月，长江经济带 23 个税务机关签署了《长江经济带税务部门信息共享协议》，明确了信息交互的内容和方式，为涉税信息共享奠定了基础。由国家税务总局牵头，上海市国、地税局开发建立了长江经济带税收信息共享平台，并于 2016 年 1 月 1 日上线启用。在“泛长三角”地区（江浙沪皖赣）国、地税局正式上线启用，首批上线包括外管证信息交换、跨区域迁移涉税数据对接、非正常户协作监管、税收分析数据交换四个项目，涉及共享数据表 20 张、数据项 212 个。2020 年 4 月，上海青浦、江苏吴江、浙江嘉善三地税务部门联合启动了“云链通”行动，深挖税收大数据，与此同时，长三角地区税务部门不断加强信息支撑，搭建“信息网”，推进电子税务局一体化建设。以点带面，长三角地区间财税体制的深度融合，将有效提升地方政府的信息交流互通，为区域间生态创新提供良好的合作基础。

地方政府间的横向关系是区域间多元协调机制的关键性要素。长三角多层级主体协商主导的环境协同治理结构仍以横向关系为主，主要表现为多个层次的同级地方政府间的平行关系，特别是决策层的横向结构关系，这对财政政策体系设计起到决定性作用。在财政分权体制下，财政税收事关地方政府的财权和事权，因此地方政府间税收横向竞争问题突出，财税之争往往是地方政府生态创新协同所需迈出的第一步。

（二）政府—企业协调机制

在计划经济时代和市场经济的初期，政府和企业的关系是管理与被管理的关系，带有“管”的烙印。在不断完善市场经济、全面深化改革的背景下，随着国家治理体系和治理能力现代化的推进，政府和企业的关系不再是管理与被管理的关系，而是共同成为治理主体。

长三角地区企业规模不断扩张，企业在社会中的重要性日益彰显，企业责任的内涵也在发生变化。现代企业除对股东等负有经济责任外，还需承担社会责任。在生态创新的背景之下，长三角地区生态产品的制造、生态体系的构建需要政府和企业共同参与涉及公共利益的事务，将生态视为具有非排他性和非竞争性的公共物品，由此带来以生态创新为核心的多主体互动式治理模式，鼓励利益相关方参与。企业是生态创新的承载者，可以参与目标设定，并采取相应的行动、合作模式。

长三角地区生态创新的财政政策优化的政企协调机制需要着力解决以下两个关键问题：第一，解决政府与排污企业由于责任不清导致双方互相推诿、产生纠纷的问题。公共选择理论假定每个人都是追求自身利益最大化的理性“经济人”，政府机构也是由一个个“经济人”组成的，无论是作为个体的人还是作为组织，都有其自己的利益，都需要与他人或其他组织发生联系、产生利益关系。环境的公共产品属性使生态创新具有明显的双重外部性：企业为履行环境责任进行创新带来的知识溢出。以及为降低经济活动的环境负外部性而采取行动所实现的高生态效能①；生态创新所带来的技术进步所带来生产效率的提高远不及产品创新所带来的需求增加。② 第二，着力解决政府与排污企业合谋问题。根据《环境行政处罚办法》的规定，地方政府管辖内企业如有违反环境保护法律法规时，县级以上环保主管部门有权对违法主体实施警告、罚款、行政拘留等处罚或责令整改。然而，排污企业在守法成本明显高于违法成本的情况下，它们宁愿缴纳少量罚款，也不愿投巨资进行污染治理。

（三）政府—公众协调机制

以生态创新推进生态环境保护，公众与政府的目标应当是一致的③，随着公众的社会参与意识不断提升，公众可以通过举报企业非生态技术创新产生污染排放的现象，参与到政府环境规制的实施中，成为政府监管的有效来源之一。然而实际上在政府与公众沟通过程中，政府往往是单方面传递信息的主体，这就造成了信息公开不到位，公众参与度不高，社会关注热情低。在涉及生态创新的财政体系优化的政策推进时，在与公众的沟通过程中，应引入专家群体辅助双方进行信息沟通。专家能够以其专业、客观的角度参与到政策优化的解释过程中去，加强公众对相关政策的理解，纠正因主观情绪而导致的风险认知偏差。④

---

① 孟科学，雷鹏飞．企业生态创新的组织场域、组织退耦与环境政策启示［J］．经济学家，2017（02）：43－49.

② Eva Boxenbaum，Julie Battilana. Importation as innovation：transposing managerial practices across fields［J］. Strategic Organization，2005，3（04）：355－383.

③ 申亮．我国环保监督机制问题研究：一个演化博弈理论的分析［J］．管理评论，2011（08）：46－52.

④ 吕书鹏，王琼．地方政府邻避项目决策困境与出路——基于“风险－利益”感知的视角［J］．中国行政管理，2017（04）：113－118.

除此以外，政府与公众间主要以单向性沟通为主，政府就某一政策的推行实施仅仅将最终信息传递给公众，并未提供信息反馈的通道，也无法回应处理公众需求信息的意愿，导致沟通愈发低质化、政府与公众双方的认知区域逐步萎缩，出现“信息真空”，严重影响双方互信。最后，被动式沟通也是政府与公众利益协调时较为突出的问题。政府在政策规划之初并未向公众主动公布相关信息，试图以降低舆论热度等方式“瞒天过海”。财政体系优化涉及社会公众的方方面面，深系国计民生，在政策优化的过程中应积极地直面公众的诉求，建立公众与政府间的互信。

三、推进长三角地区生态创新的财政政策体系优化的效应反馈机制

（一）信息公开机制

基于信息公开的效应反馈机制，可以被视为对行政手段和市场手段的重要补充。[①] 政策优化的实际效应与政府信息公开的范围和力度直接相关。同上，考虑到政策体系优化的信息公开涉及多个主体层级，其影响机理也不尽相同。

信息公开的一个直接结果是“倒逼效应”。对于污染企业，在未对其进行排污信息公开时，主要受到监管机构的压力，实行信息公开后，将更多地受到社会舆论的压力，这一压力来源于其非绿色生产行为与普遍社会价值观所产生的偏离，由此可能招致不利于企业发展的公共政策。为避免这一情形，企业将积极承担应尽的经济成本和社会责任，减少污染物排放并改进环境效率。对于地方政府，在面对来自上级政府的检查考核和公众监督时，也会形成类似的问责机制。

为推动长江三角洲地区企业环境行为信息公开工作，提高企业环境意识，规范企业环境行为，保障公众环境权益，实现区域企业环境信息共享，提升区域环境管理水平，出台了《环境信息公开办法（试行）》（国家环保总局令第 35 号）、《关于加快推进企业环境行为评价工作的意见》（环发〔2005〕125 号）、《长江三角洲地区环境保护合作协议（2009—2010 年）》等规定，然而在实施过程中，信息公开并未达到预期效果。

---

① 杨煜．基于区块链赋能的生态环境治理网络研究［J］．电子政务，2021（04）：105－113.

信息公开的另一结果是"声誉效应"。地方政府在面临多种污染物综合考核时，在实际工作中，往往倾向于根据监督难易程度作出权衡，优先应对社会公众关注度较高的治理对象，如以 PM2.5 为主要污染物的雾霾污染。这一做法将换取上级政府和社会公众对其治理效果的积极评价，这也就导致体系优化过程中可能出现治标不治本的问题。①

综上，无论是政府还是企业，都要从提升信息公示质量和扩大信息公示范围两个方面加强信息公示制度。首先，完善信息发布机制，为公众提供高质量的信息披露结果，提升优化政策决定的权威性和影响力，增强公众的支持力度和理解，保障政策优化措施的有效落实。公开主体在公告结果信息时，可在现有公告内容的基础上，清晰准确地描述生态创新的财政政策执行结果的评价标准与结论，对深层次制度原因进行公告，从而避免信息公示模糊带来的误读。其次，扩大信息公示范围，这一范围不仅仅是披露内容的范围，还包括接收人群的范围。随着社会公众对信息透明度要求的不断提高，公开总体的改革情况，既是对优化成效的检验，也是促进政策落地的重要手段。公开问责的具体情况，通过媒体和社会公众对被监督者形成舆论压力，对潜在的"懒政""怠政"起到预防和警示作用。

（二）意见反馈机制

政策作为特定社会问题的解决方案，在政策实施过程中以及政策结束之后对政策对象必然有着某种改变或者反应，并且通过一定的机制和渠道将这些反应信息传递给政策系统。② 财政政策制定亦是如此，在决策民主化的背景下，公众意见融入政府决策是民主社会的基本内涵，也是构建政府与社会信任的重要表现。从公共政策角度看，现代政府公共决策绝大部分肇始于公共政策问题，而公众强烈的政策愿望与诉求是现实政策问题产生的最根本的原因。因此，民意表达是政策问题构建的基本构成要件，是

① 沈坤荣，金刚．中国地方政府环境治理的政策效应——基于"河长制"演进的研究［J］．中国社会科学，2018（05）：92－115＋206.

② Nicolas Schmid. Explaining advocacy coalition change with policy feedback［J］. Policy Studies Journal，2019，7（48）：1－12.

公民决策参与的前提。[①] 搭建公众意见反馈渠道，是制定具有科学性、合理性和公平性的公共政策的必要条件，也是建立服务型政府的重要表现。

良好的意见反馈机制可以成为决策信息支持系统的有力支撑部分，地方政府决策的意见反馈机制主要依靠信访、听证会等，传统工具渠道有限且易受阻，信息反馈过程在广度和深度都存在缺陷，有限的信息反馈也很难得到改革政策制定者的有效回应。[②] 生态创新的财政政策体系建设关乎公共利益，是社会大众关切的焦点领域。在政策制定和实施过程中，公众作为重要的利益相关者，当然有权力和渠道表达意见，并参与到决策之中。在新媒体介入的新环境下，公众就能够有效表达政策诉求。因此，政府在推进促进生态创新的财政政策优化过程中利用数字化手段，创新意见反馈参与方式，实现评价主体多元化，扩大公众有序政策性参与，广开言路，广聚民智，提升改革决策质量。

（三）政策完善机制

长期以来，中国实行的是比较典型的决策指令与决策实施效果的反馈走同一条信息通道的单通道的信息传输机制。[③] 促进生态创新的财政政策改革具有很强的公共性，无论是政府还是公众都对政策落地后的实施效果高度关注。政策完善机制是建立在信息公开和意见反馈的基础上，对改革政策落实过程的机制、体制问题提出完善意见，并通过问题整改、环境问责、公告执行等方式落实整改措施，推动政策不断完善。在此提出从以下三个方面去构建以生态创新的财政政策完善机制：首先，完善反馈信息筛选和信息共享机制。信息是政府推行改革决策民主化、制度化的重要保障，信息的交流共享也是加强反馈机制影响政策机制运行效果进而完善政策的重要途径，据此提出利用长三角地区各级政府的现有网络资源，开发统一的政策信息网络，实现意见反馈机构与各职能部门间信息互联。其次，强化政策问题的研究诊断机制，完善体制内政策研究组织机构，使其

① 姚德超，谭新雨．新媒体时代背景下优化地方政府决策机制的策略与路径——基于有效的公民参与视角［J］．甘肃理论学刊，2013（04）：145－150.

② 王美文．网络众意条件下公共决策机制优化路径探析［J］．国家行政学院学报，2011（06）：28－32.

③ 王浦劬，龚宏龄．行政信访影响公共政策的作用机制分析［J］．中国行政管理，2012（07）：12－22.

能够独立自主地进行决策研究和咨询。最后，完善专家咨询制度。一要保证专家咨询的独立性，咨询过程的客观独立是保证咨询结果优质的重要前提；二要建立专家咨询的道德规范和责任制度，专家论证必须承担相应的法律责任。

综上所述，借助于信息公开机制、意见反馈机制和政策完善机制，搭建长三角地区生态创新的财政政策体系优化的效应反馈机制，借助于社会监督、公众参与等形式，及时查缺补漏，形成财政政策体系动态优化的长效机制，促进生态创新的财政政策体系不断完善。

第十六章

推进长三角地区生态创新的财政政策体系优化的重点任务研究

长三角地区的财政政策在内部和外部多重因素的驱动下不断优化，但在政策主体、执行手段和实施过程等方面依然存在问题，亟待通过对财政政策体系的优化以切实推进生态环境保护与治理，实现绿色可持续发展。本章基于长三角地区财政政策体系优化的需求分析，从废除、补充和调整三方面着力探讨财政政策优化的依据，进而梳理出有待优化的政策清单，明确未来财政政策的创新重点，为推进生态创新的财政政策体系优化提供理论指导。

第一节 推进长三角地区生态创新的财政政策体系优化的需求分析

一、推进长三角地区生态创新的财政政策体系优化的必要性

（一）有助于提高财政政策绩效

作为中国最为活跃、最有综合竞争能力的地区之一，长三角地区的

经济与社会发展势头强劲，财政政策执行力日趋规范，管理制度化建设不断推进，对环境保护工作的重视程度也在逐步提高。据国家统计局的数据，自2008年以来，长三角地区地方财政环境保护支出保持高速增长的态势，年均增长率超过15%，可反映出长三角地区地方政府对环境保护的重视程度不断提高。但是，长三角地区环境问题仍较为突出，尤其是水污染方面，水体富营养化、饮用水水质较差等一直是公众关注的焦点，大面积的跨界污染时有发生，突发性环境污染事件屡屡出现。总体来看，自2005年以来，虽然长三角地区突发性环境污染事件发生的频次有所下降，但起伏仍较大且不稳定，占全国的比重呈上升趋势。同样在大力推进一体化发展战略的京津冀地区，突发性环境事件占全国的比重虽然在2015年和2018年较为激烈的反弹，但在2008—2019年整体呈下降趋势，并且自2013年以来，数次低于长三角地区。地区突发性环境污染事件的发生频次反映当地政府在生态环境综合治理长效管护方面的成效，长三角地区突发环境事件的出现对三省一市经济社会稳定和政治安定造成产生负面影响，不仅破坏地区生态环境，损害人民群众生命财产安全，还影响投资者信心，影响政府公信力，尤其是在长三角地区地方财政环境保护支出逐年增加的情况下，突发性环境事件的频发与环保支出的增长形成鲜明对比，表明长三角三省一市生态环境问题严峻，地区现行生态环境财政政策绩效不高，难以有效推进绿色发展、实现环境保护，反映出部分政策未契合生态创新理念，与地区实际状况、发展目标等相脱节，同时，缺乏有效的政策执行机制，无法满足企业转型升级的需要和人民群众对高质量生态环境的要求，甚至对经济社会的可持续发展造成制约，因此，长三角地区亟待推进财政政策体系优化以提高政策绩效，切实推进地区生态创新发展。

（二）有助于健全财政政策体系

完善的财政政策是遏制环境污染、实现绿色发展的关键，长三角地区作为国家高质量发展的样本，应积极探索制度创新，推动生态创新财政政策体系的健全以实现对生态环境的保护，通过内在化环境污染的负外部性，控制并逐步扭转环境恶化的趋势。以生态税收为例，在《中华人民共和国环境保护税法》通过之前，中国环境相关税收主要包括资源税、消费税（部分产品）、城镇土地使用税、耕地占用税等[①]，职能方面侧重于筹集财政收入和降低税制扭曲，遏制环境污染，保护生态环境的功能相对有限，虽然经历了多轮改革，作为主体税种的环境保护税也开征，但生态税收对生态文明建设的促进作用仍较为欠缺，其原因包括：①生态税收占税收总收入的比重偏低。中国生态税收政策体系的主体税种仅有环境保护税，而其税率设置也有待商榷。中国生态相关税收占比不高，一直处于次要位置，长三角地区虽然略高于京津冀地区，但明显低于全国水平，不利于发挥对企业和消费者的引导作用，并且根据《中国经济生态生产总值核算发展报告2018》，2015年长三角地区生态环境成本高达4555亿元，占全国比重17%以上，而生态相关的税费仅为2348亿元，存在巨大的资金缺口；②资源税的生态保护作用未有效发挥。[②] 现行资源税聚焦于资源级差收入的调节和资源的开发利用，对生态保护的重视不足，如相关企业承担的税负主要取决于资源开采条件而与其造成的环境影响关系不大，难以引导企业进行绿色创新、绿色生产；③消费税欠缺生态要素。[③] 现行消费税的绿色环保功能并不突出，2015年消费税中与生态保护相关的税目仅占0.2%，只包括鞭炮焰火、一次性木筷、电池等，不涉及杀虫剂、化肥等高污染产品[④]，而且消费税主要选择在生产环节征收，极大地削弱了生态税收对居民绿色消费的促进作用。[⑤]

综上所述，环境税、资源税、消费税等生态税收在征税范围、具体税额等方面存在许多不足，反映出现行财政政策在践行绿色发展理念、推进生态环境保护过程中的欠缺，亟待中央和地方政府基于区域发展阶段，积极创新政策制度，推动生态创新的财政政策的健全。

（三）有助于加强财政政策协调

地区财政政策缺乏协调也是推进生态创新的财政政策体系优化的重要

---

① 吴健，毛钰娇，王晓霞．中国环境税收的规模与结构及其国际比较［J］．管理世界，2013（04）：168－169.

② 李胜，李春根．资源税改革研析［J］．税务研究，2017（08）：38－42.

③ 伍红，李姗姗．绿色发展指标下促进生态文明先行示范区建设的税收政策完善［J］．税务研究，2018（01）：88－92.

④ 张学诞，许文，梁季，等．消费税改革研究：基于共享税的考虑［J］．财政科学，2017（12）：66－89.

⑤ 李香菊，杜伟．生态文明建设视角下中国税制绿化改革路径研究［J］．经济问题探索，2015（11）：28－34.

原因，1994 年分税制改革使中央和地方重新划分了事权与财权，中央拥有大部分税源充足的税种征收权力并下放社会保障和基础设施投资等支出责任，基层政府承担了大量的政府管理职能。为满足日益增长的财政支出需要，国内贸易保护主义逐渐兴起，直接导致国内市场的分割，虽然江浙沪皖三省一市都积极响应绿色生态文明建设的号召，出台生态创新的财政政策，明确环保补贴和环境税征收标准等，但往往缺乏统一规划，难以实现跨区域投入共担、利益共享。为突破桎梏，推进长三角一体化战略，中共中央、国务院印发《长江三角洲区域一体化发展规划纲要》[①]，三省一市也陆续发布本地区和联合实施方案，如《浙江省推进长江三角洲区域一体化发展行动方案》[②]《安徽省实施长江三角洲区域一体化发展规划纲要行动计划》[③]《关于支持长三角生态绿色一体化发展示范区高质量发展的若干政策措施》[④] 等，长三角区域一体化发展稳步推进，不断取得成效，但囿于地方利益与行政壁垒，在开展环境污染联防联控、一体化协作治理等方面仍存在不少困难，三省一市有关生态环境治理、风险防范的相关规划由各地不同部门分别制定，各自为政的现象比较严重，地区间协同性不足，出台的政策多倾向于保护本省市范围内的生态环境，对部分财税问题也并未作清晰界定，比如各省市在处理跨区域轻微违法的涉税案件中，政策口径不尽一致，这直接影响了长三角区域生态环境协同治理。[⑤] 而且政府与企业环境治理的责任也未协调一致，企业在环境治理方面的投入不足，环境成本有效内部化等问题没有妥善解决，此外，国内外整体经济形势日趋严峻，盛运环保、神雾环保等环保企业的债务违约事件不断曝光并发酵，资本市场的信心被严重打击，致使环保企业融资更加困难，不利于长三角地区生态创新的推进。上述分析表明，为避免环境污染联防联治的

---

① 参见中共中央、国务院于 2019 年印发的《长江三角洲区域一体化发展规划纲要》，http：//www. gov. cn/zhengce/2019 -12/01/content_ 5457442. htm？ tdsourcetag = s_ pcqq_ aiomsg.

② 参见中共浙江省委省政府于 2019 年印发的《关于〈浙江省推进长江三角洲区域一体化发展行动方案〉的通知》（https：//zj. zjol. com. cn/news. html？ id = 1360744）.

③ 参见中共安徽省委省政府于 2020 年印发的《安徽省实施长江三角洲区域一体化发展规划行动纲要行动计划》（http：//www. ahnews. com. cn/yaowen1/pc/con/2020 -06/06/496_ 207001. html）

④ 参见上海市人民政府、江苏省人民政府、浙江省人民政府印发《关于支持长三角生态绿色一体化发展示范区高质量发展的若干政策措施》的通知（沪府规〔2020〕12 号），http：//www. zj. gov. cn/art/2020/7/7/art_ 1229019364_ 793153. html.

⑤ 郭渐强，杨露．跨域治理模式视角下地方政府环境政策执行困境与出路［J］．吉首大学学报（社会科学版），2019，40（04）：104 -113.

诉求被地方利益所裹挟，遭到行政壁垒的阻碍，同时，推动政府与企业共履环保责任，实现生态环境的长效保护，长三角地区亟待推进生态创新的财政政策体系优化以加强财政政策的协调性，平衡好各级政府、同级政府以及政府与企业在环境治理方面的职责。

综上所述，为提高生态环境财政政策的绩效，健全相关条款细则，同时加强政策的协调性，长三角地区政府应充分发挥主观能动性，积极推进生态创新财政政策体系优化。

二、推进长三角地区生态创新的财政政策体系优化的迫切性

（一）促进绿色消费的需要

绿色消费是推动高质量发展的重要动能，在保护生态环境、实现人与自然和谐共生的过程中发挥重要的作用，加快形成绿色生产生活方式、全面推进经济社会绿色转型是新发展格局下实现高质量发展的内在必然要求[①]，应大力培育绿色消费这一新兴增长点，推动绿色产品和服务的供给创新，形成绿色需求与供给的良性循环。但中国绿色消费的发展面临较大困境：一方面是绿色产品服务的供给短缺，由于企业在绿色产品研发创新方面的欠缺，以及绿色产品消费市场的不规范，导致绿色产品入市、流通困难，并且产品主要集中在食品行业，难以满足具有绿色购买力居民的消费需求；另一方面，囿于绿色产品相对高昂的生产成本对居民购买力的制约，以及绿色低碳生活方式尚未形成，导致节能产品、绿色食品、公共交通等尚未成为消费的主流。作为国家生态安全屏障的重点区域，长三角地区应抓住消费绿色转型的机遇期和窗口期，积极探索绿色消费发展实现路径，通过推进长三角地区生态创新的财政政策体系优化，提高绿色产品的供给能力，加快居民绿色消费理念的形成，满足绿色消费的需要。

（二）推动绿色生产的需要

推进绿色生产方式是实现可持续发展的重要路径，中国过去粗放型的经济增长方式造成了经济发展与生态建设之间的矛盾与冲突，高污染、高

① 中国环境与发展国际合作委员会“绿色转型与可持续社会治理专题政策研究”课题组，任勇，罗姆松，等．绿色消费在推动高质量发展中的作用［J］．中国环境管理，2020，12（01）：24－30.

能耗已经严重影响经济向高质量发展阶段迈进。为践行新发展理念，应走出唯 GDP 的误区，优化产业结构，引导企业绿色生产、绿色创新。国家高度重视生产方式绿色化的进程。《中国制造 2025》① 指出，要从高能耗、高污染的粗放制造向绿色制造转变。《关于加快建立绿色生产和消费法规政策体系的意见》② 明确提出，强化工业清洁生产、加强工业污染治理、促进能源清洁发展等任务。而企业作为在提升能源效率、优化产业结构中发挥市场优势的重要主体，其在绿色技术领域的创新是推动经济模式转型的关键，但考虑到绿色技术创新的研发周期长、资金需求大、相关风险高，即便是资金雄厚、技术先进、人才资源充裕的大企业，在财政补助、税收优惠等激励政策不完善的情况下也缺少研发绿色技术的热情，劳动密集度高、技术水平低的中小微企业更是如此。此外，清洁生产技术的推广也存在相似窘境，政府治理的缺失亟待填补，在地区晋升锦标赛和路径依赖的影响下，即使清洁生产的环境和社会效益远优于末端治理，仍有企业囿于短期利益，不愿投入资金落实清洁生产，而造成的环境成本往往由社会承担，相关企业反而在市场竞争中更具有优势，进一步导致企业忽视环境健康等社会集体利益。通过长三角与京津冀的对比可知，虽然长三角地区人口众多，经济雄厚，企业竞争力强，但环境污染问题也较为严重，COD 排放量（废水）和二氧化硫排放量（废气）占全国排放量比重始终维持在较高的水平，显著高于京津冀地区（见表 16－1）。结合上述分析，为激发企业绿色创新的积极性、加快清洁生产技术的推广和应用，长三角地区政府亟待完善相关法规和标准体系，加强政府监管，切实推进基于生态创新的财政政策体系优化，加强统筹协调能力以加速绿色生产的转化。

表 16－1　2012—2018 年京津冀地区和长三角地区对比

年份	COD 排放量占比（%）		CO_2 排放量占比（%）		GDP 占比（%）		人口占比（%）	
	京津冀	长三角	京津冀	长三角	京津冀	长三角	京津冀	长三角
2012	7.28	13	7.84	11.17	9.97	23.55	7.95	16.07

① 参见国务院关于印发《中国制造 2025》的通知（国发〔2015〕28 号），http://www.gov.cn/zhengce/content/2015－05/19/content_9784.htm）.

② 参见国家发改委、司法部印发的《关于加快建立绿色生产和消费法规政策体系的意见》（发改环资〔2020〕379 号），https://www.ndrc.gov.cn/xxgk/zcfb/tz/202003/t20200317_1223470.html）.

续表

年份	COD 排放量占比（%）		CO_2 排放量占比（%）		GDP 占比（%）		人口占比（%）	
	京津冀	长三角	京津冀	长三角	京津冀	长三角	京津冀	长三角
2013	7.27	12.93	7.77	11.02	9.77	23.08	8.03	16.08
2014	7.2	12.79	7.49	10.94	9.67	23.77	8.08	16.07
2015	7.1	12.63	7.35	10.89	9.57	23.76	8.11	16.06
2016	5.52	19.35	6.94	12.26	9.68	24.30	8.10	16.06
2017	5.92	18.92	7.61	11.53	9.41	23.80	8.09	16.08
2018	5.57	19.06	7.07	11.19	9.07	23.49	8.08	16.15

资料来源：《中国统计年鉴》《中国环境统计年鉴》。

（三）实现绿色发展的需要

为推动产业结构和能源结构转型升级，促进生态环境的保护和生产生活质量的提高，长三角地区政府积极响应《长江三角洲城市群发展规划》①，全面推进绿色低碳生态城区建设，加强区域协作创新，鼓励引导低碳产业发展。而根据江浙沪皖在各生态环境机构官网上公布的消息，长三角地区也确实起到了表率作用，三省一市均提前完成“十三五”碳排放下降目标，但实现绿色低碳发展和生态文明建设的目标仍然艰难。以大气污染为例，根据《中国能源统计年鉴》《中国统计年鉴》和三省一市公布的信息，长三角地区的能源消费结构仍然以煤炭为主，长三角煤炭消费占比虽然从 2011 年以后逐步下降，但仍然在 50% 以上，尤其是安徽，2019 年煤炭消费占比保持在 70% 以上，远高于全国平均水平（2019 年国内煤炭消费占比 57.7%），并且长三角煤炭消费总量并未显著减少，依然保持在 60000 万吨左右，高于 2010 年的水平（如图 16－1 所示），说明大气污染防治依然面临相当程度的压力，碳达峰碳中和目标的实现仍有很长的路要走。因此，亟待政府发挥主观能动性，积极推进生态创新的财政政策体系优化，并以此为抓手，加快新能源开发利用、发展循环经济模式、构筑绿色屏障。

① 参见国家发改委、住房城乡建设部《关于印发〈长江三角洲城市群发展规划〉的通知》（发改规划〔2016〕1176 号），https://www.ndrc.gov.cn/xxgk/zcfb/ghwb/201606/t20160603_962187.html）.

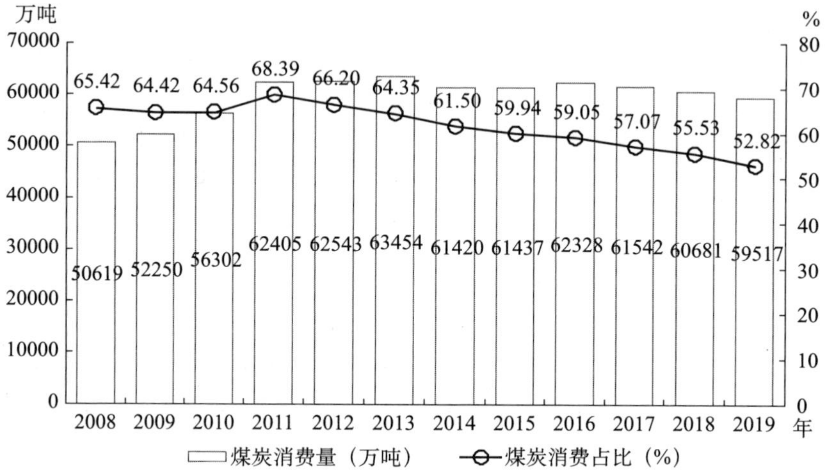

图 16－1　长三角地区煤炭消费量和比重

数据来源：《中国统计年鉴》《中国能源年鉴》。

综上所述，为促进居民绿色消费、培育绿色消费市场，同时激发企业绿色创新活力、推广清洁生产技术，进而实现地区绿色可持续发展，长三角三省一市政府亟待推进生态创新的财政政策体系优化，在必要性和迫切性分析的基础上，本节将进一步探讨优化现行财政政策体系的可行性。

三、推进长三角地区生态创新的财政政策体系优化的可行性

（一）经济实力奠定优化根基

长三角地区虽然土地面积狭窄，但人口密度大，经济发展水平高，2020 年三省一市人口总量达 2.25 亿，实现 GDP 超 24.4 万亿元，人均 GDP 达到 114471 元，4% 的国土面积上生活着全国 16% 的人口，创造了全国 24% 的 GDP。长三角地区雄厚的经济实力、巨大的发展潜力以及对高质量发展的追求奠定了推进生态创新的财政政策体系优化的根基。一方面，长三角地区有能力和动力贯彻落实新发展理念，进一步释放发展潜力，引领经济提质增效，从产业视角来看，长三角产业结构优化程度较高，第三产业对 GDP 的贡献持续上升，第一和第二产业则逐渐下降，2020 年上海产业结构比例为 0.27∶26.59∶73.14，江苏为 4.61∶43.06∶52.33，浙江为 3.36∶40.88∶55.76；安徽为 8.23∶40.52∶51.25，三省一市产业结构均表现为“三二一”模式，反映地区经济正由工业主导型经济向

服务主导型经济转变，为向产业链中高端迈进，工业部门有积极性摈弃粗放发展模式，淘汰落后产能，推动企业节能减排、清洁生产，同时，第三产业的茁壮发展说明地区生产生活水平、科学文化水平等的提高，不仅激发居民绿色消费潜力，还为生态环境与经济协同发展提供人才、技术、资金等方面的支持；另一方面，长三角地区较高的经济发展水平将有助于充实地方财力，为优化现行财政政策体系以适应绿色创新发展需要奠定根基，根据各省市财政部门公开的数据可知，2020 年江浙沪皖一般公共预算收入合计 26688 亿元（安徽 3216 亿元，浙江 7248 亿元，江苏 9059 亿元，上海 7165 亿元），占全国一般公共预算收入总量（182895 亿元）比重达 14.59%，2019 年长三角地区三省一市三大主税（增值税、营业税和消费税）收入达 32793.31 亿元（上海 10790.23 亿元，江苏 10458.8 亿元，浙江 8570.45 亿元，安徽 2973.83 亿元），占全国三大主税收入比重超过 30%。

综上所述，长三角地区经济的发展，产业结构的优化以及政府财力的充实为生态创新的财政政策体系优化奠定了根基，将有效促进生态环境联防联治，助力跨区域生态项目落实，推进财税分享机制建设。

（二）资源互补夯实优化基础

长三角地区在生态资源、人才资源等领域的优势互补为推进生态创新的财政政策体系优化夯实了基础。在生态环境方面，三省一市各具比较优势的森林、湿地等自然资源有助于环保联防联治的开展、绿色发展理念的践行。在森林资源方面，安徽省和浙江省的林业用地面积、森林面积、森林覆盖率、活立木总蓄积量等远高于江苏省和上海市。尤其是浙江省，根据 2021 年 8 月的森林资源监测数据，自 2016 年以来，其森林覆盖率一直保持高位小幅增长，现已达到 61.15%，位居全国前列，森林蓄积量更是呈加速增长态势，年增量达 1300 万立方米；在湿地资源方面，江苏省水网密布，湖泊众多，是全国唯一拥有大江大河大湖大海的省份，其湿地面积达 2822.8 千公顷，约占全省国土面积的 25%，在三省一市中位居第一。长三角地区优势互补的生态资源激发各地推进生态创新财政政策改革的积极性，以更好地统筹协调资源环境，实现绿色发展。在人才方面，长三角地区多元丰富的高层次人才在推动企业绿色转型、强化环境监测能力、建设生态工程等方面发挥了重要作用，有助于生态创新财政政策的制定、执行和监督，夯实了政策优化的基础。以上海市和安徽省为例，上海市作为长三角地区的龙头城市，对高水平人才有极大的吸引力，在2021世界人工智能大会上，上海经信委主要负责同志明确指出上海聚集了全国52%的5G人才、40%的集成电路人才、33.7%的人工智能人才、25%的创新药人才和自动网联人才。安徽省虽然经济发展落后于其他地区，但其境内的中国科技大学等高等院校，培养了一大批基础研究领域的高端科技人才，在基础科学研究领域和大科学装置领域铸就了坚实的人才基础，与其他省市形成良好的人才互补结构。

综上，长三角地区在生态、人才等资源的优势互补有助于统一生态环境保护战线，营造共建共治共享的治理格局，加快技术创新、制度创新和知识创新进而实现绿色发展，夯实推进生态创新财政政策体系优化的基础。

（三）广泛合作保障优化推进

长三角地区的协同发展不仅停留在经济领域，各省市亦基于生态创新理念，在财税领域开展广泛的合作，积累了诸多的实践样本，为江浙沪皖三省一市深入合作，进一步推动生态创新的财政政策体系优化提供保障。新安江跨省流域生态补偿试点工作是长三角地区合作的典范，浙皖两省自2012年开展试点工作以来，新安江流域生态环境大为好转，两省交界断面水质由Ⅳ类提高到Ⅱ类，而且高锰酸盐指数、总氮、氨氮3个水体指标的检测均达到Ⅰ类标准，上游水源地区保持生态优先、积极推进产业转型升级，通过联防联控实现了绿色发展，居民的环保意识也明显提高，新安江流域的试点工作为大流域大合作大保护大民生的流域生态保护提供了可复制的改革样本，而且这一生态补偿模式已在长三角其他地区逐步推广，如皖苏两省在长江流域滁河陈浅断面实施的跨省横向补偿机制，苏浙吴江区与秀洲区的跨界河流合作机制以及沪苏浙太湖流域的协同治理等。

此外，长三角生态绿色一体化发展示范区建设也为推进长三角生态创新的财政体系优化提供了方向标。长三角生态绿色一体化发展示范区处于二省一市的行政边界交界处，河湖纵横交错但生态环境脆弱，通过《长三角生态绿色一体化发展示范区总体方案》的引领，基于“不破行政隶属却打破行政边界”的理念，探索构建生态友好型发展模式的制度创新，“把保护和修复生态环境摆在优先位置”“为长三角践行绿水青山就是金山银山理念探索路径和提供示范”，不仅有利于长三角一体化发展水平的提升，也有助力于形成可推广的制度创新模式。长三角三省一市在环保领域开展的广泛合作，如跨省横向补偿机制、跨界河流合作机制、生态绿色一体化示范区等，为生态环境联建联防联治工作积累经验、提供范例，有助于保障生态创新的财政政策体系优化的推进。

第二节 推进长三角地区生态创新的财政政策体系优化的依据识别

一、推进长三角地区生态创新的财政政策废除依据识别

（一）政府权责不清

明确的政府权责是推进生态创新财政政策的重要保障。但长三角地区上下级政府、不同地方政府之间的协同治理尚缺乏系统性和完整性，政府的权力和职责尚待厘清。一方面，上下级政府的财权事权尚未调整到位，相关权责利益机亟待全面建立和实施，部分应由上级承担支出责任被转移给下级政府，统筹能力较弱的地方政府难以推动生态创新发展理念的有效落实，制约生态环境保护、环境公共服务供给等。另一方面，不同地方政府间生态环境权责需要进一步细化，按照《中华人民共和国环境保护法》规定，“地方应对本辖区的环境质量负责”，但地方政府在生态环境治理中往往缺乏规范的合作，相邻地区政府首先考虑的是本地利益，往往把污染严重的项目安置在与其他地区交界处，使本地享受企业创造的财富的同时转移环境成本和污染危害，而且在跨行政区和跨流域的环境治理问题上，也缺少明确的权责划分和制度依据，各地政府倾向于将政策调控范围模糊、难以界定的区域环境问题转移给邻近地区政府，使区域生态环境治理难以协调统一。为促进长三角生态创新发展，各级政府应充分发挥主观能动性，废除权力职责模糊、影响协同治理生态环境的财政政策。

（二）企业激励不足

为响应生态文明建设号召，促进地区绿色创新发展，各级政府应积极推动企业节能减排、绿色创新，但现行财政政策对企业激励不足的问题较

为突出，尤其在环保税收方面，虽然在排污费改税后，法律刚性和征管力度逐步加强[①]，但企业清洁生产的推进仍存在较大困难，强化生态创新能力进而实现绿色转型的动力不足，亟待优化以适应发展需要。以《环境保护税税目税额表》为例，在具有代表性的大气污染和水污染方面，环保税法规定的税额下限为：大气污染物每污染当量1.2—12元；水污染物每污染当量1.4—14元。在国家层面，低税率有助于降低企业税负压力，但难以推动企业改变其经济行为，而且基于较低税率征收的环保税也难以弥补生态环境遭受的实际污染损失。根据《中国经济生态生产总值核算发展报告2018》，2015年中国生态环境破坏成本总计0.63万亿元，污染损失成本高达2万亿元，但具有环保性质的征税额仅2570万元。[②] 在省级层面，《中华人民共和国环境保护税法》2018年正式施行，各省市依据第六条，基于本地区环境状况和经济社会生态发展目标，设置大气污染物和水污染物的具体适用税额，但各地设定的标准存在较大差异，如安徽以国家规定的最低标准征收环保税，对企业行为的约束比江浙沪地区宽松，企业在权衡生产成本和环境成本后，可能从生态环境管控严格的江浙沪地区迁到管控相对宽松的安徽，这不仅难以保障环保税的执法刚性，还抑制了企业绿色创新的积极性，不利于生态创新发展理念的贯彻落实。

（三）地方过度竞争

长三角地区各级政府对经济增长和政治晋升的诉求容易引起地方过度竞争和保护主义的风行，突出表现在财政政策的制定、执行等方面，阻碍了生态绿色一体化发展的进程。长三角地区的自贸区、工业园区、改革示范区众多，各省市均出台大量地方性的财政政策以吸引和培育高新企业，如苏浙徽部分地区将企业缴纳的增值税按地方留存的50%—70%返还，吸引众多小企业在昆山、无锡、宁波、绍兴等地注册，但选择在上海经营。适度差异性的财政政策有利于地方政府招商引资，在推进地区经济发展的同时提高财政收入，为生态环境保护、生态文明建设提供保障。但长三角地区税收优惠、政府补助等地方性财政政策的制定缺少统筹规划，恶性竞

① 龙凤，杨琦佳，葛察忠，等．环境保护税对企业经济负担的影响分析［J］．环境保护，2018，46（Z1）：82－85.

② 李春根，王雯．生态文明建设视域的新一轮税制改革方略［J］．改革，2019（07）：132－140.

争等现实问题较为突出，不仅干扰了市场秩序的正常运行，制约了产业转移、人才流动和资本投入，也导致了招引项目良莠不齐，企业绿色创新的积极性不足，并使地方政府之间的行政摩擦加剧，不利于生态创新发展理念的落实和生态环境联防联治工作的开展。推进长三角生态创新的财政体系优化，需要重视地方过度竞争的问题，加强土地开发、产业准入门槛等方面的统筹力度，废除不当的财政补助、税收减免、土地优惠政策，避免地方政府为谋求经济和政治效益导致的恶性竞争。

二、推进长三角地区生态创新的财政政策补充依据识别

（一）政策尚待完善

由于中国环境保护税等生态环境相关的财政政策起步较晚，在政策实施范围、奖惩措施等方面往往存在不足，需要各级政府立足于本地区发展的客观条件，充分借鉴国内外先进经验[①]，补充财政政策的缺漏，以切实推进长三角地区生态创新发展。以《关于环境保护税收入归属问题的通知》[②] 为例，国务院决定将环境保护税全部作为地方收入，但对省市县的划分未作明确规定，这不利于环保和税务部门协作机制的确立，影响环境保护税的征管，并且同属一省的各级城市，其经济发展状况、自然资源禀赋等都可能存在较大差距，以“一刀切”的方式划分收入可能制约环保财政投入的可持续发展，阻碍地区生态创新。因此，为发挥环境保护税作用，推进生态创新的实施，长三角地区应根据实际情况，在明确环保税收入归属的基础上进行差异化调整，避免政府间的财税纠纷。此外，新开征的环保税的征税范围仅包含大气污染物、水污染物、固体废物和噪声四类污染物，而且环保税虽然增设了税收减免，激发企业治污积极性，但缺少超额排放惩罚措施[③]，仍然按照标准税率对相关企业征收环保税，对部分税负能力较强的企业缺少足够的约束力，影响环境保护税的实施效果。

---

① 刘佳慧，黄文芳．国外环保税收制度比较及对中国的启示［J］．环境保护，2018，46（08）：71－74.

② 国务院关于环境保护税收入归属问题的通知（国发〔2017〕56号），http：//www.gov.cn/zhengce/content/2017－12/27/content_5250841.html.

③《关于调整排污费征收标准等有关问题的通知》（发改委价格〔2014〕2008号）规定，“企业污染物排放浓度值高于国家或地方规定的污染物排放限值，或者企业污染物排放量高于规定的排放总量指标的，按照各省（区、市）规定的征收标准加一倍征收排污费；同时存在上述两种情况的，加二倍征收排污费。”

（二）措施有待落实

长三角地区生态环境保护和绿色创新发展的推进不仅需要完善财政政策，还要求落实具体措施。中国决策层对生态环境问题认识清晰，重视程度高，如在节能环保产业方面，党中央、国务院作出一系列战略决策和部署，推广节能环保产品，鼓励相关技术装备的研发、推广和产业化，推动实现生态环保和经济双赢等要求，但具体措施有待进一步落实。比如，对环境污染治理的投资。2020 年，环境污染治理的投资占 GDP 比重达到 1.45%，较往年已有显著进步。但国际经验表明，环保投资虽能遏制生态环境恶化的趋势，但离环境质量的整体改善仍有相当的距离。[①] 2016 年政府环保投入约占全社会环保投入的一半，远高于一般发达国家。[②] 这从一个侧面反映了环保行业整体发展的滞后，而且在中国经济发展最活跃、最开放的长三角地区，环保行业依然处于弱势地位。虽然各地政府高度重视，但融资渠道不畅、人才缺失严重、产业低端锁定等问题仍然突出。环保行业的发展现状表明生态文明的建设不仅要求战略层面的规划，还需要战术层面的执行，长三角各级政府应充分发挥主观能动性，在深刻领会生态文明思想的基础上，积极探索落实具体财政政策措施，践行绿色发展理念。

（三）区域亟待联动

在长三角生态绿色一体化发展的进程中，各地在政策的制定和执行方面存在协调配合不足的问题，不仅对企业正常经营活动和市场经济秩序产生不利影响，还阻碍了政策执行的连续性和一贯性，对政府公信力造成损伤。其中，生态执法标准的区域差异是较为突出的问题。虽然三省一市已在统一环境执法标准方面付出诸多努力，并取得积极进展，如《长江三角洲区域税务轻微违法行为“首违不罚”清单》的联合制定、《生态环境行政处罚裁量基准规定》的相继发布并同步实施、制药工业大气污染物排放标准的统一等，但环境标准区域一体化的推进依然任重而道远。比如在大气污染物排放方面，上海制定排放标准包括家具制造业、印刷

---

① 世界银行分析称，生态环境质量状况与环保投资密切相关，当环保投资占 GDP 的比例达到 1% 至 1.5% 时，可以控制生态环境恶化的趋势；达到 2% 至 3% 时，环境质量才会逐步有所改善。

② 刘伟．促进生态文明建设的财政政策［J］．行政管理改革，2018（01）：28－34.

业、铅蓄电池行业等，江苏则对汽车维修行业、铅蓄电池工业的标准作明确规定；上海工业炉窑 SO_2 排放限值为 $100mg/m^3$，江苏为 $80mg/m^3$，而浙江和安徽未公布此排放标准。长三角三省一市各级政府应积极推动财政政策优化，如互相借鉴填补政策空白、在示范区设定统一的环境执法标准等，逐步推进地区间的协调统一，进而将长三角地区环境联合执法常态化。

三、推进长三角地区生态创新的财政政策调整依据识别

（一）统筹规划能力有待增强

在推进长三角地区生态文明建设、绿色创新发展的过程中，会遇到各种问题，有些甚至是隐性的。长三角地区应加强各地政府的统筹规划能力，包括明确生态质量改善目标，实现多策并举，加强上下级政府间的协调以保证政策的连续性和稳定性，明晰责任分工以确保生态环境部门与其他部门协同管理等等。长三角地区经过多年的发展，生态环境财政政策体系已逐步完善，但各项规划的匹配、协调程度仍存在不足，突出表现在生态环境工程项目方面。生态工程项目大多分散实施，对绩效目标没有清晰且统一的认识，以生态环境保护名义进行道路、广场等不相关设施建设的情况较为普遍，而且生态项目表现出急功近利的倾向，如“五水共治”工作要求用 3 至 4 年时间完成几万个建制村的生活污水处理工程建设，项目工作量的庞大与具有专业资质单位的相对有限形成了尖锐的矛盾；主要由顶层设计的综合性规划项目与通过自下而上产生的专项规划项目之间也缺乏有机衔接①，由于市县级层面专业人才缺乏、技术支撑不足，不仅项目分布不平衡，而且项目设计与真正需求衔接不足，各市县规划的重点工作往往聚焦于大气、水等各项考核和督查，对源头预防、生态保护、农村整治等未纳入考核的任务重视程度不高，导致专项规划中的项目不能完全支撑综合性规划项目落地；此外，环保规划与其他部门或行业规划协调困难也是亟待解决的问题，虽然江浙沪皖都高度重视环保工作，但在减煤减化的力度幅度等方面也存在避重就轻的现象，环保规划的基础性作用难以发挥。

---

① 姚梦茵，宋玲玲，武娟妮，等．中国生态环境保护重大工程项目管理制度现状及存在的问题［J］．环境工程学报，2020，14（05）：1137－1145.

（二）政策实施效率需要提高

在生态创新的财政政策的实施过程中，长三角各级政府应积极发挥主观能动性，及时根据现实情况对政策的内容、执行方式进行调整，加强跨区域协调联动、保持政策的可持续性，进而切实提高政策实施效率，为长三角实现生态创新的一体化发展夯实基础。由于长三角地区湖泊众多，水资源丰富，跨省流域的协同治理是区域生态创新不可忽视的重要任务。长三角三省一市围绕新安江、太湖等流域的防治协作出台了大量政策，对水环境质量的改善作出了巨大贡献，但在共治过程中也暴露出了许多问题，亟待优化现行政策，提高政策实施效率以缓和地区矛盾，保障环境质量的持续改善。比如，2011 年以来的新安江流域生态补偿试点工作不仅促进"绿水青山"向"金山银山"转化，也在一定程度上缩小了因地域差异导致的经济差距，但仍存在一些问题。比如，流域补偿机制的市场化程度很低，长期以来对水资源的低成本使用甚至无偿使用意识较为普遍，而且上游整体发展水平偏低。以黄山市为例，2012—2020 年，该市新安江保护治理投入累计达 182.9 亿元，关停了数百家污染严重的企业，并拒绝了数百亿元的投资机会，但来自中央和浙皖两省的补偿资金仅为 41.6 亿元，资金缺口较大；在补偿考核标准方面两地也多有摩擦，在前两轮试点工作，浙皖两省对考核标准已经存在一定争议，在第三轮试点中矛盾更加凸显。[①]一方面是因浙江省对水质考核标准提出更高的要求，在水环境质量已极大改善的情况下，进一步提升的空间收窄，加之天气、雨水等不确定因素，安徽省承担的压力巨大；另一方面安徽省"加大补偿金投入"的诉求无法得到认可导致其对推进生态创新一体化持消极态度。在此情况下，两省在生态补偿标准上反复磋商，不仅增加政府间的行政摩擦，还阻碍了长三角生态创新的财政政策优化的推进。

（三）监督反馈机制亟待完善

对政策执行情况的监督及后续的反馈对生态环境财政政策的连续性、有效性及可持续性具有重要的意义。长三角地区各级政府为促进生态创新

---

① 沈满洪，谢慧明．跨界流域生态补偿的"新安江模式"及可持续制度安排［J］．中国人口·资源与环境，2020，30（09）：156－163.

发展，应积极推动政策监督反馈机制的完善，在提高政府公信力及其效率的同时，增强政策环保绩效。江浙沪皖出台了一系列政策，有效地推动了地区生态环境改善、绿色创新发展，但在实施过程中，专项资金缺乏管理、建设和运维割裂等问题也逐渐出现。如在生态环保专项资金实际支出与批复预算方面，根据浙江省"十三五"生态环境规划，浙江省安排的重大工程投资匡算约 3000 亿元，而从中期评估报告可知，至 2018 年 6 月底，全省规划实施重大工程项目共计 1655 个，总投资已超 4300 亿元，远高于投资预算；在项目运营方面，根据杭州市环境监测中心站 2014 年的调查，在杭州 120 套农村污水处理设施中，正常运行且符合标准的仅有 52 套，设施瘫痪、管网异常、效率低下等问题较为突出。[①] 其原因是多方面的，但最重要的是缺乏完善的监督机制。一是业务部门往往基于经验完成预算编制，缺乏科学管理意识，资金支出缺乏有效监督，复核审查环节流于形式；二是相关部门在申报项目时，为争取更多资金，往往夸大工作量，而到年终考核预算执行率时，又存在突击花钱迅速提高项目资金的执行率的现象；三是存在将超预算的"三公"支出隐藏到环保专项（如环保执法经费）资金中列支的情况。因此，为提高生态创新的财政政策执行效率，解决行政低效、寻租腐败等问题，长三角三省一市需要加强对有关部门行为的监督及对政策执行的反馈。

第三节
推进长三角地区生态创新的财政政策体系优化的清单梳理

一、推进长三角地区生态创新的财政政策废除清单梳理

（一）废除不合理的税率设置

长三角三省一市基于《环境保护税法》第六条，对水污染物和大气污

① 刘双柳，陈鹏，程亮，等．长三角地区一体化背景下的环保投融资创新机制研究［J］．生态经济，2021，37（01）：152－156.

染物的具体税额进行调整，但政策不协调、征管措施不同步等问题较为突出，亟须废除不利于协同治理环境污染的政策规定，推进生态创新的财政政策的协调统一。如表 16 -2 所示，安徽省规定的税额有“一刀切”的特征，并未根据地区和排污的类别对税额作细分，且额度为环保税规定的最低标准，在长三角地区最为宽松；浙江省大气污染物和水污染物税额都以是否为重金属污染物作相应调整，但税额仍是偏低，且梯度并不明显；上海市同样根据污染物的类别划分，但划分更细，税额更高，还在 2019 年上调了大气污染物的税额；虽然江苏省未对排污类别划分，但依据地区将具体适用税额分为 3 档，南京市与苏南其他市、苏中苏北各有税额标准并且远比浙江省严格。此外，三省一市对“其他固体废物”范围的规定也不尽一致。

表 16 -2　长三角三省一市大气污染物和水污染物税额标准

地区	税目	税额（元）	备注
安徽	大气污染物	1.2	/
	水污染物	1.4	/
浙江	大气污染物	1.2	除四类重金属污染物项目
		1.8	四类重金属污染物项目（铬酸雾、汞及其化合物、铅及其化合物、镉及其化合物）
	水污染物	1.4	除五类重金属污染物项目
		1.8	五类重金属污染物项目（总汞、总镉、总铬、总砷和总铅）
上海	大气污染物	7.6	二氧化硫
		8.55	氮氧化物
		1.2	其他大气污染物
	水污染物	5.0	化学需氧量
		4.8	氨氮
		1.4	第一类水污染物、其他类水污染物
江苏	大气污染物	8.4	南京市适用
		6.0	无锡市、常州市、苏州市、镇江市适用
		4.8	徐州市、南通市、连云港市、淮安市、泰州市、宿迁市、盐城市、扬州市适用
	水污染物	8.4	南京市适用
		7.0	无锡市、常州市、苏州市、镇江市适用
		5.6	徐州市、南通市、连云港市、淮安市、泰州市、宿迁市、盐城市、扬州市适用

资料来源：长三角地区各省市环境厅（局）。

综上，长三角地区环境税不仅省际税额标准不一致，各自省内也表现出地域上的差异性。以企业利润最大化为经营目标的企业在权衡各项成本后，可能会选择从环保监管严格的地区转移到相对宽松的地区，而不是通过绿色创新减少环保税缴纳税额。这就会降低环境税的执法刚性和实施效果，不仅不利于长三角地区环境污染的联防联治，而且阻碍了长三角地区生态创新的财政政策一体化。相比之下，京津冀地区对污染物税额标准的制定更严格也更清晰明确，北京市制定的征收标准税额都按最高标准制定，远高于江苏和上海；天津市的税额标准略有放宽，但额度也显著高于浙江并且对污染物种类划分细致，梯度明显；河北省则将环保税主要污染物税额标准按地域分为三档，分别按照国家规定最低标准的 8 倍、5 倍、4 倍执行，京津冀地区的税额制定方式值得借鉴。三省一市应考虑提出长三角一体化的环境标准，根据各省市的经济发展水平、地理位置、污染现状、环境功能定位等等，共同探索、研究、协商统一制定一个普遍认可的标准，并废除不符合当下发展的政策规定。

（二）废除导致恶性竞争的财税条款

在缺乏财税利益协调机制背景下，为增加经济绩效，扩大财政收入来源，长三角各地政府存在通过土地出让、税收优惠、政府补助等财政政策开展税源竞争的情况，如在长三角生态绿色一体化发展示范区中，各区县为吸引优质资源，针对招商引资都给予了不同程度的优惠政策（见表 16－3）。此外，青浦区最高给予企业相当于地方税收收入 40% 的财政扶持，嘉善县通过股改/上市奖励、工业发展基金、高新技术培育等形式对企业进行帮扶，吴江区也基于企业实际缴税总额，给予其相当于地方税收收入 40%—70% 的财政补助。地方政府为吸引优质资源，存在导入一些符合示范区产业发展方向企业的需要，但过度竞争的税收优惠政策，对市场秩序的正常运行产生较大干扰，加剧了政府之间的行政摩擦。对于示范区外企业的迁入行为，可参考《京津冀协同发展产业转移对接企业税收收入分享办法》[①]，其中明确说明：迁出企业完成工商和税务登记变更并达产后三年内缴纳的增值税和企业所得税，由迁入地区和迁出地区五五分成，若三年仍未达到分享上限，分享期限再延长两年，此后迁出地区不再

① 财政部和国家税务总局《关于印发〈京津冀协同发展产业转移对接企业税收收入分享办法〉的通知》（财预〔2015〕92 号），http：//ln. mof. gov. cn/lanmudaohang/zhengcefagui/201506/t20150630_ 1263498. htm.

分享，由中央财政一次性给予迁出地区适当补助；而涉及示范区内的企业迁移，可参考上海目前对于非制造业跨区迁移的规定，以企业迁移前三年缴纳的区县级税收收入年度平均值为核定基数，由迁入地政府给予迁出地政府三年的财政补偿。长三角三省一市应打破行政壁垒，废除制约地区协同发展的财政政策，对税收收入分享机制作明确规定，避免长三角内部市场分割，构建跨区域财税分享模式，推动长三角绿色生态一体化进程。

表 16-3　　青浦区、嘉善县、吴江区税收优惠政策

地区	税收优惠政策
青浦区	税收总额小于 500 万元，扶持奖励最高为 75%；税收总额大于 500 万元，扶持奖励最高为 90%；另有核定征收，个人所得税税率为 0.5%—1%
嘉善县	实际缴税总和小于 500 万元，最高扶持 70%；实际缴税总和大于、等于 500 万元最高扶持 90%；个独核定产品综合税负率低至 0.45%—5.18%
吴江区	税收扶持比例达到 10%—100%

资料来源：青浦区、嘉善县、吴江区的招商网。

二、推进长三角地区生态创新的财政政策补充清单梳理

（一）补充知识产权保护条款

为促进企业发挥市场主体作用，积极开展绿色技术创新，旨在解决生态环境问题、构建生态文明保护屏障、保护发明人智力成果的绿色专利制度是不可缺少的重要保障。中国高度重视对绿色知识产权的保护，国家知识产权局于 2012 年发布的《发明专利申请优先审查管理办法》为战略性新兴产业和绿色技术的重要专利申请建立了一条专利审批快速通道，并于 2017 年出台《专利优先审查管理办法》（以下简称新《办法》），同时废止《发明专利申请优先审查管理办法》（以下简称原《办法》），进一步加快绿色专利的审查速度，推动绿色技术成果转化。但与原《办法》相比，新《办法》明显缩小了享受优先审查待遇的绿色技术范围，限定于节能环保、新能源、智能制造等国家重点发展产业，难以有效激励企业绿色技术创新[①]，而且作为新《办法》上位法的《专利法》和《专利法实施细则》并没有绿色技术优先审查的规定，《环境保护法》中涉及绿色技术的相关

① 马治国，秦倩．论新时代我国绿色专利快速审查制度的再确立［J］．上海交通大学学报（哲学社会科学版），2019，27（03）：18-28.

规定也只有第二十一条、三十三条、三十六条和四十条，虽然鼓励绿色技术的推广和使用，但是没有明确提及绿色专利技术的相关规定，对发明人利益缺少尊重和保护，对侵权行为的惩罚力度较小，难以有效遏制侵权行为，不利于激发企业开展绿色创新活动的积极性，绿色专利制度的实施效果受到影响，与绿色发展理念初衷不符。① 为激励企业绿色创新，推动长三角地区绿色发展，亟待中央加强对绿色知识产权的保护力度，完善相关政策法规，如在《专利法》中增加有利于绿色技术创新的专利促进条款，并可考虑将长三角三省一市作为制度创新的试点地区，比如对绿色专利技术的审查程序实行“先行授权，长期监督”的模式、将绿色技术纳入专利强制许可范围等。

（二）补充联合执法依据内容

中国环境行政执法的依据散见于各层级的法律规章之中，执法主体在适用执法依据时，必须针对特定事务选择层级适当的执法依据，在传统属地管辖模式下，执法人员遵照各地的法律法规进行执法，不会产生适用依据方面的困惑，但在跨区域联合执法时，执法依据不同意味着执法人员需要对不同行政区域内发生的行为予以区别对待。② 而在现行环境保护相关立法中，只有《大气污染防治法》存在对省级政府开展联合执法的规定，除此之外，对如何开展联合执法缺少具体规定和必要说明，长三角三省一市各级政府及其有关部门通过自行协商、委托或相互授权等方式获得跨区域执法权也缺乏法律依据。考虑到地方政府的权力均来自中央的授权，而赋予长三角联合执法主体以行政处罚权将有助于长三角加深环境合作，提升执法效能，减少信息交流、材料递送过程中出现的问题。因此，亟待中央部委完善跨区联合执法的规定，补充相关法律条例，扩展地区政府的执法权限，向行政处罚权等进一步延伸，在生态环境部批准地方生态环境部门建立联合执法机制的文件后，长三角地区政府应积极发布联合公告，补充地方性行政法规，明确联合执法权限的细则。

---

① 吕斯轩，刘少华．绿色发展理念下中国绿色专利审查制度研究［J］．南海法学，2020，4（05）：66－75.

② 张健，张舒．长三角地区环境联合执法机制完善研究［J］．中国环境管理，2021，13（02）：119－126.

（三）补充环保税法体系条款

《环境保护税法》于2018年正式实施，在推动企业节能减排、淘汰落后设备、增加环保设施以及加速行业优胜劣汰等方面发挥了积极的作用。但由于刚刚起步，与社会的期望仍有较大差距，亟待对税法的征收范围、征收方式等作进一步补充。在排污费改环保税初期，考虑到企业生产经营的客观压力，只对四类污染物进行了征税，但随着碳达峰、碳中和目标的提出，为切实保护好森林、湿地等自然资源，实现生态绿色发展，应将二氧化碳等含碳化合物、挥发性有机物、光污染等污染物纳入征收范围①，并细化关于污染物排放浓度值的减征档次，形成低于排放标准越多、优惠税率幅度越大的机制，激发企业节能减排的积极性，如增加税收减免条款的细则，当应税大气和水污染物的排放浓度低于国家和地方规定排放标准的80%，环境保护税可以减少10%；如果浓度低于60%，则可以考虑减少40%。而且可参考排污费的征收标准，设置加征级别，如企业排污浓度超过国家和地方规定的排放标准50%的，环保税加征50%，同时，借鉴《排污费征收使用管理条例》对其用途的规定，在环保税法中明确要求将环保税收入汇入环境保护专项基金中，专用于污染防治和环境保护。② 此外，征管工作的具体规定也应进一步补充明确，如《环境保护税法》中第二十条规定税务机关发现纳税申报数据资料异常可提请生态环境主管部门进行复核，但并未说明异常的具体情况，增大了税务机关风险识别和环保部门复核审查的困难，容易导致寻租腐败滋生。③ 长三角地区可作为生态创新的先行示范区，率先推进税收制度优化，中央则根据实际情况作进一步补充，逐步完善环保税法体系，使税收激励和监管作用充分发挥，鼓励企业采取低碳和环保生产模式实现绿色可持续发展，进一步减少污染物的排放。

---

① 徐顺青，程亮，陈鹏，等．中国生态环境财政政策历史变迁及优化建议［J］．中国环境管理，2020，12（03）：32－39.

② 褚睿刚．环境创新税收政策解构与重构：由单一工具转向组合工具［J］．科技进步与对策，2018，35（10）：107－114.

③ 陈阵．环境保护税征管中存在的问题及对策研究［J］．税务研究，2019（06）：115－117.

三、推进长三角地区生态创新的财政政策调整清单梳理

（一）调整财税收入分配结构

长三角地区亟待通过顶层设计调整财税收入分配结构，协调地区利益以构建跨区域财税分享机制，推进生态文明建设，促进绿色创新发展。长三角生态绿色一体化发展示范区对优化财政政策的积极探索具有重要的现实意义，通过分析探讨其在构建跨区域财税分享机制碰到的难题，有助于三省一市对现行财政政策的进一步优化。覆盖青浦、吴江、嘉善三个行政区域的一体化示范区在财力基础方面存在较大差距。根据财政部门公布的数据，2019 年嘉善县一般公共预算收入为 67.8 亿元，吴江区为 223.1 亿元，青浦区为 207.1 亿元，三地财政收入相差甚大；在可用财力方面的差距更明显。2019 年嘉善县可用财力仅为 97.5 亿元，吴江区为 254.2 亿元，青浦区则高达 389.7 亿元，约为吴江区的 1.5 倍，嘉善县的近 4 倍，地区政府财力的差距加大统筹地区财政的困难，而三地在增值税和企业所得税划分的不统一使统筹难度进一步提升。如表 16－4 所示，嘉善县的税收分成比例明显高于青浦区和吴江区。若直接把三地新增地方税收交由示范区管理机构统筹，可能会导致财力最弱的嘉善县贡献比例最高，不利于财税分享机制将建设投入与收益分享相挂钩，难以激励各地政府积极参与示范区开发建设，影响生态环境联建联防联治的一体化推进。因此，亟待通过更高层级的顶层设计，调整财税收入分配结构，设置差异化的共享比例来协调政府之间及其与示范区管理机构的利益，进而推动跨区域财税分享机制的建设。

表 16－4 青浦区、嘉善县、吴江区增值税与企业所得税划分

地区	青浦区			嘉善县			吴江区			
级别	中央	市级	区级	中央	省级	县级	中央	省级	市级	区级
增值税划分（%）	50.0	17.5	32.5	50.0	10.0	40.0	50.0	20.0	2.0	28.0
企业所得税划分（%）	60.0	20.0	20.0	60.0	8.0	32.0	60.0	20.0	2.0	18.0

资料来源：各省市税务局、财政厅等政府官网。

（二）调整跨界流域治理方案

跨界流域的协同治理是推动生态文明建设的重要内容，长三角三省一

市跨界流域的联防联治不仅有利于水环境质量的提升，也助力于长三角生态绿色一体化发展的推进。以江浙沪三地政府高度关注的太湖流域的污染问题为例，浙江省编制与实施《浙江省太湖流域环境综合治理实施方案》①，2013 年作出“五水共治”的重大决策，全域范围内开展水环境综合整治；江苏省屡次修订《江苏省太湖水污染防治条例》，出台《江苏省太湖流域建设项目重点水污染物排放总量指标减量替代管理暂行办法》②，大幅度削减氮磷污染物排放总量；省际政府间的跨界合作也早已启动，2007 年蓝藻危机集中爆发以后，江浙沪主要领导就太湖水环境治理建立了区域合作机制，制定了《长三角两省一市环境合作平台建设工作计划》，也于 2019 年签署了《太湖流域水生态环境综合治理信息共享备忘录》。但太湖蓝藻等水污染问题依然严峻，太湖流域治理效果并未达到预期目标，亟待优化相关财政政策以切实推进生态发展。如《江苏省水环境区域补偿实施办法（试行）》③ 和《江苏省水环境区域补偿工作方案（2020 年修订）》④ 中的补偿形式较为单一，参与对象局限于各级政府，未涵盖企业、个人等其他各类市场主体，而且鲜有资金补偿以外的方式，有待通过挖掘产业转移、技术支援、人才培养等方面的潜力，调整治理方案以实现流域保护的可持续。此外，在省际治理方面，各地政府间的协同治理主要以承诺或协商的形式推进，缺少外部强制执行的约束，并且跨界合作大多停留在文件层面，仅限于定期会议交流、一对一合作等，亟待优化治理机制并推动工作的有效落实。综上所述，亟待优化推动生态创新的财政政策，完善和落实科学合理的流域生态补偿机制，建立健全跨界联动的环保工作平台，确保“生态共同体”的良性运行。

（三）调整环保监督管理细则

长三角地区各级政府对环保专项资金、生态环境工程等的监督管理存

---

① 浙江省人民政府关于印发《浙江省太湖流域水环境综合治理实施方案》的通知（浙政发〔2008〕84 号），http：//www. zj. gov. cn/art/2013/1/4/art_ 1553435_ 26596. html.

② 江苏省人民政府办公厅关于印发《江苏省太湖流域建设项目重点水污染物排放总量指标减量替代管理暂行办法》的通知（苏政办发〔2018〕44 号），http：//www. jiangsu. gov. cn/art/2018/6/19/art_ 64179_ 7683415. html.

③ 江苏省人民政府办公厅关于转发省财政厅省环保厅《江苏省水环境区域补偿实施办法（试行）》的通知（苏政办发〔2013〕195 号），http：//www. jiangsu. gov. cn/art/2013/12/31/art_ 46144_ 2545222. html.

④ 江苏省水环境区域补偿工作方案（2020 年修订）（苏环办〔2021〕131 号）.

在较多不足，不规范、不合理等问题亟待解决，如环保专项资金的预算与实际支出脱节，财务审计所需的完整、有效凭证材料无法提供；政府“重建设，轻管理”，导致相当部分生态环保项目因缺少后续资金而闲置；生态环境治理项目的建设环节与运营环节割裂①，管理人员往往缺乏专业环保知识和操作技能，难以应对项目运行管理中遇到的各类问题，等等。上述问题将使长三角环境治理的努力大打折扣，不利于生态环境的持续改善和生态文明的长远建设。因此，长三角三省一市亟待调整生态环境监督管理和绩效反馈的实施细则，以充分发挥生态环保资金和生态环境工程的职能作用，如安徽省可借鉴《江苏省生态环境保护专项资金管理办法》②，修订《安徽省省级环境保护专项资金管理暂行办法》③，要求各市县每季度将当年及上年资金执行及项目实施情况上报，省环境厅和财政厅则基于实际情况进行绩效评价，并将评价结果作为安排专项资金的重要依据；浙江省同样可参考江苏省对环保专项资金的管理办法，在《浙江省生态环境保护专项资金管理办法》④ 中强调监督检查生态项目建设管理和运行维护等后续工作的重要性，健全生态环境的长效管理机制。

---

① 逯元堂，王佳宁，赵云皓，等．生态环境保护工程实施管理模式与财政资金使用优化［J］．环境保护，2018，46（23）：37－40.

② 江苏省财政厅、江苏省生态环境厅关于印发《江苏省生态环境保护专项资金管理办法》的通知（苏财规〔2020〕23 号）（http：//www. js. gov. cn/art/2020/10/29/art_ 64797_ 9551761. html）。

③ 安徽省财政厅关于印发《安徽省省级环境保护专项资金管理暂行办法》的通知（财建〔2004〕196 号）（http：//czt. ah. gov. cn/czdt/tzgg/140259841. html）.

④ 浙江省财政厅浙江省生态环境厅关于印发《浙江省生态环境保护专项资金管理办法》的通知（浙财建〔2020〕4 号）（http：//www. zj. gov. cn/art/2020/2/11/art_ 1229140539_ 2250659. html）.

第十七章

推进长三角地区生态创新的财政政策体系优化的实施路径研究

生态创新活动具有相当强的“环境正外部性”特征，但是由于创新的外部性和生态环境治理问题的复杂性，市场主体普遍缺乏开展生态创新的积极性。[①] 因此，生态创新活动的有效推进需依托政府力量进行干预，而财政政策作为激励和约束市场主体的主要手段，将成为推动长三角地区生态创新的关键政策。如何设计出有效的实施路径事关长三角地区生态创新财政政策体系优化的成败。本章根据长三角地区生态创新财政政策体系优化存在的问题及其原因着手，从优化的信息传递、政策评价、奖惩激励和法制建设等方面搭建相互支撑的保障性机制。

① 董颖，石磊．生态创新的内涵，分类体系与研究进展［J］．生态学报，2010，30(009)：2465－2474.

第一节 推进长三角地区生态创新的财政政策体系优化的信息传递

一、长三角地区生态创新的财政政策体系运行的信息传递链识别

（一）大众传媒：中央到地方的立体传播

长三角地区生态创新的财政政策体系优化是对现行财政政策体系的废除和完善，旨在激励绿色生产，引导绿色消费，进而实现绿色发展，财政政策优化信息可通过涵盖传统印刷和现代电子信息两大传播媒介的大众媒体进行公开传播，使微观经济主体充分理解兼顾生态效益和经济效益的新发展理念，鼓励其建言献策，宣传监督，积极参与到推进生态创新财政政策体系优化的进程中。从财政政策体系优化信息的纵向传递维度来看，政策体系优化的信息传达有从中央到地方的纵向推进、地方媒体宣传的横向铺展的立体传播特征。[①] 长三角地区生态创新财政政策体系优化的信息能够通过大众媒体在较短的时间内传递到受众——长三角地区的企业和消费者，从而为政策目标的实现提供政策传输渠道。尤其政策体系优化出台之后，可以将央视新闻和专题性报道作为政策优化体系信息传播的渠道，还可以通过《人民日报》等权威性纸质媒体以及地方性的网络、纸质媒体有指向性地向公众宣传长三角地区生态创新财政政策体系优化的信息，以便于改革信息向广大公众传递。如跨省流域生态补偿机制的优化、环境保护税率的差异化制定、生态绿色一体化发展示范区的建设等，通过电视、网络、报纸等渠道就长三角地区生态创新财政政策体系优化的提出背景、实施原因、执行成效以及后续问题进行持续性的解读报道，充分发挥大众媒体的舆论宣传和监督效用，促使长三角地区生态创新的财政政策体系的改

---

① 徐高彦，吕慧，胡世亮．产业政策激励的信息传递效应研究［J］．当代经济研究，2019，282（02）：88－100.

革信息上情下达。

（二）组织传播：改革信息的逐级下传

组织传播包括各级组织开展的各种活动，具体可以分为组织内部和外部的传播。就长三角地区生态创新的财政体系优化而言，组织传播是指在长三角地区区域内的文件下发、会议推动等传播形式。在中国的政府管理体系中，官方文件是决策信息传达的重要载体，是行政工作有序运行的重要支撑。[①] 文件下达反映了上下层级之间的约束关系。尤其是在长三角地区生态创新的一体化财政政策改革过程中，“以文治国”的情况是相当普遍的。例如，中共中央、国务院 2019 年印发的《长江三角洲区域一体化发展规划纲要》让长三角地区一体化这一国家战略得以确立，三省一市紧随其后也陆续发布了各自的实施方案，如《安徽省实施长江三角洲区域一体化发展规划纲要行动计划》《浙江省推进长江三角洲区域一体化发展行动方案》；苏浙沪三地政府 2020 年联合制定《关于支持长三角地区生态绿色一体化发展示范区高质量发展的若干政策措施》，共同推进“两区一县”生态绿色一体化示范区建设；同年，江苏省、浙江省、上海市、安徽省和宁波市，五省市的税务局根据《国家税务总局关于支持和服务长江三角洲区域一体化发展措施的通知》联合制定《长江三角洲区域税务轻微违法行为“首违不罚”清单》，进一步规范税务机关行使自由裁量权，提高环境监管水平，打击环境恶意违法行为。

召开会议传达学习上级会议、文件精神是政府信息传递的重要途径[②]，长三角地区生态创新财政政策体系改革的信息传递可通过召开典型性会议，传达核心要义。从中央层面来看，最高决策层会议基于长三角地区生态创新财政政策体系改革的主题成立对应的工作领导小组，进而商议出台相关政策，然后将其交付中央决策执行机关下达地方。从地方层面来看，对应成立领导工作小组，以领导小组会议及以任务为内容的工作会议推动长三角地区生态创新财政政策体系改革的运行。

---

① 王泸生．从“文件治国”到依法治国［J］．暨南学报：哲学社会科学版，2001（03）：37－42.

② 樊红敏．日常政治视角下的地方权力运作研究［D］．武汉：华中师范大学，2007.

（三）网络传播：直接到达的信息传递

长三角地区政府可以通过网站发布长三角地区生态创新的财政政策体系优化信息，实现与微观经济主体的快速接触与沟通。随着各级政府对信息化建设的积极推进和大力投入，政府门户网站已具备较强的资源整合能力和相对成熟的服务模式。关于长三角地区生态创新的财政政策体系优化的相关文件、图片及会议视频等信息可依托门户网站等渠道向公众传递，使各微观经济主体充分了解政府政策动向、发展规划及政策主张，实现中央与地方、政府与群众之间的有效且直接的沟通，扩大群众对长三角地区生态创新财政政策体系改革的相关信息的知情权，理顺政府和市场的关系。现围绕生态保护主题的相关会议和发展规划等均可在中央和地方的官方网站查询，例如《安徽省实施长江三角洲区域一体化发展规划纲要行动计划》《浙江省推进长江三角洲区域一体化发展行动方案》《生态环境行政处罚裁量基准规定》《关于完善长江经济带污水处理收费机制有关政策的指导意见》等法规与政策均在地方性网站公布，后续出台的有关长三角地区生态创新财政政策体系优化的法规与政策也可凭借网络直接从中央到达政策接受者，加快信息传播速度。

二、推进长三角地区生态创新的财政政策及其效应的信息收集与披露

（一）明确财政政策优化信息收集与披露的规范要求

为落实长三角地区生态创新的财政政策体系优化，各级政府亟待建立和健全财政政策体系优化信息的收集与披露制度。一是明确信息收集与披露的主体。长三角地区政府部门，尤其是基层政府，应积极承担财政政策体系改革信息的收集与披露责任，在明晰权责界限的基础上，加强跨部门跨区域的合作，广泛收集公众意见，主动披露政策改革信息。二是确定信息收集与披露的内容。长三角地区各级政府部门应向公众征询现行财政政策在实施中存在的不利于推进生态创新的问题，了解各微观经济主体践行绿色生产生活方式所需要的政策支持，并在门户网站及时披露财政政策体系优化的方案内容，即财政政策废除、补充和优化的具体条款、细则。三是规定信息收集与披露的形式和渠道。长三角地区政府部门应健全线上咨询投诉平台，完善调研走访工作实施办法，采用易理解、便查询的方式公

开财政政策体系的优化方案，并将信息同步上传至信息披露系统中，实现信息集中、完备、可查，切实促进长三角地区生态创新发展。

（二）优化财政政策体系优化信息收集与披露的管理机制

长三角地区涵盖了江苏、浙江、安徽以及上海，囊括的地域范围广泛，在该地区进行生态创新财政体系的优化定会牵涉众多的行业和企业，因此，有必要建立相应的信息收集与披露管理机制，确保优化信息及时准确的上传下达。一是加强顶层设计。推动长三角地区一体化发展领导小组成为更高层级的协同治理主体，对横向政府部门形成有效约束，督促各级政府切实负起财政政策体系优化信息收集与披露的责任。二是细化部门职责。细化生态环境、自然资源、财政等政府部门收集、披露财政政策体系优化信息的职责，在避免相互推诿的基础上加强协作配合，实时收集民情民意，深挖现行财政政策存在的不利于生态创新的深层次制度原因，并向公众提供高质量的信息披露结果。三是推进信息资源共享。长三角地区各省市的生态环境和财政部门应加强与信息化职能部门的协同联动，依托官方网站或其他信息平台，健全财政政策优化信息的披露系统，集中公布为促进生态创新而优化的财政政策清单，方便行政机关、企事业单位和社会公众查询，实现信息数据的共享。

（三）健全财政政策优化信息收集与披露的监督机制

长三角地区生态创新财政体系优化的信息收集披露主体和平台建立只是信息共享的初步阶段，保证信息收集和披露工作的贯彻落实则需要建立完备的监督机制。一是落实监督责任。纪检监察机关亟待厘清相关政府部门收集与披露财政政策体系优化信息的职责，通过构建落实监督责任的长效机制，解决工作泛化、职能异化、主业弱化的问题，切实提升信息收集和披露水平，推动长三角地区生态创新的财政政策体系优化。二是重视问责工作。对未有效收集与披露生态创新的财政政策体系优化相关信息的政府部门及有关负责人进行问责，通过取消当年评优评先资格、通报批评、书面检查等方式倒逼责任落实，畅通信息传递渠道，避免各部门出于自身利益的需要瞒报、漏报政策优化信息。三是强化公众监督。充分发挥社会监督对长三角地区生态创新发展的促进作用，常设专项投诉反馈渠道，鼓励社会公众、传统和新兴媒体对信息收集与披露工作的执行情况、财政政策优化方案的实施绩效进行监督。

三、推进长三角地区生态创新的财政政策及其效应的信息反馈与应用

（一）明确政策体系优化主体关系

只有明确政策体系优化主体关系才能形成通畅的信息反馈机制。但上级政府对下级政府的执行能力往往缺乏认识，在制定发展规划和目标时未充分考虑下级政府的意见，导致上下级政府在制定政策时就缺乏良性的沟通和反馈，而下级政府（尤其是基层政府）在具体的政策执行过程中也会偏向于选择执行只利于自己的政策，同时为避免产生过多的交易成本，选择性传递政策信息，从而对政策的落实和优化造成消极影响。如在浙江省推进“五水共治”的工作中，省委、省人民政府明确要求在3—4年的时间，开展21278个建制村的农村生活污水治理，政策目标的宏大与执行的艰巨形成鲜明对比，反映出上级政府对生态文明建设的积极响应，但也说明其对基层政府在落实政策的过程中遇到的困难估计不足，对不成熟的污水处理技术、短缺的专业人才和资金、复杂的自然地理环境等对工作有序展开造成的制约缺少充分认识，而且基层政府也往往“重建设，轻运维”，聚焦于污水处理设施建设等考核督查项目，轻视环境治理长效机制的构建，对具体情况的反馈存在避重就轻的现象。因此亟待明确政策体系优化主体的关系以消除上下级政府信息反馈的壁垒，降低中央政府与长三角地区各地方政府，以及长三角地区各级政府间因信息不畅引致的行政成本，进而减小生态创新财政政策体系优化的阻力，推动长三角地区生态创新财政政策体系优化反馈机制的健全。

（二）促进政策体系优化权力分配

结构优化的重点是保证权力分配的合理性，权力分配的原则是权责统一。在推进长三角地区一体化过程中存在的区域行政壁垒并未完全消除，这会加大长三角地区生态创新财政政策优化的阻力，因而应该继续深化长三角地区一体化实验过程中建立的区域行政分隔的负面清单，探索成本分摊、利益分享和损失补偿机制，降低因区域行政壁垒造成的三省一市政府权责不明的矛盾。在长三角地区生态创新财政体系优化的推进过程中，要充分发挥江浙沪皖三省一市政策体系优化的政策制定者和执行主体的双重

身份。在常规政策体系优化的反馈组织中，地方政府往往只对政策体系优化的最终执行效果负责，极少考虑政策体系优化的正确性，即使优化本身存在问题，但由于基层政府并没有亲身参与到政策改革体系的宏观政策制定，也不必承担政策缺陷引致的责任，因而基层政府进行政策体系优化效果反馈的动力不足。根据组织理论，控制权的合理下放能够有效激发基层政府工作的积极性，基层政府拥有控制权的同时必须承担开展政策体系优化的责任，从而激发基层政府在开展政策体系优化时能够制定更详细的计划，投入更多的人力物力，保证政策体系优化顺利推进。因此，要鼓励三省一市出台适合自身发展的生态创新财政优化政策，发挥地区政府的自主权。

（三）丰富政策体系优化反馈形式

政策的反馈主要是信息的反馈。反馈渠道是否畅通、反馈渠道是否多样都会影响信息反馈的效果。信息反馈需要注意：一是要注重反馈形式的丰富性，线下反馈、线上反馈，口头反馈、文本反馈均可。二是要注意反馈的时效性，对于政策相关者需要及时甚至提前反馈相关信息，以便更好适应新的政策。三是要注意反馈内容的完整性，要把政策体系优化的基本要素完整地反馈给相关的企业和公众。

第二节 推进长三角地区生态创新的财政政策体系优化的政策评价

一、长三角地区生态创新的财政政策体系优化的绩效评价

（一）绩效评价体系构建的必要性

推进长三角地区生态创新财政政策体系优化的最终目标是实现环境效应和经济效应的统一，但是生态创新的“双重外部性”天然要求财政政策能够实现环保与创新两大目标，但是财政政策是否能够弥补生态创新的

"双重外部性"，实现技术创新、生态保护和经济发展等多重目标，则需要构建相应的绩效评价体系。首先，由于长三角地区生态创新财政政策优化还未出台相关的政策，相关绩效评价体系的构建缺乏现有的政策作为参考，导致长三角地区生态创新财政政策体系优化的绩效评价制度还未形成。已有绩效管理制度主要聚焦于环境污染防治，对生态创新财政政策体系优化方面的绩效管理制度仍处于初步探索阶段，相关的优化绩效目标、评价体系以及结果反馈等流程也不清晰，但是为了预估生态创新财税政策改革的绩效，避免陷入传统政策体系优化绩效评价的"重投入，轻管理"的怪圈，导致生态创新的财政投资预算和地区生态创新绩效反馈相脱节，也要求长三角地区地方政府综合生态创新财政政策体系优化的目标以及长三角地区生态绿色一体化的评级指标提前建立预评估体系。

（二）绩效评价体系的总体设计

综合财政支出绩效评价的一般实践和长三角地区生态创新财政政策体系优化绩效评价体系建立的实际需求，可以从以下几个方面来考虑绩效评价体系的设计框架：（1）指标体系。长三角地区生态创新的财政政策体系优化的绩效评价指标体系可依托《项目支出绩效评价管理办法》[①]《地方财政管理绩效综合评价方案》[②] 等构建框架指标，同时结合《绿色发展指标体系》和《生态文明建设考核目标体系》，设定符合长三角地区生态创新目标的财政政策体系优化绩效评价指标体系。综合而言，绩效指标体系的设计可围绕财政收支、过程管理、目标实现、社会满意四个基本维度进行细化设计。（2）评估方法。长三角地区生态创新财政政策体系的绩效评价方法体系与其他财政政策的绩效评价方法体系并无显著差异，可直接应用成熟的定量、定性和综合评价方法，可以通过设置处理组与控制组，计算政策实施前产生的差量，来评估政策绩效，比如断点回归法、双重差分倾向得分匹配法、三重差分法、合成控制法、回归控制法、成本效益分析

---

① 参见财政部关于印发《项目支出绩效评价管理办法》的通知（财预〔2020〕10 号），http://www.gov.cn/zhengce/zhengceku/2020-03/02/content_5485586.htm.

② 参见财政部关于印发《地方财政管理绩效综合评价方案》的通知（财预〔2014〕45 号），http://www.gov.cn/xinwen/2014-04/17/content_2661108.htm.

法[①]等，针对面板数据来研究政策绩效的影响效应，依托大数据分析等技术，突破绩效评价视野维度和数据来源局限，提高绩效评价结果的科学性。(3) 评估组织。可建立由国家部委牵头、长三角地区三省一市有关政府部门共同参与的高层次改革绩效评估机构，由该机构具体组织实施长三角地区生态创新财政政策体系优化的绩效评价工作，指导、监督、检查绩效自评价单位开展自评工作。(4) 评估要素。从制度层面将绩效管理的对象、评价方式、评价主体、指标体系、管理程序等制度化，出台长三角地区生态创新财政政策体系优化绩效管理的管理办法、操作规程等规范性制度文件，明确绩效目标审核和管理、结果反馈和应用等绩效管理中的具体工作、流程和要求。(5) 评估执行。应积极推动综合考评制度化、工作流程规范化、日常管理精细化、干部队伍专业化，注重评估过程和结果的创新性利用，以充分发挥财政政策体系优化的绩效评价对长三角地区生态创新发展的促进作用。绩效评价的主要目的是提高长三角地区生态创新财政政策体系优化的绩效评价的客观性、公平性和公正性。

(三) 绩效评价体系的指标选取与运用

构建长三角地区生态创新财政政策优化的绩效评价体系不仅需要考虑环境维度，更要考虑环境维度与经济、生态、社会等维度的交互作用，应以促进生态创新发展为主要依据，结合长三角地区地方政府执行能力、企业研发生产能力、公众满意程度等，将水环境质量、大气环境质量、土壤环境质量、企业绿色技术创新效率、环境保护支出等可量化的指标纳入绩效评价体系。同时，要制定保障评价指标体系能够顺利对生态创新财政体系优化进行测度的相关法律法规，用法律的形式保障绩效评价指标体系的实际运用，并且定期对长三角地区绩效评价体系的实际运用情况进行考核，以此推进长三角地区生态创新财政政策体系优化工作。除此之外，绩效评价权重应该向长三角地区污染防治领域倾斜，现有财政政策体系优化的绩效评价中将组织部门的内部建设情况也加入其中，将本单位的内部考核当作了财政政策完善的绩效，其绩效评价结果存在明显偏差，应该赋予生态保护相关指标更高的权重，以保证长三角地区财政政策体系优化的绩

① 侯思佳．成本效益分析法在财政项目支出定额标准的应用研究［J］．经济研究参考，2017 (51)：45－51.

效评价能够得到更加真实有效的结果。

二、推进长三角地区生态创新的财政政策体系优化的考核执行方式选择

（一）完善长三角地区生态创新财政政策体系优化考核的执行标准

建立长三角地区生态创新财政政策体系优化考核执行的标准，关系到政策体系优化的后果。因此，需要对长三角地区生态创新财政政策体系的优化做出科学、合理的评估，形成一套完整、系统的考核标准体系，基于此标准体系来考核长三角地区生态创新财政政策体系优化。倡导生态文明建设背景下的生态创新财政政策体系优化考核的执行标准在某种程度上也是与政绩考核机制相挂钩。长三角地区生态创新财政政策体系优化的目标就是为了实现生态效益、经济效益、社会效益等综合效益的最大化。因此，长三角地区生态创新财政政策体系优化的考核标准，不仅要关注经济发展指标，而且要关注绿色生活、公众满意程度等指标，甚至把公众满意度放在考核指标的首位。

（二）明晰长三角地区生态创新财政政策体系优化考核的执行主体

长三角地区生态创新财政政策体系优化的考核，主要是考察该体系的优化是否解决实际问题，公众对政策优化的反馈是怎样的。长三角地区生态创新财政政策体系优化的考核要充分考虑考核主体，具体应该包含两个层面：谁考核，考核谁。由于现阶段关于推进长三角地区生态创新财税政策优化的方针政策尚未形成官方文件，也未设置专门的部门进行推进，先期的生态创新财政政策体系优化的考核可以由长三角地区一体化示范区执委会牵头实施政策优化考核的执行工作，指导、监督、检查政策改革工作，也可以委托第三方机构，成立专门的工作小组和专家咨询小组，开展政策体系优化考核的相关工作，以体现优化考核的科学性。被考核的主体应该包括政策优化执行主体、企业以及公众等多方主体，变单向、平面、单维评价为多层次、多渠道、多角度的评价。对改革执行主体的考核应该强调部门内部和社会外部力量的监督，保证政策改革绩效考核的公平性，对企业的考核则偏向于对企业的创新技术、排污总量以及污染物的处理能力等方面，对公众的考核主要是看公众对生态创新财政政策体系优化工作的认可度，以及生态创新理念在群众中的普及度。综上，从谁考核、考核谁的两个维度明确长三角地区生态创新财政政策体系优化考核主体，有助

于充分运用信息化手段，保证考核评价工作的广度和透明度。

（三）提升长三角地区生态创新财政政策体系优化考核的执行能力

生态保护政策的执行环节是生态环境政策落实的关键，这也是长三角地区生态创新财政政策体系优化须着力突破的核心环节。长三角地区生态创新财政政策体系优化考核的执行能力的提升可以从多方面进行突破：首先，建立长三角地区生态创新财政政策体系优化考核的评估机制。重点研究生态创新财政政策体系优化考核的第三方机制，建立高效的政策评估专家团队①，探索长三角地区生态创新财政政策体系优化考核的反馈机制并对相关政策和运行机制进行适时修订，发现政策执行过程中存在的问题。探索多元评估主体有序参与机制，开展第三方专业评估，提高生态创新财政政策体系优化的决策科学化和民主化。其次，是建立长三角地区生态创新财政政策体系优化考核的评估技术体系。评估技术体系的建立可基于成本—效益分析法，订立政策制定和执行的成本效益评估技术指南。最后，要强化技术对政策体系优化考核执行能力的支撑和保障作用。着力推动大数据、云计算、人工智能、卫星遥感等高科技技术手段在长三角地区生态创新财政政策执行过程中的创新推广应用。

第三节 推进长三角地区生态创新的财政政策体系优化的激励约束

一、推进长三角地区生态创新的财政政策体系优化的激励因素分析

（一）完善政策体系优化的行政主体激励机制

作为推进长三角地区生态创新的财政政策体系优化的主要行政主体，公务员的激励机制的完善能够激励行政主体更好地发挥政策改革执行的主

① 董战峰，葛察忠，贾真，等. 国家“十四五”生态环境政策改革重点与创新路径研究［J］. 生态经济，2020（08）.

力作用，更好地推进长三角地区生态创新的财政政策体系优化工作。

1. 完善政绩晋升机制

一是要健全公务员分类制度。分类制度是对公务员进行科学管理的制度前提，是确定长三角地区生态创新财政政策体系优化的公务员的聘用分配、报酬、绩效考核和职位晋升等，是充分调动三省一市地区公务员执行政策体系优化的工作热情的重要保障。二是要完善科学晋升考核体系。通过制定对公务员的专业知识、工作能力等方面综合考察的可量化标准，对公务员的专业知识、工作能力等方面的综合考察，防止在推进长三角地区生态创新的财政政策体系优化的过程中出现主观主义和官僚主义等弊病。三是引入公平竞争机制。① 晋升结果是否公正会直接影响政策执行主体的工作积极性和热情，在晋升程序中引入公平竞争机制能够在营造良性竞争环境的同时也能有效地促进晋升程序的公平，为长三角地区生态创新的财政政策体系优化中涉及的相关主体的晋升机制增添活力，也对相关行政主体起到激励作用。

2. 完善物质激励机制

公务员晋升激励机制是零和博弈②，产生的激励机制相对有限，需要设置物质激励机制进行补充。物质激励机制要针对不同的个体、不同的层次调整激励的层次和强度，从而满足不同层次公务员的需求。物质激励主要是指报酬激励，报酬激励作用的发挥主要是通过个性化的设置让公务员乐于接受“量体裁衣”式的报酬制度，而不是传统的“一刀切”。③，要充分考虑公务员个体之间职业、年龄以及婚姻状况等差异，实行个性化、差异化的报酬方案。④

3. 完善声誉激励机制

声誉机制是指通过市场上声誉的作用，使人们愿意为了长远利益而放弃短期利益的诱惑。⑤ 长三角地区生态创新的财政政策体系优化的绩效考

---

① 耿新楠. 公务员竞争机制中存在的功能异化及应对措施［J］. 法制与社会，2017（32）：180，184.

② 尚虎平. “绩效”晋升下我国地方政府非绩效行为诱因——一个博弈论的解释［J］. 财经研究，2007，33（12）：128－139.

③ 克林格勒，纳尔班迪. 公共部门人力资源管理：系统与战略（第四版）［M］. 孙柏瑛，等，译. 北京：中国人民大学出版社，2001：269.

④ 江广营，杨金霞. 现代班组管理百例［M］. 北京：中国工人出版社，2012：87－88.

⑤ 张维迎. 经济学原理［M］. 西安：西北大学出版社，2015：344.

评是一个重复博弈过程，长三角地区的每个行政主体都是重复博弈情境下的参与主体，他们不仅有物质需要还有精神层面的需要，因此在晋升激励和物质激励的基础上，还需要进行精神激励。一是可建立生态创新财政政策体系优化绩效质量信誉机制。通过设立生态创新财政政策体系优化绩效质量信誉等级制度，对如实进行生态创新财政政策体系优化绩效考评、不瞒报谎报生态创新财政政策体系优化的信息数据的政府和官员，上级政府给予其较高的信誉度。反之则降低其政府及其官员的信誉度，并将其列入后期关注的重点，并与个人岗位晋升、奖惩挂钩。二是丰富精神激励的形式。充分利用情感、目标、信任等类型调动相关行政主体的积极性，满足行政主体的精神期待。三是培养公务员的“公仆”意识。从长三角地区生态创新财政政策体系优化工作来看，要敦促地方官员树立生态创新的绩效观，形成以经济增长、社会公平和改善环境质量为目标，实现生态经济、社会全面、协调、可持续发展的政绩理念。

（二）强化政策体系优化对相关企业激励机制

企业是长三角地区生态创新财税体系优化落实的主体，企业的生态创新主要表现在科技的自主创新和新技术的引入，以提高资源利用效率，降低污染物的排放量。相关激励机制的出台能够更有效地推动企业按照长三角地区生态创新财税体系优化方向谋求企业经济利益最大化和社会环境效益最佳化。第一，丰富企业财政补贴方式。财政补贴作为激励企业生态创新的重要政策工具之一，补贴方式不再仅仅局限于传统的单一科研补贴方式，也日渐增加了创新券、科技悬赏等形式。值得注意的是，财政补贴存在“挤入效应”和“挤出效应”[①]，前者指政府财政补贴为企业的技术研发活动提供资金补贴，从而能降低企业在生态创新过程中的成本，后者指由于政府与企业间的信息不对称，企业获得的财政补贴资金的使用用途难以得到监管，企业研发投入反而降低。因此，财政补贴对企业科研创新投入的最大效用发挥也需要建立相应的财政补贴资金监管机制，促进企业产品研发和成果转化。第二，充分发挥税收优惠的作用。税收优惠政策的本

① 欧阳洁、张静堃，等．促进生态创新的财政政策体系探究［J］．税务研究，2020（09）：105－110.

质在于牺牲部分税收收益让利给纳税人，引导纳税人开发环境保护技术、环保设备等。税收优惠政策工具是通过减免企业应收税款刺激企业进行研发创新。税收优惠对企业而言，最大的作用在于能够诱导资金进入绿色行业，降低企业因为绿色产业启动资金过高进入传统行业的可能性。绿色产业税收优惠政策的实施能够向投资者传递关于绿色行业的政策支持信号，引导资金的流入。从投资回报率而言，投资人为了享受绿色税收优惠政策也会更加偏向于技术创新行业，企业也会增加环境创新方面的投入。简而言之，税收优惠激励长三角地区生态创新财政政策体系优化的有力方式是提高其能为长三角地区企业带来的直接利润，主要通过降低环境创新成本为该地区企业成本做减法，例如研发税收抵免、加速创新成本折旧、减少研发人员税收等。

（三）创新财政政策体系优化对消费者的激励方式

消费者是长三角地区生态创新财政政策体系优化的终端，财政政策体系改革对消费者生态创新的影响主要表现在增强消费者对生态创新财政体系优化的认可以及生态产品的消费。第一，改革结构性消费税政策。作为中国的第三大税种，消费税改革有利于更好地调节市场主体经济活动，发挥资源节约、环境保护的导向作用。党的十八届三中全会指出消费税改革的方向是“调整消费税征收范围、环节、税率，把高耗能、高污染产品及部分高档消费品纳入征收范围”①。这实质上已经规定了消费税的征税对象是特定消费品和特定消费行为，并且具有相当的生态绿色税收性质，后续税率结构的改革应该进一步凸显消费税的生态绿色性质，用消费税鼓励消费者消费生态创新产品，优化产品消费结构。第二，强化生态产品财政补贴政策。一般而言，生态创新产品要比传统的产品价格更高，通过对相关产品的购买补贴可以减少消费者的购买成本，从而对消费者产生激励作用②，从而促进生态创新产品的扩散。从现有关于财政政策对新能源汽车、电动汽车和混合动力汽车等生态创新产品的财政补贴现状来看，财政政策

---

① 《中华人民共和国消费税法（征求意见稿）》公开征求意见（chinatax. gov. cn）。

② Ekins, P. Eco-innovation for environmental sustainability: concepts, progress and policies. International Economics and Economic Policy, 2010, 7 (2-3): 267-290.

确实能够刺激消费者对生态创新产品的购买意愿[①②]，长三角地区生态创新财政政策体系优化可以扩大生态创新产品的财政补贴范围，刺激生态产品的消费，让消费者的生态理念内化于心并外化于行。

二、推进长三角地区生态创新的财政政策体系优化的惩罚措施分析

（一）实施行为罚处罚，纠正违法违规行为

行为罚也叫能力罚，是相关行政主体对违反行政法律规范的行政相对方所采取的限制或剥夺其特定行为能力或资格的一种处罚措施。这种能力一旦被剥夺，违法的相关行为人就不能再继续行使某些权利，行为罚包括责令停产停业，暂扣或吊销许可证、执照等形式。《环境保护法》明确规定，“当满足违法情节严重时，可以由县级以上人民政府对违法行为人或违法企业进行责令停产、停用的环境行政处罚”[③]。生态环境保护与长三角地区生态创新财政体系优化密切相关，因此这种行政处罚方式也可以列入长三角地区生态创新财政政策体系优化惩罚措施中，对于不贯彻生态创新财政体系优化相关政策规定的涉事主体予以停止生产、停业等惩罚。这种惩罚方式本质上是在一定时期内限制或剥夺不执行或者违反生态创新财政体系优化的主体从事相关生产经营活动的资格和行为能力，对相关主体原本所拥有的作为能力的限制，就是行为罚。这种处罚方式是政策改革执行部门对违法相对人不符合生态创新财政体系优化的生产经营活动的制止，如果违法行为人的经营行为在罚后仍不纠正，就要进一步加重处罚，直至相关主体根据生态创新财政体系优化的相关规定进行生产经营。

（二）提高罚款惩罚成本，加强经济惩罚

我国的惩罚法力度存在与生态环境破坏程度不相匹配的问题。对生态破坏的相对行政人的处罚力度相当弱，这也是生态环境破坏行为日益加剧

① 李国栋，罗瑞琦，谷永芬．政府推广政策与新能源汽车需求：来自上海的证据［J］．中国工业经济，2019，373（04）：44－63.

② Beresteanu，A.，Li，S. Gasoline prices，government support，and the demand for hybrid vehicles in the United States. International Economic Review，2011，52（1）：161－182.

③ 中华人民共和国环境保护法（自 2015 年 1 月 1 日起施行）_ 中华人民共和国生态环境部（mee. gov. cn）.

的重要原因。鉴于此，在推进长三角地区生态创新财政政策体系优化时必须强化罚款处罚力度，以推动财政体系优化的顺利推进。在中国经济惩罚中最为常见的形式主要包括罚款和没收违法所得。经济处罚中罚款是最为常见的一种处罚方式，所涉及的相关法律条文内容非常广泛，但现有的污染防治法对环境违法的罚款金额做了最高金额限定，这种规定的本意是为了防止当事人的权利受到环境执法部门的侵害。[①] 就现实情况而言，最高罚款金额的限制已经与经济发展状况严重脱离，难以对环境违法的相关当事人起到处罚作用，罚款产生的效用相当有限。因此，在推进长三角地区生态创新财政政策体系优化时，应逐步取消最高罚款金额的限制，环境执法部门根据当事人的违法情况，充分发挥罚款处罚的威慑作用。还有一点值得注意的是，2014 年修订的《环境保护法》中增加了按日连续处罚的规定，按日连续处罚的罚款数额是按日累计计算，上不封顶。[②] 因此，在推进长三角地区生态创新财政政策体系优化的过程中，对无法贯彻改革的主体可以取消最高罚款限定，并且采用按日连续处罚的方式，反向激励相关主体落实生态创新财政政策体系优化意图。

（三）强化道德约束能力，发挥声誉处罚作用

中国环境行政处罚声誉罚的类别，有包括警告处罚。警告处罚通常用于惩罚违法环境保护法规条例情节相对轻微的情况，对违规者的处罚强度较弱。警告处罚造成的影响范围只局限于环境主管部门和行政相对人之间，警告处罚对行政相对人造成的声誉受损并未被广大群众所知晓，声誉基本没有受到损失，因此很多破坏环境的行为并未受到遏制，反而有变本加厉的趋势。若扩大违反环境法律法规的行政当事人因行政处罚造成的声誉受损的影响范围，势必可以更加有效地遏制生态破坏行为。因此，在推进长三角地区生态创新财政政策体系优化的过程中，为提高声誉惩罚对不贯彻长三角地区生态创新财政政策体系优化主体的处罚效用，应该对政策体系优化的主体设立更加系统化的信用评级体系，进而由长三角地区环境主管部门牵头落实，依托政府门户网站公布信用评级体系的标准，只要行政相对人存在违规行为就要受到警告处罚，并记入信用评级体系中，并在

---

① Keith Schneider. $11.1 Million Pollution Fine Too Soft? N. Y Times, June 3, 1993. D22.

② 席文战．我国《环境保护法》按日连续处罚制完善研究［D］．郑州：郑州大学，2015.

相应的公共信息网站和公告栏上进行公开，向公众宣告相对行政人的违法行为，并将相对行政人的环境信用评级体系与金融信用评级体系信息联网共享，从而对环境违法的相对行政人起到威慑作用，真正实现长三角地区生态创新财政政策体系优化声誉罚惩罚与教育并举的功能。

第四节 推进长三角地区生态创新的财政政策体系优化的法治保障

一、推进长三角地区生态创新的财政政策体系优化的立法保障

（一）生态创新财政政策体系优化立法的必要性

生态创新包括技术创新、组织创新、社会创新和制度创新。[①] 现有的相关立法多是从鼓励科技创新的角度促进生态创新和环境治理。从全国人大及其常委会制定的法律层面来看，比较具有代表性的有《科学技术进步法》《促进科技成果转化法》等；从国务院制定的行政法规层面来看，较为典型的有《国家科学技术奖励条例》；从长三角地区地方性法律法规层面来看，有《上海市推进科技创新中心建设条例》《江苏省促进科技成果转化条例》《宁波市科技创新促进条例》等。上述立法虽然极大地推动了中国科技创新的发展，提升了创新能力，但是中国现阶段的科技创新仍以获取物质和经济利益为主要目标，并未真正将科技创新与生态文明建设的战略决策相融合。就国家立法层面而言，全国人大 2008 年修订的《科学技术进步法》中的诸多条例都明确提出科技创新是为经济发展服务的，并未考虑科技创新与环境保护和生态文明建设之间的关系。2015 年修订的《促进科技成果转化法》相较于《科学技术进步法》在目标制定上有所创新，尤其该法规中的第十二条明确指出国家应积极支持“能够合理开发和

---

① Horbach J, Rammer C, Rennings K. Determinants of eco-innovations by type of environmental impact. The role of regulatory push/pull, technology push and market pull [J]. ZEW Discussion Papers, 2011, 78 (32): 112-122.

利用资源、节约能源、降低消耗以及防治环境污染、保护生态、提高应对气候变化和防灾减灾能力”的绿色科技成果转化项目。虽然该法律在新的时代背景下，考虑到科技创新对环境保护的正面效应，但从整体上来看，该法规仍然将科学技术创新作为促进经济快速发展的工具，并未全面考虑科学技术进步与生态文明建设的关系。就地方性立法而言，上海市2020年发布的《上海市推进科技创新中心建设条例》，该条例仅第五十三条指出“支持在生态环境、综合能源利用等领域应用新技术、新模式”[①]，其他章节的重点都是强调“企业技术创新”“科学研究与产业发展联动”“创新主体建设”“科学城建设”以及人才环境等方面，基本未涉及科技创新与生态环境关系联动的内容。再如江苏省2010年修正的《江苏省促进科技成果转化条例》第四条明确，“合理开发和利用资源、节约能源、降低能耗以及保护生态、防治环境污染。[②] 但从整体上而言，相关规定仅仅提及技术创新与生态保护的点源性内容，并未从整体层面考虑两者之间的关系，而且这些条例的表述比较笼统，可操作性差，并未将科技创新进行全面生态化。科技创新作为推动生态创新的重要内容，必须在法律层面完善科技创新立法与生态环境保护的关系，并以此为基础带动组织创新、社会创新和制度创新等全方位的生态创新立法，为长三角地区生态创新财政政策体系优化的立法奠定法律基础。

（二）树立正确的生态创新财政政策立法理念

生态创新依赖于绿色技术的创新，绿色技术的创新需要国家财政政策的支持。鉴于此，作为促进生态创新的基本保障，关于长三角地区生态创新财政政策体系的相关立法应该与生态文明建设相契合，实现长三角地区生态创新的跨越式发展。首先，树立生态文明理念。生态创新财政政策优化立法的制定，应先树立尊重自然、顺应自然、保护自然的生态文明理念。生态创新财政政策体系优化必须以生态文明理念为指导，真正将创新发展、协调发展、绿色发展、开放发展、共享发展融为一体。只有将生态文明理念融入生态创新财政政策体系优化的全过程中去，才能突破以往以科技创新与经济发展单方面挂钩的缺陷，真正使科学技术成为带动生态创

---

① 上海科技党建．上海市推进科技创新中心建设条例（shkjdw. gov. cn）．

② 江苏省促进科技成果转化条例（nju. edu. cn），2021. 8. 29 访问．

新的推动力。其次，遵循生态经济规律。立法虽很大程度出自于立法者的主观创制，但是要遵循经济规律、生态规律和社会规律。长三角地区生态创新财政政策体系优化立法若想跨越工业文明阶段，全面实现生态创新，应该充分遵循生态经济规律，从而推动生态理论和规律融入生态创新财政政策体系优化理论中。最后，重新定位科技创新。早期关于科技创新的立法主要是为了发展经济，未将生态环境问题考入在内。关于长三角地区生态创新财政政策体系优化的立法，应将科技创新定位在生态环境可承载范围内，通过立法确保科技创新能够降低资源消耗，提高资源利用效率，减少经济生产活动对环境的污染和破坏，增强生态环境对经济发展的支撑力。

（三）构建合理的生态创新财政政策法律体系

长三角地区生态创新财政政策体系是一项庞大的系统工程，应以多元化立法加速推进。完备的法律体系是长三角地区生态创新财政政策体系发展立法成功的重要保障。可以综合借鉴发达国家生态创新立法经验，整合中国现有生态创新发展政策法律，构建充分体现可持续发展思想的生态创新发展的法律体系。第一，宪法是国家的根本大法。在生态创新领域，我国《宪法》关于生态创新的规定是生态创新法律体系的基础。我国《宪法》经过了 5 次修订，基本形成了适应中国经济发展的经济制度体系，但《宪法》中关于生态环境保护和科技创新的相关条款仍较少，生态保护和生态创新问题并未引起足够的重视。后续关于《宪法》的修订应该多关注生态保护和科技创新等问题，增加相应的保护性条款，对生态环境保护和创新型问题做出宣示性规定，以实现生态创新的总目标。第二，从基本法层面而言，《环境保护法》是生态保护的基本法律，对构建长三角地区生态创新财政政策具有引导性作用。2019 年最新修订的《环境保护法》虽然从多方面规定了环境保护的相关政策，但是《环境保护法》中基本未提及利用技术创新改善生态环境和提高能源利用效率。为促进长三角地区生态创新财政政策体系优化，应在《环境保护法》中突出科技创新与生态保护之间的关系，在第三章保护和改善环境中明确提出利用科技创新改善生态环境质量。

二、推进长三角地区生态创新的财政政策体系优化的执法保障

（一）专业执法队伍的建设

执法人员的素质直接关系到长三角地区生态创新财政政策体系优化相关法律执行的效果，高素质执法队伍的建设是长三角地区生态创新财政政策体系优化执法任务的需要。不仅要求行政处罚执法人员思想素质过硬，同时，执法人员的专业素养也是直接影响长三角地区生态创新财政政策体系优化相关法律施行效果的重要因素。在行政处罚过程中，执法人员的专业能力与行政处罚结果直接挂钩，执法队伍需要有专业的环境技术知识和环境检测设备。因此，专业技术人员的录用和分配必须严格把关，根据每个环境执法领域的现实需求配备合适的技术人员，同时还必须强制要求执法技术人员已获取专业的资格证书。而对执法机构内已经录用的执法人员，需要开展定期的职业技能培训，提升执法人员的专业水平和职业素养。

（二）规范自由裁量权基准

自由裁量权被广泛地运用于执法和司法实践中，是为实现实质正义而创设的产物，是为了使程序正义最终走向实质正义。自由裁量权如果运用得当，是调节社会各种关系的润滑剂，使管理秩序趋于稳定。因此，规范自由裁量权基准，加强处罚监督机制建设是避免执法失范的有力武器。应该制定相应的长三角地区生态创新财政政策体系优化自由裁量权的基本标准，严格长三角地区生态创新财政政策体系优化相关法律的执法程序。自由裁量权是为实体正义的实现而创设的制度，而程序正义是实体正义的先决条件。因此，保证自由裁量权的规范适用，必须严格执法程序，依法行政，依程序行政是稳步推进长三角地区生态创新财政政策体系优化的基本要求，任何违反程序的行为都应该归于无效，而不管它是否实体上真的有违公平正义。

（三）构建行政执法的处罚监督机制

理想的社会运行机制是拥有与政府权力相制衡的监督机制，具体包括政府部门内部间的监督和社会监督。在长三角地区生态创新财政政策体系

的行政执法过程中，首先，应该加强执行该政策的部门的监督体系建设，设置定期或不定期的审查和考评制度，强化部门内部相互监督，上级部门监督下级的行政执法情况。其次，鼓励公众参与政策制定过程并知晓行政执法情况，公众参与监督能够提高长三角地区生态创新财政政策体系优化的效率。但是公众参与的前提在于行政执法部门保证公众对政策优化设计的主体、处罚标准等方面的知情权，并且行政执法部门必须定期对公众就生态创新财政政策优化体系的意见与建议给与反馈。总之，长三角地区生态创新财政政策体系优化的成效与内外部的监督密切相关，内外共同监督将有助于生态创新财政政策体系优化的行政执法效率的提升。

三、推进长三角地区生态创新的财政政策体系优化的普法保障

（一）塑造“谁执法谁普法”普法大格局

实行“谁执法谁普法”，是新时代全民普法的重要顶层设计和制度创新。2017 年中共中央办公厅、国务院办公厅印发《关于实行国家机关“谁执法谁普法”普法责任制的意见》，明确实行国家机关“谁执法谁普法”普法责任制。所谓的“谁执法谁普法”实质是将普法工作融入执法工作的各个环节，由谁执法，就由谁普法，将执法方式应用到普法方式中。执法与普法工作的同步将使得传统的静态普法向动态普法转变，法律也由纸质条文变成现实的法律实践，并与群众的日常生活联系更为紧密。在推进长三角地区生态创新财政政策体系优化的普法过程中也可以实行“谁执法谁普法”普法责任制，更加注重发挥长三角地区相关执法部门在普及生态创新财政政策体系优化法律中的普法功能，执法机关在执法过程中要充分实现相关法律知识的普及，将政策改革中普法工作由原始的执法普法各自负责变成执法部门综合发挥执法普法的功能，从而推动形成党委统一领导、部门分工负责、各司其职、齐抓共管的长三角地区生态创新财政政策体系优化“大普法”格局。因此，长三角地区生态创新财政政策体系优化的普法工作的推动也可以通过相应的执法队伍在执法过程中推动相关法律的普及，使得执法机关与公众对长三角地区生态创新财政政策体系优化的认识“双提高”。

（二）利用大众媒体普法优势营造良好意识氛围

长三角地区生态创新财政政策体系优化的普法工作要想充分深入到企

业和公民的日常生产和生活中去，要注重发挥长三角地区高度发达的互联网优势。互联网在传递信息方面具有及时、快速等优势，能够迅速通过微博、微信公众号、抖音 APP 以及其他新闻 APP 等新型传播媒体使热点新闻得到广泛关注和普及。其中，微博热搜、微信公众号点赞热文的高关注度使公众认识到网络媒体不仅仅只是信息的单项传播，热点话题的形成更多地是广大网友对社会问题的自发性关注从而形成社会普遍关注的焦点问题，网络媒体的媒介作用发挥是需要群众接入才能发挥传播效用。普法人员是可以借助新型网络媒体的作用吸引公众对长三角地区生态创新财政政策体系优化的关注度，让人们与长三角地区生态创新财政政策体系优化的法律、法治的议题形成良性互动，助力该问题能够成为社会讨论的热点问题，从而推动长三角地区生态创新财政政策体系优化的普法工作的顺利开展。

（三）建立公民意识养成的长效机制促进普法常态化

生态创新观念是在特定的法治环境和生活氛围中形成的，公众生态创新和环境保护意识的培养也注定是长期的工程。因此，长三角地区生态创新财政政策体系优化的普法活动的策划要有持续性，但就现实而言，普法活动往往都是风暴式、突击式的，缺乏持续性和连贯性。因此要增强长三角地区生态创新财政政策体系优化普法工作的持续性、连贯性。首先，应该加强长三角地区领导干部的思想教育工作，使其认识到长三角地区生态创新财政政策体系优化普法工作的重要性，并将长三角地区生态创新财政政策体系优化普法成效纳入到地方政府绩效考核中，提升领导干部做好生态创新财政政策体系优化普法工作的积极性。其次，要重视长三角地区生态创新财政政策体系优化的日常普法宣传，促进长三角地区生态创新财政政策体系优化普法工作常态化。可以设计长三角地区生态创新财政政策体系优化的相关法律宣传月、宣传周，利用宣传月、宣传周开展更多民众喜闻乐见的法制教育活动，使长三角地区生态创新财政政策体系优化普法活动常态化。

后　　记

党的十九大以来，国家不断强化推进创新驱动战略、生态文明建设战略和长三角一体化发展战略。正是在这一背景下，选择长三角地区作为研究对象，研究以财政政策体系建设促进区域生态创新，以区域生态创新推动区域绿色发展，是一项多个国家战略的“集合”课题。这一“集合”课题的研究非常富有意义。

本书是我主持的国家社科基金重点项目（项目编号：19AZD004）《推进区域生态创新的财税政策体系研究——以长三角地区为例》的最终成果。由于“财税政策”是财政政策和税收政策的简称，财政政策包含税收政策，因此，本书统一以“财政政策”代替“财税政策”一词。该课题立项时我还在宁波大学工作，过了8个月因组织调动到浙江农林大学工作，为便于课题管理课题转到浙江农林大学。自从2019年12月立项以来，课题组经过“提纲起草—提纲研讨—课题调研—分工写作—报告研讨—报告修改—报告完善—报告审定”等多个环节，历时两年，顺利完成了课题报告，达到了免鉴定的条件。

本书是由来自浙江农林大学、浙江大学、宁波大学、浙江财经大学、浙江理工大学的近30位学者合作完成的。具体分工如下：首席专家沈满洪教授负责整个课题（全书）的设计、审读、审定等工作，具体负责第一章和第二章；杜利民教授负责第三章至第五章；余杨教授负责第六章至第八章；谢慧明教授负责第九章至第十一章；李玉文副教授负责第十二章至第十四章；胡求光教授负责第十五章至第十七章。各章执笔人员如下：

第一章：浙江农林大学沈满洪

第二章：浙江财经大学张兵兵、浙江农林大学沈满洪

第三章：浙江大学朱怡心、彭慧颖、胡恩博、肖赵华、杜立民

第四章：浙江大学王如琦、肖赵华、朱怡心、杜立民

第五章：浙江大学肖赵华、朱怡心、王家珉、杜立民

第六章：宁波大学余杨、张钰丽、李想、赵梓白

第七章：宁波大学余杨、张钰丽、苏颖、全茹一、赵梓白、陈楠、蓝紫柔

第八章：宁波大学余杨、张钰丽、苏颖

第九章：宁波大学李一、谢慧明

第十章：宁波大学谢慧明、裘文韬，浙江理工大学杨永亮

第十一章：浙江理工大学智瑞芝、余宁，宁波大学谢慧明

第十二章：浙江财经大学李玉文、程怀文

第十三章：浙江财经大学李玉文

第十四章：浙江财经大学李玉文、程怀文、李玉琪

第十五章：宁波大学周宇飞、胡求光

第十六章：宁波大学马劲韬、胡求光

第十七章：宁波大学王方、胡求光

另外，沈伟腾、李加林、陈琦、毛狄等相关学者参与了有关论文和成果要报的撰写。

在课题研究及书稿形成过程中，共发表了28篇学术论文，共报送了9份成果要报并获省部级以上领导肯定性批示，获得了1个教育部“高等学校优秀科研成果奖（人文社科类）”二等奖和浙江省人民政府“浙江省哲学社会科学优秀成果奖”一等奖。

一部书稿的形成需要作者的通力协作，也需要有关专家学者的指导咨询，还需要图书资料部门、实地调研单位的大力支持。在此对所有支持本书撰写、出版的同志表示衷心感谢！

沈满洪

2022年2月